# Les conflits d'intérêts en droit des sociétés

**Le droit aujourd'hui**

La collection « Le droit aujourd'hui » regroupe des études juridiques concernant des problèmes d'actualité nationale et internationale, dans divers domaines (éthique, politique, questions de société…).

Dernières parutions

Mélanie GRANSEIGNE-GAPAIL, *La confidentialité à l'épreuve de la médiation administrative*, 2025.
Héloïse PLAQUIN, *Identités culturelles régionales ou autochtones et Etats unitaires. Les exemples de la Corse en France et du peuple sami en Norvège*, 2024.
Jacques DELGA, *Avocat, Parcours et règles essentielles*, 2024.
Béatrice BLOHORN-BRENNEUR (dir.), *La médiation sur les cinq continents, rêve ou réalité ? GEMME 20 ans déjà !*, 2024.
Anaïs VIAL, *Le droit à la mort*, 2024.
Béatrice BLOHORN-BRENNEUR (dir.), *Médiation, écologie, environnement et intelligence artificielle*, 2024.
François GERBER, *Tempête Xynthia. La responsabilité des acteurs locaux dans les conséquences de la submersion*, 2023.
Olivier SALOMON, *Interprétation artistique et propriété intellectuelle, Essai d'une théorie du voisinage des droits exclusifs au sein de la propriété littéraire et artistique*, 2023.
Sarah TOUBAL, *Le rebond du débiteur. Contribution à l'étude du droit de la défaillance économique*, 2023.
Claire BORREL, Loïc PELISSIER, Abélisse PINCHON, *Altruisme et Droit*, 2023.
Cristina Elena POPA TACHE, *Le dynamisme du droit international public contemporain et la transdisciplinarité*, 2023.
Charles COLOMAR, *Le droit de l'art en question(s). 20 réponses juridiques sur des thématiques artistiques*, 2023.
Marcel Yannick MISONGUI, *La protection juridictionnelle par la Cour de justice dans l'ELSJ et la PESC après le Brexit*, 2023.
François CAMPAGNOLA, *Précis de droit de l'énergie*, 2023.
Sébastien DEMAY, *La charge de travail à l'ère du numérique*, 2023.
Meganne NATALI, *Le droit international face au trafic illégal de biodiversité sauvage*, 2023.

Nicolas Boucant

# Les conflits d'intérêts en droit des sociétés

*Préface de Frédéric Bicheron*

L'Harmattan

**5-7, rue de l'École-Polytechnique - 75005 Paris**
www.editions-harmattan.fr

ISBN : 978-2-336-51325-6
EAN : 9782336513256

*Il a su comprendre avec beaucoup de clairvoyance que le monde court un plus grand danger de la part de ceux qui tolèrent le mal ou l'encouragent que de la part de ceux-là mêmes qui le commettent.*

*Albert* EINSTEIN, in *Conversations avec Pablo Casals*

# REMERCIEMENTS

Je souhaite ici adresser mes plus sincères remerciements :

À Monsieur le Professeur Frédéric BICHERON,
Pour sa confiance, ses précieux conseils, sa disponibilité et sa bienveillance sans égale.

À l'Association Nationale de la Recherche et de la Technologie ainsi qu'à Monsieur Loïc DESSAINT,
Pour leur confiance, leur engagement et leur investissement au soutien de la recherche universitaire.

À mes amis et membres du Comité de Relecture composé de Mesdames Imane ABLAD, Kelly NGUYEN, Justine RIVIER, Eloïse ROCA, Mathilde TOULEMONDE et de Monsieur Charles-Etienne BUHAS,
Pour leur dévouement et leur minutie.

À ma famille et mes amis,
Pour leur inconditionnel soutien.

À l'admirable et exceptionnelle Audrey CORNILLET,
Pour son infinie patience et ses minutieuses relectures ; je te dois et dédie cet ouvrage.

*Pour Audrey*

# SOMMAIRE

# PRINCIPALES ABREVIATIONS

| | |
|---|---|
| Act. | actualité |
| Actu. | actualisation |
| *Adde* | ajouter |
| AJ Contrat | revue de droit des contrats |
| Al. | alinéa |
| Art. | article |
| Art. préc. | article précité |
| BRDA | Bulletin rapide de droit des affaires |
| Bull. civ. | Bulletin de la Cour de cassation, chambres civiles |
| Bull. com. | Bulletin des arrêts de la Cour de cassation, chambre commerciale |
| Bull. crim. | Bulletin des arrêts de la Cour de cassation, chambre criminelle |
| Bull. ass. plén. | Bulletin de la Cour de cassation, assemblée plénière |
| Bull. mixte. | Bulletin de la Cour de Cour de cassation, chambre mixte |
| Bull. Joly Bourse | Bulletin Joly Bourse |
| Bull. Joly | Bulletin Joly des sociétés |
| Bull. soc. | Bulletin des arrêts de la Cour de cassation, chambre sociale |
| Cah. dr. ent. | Cahier de droit de l'entreprise |
| Cass. | Cassation |
| Crim. | Chambre criminelle de la Cour de cassation |
| CCIP | Chambre de commerce et d'industrie de Paris |
| CDE | Cahiers de droit de l'entreprise |
| CEDH | Cour européenne des droits de l'homme |
| ch. | chambre |
| Chron. | chronique |
| Civ. | Chambre civile de la Cour de cassation |
| CJCE | Cour de justice des Communautés européennes |
| CJUE | Cour de justice de l'Union européenne |
| Coll. | collection |
| Com. | Chambre commerciale de la Cour de cassation |
| comm. | commentaire |
| Cons. const. | Conseil constitutionnel |
| *Contra* | opinion contraire |
| Conv. EDH | Convention européenne des droits de l'homme |
| Comp. | comparer |
| Cour EDH | Cour européenne des droits de l'homme |
| D. | recueil Dalloz |
| dactyl. | dactylographiée |
| DDHC | Déclaration des droits de l'homme et du citoyen |
| Déc. | Décision |
| Defrénois | Répertoire du notariat Defrénois |
| DH | Recueil hebdomadaire de jurisprudence Dalloz |
| Doctr. | doctrine |

| | |
|---|---|
| Dr. sociétés | revue Droit des sociétés |
| Dr. social | revue Droit social Dalloz |
| DUDH | Déclaration universelle des droits de l'homme |
| Ed. | édition(s) |
| EURL | entreprise unipersonnelle à responsabilité limitée |
| Europe | Revue Europe |
| ex. | exemple |
| Fasc. | Fascicule |
| Gaz. Pal. | Gazette du Palais |
| *Ibid.* | *ibidem* (au même endroit) |
| *Id.* | *idem* (le même) |
| *In* | dans |
| *Infra* | ci-dessous |
| INSEE | Institut national de la statistique et des études économiques |
| J.- cl. civ. Code | JurisClasseur civil code (traité théorique et pratique) |
| J.- cl. com. | JurisClasseur commercial (traité théorique et pratique) |
| J.- cl. stés | JurisClasseur des sociétés (traité théorique et pratique) |
| J. sté. | Journal des sociétés Dalloz |
| JCP E | Juris-Classeur semaine juridique édition entreprise et affaires |
| JCP G | Juris-Classeur semaine juridique édition générale |
| JCP N | Juris-Classeur semaine juridique édition notariale |
| JCP S | Juris-Classeur semaine juridique édition sociale |
| JOAN | Journal Officiel de l'Assemblée nationale |
| Joly Travail | Bulletin Joly Travail |
| Lebon | Recueil Lebon |
| LEDA | L'Essentiel Droit des assurances |
| LEDC | L'Essentiel Droit des contrats |
| LGDJ | Librairie Générale de Droit et de Jurisprudence |
| *Loc. cit.* | *loco citato* (passage cité) |
| LPA | Les petites affiches |
| MEDEF | Mouvement des entreprises de France |
| n° | numéro |
| Obs. | observations |
| OCDE | Organisation de Coopération et de Développement Économiques |
| *Op. cit.* | opere citato (ouvrage cité) |
| p. | page(s) |
| PACS | Pacte civil de solidarité |
| Plén. | assemblée plénière de la Cour de cassation |
| Préc. | précité |
| Procédures | revue Procédures LexisNexis |
| Propr. industr. | vue propriété industrielle LexisNexis |
| PUAM | Presses Universitaires d'Aix-Marseille |
| PUF | Presses Universitaires de France |
| QPC | question prioritaire de constitutionnalité |
| Rappr. | rapprocher |
| RDBB | Revue de droit bancaire et de la bourse |

| | |
|---|---|
| RDBF | Revue de droit bancaire et financier |
| RDC | Revue des contrats |
| RDI | Revue de droit immobilier Dalloz |
| RDSS | Revue de droit sanitaire et social |
| Rép. civ. Dalloz | Répertoire de droit civil Dalloz |
| Rép. com. Dalloz | Répertoire de droit commercial Dalloz |
| Rép. cont. admin. Dalloz | Répertoire du contentieux administratif Dalloz |
| Rép. min. | réponse ministérielle |
| Rép. proc. civ. Dalloz | Répertoire de procédure civile Dalloz |
| Rép. dr. pénal et proc. pénale Dalloz | Répertoire de droit pénal et procédure pénale Dalloz |
| Rép. sociétés Dalloz | Répertoire des sociétés Dalloz |
| Rép. travail Dalloz | Répertoire de droit du travail Dalloz |
| Req. | Chambre des requêtes de la Cour de cassation |
| Rev. Banque | Revue Banque |
| Rev. Pouvoirs | Pouvoirs – Revue française d'études constitutionnelles et politiques |
| Rev. Soc. | Revue droit social |
| Rev. sociétés | Revue des sociétés |
| Rev. Travail | Revue de droit du travail |
| Rev. UE | Revue de l'Union européenne |
| RFDA | Revue française de droit administratif |
| RGAMF | Règlement général de l'Autorité des marchés financiers |
| RJDA | Revue de jurisprudence de droit des affaires |
| RLDA | Revue Lamy droit des affaires |
| RTD civ. | Revue trimestrielle de droit civil |
| RTD com. | Revue trimestrielle de droit commercial et de droit économique |
| s. | suivants |
| SA | société anonyme |
| SARL | société à responsabilité limitée |
| SAS | société par actions simplifiée |
| SASU | société par actions simplifiée unipersonnelle |
| SEL | société d'exercice libéral |
| SELARL | société d'exercice libéral à responsabilité limitée |
| SELAS | société d'exercice libéral par actions simplifiée |
| sect. | section |
| Soc. | Chambre sociale de la Cour de cassation |
| Spé. | spécialement |
| *Supra* | ci-dessus |
| Th. | thèse |
| UE | Union Européenne |
| V. | voir |
| vol. | volume |

N.B les références restituées sous forme d'un code de 5 à 8 caractères composé de chiffres et de lettres en majuscules ou minuscules, correspondent à une numérotation d'articles accessibles sur le site internet La base Lextenso. Par exemple n°GPL433m3 ; ou encore n°125w5.

# PREFACE

Après avoir brillamment obtenu un master de juriste d'affaires au sein de l'Université Paris-Est Créteil, M. Nicolas Boucant a souhaité renforcer sa formation académique en entreprenant une thèse de doctorat. Le choix du sujet révèle l'ambition du jeune chercheur qu'il était : les conflits d'intérêts en droit des sociétés, identifiés de prime abord comme étant toute situation où l'associé ou le dirigeant d'une société risque de privilégier son intérêt personnel plutôt que celui de la société.

Le sujet est vaste et complexe, tant l'examen du droit positif laisse un sentiment d'impressionnisme juridique composé de solutions légales ou jurisprudentielles opportunes et casuelles, qui ne permettent pas, de prime abord, d'y déceler les prémices d'une possible théorie générale. Or, M. Nicolas Boucant y a vu là une importante source d'insécurité juridique qu'il entendait combattre. Retroussant ses manches et s'armant d'un courage et d'une ténacité qui forcent le respect, il a ainsi entrepris une analyse minutieuse et exhaustive du droit positif pour tenter de dégager les éléments d'une théorie générale des conflits d'intérêts en droit des sociétés. Si d'autres chercheurs s'y étaient déjà aventurés, le mérite de M. Nicolas Boucant est d'avoir eu le souci constant d'un dialogue entre la doctrine, la jurisprudence et surtout la pratique professionnelle. En effet, bénéficiant d'une Convention industrielle de formation par la recherche (CIFRE), M. Nicolas Boucant a su tirer parti d'un accès privilégié à des données factuelles et concrètes ayant nourri sa réflexion tout au long de sa recherche. Il en résulte une thèse solide, servi par un plan simple mais efficace qui ne perd jamais le lecteur.

Dans une première partie, M. Nicolas Boucant, animé d'un vif esprit de système, se propose d'identifier les conflits d'intérêts. Son étude le conduit tout d'abord à arrêter une définition du conflit d'intérêts comme étant l'état d'une situation de fait par laquelle l'associé ou le dirigeant risque d'exercer ses pouvoirs au préjudice de l'intérêt social, afin de privilégier directement ou indirectement son intérêt personnel ou celui d'une personne liée. En somme, toute situation où se trouvent en concurrence l'intérêt social et l'intérêt personnel d'un associé ou d'un dirigeant. Manifestement adepte de taxinomie, M. Nicolas Boucant identifie quatre types de conflits d'intérêts, qu'il classe par ordre d'intensité croissante : les conflits d'intérêts directs personnels, les conflits d'intérêts directs par représentation, les conflits d'intérêts indirects personnels et les conflits d'intérêts indirects par personnes liées. Une fois définis, il est apparu primordial à M. Nicolas Boucant de s'intéresser aux nécessaires mesures permettant de détecter ces conflits d'intérêts afin de mieux prévenir un choix qui serait finalement préjudiciable à la société parce que dicté par l'intérêt primordial d'un associé ou d'un dirigeant. S'ensuivent des obligations d'informer et de révéler à la société la possibilité d'un conflit d'intérêts, révélant une facette du devoir de loyauté de tout dirigeant, voire de tout associé, vis-à-vis de la société. Reste alors à traiter ces conflits d'intérêts.

Dans une deuxième partie, M. Nicolas Boucant s'intéresse tout d'abord aux différentes mesures permettant de prévenir et gérer les conflits d'intérêts, l'idée étant d'éviter autant que faire se peut qu'une décision sociale soit prise au détriment de l'intérêt social, pour privilégier de manière occulte l'intérêt direct ou indirect d'un associé ou d'un dirigeant. Lorsque ces mesures de prévention et de traitement ont failli, vient le temps des sanctions et de la réparation des conséquences dommageables pour la société de ces décisions mues par d'autres considérations que celles relevant de l'intérêt social. Ces recherches ont alors conduit M. Nicolas Boucant a détecté de manière originale deux fonctions à l'intérêt social : une fonction directrice, consistant à guider les dirigeants ou associés dans l'exercice de leurs pouvoirs sociaux, et une fonction salvatrice, consistant à garantir la pérennité de la société qu'une décision l'exposant à une possible dissolution anticipée pourrait causer.

C'est avec une très grande détermination, une extrême rigueur et un très grand sérieux que M. N. Boucant a su mener à terme cet important travail de recherche, portant sur un sujet difficile et d'actualité, faisant le tour de force de renouveler les analyses traditionnelles. Son jury de thèse composé de Mme Estelle Naudin, professeur à l'Université de Strasbourg, Mme Nathalie Blanc, professeur à l'Université Sorbonne Paris Nord (Paris XIII), M. Mustapha Mekki, professeur à l'Université Panthéon-Sorbonne (Paris I) et M. Augustin Aynès, professeur à l'Université Paris-Est Créteil (Paris XII) a unanimement souligné le caractère très stimulant de cette recherche, outre l'abondante et exhaustive documentation recensée et exploitée, la qualité du style et la clarté du propos servi par un plan simple et clair, ainsi que la préoccupation constante de ne pas perdre le lecteur en proposant de nombreuses conclusions intermédiaires facilitant le suivi de la pensée.

Mais il est temps de laisser le lecteur se faire sa propre idée, le signataire de ces lignes saisissant ici l'ultime occasion de confesser sa satisfaction d'avoir accompagné l'un de ses meilleurs étudiants vers l'obtention méritée du prestigieux grade de docteur en droit.

Frédéric BICHERON
*Agrégé des facultés de droit*
*Professeur à l'Université Paris-Est Créteil*
*Directeur du Laboratoire de Droit Privé (LDP)*

# INTRODUCTION

Le conflit d'intérêts est une thématique récurrente au théâtre dont il peut animer l'intrigue principale. La pièce *Les Fourberies de Scapin* de Molière met en scène un valet, Scapin, dont les intérêts personnels seront régulièrement confrontés aux intérêts de son maître ; ce dernier résout la plupart des conflits d'intérêts qu'il rencontre en privilégiant les intérêts de son maître au détriment des siens[1]. Le conflit d'intérêts peut être cantonné à un élément de réflexion accessoire. *Le Malade imaginaire* de Molière questionne l'intégrité des médecins tentés de s'enrichir au détriment de l'intérêt de leur patient, en retardant leur guérison ou en multipliant les diagnostics[2]. Au cinéma la poursuite d'intérêts personnels au mépris d'un intérêt dont un personnage a la charge est un trait de caractère de l'anti-héros ou de l'antagoniste du héros. Cette faiblesse est mise à l'honneur au sein de deux comédies satiriques récentes. Dans le film *I Care a Lot*[3], avec la complicité de médecins, une tutrice dépossède de leurs biens les riches personnes âgées dont elle doit assurer la protection. L'intrigue du film *Don't Look Up*, gravite autour de deux personnages secondaires, la présidente des États-Unis et un milliardaire président directeur général fondateur d'une société spécialisée dans les technologies ; la poursuite des ambitions politiques de la première et la volonté de s'enrichir du second, menacent l'humanité d'une extinction de masse.

Sorti de la fiction, le conflit d'intérêts est un fait d'actualité récurrent. L'opinion publique s'émeut régulièrement de faits divers illustrant des conflits d'intérêts. Par exemple, un premier ministre se rendait avec ses deux enfants, au moyen d'un Falcon de l'Armée de l'air française, à la finale de la Ligue des champions de football en 2015[4]. Les motivations du premier ministre interrogeaient les lecteurs de la presse. Avait-il privilégié ses intérêts personnels ou l'intérêt général qu'il représentait par ses fonctions ?

Un second exemple connu du grand public peut être relevé. Le directeur général d'une union de mutuelles avait loué des locaux préalablement acquis et rénovés par une société civile immobilière créée par son épouse[5]. Ce dernier

---

[1] V. par ex. la scène VI de l'acte II, mettant à exécution l'un de ses plans, Scapin lançait, notamment, à Argante « *Est-ce que je voudrais vous tromper, et que dans tout ceci j'ai d'autre intérêt que le vôtre, et celui de mon maître, à qui vous voulez vous allier ?* ».

[2] V. par ex. l'acte I, scène II, Toinette interrogeant Argan à propos des réelles intentions de ses médecins : « *Ce Monsieur Fleurant là et ce Monsieur Purgon s'égayent bien sur votre corps : ils ont en vous une bonne vache à lait ; et je voudrais bien leur demander quel mal vous avez pour vous faire tant de remèdes.* ».

[3] *I Care a Lot*, réalisé par JONATHAN BLAKESON, Crimple Beck, Black Bear Pictures, 2021.

[4] M. VAUDANO, J. BARUCH, S. LAURENT, L'escapade berlinoise de Manuel Valls est-elle une « faute politique » ?, 08 juin 2015, Le Monde, Les Décodeurs, https://www.lemonde.fr/les-decodeurs/article/2015/06/08/l-escapade-berlinoise-de-manuel-valls-est-elle-une-faute-politique_4649719_4355770.html, mis à jour le 09 juin 2015 à 18h42, consulté le 11 juin 2022.

[5] S. MAUBLANC, A. POUCHARD, Comprendre la tardive mise en examen de Richard Ferrand, 13 sept. 2019, Le Monde, Les Décodeurs, https://www.lemonde.fr/les-decodeurs/article/2019/09/13/comprendre-la-tardive-mise-en-examen-de-richard-ferrand_5510157_4355770.html, mis à jour le 13 septembre 2019 à 22h04, consulté le 11 juin 2022.

motivait cette opération, notamment, par les économies réalisées par l'union de mutuelles en ce qu'elle ne supportait pas les frais d'acquisition et de rénovation des biens immobiliers. Cet argument peinait à convaincre. Premièrement il ne tenait pas compte de la période de location et du moment à partir duquel le montant des loyers devenait supérieur au montant global de l'opération d'acquisition et de rénovation. Deuxièmement il ne tenait non plus compte de la plus-value de cession des immeubles dont l'union des mutuelles était irrémédiablement privée. Le directeur général avait-il privilégié l'intérêt de l'union de mutuelles ou l'intérêt de son épouse en lui révélant cette opportunité d'affaires ? La prescription de l'action publique étant acquise pour le délit de prise illégale d'intérêts, aucune réponse judiciaire ne peut être formulée[1].

Il n'est pas rare pour la presse spécialisée de présenter des associés ou des dirigeants de sociétés ayant poursuivi leurs intérêts personnels au mépris de l'intérêt social. Tel est par exemple le cas d'un ancien président directeur général de deux sociétés cotées soupçonné d'avoir détourné des fonds sociaux par l'intermédiaire de sociétés au sein desquelles il était associé ou dirigeant[2].

Régulièrement, les médias présentent des faits dont la qualification de conflit d'intérêts retenue peut être discutée. Par exemple un expert judiciaire a récemment été récusé par la Cour d'appel de Grenoble dans l'affaire dite du « *docteur V.* »[3]. Dans cette affaire, un chirurgien était mis en examen pour blessures et homicides involontaires. L'un de ses confrères était désigné en qualité d'expert judiciaire. Plusieurs plaignants relevaient un conflit d'intérêts affectant l'expert et demandaient sa récusation. La Cour d'appel faisait droit à cette demande en indiquant notamment que le chirurgien mis en examen et l'expert judiciaire « sont tous les deux membres de la Société française de chirurgie rachidienne *[SFCR, qui compte 450 membres]* et qu'au sein de cette société savante ils participent au même groupe de travail "chirurgie ambulatoire", qui compte vingt membres »[4]. Or, l'expert judiciaire n'avait aucunement en charge l'intérêt des plaignants et n'avait pas directement en charge l'intérêt général malgré la mission de justice qui lui était confiée. Seul son devoir d'impartialité pouvait être

---

1 LE MONDE, AFP, Affaire des Mutuelles de Bretagne : victoire judiciaire pour Richard Ferrand, qui fait reconnaître la prescription de l'action publique, 31 mars 2021, Le Monde Société - Justice, https://www.lemonde.fr/societe/article/2021/03/31/affaire-des-mutuelles-de-bretagne-victoire-judiciaire-pour-richard-ferrand-qui-fait-reconnaitre-la-prescription-de-l-action-publique_6075165_3224.html, mis à jour le 1er avr. 2021 à 11h03, consulté le 11 juin 2022.

2 E. BEZIAT, Carlos Ghosn, soupçonné « d'abus de biens sociaux et blanchiment », est désormais visé par un mandat d'arrêt international délivré par la justice française, 22 avril 2022, Le Monde Économie, https://www.lemonde.fr/economie/article/2022/04/22/la-justice-francaise-emet-un-mandat-d-arret-international-contre-carlos-ghosn-soupconne-d-abus-de-biens-sociaux-et-blanchiment_6123240_3234.html, mis à jour le 22 avril 2022 à 15h08, consulté le 11 juin 2022.

3 R. DUPRE, « Affaire du docteur V. » : un expert judiciaire récusé par la cour d'appel de Grenoble, 24 août 2022, Le Monde Société - Justice, https://www.lemonde.fr/societe/article/2022/08/24/affaire-du-docteur-v-un-expert-judiciaire-recuse-par-la-cour-d-appel-de-grenoble_6138856_3224.html, mis à jour le 24 août 2022 à 10h27, consulté le 30 août 2022.

4 R. DUPRE, art. préc., extrait cité en italique par l'auteur.

remis en question au regard des liens d'intérêts qui l'unissait à son confrère mis en examen. En l'absence d'une pluralité d'intérêts pris en charge par l'expert judiciaire, la qualification de conflit d'intérêts retenue par certains plaignants et par la presse semblait précipitée.

Le grand public tend à systématiquement voir des conflits d'intérêts en tous lieux et toutes circonstances quand bien même cette qualification serait inappropriée, sinon discutable. Pour de nombreux observateurs, la qualification de conflit d'intérêts peut être retenue dès lors qu'un intérêt personnel peut être identifié. La locution conflit d'intérêts en est ainsi galvaudée. Son usage demeure délicat et nous impose d'identifier une première définition.

Le terme intérêt peut être défini comme « *Ce qui importe ou ce qui convient à l'utilité d'une personne, d'une collectivité, d'une institution, en ce qui concerne soit leur bien physique ou matériel, soit leur bien intellectuel ou moral, leur honneur, leur considération.* »[1]. La locution conflit d'intérêts est polysémique et peut être définie comme un « *Antagonisme entre des formes contraires* »[2] ou plus précisément une « *Situation d'interférence entre deux intérêts opposés* »[3].

Le conflit d'intérêts relevant du présent champ d'étude correspond à un état de choix dans lequel se trouve une personne dont les intérêts personnels interfèrent avec ceux dont elle a la charge. Dans une première approche, il se définit de manière générale comme une situation de fait par laquelle une personne en charge d'un intérêt est directement ou indirectement amenée à en privilégier un autre, personnel ou tiers. Cette définition se situe dans la lignée des définitions introductives proposées par Messieurs CUIF[4] et MORET-BAILLY[5].

Cette définition permet d'exclure du champ d'étude deux types de conflits d'intérêts.

Le premier correspond aux conflits d'intérêts dits psychologiques, par lesquels une personne peine à arbitrer entre ses propres intérêts de manière consciente ou inconsciente. Cette dernière exprime des intérêts contradictoires entre eux. Par exemple une société de presse est spécialisée dans la critique des sociétés éditant ou développant des jeux vidéo. Cette société assure à son lectorat

---

[1] En ce sens, ACADEMIE FRANÇAISE, Dictionnaire de l'Académie française, Tome 2, 9ème éd., Fayard, Coll. Littérature Française, 2005, v. « *Intérêt* » sens n°1. *Adde* ATHLAN L., BAUDESSON T., BOERINGER C.-H., SAVOURE J.-H., TROCHON J.-Y., Les conflits d'intérêts dans l'entreprise, LexisNexis, Coll. Droit & Professionnels, sous Coll. Entreprise, 2016, n°17.

[2] En ce sens, ACADEMIE FRANÇAISE, *op. cit.*, v. « *Conflit* » sens n°2. Cette locution figurait au sein de la 6ème édition de ce dictionnaire datant de 1835, sous l'expression de conflit des intérêts. *Adde* P.-F. CUIF, Le conflit d'intérêts, essai sur la détermination d'un principe juridique en droit privé, RTD com. 2005, p.1, n°4, selon lequel cette locution pourrait être issue de la « *francisation de la notion anglaise de* conflict of interests. ».

[3] S. GUINCHARD, T. DEBARD, Lexique des termes juridiques 2021-2022, 29ème éd., Dalloz, 2021, v. « *Conflit d'intérêts* », *Droit général*, p.243.

[4] P.-F. CUIF, art. préc., n°1, pour qui le conflit d'intérêts est « *la situation dans laquelle une personne voit ses intérêts personnels entrer en conflit avec des intérêts dont elle a la charge.* ».

[5] J. MORET-BAILLY, Définir les conflits d'intérêts, D. 2011, p.1100, n°2, considérant que « *Dans l'hypothèse des conflits d'intérêts stricto sensu, en revanche, des intérêts pouvant entrer en conflit sont portés par une même personne qui pourrait profiter de cette situation pour faire prévaloir son intérêt ou celui d'un tiers sur celui qu'il est chargé de défendre, de représenter ou de protéger.* ».

être parfaitement impartiale et indépendante des sociétés critiquées. Pourtant, en parallèle, la société amorce une activité de promotion publicitaire des jeux vidéo édités ou développés par les sociétés critiquées. La société véhicule deux intérêts contradictoires entre eux. Le premier correspond à l'exercice d'une première activité de critique présentée aux lecteurs comme impartiale et objective. Le second correspond à l'exercice d'une seconde activité de promotion publicitaire susceptible de compromettre la première.

Le second type de conflit d'intérêts exclu correspond aux conflits d'intérêts externes, par lesquels deux ou plusieurs personnes voient leurs intérêts respectifs s'opposer et entrer en conflit[1]. Par exemple, deux personnes portent devant un juge le litige juridique qui les oppose. Chacune des parties œuvre pour la défense de leurs propres intérêts au moyen d'arguments distincts.

Le conflit d'intérêts est une problématique constante à laquelle peuvent être confrontés tous les individus vivant en groupe organisé. Le droit ne pouvait ignorer cette notion en la reléguant au rang de précepte moral[2]. Des traces de réglementations spéciales peuvent être relevées à travers l'histoire. Par exemple, en 52 av. J.-C., le Sénat de la République romaine adoptait la *lex Pompeia de prouinciis*[3], imposant un délai de carence s'élevant à cinq ans entre l'exercice d'une magistrature à Rome et l'exercice d'une promagistrature en province romaine[4]. Cette loi limitait l'usage à des fins personnelles de l'*imperium* par les promagistrats[5] au mépris des intérêts de Rome dont ils avaient la charge en province. En effet les promagistrats pouvaient être pressés de rembourser leurs dettes de campagne électorale aux fonctions de magistrat en pillant les provinces au sein desquelles

---

[1] V. ACADEMIE FRANÇAISE, *op. cit.*, v. « *Conflit* » sens n°1, « *Affrontement entre des personnes ou des groupes de personnes.* ». Rappr. J. MORET-BAILLY, *ibid.*

[2] V. par ex. au sein du livre des Proverbes de l'Ancien Testament, chapitre 28, verset n°16, le proverbe « *Moins le prince est malin, plus il est rapace ! Qui renonce à ses intérêts verra de longs jours.* ». *Adde* notamment l'Évangile de PAUL, Chapitre 2, verset n°4, « *Que chacun de vous ne soit pas préoccupé de ses propres intérêts ; pensez aussi à ceux des autres.* » ; l'Évangile de MATHIEU, Chapitre 6, verset n°24, selon lequel « *Nul ne peut servir deux maîtres : ou bien il haïra l'un et aimera l'autre, ou bien il s'attachera à l'un et méprisera l'autre. Vous ne pouvez pas servir à la fois Dieu et l'Argent.* » ; l'Évangile de LUC, Chapitre 16, verset n°13, reprenant le verset précédent sauf à en modifier la première phrase comme suit : « *Aucun domestique ne peut servir deux maîtres : ou bien il haïra l'un et aimera l'autre, ou bien il s'attachera à l'un et méprisera l'autre.* ».

[3] V. J. FRANCE, F. HURLET, Institutions romaines, Des origines aux Sévères, ARMAND COLIN, Coll. Cursus, 2019, *2.3 La lex Pompeia de prouinciis (52)*, p.106 et 107. *Adde* N. BARRANDON, Les rapports de fin d'année des (pro)magistrats en province et le calendrier sénatorial des deux derniers siècles de la République romaine, Revue des Études Anciennes, T. 116, 2014, n°1, p.181 citant en note de bas de page n°70 « *César, BC, I, 85 et Dion Cassius, XL, 56, 2.* ».

[4] Antérieurement à cette loi, les consuls et les préteurs pouvaient automatiquement prétendre, au terme de leur mandat, à une fonction de promagistrat, chargé de gouverner une province romaine.

[5] Sous la République romaine, l'*imperium* est un pouvoir constitutionnel donnant l'autorité à son détenteur pour commander en matière militaire et civile. À Rome, ce pouvoir suprême était concurremment détenu par deux catégories de hauts magistrats ordinaires : les consuls et les préteurs. En province, ce pouvoir était détenu par un unique promagistrat, le proconsul ou le propréteur.

ils étaient nommés[1]. Cette loi décourageait également les candidats préteurs ou consuls, exclusivement guidés par la volonté d'exercer un mandat de promagistrat afin d'en tirer gloire et richesse personnelle. La *lex Pompeia de prouinciis* figure parmi les dernières tentatives d'assurer la primauté des intérêts collectifs de la République sur les intérêts individuels qui altérèrent ses institutions, causèrent sa chute et l'avènement de l'Empire romain en 27 av. J.-C. Ou encore, l'édit de Moulins, pris par le roi de France Charles IX en 1566, instaurait un principe d'inaliénabilité du domaine royal fixe. Les biens composant le domaine royal fixe étaient donc placés hors marché. Les personnes chargées de l'administration du domaine royal et des intérêts du roi, voyaient leur exposition à certains conflits d'intérêts limitée. Elles ne pouvaient notamment pas espérer céder pour leur compte personnel les biens composant le domaine royal au mépris des intérêts du roi.

Les conflits d'intérêts irriguent l'histoire du droit et ont inspiré les rédacteurs du Code civil de 1804. Plusieurs dispositions de ce code avaient pour objet ou pour effet de limiter le risque qu'une personne puisse faire primer son intérêt sur celui dont elle avait la charge. Au sein de l'exposé des motifs du projet de Code civil, PORTALIS justifiait la restriction apportée par l'article 1595 au droit de vendre et d'acquérir entre époux en employant une locution latine « *Nemo potest esse auctor in re suâ* » ; cette dernière était dérivée de la maxime « *Nemo in rem suam auctor esse potest* » signifiant « *Nul ne peut se donner d'autorisation dans sa propre affaire* ». Il ajoutait « *Or, quand on autorise, on est juge, et on est partie, quand on traite. On peut, comme partie, chercher son bien propre et particulier ; comme autorisant, on ne doit travailler qu'au bien d'autrui.* ». Suivant cette logique, l'article 1596 du même Code restreignait le droit d'acquérir d'un nombre limité de personnes en fonction des intérêts privés ou publics dont elles avaient la charge[2]. Enfin, la notion d'opposition d'intérêts était introduite en matière de tutelle des mineurs, au sein de l'article 420 du même Code. Selon cet article, les fonctions du subrogé-tuteur consistaient « *à agir pour les intérêts du mineur, lorsqu'ils seront en opposition avec ceux du tuteur* ».

La notion de conflit d'intérêts a indirectement inspiré des théories juridiques, notamment en droit des contrats. Selon DEMOGUE, « *Celui qui veut l'acte juridique veut son intérêt, mais en fait il peut réaliser le bien de tous.* »[3]. Il ajoutait, « *Cela a plus de chances de se produire quand les volontés sont à plusieurs et en opposition naturelle, comme dans*

---

[1] V. J. FRANCE, F. HURLET, *ibid.*, relevant que « *La loi de Pompée avait d'abord une finalité politique : elle visait à limiter la brigue et l'intensité des campagnes électorales, qui conduisaient alors les candidats à s'endetter fortement, en imposant à ceux-ci d'attendre au moins cinq années avant qu'ils ne soient en mesure de rembourser leurs créanciers avec l'argent issu de l'exploitation des provinces qui leur seraient confiées.* ».

[2] Selon cet art., ne pouvaient se rendre adjudicataires, sous peine de nullité, ni par eux-mêmes, ni par personnes interposées : les tuteurs, des biens de ceux dont ils ont la tutelle ; les mandataires, des biens qu'ils sont chargés de vendre ; les administrateurs, de ceux des communes ou des établissements publics confiés à leurs soins ; les officiers publics, des biens nationaux dont les ventes se font par leur ministère.

[3] R. DEMOGUE, Traité Des Obligations en Général, I Source des Obligations, tome 1, Librairie Arthur Rousseau & Cie, 1923, n°15, p.33

*les contrats, ou lorsqu'elles apparaissent assez nombreuses et compétentes, comme cela se voit dans les diverses institutions (associations, corps d'administrateurs, corps sociaux divers).* »[1]. Des auteurs ont par la suite proposé des classifications des contrats en fonction de l'état présupposé d'opposition ou de convergence des intérêts des cocontractants[2].

Cette notion a fait l'objet d'une rationalisation doctrinale récente. Des travaux de recherche spéciaux s'y rapportent, notamment en droit des sociétés et des affaires[3] ou encore en droit bancaire et financier[4], public[5], pénal[6], en procédure civile et en droit de l'arbitrage[7]. Ces travaux ont principalement permis d'identifier les traitements juridiques sectoriels réservés aux conflits d'intérêts. Des auteurs ont préféré une approche générale des conflits d'intérêts[8], principalement aux fins d'identifier une définition transversale et le régime

---

1 *Ibid.*

2 Exposant ces différentes classifications v. M. LATINA, Contrat : généralités, Rép. civ. Dalloz, 2017, art. 4 « *Contrats-échange, organisation et coopération* », n°225 et suiv. *Adde* C. BRENNER, S. LEQUETTE, Acte juridique, Rép. civ. Dalloz, 2019, B « *Le positionnement des intérêts* », n°197 et suiv. ; T. MASSART, Contrat de société, Rép. société, Dalloz, 2006, art. 2 « *Renouvellement de l'analyse contractuelle* », n°122 et suiv.

3 D. SCHMIDT, Les conflits d'intérêts dans la société anonyme, 1re éd., Joly éditions, 1999 ; A . COURET, La prévention des conflits d'intérêts. Nouveau régime des conventions, RJDA 2002, p.290, n°1 ; D. SCHMIDT, Les conflits d'intérêts dans la société anonyme, 2ème éd., Joly éditions, 2004 ; J. BOUVERESSE, Les conflits d'intérêts en droit des sociétés, th. dactyl., Strasbourg, 2006 ; V. MAGNIER (dir.), Les conflits d'intérêts dans le monde des affaires, un Janus à combattre, PUF, Coll. CEPRISCA, 2006 ; G. TEBOUL (dir.), Les conflits d'intérêts en droit des affaires, Gaz. pal., n°342, 8 déc. 2011 ; V. MAGNIER, Les entreprises, laboratoire des modes de lutte contre les conflits d'intérêts ?, Rev. Pouvoirs, CAIRN, 2013, n°147, p.101 ; L. ATHLAN, T. BAUDESSON, C.-H. BOERINGER, J.-H. SAVOURE, J.-Y. TROCHON, Les conflits d'intérêts dans l'entreprise, LexisNexis, Coll. Droit & Professionnels, sous Coll. Entreprise, 2016 ; A. COURET, Nouveau régime de la représentation et conflits d'intérêts en droit des sociétés, Rev. Sociétés, 2017, p.331.

4 A. COURET, Banques d'affaires, analystes financiers et conflits d'intérêts, D. 2004, p.335 ; M. KLOEPFER PELÈZE, Analystes financiers et conflits d'intérêts, Bull. Joly Bourse, 2008, n° spécial, p.573 ; J.-M. MOULIN, Conflits d'intérêts chez les agences de notation, Bull. Joly Bourse, 2008, n°spécial, p.580.

5 J.-D. DREYFUS, Le conflit d'intérêts en droit public (aspects non contentieux), Petites affiches, 2002, n°120, p.5.

6 D. REBUT, Les conflits d'intérêts et le droit pénal, Rev. Pouvoirs, CAIRN, 2013, n°147, p.123.

7 D. TRICOT, Professions libérales juridiques et conflits d'intérêts, Rev. Pouvoirs, CAIRN, 2013, n°147, p.91 ; S. GUINCHARD, La gestion des conflits d'intérêts du juge : entre statut et vertu, Rev. Pouvoirs, CAIRN, 2013, n°147, p.79 ; C. CASTRES SAINT MARTIN, Les conflits d'intérêts en arbitrage commercial international, th. dactyl., Paris, 2015.

8 V. spé. P.-F. CUIF, art. préc. ; C. OGIER, Le conflit d'intérêts, th. dactyl., Saint-Etienne, 2008 ; J. MORET-BAILLY, art. préc. ; A. COURET, La gestion des conflits d'intérêts, RLDA, 2011, p.118 ; B. DONDERO, Le traitement juridique des conflits d'intérêts : entre droit commun et dispositifs spéciaux, D. 2012, p.1686 ; ASSOCIATION HENRI CAPITANT, Les conflits d'intérêts, Journées nationales, Tome XVII, Dalloz, Coll. Thèmes et Commentaires, Lyon, 2013 ; T. DOUVILLE, Les conflits d'intérêts en droit privé, th. dactyl., Caen, 2013 ; D. SCHMIDT, Essai de systématisation des conflits d'intérêts, D. 2013, p.446 ; M. MEKKI, La lutte contre les conflits d'intérêts : essor de la transparence ou règne de la méfiance ?, Rev. Pouvoirs, CAIRN, 2013, n°147, p.17.

juridique pouvant leur être appliqué. Le dernier état des travaux doctrinaux a été marqué par la thèse de Monsieur VALIERGUE renouvelant la théorie du pouvoir afin d'appréhender le régime juridique des conflits d'intérêts en droit privé[1].

Le droit positif comporte, en de nombreuses matières, de multiples règles de droit relatives aux conflits d'intérêts. Le législateur a souhaité prémunir l'intérêt général contre les intérêts privés des élus de la République, des fonctionnaires et des personnes chargées d'une mission de service public. Le droit public a ainsi été doté à partir de 2013 de dispositions légales abouties assurant une appréhension juridique efficace des conflits d'intérêts[2]. Les dispositions applicables aux fonctionnaires et aux agents contractuels, ensemble les agents publics, ont été codifiées en 2021 au sein du Code général de la fonction publique[3].

En droit public, le conflit d'intérêts est défini comme « *toute situation d'interférence entre un intérêt public et des intérêts publics ou privés qui est de nature à influencer ou à paraître influencer l'exercice indépendant, impartial et objectif d'une fonction.* »[4]. Cette définition s'accompagne d'une double obligation imposant aux membres du Gouvernement, aux personnes titulaires d'un mandat électif local ou chargées d'une mission de service public et aux agents publics de prévenir ou de faire cesser immédiatement tout conflit d'intérêts[5].

Cette double obligation peut tout d'abord être renforcée par une série d'interdictions spéciales. Ces dernières ont pour objet de circonscrire le risque d'apparition de conflits d'intérêts en empêchant le rapprochement d'intérêts privés de l'intérêt général. Par exemple, les agents publics sont, sauf exception, astreints à un principe d'interdiction d'exercice à titre professionnel d'« *une activité privée lucrative de quelque nature que ce soit* » et ne peuvent notamment pas participer « *aux organes de direction de sociétés* »[6]. Les élus de la République peuvent être affectés par des interdictions similaires. Par exemple, selon l'article 23 de la Constitution « *Les fonctions de membre du Gouvernement sont incompatibles avec l'exercice de tout mandat*

---

[1] J. VALIERGUE, Les conflits d'intérêts en droit privé : contribution à la théorie juridique du pouvoir, Coll. th., LGDJ, 2019.

[2] V. spé. la loi n°2013-907 du 11 oct. 2013 relative à la transparence de la vie publique ; la loi n°2016-483 du 20 avril 2016 relative à la déontologie et aux droits et obligations des fonctionnaires ; la loi organique n°2016-1090 du 8 août 2016 relative aux garanties statutaires, aux obligations déontologiques et au recrutement des magistrats ainsi qu'au Conseil supérieur de la magistrature ; la loi n°2016-1547 du 18 nov. 2016 de modernisation de la justice du XXIe siècle ; la loi n°83-634 du 13 juil. 1983 portant droits et obligations des fonctionnaires.

[3] Ordonnance n°2021-1574 du 24 nov. 2021 portant partie législative du code général de la fonction publique.

[4] V. l'art. 2, I, de la loi n°2013-907 du 11 oct. 2013 préc. ; *adde* l'art. L. 121-5 du Code général de la fonction publique applicable aux agents publics.

[5] V. l'art. L. 121-4 du Code général de la fonction publique et l'art. 1 de la loi n°2013-907 du 11 oct. 2013 préc.

[6] V. les alinéas 1 et 4 de l'art. L. 123-1 du Code général de la fonction publique. Il convient de préciser qu'au sein du présent ouvrage, la computation des alinéas est faite selon les recommandations de la circulaire du 20 oct. 2000 relative au mode de décompte des alinéas lors de l'élaboration des textes.

*parlementaire, de toute fonction de représentation professionnelle à caractère national et de tout emploi public ou de toute activité professionnelle.* »[1].

Cette double obligation est également complétée par une série de dispositions légales permettant de gérer les conflits d'intérêts identifiés. L'élu de la République, l'agent public ou la personne chargée d'une mission de service public estimant se trouver en conflit d'intérêts a l'obligation, le cas échéant : de saisir son supérieur hiérarchique et déléguer ses pouvoirs ou l'exécution de sa mission ; de s'abstenir d'user des délégations de signatures reçues ; de s'abstenir de siéger ou de délibérer au sein de l'instance collégiale à laquelle il appartient ; d'être suppléé selon les règles propres à la juridiction à laquelle il appartient ; d'être suppléé par tout délégataire, auquel il s'abstient d'adresser des instructions, lorsqu'il exerce des compétences qui lui ont été dévolues en propre[2].

Afin de garantir l'efficacité des dispositions précitées, certains hauts fonctionnaires ou Élus de la République peuvent être tenus à des obligations de déclaration étendues facilitant l'identification des conflits d'intérêts présents ou futurs. Ils peuvent être, le cas échéant, astreints à l'obligation de produire une déclaration de patrimoine ou d'intérêts[3].

La loi du 11 octobre 2013 relative à la transparence de la vie publique créait une autorité administrative indépendante, désignée la Haute Autorité pour la transparence de la vie publique[4]. Cette autorité est vouée à connaitre des conflits d'intérêts affectant les élus de la République, les hauts fonctionnaires et les personnes chargées d'une mission de service public visées par la loi précitée. Elle a notamment pour mission de centraliser les déclarations de patrimoines et d'intérêts, de se prononcer sur les situations pouvant constituer un conflit d'intérêts, de répondre aux questions d'ordre déontologique qui lui sont adressées, ou encore de se prononcer sur la compatibilité de l'exercice de certaines activités relevant du droit privé avec des fonctions gouvernementales ou des fonctions exécutives locales[5]. Afin de mener à bien ses missions, la Haute

---

[1] V. l'art. 23 al. 1 de Constitution du 4 octobre 1958. V. encore L'art. LO 145 al. 1 du Code électoral disposant que « *Sont incompatibles avec le mandat de député les fonctions de président ainsi que celles de directeur général et de directeur général adjoint exercées dans les entreprises nationales et établissements publics nationaux* » ; par renvoi de l'art. LO 297 du même Code ces incompatibilités sont applicables aux sénateurs. *Adde* L'art. LO 146 du même Code dispose le mandat parlementaire est incompatible avec les «*fonctions de chef d'entreprise, de président de conseil d'administration, de président et de membre de directoire, de président de conseil de surveillance, d'administrateur délégué, de directeur général, directeur général délégué ou gérant exercées* » au sein de sociétés ou d'entreprises énumérées par ce même art. ; ces interdictions « *sont applicables à toute personne qui, directement ou par personne interposée, exerce en fait la direction de l'un des établissements, sociétés ou entreprises* ».

[2] V. l'art. L. 122-1 du Code général de la fonction publique, l'art. 2 de la loi n°2013-907 du 11 oct. 2013 préc., les art. 2 et 2-1 du décret n°59-178 du 22 janv. 1959 relatif aux attributions des ministres.

[3] V. notamment les art. L. 122-2 et suiv. du Code général de la fonction publique et les art. 4 et suiv. de la loi n°2013-907 du 11 oct. 2013 préc.

[4] V. les art. 19 et suiv. de la loi n°2013-907 du 11 oct. 2013 préc.

[5] V. l'art. 20 de la loi n°2013-907 du 11 oct. 2013 préc. *Adde* les art. L. 122-10 et suiv. du Code général de la fonction publique.

Autorité est investie du pouvoir d'injonction de communiquer une déclaration de patrimoine ou d'intérêts[1] et de faire cesser une situation de conflit d'intérêts[2].

En droit privé il n'existe aucun cadre légal général permettant d'appréhender la notion de conflit d'intérêts de manière transversale. Toutefois des mesures légales éparses permettent de traiter directement ou indirectement des conflits d'intérêts[3].

Le Code pénal recense des dispositions légales permettant d'appréhender des situations de conflits d'intérêts nuisant à l'intérêt général[4]. Par exemple, le droit pénal des affaires sanctionne les dirigeants abusant de leurs pouvoirs, leurs voix, des biens sociaux ou du crédit d'une société à responsabilité limitée ou par actions, à des fins personnelles et au mépris de l'intérêt social[5].

Le droit civil comporte de nombreuses dispositions permettant d'appréhender des conflits d'intérêts spéciaux rencontrés par des personnes représentant des intérêts distincts des leurs. Le Code civil comporte un article employant explicitement la locution conflit d'intérêts. Cet article traite de la gestion des conflits d'intérêts en matière de curatelle et de tutelle[6]. La notion de conflit d'intérêts est davantage présente par l'emploi de l'expression opposition d'intérêts, spécialement en droit des personnes[7] et de la vente[8]. Par exemple, le Code civil impose aux parents, administrateurs légaux, de gérer les biens des mineurs dans le seul intérêt de ces derniers[9]. Il prévoit encore des mécanismes spéciaux de représentation lorsque les intérêts de l'administrateur légal unique, des administrateurs légaux ou l'un des deux administrateurs légaux sont en opposition avec ceux du mineur[10]. Les administrateurs légaux sont réputés être en opposition d'intérêts avec le mineur à l'occasion de la conclusion d'un acte de cession ou de bail portant sur les biens de ce dernier. Pour ces actes, le Code civil prévoit un mécanisme d'autorisation préalable à leur conclusion et délivrée par le juge des tutelles[11].

En 2016 le Code civil a été enrichi de dispositions de droit commun traitant de l'opposition d'intérêts en matière de représentation des personnes physiques. L'article 1161 alinéa 1 du Code civil dispose ainsi qu'« *en matière de représentation des*

---

[1] V. l'art. 4, V. de la loi n°2013-907 du 11 oct. 2013 préc. *Adde* l'art. L. 122-16 du Code général de la fonction publique.

[2] V. les art. 10, I et 20, I., 2° de la loi n°2013-907 du 11 oct. 2013 préc. et les art. L. 122-3 et -6 du Code général de la fonction publique.

[3] V. par ex. l'art. R. 631-29 du Code de la sécurité intérieure ; l'art. 122-6 du Code du cinéma et de l'image animée ; l'art. L. 131-15-1 du Code du sport ; les art. R. 1313-28 et suiv. du Code de la santé publique ; l'art. L. 213-8-4 du Code de l'environnement ; l'art. L. 114-3-1 du Code de la recherche.

[4] Au sein du Code pénal v. notamment les art. : 313-1, relatif à l'escroquerie ; 314-1, visant l'abus de confiance ; 432-12, ayant pour objet la prise illégale d'intérêts ; 433-1, traitant de la corruption.

[5] V. spé. les art. L. 241-3 et L. 242-6 du Code de commerce.

[6] V. l'art. 459-1 al. 2 du Code civil.

[7] V. notamment les art. 116 al. 2 ; 383 al. 1 ; 387-1 al. 7 ; 461 al. 5 ; 462 al. 7 ; 494-6 al. 5 et 6 ; 507 al. 1 et 508. *Adde* en matière de succession l'art. 813-1 al. 1 du même Code.

[8] V. spé. l'art. 1596 du Code civil.

[9] V. l'art. 385 du Code civil.

[10] V. l'art. 383 du Code civil.

[11] V. l'art. 387-1 al. 7 du Code civil.

*personnes physiques, un représentant ne peut agir pour le compte de plusieurs parties au contrat en opposition d'intérêts ni contracter pour son propre compte avec le représenté* ». Ce principe d'interdiction sanctionné par la nullité de l'acte est assorti d'exceptions prenant la forme d'une autorisation préalable ou d'une ratification ultérieure de l'acte par le représenté. Il convient de relever que le champ d'application de l'article précité a été restreint afin d'en exclure les personnes morales représentées[1]. Cette restriction est intervenue en réaction aux inquiétudes soulevées par la doctrine au regard de l'articulation de cet article de droit commun avec le droit des sociétés et plus particulièrement le régime dit des conventions réglementées.

Principalement sous l'impulsion du droit Européen[2], le droit boursier, financier et des sociétés se sont dotés de dispositifs légaux relatifs aux conflits d'intérêts. Le Code monétaire et financier impose, par exemple, à certains professionnels de se doter de mesures leur permettant, alternativement ou cumulativement, d'identifier, prévenir et gérer les conflits d'intérêts auxquels ils pourraient être exposés[3]. La locution conflit d'intérêts a tardivement fait son entrée en droit des sociétés[4], parmi les dispositions du Code de commerce. Son emploi reste rare et se limite principalement aux sociétés dont les titres sont admis aux négociations sur un marché réglementé ou sur un système multilatéral de négociation[5]. Autour des précédentes sociétés, une pratique diffuse s'est

---

[1] La formulation initiale de l'art. 1161 du Code civil issu de l'ordonnance n°2016-131 du 10 févr. 2016, portant réforme du droit des contrats, du régime général et de la preuve des obligations, a été modifiée par la loi n°2018-287 du 20 avr. 2018 ratifiant l'ordonnance n°2016-131 du 10 février 2016 préc.

[2] V. spé. le règlement délégué (UE) 2019/980 de la Commission du 14 mars 2019 complétant le règlement (UE) 2017/1129 du Parlement européen et du Conseil, abrogeant le règlement (CE) n°809/2004 de la Commission ; la directive (UE) 2017/1132 du Parlement Européen et du Conseil du 14 juin 2017 ; la directive (UE) 2017/828 du Parlement Européen et du Conseil du 17 mai 2017, modifiant la directive 2007/36/CE ; le règlement (UE) n°537/2014 du Parlement Européen et du Conseil du 16 avr. 2014 abrogeant la décision 2005/909/CE de la Commission ; la directive 2014/65/UE du Parlement Européen et du Conseil du 15 mai 2014 modifiant la directive 2002/92/CE et la directive 2011/61/UE ; la directive 2011/61/UE du Parlement Européen et du Conseil du 8 juin 2011 modifiant les directives 2003/41/CE et 2009/65/CE ainsi que les règlements (CE) n°1060/2009 et (UE) n°1095/2010.

[3] V. les art. L. 533-10, L. 541-8 et L. 544-4 du Code monétaire et financier, applicables aux sociétés de gestion de portefeuille, aux conseillers en investissement financier et en vote. *Adde* le RGAMF au sein duquel les locutions conflit d'intérêts et conflits d'intérêts y sont récurrentes.

[4] V. spé. les art. R. 223-32 et R. 225-170 du Code de commerce, codifiés par le décret n°2007-431 du 25 mars 2007 relatif à la partie réglementaire du code de commerce, traitant de la représentation à l'instance d'une société à responsabilité limitée ou d'une société par actions « *lorsqu'il existe un conflit d'intérêt entre celle-ci et ses représentants légaux* ».

[5] V. par ex. l'art. R. 22-10-27 du Code de commerce, applicable à « *Toute personne qui procède à une sollicitation active de mandats au sens de l'art. L. 22-10-41* » et leur imposant de publier sur leur site internet « *un document intitulé "politique de vote"* » ; ou encore les art. R. 22-10-14 et R. 22-10-18 du même Code, selon lesquels la politique de rémunération relative à l'ensemble des mandataires sociaux doit notamment comporter des informations relatives au « *processus de décision suivi pour sa détermination, sa révision et sa mise en œuvre, y compris les mesures permettant d'éviter ou de gérer les conflits d'intérêts* ». Rappr. l'art. L. 22-10-40 du même Code appréhendant indirectement la notion de conflit d'intérêts en matière de représentation des actionnaires.

développée. Elle se concentre quasi exclusivement autour des conflits d'intérêts rencontrés par les membres du conseil d'administration ou de surveillance[1].

Le droit des sociétés demeure essentiellement composé de dispositions légales et de décisions jurisprudentielles permettant indirectement d'appréhender la notion de conflits d'intérêts.

L'article 1832 du Code civil de 1804 définissait la société comme « *un contrat par lequel deux ou plusieurs personnes conviennent de mettre quelque chose en commun, dans la vue de partager le bénéfice qui pourra en résulter.* ». Cette définition reprenait les principales caractéristiques des sociétés créées sous la République romaine[2]. En droit romain, seul un recours entre associés était reconnu par le droit romain en cas d'inexécution du contrat de société[3]. Le Code civil innovait et se dotait de dispositions favorables à la protection de l'intérêt de la société. Par exemple, chaque associé était tenu responsable envers la société « *des dommages qu'il lui a causés par sa faute, sans pouvoir compenser avec ces dommages les profits que son industrie lui aurait procurés dans d'autres affaires.* »[4]. Ou encore, le Code civil autorisait, sauf stipulations spéciales contraires sur le mode d'administration de la société, chaque associé à « *se servir des choses appartenant à la société, pourvu qu'il les emploie à leur destination fixée par l'usage, et qu'il ne s'en serve pas contre l'intérêt de la société, ou de manière à empêcher ses associés d'en user selon leur droit* » ; de plus tout associé avait « *le droit d'obliger ses associés à faire avec lui les dépenses qui sont nécessaires pour la conservation des choses de la société* »[5].

Depuis 1804, la définition juridique de la société a évolué[6]. La société demeure en principe instituée par contrat ou, par exception, par l'acte de volonté d'une seule personne dans les cas prévus par la loi. Une société procède d'intérêts personnels de plusieurs associés, lorsqu'elle est pluripersonnelle, ou d'un unique associé, lorsqu'elle est unipersonnelle. Elle a une vocation légale économique et doit permettre la réalisation d'une économie ou d'un bénéfice.

Les dispositions protectrices de l'intérêt social ont été étendues. Ces dispositions seront passées en revue tout au long des présents développements. Peuvent être relevées en guise d'illustration les dispositions de l'article 1844-12-1, 3° du Code civil permettant au juge, le cas échéant, d'écarter la nullité des décisions sociales à raisons de ses conséquences excessives sur l'intérêt social en comparaison avec l'atteinte à l'intérêt dont la protection est invoquée. Ou encore,

---

[1] Rappr. par ex. les codes AFEP-MEDEF, Code de gouvernement d'entreprise des sociétés cotées, éd. déc. 2022 et MIDDLENEXT, Code de gouvernement d'entreprise, éd. sept. 2021.

[2] V. J.-P. LEVY, A. CASTALDO, Histoire du droit civil, 2ème éd., Dalloz, 2010, p.735, n°474, précisant que « *Le véritable contrat de société apparaît seulement au IIe siècle avant J.-C., comme une conséquence de l'expansion de Rome. La société du droit classique relève du* ius gentium, *est volontaire et a pour vocation de réaliser des affaires.* ». Antérieurement, l'auteur rappel que « *Les Romains ont connu, mais très anciennement, une société de type familial (dite de «* propriété non partagée *»,* ercto non cito*), que décrit encore Gaius (3, 154).* », *id.*, p.734, n°474.

[3] Rappr. J.-P. LEVY, A. CASTALDO, *op. cit.*, p.737, n°474, relevant que « *Le contrat de société est sanctionné par l'action* pro socio, *délivrée à chacun des associés contre chacun des autres.* ».

[4] Art. 1850 du Code civil de 1804.

[5] Art. 1859 du Code civil de 1804.

[6] V. l'art. 1832 du Code civil dans sa rédaction en vigueur depuis la loi n°85-697 du 11 juil. 1985.

l'article 1833 alinéa 2 du Code civil précisant notamment que toute société doit être gérée dans son intérêt social.

Malgré ces évolutions la société demeure un environnement favorable à la prolifération des conflits d'intérêts. En effet, un associé ou un dirigeant peut être amené à confondre l'intérêt social dont il a la charge, avec ses propres intérêts ou ceux d'une personne à laquelle il est lié.

En fonction de sa forme juridique, une société compte parmi ses associés ou ses dirigeants des personnes physiques et des personnes morales. En pratique, le cumul des qualités d'associé et de dirigeant est courant. Il est également usuel pour une même personne physique ou morale d'être associée ou dirigeante au sein de plusieurs sociétés. La vie sociale d'une société a ainsi de grandes chances d'être marquée par de régulières interférences entre les intérêts des associés, des dirigeants et des personnes auxquelles ils sont liés, d'une part, et les intérêts de la société, d'autre part. Ces interférences sont génératrices des conflits d'intérêts relevant du présent champ d'étude. Ils pourront être précédés de conflits d'intérêts psychologiques ou se prolonger de conflits d'intérêts externes entre associés, dirigeants ou entre associés et dirigeants[1].

En l'absence de dispositions légales précises, l'appréhension juridique des conflits d'intérêts en droit des sociétés est abandonnée à la créativité de la pratique des affaires et à l'office du juge.

Selon Montesquieu, « *c'est une expérience éternelle que tout homme qui a du pouvoir est porté à en abuser ; il va jusqu'à ce qu'il trouve des limites.* »[2].

La genèse des conflits d'intérêts réside dans la volonté des associés et des dirigeants de privilégier leurs intérêts ou ceux d'une personne à laquelle ils sont liés, au détriment de l'intérêt social dont ils ont la charge.

La présente recherche a pour objectif de proposer une grille de lecture juridique renouvelée de la notion de conflits d'intérêts en droit des sociétés. Elle se concentre autour des sociétés *in bonis*, dotées ou non de la personnalité morale.

La présente étude se limite aux étapes de la vie normale de la société. Les faits justifiant l'application des dispositions relatives aux entreprises en difficulté constituent une anomalie dans la vie sociale. Par conséquent, les spécificités du droit des entreprises en difficulté sont exclues du périmètre de l'étude. En effet, ce domaine du droit opère des arbitrages entre l'intérêt de la société en difficulté, les intérêts des salariés et ceux des créanciers. Il tend, dans sa globalité, à assurer la poursuite de l'activité sociale et la sauvegarde de l'emploi[3]. Le droit des entreprises en difficulté, en ce qu'il tend à privilégier la stabilité des activités économiques de la nation, est susceptible de privilégier la protection de l'intérêt général à celle de l'intérêt de la société en difficulté. Par exemple, la nullité des actes conclus au cours de la période dite suspecte[4] a pour objet de reconstituer

---

[1] À propos de l'exclusion de ces conflits d'intérêts du présent champ d'étude. Rappr. D. SCHMIDT, *op. cit.* ; J. BOUVERESSE, *op. cit.*

[2] MONTESQUIEU : De l'Esprit des lois, vol. 1, éd. établie par LAURENT VERSINI, Gallimard, Coll. Folio essais, Paris, 1995, Livre onzième, Chapitre IV, p.112.

[3] Rappr. spé. l'art. L. 620-1 al. 1 du Code de commerce.

[4] V. l'art. L. 632-1 du Code de commerce.

l'actif social, non de sanctionner le conflit d'intérêts ayant conduit à la conclusion d'un acte juridique défavorable à la société.

Le présent ouvrage propose de bâtir une théorie générale des conflits d'intérêts. En droit des sociétés, identifier une théorie générale des conflits d'intérêts serait gage de prévisibilité, de stabilité et de sécurité juridique. Au contraire, cantonner cette notion à des solutions légales ou jurisprudentielles éparses l'exposerait à l'aléa des revirements jurisprudentiels et des politiques juridiques. Cette dernière voie desservirait les sociétés, nuirait à l'intérêt général et constituerait, à terme, un frein au développement économique de la nation[1].

Une première partie est consacrée à l'élaboration d'une méthodologie générale d'identification des conflits d'intérêts. Une seconde partie distingue les catégories de mesures permettant de traiter juridiquement les conflits d'intérêts.

**Première partie : L'identification des conflits d'intérêts**

**Seconde partie : Le traitement des conflits d'intérêts**

---

[1] Rappr. PORTALIS relevant en 1804 au sein de son discours préliminaire, qu'« *En effet, la loi statue sur tous : elle considère les hommes en masse, jamais comme particuliers ; elle ne doit point se mêler des faits individuels ni des litiges qui divisent les citoyens. S'il en était autrement, il faudrait journellement faire de nouvelles lois : leur multitude étoufferait leur dignité et nuirait à leur observation.* ».

# Première partie : L'identification des conflits d'intérêts

L'absence de définition légale en droit des sociétés, l'approche doctrinale divisée et la pratique diffuse complexifient l'identification d'une définition unitaire des conflits d'intérêts. Les diverses attentes et appréhensions pratiques de cette notion imposent l'élaboration d'une méthodologie répondant à un double objectif. Le premier objectif est de faciliter l'élaboration d'une définition opérationnelle des conflits d'intérêts. Le second est de permettre une analyse des définitions pratiques proposées. La détection matérielle des conflits d'intérêts est couramment assimilée à une mesure préventive ou de gestion. Elle s'en distingue et constitue un préalable nécessaire à leur déploiement. Comme l'a justement écrit Monsieur MEKKI, « *La première étape suppose de clarifier la notion de conflit d'intérêts. Les fantasmes autour de cette notion sont, en effet, contre-productifs.* »[1]. Il est impératif de développer une méthodologie permettant de définir les conflits d'intérêts (titre I). L'arrêt d'une définition est un préalable nécessaire à la détection des conflits d'intérêts (titre II).

## Titre I - Définir les conflits d'intérêts

Les conflits d'intérêts ne peuvent être qualifiés qu'à partir d'un intérêt de référence à la fois. L'observateur doit donc se placer du point de vue d'une société précise. En présence d'une personne associée ou dirigeante de plusieurs sociétés, la qualification du conflit d'intérêts ne peut être recherchée simultanément au sein de toutes les sociétés. Elle devra être effectuée de manière isolée au sein de chacune des sociétés en cause. Une méthodologie générale peut être esquissée aux fins de définir le conflit d'intérêts. En droit des sociétés, l'arrêt d'une définition pratique opérationnelle résulte de la combinaison entre, d'une part, les éléments constitutifs du conflit d'intérêts (chapitre I) et, d'autre part, la gravité du conflit d'intérêts (chapitre II).

---

[1] M. MEKKI, art. préc., n°3.

# Chapitre I - Les éléments constitutifs du conflit d'intérêts

La définition du conflit d'intérêts s'articule autour des intérêts en présence (section I) et de leur état de concurrence (section II).

## Section I - Les intérêts en présence

La définition du conflit d'intérêts se compose d'un intérêt de référence, l'intérêt social (paragraphe 1), rapproché d'un ou plusieurs intérêts personnels (paragraphe 2).

### §1 - L'intérêt social

Les conflits d'intérêts doivent être caractérisés à partir d'un intérêt spécifique[1]. En droit des sociétés, si l'intérêt social peut être l'intérêt de référence retenu (B), en pratique il subit la concurrence de notions de référence exclues (A).

#### *A - Les notions de référence exclues*

Une partie de la pratique, inspirée par la doctrine[2], définit les conflits d'intérêts à partir d'un élément de référence autre qu'un intérêt déterminé. Afin de les exclure, trois catégories de notions de référence peuvent être répertoriées.

Les activités, missions et fonctions s'appliquent aux personnes n'ayant pas nécessairement conscience d'œuvrer au soutien d'un intérêt identifié. Tel pourrait être le cas, par exemple, d'un salarié d'une société ou d'un agent de la fonction publique. En droit public, ces notions de référence ont notamment été mobilisées afin d'appréhender les hypothèses dans lesquelles un agent de la fonction publique avait un impact sur l'intérêt général sans pour autant œuvrer activement et directement au soutien de cet intérêt[3]. Par exemple, l'Organisation de Coopération et de Développement Économiques (OCDE)[4] et le rapport de la Commission de réflexion pour la prévention des conflits d'intérêts dans la vie publique[5] définissent le conflit d'intérêts à partir des missions exercées par un agent public. En droit privé, par une approche transversale des conflits d'intérêts, Madame OGIER[6] et Monsieur MEKKI[7] ont utilisé ces notions de référence au

---

[1] Rappr. P.-F. CUIF, art. préc., p.1, n°13 et n°28 et J. MORET-BAILLY, art. préc., n°3.

[2] V. par ex. G. CORNU (dir.), Vocabulaire juridique de l'Association Henri Capitant, 14ème éd., PUF, Coll. Quadrige, 2022, v. Conflit d'intérêt, définissant le conflit d'intérêt, au singulier, comme étant une « *Situation dans laquelle la mission professionnelle ou institutionnelle confiée à une personne entre en conflit avec son intérêt propre, de sorte que l'indépendance, l'impartialité et l'objectivité de son jugement en sont altérées.* ».

[3] Rappr. P.-F. CUIF, art. préc., spé. n°24.

[4] Recommandation du Conseil sur les lignes directrices pour la gestion des conflits d'intérêts dans le service public C(2003)107, OCDE, 2003, Annexe A, n°10.

[5] Ce rapport intitulé « *Pour une nouvelle déontologie de la vie publique* » et remis au Président de la République le 26 janvier 2011, p.20, n°2.3 ; rappr. décret n°2010-1072 du 10 sept. 2010.

[6] C. OGIER, *op. cit.*, p.278, proposant de définir le conflit d'intérêts « *comme la situation dans laquelle un intérêt à protéger en vertu d'une mission issue d'une compétence et d'un pouvoir, intérêt objectivement apprécié, est sacrifiée au profit d'un intérêt opposé* ».

[7] M. MEKKI, art. préc., n°17.

sein de leur définition. En matière de droit financier, seul le règlement Européen dit prospectus définit les conflits d'intérêts par référence aux fonctions exercées au sein d'une société[1]. En droit des sociétés, aucun auteur n'a proposé de définition fondée sur ces notions de référence. En pratique ils pourraient être utilisés. Par exemple, constitueraient un conflit d'intérêts les situations dans lesquelles les fonctions exercées par un dirigeant, sont concurrencées par ses intérêts personnels ou toute autre fonction exercée pour le compte d'une autre personne. Une telle définition se conçoit à propos des dirigeants et salariés d'une société. Elle s'applique avec difficulté aux associés ne réalisant aucune activité, mission ou fonction pour le compte de la société en cause.

Les notions de référence peuvent être autant de devoirs, sinon d'obligations, à la charge d'un titulaire de pouvoir[2]. Par une approche transversale des conflits d'intérêts et dans le prolongement de la définition arrêtée par Monsieur MORET-BAILLY[3], Monsieur VALIERGUE combine la loyauté et l'impartialité afin d'identifier une typologie des « *conflits de devoir* »[4]. Après avoir différencié les conflits de devoirs et les conflits entre un devoir et un intérêt, Monsieur VALIERGUE distingue « *les conflits de loyauté* »[5] et « *les conflits d'impartialité* »[6]. En droit financier, seul le règlement Européen précité dit prospectus définit le conflit d'intérêts à partir des devoirs dont est investie une personne à l'égard de la société[7]. L'élément de référence retenu correspondrait aux pouvoirs, devoirs ou obligations des associés et dirigeants en leur qualité de représentant de l'intérêt social. Pratique et doctrine visent principalement le devoir ou l'obligation : d'impartialité, d'indépendance et de loyauté. Peuvent encore être utilisés les notions : d'objectivité, de probité, d'intégrité, de bonne foi, de neutralité ou de secret professionnel. Par exemple, constitueraient un conflit d'intérêts les situations dans lesquelles le devoir de loyauté auquel est tenu à l'égard de la société un associé ou dirigeant est concurrencé par leurs intérêts personnels ou tout autre devoir de loyauté.

L'impartialité[8], notion discutée en doctrine[9], renvoie à un impératif de comportement[10]. Elle impose à la personne qui y est tenue de se montrer distante

---

[1] Règlement délégué (UE) 2019/980 de la Commission du 14 mars 2019 préc., annexes 3 et 8.

[2] Rappr. P.-F. CUIF, art. préc., spé. n°38 ; *contra* J. VALIERGUE, *op. cit.*, n°84 et n°2134 ; *adde* S. SCHMIDT, *op. cit.*, n°317, p.313 et n°386, p.376 et J. PAILLUSSEAU, L'efficacité des entreprises et la légitimité du pouvoir, Petites affiches, n°74, p.17, n°37 à 39.

[3] J. MORET-BAILLY, art. préc., n°23, l'auteur définissant les conflits d'intérêts comme étant « *les situations dans lesquelles une personne en charge d'un intérêt autre que le sien n'agit pas, ou peut être soupçonnée de ne pas agir, avec loyauté ou impartialité vis-à-vis de cet intérêt, mais dans le but d'en avantager un autre, le sien ou celui d'un tiers.* ».

[4] J. VALIERGUE, *op. cit.*, n°2147.

[5] J. VALIERGUE, *op. cit.*, n°556 et suiv.

[6] J. VALIERGUE, *op. cit.*, n°1690 et suiv.

[7] Règlement délégué (UE) 2019/980 de la Commission du 14 mars 2019 préc., v. notamment annexes 1, 6, 7, 24 et 25.

[8] V. la définition proposée par S. GUINCHARD, T. DEBARD, *op. cit.*, v. « *Impartialité* » ; rappr. J. VALIERGUE, *op. cit.*, n°1690.

[9] Rappr. J. VALIERGUE, *op. cit.*, n°1714 et suiv.

[10] Rappr. S. GUINCHARD, Procès équitable, Rép. proc. civ. Dalloz, 2017, n°384 et suiv.

et neutre à l'égard des intérêts auxquels elle peut être confrontée. L'impartialité impose également d'afficher une certaine neutralité lorsqu'il s'agit de trancher une cause opposant les intérêts de personnes distinctes[1]. Si l'impartialité ne peut être ignorée dans une approche globale des conflits d'intérêts en droit privé[2], cette notion est inadaptée en droit des sociétés. Il est attendu des associés et dirigeants qu'ils œuvrent et prennent parti pour la société ; plus généralement qu'ils agissent en conformité avec l'intérêt social. Il est attendu de ces personnes qu'elles soient raisonnablement partiales.

L'indépendance, dans une acception la plus étendue, serait caractérisée par l'absence de tout lien entre une personne et un quelconque intérêt tiers. Cette notion est très proche de l'impartialité[3]. Une acception restreinte limiterait l'indépendance à l'absence des seuls liens de subordination[4]. L'indépendance est notamment requise en raison d'un but poursuivi, justifiant que des intérêts identifiés ne se rencontrent pas. C'est pourquoi cette notion se rapporte davantage à l'exercice de certaines professions libérales[5]. Elle y est érigée en qualité fondamentale du professionnel[6]. En droit des sociétés, cette notion de référence est perfectible[7]. Son appréhension peut être le fruit d'une sélection plus ou moins restrictive, sinon complaisante, des liens emportant la dépendance d'une personne vis-à-vis d'un intérêt ; tel sera par exemple le cas d'un lien de subordination ou d'un mandat de représentation.

La loyauté, en matière contractuelle ou processuelle[8], impose aux individus de ménager les intérêts des personnes auxquelles ils peuvent être opposés[9]. La loyauté est dérivée de la bonne foi[10]. En droit des sociétés, il est attendu des associés et dirigeants qu'ils œuvrent au soutien de l'intérêt social. Ils ne sont pas, de fait, opposés à l'intérêt social. Une acception de cette notion suggère, comme

---

[1] S. GUINCHAR, art. préc., n°390.

[2] Rappr. J. VALIERGUE, *op. cit.*, n°1690 et J. MORET-BAILLY, art. préc., n°14 ; comp. en droit public, le Conseil de l'Europe assimilant le conflit d'intérêts à « *une situation dans laquelle un agent public a un intérêt personnel de nature à influer ou paraître influer sur l'exercice impartial et objectif de ses fonctions officielles.* », Recommandation N°R(2000)10 du Comité des Ministres aux États membres sur les codes de conduite pour les agents publics, 11 mai 2000, spé. n°13.1.

[3] S. GUINCHARD, art. préc., n°322, l'auteur relevant en droit processuel que « *L'indépendance est un préalable à l'impartialité ; on ne peut être impartial si déjà on n'est pas indépendant ; mais, à l'inverse, un juge indépendant de tout pouvoir peut devenir partial dans un dossier particulier.* » ; rappr. J. VALIERGUE, *op. cit.*, n°1712 et 1724.

[4] V. notamment J. MORET-BAILLY, art. préc., n°14, notant qu'« *une personne indépendante ne doit pas être soumise à un intérêt tiers* ».

[5] V. par ex. l'art. 1 alinéa 3 et 3 alinéa 2 de la loi n°71-1130 du 31 déc. 1971 portant réforme de certaines professions judiciaires et juridiques ; ou encore les art. L4121-2 alinéa 2 et R4127-5 du Code de la santé publique. Rappr. J. MORET-BAILLY, art. préc., n°17.

[6] Rappr. J. MORET-BAILLY, art. préc., n°7.

[7] Rappr. J. MORET-BAILLY, art. préc., n°13.

[8] Rappr. P.-F. CUIF, art. préc., spé. n°44 ; *adde* J. VALIERGUE, op. cit., n°557.

[9] V. J. VALIERGUE, *op. cit.*, n°559.

[10] Rappr. P. LE TOURNEAU, M. POUMAREDE, Bonne foi, Rép. civ. Dalloz, 2017, n°4.

le relèvent Messieurs MORET-BAILLY[1] et VALIERGUE[2], un comportement positif au soutien d'un intérêt dont une personne a la charge. Cette acception correspond au devoir de loyauté attendu d'un associé ou dirigeant à l'égard d'une société. Ériger le devoir de loyauté en élément pivot de définition centre le processus de qualification du conflit d'intérêts autour de la seule personne en cause. En droit des sociétés, il apparait préférable de retenir un élément de référence se distinguant nettement de la personne en position de conflit d'intérêts.

Il apparaît davantage pertinent d'utiliser la notion de devoir pour expliciter un type spécifique de conflit d'intérêts. Le droit des sociétés britannique utilise cette notion afin de compléter la définition générale des conflits d'intérêts appliquée aux dirigeants de sociétés[3].

L'élément de référence pourrait se déduire des liens juridiques noués par la société avec d'autres personnes. La pratique identifie notamment : les activités de la société ou du groupe de sociétés auquel elle appartient, les relations concurrentielles, les relations commerciales, les relations conventionnelles, les relations d'instance générées par un procès. Par exemple, constitueraient un conflit d'intérêts les situations dans lesquelles les relations commerciales de la société seraient concurrencées par l'intérêt personnel d'un associé ou dirigeant. Ce type de notion de référence se conçoit davantage en présence d'une personne ne prenant activement en charge aucun intérêt tiers. Il permet d'appréhender des conflits d'intérêts dits psychologiques, exclus du présent champ d'étude, dans lesquels une personne exprimerait des intérêts personnels contradictoires. En droit des sociétés, cette catégorie d'élément de référence pourrait permettre l'identification de conflits d'intérêts d'attention prioritaire.

L'usage d'une notion de référence autre qu'un intérêt, réduit dans une propension variable la définition des conflits d'intérêts. Ce type d'élément de référence permet notamment d'appréhender non des conflits d'intérêts mais des conflits d'intérêt au singulier[4], « *des conflits de devoir* »[5], des conflits d'indépendance, des conflits de liens commerciaux, des conflits de concurrence.

### *B - L'intérêt de référence retenu*

Monsieur DONDERO rappelle avec justesse que « *La notion de conflit d'intérêts n'est, faut-il préciser, appelée à jouer que dans les situations où un intérêt est véritablement «*

[1] J. MORET-BAILLY, art. préc., n°8 et n°14.
[2] J. VALIERGUE, *op. cit.*, n°558 et n°1690.
[3] V. la section 175 al. 1 et 7 du *Companies Act 2006 c. 46*, complétée par les sections 175 aliéna 7 et 176 alinéa 5. Rappr. la section 250 du *Companies Act 2006 c. 46*.
[4] Un intérêt personnel serait confronté à d'autres notions juridiques ; une formulation plus complète pourrait mettre en perspective l'élément de référence utilisé et aboutirait à l'identification : de conflits d'intérêt et de devoir, de conflits d'intérêt et de fonction, conflits d'intérêt et d'activité, etc ; rappr. R. DEMOGUE, Les notions fondamentales du droit privé, Librairie nouvelle de droit et de jurisprudence Arthur Rousseau, Paris, 1911, p.302, spé. « *Conflit d'un intérêt avec un devoir* » ; *adde* ICC, *Guidelines on conflicts of interest in enterprises*, 2018, II., p.6.
[5] V. J. VALIERGUE, *op. cit.*, n°2146.

*confié » à autrui.* »[1]. La doctrine majoritaire définit les conflits d'intérêts au regard d'un intérêt identifié. L'intérêt de référence utilisé par Madame OGIER[2] et Monsieur DONDERO[3] correspond à un « *intérêt à protéger* » ou à « *défendre* ». Messieurs CUIF[4], MORET-BAILLY[5], SCHMIDT[6] et MEKKI[7] font référence à la prise en charge d'un intérêt. La définition légale du conflit d'intérêts arrêtée en droit administratif est articulée autour de la notion « *d'intérêt public* »[8].

D'essence jurisprudentielle[9], l'intérêt social a été codifié tardivement par le législateur au titre de l'une de ses fonctions[10]. Les notions d'intérêt de la société, d'intérêt général de la société ou d'intérêt social seront tenues pour synonymes[11]. Cette notion ne fait l'objet d'aucune définition légale ou jurisprudentielle[12]. Pourtant, en droit des sociétés, l'intérêt social s'impose indistinctement aux associés comme aux dirigeants. Cet intérêt peut être le point de départ d'une définition des conflits d'intérêts[13].

---

1 B. DONDERO, Le traitement juridique des conflits d'intérêts : entre droit commun et dispositifs spéciaux, art. préc., n°16.

2 V. C. OGIER, *op. cit.*, p.278.

3 V. B. DONDERO, Le traitement juridique des conflits d'intérêts : entre droit commun et dispositifs spéciaux, art. préc., n°41.

4 P.-F. CUIF, art. préc., v. spé. n°1 et n°12.

5 J. MORET-BAILLY, art. préc., v. spé. n°3 et n°23.

6 Monsieur SCHMIDT a pu retenir que « *Le conflit d'intérêts prend naissance lorsque l'intérêt personnel s'oppose à l'intérêt que l'on est en charge de défendre* », D. SCHMIDT, Les associés et les dirigeants sociaux, *in* V. MAGNIER (dir.), Les conflits d'intérêts dans le monde des affaires, un Janus à combattre, PUF, Coll. CEPRISCA, 2006, p.11 ; *Adde* D. SCHMIDT, Essai de systématisation des conflits d'intérêts, art. préc., I, A.

7 Monsieur MEKKI retient qu'« *Au sens le plus large, il y a conflit d'intérêts lorsque l'agent a un lien avec un autre intérêt qui vient en conflit ou en opposition avec celui dont il a la charge.* », M. MEKKI, art. préc., n°18.

8 V. notamment la loi n°2016-483 du 20 avr. 2016 préc. ; la loi organique n°2016-1090 du 8 août 2016 préc. et la loi n°2016-1547 du 18 nov. 2016 préc.

9 Rappr. A. TADROS, Regard critique sur l'intérêt social et la raison d'être de la société dans le projet de loi PACTE, D. 2018 p.1765 n°7 ; *adde* Conseil d'Etat, avis n°394.599 et 395.021 sur le projet de loi relatif à la croissance et la transformation des entreprises, 14 juin 2018, n°98.

10 L'art. 1833 du Code civil et les art. L. 225-35 et L. 225-64 du Code de commerce, imposant une gestion de la société « *dans son intérêt social* » ; v. l'art. 169 de la loi n°2019-486 du 22 mai 2019 préc. ; *adde* Conseil d'Etat, avis n°394.599 et 395.021 préc., constatant que « *l'inscription dans le code civil de la notion « d'intérêt social » a uniquement pour objet de consacrer par la loi la jurisprudence de la Cour de cassation qui entend préserver l'intérêt fondamental de la société considérée comme personne morale, indépendamment de l'intérêt des associés, (Cass. crim. 27 octobre 1997, n° 96-83.698).* » ; rappr. l'art. 1848 du Code civil et les art. L. 221-4, al. 1er, L. 221-4 et L. 233-3, 2° du Code de commerce.

11 Le Conseil d'Etat précisant que l'intérêt social est une « *notion que la Cour de cassation désigne parfois comme l'« intérêt général de la société » (Cass. com., 18 avril 1961 ; 24 mai 2016, n° 14-28.121)* », avis préc. Monsieur CONAC relevant une première occurrence de ce terme dès 1943 dans un arrêt de la Chambre des requêtes de la Cour de cassation, v. spé. note de bas de page n°9, Req. 16 nov. 1943, *Morniche c/ Établissements « Au Planteur de Caiffa »*, P.-H. CONAC, L'art. 1833 et l'intégration de l'intérêt social et de la responsabilité sociale d'entreprise, Rev. sociétés, 2019, p.570, n°8.

12 J. HEINICH, Intérêt propre, intérêt supérieur, intérêt social, Rev. sociétés, 2018 p.568, n°8.

13 Rappr. L'étude d'impact joint au dossier législatif de la loi n°2019-486 du 22 mai 2019 relative à la croissance et la transformation des entreprises, n°1.1.2 sous art. 61 p.536, précise que « *même en l'absence de support textuel expresse, la notion d'intérêt social est utilisée par les juges dans des circonstances variées de conflits d'intérêts* » ; *adde* en droit britannique, la section 175 alinéa 1 du *Companies Act 2006 c. 46.*

Dans son acception restrictive l'intérêt social est calqué sur l'intérêt commun des associés[1]. Cette acception, non retenue au sein du présent ouvrage, a été développée sous l'impulsion de Monsieur SCHMIDT[2] conscient de la position contraire de la Cour de cassation[3]. Elle se fonde sur une interprétation littérale de l'alinéa premier de l'article 1833 du Code civil, disposant que la société est « *constituée dans l'intérêt commun des associés* »[4]. L'intérêt commun des associés correspondrait *a minima* au but légal de la société, à savoir la réalisation d'un bénéficie ou d'une économie[5]. D'inspiration libérale[6] et sur les traces de la notion anglo-saxonne de « *corporate governance* »[7], cette assimilation trouve racine dans la conception contractuelle de la société[8]. Confortée par la théorie dite de l'autonomie de la volonté[9], cette conception impliquerait que le législateur n'aurait pas à « *intervenir de manière impérative dans le droit des sociétés* »[10].

Cette interprétation de l'intérêt social réduirait drastiquement la portée d'une définition des conflits d'intérêts. Du point de vue des associés, seuls les conflits d'intérêts de nature psychologique seraient appréhendés. C'est-à-dire, un conflit d'intérêts par lequel un associé exprimerait des intérêts contraires dans le but de satisfaire son intérêt personnel, tantôt en qualité d'associé, tantôt en une autre qualité. Cette difficulté a contraint Monsieur SCHMIDT à faire artificiellement coexister « *l'intérêt d'actionnaires* » à côté de la notion d'intérêt personnel[11]. À l'inverse, cette acception facilite l'identification des conflits d'intérêts externes opposant associés et dirigeants ou les associés entre eux. Elle permet donc de

---

[1] Rappr. A. PIROVANO, La « boussole » de la société. Intérêt commun, intérêt social, intérêt de l'entreprise ?, D. 1997, p.189, II ; *adde* J.-P. BERTREL, art. préc., n°46.

[2] D. SCHMIDT, *op. cit.*, p.444, n°454, relevant que « *L'intérêt social est l'intérêt des actionnaires.* » ; v. également D. SCHMIDT, De l'intérêt social, JCP E, 1995, I., 488 et De l'intérêt commun des associés, JCP E, 1994, I, 404 ; *adde* D. SCHMIDT, Les conflits d'intérêts dans la société anonyme, 1re éd., *op. cit.*

[3] D. SCHMIDT, Les conflits d'intérêts dans la société anonyme, 2ème éd., *op. cit.*, p.330, n°336 et p.331, n°337.

[4] Comp. T. FAVARIO, Regards civilistes sur le contrat de société, Rev. sociétés, 2008, p.53, n°18.

[5] Art. 1832 al. 1er du Code civil. Rappr. D. SCHMIDT, La société et l'entreprise, D. 2017, p.2380, spé. introduction et conclusion ; *adde* A. COURET, Faut-il réécrire les art. 1832 et 1833 du code civil ?, D. 2017, p.222 et M. COZIAN, F. DEBOISSY, A. VIANDIER, Droit des sociétés, 35ème éd., 2022, LexisNexis, Coll. Manuels, n°184, visant « *l'enrichissement des associés*».

[6] J.-P. BERTREL, Liberté contractuelle et sociétés, Essai d'une théorie du « juste milieu » en droit des sociétés, RTD com., 1996, p.595, n°44.

[7] A. COURET, Le gouvernement d'entreprise : la *corporate governance*, D. 1995, p.163.

[8] Rappr. l'art. 1832 al. 1 du Code civil ; *adde* J.-P. BERTREL, art. préc., n°29, v. spé. notes de bas de page n°79 et 80, l'auteur renvoyant aux ouvrages de J. DOMAT, Lois civiles, Civ. 1re, Titre VIII, *in principio* et de R.-J. POTHIER, Traité du contrat de société, éd. 1807 ; v. également G. WICKER, J.-C. PAGNUCCO, Personne morale, Rép. civ. Dalloz, 2016, n°26, 2° et n°27.

[9] Rappr. V. RANOUIL, L'autonomie de la volonté : naissance et évolution d'un concept, PUF, Trav. univ., Paris II, 1980.

[10] P. DIDIER, La théorie contractualiste de la société, Rev. sociétés, 2000, p.95.

[11] D. SCHMIDT, *op. cit.*, spé. p.320, n°326, p.337, n°342, p.339, n°345, p.393, n°400 et p.397, n°404 ; v. également, *id.*, n°35, 347, 366, 387, 402 et 416, où d'autres occurrences peuvent être relevées. Rappr. S. SCHILLER, note sous TC Paris, 1re ch., 10 nov. 2020, n°2019036759, JCP G, 2021, n°5, 120.

distinguer avec aisance les conflits d'intérêts dits verticaux et horizontaux. Les premiers opposent les associés aux dirigeants. Les seconds opposent les associés entre eux. Cette distinction fut esquissée par Messieurs MEKKI[1] et SCHMIDT[2] puis approfondie par Madame BOUVERESSE[3]

Dans son acception expansive l'intérêt social est calqué sur l'intérêt de l'entreprise[4], lui-même composé d'un ensemble indéterminé d'intérêts particuliers ou catégoriels[5]. Les intérêts catégoriels sont communément désignés par l'expression de parties prenantes[6] ; expression non reprise au sein des présents développements en raison de son caractère imprécis[7]. Cette acception, non retenue au sein du présent ouvrage, n'a reçu aucune consécration légale[8] ou jurisprudentielle[9]. Elle a été développée sous l'impulsion de l'école dite de Rennes

---

[1] M. MEKKI, art. préc., n°12 et 13, précisant que « *Les conflits d'intérêts peuvent exister tant dans le cadre d'une relation verticale que dans celui d'une relation horizontale.* ».

[2] D. SCHMIDT, *op. cit.*, n°387 et suivants, n°437 et suivants. *Adde* A. BENNINI, L'élargissement du cercle des conflits d'intérêts dans les sociétés commerciales, *in* V. MAGNIER (dir.), Les conflits d'intérêts dans le monde des affaires, un Janus à combattre, *op. cit.*, p.155.

[3] V. J. BOUVERESSE, Les conflits d'intérêts en droit des sociétés, *op. cit.*

[4] J.-P. BERTREL, art. préc., n°32, citant Monsieur PAILLUSSEAU pour qui « *L'entreprise et la société sont deux choses fondamentalement distinctes. La première est une organisation économique et humaine. Elle n'est pas une notion juridique mais une notion économique et sociale (...). La seconde est une notion juridique permettant de faire accéder l'entreprise à la vie juridique et de l'organiser* », J. PAILLUSSEAU, Les fondements du droit moderne des sociétés, JCP G, 1984, I, 3148 ; *adde* J. PAILLUSSEAU, Comment les activités économiques révolutionnent le droit et les théories juridiques, Révolution dans les approches et raisonnements juridiques, D. 2017, p.1004, n°11 et J. PAILLUSSEAU, L'efficacité des entreprises et la légitimité du pouvoir, Petites affiches, n°74, p.17, n°35.

[5] Regroupant les personnes « *intéressées par la vie de l'entreprise* », J. PAILLUSSEAU, Les fondements du droit moderne des sociétés, art. préc., n°56 ; *adde* J. PAILLUSSEAU, Entreprise, société, actionnaires, salariés, quels rapports ?, D. 1999, p.157, n°27 7°.

[6] Expression attribuée à Monsieur PAILLUSSEAU, en ce sens Madame HEINICH, art. préc. n°4, note de bas de page n°6 renvoyant à la thèse J. PAILLUSSEAU, La société anonyme, technique d'organisation de l'entreprise, th., Sirey, 1967, p.200.

[7] Rappr. N. CUZACQ, Quelle place peut-on octroyer aux parties prenantes dans le puzzle de la gouvernance des sociétés ?, D. 2017, p.1844 et B. FRANÇOIS, Le bilan des assemblées générales à l'heure de la pandémie de la covid-19, Rev. sociétés, 2020, p.584.

[8] Rappr. A. PIROVANO, art. préc., II ; *adde* G. GOFFAUX-CALLEBAUT, La définition de l'intérêt social, Retour sur la notion après les évolutions législatives récentes, RTD com., 2004 p.35, n°27 et renvoyant en note de bas de page n°44 à l'art. J. PAILLUSSEAU, La modernisation du droit des sociétés commerciales, D. 1996. Chron. 287. V. également J. HEINICH, art. préc., n°10. Comp. M. GERMAIN, La contractualisation du droit des sociétés, *in* URBAIN-PARLEANI I., CONAC P.-H. (dir.), *Regards sur l'évolution du droit des sociétés depuis la loi du 24 juillet 1966*, 1re éd., Dalloz, Coll. Thèmes et commentaires, 2018, p.33, n°13.

[9] J.-P. BERTREL, art. préc., n°48, relevant que tout au plus ce concept trouverait « *a-t-on fait valoir (en surestimant quelque peu sa portée pour les besoins de la démonstration), une illustration dans le fameux arrêt Fruehauf-France du 22 mai 1965* ». V. CA Paris, 14ème ch., 22 mai 1965, n°9999, RTD com., 1965, p.619, obs. R. RODIERE ; *adde* G. GOFFAUX-CALLEBAUT, art. préc., p.35, n°27. L'expression « *intérêt social de l'entreprise* » continue à être utilisée au sein des moyens produits à l'appui de pourvois en cassation. Elle n'est jamais reprise par la Cour comme élément de motivation, v. notamment sous Cass. com., 15 janv. 2020, n°18-11.580, inédit ; Cass. com., 5 avr. 2018, n°16-23.365, inédit ; Soc., 24 mai 2018, n°17-12.561, n°17-12.562 et n°17-12.563, inédit. En revanche, elle peut être intégrée au sein des motivations de juridiction du fond en matière de droit des sociétés en dehors

en référence à la faculté au sein de laquelle a été développée cette théorie[1]. Par une approche dite organisationnelle[2], l'entreprise serait une « *entité économique et sociale* » non « *une notion juridique* »[3]. Elle serait plus précisément « *une activité économique* »[4] composée d'un « *ensemble de moyens affectés à l'activité* »[5]. Selon Monsieur PAILLUSSEAU, le législateur aurait reconnu « *à la société - organisation juridique de l'entreprise - un intérêt propre - l'intérêt social -, indépendant de celui des actionnaires, qui tend à rejoindre l'intérêt de l'entreprise elle-même.* »[6]. L'intérêt social, distinct de celui des associés[7], serait composé, en fonction de la taille de l'entreprise concernée, d'un ensemble aléatoire d'intérêts particuliers ou catégoriels[8] parmi lesquels seraient dilués ceux des associés[9]. Cette acception se fonde sur une interprétation littérale de l'alinéa premier de l'article 1832 du Code civil exigeant que les associés affectent « *à une entreprise commune* »[10] des biens ou leur industrie. Elle résulte d'une approche fonctionnelle de la société[11], selon laquelle la société serait une organisation juridique de l'entreprise[12]. Cette interprétation de l'intérêt social étendrait à l'infini la portée d'une définition des conflits d'intérêts. Par exemple, seraient qualifiées de conflit d'intérêts les situations dans lesquelles l'intérêt de l'entreprise est concurrencé par les intérêts personnels ou liés d'un associé ou dirigeant. L'intérêt de référence se déliterait, d'une part, sous la démultiplication des intérêts catégoriels et, d'autre part, sous les diverses oppositions entre ces

---

des litiges sociaux ou des procédures collectives, v. par ex. CA Paris, pôle 1, ch. 3, 23 mai 2018, n°17/05911 ; CA Reims, 31 oct. 2017, n°16/01294, à propos d'un abus de majorité.

1 Rappr. C. CHAMPAUD, Le pouvoir de concentration de la société par actions, Sirey, 1962 ; *adde* J. PAILLUSSEAU, *op. cit.*

2 J. PAILLUSSEAU, Entreprise, société, actionnaires, salariés, quels rapports ?, art. préc., n°15.

3 J. PAILLUSSEAU, *id.*, n°23.

4 J. PAILLUSSEAU, *id.*, n°23, 1° ; rappr. J.-P. KOVAR, Sanction des pratiques anticoncurrentielles et personnalité des peines, Rev. UE, 2015, p.362, II. B., citant en note de bas de page n°41, CJCE, 12 juil. 1984, aff. 170/83, *Hydrotherm Geräbau GmbH c/ Firma Compact del Dott. Ing. Mario Andreoli & C. Sas.*, Rec. CJUE 2999.

5 Parmi lesquels figurent « *des moyens humains (...) d'approvisionnement, de production, de transformation, d'accès aux marchés, d'identification et de ralliement de la clientèle, de financement...* », J. PAILLUSSEAU, *id.*, n°23, 2°.

6 J. PAILLUSSEAU, *id.*, n°34. Rappr. J. PAILLUSSEAU, Le droit moderne de la personnalité morale, RTD civ., 1993, p.705, n°12 ; *adde* S. ROUSSEAU, I. TCHOTOURIAN, L'"intérêt social" en droit des sociétés, Regards canadiens, Rev. sociétés, 2009, p.735, n°3.

7 J. PAILLUSSEAU, *ibid.* V. également J. PAILLUSSEAU, La mutation de la notion de société et l'intérêt social, Rev. sociétés, 2020, p.523, n°22 et suiv. *Adde* T. MASSART, Contrat de société, art. préc., n°115 insistant sur ce point et renvoyant à l'art. J. PAILLUSSEAU, Les fondements du droit moderne des sociétés, art. préc.

8 V. J. PAILLUSSEAU, *id.*, n°24, 7°, notant qu'il s'agit de l'intérêt « *du créateur de l'entreprise* », « *des apporteurs de capitaux, des bailleurs de fonds* », « *des dirigeants* », « *du personnel* », « *des créanciers* », « *des partenaires* », « *cocontractants, des fournisseurs, des clients (...), etc.* » ; *adde* T. MASSART, *ibid.* ; rappr. G. GOFFAUX-CALLEBAUT art. préc., n°27.

9 J. PAILLUSSEAU, *id.*, n°33. Comp. D. SCHMIDT, La société et l'entreprise, art. préc., III.

10 Rappr. J. PAILLUSSEAU, *id.*, n°28.

11 G. GOFFAUX-CALLEBAUT, art. préc., n°2 ; *adde* J.-P. BERTREL, art. préc., n°33.

12 J. PAILLUSSEAU, art. préc., n°32 et 34.

mêmes intérêts[1]. Par exemple, les salariés peuvent s'opposer aux créanciers sociaux et les personnes composant ces intérêts catégoriels peuvent s'opposer entre eux.

L'intérêt social est l'intérêt autonome d'une société dotée ou non de la personnalité morale. Cet intérêt est un standard de référence s'imposant aux associés et dirigeants[2]. Cette norme de comportement s'impose à ces derniers afin de préserver la substance de la société[3]. Employée au pluriel, la notion d'intérêts sociaux induit une identification plus précise des intérêts en cause[4]. Aucun obstacle théorique et pratique n'empêche de reconnaitre un intérêt autonome aux sociétés en participation[5]. Les associés ont conscience de recourir à une société et font délibérément le choix de ne pas l'immatriculer ; Un raisonnement similaire peut être tenu au sujet des sociétés devenues de fait et les sociétés dissoutes dont les activités autres que les opérations de liquidation se poursuivent[6]. En présence de sociétés créées de fait, les associés font émerger l'intérêt social sans pour autant en avoir initialement conscience[7]. En revanche, l'intérêt social ne peut être dit personnel qu'aux seules sociétés dotées de la personnalité morale. L'intérêt social d'une société ne saurait être supplanté par l'intérêt du groupe de sociétés auquel elle appartient[8].

---

[1] Rappr. T. MASSART, art. préc., n°115 ; *adde* J. PAILLUSSEAU, Les fondements du droit moderne des sociétés, art. préc., n°57.

[2] M. COZIAN, F. DEBOISSY, A. VIANDIER, *op. cit.*, n°641 ; rappr. E. ZOLLER, Introduction au droit public, 2ème éd., Dalloz, Coll. Précis, 2013, n°173.

[3] Des intérêts dits supérieurs à l'Homme ont déjà été identifiés dans le but de préserver l'unité et la pérennité d'un groupement d'individus. Rappr. E.-J. SIÈYES, Qu'est-ce que le Tiers-État ?, 3ème éd., 1789, p.162, pour qui « *Il est impossible de concevoir une association légitime qui n'ait pas pour objet la sécurité commune, la liberté commune, enfin la chose publique* » ; l'auteur relevant encore qu'une Assemblée nationale ne considère les intérêts particuliers « *qu'en masse et sous le point-de-vue de l'intérêt* commun », E.-J. SIÈYES, *op. cit.*, p.162 ; *adde* ROUSSEAU rappelant à propos des intérêts particuliers que « *C'eſt ce qu'il y a de commun dans ces différens intérêts qui forme le lien ſocial, & s'il n'y avoit pas quelque point dans lequel tous les intérêts s'accordent, nulle ſociété ne ſauroit exiſter.* », J.-J. ROUSSEAU, Du Contrat social ; ou, Principes du droit politique, chez M. M. REY, Amsterdam, 1762, Livre II, Chapitre I, p.48. Madame ZOLLER rappelle que « *La théorie française de la représentation est indissociable de la croyance à l'existence d'un intérêt public, distinct des intérêts privés et formé des intérêts déclarés communs à l'ensemble des associés dans un contrat social.* », E. ZOLLER, *op. cit.*, n°173 ; l'auteur ajoute que « *Le système français de la représentation nationale a le grand mérite de viser à dégager un intérêt général au-dessus de la nuée des intérêts particuliers qui sont tissés dans la trame du tissu social.* », E. ZOLLER, *op. cit.*, n°183. V. également J. WALINE, Droit administratif, 28ème éd., Dalloz, Coll. Précis, 2020, p.3, n°3.

[4] V. par ex. Com., 10 juil. 2012, n°11-21.789, Bull. 2012, IV, n°157.

[5] Rappr. B. DONDERO, Société en participation, Rép. sociétés Dalloz, 2006, n°165.

[6] En ce sens B. DONDERO, Société créée de fait, Rép. sociétés Dalloz, 2009, n°79 et suivants.

[7] V. B. DONDERO, *id.*, n°4.

[8] Rappr. Com., 5 juil. 2016, n°14-23.904, inédit, mettant en perspective « *les intérêts de la* société » et ceux « *du groupe* » ; *adde* Cass. com., 2 avr. 1996, n°94-16.380, Bull. 1996, IV, n°113, p.94 ; Cass. com., 14 déc. 1993, n°92-21.225, Bull. 1993, IV, n°483, p.353 ; Crim., 4 févr. 1985, n°84-91.581, Bull. crim., 1985, n°54. Au contraire, les juridictions du fond peuvent viser « *l'intérêt social du groupe* » au sein de leur motivation et/ou dispositif, v. notamment CA Paris, pôle 1 ch. 03, 23 mai 2018, n°17/05911, CA Paris, pôle 2 ch. 1, 20 sept. 2016, n°15/02547, CA Basse-Terre, ch. civ. 2, 29 mai 2017, n°14/01553, CA Rouen, ch. civ. et com., 28 mars 2019, n°18/02625, CA Rennes,

Le refus de reconnaitre l'intérêt propre des sociétés non immatriculées est une dénégation arbitraire. Certes, la société est aujourd'hui pensée pour être immatriculée, donc formellement acquérir la personnalité morale. Mais cela ne permet pas d'occulter les sociétés non personnifiées en leur déniant arbitrairement tout intérêt autonome. Allier frontalement intérêt social et société personnifiée n'a de réelle utilité qu'au regard des sociétés unipersonnelles, lesquelles ne peuvent juridiquement exister sans personnalité morale. Ces affirmations commandent un bref exposé de l'évolution des théories classiques de la personnalité morale. Sujet de droit autre qu'un être humain, une personne morale peut se définir comme étant un « *Groupement doté, sous certaines conditions, d'une personnalité juridique plus ou moins complète ;* »[1]. Selon la thèse de la fiction législative, les personnes morales sont des fictions juridiques que seule la loi peut instituer[2]. Au contraire, la théorie de la réalité technique retient que *« La réalité de la personne morale existe en dehors de la volonté du législateur et s'impose à lui.* »[3]. À compter d'un important arrêt rendu par la Chambre des requêtes le 23 février 1891[4], la Cour de cassation marquait sa préférence pour la théorie de la réalité technique[5]. Cette jurisprudence fut ultérieurement reconduite[6] et l'arrêt rendu par la deuxième section de la chambre civile de la Cour de cassation le 28 janvier 1954[7], témoignerait de la préférence du droit positif pour cette même théorie[8]. En réaction, le législateur intervenait aux fins soit de reconnaitre ou refuser la

---

ch. com. 3, 29 mai 2018, n°17/07928. Pour une utilisation récente de cette expression au soutien d'un moyen produit à l'appui d'un pourvoi en cassation, v. sous Com., 13 mars 2019, n°17-22.128.

[1] G. CORNU (dir.), *op. cit.*, v. Personne morale.

[2] V. H. CAPITANT, F. TERRÉ, Y. LEQUETTE, Les grands arrêts de la jurisprudence civile, Tome 1, Dalloz, 13ème éd., 2015, p.137, n°2, à propos de 2ème civ., 28 janv. 1954, n°54-07.081, Bull. civ. 2, 1954, n°32, p.20, notes G. LEVASSEUR, D. 1954, p.217 et P. DURAN, Dr. social, 1954, p.161 ; *adde* G. WICKER, J.-C. PAGNUCCO, art. préc., n°9.

[3] H. CAPITANT, F. TERRÉ, Y. LEQUETTE, *op. cit.*, p.138, n°3. Cette théorie s'est développée sous l'impulsion de MICHOUD à compter du XIXème siècle, v. L. MICHOUD, La théorie de la personnalité morale et son application en droit français, 1re éd., 1906-1909 ; selon MICHOUD deux conditions essentielles sont requises pour qu'un groupement puisse se voir reconnaitre la personnalité morale. Il doit comporter « *un intérêt distinct des intérêts individuels* » et « *une organisation capable de dégager une volonté collective qui puisse représenter et défendre cet intérêt* », L. MICHOUD, *op. cit.*, n°53.

[4] Quelques grands arrêts en droit des sociétés : Personnalité morale des sociétés civiles, Cour de cassation (req.), 23 février 1891, Rev. sociétés, 2000, p.5.

[5] Antérieurement, la jurisprudence déniait une quelconque personnalité juridique aux sociétés. Elle s'appuyait sur la théorie de la fiction et observait que le législateur n'avait pas expressément attribué la personnalité morale à ces dernières, v. Code civil des Français, édition originale et seule officielle, imprimerie de la République, An XII, Paris, 1804. *Adde* G. WICKER, J.-C. PAGNUCCO, art. préc., n°13.

[6] Rappr. H. CAPITANT, F. TERRÉ, Y. LEQUETTE, *op. cit.*, p.140, n°6.

[7] 2ème civ., 28 janv. 1954, préc. ; rappr. G. WICKER, J.-C. PAGNUCCO, art. préc., n°14 ; *adde* Quelques grands arrêts en droit des sociétés : Réalité de la personnalité morale, Cour de cassation (2ème civ.), 28 janvier 1954, Rev. sociétés, 2000, p.19.

[8] Rappr. CAPITANT, F. TERRÉ, Y. LEQUETTE, *op. cit.*, p.141, n°9. V. également G. WICKER, J.-C. PAGNUCCO, art. préc., n°15 ; *adde* Cass. 1re civ., 18 janv. 2005, n°01-17.059, Bull. 2005, I, n°28, p.21 ; Cass. soc., 3 mars 2015, n°13-26.258, Bull. 2015, V, n°39.

personnalité morale à divers groupements[1], soit de subordonner l'acquisition de la personnalité juridique à diverses formalités. Dans ce contexte le législateur conditionnait, dès 1966 pour les sociétés commerciales[2] et dès 1978 pour les sociétés civiles[3], l'acquisition de la personnalité morale à la réalisation d'une formalité : l'immatriculation[4]. Le législateur a encore introduit des formes sociétaires unipersonnelles[5], perçues comme fragilisant la théorie de la réalité technique[6]. Pour autant, la société demeure en principe fondée sur une pluralité de personnes, un groupement[7]. En conséquence, une société non immatriculée de forme unipersonnelle ne peut exister.

En définitive, l'intérêt social est donc celui de la société en tant que groupement de personnes, qu'elle soit ou non personnifiée. De manière spontanée il sera celui de la société unipersonnelle nécessairement dotée de la personnalité morale. Cette acception est en adéquation avec l'état de notre droit positif[8]. L'article 1871 du Code civil relatif aux sociétés en participation et par extension aux sociétés créées de fait[9], opère notamment un renvoi à l'article 1833 alinéa 2 du Code civil. Ce dernier précise explicitement que « *La société est gérée dans son intérêt social* ». Elle permet ainsi d'appliquer de manière harmonieuse

---

[1] Rappr. F. TERRÉ, D. FENOUILLET, Droit civil : Les personnes, Personnalité – Incapacité – Protection, 8ème éd., Dalloz, Coll. Précis, 2012, p.243, n°253 ; *adde* G. WICKER, J.-C. PAGNUCCO, art. préc., n°11. V. également CAPITANT, F. TERRÉ, Y. LEQUETTE, *op. cit.*, p.142, n°11.

[2] Art. 5 al. 1 de la loi n°66-537 du 24 juil. 1966 sur les sociétés commerciales, codifié à l'art. L. 210-6 al. 1 du Code de commerce.

[3] Art. 1er de la loi n°78-9 du 4 janv. 1978 modifiant le titre IX du livre III du code civil ; rappr. l'alinéa 1er de l'art. 1842 du Code civil.

[4] Rappr. J. PAILLUSSEAU, Le droit moderne de la personnalité morale, art. préc., n°4.

[5] V. la loi n°85-697 du 11 juil. 1985 relative à l'entreprise unipersonnelle à responsabilité limitée et à l'exploitation agricole à responsabilité limitée ; *adde* la loi n°99-587 du 12 juil. 1999 sur l'innovation et la recherche, dont l'art. 3 étend la forme unipersonnelle aux sociétés par actions simplifiées. Rappr. G. BERANGER, Le droit des sociétés bouleversé à la sauvette. L'ouverture de la SAS unipersonnelle, Bull. Joly Sociétés, 1999, p.831.

[6] G. WICKER, J.-C. PAGNUCCO, art. préc., n°11 et 27.

[7] La loi n°2019-486 du 22 mai 2019 préc., laissait intact la rédaction de l'alinéa 1er de l'art. 1832 du Code civil. Rappr. D. CHOLET, La distinction des parties et des tiers appliquée aux associés, D, 2004, p.1141, n°1.

[8] Le droit Européen distingue nettement intérêt social et intérêt des associés ou intérêt de tiers. V. par ex. la directive (UE) 2017/1132 du Parlement Européen et du Conseil du 14 juin 2017 préc., notamment les art. 64, 3.,b) et 65 visant explicitement l'intérêt de la société et les intérêts de la société. La directive (UE) 2017/828 du Parlement Européen et du Conseil du 17 mai 2017 préc., distingue à de multiples reprises l'intérêt social de l'intérêt des actionnaires, v. spé. L132/5 n°28, art. 9 quater, 4. alinéas 1 et 2, art. 9 quater 6. a), b) et e). Cette directive visant également l'intérêt et la pérennité à long terme de la société, L132/6 n°29, L132/6 n°30, L132/7 n°38, L132/8 n°42 et n°43. L'art. 3, 1., c), de la directive 2004/25/CE du Parlement Européen et du Conseil du 21 avr. 2004, concernant les offres publiques d'acquisition, dispose que « *l'organe d'administration ou de direction de la société visée doit agir dans l'intérêt de la société dans son ensemble* ». *Adde* l'art. 49 du règlement (CE) n°2157/2001 du Conseil du 8 oct. 2001, relatif au statut de la société européenne et les art. 15, 1. et 49 du règlement (CE) n°1435/2003 du Conseil du 22 juil. 2003, relatif au statut de la société coopérative européenne (SEC).

[9] V. l'art. 1873 du Code civil ; applicable aux sociétés devenues de fait.

toutes les solutions jurisprudentielles de portée protectrice de la société fondées sur l'intérêt social.

L'intérêt social d'une société émane *ab initio* d'une convergence d'intérêts personnels des associés[1]. L'intérêt social d'une société unipersonnelle est issu d'une sélection d'intérêts personnels opérée par l'associé unique[2]. Convergence et sélection d'intérêts doivent *a minima* porter sur le but légal de la société, c'est-à-dire la réalisation d'une économie ou d'un bénéfice[3]. Cette communauté d'intérêts requise à la formation de la société se traduit par l'*affectio societatis*[4]. L'intérêt social ainsi forgé par la sélection ou la communauté d'intérêts du ou des associés, gagnera son autonomie dès les premiers instants de la société. Une fois la société constituée et tout au long de son existence, l'intérêt social devancera de façon constante les intérêts personnels des associés. Il évoluera au gré de l'environnement écologique, social et économique de la société[5].

Matériellement, l'intérêt social s'apprécie au regard des statuts. En l'absence d'un tel écrit, dans le cadre d'une société créée de fait, il s'apprécie au regard de tout élément de preuve induit par le comportement des associés[6]. Les contours de l'intérêt social peuvent être cernés, notamment, au regard du préambule des

---

[1] L'alinéa 1 de l'art. 1833 du Code civil renvoie explicitement au stade de la formation de la société ; rappr. M. COZIAN, F. DEBOISSY, A. VIANDIER, *op. cit.*, n°652, a). V. également CJCE, 10 mars 1992, aff. C-214/89, *Powell Duffryn plc c. Wolfgang Petereit* ; *Adde* C. BRENNER, S. LEQUETTE, Acte juridique, Rép. civ. Dalloz, 2019, n°199.

[2] Rappr. G. WICKER, J.-C. PAGNUCCO, art. préc., n°27.

[3] V. art. 1832 al. 1er du Code civil. *Adde* D. SCHMIDT, op. cit., p.345, n°352.

[4] Cass. com., 3 juin 1986, n°85-12.118, Bull. 1986, IV, n°116, p.98. *Adde* Monsieur VIANDIER citant la définition retenue par THALLER et PIC, selon laquelle cette notion serait « *une pensée de coopération économique, ou plus exactement une volonté de collaboration active en vue d'un but commun* », A. VIANDIER, L'associé intéressé a l'obligation de s'abstenir de tout acte de concurrence à l'égard de la société, D. 1991, p.609, n°4. *Adde* M. COZIAN, F. DEBOISSY, A. VIANDIER, Droit des sociétés, 35e éd., *op. cit.*, n°252 ; V. également Cass. com., 10 févr. 1998, n°95-21.906, Bull. 1998, IV, n°71, p.55.

[5] Rappr. l'art. 1833 al. 2 du Code civil. *Adde* L'étude d'impact joint au dossier législatif de la loi n°2019-486 du 22 mai 2019 préc., n°3.1 sous art. 61. 3.1. V. également J. PAILLUSSEAU, La mutation de la notion de société et l'intérêt social, art. préc., n°30 et 31.

[6] Rappr. B. DONDERO, Société créée de fait, art. préc., n°53 et 58 ; à l'initiative d'un prétendu associé, la société créée de fait se prouve par tous moyens. V. à propos d'une SARL en formation Com. 13 mars 1984, n°82-11.866, Bull. 1984, IV, n°99. Rappelons qu'à l'initiative des tiers, la preuve porte sur la seule apparence de la société créée de fait, 1re civ., 26 janv. 1983, n°82-10.257, Bull. civ. I, 1983, n°40 ; *adde* 2ème civ., 22 mai 2008, n°07-10.855, Bull. civ. II, n°125.

statuts, de la raison d'être[1] et de l'objet social statutaire ou réel[2] de la société. En pratique le préambule permet aux associés de faire état d'intérêts communs spécifiques ou de leurs motivations personnelles au recours à la société. Si sa portée contraignante peut être nulle, le préambule fait néanmoins partie intégrante des statuts[3].

Les associés et dirigeants représentent l'intérêt social à l'issue d'une manifestation de volonté. L'acte constitutif de la société résulte d'une manifestation de volonté[4]. Cette manifestation est explicite lorsqu'elle se matérialise par la signature des statuts, que la société soit ou non personnifiée. Elle est implicite, voire inconsciente, en présence d'une société créée de fait. L'acte de volonté se matérialise à travers un comportement et se déduit d'un ensemble de faits juridiques. L'acte juridique fondateur de la société organise les rapports entre associés. Il organise également les rapports entre, d'une part, l'associé, les associés, les dirigeants et, d'autre part, la société personne morale de forme pluripersonnelle ou unipersonnelle[5].

Dans son acception large, la représentation n'est pas cantonnée à une stricte capacité pour un représentant d'accomplir exclusivement des actes juridiques auprès de tiers pour le compte d'une personne représentée[6]. Comme le rappelle très justement Monsieur MATHEY, elle permet au représentant d'accomplir des faits matériels[7] et juridiques pour le compte du représenté[8]. Ce fondement permet donc de s'affranchir de la « *Théorie de l'organe* », qui selon Monsieur MATHEY « *ne paraît avoir d'utilité qu'en raison de la conception étroite de la représentation qui conduit à*

---

[1] L'art. 1835 du Code civil, modifié par la loi n°2019-486 du 22 mai 2019 préc. L'exposé des motifs de la loi précitée précise que les modifications apportées à l'art. 1835 du Code civil incitent « *sous la forme d'un effet d'entraînement, les sociétés à ne plus être guidées par une seule "raison d'avoir", mais également par une raison d'être, forme de doute existentiel fécond permettant de l'orienter vers une recherche du long terme* » ; rappr. I. URBAIN-PARLEANI, L'art. 1835 et la raison d'être, Rev. sociétés, 2019, p.575, n°20 et n°39, relevant notamment que l'intérêt social prime sur la raison d'être de la société. *Adde* l'étude d'impact joint au dossier législatif de la loi n°2019-486 du 22 mai 2019 préc., n°3.1 sous art. 61, rappelant que « *si l'intérêt social est l'intérêt principal de la société, la raison d'être en est l'intérêt accessoire qui ne contredit pas l'intérêt social, mais que l'activité de la société doit contribuer à satisfaire* ».

[2] Rappr. Monsieur PAILLUSSEAU pour qui « *L'intérêt de la personne morale est lié à son objet, à sa fonction.* » J. PAILLUSSEAU, Entreprise, société, actionnaire, salariés, quels rapports ?, art. préc., n°37. *Adde* Cass. com., 25 janv. 2005, n°00-22.457.

[3] En ce sens K. MAGNIER-MERRAN, Observations sur la portée du préambule des statuts d'une société, AJ Contrat 2018, p.452, 1.2 et 2.1 ; v. spé. Cass. com., 13 févr. 1996, n°93-19.654, Bull. 1996, IV, n°50, p.38. *Adde* antérieurement, dans la même affaire, TC Nanterre, 26 févr. 1993.

[4] Rappr. T. MASSART, Contrat de société, art. préc., n°122, 125 et n°129. *Adde* CJCE, 10 mars 1992, aff. C-214/89, *Powell Duffryn plc c. Wolfgang Petereit*, préc. Rappr. Cass. 1re civ., 15 juil. 1999, n°97-17.482, inédit.

[5] Rappr. T. MASSART, *ibid.* ; *adde* D. PORACCHIA, Le rôle de l'intérêt social dans la société par actions simplifiée, Rev. sociétés, 2000, p.223, n°5.

[6] Rappr. N. MATHEY, Représentation, Rép. civ. Dalloz, 2017, n°24.

[7] Rappr. C. BRENNER, S. LEQUETTE, art. préc., n°28, distinguant le fait juridique du « *fait purement matériel, c'est-à-dire qui n'emporte pas de conséquences juridiques directes* ». Cette expression est préférée à celle d'actes matériels, pourtant synonyme, afin d'éviter toute confusion avec la notion d'actes juridiques. Comp. N. MATHEY, *id.*, n°22.

[8] En ce sens N. MATHEY, *id.*, n°25.

*rejeter hors de l'institution l'accomplissement d'acte matériel*»[1]. La notion de représentation atteint toute personne en capacité d'exprimer un intérêt distinct du sien au moyen d'actes juridiques, de faits matériels ou juridiques. Cette personne est alors en mesure d'engager l'intérêt concerné auprès de tiers. Elle est encore en mesure d'influer ou de modifier la consistance de cet intérêt. L'ensemble des associés et dirigeants peuvent ainsi être qualifiés de représentant de l'intérêt social. Cette qualité est donc plus large que celle de représentant légal des sociétés personnes morales. Par exemple, associés comme dirigeants participent à la création d'actes juridiques internes esquissant la volonté de la société. Ils peuvent encore réaliser des actes de procédure pour le compte de la société. Plus généralement, toute personne spontanément tenue d'agir au soutien de l'intérêt social pourrait être qualifiée de représentant de cet intérêt. Cette personne pouvant être, notamment, un usufruitier de droits sociaux, un mandataire judiciaire chargé de représenter la société ou un associé, le représentant légal ou conventionnel d'un associé ou d'un dirigeant. Il convient de préciser que l'usufruiter de droits sociaux n'a pas la qualité d'associé. Seul le nu-propriétaire de droits sociaux revêt la qualité d'associé[2]. Cette qualité pouvait être déduite de la jurisprudence relative à l'étendue du droit de participer aux décisions collectives reconnu au nu-propriétaire et à l'usufruitier[3]. Cependant, ces jurisprudences devaient être relues à la lumière du nouvel alinéa 3 de l'article 1844[4] du Code civil reconnaissant sans distinction le droit de participer aux décisions collectives, tant au nu-propriétaire qu'à l'usufruitier. Malgré cette intervention législative, la jurisprudence confirme que seul le nu-propriétaire revêt la qualité d'associé[5]. L'usufruitier est investi de certaines prérogatives juridiques attachées à la qualité d'associé, spécialement celles liées à l'exercice du droit de vote.

En principe, associés et dirigeants représentent l'intérêt social par l'intermédiaire d'un acte juridique. Tout d'abord, il s'agira des statuts de la société liant un ou plusieurs associés à cette dernière. Acte au sein duquel les dirigeants peuvent être désignés. Précisons que les associés d'une société créée de fait sont théoriquement liés par un contrat de société. Ce dernier existe en dehors de tout écrit et est découvert *a posteriori*, le plus souvent lorsqu'est recherchée la dissolution de la société. Les dirigeants peuvent également être nommés au moyen d'une délibération d'associés. Cette délibération est un acte juridique emportant une manifestation de volonté de la société. Quel que soit le processus de désignation, le futur dirigeant doit nécessairement y consentir par l'acceptation

[1] N. MATHEY, *id.*, n°115.

[2] V. 3ème civ., 29 nov. 2006, n°05-17.009, Bull. 2006, III, n°236, p.200.

[3] V. spé. 3ème civ., 15 sept. 2016, n°15-15.172, Bull. 2016. *Adde* Cass. com., 2 déc. 2008, n°08-13.185, inédit, et Cass. com., 22 févr. 2005, n°03-17.421, inédit ; dans le même sens v. Cass. com, 4 janv. 1994, n°91-20.256, Bull. 1994, IV, n°10, p.8.

[4] Modifié par l'art. 3 de la loi n°2019-744 du 19 juil. 2019 de simplification, de clarification et d'actualisation du droit des associés.

[5] En ce sens Com., avis, 1er déc. 2021, n°20-15.164, inédit, 3ème civ., 16 févr. 2022, n°20-15.164, Bull. 2022.

ou le refus de cette charge. Plus généralement, toute personne autre qu'un associé ou un dirigeant ne peut être spontanément liée à l'intérêt social qu'au moyen d'un acte juridique. Ce dernier pourra notamment être une délégation de pouvoir, un mandat de représentation, une décision de justice ou encore un usufruit conventionnel. Par exception, une personne peut être tenue à l'intérêt social en raison d'un fait juridique. Elle se comporte ostensiblement comme un associé ou dirigeant[1]. Cette personne exerce de fait des prérogatives juridiques relevant d'une qualité juridique qu'elle ne possède pas en réalité[2].

### Conclusion du paragraphe 1

Les notions de référence alternatives à l'intérêt social ont vocation à restreindre, de manière précoce, la portée d'une définition des conflits d'intérêts. En droit des sociétés, l'intérêt social constitue l'intérêt de référence à partir duquel une définition opérationnelle des conflits d'intérêts peut être arrêtée. Fondée sur l'intérêt social, celle-ci pourra être appliquée au sein de toutes sociétés et viser indistinctement les dirigeants comme les associés[3]. En présence d'une personne associée ou dirigeante de plusieurs sociétés, il n'est pas possible de qualifier un conflit d'intérêts simultanément au regard de toutes les sociétés en cause. Le processus de qualification s'effectue à partir d'une société identifiée et isolée. Le conflit d'intérêts prend forme lorsque l'intérêt social est confronté à des intérêts personnels.

## §2 - Les intérêts personnels

À côté de l'intérêt social, l'intérêt personnel permet de qualifier un conflit d'intérêts. L'intérêt personnel en cause (A) peut être déduit de liens d'intérêts (B).

### *A - L'intérêt personnel en cause*

Tout intérêt personnel actuel peut être générateur d'un conflit d'intérêts. L'intérêt personnel des dirigeants et associés ou des personnes auxquelles ils sont liés, permet d'arrêter une définition des conflits d'intérêts. Cet intérêt est au centre de la plupart des définitions des conflits d'intérêts proposées en pratique comme en doctrine[4]. L'intérêt personnel correspond à l'avantage attendu ou obtenu par une personne physique ou morale[5]. L'emploi du singulier permet

---

[1] Rappr. B. LE BARS, Responsabilité civile des dirigeants sociaux, Rép. Sociétés Dalloz, 2004, n°18.

[2] Rappr. J. VALIERGUE, *id.*, n°179.

[3] Rappr. A. BENNINI, art. préc., *in* V. MAGNIER (dir.), Les conflits d'intérêts dans le monde des affaires, un Janus à combattre, *op. cit.*, p.161.

[4] P.-F. CUIF, art. préc., n°1 ; B. DONDERO, Le traitement juridique des conflits d'intérêts : entre droit commun et dispositifs spéciaux, art. préc., n°41 ; D. SCHMIDT, *op. cit.*, p.31, n°19 ; D. SCHMIDT, Les associés et les dirigeants sociaux, *in* V. MAGNIER (dir.), Les conflits d'intérêts dans le monde des affaires, un Janus à combattre, *op. cit.*, p.11 ; D. SCHMIDT, Essai de systématisation des conflits d'intérêts, art. préc., I, A ; J. MORET-BAILLY, art. préc., n°23 ; C. CASTRES SAINT MARTIN, *op. cit.*, n°214.

[5] Rappr. rapport de la Commission de réflexion pour la prévention des conflits d'intérêts dans la vie publique préc., v. p.20, n°2.3 ; *adde* Recommandation N°R(2000)10, préc., n°13.2.

d'appréhender dans leur globalité l'ensemble des intérêts d'une personne. L'intérêt personnel attendu est qualifié par le motif[1]. Une personne exprime un intérêt sans prendre en compte son résultat effectif, qu'il soit avantageux ou désavantageux. Par exemple, l'associé dirigeant éprouve des difficultés financières personnelles et propose de distribuer sous forme de dividende l'intégralité des réserves sociales disponibles. L'intérêt personnel obtenu est qualifié par le résultat. Une personne tire avantage d'une situation, qu'elle l'ait ou non souhaitée et provoquée[2]. Par exemple, l'associé perçoit un dividende sur le fondement d'une décision d'assemblée générale à laquelle il n'a pas assisté et voté.

Cette acception de l'intérêt personnel permet d'écarter la distinction usuelle entre l'intérêt personnel direct et l'intérêt personnel indirect. Cette distinction conduit la pratique à restreindre la notion d'intérêt autour des seuls avantages effectivement et matériellement retirés immédiatement ou à terme. L'analyse de l'intérêt personnel s'affine en distinguant l'intérêt matériel de l'intérêt moral.

L'intérêt matériel est synonyme d'avantages patrimoniaux ou pécuniaires[3]. Il résulte de la volonté d'une personne souhaitant préserver ou développer son patrimoine. Cet intérêt peut reposer sur un immeuble, un bien meuble corporel ou incorporel. L'intérêt matériel pourrait être alimenté par une menace pesant sur l'intégrité corporelle de la personne concernée ou celle d'un tiers.

L'intérêt matériel peut résulter d'un avantage lié à l'actif ou au passif patrimonial. Lorsque l'avantage est lié à l'actif patrimonial, la personne obtient ou espère obtenir une augmentation directe de la valeur de son patrimoine en y adjoignant un élément d'actif[4] ; par exemple : une somme d'argent, une créance, un immeuble, des droits sociaux, un boni de liquidation. Cette même personne peut encore souhaiter éviter une diminution de la valeur de son patrimoine par

---

[1] Rappr. P.-F. CUIF, art. préc., n°29, pour qui « *L'intérêt doit ici être entendu comme une considération susceptible de motiver un acte ; la notion évoque les motifs ou les mobiles du droit des contrats.* » ; l'auteur précisant qu'« *Une situation de conflit d'intérêts apparaît déjà lorsque l'intérêt personnel existe en germe, alors même qu'il n'a pas été réalisé.* », *id.*, n°31. *Adde* B. DONDERO, L'intérêt indirect dans les conventions réglementées, D. 2019, p.468, n°14 ; L. ATHLAN, T. BAUDESSON, C.-H. BOERINGER, J.-H. SAVOURE, J.-Y. TROCHON, Les conflits d'intérêts dans l'entreprise, LexisNexis, Coll. Droit & Professionnels, sous Coll. Entreprise, 2016, n°17 ; v. par ex. Com., 4 oct. 1988, n°86-19.251, Bull. civ., IV, n°263, p.180 ; *adde* CA Reims, ch. 1ère civ. sect., 10 sept. 2007, n°04-2958, *SA Fonderies Vignon c/ Moret.*

[2] Rappr. P.-F. CUIF, *id.*, n°30.

[3] Rappr. P.-F. CUIF, art. préc., n°73.

[4] V. notamment Cass. com., 24 janv. 1995, n°93-13.273, Bull. 1995, IV, n°27, p.22 et Cass. com., 30 nov. 2004, n°01-16.581, inédit, l'associé majoritaire de la SA également associé commandité gérant de la SCA est susceptible de percevoir une rémunération majorée ; Com., 16 juin 1998, n°96-13.997, inédit, un associé égalitaire souhaitait percevoir tout bénéfice distribuable ; Com., 23 janv. 1968, n°65-11.571, Bull. 1968, n°38, l'épouse d'un dirigeant était cessionnaire d'un actif immobilier de la société cédante ; Cass. com., 1 juil. 2003, n°99-19.328, inédit, Com., 3 mai 2000, n°97-22.510, inédit et Cass. com., 17 mars 2009, n°08-11.268, inédit, relatif à des éléments de rémunération ; CA Nîmes, 2ème ch. sect. a, 19 janv. 2017, n°15/03258, *SELAS pharmacie du Verger c/ Société pharmacie du Pont d'Arc*, à propos d'une augmentation de rémunération et d'une demande de remboursement d'un compte courant d'associé.

disparition d'un élément d'actif[1]. Lorsque l'avantage est lié au passif patrimonial, la personne évite ou espère éviter une diminution directe de la valeur de son patrimoine par l'adjonction d'un élément de passif[2]. C'est-à-dire une dette quelconque, sans nécessairement être certaine, liquide et exigible. Cette même personne peut encore souhaiter obtenir une augmentation de la valeur de son patrimoine en provoquant la disparition d'un élément de passif[3]. Par exemple, au moyen d'une cession de dette à la société ou le transfert d'un élément d'actif social permettant la suppression d'une dette personnelle.

En pratique, les associés et dirigeants seront davantage grisés en présence d'un intérêt matériel caractérisé par une augmentation directe de la valeur de leur actif patrimonial. Cet intérêt matériel pourrait notamment être caractérisé par la hausse substantielle d'une rémunération, l'achat à prix minoré d'un immeuble de la société, la captation à des fins personnelles d'un contrat d'affaires lucratif intéressant la société. Par exemple, dans le cadre de négociations d'un contrat de prêt au profit d'une société, un associé se voit exiger de la banque qu'il se porte caution solidaire. L'intérêt personnel de l'associé est ici caractérisé à la fois par une possible augmentation de son passif et de son actif patrimonial. En cas de défaillance de la société, la dette serait poursuivie sur le patrimoine personnel de l'associé. En cas de réussite de l'opération, le montant des bénéfices distribuables pourrait être augmenté.

L'intérêt matériel peut être éprouvé alternativement ou simultanément avec l'intérêt moral. L'intérêt moral est synonyme d'avantages extrapatrimoniaux ou immatériels[4]. Traduction d'un besoin moral, cet intérêt répond à la volonté d'une personne de préserver ou de soigner sa condition d'existence[5]. Cet intérêt peut

---

[1] Rappr. Com., 25 janv. 1982, inédit, les faits d'espèce permettant d'identifier un intérêt matériel à préserver le patrimoine de la société et assurer le maintien d'une distribution de dividendes ; Com., 17 mai 1994, n°91-21.364, Bull. 1994, IV, n°183, p.145, l'opération de double coup d'accordéon induisait en l'espèce la perte d'un actif patrimonial, à savoir des titres sociaux et/ou des numéraires ; CA Nîmes, 2ème ch. sect. a, 19 janv. 2017, n°15/03258, *SELAS pharmacie du Verger c/ Société pharmacie du Pont d'Arc*, l'apurement du passif de la société nécessitait en l'espèce une augmentation de capital.

[2] V. notamment Com., 29 mai 1972, n°71-11.739, Bull. com., 1972, n°164, p.160, le président directeur général tentait de minorer le risque de se voir actionner en responsabilité civile pour faute de gestion ; Com., 25 janv. 1982, préc., une délibération d'associés avait fait obstacle à l'exigibilité d'une dette en compte courant d'associé ; Com., 8 févr. 2011, n°10-11.788, inédit, l'associé majoritaire fait obstacle à l'apparition d'un élément de passif consécutif à la levée d'une option consentie à l'associé minoritaire, bénéficiaire d'une promesse de rachat de ses droits sociaux. De manière concomitante l'associé minoritaire perd une chance « *de pouvoir céder les titres en sa possession dans les conditions contractuellement prévues* ».

[3] V. Com., 23 janv. 1968, n°65-11.571, préc., l'opération litigieuse permettait au dirigeant de réaliser une économie de loyers locatifs ; Com., 17 mai 1994, n°91-21.364, Bull. 1994, IV, n°183, p.145, l'État actionnaire majoritaire rendait de manière anticipée liquide et exigible sa créance obligataire afin de minorer sa dette née d'une souscription à une augmentation de capital.

[4] Rappr. P.-F. CUIF, art. préc., n°73.

[5] Rappr. R. DEMOGUE, *op. cit.*, p.310 « *Il est certain que l'intérêt moral, pour employer cette expression large qui vise à la fois l'intérêt d'affection, l'esprit de corps, l'esprit de jalousie, l'ambition, etc., peuvent se trouver en conflit avec le devoir et que la volonté peut s'en trouver déformée.* ».

être causé par l'importance accordée à une autre personne, à un immeuble, un bien meuble corporel ou incorporel, à son intégrité corporelle ou celle d'un tiers.

L'intérêt moral peut résulter d'un avantage lié à une satisfaction morale ou à une souffrance morale évitée. Lorsque l'avantage est lié à une satisfaction morale, la personne éprouve ou espère éprouver une satisfaction psychologique quelconque. Cette satisfaction peut notamment résulter : d'un comportement sadique[1], de la poursuite d'une obligation ou d'un devoir moral[2], la poursuite de convictions personnelles[3], du soutien à une cause estimée juste[4], du renfort d'une position dominante[5], du soin apporté à son honorabilité et sa réputation, d'un souhait de développer des relations personnelles et professionnelles[6], d'une volonté d'améliorer son image sociale, d'un besoin de reconnaissance ou d'affection. Lorsque l'avantage est lié à une souffrance morale évitée, la personne échappe ou espère échapper à une souffrance psychologique quelconque[7]. La souffrance éprouvée par cette personne résultera, notamment, d'une crainte : de

---

[1] Générateur de violences, d'attitudes humiliantes et vexatoires, de vengeance, de chaos et de destruction ; v. par ex. Com., 5 mai 1998, n°96-15.383, Bull. 1998, IV, n°149, p.120, la personne en cause adoptait un comportement nuisible en réaction à « *son éviction du conseil d'administration* » ; Cass. com., 20 févr. 1957, n°57-02.531, Bull. com., 1957, n°48, p.40, l'intérêt moral peut être caractérisé par un « *dessein concerté de nuire* » et d'accroitre le contrôle sur le conseil d'administration ; Com., 20 oct. 1998, n°96-19.477, inédit, à propos d'un acharnement procédurier à caractère « *excessif et malveillant* » ; Com., 3 juin 2003, n°99-18.707, Bull. 2003, IV, n°92, p.102, relatif à une action en nullité engagée par un actionnaire « *dans le dessein de nuire à la société* » ; CA Nîmes, 2ème ch. sect. a, 19 janv. 2017, n°15/03258, *SELAS pharmacie du Verger c/ Société pharmacie du Pont d'Arc*, l'intérêt moral personnel des associés animés d'intentions sadiques était relevé par la Cour, notant qu'aucun n'était « *exempte d'intention maligne à l'égard de l'autre* » ; CA Paris, 3ème ch., sect. A, 2 juil. 2002, n°2001/19901, *Patrimonio et autres c/ Azzaro*, l'intérêt moral était trahi par un besoin de vengeance et une volonté de maintenir une position d'influence.

[2] M. POUMAREDE, Notion d'inexécution d'une obligation contractuelle, *in* P. LE TOURNEAU (dir.), Dalloz action Droit de la responsabilité et des contrats, 2021-2022, n°3124.230 et suiv ; Com., 29 mai 1972, n°71-11.739, préc., chacun des membres de la majorité trouvait une satisfaction morale à faire preuve de cohésion en soutenant les actes fautifs du président directeur général ; les associés majoritaires imputaient à la société une « *obligation morale à acquitter le passif* » d'une seconde société dont la première détenait la majorité du capital.

[3] Pouvant se matérialiser par l'attention portée aux conditions des salariés, à la structure du capital social, à l'impact environnemental d'une société, etc ; v. par ex. Com., 17 mai 1994, n°91-21.364, préc., dont les faits d'espèce permettent de relever que l'État actionnaire majoritaire était attaché à la préservation de l'emploi.

[4] Notamment le soutien aux énergies renouvelables ou la lutte contre : la malnutrition, certaines maladies, les discriminations.

[5] Spécialement le contrôle juridique ou financier d'une société ; rappr. Cass. com., 24 janv. 1995, n°93-13.273, préc. et Cass. com., 30 nov. 2004, n°01-16.581, préc., l'associé en cause était conduit à consolider et verrouiller son pouvoir de contrôle ; CA Paris, pôle 5, 5ème ch., 5 sept. 2013, n°11/08180, *Barbier c/ Sté Visions Grand Large*, les faits d'espèce permettent d'identifier l'intérêt moral à ne pas perdre un pouvoir d'influence par dilution au capital de la société ; Cass. com., 19 mars 2013, n°12-16.910, inédit, à propos de la satisfaction morale d'un concurrent de voir dissoute la société au sein de laquelle l'une de ses filiales était associée.

[6] Com., 16 juin 1998, n°96-13.997, préc., une société souhaitait augmenter son crédit auprès des banques.

[7] Par ex., Com., 29 mai 1972, n°71-11.739, préc., le président directeur général tentait d'échapper à une critique négative de sa gestion au sein d'une filiale.

voir son honorabilité ou sa réputation atteinte[1], d'être remise en question, d'être sanctionnée, de perdre une position d'influence ou de se trouver en conflit ouvert avec d'autres personnes.

En pratique, l'intérêt moral tiré de vœux de chaos et de destruction demeure l'intérêt le plus pernicieux. Tel sera par exemple le cas d'un associé dirigeant paralysant le fonctionnement de la société, en raison d'un intérêt moral généré par une profonde aversion pour ses coassociés. La société est alors en proie à une dissolution anticipée, emportant contrariété aux intérêts matériels et moraux de l'ensemble des associés.

L'intérêt personnel doit être actuel. Peu important qu'il repose sur des faits passés ou futurs[2]. L'avantage effectivement obtenu par le passé est une source d'espoir d'obtenir un avantage similaire dans le futur et ainsi générer un intérêt actuel. Par exemple, un associé perçoit annuellement un dividende s'élevant *a minima* à 200 000 EUR depuis la création de la société. Les dividendes perçus constituent un avantage effectivement obtenu par le passé. Malgré la crise économique affectant la société au début de son exercice social, ce même associé conserve l'espoir d'obtenir un dividende d'au moins 200 000 EUR au terme de l'exercice. L'intérêt matériel de l'associé est donc actuel et se manifeste par l'espoir d'obtenir un dividende futur. Lorsque la personne est certaine d'obtenir un avantage futur son intérêt demeure actuel. Par exemple, un dirigeant percevra au terme de l'exercice social une rémunération dont une partie est indexée sur les performances de la société et dont le montant ne peut être inférieur à 100 000 EUR. La perception de cette rémunération est différée dans le temps mais demeure génératrice d'un intérêt matériel pour le dirigeant au cours de l'exercice social.

Lorsque l'intérêt personnel en cause est explicitement exprimé par la personne concernée ou s'infère des faits d'espèce[3], aucune difficulté probatoire ne se présente. Dans la majorité des cas, l'associé ou le dirigeant ne révèle pas son intérêt personnel. La personne en cause peut volontairement dissimuler son intérêt personnel ou celui de la personne liée. Par exemple, un administrateur tait

---

[1] CEDH 30 juin 2020 n°21768/12, *Petro Carbo Chem S.E. c/ Roumanie*, les faits d'espèce mettent en tension la réputation du dirigeant ; rappr. Cass. req., 2 déc. 1946 ; Cass. crim., 27 mai 1975, n°74-90.058, Bull. crim., 1975, n°134, p.365 ; CA Paris, 3ème ch., sect. B, 25 oct. 2002, n°01-22277, *Clunet Coste c/ Sté Hôtel privilège II* ; Cass. 2ème civ., 13 mai 2004, n°02-10.534, Bull. 2004, II, n°229, p.193.

[2] Rappr. M. MEKKI, art. préc., v. spé. n°8.

[3] V. caricaturalement Com., 9 juin 2009, n°08-15.270, inédit, la gérante concluait pour le compte de la société qu'elle représentait un contrat de forage avec un professionnel. Ce forage était « *destiné à permettre l'alimentation en eau du jardin et de la piscine de la propriété* » de la gérante « *ainsi que l'alimentation en eau* » de la société ; *adde* Cass. com., 20 févr. 1957, n°57-02.531, Bull. com., 1957, n°48, p.40, la Cour relevait que les individus concernés étaient « *particulièrement intéressés* » à un ordre du jour et qu'ils ont voté « *dans leur intérêt personnel* » ; Com., 5 mai 1998, n°96-15.383, préc., la Cour relevait une opposition en raison de « *considérations purement personnelles* » ; Cass. com., 9 mars 1993, n°91-14.685, Bull. 1993, IV, n°101, p.69, l'associé en cause souhaitait « *favoriser ses propres intérêts* » ; Com., 8 janv. 1973, n°71-12.142, Bull. Chambre com., 1973, n°13, p.10, les opérations litigieuses étaient « *destinées à satisfaire l'intérêt personnel de certains associés* » ; Com., 16 juin 1998, n°96-13.997, préc., les agissements d'un associé égalitaire « *répondaient à un intérêt égoïste* ».

sa relation de concubinage avec le dirigeant d'une société concurrente, alors qu'une procédure judiciaire oppose les deux sociétés. La personne en cause peut encore postuler l'absence pure et simple d'un quelconque intérêt, à défaut pour elle ou la personne à laquelle elle est liée d'avoir matériellement obtenu un avantage. Par exemple, un dirigeant réalise une augmentation de capital réservée à une catégorie restreinte d'investisseurs dont fait partie une société au sein de laquelle il détient la majorité du capital ; il considère alors ne détenir aucun intérêt matériel lié à cette augmentation puisqu'il ne ferait pas partie des bénéficiaires nommément identifiés par la résolution en cause. Pour éviter tout débat infini et circulaire, il devient alors utile d'analyser les liens d'intérêts unissant l'associé ou le dirigeant à d'autres personnes. Ces liens génèrent, sinon trahissent, les intérêts personnels en cause.

### B - *Les liens d'intérêts en cause*

Les liens d'intérêts peuvent être définis comme les rapports juridiques ou factuels générateurs d'intérêts personnels qu'entretiennent deux ou plusieurs personnes. Le lien d'intérêts peut être explicitement mobilisé au sein d'une définition des conflits d'intérêts[1]. Le lien d'intérêts a pour fonction d'identifier, au moyen d'une présomption simple, l'intérêt personnel des associés, des dirigeants et des personnes auxquelles ils sont liés. À cette fin, certaines dispositions légales applicables aux conventions réglementées visent des liens d'intérêts précis[2]. Cette présomption pourra être nuancée en fonction de l'étroitesse des liens en cause et de l'influence juridique exercée par l'associé ou le dirigeant concerné. Sa force probante décroit théoriquement à mesure que le lien d'intérêts entre deux personnes se trouve distendu. Cependant les liens d'intérêts extrêmement distendus ne peuvent être ignorés. En pratique, cette distension peut être artificiellement et volontairement créée. L'analyse des liens d'intérêts est affinée en distinguant le lien d'intérêts juridique et le lien d'intérêts factuel.

Les liens d'intérêts juridiques peuvent être définis comme les rapports juridiques qu'entretiennent un associé ou un dirigeant avec d'autres personnes au moyen d'un acte ou d'un fait juridique. D'une très grande diversité, ces liens ne peuvent ni être exhaustivement répertoriés ni enserrés au sein de catégories intangibles. À l'instar de Monsieur VALIERGUE[3], il est proposé d'utiliser les

[1] V. spé. M. MEKKI art. préc., n°18.
[2] V. les art. L. 223-19 al. 5, L. 225-38 et L. 225-86 al. 3, L. 226-10 al. 2, L. 229-7 al. 7 et L. 612-5 du Code de commerce. Cette présomption en raison de liens d'intérêts identifiés n'est pas retenue par l'art. L. 227-10 du même Code ; rappr. P.-F. CUIF, art. préc., n°31 ; v. également D. SCHMIDT, *op. cit.*, p.66, n°54, p.131, n°121 et p.184, n°176.
[3] J. VALIERGUE, *op. cit.*, n°1203.

cinq catégories usuellement mobilisées en doctrine[1] et en pratique[2]. Les liens juridiques peuvent être d'ordre familial, professionnel, financier, ou encore être issus d'une obligation ou d'une procédure.

Le lien familial correspond aux liens juridiques unissant les membres d'une même famille[3]. Quel que soit le degré d'alliance ou de parenté, il peut s'agir d'un ascendant, descendant, allié ou conjoint mais également d'un partenaire de PACS ou d'un concubin. Peuvent être plus précisément identifiés des liens de filiation, de concubinage ou de PACS, d'ascendance, de descendance. Principale source de conflits d'intérêts, spécialement dans les sociétés dites de famille[4], ces liens sont pris en considération par la loi[5] et mobilisés par la jurisprudence[6]. Par exemple, une associée est mariée au dirigeant d'une seconde société. Un lien familial unit l'associée et le dirigeant.

Le lien professionnel correspond aux rapports juridiques issus d'une relation professionnelle dans le cadre de l'exercice d'une activité « *commerciale, industrielle, artisanale, libérale ou agricole* »[7]. Peuvent être plus précisément identifiés les liens de subordination, de concurrence, de rémunération des salariés ou dirigeants, de déontologie, de clientèle. Cette relation est spécialement la conséquence, notamment, d'un état : de subordination à l'égard d'une autorité hiérarchique,

---

1 V. P.-F. CUIF, art. préc., n°31, distinguant le lien familial, professionnel et financier, sur le fondement de l'art. L. 822-11 du Code de commerce intéressant les commissaires aux comptes ; *adde* J. VALIERGUE, *op. cit.*, n°1202.

2 V. notamment l'art. 313-9 du RGAMF, distinguant les « *liens familiaux* » des « *liens étroits* » ; art. L. 22-10-40 al. 7 du Code de commerce visant explicitement le « *lien familial* » ; l'art. L. 822-11 du même Code visant « *les liens personnels, financiers et professionnels* » ; les art. L. 225-22 et L. 225-85 du même Code visant les administrateurs ou membres du conseil de surveillance « *liés à la société par un contrat de travail* ».

3 « *Au sens large : ensemble des personnes descendant d'un auteur commun et rattachées entre elles par un lien horizontal (*mariage, *mais aussi* concubinage*), et un lien vertical (la* filiation*).* », S. GUINCHARD, T. DEBARD, *op. cit.*, v. « *Famille* » sens n°1.

4 Société exclusivement composée ou contrôlée par des membres d'une même famille, v. notamment 3ème civ., 18 avr. 2018, n°18-11.811, Bull. 2018, à propos d'une société composée des deux associés fondateurs et leurs enfants respectifs ; rappr. F. TERRÉ, C. GOLDIE-GENICON, D. FENOUILLET, Droit civil : La famille, 9ème éd., Dalloz, Coll. Précis, 2018, p.15, n°15.

5 V. notamment les art. L. 225-43 al. 3, L. 225-91 al. 2, L. 227-12, L. 226-10, L. 223-21 du Code de commerce, étendant le dispositif des conventions interdites aux conjoints, ascendant et descendant des personnes concernées ; *adde* l'art. L22-10-40 al. 7 du même Code ; rappr. l'art. 313-9 du RGAMF.

6 V. notamment Com., 5 mai 1998, n°96-15.383, préc., la Cour mettant en perspective le lien familial avec un allié au premier degré, en relevant que l'une des parties possédait des intérêts « *dans une société concurrente, dont son gendre, lui-même évincé de la société SAAM, détenait la majorité du capital* » ; Cass. com., 9 févr. 1999, n°96-17.661, Bull. 1999, IV, n°44, p.36, un associé commanditaire était le fils de l'associé commandité gérant et mandataire d'un autre commanditaire, son oncle ; Com., 23 janv. 1968, n°65-11.571, préc., au sein duquel le lien familial conjugal était relevé ; Com., 23 oct. 1990, n°89-14.950, Bull. 1990, IV, n°254, p.177, laissant entrevoir un lien familial de filiation ; Cass. com., 17 mars 2009, n°08-11.268, préc. ; Com., 20 oct. 1998, n°96-19.477, préc. ; CA Paris, 3ème ch., sect. A, 2 juil. 2002, n°2001/19901, *Patrimonio et autres c/ Azzaro*, mettant principalement en tension des liens d'intérêts familiaux, conjugaux et de filiations.

7 S. GUINCHARD, T. DEBARD, *op. cit.*, v. « *Professionnel* ».

d'appartenance à une instance professionnelle[1] ou de concurrence. La personne en cause pourrait notamment être un salarié, un fonctionnaire, un préposé, un supérieur hiérarchique, un dirigeant d'une personne morale, un fondé de pouvoir, un client, un concurrent, un fournisseur important, un franchisé ou franchiseur, un confrère, un membre du conseil d'un Ordre. Source importante de conflits d'intérêts, spécialement au sein des sociétés professionnelles[2], ces liens sont abordés par la loi[3] et la jurisprudence[4]. Ils sont notamment appréhendés par certaines dispositions applicables aux conventions réglementées[5]. Par exemple, une associée est mariée au dirigeant d'une société concurrente ; un lien de concurrence unit la seconde société à cette associée.

Le lien financier correspond aux rapports juridiques causés par la détention d'instruments financiers visés à l'article L. 211-1 du Code monétaire et financier. Peuvent être plus précisément identifiés des liens de capital ou de créance obligataire. La personne liée pourra notamment être un titulaire d'instruments financiers identiques ou distincts, l'émetteur, une société de gestion de portefeuille. Source privilégiée de conflits d'intérêts en droit des sociétés[6], ces liens font l'objet de dispositions légales éparses[7] et sont mobilisés en

[1] Soit toutes les professions réglementées et/ou faisant l'objet d'un monopole, placées sous la supervision d'une Chambre ou d'un Ordre.

[2] Spécialement les sociétés civiles professionnelles, les sociétés civiles de moyens, les sociétés d'exercice libéral et les sociétés pluri-professionnelles d'exercice.

[3] V. par ex. l'art. L. 22-10-40, 2° et 3° du Code de commerce visant l'employé, le membre de l'organe de gestion, d'administration ou de surveillance de la société concernée ou de celle qui la contrôle ; l'art. L. 533-10, I., 3° du Code monétaire et financier visant les conflits d'intérêts pouvant affecter une personne visée par ce texte et « *leurs clients, ou bien entre deux clients, lors de la fourniture de tout service d'investissement ou de tout service connexe ou d'une combinaison de ces services.* » ; rappr. Instruction AMF, Expertise indépendante, DOC-2006-08, Art. 1er, 1., 2. et 3.

[4] CEDH 30 juin 2020 n°21768/12, *Petro Carbo Chem S.E. c/ Roumanie*, illustrant un lien de concurrence entre l'actionnaire minoritaire et la société en cause ; Com., 5 mai 1998, n°96-15.383, préc., en l'espèce le lien de concurrence était relevé par la Cour, précisant que l'une des parties détenait « *des intérêts dans une société concurrente* » ; CA Nîmes, 2ème ch. sect. a, 19 janv. 2017, n°15/03258, *SELAS pharmacie du Verger c/ Société pharmacie du Pont d'Arc*, l'appartenance des parties à une même profession libérale réglementée de la santé dénotait un lien juridique professionnel ; Com., 25 janv. 1982, une associée était également salariée de la société ; Com., 21 nov. 2000, n°97-21.748, inédit, une société associée était l'agent commercial de la société au sein de laquelle elle était associée ; Cass. com., 19 mars 2013, n°12-16.910, préc., les faits d'espèce permettant d'identifier un lien de concurrence entre un associé et la société en cause ; Cass. com., 2 juil. 2002, n°01-12.685, Bull. 2002, IV, n°113, p.122, un lien de concurrence était relevé entre la société cessionnaire et un concurrent d'une filiale de la société cédante.

[5] V. les art. L. 225-22, L. 225-28, L. 225-80 et L. 225-85 du Code de commerce relatifs aux administrateurs ou membres du conseil de surveillance liés par un contrat de travail à la société ; les art. L. 225-38 al. 3, L. 225-86 al. 3, L. 226-10 al. 2 et L. 229-7 al. 7 du même Code.

[6] Rappr. D. SCHMIDT, *op. cit.*, p.66 et 70, n°55 et 58, distinguant « *les liens en capital* » et « *les liens commerciaux ou financiers* ».

[7] V. spécialement les art. L. 233-4 et L. 233-5-1 du Code de commerce ; l'art. L. 22-10-40, 1° et 4° visant la notion de personne contrôlée ; l'art. L541-8, 4° du Code monétaire et financier ; l'art. L. 533-10, I., 3° du même Code ; l'art. 313-9, III. du RGAMF.

jurisprudence[1]. Ils sont notamment appréhendés par certaines dispositions applicables aux conventions réglementées[2]. Par exemple, une associée détient des obligations au sein d'une seconde société ; un lien financier unit la seconde société à cette associée.

Le lien d'obligation correspond aux rapports juridiques « *entre deux personnes par lequel l'une, le* débiteur, *est tenue d'une* prestation *vis-à-vis de l'autre, le* créancier »[3] en raison de la seule autorité de la loi, d'un acte ou d'un fait juridique. Peuvent être plus précisément identifiés des liens de créance, de dette, de représentation. Ce lien pourrait absorber l'ensemble des catégories abordées *supra*. Il a pour fonction de pallier les interstices laissés par elles et stigmatiser des relations particulières. Cette catégorie ne fait que rarement l'objet de dispositions légales spéciales[4]. La jurisprudence l'aborde de manière indirecte en invoquant directement la source du rapport d'obligation[5]. Par exemple, une associée loue un immeuble à l'associé d'une seconde société ; un lien d'obligation unit ces deux associés.

Le lien de procédure correspond aux rapports juridiques précontentieux ou contentieux créés à l'occasion d'un litige. Peuvent être plus précisément identifiés des liens d'instance, de transaction, d'arbitrage, de médiation. Ce lien s'étend depuis les négociations jusqu'à la saisine d'un juge étatique ou d'un arbitre. Sont notamment couvertes : les mesures de règlement amiable des conflits, les mesures d'instructions ou d'urgences, les relations de procédure au fond. La personne liée pourra notamment être une partie adverse et ses conseils, un juge, un arbitre, un expert. À l'instar de la précédente catégorie, ces liens ne font l'objet d'aucune disposition légale explicite et ne sont qu'indirectement envisagés par la

---

[1] Com., 5 mai 1998, n°96-15.383, préc., l'une des parties avait en l'espèce des intérêts « *dans une société concurrente, dont son gendre, (…) détenait la majorité du capital ;* » ; Cass. com., 24 janv. 1995, n°93-13.273, préc. et Cass. com., 30 nov. 2004, n°01-16.581, préc., un lien juridique financier unissait la personne en cause à la SCA qu'elle avait créé et au sein de laquelle elle était associée commanditée ; Com., 8 janv. 1973, n°71-12.142, préc., et Com., 24 mai 2016, n°14-28.121, inédit, en l'espèce les associés majoritaires d'une première société, créaient une seconde société ; Com., 17 mai 1994, n°91-21.364, préc., l'État actionnaire majoritaire était le seul à détenir des obligations convertibles ; Cass. com., 4 déc. 2012, n°11-25.408, inédit, un projet de collaboration entre une SAS et une SA afin de satisfaire à un appel d'offres de l'État, était soumis à l'approbation des associés ; la SA associée majoritaire de cette SAS comptait l'État parmi ses actionnaires.

[2] V. les art. L.225-38 al. 1, L. 226-10 al. 1, L. 227-10 al. 1 et L. 229-7 al. 7 du même Code visant certaines sociétés actionnaires contrôlées au sens de l'art. L. 233-3 du même Code.

[3] S. GUINCHARD, T. DEBARD, *op. cit.*, v. « *Obligation* » sens n°2.

[4] Rappr. Instruction AMF, Expertise indépendante, DOC-2006-08, Art. 1er, 4. visant la détention d'un « *intérêt financier dans la réussite de l'offre, une créance ou une dette sur l'une des sociétés concernées par l'offre ou toute personne contrôlée par ces sociétés* ».

[5] CA Nîmes, 2ème ch. sect. a, 19 janv. 2017, n°15/03258, *SELAS pharmacie du Verger c/ Société pharmacie du Pont d'Arc*, un lien juridique d'obligation unissait la société aux associés possédant un compte courant d'associé ; un lien de même nature unissait encore les associés signataires d'un pacte d'associé ; *adde* Com., 25 janv. 1982, l'associée détenait également un compte courant d'associé ; Com., 8 févr. 2011, n°10-11.788, préc., l'associé majoritaire, promettant, avait conclu une promesse de rachat de droits sociaux avec l'associé minoritaire, bénéficiaire ; CA Paris, pôle 5, 9ème ch., 19 juin 2015, n°14/19462, les faits d'espèce permettent d'identifier des liens familiaux doublés d'un lien d'obligation en raison d'un « *pacte de famille* ».

jurisprudence[1]. Ils ne peuvent être pour autant ignorés. Par exemple, une associée assigne en responsabilité civile délictuelle le dirigeant d'une société coassociée ; un lien de procédure unit le dirigeant à cette associée.

Les liens d'intérêts factuels peuvent être définis comme les relations humaines qu'entretiennent un associé ou un dirigeant avec d'autres personnes. Ces liens peuvent être scindés en deux catégories. La première regroupe les liens psychologiques[2]. La seconde rassemble les liens sociologiques[3].

Le lien psychologique correspond aux pensées et émotions exprimées par une personne ainsi qu'au comportement qu'elle adopte. Seule l'indifférence la plus totale d'une personne à l'égard d'une autre pourrait dénoter l'absence d'un quelconque lien d'intérêts psychologique. Qu'elle soit unilatérale ou réciproque, cette relation sera principalement le fait d'un sentiment d'affection, d'aversion profonde, de crainte, d'adulation, de mépris, de gratitude, de revanche, de reconnaissance, d'affinité, de sympathie, de compassion. Ces liens sont indirectement relevés en jurisprudence[4]. Par exemple, un administrateur est notoirement abhorré par le président du conseil d'administration ; un lien psychologique d'inimitié unit ces deux personnes.

Le lien sociologique se déduit des expériences de vie humaine communes à plusieurs personnes. Cette catégorie de liens induit une certaine identité de situation. Par exemple, cette identité peut être déduite d'une catégorie socioprofessionnelle, d'une activité syndicale ou associative, d'une formation, de loisirs, de puissance économique, d'affiliation à un parti politique. Mobilisés seuls, ces liens laisseraient une place trop importante aux préjugés. Ils ne peuvent être mobilisés qu'en renfort d'un lien d'intérêts de nature psychologique ou juridique[5]. Par exemple, un administrateur et un directeur général ont fait partie

---

[1] CA Paris, 3ème ch., sect. A, 2 juil. 2002, n°2001/19901, *Patrimonio et autres c/ Azzaro*, des liens d'instances antérieurs préexistaient au litige objet de cette procédure ; ils étaient matérialisés par le placement sous sauvegarde de justice puis sous curatelle d'un administrateur et la désignation d'un administrateur provisoire de la société ; *adde* Com., 25 janv. 1982, l'associée était liée par un lien d'instance à la société avant que naisse le litige ayant conduit à une seconde procédure judiciaire ; Cass. com., 26 sept. 2018, n°16-21.825, inédit, en l'espèce le lien de procédure antérieur avait conduit à l'annulation d'une cession d'actions ; Com., 20 oct. 1998, n°96-19.477, préc.

[2] Comp. J. VALIERGUE, *op. cit.*, n°1318, se limitant aux « *liens d'amitié et d'inimitié* ».

[3] Comp. J. VALIERGUE, *id.*, n°1323, visant « *les liens d'appartenance* », rappelant que Madame OGIER les qualifie de « *liens communautaires* ».

[4] Com., 5 mai 1998, n°96-15.383, préc., la Cour relevait le sentiment de revanche de l'associé en ce que son comportement « *avait eu pour seul but d'entraver le fonctionnement de celle-ci et avait été dicté par des considérations purement personnelles, notamment son éviction du conseil d'administration* » ; CA Nîmes, 2ème ch. sect. a, 19 janv. 2017, n°15/03258, *SELAS pharmacie du Verger c/ Société pharmacie du Pont d'Arc*, les faits d'espèce permettent d'entrevoir un lien moral d'inimitié, la Cour relevait un « *contexte de très forte dégradation des relations entre associés* » ; Com., 7 mars 2018, n°16-10.727, inédit, permettant d'entrevoir les liens psychologiques induits par la mésentente entre les associés ; Com., 29 mai 1972, n°71-11.739, préc., les actionnaires majoritaires étaient en l'espèce unis par des liens factuels psychologiques les poussant à couvrir les agissements fautifs du PDG membre de la majorité ; v. encore Com., 20 oct. 1998, n°96-19.477, préc. et Com., 3 juin 2003, n°99-18.707, préc.

[5] V. par ex. CA Nîmes, 2ème ch. sect. a, 19 janv. 2017, n°15/03258, *SELAS pharmacie du Verger c/ Société pharmacie du Pont d'Arc*, les faits d'espèce permettent d'identifier un lien moral sociologique, en raison de l'unité de profession exercée par les parties.

de la même promotion au sein d'une grande école ; ils pratiquent ensemble le tir sportif au sein du même club. Un lien sociologique par identité de formation et de loisir unit ces deux personnes.

Les liens d'intérêts juridiques et factuels se combinent à l'infini. Ils peuvent se succéder et unir une multitude de personnes. Dans le cas le plus simple, l'associé ou dirigeant en cause est directement lié à la personne ciblée par la détection d'un lien d'intérêts. Tel est le cas de l'ensemble des exemples précités aux fins d'illustrer les liens juridiques et factuels.

La plupart des hypothèses rencontrées en théorie comme en pratique, font état d'un associé ou dirigeant lié à la personne ciblée en raison d'une succession de liens d'intérêts entre plusieurs personnes relais. L'associé ou dirigeant en cause sera lié à une première personne relais, elle-même liée à une ou plusieurs autres personnes relais dont la dernière, en fin de chaine, est liée à la personne ciblée. La personne ciblée sera alors indirectement liée à l'associé ou dirigeant en cause. Par exemple, une personne physique est associée d'une société par actions simplifiée, elle-même associée d'une société anonyme, elle-même associée d'une société civile immobilière qui loue des locaux commerciaux à un groupement d'intérêt économique. Par cette chaine de liens d'intérêts, l'associé personne physique peut être réputé lié au groupement d'intérêt économique par l'intermédiaire des trois sociétés relais. L'associé personne physique et le groupement d'intérêt économique sont liés par un lien d'intérêts consolidé. Ce lien d'intérêts consolidé est constitué du lien fondamental unissant l'associé personne physique à la société par actions simplifiée et des liens d'intérêts intermédiaires unissant, tour à tour, les sociétés jusqu'au groupement d'intérêt économique.

Le lien d'intérêts fondamental désigne le premier lien unissant l'associé ou le dirigeant à la première personne à partir de laquelle la succession des liens d'intérêts peut débuter.

Les liens d'intérêts intermédiaires désignent les liens d'intérêts qui se succèdent à partir du lien fondamental. Il s'agit donc des liens séparant la première personne relais de la personne ciblée. Pour mémoire, la première personne relais est liée à l'associé ou dirigeant en cause.

Le lien d'intérêts consolidé désigne la chaine globale des liens d'intérêts, constituée du lien fondamental et des liens intermédiaires. Ce lien consolidé permet de virtuellement relier l'associé ou dirigeant en cause à la personne ciblée. Le nombre total de liens composant le lien d'intérêts consolidé est égal à la somme du lien fondamental et des liens intermédiaires. Dans l'exemple précité, le lien consolidé unissant l'associé personne physique et le groupement d'intérêt économique est composé de quatre liens d'intérêts. Trois liens d'intérêts juridiques financiers et un lien juridique d'obligation.

Cette conception du lien d'intérêts permet d'arrêter une classification simplifiée des conflits d'intérêts. En pratique, cette conception est supplantée par l'opposition entre les liens d'intérêts directs et les liens d'intérêts indirects. Cependant, le présent ouvrage propose d'appliquer ce critère de distinction aux conflits d'intérêts. Afin de limiter tout risque de confusion, le caractère direct ou indirect des intérêts personnels et des liens d'intérêts est donc exclu.

Le lien d'intérêts présent doit être privilégié. Celui-ci existe au moment où l'on recherche à déceler un intérêt personnel et qualifier un conflit d'intérêts. Le lien d'intérêts passé permet lui aussi de déceler un intérêt personnel[1]. Soit parce qu'un lien d'intérêts passé est relayé ou substitué par un lien présent, soit parce qu'il peut laisser subsister un intérêt personnel actuel. Par exemple, un lien d'intérêts passé a pu être si intense, qu'il génère un intérêt personnel moral actuel par lequel la personne en cause espère la création d'un nouveau lien d'intérêts similaire. Une durée peut être fixée à compter de la disparition du lien d'intérêts, en deçà de laquelle l'intérêt personnel est réputé persister. En pratique cette durée varie de trois à cinq ans[2]. Le lien d'intérêts futur doit être appréhendé de manière restrictive. Les hypothèses dans lesquelles une personne se verrait fortuitement et de manière certaine liée à une autre personne dans un temps futur sont aussi rares qu'anecdotiques. Par exemple, une personne ignore qu'une assignation en justice est sur le point de lui être notifiée. Cependant, l'intérêt ou le lien d'intérêts présent peuvent être à l'origine d'un lien futur, espéré ou certain. Par exemple, une personne négocie l'acquisition des titres sociaux d'un associé cédant. Cette volonté du futur cessionnaire d'être lié par un lien juridique futur avec le cédant et la société cible, révèle son intérêt personnel présent. Les liens futurs permettent davantage de déceler à rebours la présence d'un intérêt personnel ou d'un intérêt lié, tous deux actuels. Tel sera par exemple le cas en présence d'une promesse unilatérale d'achat ou de vente consentie à une personne non associée. Un lien juridique et des intérêts présents fondent un probable lien d'intérêts juridique financier futur ; ce lien futur unira le bénéficiaire de la promesse à la société une fois l'option levée.

## Conclusion du paragraphe 2

Appréhender toute forme de conflits d'intérêts commande de prendre en compte, d'une part, l'ensemble des intérêts personnels d'un dirigeant ou associés et, d'autre part, les intérêts des personnes auxquelles ils peuvent être liés. Appliquer un critère filtrant fondé sur les intérêts et liens d'intérêts, permet d'artificiellement réduire la portée des définitions des conflits d'intérêts. Par exemple, serait inopérante la définition selon laquelle un conflit d'intérêts pourrait être qualifié lorsque l'intérêt social s'oppose aux intérêts pécuniaires professionnels d'un associé ou dirigeant en raison d'un contrat de prestation de services le liant personnellement à la société ou l'une de ses filiales dont elle détient plus de 70% du capital. Les restrictions sont multiples. Tout d'abord, l'intérêt personnel est réduit au seul intérêt matériel. Ensuite, la source de cet intérêt doit être d'ordre professionnel. De plus, les liens d'intérêts mobilisés sont

---

[1] V. P.-F. CUIF, art. préc., n°32.

[2] *Adde* P.-F. CUIF, *ibid.* ; rappr. les art. L. 811-2, L. 822-12, L. 812-2, L. 822-14 et L. 814-8 du Code de commerce.

limités au lien juridique d'obligation et financier. Le lien juridique doit également être caractérisé eu égard à un contrat de service. Enfin, le lien juridique financier est appliqué aux seules sociétés filiales contrôlées. Ainsi, en pratique, les situations susceptibles d'être qualifiées de conflits d'intérêts sont infimes.

## Conclusion de la section I

En droit des sociétés, la définition des conflits d'intérêts s'articule autour de l'intérêt social et de l'intérêt personnel des associés et des dirigeants ou des personnes auxquelles ils sont liés. La définition des conflits d'intérêts ne peut être déduite de l'analyse isolée des intérêts en présence. Cette analyse doit être affinée au regard de l'état de confrontation des intérêts générateurs du conflit.

## Section II - La concurrence des intérêts en présence

L'étude des caractéristiques communes à l'ensemble des conflits d'intérêts (paragraphe 1) permet d'aboutir à leur classification (paragraphe 2).

### §1 - Caractéristiques communes aux conflits d'intérêts

Les conflits d'intérêts résultent d'un état de concurrence entre l'intérêt social et un intérêt personnel (A). Ils se matérialisent par l'exercice d'un pouvoir juridique (B).

*A - Une concurrence d'intérêts*

La doctrine majoritaire définit les conflits d'intérêts au regard de l'état de choix dans lequel se trouve une personne[1]. Les conflits d'intérêts sont issus d'une concurrence ou d'un risque de concurrence entre l'intérêt social et un intérêt personnel (1). Cet état de fait doit être actuel (2).

1. Concurrence ou risque de concurrence entre intérêts

En rapprochant directement l'intérêt social d'un autre intérêt, le représentant de l'intérêt social est contraint de les concilier afin d'en obtenir la satisfaction alternative ou concurrente. Il importe peu que le représentant de l'intérêt social ait une conscience aigüe de cette confrontation d'intérêts. L'associé ou le dirigeant en cause est conduit à exercer ses pouvoirs aux fins de concilier les intérêts en présence. Il est en position de faire prévaloir son intérêt personnel ou celui d'une personne liée sur l'intérêt social.

En rapprochant indirectement l'intérêt social d'un autre intérêt, il est à craindre que l'associé ou le dirigeant soit contraint de les concilier afin d'en obtenir la satisfaction alternative ou concurrente. Il importe peu que le représentant de l'intérêt social ait une conscience aigüe de cette interférence d'intérêts. L'associé ou le dirigeant peut simplement se trouver en état de subir

---

[1] Rappr. M. MEKKI, art. préc., n°17, faisant référence à une « situation d'interférence entre les intérêts confiés à une personne », extrait retranscrit en italique par l'auteur ; D. SCHMIDT, *op. cit.*, p.28, n°18 ; D. SCHMIDT, Essai de systématisation des conflits d'intérêts, art. préc., I, C ; C. CASTRES SAINT MARTIN, *op. cit.*, spé. n°214. *Adde* T. DOUVILLE, *op. cit.*, n°165.

l'influence d'un intérêt personnel. L'associé ou le dirigeant en cause, seul ou avec l'aide d'autres personnes, est conduit à indirectement exercer ses pouvoirs aux fins de concilier les intérêts en présence. Il risque de faire prévaloir son intérêt personnel ou celui d'une personne liée sur l'intérêt social.

Ce risque se concrétise en trois hypothèses. La première, lorsqu'un associé ou dirigeant agit au soutien de l'intérêt social sans aucune considération pour un autre intérêt personnel qui y serait confronté[1]. La seconde, lorsqu'il feint la poursuite désintéressée de l'intérêt social tout en privilégiant, en réalité, un intérêt personnel. La troisième, lorsqu'il dissimule un rapprochement direct d'intérêts par interposition de personnes. Toutes ces hypothèses recouvrent une même réalité. La personne risque de mettre en concurrence l'intérêt social avec un intérêt personnel.

Au stade de la qualification du conflit d'intérêts, il importe peu que l'associé ou le dirigeant agisse de bonne ou de mauvaise foi. C'est-à-dire qu'il ait conscience du caractère contraire à l'intérêt social qu'engendre le rapprochement des intérêts personnels en cause. Ces considérations pourront affecter le traitement juridique d'un conflit d'intérêts, spécialement lorsqu'il est constitutif d'une infraction pénale[2]. Pour certains auteurs, seuls les intérêts personnels dotés d'une gravité suffisante peuvent perturber la prise d'une décision et ainsi générer un conflit d'intérêts[3]. Le caractère significatif de l'intérêt en cause permettrait de mesurer cette gravité[4].

L'appréciation de la gravité d'un intérêt fluctue en fonction des perceptions individuelles et des situations. Ce phénomène justifie son exclusion comme critère de qualification des conflits d'intérêts[5]. En effet, ce type de critère ne doit pas être laissé à la libre appréciation de la personne en cause. En cas contraire il risquerait d'être détourné en élément de disqualification du conflit d'intérêts. Par exemple, une résolution ayant pour objet l'approbation de l'évaluation d'un apport en nature est soumise à la collectivité d'associés ; l'associé apporteur considèrerait ne pas être en position de conflit d'intérêts lors du vote car le montant de l'estimation retenue correspondrait seulement au tiers du capital social. Pour d'autres auteurs, les conflits d'intérêts ne peuvent être qualifiés qu'en présence d'intérêts intrinsèquement opposés[6]. En dehors des contrats commutatifs[7], l'appréciation du caractère strictement opposé des intérêts en

---

[1] Rappr. P.-F. CUIF, art. préc., n°35.

[2] Rappr. D. REBUT, Abus de biens sociaux, Rép. dr. pénal et proc. pénale Dalloz, 2010, n°151, définissant la mauvaise foi « *comme la volonté consciente et assumée d'accomplir un acte contraire à l'intérêt social.* ».

[3] En ce sens v. notamment P.-F. CUIF, *id.*, n°33.

[4] Rappr. P.-F. CUIF, *ibid. Adde* L. ATHLAN, T. BAUDESSON, C.-H. BOERINGER, J.-H. SAVOURE, J.-Y. TROCHON, *op. cit.*, n°17 ; D. SCHMIDT, Essai de systématisation des conflits d'intérêts, art. préc., I, D ; v. également M. MEKKI, art. préc., n°6.

[5] Rappr. M. MEKKI, art. préc., n°147.

[6] Rappr. D. SCHMIDT, *op. cit.*, v. spé. n°18 ; *adde* D. SCHMIDT, Essai de systématisation des conflits d'intérêts, art. préc., C ; v. également C. OGIER, *op. cit.*, p.278.

[7] V. l'art. 1108 al. 1 du Code civil. Rappr. D. SCHMIDT, *op. cit.*, p.40, n°27 et J. VALIERGUE, *op. cit.*, n°624.

cause est incertaine. Imposer que les intérêts en présence soient *de facto* opposés ou en conflit, réduirait la portée pratique d'une définition des conflits d'intérêts.

2. Un état de fait actuel

L'état de concurrence entre l'intérêt social et l'intérêt personnel d'un dirigeant, d'un associé ou des personnes auxquelles ils sont liés, doit être actuel[1]. Il convient d'éviter de raisonner à partir de l'intérêt personnel concrétisé, c'est-à-dire l'avantage matériellement retiré à l'issue du conflit. En cas contraire, la qualification du conflit d'intérêts serait maladroitement suspendue jusqu'à son dénouement futur ou consolidé. Il n'est donc pas utile de viser les conflits d'intérêts dits potentiels ou éventuels[2]. Ce critère d'actualité, n'exclut pas la détection d'un conflit d'intérêts passé et futur. Dans le premier cas, le conflit d'intérêts repose sur des faits passés et le critère d'actualité a été consommé. Dans le second cas, le conflit d'intérêts repose sur des faits présents permettant d'entrevoir les hypothèses dans lesquelles ce critère d'actualité sera consommé. Par exemple, une réunion d'associés a pour objet l'exclusion de l'un d'eux ; le caractère actuel de la confrontation entre les intérêts en cause sera consommé au moment où l'associé exclu participera au vote.

Le conflit d'intérêts est une situation de fait et doit être apprécié de manière objective[3]. L'administration de la preuve du conflit d'intérêts obéit aux règles et aux modes de preuves classiques, notamment édictées par les articles 1358 et suivants du Code civil. La preuve du conflit d'intérêts peut s'avérer délicate lorsqu'elle repose sur un fait matériel ou juridique inconnu des coassociés, codirigeants ou de la société. Le conflit pourra être décelé au moyen d'un faisceau d'indices graves, précis et concordants[4]. Revendications, comportement[5], position d'influence juridique, avantages sociaux particuliers de la personne en cause ou encore l'objet du conflit seront autant d'indices permettant de qualifier

[1] Rappr. C. CASTRES SAINT MARTIN *op. cit.*, n°214.

[2] Rappr. M. MEKKI, art. préc., v. spé. n°8. Comp. TC Paris, 1re ch., 10 nov. 2020, n°2019036759, notes B. FAGES, Bull. Joly Sociétés, 2021, n°121q9, p.19, spé. n°4 et 5, D. SCHMIDT, Rev. sociétés, 2021, p.99, spé. n°3, se référant notamment au « *conflit d'intérêt ponctuel potentiel* ».

[3] Rappr. B. DONDERO, Le traitement juridique des conflits d'intérêts : entre droit commun et dispositifs spéciaux, art. préc., v. spé. n°13.

[4] V. l'art. 1382 du Code civil ; *adde* G. LARDEUX, Preuve : règles de preuve, Rép. civ. Dalloz, 2018, n°136 et 137. V. par ex. Cass. com., 1 juil. 2003, n°99-19.328, préc., un faisceau d'indices graves, précis et concordants permet d'établir que le vote de l'associé gérant sur sa prime constituait un conflit d'intérêts direct ; Cass. com., 20 févr. 1957, n°57-02.531, Bull. com., 1957, n°48, p.40, les faits établissant un vote motivé « *moins par l'intérêt social que par l'intérêt personnel des administrateurs* » ; *adde* Com., 8 janv. 1973, n°71-12.142, préc., le faisceau d'indices intègre l'interposition de personnes créée par les associés majoritaires ayant constitué une seconde société au sein de laquelle ils étaient associés.

[5] V. par ex. Com., 21 nov. 2000, n°97-21.748, préc., deux administrateurs s'abstenaient de révéler leur intérêt personnel à une convention objet d'un vote du conseil d'administration et participaient au vote. De ce comportement peut être relevé *a posteriori* un conflit d'intérêts direct personnel ; rappr. Cass. com., 24 avr. 1990, n°88-17.218 et n°88-18.004, Bull. 1990, IV, n°125, p.82, à partir des faits d'espèce il peut être relevé que le défaut de communication d'informations à une administratrice par le président, préalablement à une réunion du conseil, peut trahir un conflit d'intérêts.

un conflit d'intérêts. Une présomption simple peut être découverte chaque fois qu'un associé ou dirigeant exerce ses pouvoirs au profit de personnes limitées en nombre ou nommées[1] et dont lui-même ou la personne à laquelle il est lié fait partie. Par exemple, un associé représente un coassocié et doit voter sur l'opportunité de distribuer un dividende spécial réservé à deux personnes, incluant le coassocié représenté. Ou encore, trois administrateurs bénéficient d'une rémunération spéciale et doivent voter, avec l'ensemble du conseil, un projet de résolution ayant pour objet la suppression de cette rémunération.

*B - L'exercice d'un pouvoir juridique*

Les conflits d'intérêts se matérialisent par l'exercice d'un pouvoir juridique d'associé ou de dirigeant (1) au moyen d'un support juridique (2).

1. L'exercice d'un pouvoir juridique d'associé ou de dirigeant

L'état de concurrence entre l'intérêt social et l'intérêt personnel d'un dirigeant, d'un associé ou des personnes auxquelles ils sont liés, se matérialise par l'exercice certain d'un pouvoir. Cet exercice est présent ou futur. Le pouvoir est défini par Monsieur GAILLARD comme la prérogative juridique par laquelle « *Un individu se voit confier une charge qu'il exerce dans un intérêt au moins partiellement distinct du sien propre.* »[2]. En leur qualité de représentant de l'intérêt social, associés et dirigeants sont investis de pouvoirs leur permettant d'agir au soutien de l'intérêt social. Ces pouvoirs peuvent s'exercer de manière individuelle, collective, concurrente ou conjointe.

En droit des sociétés, la poursuite de l'intérêt social est le principe. La poursuite de son intérêt personnel ou celui d'une personne liée est l'exception. Au soutien de leurs intérêts personnels, associés et dirigeants mobilisent leurs droits subjectifs[3]. Exercés dans le cadre d'une société ces droits doivent être conciliés avec les pouvoirs qu'ils détiennent en qualité de représentant de l'intérêt social.

Les pouvoirs politiques d'associé, leur permettent *a minima* de déterminer la politique sociale et ainsi enserrer la stratégie de la société. Les associés sont plus généralement investis d'un pouvoir général de contrôle de la gestion sociale assurée par les dirigeants. En pratique, les pouvoirs politiques d'associés sont souvent supplantés par les droits subjectifs dont les associés peuvent être

---

[1] V. par ex. Cass. 3ème civ., 18 juin 1997, n°95-17.122, Bull. 1997, III, n°147, p.99, en l'espèce deux associés, l'un cédant et l'autre cessionnaire, votaient l'agrément de leur projet de cession de droits sociaux au cours d'une réunion d'associés ; Com., 3 mai 2000, n°97-22.510, inédit, un administrateur était nommément visé par une décision d'attribution d'une pension de retraite ; Cass. com., 1 juil. 2003, n°99-19.328, préc., en l'espèce un associé votait une résolution qui lui octroyait, en sa qualité de gérant, une prime de bilan en numéraire.

[2] E. GAILLARD, Le pouvoir en droit privé, th., Economica, Coll. Droit Civil, série Études et Recherches, 1985, p.9, n°3 ; rappr. L. CADIET, P. TOURNEAU, Abus de droit, Rép. civ. Dalloz, 2015, n°12, exposant la distinction classique opérée par JOSSERAND entre les droits-fonctions et les droits-pouvoirs.

[3] En ce sens E. GAILLARD, *op. cit.*, n°21 et suivants. *Adde* P.-F. CUIF, *id.*, n°39.

titulaires en cette qualité. Il convient de rejoindre Monsieur GAILLARD relevant que le « *pouvoir apparaît dans la définition de chacun des droits subjectifs* »[1]. Les droits et libertés reconnus à un associé ne font pas concurrence à ses pouvoirs. Au contraire, les droits non pécuniaires d'associé lui confèrent un pouvoir politique minimal et en permettent l'exercice. C'est la raison pour laquelle « *la question des pouvoirs* » est « *tantôt absorbée par la théorie de la représentation, tantôt par celle de l'abus des droits* »[2]. Les droits non pécuniaires d'associé sont principalement composés : du droit de participer et voter aux réunions collectives d'associés, du droit à l'information et du droit d'agir en justice pour la défense des intérêts de la société à l'encontre des dirigeants. Les droits pécuniaires d'associé sont principalement composés du droit de percevoir un dividende et de céder les parts sociales ou actions détenues.

Les pouvoirs de gestion des dirigeants permettent de mettre en œuvre la stratégie sociale. Ils pourront à cet effet réaliser des actes de gestion externe ou surveiller la gestion de la société. De manière ponctuelle, ce pouvoir sera accordé à toute personne représentant spontanément la société. À côté des associés, les dirigeants peuvent arrêter ou compléter la stratégie de la société. Par exemple, au sein d'une société anonyme de forme dite moniste, « *Le conseil d'administration détermine les orientations de l'activité de la société et veille à leur mise en œuvre* »[3], alors qu'au sein d'une société anonyme de forme dite dualiste cette compétence relèvera du directoire[4]. Dans les autres formes sociales cette compétence appartiendra aux associés lorsque la stratégie est statutairement arrêtée avec suffisamment de précision ; accessoirement elle appartiendra aux dirigeants. Au sein d'une société par actions simplifiée, elle peut appartenir à un comité *ad hoc* composé de personnes non associées ou non-dirigeantes.

Le second alinéa de l'article 1833 du Code civil, en précisant que la société « *est gérée dans son intérêt social* », n'instaure aucune distinction entre la situation des dirigeants et celle des associés[5]. Cet article ne distingue non plus la gestion dite quotidienne d'une société et sa gestion globale. Sauf disposition légale spéciale contraire, il résulte de la combinaison des articles 1846, 1848 et 1852 du Code civil, que cette gestion peut être librement aménagée et partagée entre les associés et dirigeants. Ensemble, ces articles pourraient être le point de départ d'une distinction entre le pouvoir de gestion sociale *stricto sensu* et le pouvoir d'intervenir dans la gestion. Le premier serait attribué aux dirigeants, le second aux associés.

Les pouvoirs des associés et dirigeants peuvent être exercés de fait. Par exemple, en raison de son « *comportement univoque* » une personne pouvait être

---

[1] E. GAILLARD, *op. cit.*, p.8, n°2.

[2] E. GAILLARD, *id.*, p.14, n°11 ; rappr. L. CADIET, P. TOURNEAU, art. préc., n°29.

[3] Art. L. 225-35 du Code de commerce.

[4] Art. L. 225-64 du Code de commerce.

[5] V. spé. l'étude d'impact joint au dossier législatif de la loi n°2019-486 du 22 mai 2019 préc., dont les exemples énumérés à ce sujet se rapportent tant aux associés qu'aux dirigeants, n°1.1.2 sous art. 61, p.536 et 537 ; rappr. A. TADROS, art. préc., n°14, relevant qu'il vaut mieux « *ne pas surenchérir sur le verbe «* gérer *» et considérer que tant les dirigeants que les associés devront avoir à l'esprit les enjeux sociaux et environnementaux lorsqu'ils exercent leurs prérogatives respectives.* ».

qualifiée d'associé de fait principalement en ce qu'elle effectuait des apports de fonds au bénéfice de la société[1]. Encourt la qualification de dirigeant de fait, la personne qui démissionne de son mandat de président du conseil d'administration puis signe dans les faits « *tous les contrats représentant l'essentiel de l'activité de la société, à l'exception d'un seul* » en « *qualité de "président-directeur-général, dans six de ces actes"* »[2]. Peut encore être qualifié de dirigeant de fait, le salarié qui « *disposait d'une grande autonomie de gestion, assurant sur place la totale direction de l'entreprise* », « *était responsable du changement du personnel d'encadrement* » et « *avait fait personnellement le choix de reconduire les prix de vente antérieurement pratiqués, inférieurs au prix de revient* »[3].

Combinés entre eux, certains pouvoirs permettent de distinguer les compétences de décision, d'exécution et de surveillance. La compétence d'exécution relève principalement de la gestion sociale externe. Cette compétence recoupe l'ensemble des pouvoirs permettant d'engager la société auprès des tiers. La personne investie de cette compétence maîtrise l'entier processus d'expression de la volonté sociale à un acte juridique ; de la phase précontractuelle jusqu'à la phase d'exécution contractuelle. Un cadre légal minimal peut imposer à certaines sociétés une pré-répartition de l'ensemble des pouvoirs et compétences. Par exemple, au sein d'une société anonyme de forme dite moniste, « *Le directeur général est investi des pouvoirs les plus étendus pour agir en toute circonstance au nom de la société.* »[4]. Au sein d'une société anonyme de forme dite dualiste cette compétence relèvera du directoire sous le contrôle permanent du conseil de surveillance[5].

Les associés et dirigeants peuvent rencontrer des conflits d'intérêts entre la formation et la dissolution de la société. Avant la signature des statuts, le projet sociétaire étant suffisamment concret, l'intérêt social existe mais est maintenu en un état embryonnaire. Un futur associé ou dirigeant peut donc se trouver investi d'un pouvoir limité. En pratique, ce pouvoir minimal permet la réalisation d'actes juridiques préparatoires à l'activité sociale par l'un des futurs associés, pour le compte de la future société personne morale[6]. La signature de l'acte constitutif de société par les associés emporte existence formelle de l'intérêt social. Cet intérêt ne devient opposable aux tiers qu'à compter de l'immatriculation et la personnification de la société. Les associés et dirigeants désignés dans les statuts sont investis de l'ensemble de leurs pouvoirs respectifs. Par exemple, avant l'immatriculation de la société, les pouvoirs politiques dont sont investis les associés leur permettent de mandater l'un d'eux ou un dirigeant aux fins

[1] Com., 24 sept. 2003, n°99-20.291, inédit.
[2] Com., 13 févr. 2007, n°05-12.261, inédit.
[3] Com., 16 avr. 1996, n°94-17.215, inédit.
[4] Art. L. 225-56 du Code de commerce.
[5] V. l'art. L. 225-64 et art. L. 225-68 al. 1 du Code de commerce.
[6] V. l'art. 1843 du Code civil, l'art. L. 210-6 al. 2 du Code de commerce et l'art. 6 du décret n°78-704 du 3 juil. 1978 relatif à l'application de la loi n°78-9 du 4 janv. 1978 modifiant le titre IX du livre III du code civil. Rappr. par ex. Cass. com., 2 févr. 2010, n°09-13.405 ; *adde* J.-P. SORTAIS, Constitution des sociétés, Rép. sociétés Dalloz, 2004, n°182.

d'accomplir des actes juridiques pour le compte de la société en formation. Ce mandat doit impérativement être express[1] et spécial, peu important qu'il soit donné antérieurement ou postérieurement à la conclusion de l'acte[2]. Une fois immatriculée et au moyen d'une délibération spéciale d'associés adoptée à la majorité requise, la société pourra reprendre les actes préparatoires à son activité sociale conclus lors de sa formation[3].

En principe, la perte de la qualité juridique d'associé ou de dirigeant emporte dessaisissement de leurs pouvoirs. La qualité de dirigeant se perd, notamment, au terme du mandat social, à l'issue d'une démission ou d'une révocation. À la suite d'un départ anticipé volontaire ou contraint de la société, la qualité d'associé se perd en principe à la date du remboursement de la valeur des droits sociaux[4]. Plus généralement, toute personne spontanément en charge de l'intérêt social sera dessaisie de ses pouvoirs à l'issue de l'accomplissement de sa mission ou au terme de son mandat. En principe, certains devoirs et obligations subsisteront au départ de l'associé ou du dirigeant. Ces derniers sont contraints de ne pas nuire aux intérêts de la société au moyen d'informations, de faits matériels et juridiques ou d'actes juridiques obtenus ou réalisés au cours de la période d'exercice de leurs pouvoirs. Ce principe permet, par exemple, d'appréhender les hypothèses dans lesquelles un individu entrerait dans une société à des fins malveillantes, avant d'en sortir afin de finaliser ses véritables intentions. Si le lien juridique d'intérêt unissant la société et l'associé ou le dirigeant a été rompu, son intérêt personnel peut subsister.

À la survenance d'une cause de dissolution de la société[5], l'intérêt social persiste, paradoxalement, pour les seuls besoins de sa disparition. Les pouvoirs des associés et dirigeants sont limités par les opérations de liquidation de la société. La Cour de cassation précisait « *qu'il n'est pas au pouvoir de la volonté des associés, fût-elle unanime, de décider qu'il n'y a pas lieu de procéder à la liquidation et au partage d'une société dissoute non plus qu'à la désignation d'un liquidateur, seul habilité à représenter la société jusqu'à la clôture de la liquidation* »[6]. La perte définitive des pouvoirs est concomitante à la clôture des opérations de liquidation. Cette dernière emporte disparition de la société personne morale[7]. Au sein d'une société en participation, elle interviendra selon Monsieur DONDERO au

---

[1] Comp. Cass. com., 6 déc. 2005, n°03-16.853, Bull. 2005, IV, n°244, p.270, Cass. com., 23 mai 2006, n°03-15.486, Bull. 2006, IV, n°130, p.132 et Cass. com., 9 oct. 2007, n°06-16.483, Bull. 2007, IV, n°215.

[2] Com., 14 janv. 2003, n°00-12.557, inédit et Cass. com., 1er juil. 2008, n°07-10.676, Bull. 2008, IV, n°139 ; *adde* J.-P. SORTAIS, *id.*, n°211.

[3] V. Cass. com., 1 avr. 2003, n°99-12.443, inédit, Cass. com., 12 juil. 2004, n°01-16.801, inédit et 3ème civ., 2 févr. 2005, n°03-18.575, Bull. 2005, III, n°22, p.19.

[4] Cass. 3ème civ., 9 déc. 1998, n°97-10.478, Bull. 1998, III, n°243, p.161 ; *adde* Com., 17 juin 2008, n°06-15.045, Bull. 2008, IV, n°125, et Com., 17 juin 2008, n°07-14.965, Bull. 2008, IV, n°126.

[5] V. l'art. 1844-7 du Code civil ; *adde* les dispositions spéciales éparses applicables aux sociétés en participation ou aux sociétés commerciales.

[6] Com., 24 oct. 1989, n°88-12.713, Bull. 1989, IV, n°257, p.172. *Adde* l'art. 1844-8 du Code civil.

[7] V. l'art. 1844-8 du Code civil, hors hypothèses visées par les art. 1844-4 et 1844-5 du même Code, emportant transmission universelle du patrimoine de la société.

moment de l'arrêt des comptes opérant « *la balance des bénéfices et des pertes, en vue d'attribuer à chaque participant sa part de bénéfice et à lui restituer son apport, le cas échéant* »[1].

2. L'exercice du pouvoir matérialisé par un support juridique

Le conflit d'intérêts nécessite un comportement extériorisé de l'associé ou dirigeant. Le représentant de l'intérêt social exercera ou s'abstiendra d'exercer un pouvoir. Par exemple, un dirigeant utilise à des fins personnelles une information confidentielle relative à la stratégie sociale. Ou encore, un associé s'abstient de participer à une réunion d'associés. Lorsque la situation en cause ne permet l'exercice d'aucun pouvoir, le représentant de l'intérêt social ne peut juridiquement se trouver en conflit d'intérêts. Il importe peu que l'associé, le dirigeant ou la personne à laquelle il est lié demeure intéressé. Par exemple, une société souhaite absorber une seconde société dont l'associé unique est la fille d'un des dirigeants de la première. La décision d'absorption et ses modalités doivent être arrêtées par une réunion d'associés de la société absorbante. Le dirigeant de cette dernière ne peut être considéré comme se trouvant en conflit d'intérêts puisqu'il n'est voué à exercer aucun de ses pouvoirs dans le cadre de cette opération. Ces hypothèses sont restreintes en raison du pouvoir de surveillance ou de contrôle étendu dont peuvent être investis les associés ou dirigeants. Dans la continuité de l'exemple précédent, le dirigeant pourrait se trouver en conflit d'intérêts s'il avait connaissance de graves dysfonctionnements internes à la société cible. Le pouvoir de surveillance dont il peut être investi lui permet de révéler ces informations aux associés. Le dirigeant est donc confronté à un choix : privilégier son intérêt personnel et celui de sa fille ou privilégier l'intérêt social.

Le conflit d'intérêts peut avoir pour support un acte juridique, un fait matériel, un fait juridique[2]. Pour certains auteurs, les conflits d'intérêts ne peuvent avoir d'existence qu'à travers l'acte juridique[3]. En pratique, une telle limite réduirait considérablement la portée d'une définition des conflits d'intérêts. Les situations de fait dénotant une concurrence avérée ou redoutée entre l'intérêt social et un intérêt personnel méritent d'être juridiquement traitées.

Quatre hypothèses générales se distinguent. La première, par laquelle l'associé ou le dirigeant est activement en passe de faire prévaloir son intérêt personnel sur l'intérêt social. Par exemple, un associé utilise à des fins personnelles une information confidentielle intéressant la stratégie sociale. Ou encore, un dirigeant contracte en son nom personnel avec la société qu'il représente. L'acte juridique conclu par un associé ou dirigeant pour son propre compte avec la société qu'il

---

[1] B. DONDERO, Société en participation, art. préc., n°196.

[2] À propos de l'admission de la représentation aux fins d'accomplir des faits matériels ou juridiques, v. N. MATHEY, art. préc., n°22 à 25, rappelant l'intérêt certains de la représentation en matière d'acte juridique et relevant qu'un représentant peut être conduit à exercer des faits matériels ou juridiques pour le compte du représenté.

[3] Rappr. M. COZIAN, F. DEBOISSY, A. VIANDIER, *op. cit.*, n°1041 ; *adde* J. VALIERGUE, *op. cit.*, n°25 et suiv. et n°552.

représente, constitue l'archétype du conflit d'intérêts[1]. La seconde, par laquelle l'associé ou le dirigeant est activement en passe de faire prévaloir l'intérêt personnel d'une personne représentée sur l'intérêt social. Par exemple, un associé utilise une information confidentielle intéressant la stratégie sociale pour le compte d'une personne qu'il représente. Ou encore, un dirigeant contracte au nom et pour le compte de deux sociétés qu'il représente. L'acte juridique conclu par double représentation, constitue un cas classique de conflit d'intérêts[2]. L'associé ou le dirigeant agit simultanément en qualité de représentant de la société et d'une autre personne. La troisième par laquelle, il est simplement craint que l'associé ou le dirigeant fasse prévaloir son intérêt personnel sur l'intérêt social. Par exemple, un associé représente une société lors de négociation d'un contrat qu'elle projette de conclure avec une personne pour laquelle l'associé éprouve la plus grande aversion. Ou encore, un dirigeant conclut un contrat pour le compte d'une société qu'il représente avec une seconde société qu'il contrôle en qualité d'associé. La quatrième par laquelle, il est simplement craint que l'associé ou le dirigeant fasse prévaloir l'intérêt personnel d'une personne liée sur l'intérêt social. Par exemple, un associé représente une société lors de négociation d'un contrat qu'elle projette de conclure avec l'épouse de ce même associé. Ou encore, un dirigeant conclut un contrat pour le compte d'une société qu'il représente avec une association au sein de laquelle le dirigeant est adhérent.

### Conclusion du paragraphe 1

En droit des sociétés, l'associé ou le dirigeant serait amené à choisir, directement ou indirectement, entre la poursuite de l'intérêt social ou d'un autre intérêt. Ainsi, les conflits d'intérêts seraient issus d'un état de concurrence redouté ou avéré entre, d'une part, l'intérêt social et, d'autre part, l'intérêt personnel des associés, des dirigeants ou des personnes auxquelles ils sont liés. Sur le fondement de ces éléments, une typologie des conflits d'intérêts peut être proposée.

## §2 - Classification des conflits d'intérêts

Le caractère direct ou indirect est couramment utilisé au sein des définitions retenues en pratique comme en doctrine[3]. En droit des sociétés, la concurrence entre l'intérêt social et l'intérêt personnel des associés, des dirigeants ou des personnes auxquelles ils sont liés est directe ou indirecte. En résulte des conflits d'intérêts directs (A) et des conflits d'intérêts indirects (B).

### *A - Les conflits d'intérêts directs*

Le conflit d'intérêts direct peut être défini comme la situation de fait par laquelle l'associé ou le dirigeant peut exercer ses pouvoirs alors que son intérêt

[1] V. M. GERMAIN, art. préc., *in* URBAIN-PARLEANI I., CONAC P.-H. (dir.), *op. cit.*, n°12.

[2] V. M. GERMAIN, art. préc., *in* URBAIN-PARLEANI I., CONAC P.-H. (dir.), *ibid.*

[3] V. par ex. M. MEKKI, art. préc., n°17 ; C. CASTRES SAINT MARTIN *op. cit.*, spé. n°214 ; ICC, *Guidelines on conflicts of interest in enterprises*, 2018, II., p.6 ; J. VALIERGUE, *op. cit.*, n°567, 1147, 1743 et 1974.

personnel ou celui d'une personne qu'il représente, concurrence directement l'intérêt social. En fonction de l'intérêt personnel en cause, peuvent être distingués les conflits d'intérêts directs personnels (1.) des conflits d'intérêts directs par représentation (2.).

1. Les conflits d'intérêts directs personnels

Le conflit d'intérêts direct personnel[1] laisse craindre qu'un représentant de l'intérêt social exerce directement ses pouvoirs prioritairement aux fins de satisfaire son intérêt personnel. Parmi les innombrables illustrations jurisprudentielles[2], les arrêts rendus par la chambre commerciale de la Cour de cassation les 24 janvier 1995 et 30 novembre 2004[3], permettent d'illustrer un conflit d'intérêts direct personnel. En l'espèce, au cours d'une assemblée générale extraordinaire, l'actionnaire majoritaire d'une SA votait au soutien de l'apport d'actifs sociaux à une SCA qu'il avait constituée et dont il était associé commandité. Ce dernier souhaitait satisfaire son intérêt moral en renforçant son pouvoir de contrôle des actifs sociaux. La SA, bien qu'associée commanditaire de la SCA, était « *devenue une coque vide* ». L'actionnaire en cause avait agi exclusivement au soutien de son intérêt personnel et au détriment de l'intérêt social de la SA.

Sans prétendre à l'exhaustivité, d'autres illustrations peuvent être citées. Un conflit d'intérêts direct personnel, par l'emploi d'un fait matériel ou juridique, est notamment qualifié lorsque : l'associé majoritaire décide de dissoudre la société dans le seul but de se soustraire à une promesse de rachat des droits sociaux de

---

[1] Rappr. P.-F. CUIF, art. préc., n°1 ; B. DONDERO, art. préc., v. spé. n°41 ; D. SCHMIDT, *op. cit.*, v. spé. p.31, n°19 ; D. SCHMIDT, Les associés et les dirigeants sociaux, *in* V. MAGNIER (dir.), Les conflits d'intérêts dans le monde des affaires, un Janus à combattre, *op. cit.*, p.11 ; D. SCHMIDT, Essai de systématisation des conflits d'intérêts, art. préc., I, A ; C. CASTRES SAINT MARTIN *op. cit.*, spé. n°214 ; J. MORET-BAILLY, art. préc., v. spé. n°23.

[2] Par ex., Com., 16 juin 1998, n°96-13.997, préc., un associé égalitaire s'opposant à toute mise en réserve des bénéfices au soutien de son seul intérêt personnel ; Com., 18 juin 2002, n°98-21.967, inédit, un associé d'une société exploitant un casino s'opposant à des résolutions dans le but personnel de « *ne pas contrarier le projet qui était alors le sien d'ouvrir un nouveau casino* » situé dans la même ville ; Com., 17 mai 1994, n°91-21.364, préc., l'État actionnaire se trouvait *a minima* en conflit d'intérêts direct lors du vote de la résolution rendant liquide et exigible sa créance obligataire afin de libérer par voie de compensation sa souscription à l'augmentation de capital. L'État était le seul actionnaire à posséder des obligations convertibles. Cette résolution n'avait d'autre but que de permettre à l'État de souscrire à moindre coût à l'augmentation de capital en cause. Un conflit d'intérêts direct de l'État peut être suspecté lors du rejet de la dissolution anticipée de la société. L'État ayant possiblement davantage privilégié la continuité de l'emploi que la pérennité de la société ; *adde* notamment Com., 8 janv. 1973, n°71-12.142, préc., les associés majoritaires ayant voté sur des opérations en recherchant la satisfaction exclusive de leurs intérêts personnels ; CA Paris, 3ème ch., sect. A, 2 juil. 2002, n°2001/19901, *Patrimonio et autres c/ Azzaro*, les faits d'espèce permettent d'identifier un conflit d'intérêts direct par le vote d'une révocation dans le seul but de satisfaire un intérêt personnel ; CA Nîmes, 2ème ch. sect. a, 19 janv. 2017, n°15/03258, *SELAS pharmacie du Verger c/ Société pharmacie du Pont d'Arc*, un associé exerçait ses droits de vote au soutien de ses intérêts personnels sans considération pour l'intérêt social.

[3] Numéros respectifs de pourvoi : 93-13.273 et 01-16.581.

l'associé minoritaire[1] ; l'associé demande le remboursement anticipé d'une créance en compte courant alors que la société éprouve de graves difficultés financières ; l'associé adresse en assemblée générale des critiques injurieuses à l'encontre de la personne d'un dirigeant aux fins de le discréditer[2] ; l'actionnaire majoritaire et président directeur général participe au vote lors d'une assemblée générale statuant sur l'attribution de ses rémunérations[3] ; l'associé quérulent processif multiplie les procédures judiciaires à l'égard de la société dans le seul et unique but de nuire à son frère coassocié[4] ; l'associé dirigeant paralyse la gestion sociale en raison de dissensions s'élevant avec ses coassociés[5]. Un conflit d'intérêts direct personnel, par l'emploi d'un acte juridique, est notamment qualifié lorsque : le dirigeant rachète pour son propre compte à la société des actifs sociaux à leur valeur comptable[6] ; les associés adoptent une résolution ayant pour objet la dissolution de la société préalablement dépossédée de ses actifs[7].

Le conflit d'intérêts direct personnel présuppose qu'un intérêt personnel fasse l'objet de l'exercice des pouvoirs dont sont investis les représentants de l'intérêt social. L'associé ou le dirigeant a la capacité d'exercer ses pouvoirs aux fins de satisfaire prioritairement un intérêt personnel avec une plus ou moins grande considération pour l'intérêt social.

La situation des dirigeants et des associés est comparable. Toutefois, l'associé est davantage enclin à confondre l'intérêt au soutien duquel il doit prioritairement exercer ses pouvoirs politiques. Par principe, l'associé doit œuvrer au soutien de l'intérêt social et de manière accessoire au soutien de son intérêt personnel[8]. Il doit veiller à ne pas y porter atteinte ou le compromettre. En dehors de ces cas, l'associé dispose du pouvoir politique général d'adapter et réorienter l'intérêt social en tenant compte de leurs intérêts personnels. Bien que l'associé puisse avoir un intérêt personnel à tous les actes pris pour le compte de la société, il n'est pas nécessaire d'introduire une condition supplémentaire afin de réduire la définition des conflits d'intérêts directs. Il est ainsi inutile d'exiger, par exemple, une satisfaction directe et exclusive de l'intérêt personnel ; ou encore, d'exiger

---

[1] Com., 8 févr. 2011, n°10-11.788, préc.

[2] Rappr. Cass. crim., 27 mai 1975, n°74-90.058, préc. ; CA Paris, 3ème ch., sect. B, 25 oct. 2002, n°01-22277, *Clunet Coste c/ Sté Hôtel privilège II* ; rappr. Cass. req., 2 déc. 1946.

[3] Rappr. Cass. com., 17 mars 2009, n°08-11.268, préc..

[4] Rappr. Com., 20 oct. 1998, n°96-19.477, préc. ; *adde* Com., 3 juin 2003, n°99-18.707, préc.

[5] Rappr. par ex. Com., 18 nov. 1997, n°95-21.474, inédit, Com., 18 mai 1994, n°93-15.771, inédit et 1re civ., 16 oct. 2013, n°12-26.729, Bull. 2013, I, n°199.

[6] Rappr. Com., 28 avr. 2004, n°00-12.827, inédit.

[7] Com., 24 mai 2016, n°14-28.121, préc.

[8] Rappr. P.-F. CUIF, art. préc., n°21, indiquant que le membre d'un groupement « *peut se trouver en situation de conflit d'intérêts parce qu'il n'exerce pas son droit de vote en considération de l'intérêt du groupement mais au vu de considérations personnelles : son vote est intéressé.* » ; v. également, par ex., Cass. com., 9 mars 1993, n°91-17.685, Bull. 1993, II, n°43, p.23, relatif à la sanction de l'abus du droit de vote d'un associé minoritaire. Le mandataire désigné pour représenter l'associé, doit voter prioritairement au soutien de l'intérêt social et subsidiairement en considération de l'intérêt personnel de l'associé représenté. Non l'inverse. La sanction d'un abus de majorité est différente, mais la problématique demeure identique : un associé a agi prioritairement au soutien de son intérêt personnel au mépris de l'intérêt social.

que l'associé soit nommément visé par un projet de résolution à l'occasion d'une réunion d'associés. Une appréciation casuistique de l'ensemble des situations de fait doit être privilégiée. Par exemple, le vote des associés sur l'affectation du résultat doit être exercé à la lumière de l'intérêt social. Spécialement au regard des besoins financiers actuels et futurs de la société. Accessoirement, ce pouvoir politique peut être exercé au regard d'un intérêt personnel patrimonial. Les associés ne sont donc pas en conflit d'intérêts direct, tout au plus peuvent-ils être regardés comme étant en conflit d'intérêts indirect. En revanche, le vote d'un associé portant sur une résolution proposant qu'un dividende prioritaire réservé lui soit versé peut encourir la qualification de conflit d'intérêts direct ; très spécialement si la société éprouve des difficultés financières. L'associé est amené à exercer son pouvoir politique au soutien d'une résolution profitant à lui seul.

La simulation et le nom d'emprunt sont des illustrations spéciales du conflit d'intérêts direct personnel. La simulation par nom d'emprunt permet de juridiquement remédier à l'emploi d'une identité purement fantaisiste[1]. L'associé ou le dirigeant souhaite agir seul au soutien de son intérêt personnel par le biais d'un nom d'emprunt. Dans le cadre d'une simulation par interposition de personne, « *L'acte apparent désigne telle personne en tant que créancière et/ou débitrice des obligations, et la contre-lettre contredit cette apparence, en prévoyant qu'une autre bénéficiera de la créance, ou s'acquittera de la dette* »[2]. Que l'on ait recours à la théorie de la simulation par convention de prête-nom[3] ou à celle de l'interposition fictive[4], seule une hypothèse peut être qualifiée de conflit d'intérêts direct personnel. Celle-ci se rencontre lorsque l'associé ou le dirigeant emprunte l'identité d'une tierce personne pour accomplir un acte juridique, un fait matériel ou juridique, sans que cette personne n'ait jamais à intervenir. La contre-lettre n'investit le représenté d'aucun pouvoir de représentation du maître de l'affaire. Ce dernier ne représente pas la tierce personne complice, de sorte qu'un conflit d'intérêts direct par double représentation ne peut être qualifié.

2. Les conflits d'intérêts directs par représentation

Le conflit d'intérêts direct par représentation[5] laisse craindre qu'un associé ou dirigeant exerce directement ses pouvoirs prioritairement aux fins de satisfaire l'intérêt personnel d'une personne qu'il représente sur le fondement des articles 1153 et suivants du Code civil. La représentation est définie « *comme une technique accordant à une personne (le représentant) le pouvoir d'agir, plus précisément d'accomplir un acte juridique, pour le compte d'une autre (le représenté), qui en supporte directement ou*

[1] Rappr. par ex. Com., 25 janv. 1994, n°91-20.007, inédit, une gérante de droit servait de prête-nom à un associé, gérant de fait ; Com., 4 juin 1973, n°72-10.860, Bull. com., n°196, p.178, l'associé gérait la société par personne interposée, sa secrétaire, qui lui servait de prête-nom.

[2] C. OPHELE, Simulation, Rép. civ. Dalloz, 2012, n°25.

[3] V. C. OPHELE, *id.*, n°26 et 27.

[4] V. D. d'AMBRA, Interposition de personne, Rép. civ. Dalloz, 2015, n°11 et 12.

[5] Rappr. J. MORET-BAILLY, art. préc., n°2 et n°23 ; B. DONDERO, Le traitement juridique des conflits d'intérêts : entre droit commun et dispositifs spéciaux, art. préc., v. spé. n°41. *Adde* D. SCHMIDT, *op. cit.*, v. spé. p.27, n°18.

*indirectement les effets.* »[1]. Elle peut être dite parfaite[2] ou imparfaite[3]. La personne représentée pourra être indifféremment un tiers au pacte social ou un coreprésentant de l'intérêt social[4].

Parmi les innombrables illustrations jurisprudentielles[5], le jugement rendu par la 1re chambre du Tribunal de commerce de Paris le 10 novembre 2020[6], permet d'illustrer un conflit d'intérêts direct par représentation. En l'espèce, un administrateur siégeait au conseil d'administration d'une société cotée A tout en étant président directeur général d'une seconde société cotée B actionnaire de la première. Le dirigeant en cause mobilisait des informations stratégiques concernant la première société au profit de la seconde. Sur la base de ces informations, une offre publique de rachat des titres sociaux de la société A était initiée par la société B. Le dirigeant en cause aurait donc été *a minima* en position de conflit d'intérêts direct par représentation toutes les fois où il mobilisait sciemment des informations stratégiques intéressant la société A au profit de la société B.

Sans prétendre à l'exhaustivité, d'autres illustrations peuvent être citées. Un conflit d'intérêts direct par représentation, par l'emploi d'un fait matériel ou juridique, est notamment qualifié lorsque : le dirigeant d'une personne morale associée refuse de libérer intégralement l'apport à une société au sein de laquelle il est associé ; l'associé conduit des investigations occultes afin d'obtenir une information stratégique pour servir l'intérêt d'une société concurrente dont il est dirigeant. Un conflit d'intérêts direct par représentation, par l'emploi d'un acte juridique, est notamment qualifié lorsque : le dirigeant engage unilatéralement la société qu'il représente au rachat de droits sociaux à un prix surévalué d'un associé qu'il représente également ; l'associé minoritaire apporte à la société un brevet obsolète en sa qualité de dirigeant d'une personne morale coassociée.

Le conflit d'intérêts direct par représentation présuppose que l'intérêt personnel d'une personne représentée, fasse l'objet de l'exercice des pouvoirs

---

1 N. MATHEY, art. préc., n°3.

2 Art. 1154 alinéa 1 du Code civil ; rappr. N. MATHEY, art. préc., n°41.

3 Art. 1154 alinéa 2 du Code civil ; rappr. N. MATHEY, art. préc., n°42.

4 V. par ex. Com., 4 oct. 1988, n°86-19.251, préc., l'administrateur d'une société représentant également une banque à un acte unissant cette dernière à la société. Comp. Com., 21 nov. 2000, n°97-21.748, préc., et Cass. com., 9 févr. 1999, n°96-17.661, préc.

5 V. Com., 29 mai 1972, n°71-11.739, préc., le PDG de la SA également gérant d'une SARL concluait des contrats de prêts accordés par la première société au bénéfice de la seconde ; Cass. com., 24 janv. 1995, n°93-13.273, préc. et Cass. com., 30 nov. 2004, n°01-16.581, préc., un conflit d'intérêts direct par représentation aurait pu être qualifié s'il s'avérait que la cession entre la SA et la SCA avait été conduite par la même personne, à savoir l'associé majoritaire au sein de la SA également associé commandité et gérant de la SCA ; Com., 8 janv. 1973, n°71-12.142, préc., un conflit d'intérêts direct par double représentation pouvait être qualifié dans l'hypothèse où un associé commun aux deux sociétés les aurait toutes deux représentées lors de la conclusion des contrats litigieux ; Com., 24 mai 2016, n°14-28.121, préc., même conclusion ; Cass. com., 9 févr. 1999, n°96-17.661, préc., un conflit d'intérêts direct par double représentation pouvait être qualifié à supposer que le gérant associé commandité de la SCA avait conclu les contrats litigieux pour le compte de la société civile immobilière dont il était le gérant.

6 TC Paris, 1re ch., 10 nov. 2020, n°2019036759.

dont sont investis les représentants de l'intérêt social. Il implique l'expression unique de la volonté de l'associé ou du dirigeant qui agit simultanément en qualité de représentant de l'intérêt social et pour le compte d'une personne représentée.

La représentation d'un tiers au pacte social ne présente aucune difficulté. En présence d'une représentation entre associés ou dirigeants, le représentant doit par principe œuvrer prioritairement au soutien de l'intérêt social et de manière accessoire au soutien de l'intérêt personnel du représenté. La représentation des associés ou des dirigeants n'implique pas obligatoirement que le représentant agisse ou ait reçu instruction d'agir au soutien prioritaire de l'intérêt personnel du représenté. Le représentant n'est pas de fait en conflit d'intérêts direct. Seule une appréciation casuistique des faits permet d'aboutir à une telle qualification. Par exemple le vote d'un associé en son nom et pour le compte d'un coassocié représenté sur l'affectation du résultat ne préjuge pas d'un quelconque conflit d'intérêts direct par représentation. En revanche, le vote d'un associé en son nom et pour le compte d'un coassocié représenté, sur une résolution proposant qu'un dividende prioritaire réservé soit versé au seul associé représenté peut encourir la qualification de conflit d'intérêts direct ; très spécialement si la société éprouve des difficultés financières et que l'associé représenté a transmis une instruction de vote en sa faveur. L'associé est amené à exercer son pouvoir politique au soutien d'une résolution profitant au seul coassocié représenté.

La simulation et la représentation de la personne interposée sont des illustrations spéciales du conflit d'intérêts direct par représentation. En cette hypothèse spéciale l'associé ou le dirigeant souhaite s'affranchir d'un conflit d'intérêts direct personnel tout en gardant le contrôle du fait ou de l'acte envisagé. En pratique, cette technique se matérialise par l'interposition de sociétés personnifiées. Par exemple, un dirigeant souhaite acquérir un actif de la société, non en son nom personnel mais par l'intermédiaire d'une société qu'il contrôle et dirige[1]. Cette configuration est visée par certaines dispositions applicables aux conventions réglementées[2]. La contre-lettre investit à la fois la personne interposée d'un rôle actif et le maître de l'affaire d'un pouvoir de représentation de cette personne. Il s'agit d'un mécanisme juridique dérivé de la simulation «*portant sur la personne du cocontractant.*»[3]. L'interposition est bien réelle[4]. Cependant, l'associé ou le dirigeant agira seul en sa qualité de représentant de la société et également en qualité de représentant de la personne interposée ; quand bien même cette dernière représenterait l'associé ou dirigeant en cause maitre de l'affaire. Le conflit d'intérêts est donc bien direct par double représentation.

[1] Rappr. Com., 23 oct. 1990, n°89-14.950, préc., relevant que le dirigeant « *est indirectement intéressé* », la Cour d'appel ayant noté que ce dirigeant « *avait des intérêts directs par personne interposée* ».

[2] Rappr. les art. L. 225-38, L. 225-86 al. 3, L. 226-10 al. 2, L. 229-7 al. 7 du Code de commerce. Comp. art. L. 223-19 al. 5 du Code de commerce et l'art. L. 612-5 du Code de commerce ; cette hypothèse n'est pas visée par l'art. L. 227-10 du Code de commerce.

[3] C. OPHELE, art. préc., n°25.

[4] V. D. d'AMBRA, art. préc., n°11 et 12.

### *B - Les conflits d'intérêts indirects*

Le conflit d'intérêts indirect peut être défini comme la situation de fait par laquelle l'associé ou le dirigeant peut exercer ses pouvoirs alors que son intérêt personnel ou celui d'une personne liée, concurrence indirectement l'intérêt social. À la différence des conflits d'intérêts directs, l'intérêt personnel en concurrence l'intérêt social ne peut pas être avantagé par l'usage isolé du pouvoir de la personne en conflit. Au surplus, le conflit d'intérêts indirect implique pour la personne en conflit de ne pas révéler la poursuite de l'intérêt personnel en concurrence avec l'intérêt social. En fonction de l'intérêt personnel en cause, peuvent être distingués les conflits d'intérêts indirects personnels (1.) des conflits d'intérêts indirects par personnes liées (2.).

#### 1. Les conflits d'intérêts indirects personnels

Le conflit d'intérêts indirect personnel laisse craindre qu'un représentant de l'intérêt social exerce indirectement ses pouvoirs sous l'influence de son intérêt personnel. Parmi les nombreuses illustrations jurisprudentielles[1], l'arrêt rendu par la chambre commerciale de la Cour de cassation le 8 février 2011[2], permet d'illustrer un conflit d'intérêts indirect personnel. En l'espèce, un associé minoritaire s'opposait à la dissolution anticipée de la société qui avait pour effet d'entrainer la caducité d'une promesse de rachat de ses parts sociales consentie par l'associé majoritaire, promettant. L'associé minoritaire ne revendiquait pas agir exclusivement au soutien de son intérêt personnel. Pour autant, l'exercice de son pouvoir politique subissait nécessairement l'influence de son intérêt personnel.

Sans prétendre à l'exhaustivité, d'autres illustrations peuvent être citées.
Un conflit d'intérêts indirect personnel, par l'emploi d'un fait matériel ou juridique, est notamment qualifié lorsque : l'associé critique en assemblée générale de manière très incisive des opérations de gestion d'un dirigeant à la suite d'une déconvenue personnelle avec ce dernier[3] ; l'associé dirigeant refuse d'exercer une action en responsabilité pour le compte de la société contre une seconde société qu'il contrôle. Un conflit d'intérêts indirect personnel, par l'emploi d'un acte juridique, est notamment qualifié lorsque : le dirigeant cède à

---

[1] V. notamment Com., 25 janv. 1982, les faits font état d'un conflit d'intérêts *a minima* indirect par emprise de l'intérêt personnel des associés ne souhaitant pas voir l'actif social diminuer en raison du remboursement d'un compte courant d'associé ; Com., 17 mai 1994, n°91-21.364, préc., l'État actionnaire exerçait son droit de vote aux fins de rejeter la dissolution de la société et entériner la réduction du capital à zéro suivie de son augmentation avant sa nouvelle réduction. L'État pouvait davantage être regardé comme étant en conflit d'intérêts indirect par emprise de l'intérêt général consistant à préserver l'emploi d'une société menacée de faillite ; Cass. com., 26 sept. 2018, n°16-21.825, préc., en l'espèce une compensation de créances avait pour objectif de minorer une dette de compte courant d'un associé ayant perdu cette qualité. Cette opération intéressait subsidiairement l'associé ayant décidé cette compensation.

[2] Com., 8 févr. 2011, n°10-11.788, préc.

[3] Rappr. Cass. 2ème civ., 13 mai 2004, n°02-10.534, préc. ; *adde* CEDH 30 juin 2020 n°21768/12, *Petro Carbo Chem S.E. c/ Roumanie.*

titre gratuit un brevet stratégique à une société qu'il contrôle ; le dirigeant engage unilatéralement la société au paiement d'une rémunération spéciale à une société dont il est associé majoritaire ; l'associé majoritaire soutient une augmentation de capitale réservée à un futur associé personne morale dont il est le représentant légal.

Le conflit d'intérêts indirect personnel présuppose qu'un intérêt personnel interfère avec l'exercice des pouvoirs dont sont investis les représentants de l'intérêt social. L'associé ou le dirigeant peut être suspecté d'exercer indirectement ses pouvoirs aux fins de satisfaire prioritairement un intérêt personnel. En présence d'un conflit d'intérêts indirect personnel, l'associé ou le dirigeant ne révèle pas poursuivre son intérêt personnel. En cas contraire, le conflit d'intérêts serait un conflit d'intérêts direct personnel. La situation des dirigeants et des associés est parfaitement identique. Tout associé ou dirigeant est susceptible de voir interférer un intérêt personnel dans le cadre de l'exercice de leurs pouvoirs. Certaines décisions sociales pourraient être regardées comme emportant systématiquement un conflit d'intérêts indirect. Par exemple, un dirigeant voit sa rémunération indexée sur les performances financières et extrafinancières de la société ou sur l'évolution de la valeur comptable des parts sociales ou actions composant son capital. L'exercice d'un quelconque pouvoir de gestion ayant un impact sur la rémunération du dirigeant pourra être regardé comme générateur d'un conflit d'intérêts indirect personnel. Ou encore, le vote des associés sur l'affectation du résultat de la société met nécessairement en tension leur intérêt matériel personnel[1]. Ce type de décision a nécessairement un impact futur sur le patrimoine personnel de l'associé. Cet impact se matérialise soit par la perception d'un dividende, soit par l'accroissement ou la diminution de la valeur comptable des parts sociales ou actions détenues. Cette tension existe, peu important que les associés exercent effectivement leur pouvoir de gestion sociale à la lumière de l'intérêt social et accessoirement en raison d'un intérêt personnel matériel. Pour autant les associés ne peuvent être considérés en perpétuel conflit d'intérêts indirect chaque fois qu'ils exercent leur droit de vote. Certaines décisions sociales peuvent ne mettre en tension aucun intérêt personnel d'un quelconque associé. Tel est, notamment, le cas d'une résolution relative à la mise en conformité des statuts au regard d'une disposition légale impérative nouvelle, à la réception d'une information, aux formalités juridiques à accomplir postérieurement à la tenue de l'assemblée générale.

L'interposition réelle d'une personne est une illustration spéciale du conflit d'intérêts indirect personnel. Cette technique juridique permet à un associé ou dirigeant d'artificiellement dégrader un conflit d'intérêts direct en conflit d'intérêts indirect personnel. Par exemple, le dirigeant de la société A souhaite acquérir un bien immobilier dont elle est propriétaire. Pour ce faire, il crée une société personne morale B qu'il contrôle et nomme un dirigeant. Puis, le dirigeant de la société A cède le bien en cause au dirigeant de la société B. Ultérieurement, la société B sera dissoute afin que son associé récupère l'immeuble au sein de son

[1] Rappr. J. VALIERGUE, *op. cit.*, n°838.

patrimoine. Ce mécanisme est appréhendé par certaines dispositions applicables aux conventions réglementées[1]. L'interposition de personne est ici réelle[2]. La contre-lettre investit la personne interposée d'un rôle actif aux fins de représenter le maître de l'affaire dans la réalisation d'actes juridiques et de faits matériels ou juridiques. L'associé ou le dirigeant maître de l'affaire ne traite plus seul avec lui-même. Il traite avec la personne interposée. Il perd la maîtrise totale de la conciliation à opérer entre l'intérêt social et son intérêt personnel. La probabilité que la personne interposée ne se conforme pas à la volonté du maître de l'affaire existe, quand bien même elle serait très faible. En raison de cette probabilité, le conflit d'intérêts doit être qualifié d'indirect.

2. Les conflits d'intérêts indirects par personnes liées

Le conflit d'intérêts indirect par personne liée[3] laisse craindre qu'un associé ou dirigeant exerce indirectement ses pouvoirs prioritairement aux fins de satisfaire l'intérêt personnel d'une personne liée. Il n'est pas nécessaire que la personne liée soit représentée par l'associé ou le dirigeant sur le fondement des articles 1153 et suivants du Code civil. Le conflit d'intérêts indirect par personne liée est une déclinaison du conflit d'intérêts direct par représentation. La jurisprudence prendra en général soin de relever au sein de ses motifs la qualité juridique des personnes liées à l'associé ou au dirigeant en cause[4]. Peuvent être relevés, notamment, le lien de parenté, la qualité de salarié, l'exercice d'une profession réglementée commune.

Parmi les nombreuses illustrations jurisprudentielles[5], l'arrêt rendu par la chambre commerciale de la Cour de cassation le 23 janvier 1968[6], permet d'illustrer un conflit d'intérêts indirect par personne liée. En l'espèce, le dirigeant conclut avec son épouse une promesse de vente d'une partie d'immeuble de la société au sein duquel ils cohabitent. Marié sous le régime de la séparation de

---

[1] V. les art. L. 225-38, L. 225-86 al. 1, L. 226-10 al. 1, L. 227-10 al. 1, L. 229-7 al. 7, L. 223-19 al. 1 et l'art. L. 612-5 al. 1 du code de Commerce ; v. également les art. L. 225-43 al.3, L. 225-91 al.2, L. 227-12, L. 226-10, L. 223-21 du même Code.

[2] Rappr. D. d'AMBRA, art. préc., n°11 et 12 et C. OPHELE, art. préc., n°26.

[3] Rappr. B. DONDERO, Le traitement juridique des conflits d'intérêts : entre droit commun et dispositifs spéciaux, art. préc., n°41 ; *adde* M. MEKKI, art. préc., n°18 ; comp. J. MORET-BAILLY, art. préc., n°2 et spé. n°23.

[4] Rappr. notamment Cass. com., 5 mai 1998, n°96-15.383, préc. ; Cass. com., 19 mars 2013, n°12-16.910, préc. ; Com., 23 janv. 1968, n°65-11.571, préc. ; Cass. com., 17 mars 2009, n°08-11.268, préc. ; CA Paris, 3ème ch., sect. A, 2 juil. 2002, n°2001/19901, *Patrimonio et autres c/ Azzaro* ; Com., 23 oct. 1990, n°89-14.950, préc.

[5] V. notamment Com., 4 oct. 1994, n°93-10.934, Bull. 1994, IV, n°278, p.222, les associés louaient un bien immobilier à une SARL non à titre personnel mais par l'intermédiaire d'une société civile immobilière ; Com., 29 mai 1972, n°71-11.739, préc., les actionnaires majoritaires avaient émis leur vote au soutien de l'intérêt du PDG également membre du bloc majoritaire, la Cour relevant que « *la délibération litigieuse avait été prise sans aucun égard pour l'intérêt social et à l'encontre de celle-ci au seul avantage de Jean X... en vue de couvrir la gestion de ce dernier en tant que gérant de la société Aubert et de le dégager de la responsabilité encourue par lui en disposant les fonds de la société Pernot pour consentir, sans y avoir été habilite, des prêts d'un montant de 400 000 francs à la société Aubert* ».

[6] Com., 23 janv. 1968, n°65-11.571, préc.

biens, l'épouse est donc seule propriétaire de l'immeuble en cause. L'intérêt de la personne liée est nécessairement satisfait prioritairement et dans une plus large mesure que celui du dirigeant. Ce dernier conserve un intérêt personnel à cette convention puisqu'il devait y habiter à titre gratuit.

Sans prétendre à l'exhaustivité, d'autres illustrations peuvent être citées. Un conflit d'intérêts indirect par personne liée, via un fait matériel ou juridique, est notamment qualifié lorsque : un dirigeant assiste un codirigeant dans la rédaction d'une offre de contrat à laquelle le fils du premier est intéressé ; une dirigeante étudie l'offre de rachat des titres sociaux de la société émise par une seconde société au sein de laquelle son époux siège au conseil d'administration ; le dirigeant refuse d'exercer une action en responsabilité pour le compte de la société à l'encontre d'une société contrôlée par une seconde, elle-même contrôlée par son partenaire de PACS. Un conflit d'intérêts indirect par personne liée, via un acte juridique, est notamment qualifié lorsque : le dirigeant cède à titre gratuit un brevet stratégique à une société contrôlée par son épouse ; le dirigeant engage unilatéralement la société au paiement d'une rémunération spéciale à une société dont l'associé majoritaire est ami du premier ; l'associé majoritaire refuse d'agréer en qualité d'associé une société personne morale contrôlée par une personne pour laquelle il éprouve une aversion profonde.

Le conflit d'intérêts indirect par personnes liées présuppose que l'intérêt personnel d'une personne liée interfère avec l'exercice des pouvoirs dont sont investis les associés et dirigeants. Le représentant de l'intérêt social en cause peut être suspecté d'exercer indirectement ses pouvoirs aux fins de satisfaire prioritairement l'intérêt personnel d'une personne liée. En présence d'un conflit d'intérêts indirect par personnes liées, l'associé ou le dirigeant ne révèle pas poursuivre l'intérêt personnel de la personne liée. En cas contraire, le conflit d'intérêts pourrait être qualifié de conflit d'intérêts direct par représentation. La situation des dirigeants et des associés est identique. Ils sont susceptibles de voir interférer l'intérêt d'une personne liée dans le cadre de l'exercice de leurs pouvoirs. Par exemple, le vote des associés portant sur l'attribution d'une indemnité de départ à un dirigeant membre de leur famille met nécessairement en tension l'intérêt personnel matériel de la personne liée. Cette tension existe, peu important que les associés exercent effectivement leurs pouvoirs politiques à la lumière de l'intérêt social et accessoirement au regard de l'intérêt personnel de la personne liée.

Paradoxalement, la loi est source de conflits d'intérêts indirects par personnes liées en imposant la présence d'une personne présentant des liens d'intérêts spécifiques parmi les dirigeants d'une société[1]. En pratique, le conflit d'intérêts

[1] V. spécialement les art. L. 225-23, L. 225-27, L. 225-27-1, L. 225-71, L. 225-79, L. 225-79-1, L. 225-79-1 et L. 226-5-1 du Code de commerce imposant aux SA et SCA, sous certaines conditions, la présence d'une ou plusieurs personnes représentant les salariés au sein de leur conseil d'administration ou de surveillance ; l'art. 50, 2. du règlement (CE) n°2157/2001 du Conseil du 8 oct. 2001, relatif au statut de la société européenne ; les art. L. 2351-1 et suiv. du Code du travail ; *adde* M. MENJUCQ, Société européenne, Rép. sociétés Dalloz, 2019, n°11 et suiv. ; C. GOYET, Société européenne, Rép. Européen Dalloz, 2004, n°53 et suiv.

indirect par personne liée se trouve quasi systématiquement absorbé par le conflit d'intérêts indirect personnel. Toutefois, une nuance subsiste lorsque l'associé ou dirigeant priorise ou peut être suspecté de prioriser l'intérêt lié avant son intérêt personnel. Concrètement la satisfaction de l'intérêt lié est un préalable nécessaire à la satisfaction de l'intérêt personnel. Ce phénomène est appréhendé par certaines dispositions applicables aux conventions réglementées[1].

L'interposition réelle d'une personne est une illustration spéciale du conflit d'intérêts indirect par personne liée. Cette technique juridique permet à un associé ou dirigeant d'artificiellement dégrader un conflit d'intérêts direct en conflit d'intérêts indirect par personne liée[2]. Par exemple, le dirigeant de la société A souhaite indirectement acquérir un bien immobilier dont elle est propriétaire. Pour ce faire, son épouse crée une société personne morale B qu'elle contrôle. Puis, le dirigeant de la société A cède le bien en cause au dirigeant de la société B. Ultérieurement, la société B sera dissoute afin que son épouse récupère l'immeuble au sein de leur patrimoine commun. À l'instar du conflit d'intérêts indirect personnel, l'interposition de personne est réelle. Le maître de l'affaire perd le contrôle total de la conciliation à opérer entre l'intérêt social et l'intérêt de la personne liée. Une probabilité que la personne interposée ne se conforme pas à la volonté du maître de l'affaire existe et suffit à ce que le conflit d'intérêts soit qualifié d'indirect par personne liée.

### Conclusion du paragraphe 2

Quatre types de conflits d'intérêts regroupés en deux catégories peuvent être identifiés. La première regroupe les conflits d'intérêts directs personnels et par représentation. La seconde regroupe les conflits d'intérêts indirects personnels et par personnes liées. Ensemble ils permettent de rendre compte de toute situation pratique, simple comme complexe. Théoriquement, les conflits d'intérêts directs et les conflits indirects par personne interposée sont les plus préoccupants. En pratique, au moyen de montages juridiques complexes, certains conflits d'intérêts indirects révélés par un lien d'intérêts extrêmement distendu pourront être aussi dangereux qu'un conflit d'intérêts direct personnel. Les conflits d'intérêts directs personnels ou par représentation peuvent se cumuler. Ils peuvent se doubler d'un conflit d'intérêts indirect. Les conflits d'intérêts indirects personnels ou par personnes liées se complètent. La qualification de l'un pouvant être le préalable ou le relais de l'autre. Lorsqu'ils ne coexistent pas ensemble, les conflits d'intérêts indirects pourront précéder ou succéder à un conflit d'intérêts direct.

## Conclusion de la section II

L'intensité du conflit d'intérêts se définit comme la proximité existante entre les intérêts en conflit. Elle se dégage de l'état de concurrence entre l'intérêt social et l'intérêt personnel des associés et dirigeants ou des personnes auxquelles ils

[1] V. les art. L. 225-38 al. 2, L. 225-86 al. 2, L. 226-10 al. 1 et L. 229-7 al. 7 du Code de commerce. Cette hypothèse n'est pas visée par les art. L. 223-19, L. 227-10 et L. 612-5 du Code de commerce.
[2] Rappr. Com., 23 oct. 1990, n°89-14.950, préc.

sont liés. L'intensité se mesure en fonction du caractère direct ou indirect d'un conflit d'intérêts. L'intensité du conflit d'intérêts est indépendante de son impact sur l'intérêt social[1].

Le fait pour le représentant de l'intérêt social de pouvoir exercer volontairement ses pouvoirs au soutien direct et prioritaire d'un intérêt personnel ou représenté, confère au conflit d'intérêts une intensité élevée. Cette intensité sera particulièrement élevée lorsque l'intérêt social sera confronté à l'intérêt personnel de l'associé ou du dirigeant. Les conflits d'intérêts directs requièrent la plus grande vigilance. L'associé ou le dirigeant peut se trouver dans l'impossibilité d'agir exclusivement au soutien de l'intérêt social. Une méthodologie pertinente d'appréhension globale des conflits d'intérêts proscrit de réduire la portée de cette catégorie. Par exemple, en ne visant qu'un intérêt personnel matériel financier ou celui d'une société concurrente représentée par l'associé ou le dirigeant en cause.

Le fait pour le représentant de l'intérêt social d'être en simple capacité d'exercer ses pouvoirs au soutien indirect d'un intérêt personnel ou lié, confère au conflit d'intérêts une intensité relative. En présence d'un conflit d'intérêts indirect par personne liée, cette intensité s'atténue par l'effet de l'étirement du lien d'intérêts en cause. Les conflits d'intérêts indirects requièrent une vigilance renforcée. L'associé ou dirigeant peut être conduit à ne plus agir exclusivement au soutien de l'intérêt social. En pratique, cette catégorie de conflit d'intérêts ne doit être ni ignorée ni dotée d'une portée réduite. Par exemple en ne visant qu'un intérêt personnel matériel ou celui d'une autre personne à laquelle l'associé ou le dirigeant est lié en raison d'un lien familial.

## Conclusion du chapitre I

Les intérêts en présence et leur état de concurrence ne permettent pas, de manière isolée, d'arrêter une définition juridique des conflits d'intérêts. Ils permettent seulement d'en proposer une esquisse. À ce stade, le conflit d'intérêts pourrait être défini comme la situation de fait par laquelle l'associé ou le dirigeant risque d'exercer ses pouvoirs alors que son intérêt personnel ou celui d'une personne à laquelle il est lié, concurrence directement ou indirectement l'intérêt social. Cette esquisse correspond à l'acception large des conflits d'intérêts. Cette définition est inopérante en droit des sociétés en ce qu'elle ne permet pas d'identifier précisément les situations pour lesquelles un traitement juridique serait nécessaire.

Il est nécessaire de restreindre la portée d'une définition juridique opérationnelle des conflits d'intérêts. Toutefois, cette restriction ne saurait être appliquée aux éléments constitutifs du conflit d'intérêts. Les intérêts en présence et leur état de concurrence ne peuvent en aucun cas être relégués en critère de

---

[1] Rappr. J. MORET-BAILLY, art. préc., n°18, relevant que « *les conflits d'intérêts existent indépendamment de l'atteinte réelle ou effective qu'ils pourraient porter à l'intérêt protégé.* » ; l'auteur conclut sa deuxième partie en affirmant que les conflits d'intérêts « *existent indépendamment de leur incidence réelle sur les intérêts protégés* », *id.*, n°21.

disqualification juridique d'un conflit d'intérêts. Par exemple, un praticien définit le conflit d'intérêts comme la situation par laquelle un dirigeant voit son intérêt personnel concurrencer directement ou indirectement l'intérêt social. Sauf à exclure les associés, cette définition demeure relativement large. Pourtant dans les faits, ce même praticien exigerait une confrontation à l'intérêt social d'un intérêt personnel matériel et significatif. Il préciserait que cet intérêt doit être issu d'un lien juridique financier ou professionnel évaluable en numéraire et d'au moins 100 000 EUR. Il indiquerait encore que les liens d'intérêts retenus sont ceux unissant le dirigeant à une société dont il serait le représentant légal. Par conséquent, un conflit d'intérêts initialement identifié au moyen de cette définition pourrait être, dans les faits, disqualifié. La définition restrictive des conflits d'intérêts ne peut qu'être déduite de sa gravité.

# Chapitre II - La gravité des conflits d'intérêts

L'étude de la gravité des conflits d'intérêts permet d'apprécier leur dangerosité. Elle est appréciée antérieurement et postérieurement à leur dénouement. Le dénouement d'un conflit d'intérêts correspond à l'usage des pouvoirs sociaux par l'associé ou le dirigeant afin de résoudre le conflit qui l'affecte. La gravité du conflit d'intérêts, peut tout d'abord, être déduite de leur objet et de l'influence juridique détenue par la personne en conflit d'intérêts (section I). Elle peut également être déduite de son impact (section II).

## Section I - Gravité déduite de l'objet du conflit d'intérêts ou de l'influence juridique détenue par la personne en conflit

Deux séries de facteurs d'aggravation des conflits d'intérêts directs ou indirects peuvent être prises en compte. Ces facteurs permettent d'entrevoir le degré de dangerosité que présente un conflit d'intérêts s'il devait être résolu au détriment de la société. Une première série se rapporte à l'influence juridique que peut exercer le représentant de l'intérêt social (paragraphe 1). La seconde intéresse l'objet du conflit d'intérêts (paragraphe 2).

### §1 - L'influence juridique du représentant de l'intérêt social

La supériorité factuelle ou l'emprise psychologique d'une personne sur une autre n'intéresse pas la gravité d'un conflit d'intérêts. L'influence factuelle est prise en considération au stade de l'appréciation des éléments constitutifs du conflit d'intérêts. Elle est source d'intérêts moraux et de liens d'intérêts factuels. L'arrêt rendu par la troisième chambre civile de la Cour de cassation le 18 avril 2019[1] permet d'illustrer cette assertion. En l'espèce, deux fondateurs minoritaires et leurs enfants majoritaires détiennent respectivement 4 et 96% du capital social d'une société. Une résolution soumise à une assemblée générale proposait que les parts détenues par les minoritaires donnent droit à l'attribution de 40% des bénéfices distribuables contre 10% pour les parts détenues par le groupe majoritaire. En raison du lien familial unissant les associés, cette résolution était adoptée en assemblée générale grâce au vote favorable du bloc majoritaire détenant 83% du capital social. L'influence factuelle exercée par les associés minoritaires aura sans nul doute emporté un large soutien de leurs enfants associés majoritaires. Cette influence se traduit par un intérêt moral affectif éprouvé par les associés majoritaires.

L'influence factuelle doit être distinguée du pouvoir juridique exercé de fait par une personne distincte de son titulaire. Ce pouvoir juridique exercé de fait est assimilé à un facteur de gravité du conflit d'intérêts. Seules les prérogatives juridiques des associés et dirigeants peuvent être facteurs d'aggravation d'un conflit d'intérêts. Elles permettent d'entrevoir le degré d'aisance avec lequel ces derniers auront la capacité d'imposer une décision ou d'imputer une obligation à

[1] 3ème civ., 18 avr. 2019, n°18-11.881, inédit.

la société. Les représentants de l'intérêt social peuvent exercer une influence juridique étendue (B.) ou restreinte (A.).

*A - L'influence juridique étendue*

La maîtrise de l'exercice collectif des pouvoirs de gestion du dirigeant et des pouvoirs politiques d'associé emporte une gravité élevée du conflit d'intérêts. Les pouvoirs sont ici exercés à l'issue d'un vote auquel prend part l'associé ou le dirigeant. Le représentant de l'intérêt social détient un pouvoir étendu au moyen d'une position majoritaire. Au regard des règles de quorum et majorité, l'associé ou le dirigeant en cause est assuré d'obtenir une décision conforme à sa volonté. Par ordre décroissant, possède une influence juridique étendue le dirigeant, l'associé en pleine propriété, l'associé nu-propriétaire, l'associé indivisaire de droits sociaux[1] et l'usufruitier de droits sociaux[2] :

- détenant une majorité absolue ou qualifiée,
- égalitaire avec voix prépondérante,
- détenant une majorité simple.

L'influence juridique étendue permet au dirigeant ou à l'associé en conflit d'intérêts d'en maîtriser sa résolution. Cela signifie encore qu'un associé détenant une majorité absolue est en capacité d'arbitrairement réorienter l'intérêt social. Par exemple, cet associé peut réviser seul les statuts et modifier en profondeur l'objet social. S'il n'occupe aucune fonction de direction et n'est pas titulaire du pouvoir d'engager la société auprès des tiers, il pourra faire exécuter ses décisions par l'intermédiaire d'un représentant dirigeant.

L'exercice individuel et exclusif d'un pouvoir de représentation légale ou conventionnelle de la société emporte une gravité élevée du conflit d'intérêts. Les pouvoirs sont ici exercés individuellement par l'associé ou le dirigeant. Le pouvoir n'est pas partagé. C'est-à-dire divisé en plusieurs pouvoirs complémentaires. Il n'est également pas exercé de manière concurrente ; à savoir par plusieurs personnes dotées d'un pouvoir identique. Le représentant de l'intérêt social détient un pouvoir étendu principalement au moyen d'une compétence d'exécution légale ou statutaire ; cette compétence recoupe l'ensemble des pouvoirs permettant d'engager la société auprès des tiers. Il dispose du pouvoir d'engager la société selon des modalités qu'il détermine seul. Cette hypothèse est indirectement appréhendée par certaines dispositions légales applicables aux conventions réglementées[3].

---

[1] Rappr. Cass. 1re civ., 6 févr. 1980, n°78-12.513, Bull. 1re civ., n°49 ; 3ème civ., 17 janv. 2019, n°17-26.695, Bull. 2019 et 3ème civ., 27 juin 2019, n°18-17.662, Bull. 2019 ; *adde* les art. 1844 al. 2 du Code civil et L. 225-110 al. 2 du Code de commerce ainsi que Cass. com., 21 janv. 2014, n°13-10.151, Bull. 2014, IV, n°16.

[2] Rappr. l'art. 1844 alinéa 4 du Code civil ; Cass. 3ème civ., 2 mars 1994, n°91-21.696, inédit ; 2ème civ., 13 juil. 2005, n°02-15.904, Bull. 2005, II, n°194, p.172 et Cass. com., 2 déc. 2008, n°08-13.185, préc. Comp. l'art. L. 225-110 du Code de commerce.

[3] V. les art. L. 223-19 al. 5, L. 225-38 et L. 225-86 al. 3, L. 226-10 al. 2 et L. 229-7 al. 7 du Code de commerce.

L'associé ou le dirigeant a la capacité d'imposer seul sa volonté sur celle de la société. Rappelons que la société, dotée d'une capacité de jouissance, est incapable d'exprimer une quelconque volonté. Par l'exercice d'un pouvoir de représentation légale ou conventionnelle, la volonté de la société se confond avec celle de son représentant. Il a également la capacité d'extérioriser juridiquement l'intérêt social à sa convenance. Par exemple, le dirigeant met en œuvre une nouvelle activité sociale contraire à l'objet social statuaire. Le représentant de l'intérêt social en cause aurait ainsi pleine maîtrise de la résolution de tout conflit d'intérêts qu'il rencontrerait.

Le cumul des compétences de décision, d'exécution et de contrôle emporte une gravité absolue du conflit d'intérêts. L'ensemble des pouvoirs politiques d'associé et de gestion sont détenus par une personne cumulativement associée et dirigeante[1]. Cette configuration peut également s'appliquer à l'usufruitier de droits sociaux sous réserve d'être investi de l'exercice de l'ensemble des droits de vote. En revanche, elle ne peut s'étendre aux associés indivisaires puisque l'exercice de leurs pouvoirs politiques est concurrent. Ce cumul emporte la gravité la plus élevée du conflit d'intérêts. Le représentant de l'intérêt social est en mesure d'imputer un acte juridique, un fait matériel ou juridique à la société exclusivement au regard de son intérêt personnel, de l'intérêt d'une personne représentée ou celui d'une personne liée. Il est donc cumulativement en capacité d'arbitrairement réorienter et d'extérioriser juridiquement l'intérêt social. Par exemple, l'associé dirigeant vote dans son intérêt personnel la modification de l'objet social et met en œuvre une nouvelle activité incompatible avec la précédente activité sociale.

Avant d'être un facteur d'aggravation du conflit d'intérêts, l'influence juridique étendue peut concourir à la preuve du conflit d'intérêts. Elle permet de révéler l'intérêt personnel et d'apprécier la tension entre cet intérêt et l'intérêt social. L'influence juridique ne génère pas l'intérêt personnel. Elle permet seulement d'en obtenir une satisfaction plus ou moins aisée. L'influence juridique étendue trahit l'intérêt personnel sans en être l'essence[2]. Cette observation peut, notamment, être déduite de certaines dispositions légales applicables aux conventions réglementées[3]. L'influence juridique a pour fonction d'aggraver ou d'édulcorer la présomption dégagée des liens d'intérêts. Cette fonction est indirectement appréhendée par certaines dispositions applicables aux conventions réglementées[4].

Lorsqu'un associé, un dirigeant ou une personne liée est en mesure d'exercer une influence juridique étendue constante au fil d'un lien d'intérêts, alors l'intérêt

[1] V. par ex. Cass. com., 20 févr. 2019, n°17-12.050, préc.

[2] Rappr. Com., 4 oct. 1988, n°86-19.251, préc.

[3] Rappr. I. PARACHKEVOVA, L'intérêt indirect dans les conventions réglementées, Bull. Joly Sociétés, 2016, n°07-08, p.450, I., B. et E. SCHLUMBERGER, De l'intérêt indirect dans les conventions réglementées, Bull. Joly Sociétés, n°09, 2017, p.505.

[4] V. Les art. L.225-38 et L. 225-86 al. 1, L. 226-10 al. 1, L. 227-10 al. 1, L. 229-7 al. 7 du même Code ; *adde* L'art. L. 22-10-40, 1° et 4° du même Code ; les art. L. 533-10, I., 3° et L. 541-8, 4° du Code monétaire et financier et l'art. 313-9, III. du RGAMF.

personnel en cause ne sera plus identifié en raison d'une présomption simple mais d'une présomption renforcée. Par exemple, l'associé majoritaire d'une société est également le représentant légal de l'ensemble de ses filiales.

L'influence juridique étendue permet d'apprécier l'aisance avec laquelle une créance ou une dette peut circuler entre le patrimoine de la société et celui d'un associé ou d'un dirigeant, le cas échéant par l'intermédiaire du patrimoine de personnes relais. Par exemple, un associé contracte avec la société par l'intermédiaire de deux personnes morales qu'il contrôle ; il est alors en mesure de transférer les bénéfices issus du contrat sous forme de dividende jusqu'à son patrimoine. En présence d'une société non personnifiée l'influence juridique permet d'apprécier l'aisance avec laquelle l'associé ou le dirigeant pourra disposer seul des éléments d'actif et de passif mis en commun par les associés.

L'influence juridique étendue permet encore d'apprécier l'aisance avec laquelle une créance ou une dette peut simplement être approchée du patrimoine d'un associé ou d'un dirigeant par l'intermédiaire du patrimoine de personnes relais. Le patrimoine proche de l'associé ou du dirigeant pourra par exemple être celui : d'une personne morale interposée mais non contrôlée, d'un conjoint interposé marié sous le régime matrimonial de séparation de biens, d'une entreprise individuelle à responsabilité limitée interposée. Dans ces hypothèses, un patrimoine distinct coexiste avec celui de l'associé ou du dirigeant en cause. Par exemple, un dirigeant cède un immeuble social à une société contrôlée par son épouse à laquelle il est marié sous le régime matrimonial de séparation de biens. L'immeuble en cause ne peut atteindre le patrimoine du dirigeant par sa seule volonté. Dans les faits il s'en approche par l'intermédiaire du patrimoine de son épouse[1].

Qu'il s'agisse d'un associé ou dirigeant, d'une personne interposée, représentée ou liée, la conclusion est similaire. La personne en cause dispose d'une influence juridique suffisante pour imposer, seule, sa volonté ou obtenir une décision conforme à sa volonté. Cette problématique pourra également se rencontrer en présence d'un représentant de l'intérêt social disposant d'une influence réduite et momentanément suffisante pour faire primer sa volonté. Tel sera le cas d'un associé ou dirigeant doté d'une influence juridique réduite :

- exerçant de fait un pouvoir étendu,
- agissant seul ou de concert et profitant de l'absence d'exercice des pouvoirs étendus dont dispose un coreprésentant de l'intérêt social,
- agissant durablement ou ponctuellement de manière concertée avec d'autres coreprésentants de l'intérêt social disposant d'une influence juridique restreinte.

### *B - L'influence juridique restreinte*

L'absence d'emprise d'un associé ou dirigeant sur l'exercice collectif des pouvoirs emporte une gravité intermédiaire du conflit d'intérêts. Le dirigeant ou

[1] Rappr. Com., 23 janv. 1968, n°65-11.571, préc.

l'associé concerné détient un pouvoir réduit en raison de sa position minoritaire ou égalitaire[1]. Cette position d'influence est visée par certaines dispositions applicables aux conventions réglementées[2]. Au regard des règles de quorum et majorité, le représentant de l'intérêt social ne peut seul imposer une décision conforme à sa volonté. Par ordre décroissant, possède une influence juridique restreinte le dirigeant, l'associé en pleine propriété, l'associé nu-propriétaire, l'associé indivisaire de droits sociaux ou l'usufruitier de droits sociaux :

- égalitaire sans voix prépondérante,
- détenant une minorité de blocage,
- détenant une minorité simple.

Le dirigeant ou l'associé en conflit d'intérêts n'a donc pas la pleine maîtrise de sa résolution. D'autres associés ou dirigeants exercent leurs pouvoirs en amont, en aval ou concomitamment à celui du représentant de l'intérêt social concerné. Un associé isolé n'est donc pas en capacité d'arbitrairement réorienter l'intérêt social.

L'exercice individuel et partagé des pouvoirs de gestion du dirigeant ou des pouvoirs politiques d'associé emporte une gravité intermédiaire du conflit d'intérêts. Le représentant de l'intérêt social en cause détient un pouvoir dont l'exercice est concurrent ou conjoint avec d'autres associés ou dirigeants[3]. Il n'a pas la capacité d'imposer sa volonté sur celle de la société et n'est pas en capacité, à lui seul, d'extérioriser juridiquement l'intérêt social. Le dirigeant ne peut cumulativement engager la société auprès des tiers et déterminer la portée de ces mêmes engagements ; son pouvoir de représentation de l'intérêt social est limité. Sont ici concernés tant l'associé en pleine propriété que l'associé nu-propriétaire, l'usufruitier ou les associés indivisaires de droits sociaux. Précisons que l'étendue du droit de vote du nu-propriétaire est nécessairement limitée, puisque l'usufruitier ne peut être privé du droit de vote sur l'affectation des bénéfices. Cette compétence ne semble pouvoir être remise en cause par la nouvelle rédaction de l'alinéa 4 de l'article 1844 du Code civil[4]. Ces dispositions doivent être articulées avec celles de l'article 578 du Code civil. Ces dernières ne permettent pas de priver l'usufruitier du droit de vote sur les décisions concernant l'affectation du résultat[5].

La résolution d'un conflit d'intérêts nécessite l'intervention de plusieurs coreprésentants de l'intérêt social et n'est donc pas laissée à la discrétion de l'associé ou du dirigeant en cause. En principe, la gravité du conflit d'intérêts est à relativiser lorsque les pouvoirs politiques d'associé ou de gestion sont déconcentrés. C'est-à-dire lorsque les compétences de décision, d'exécution et de contrôle sont réparties entre plusieurs représentants de l'intérêt social.

---

[1] Rappr. l'art. L. 233-2 du même Code selon lequel une société possède une participation au sein d'une seconde lorsqu'elle détient une fraction de son capital comprise entre 10 et 50%.

[2] V. les art. L. 225-38 et L. 225-86 al. 1, L. 226-10 al. 1 et L. 229-7 al. 7 et L. 612-5 al. 2 du Code de commerce, visant l'actionnaire « *disposant d'une fraction des droits de vote supérieure à 10 %* ».

[3] V. par ex. Cass. com., 15 janv. 2020, n°18-11.580, préc.

[4] Modifié par l'art. 3 de la loi n°2019-744 du 19 juil. 2019, préc.

[5] Rappr. Cass. com., 31 mars 2004, n°03-16.694, Bull. 2004, IV, n°70, p.71.

Paradoxalement, un conflit d'intérêts peut conserver un seuil critique en fonction du pouvoir concerné. Tel est très spécialement le cas d'un associé ou dirigeant en capacité de prédéterminer le contenu d'actes juridiques au moyen de faits matériels et juridiques ; en parallèle, un codirigeant ou coassocié n'est investi que d'un pouvoir de refuser d'exécuter ces actes juridiques ou d'un pouvoir de les exécuter sans possibilité de les amender. Le conflit d'intérêts qui affecterait l'associé ou le dirigeant en cause, conserverait un seuil critique. Néanmoins, le représentant de l'intérêt social n'est pas en mesure d'imputer seul un acte juridique, un fait matériel ou juridique à la société au regard de son intérêt personnel ou celui d'une personne liée. Il n'est donc pas cumulativement en capacité d'arbitrairement réorienter et d'extérioriser juridiquement l'intérêt social. Par exemple, un associé et dirigeant ne pourrait seul modifier l'objet social statutaire de la société et amorcer une nouvelle activité au gré de son intérêt personnel. L'associé ou le dirigeant en cause aurait pour ce faire besoin de l'intervention de ses coassociés et codirigeants.

L'influence juridique restreinte permet de dégrader la présomption simple dégagée des liens d'intérêts aux fins d'identifier un intérêt personnel. Elle fait obstacle à ce que cette présomption simple soit supplantée par une présomption renforcée. L'absence d'influence juridique exercée par un associé, un dirigeant ou une personne liée ne permet pas de conclure à l'absence d'un intérêt personnel. L'influence juridique n'est jamais qu'un élément probatoire de cet intérêt et n'en constitue aucunement l'essence.

Au fil d'un lien d'intérêts, un aléa existe autant de fois qu'un associé, un dirigeant ou une personne liée exerce une influence juridique restreinte[1] et qu'une personne détient un pouvoir concurrent ou complémentaire. Cet aléa correspond à la capacité de blocage du transfert d'une dette ou d'une créance entre le patrimoine d'un associé ou dirigeant et celui de la société, le cas échéant par l'intermédiaire du patrimoine de personnes relais. En présence d'une société non personnifiée, l'associé ou le dirigeant en cause ne pourra disposer seul des éléments d'actif et de passif mis en commun par les associés. Par exemple, un associé souhaite contracter avec la société par l'intermédiaire de deux personnes morales au sein desquelles il est associé minoritaire et lié à un membre du conseil de surveillance ; il n'est en mesure ni d'imposer la conclusion du contrat projeté ni d'en transférer les bénéfices sous forme de dividende jusqu'à son patrimoine.

Cette présomption simple pourra toutefois être aggravée en fonction du pouvoir exercé. Par exemple, une première personne liée au représentant de l'intérêt social est investie du pouvoir de déterminer les modalités essentielles d'un acte juridique. Une seconde personne liée à un autre représentant de l'intérêt social est investie du pouvoir de signer l'acte juridique qui lui est soumis sans possibilité de l'amender. La gravité de la présomption dégagée des liens d'intérêts en cause est plus élevée dans le premier cas que dans le second.

Qu'il s'agisse d'un associé ou dirigeant, d'une personne interposée, représentée ou liée, la conclusion est similaire. La personne en cause dispose

[1] V. par ex. l'art. L. 233-4 du Code de commerce et l'art. 313-9, III. du RGAMF.

d'une influence juridique insuffisante pour imposer, seule, sa volonté ou obtenir une décision conforme à sa volonté. Pour y parvenir, elle devra se coordonner avec d'autres titulaires d'un pouvoir similaire ou complémentaire.

## Conclusion du paragraphe 1

La gravité d'un conflit d'intérêts se mesure en fonction de la capacité d'un associé ou dirigeant à en opérer, seul, la résolution. Cette capacité s'apprécie en fonction de l'influence juridique exercée. Lorsqu'elle est étendue, les conflits d'intérêts sont critiques. Lorsqu'elle est restreinte, la gravité du conflit est relative. En ce dernier cas, le conflit d'intérêts pourra retrouver un niveau critique en fonction du pouvoir exercé. L'emploi de son influence juridique par l'associé ou le dirigeant aux fins de résoudre à son profit un conflit d'intérêts, pourra être un élément d'aggravation des mesures de sanction et de réparation du conflit en cause. La mesure de la gravité du conflit d'intérêts doit être complétée par l'analyse de son objet.

## §2 - L'objet du conflit d'intérêts

La dangerosité pour la société que représenterait un conflit d'intérêts peut être relativisée en fonction de son objet. Le conflit d'intérêts pourra être dégradé en fonction du type d'acte et de fait objet du conflit d'intérêts (A.). Il peut encore être nuancé en fonction de la gravité de son objet (B.).

### *A - Type d'acte et de fait objet du conflit d'intérêts*

La gravité du conflit d'intérêts est à nuancer au regard du fait sur lequel il porte. Par exemple, l'objet du conflit pourra être une information sociale. Un fait matériel pourrait consister pour un associé ou un dirigeant à transporter des documents sociaux stratégiques entre deux locaux de la société. Un fait juridique pourrait être caractérisé par la consultation des documents et la captation de l'information stratégique à des fins personnelles. La gravité de l'objet du conflit d'intérêts peut varier notamment en présence d'une information : juridique ou économique, environnementale ou sociétale, accessible à tous ou restreinte, confidentielle ou très confidentielle. Peuvent encore être objet d'un conflit d'intérêts, notamment : des investigations tendant à recueillir ou confirmer des informations, une proposition de nomination ou de révocation, un débat suivi d'un vote, des pourparlers et négociations, la rédaction de projets d'actes juridiques, une créance en réparation, l'opportunité de déclencher une action sociale.

La gravité du conflit d'intérêts peut être nuancée au regard de l'acte juridique sur lequel il porte. La qualification juridique de l'acte en cause s'affine au regard des classifications légales ou doctrinales. Sur la base des articles 1106 et suivants du Code civil, pourront notamment être distingués les actes : synallagmatiques ou unilatéraux, onéreux ou gratuits, commutatifs ou aléatoires, consensuels, solennels ou réels, négociés ou d'adhésion, qualifiés de contrat-cadre ou d'application, à exécution instantanée ou successive.

En pratique, seront davantage visés des actes ou opérations nommés et ventilés en deux catégories. La première au sein de laquelle l'objet du conflit d'intérêts sera un acte intéressant la gestion interne de la société. C'est-à-dire un acte adopté par les associés ou les dirigeants qui intéresse le fonctionnement de la société. Cet acte n'a pas pour principale fonction de lier la société à une personne tierce au pacte social. Outre les actes modifiant ou non les statuts, peuvent être notamment visés les actes d'augmentation du capital, les décisions affectant la composition des dirigeants sociaux, les autorisations et ratifications d'opérations de gestion externe. La seconde au sein de laquelle l'objet du conflit d'intérêts sera un acte intéressant la gestion externe de la société. C'est-à-dire un acte conclu par les associés ou les dirigeants au nom et pour le compte de la société avec un tiers au pacte social ou un coreprésentant de l'intérêt social. Peuvent être notamment visés les actes à portée nationale ou internationale, les actes impactant la société ou plusieurs de ses filiales, les actes conclus avec un tiers et auquel est intéressé un associé ou dirigeant, les actes conclus avec un associé ou dirigeant, les contrats de cession ou de prestation de services, les contrats de coopérations, les contrats hors stratégie définie, les garanties, les sûretés personnelles ou réelles.

*B - Gravité de l'objet du conflit d'intérêts*

La gravité du conflit d'intérêts peut être affectée par la gravité de l'acte ou du fait sur lequel il porte. Cette gravité est appréciée en fonction des conséquences patrimoniales de l'objet du conflit d'intérêts. Quand bien même un droit extrapatrimonial serait en tension, sa transgression affecte le patrimoine de l'auteur du fait fautif au moyen d'une obligation de réparation en nature ou par équivalent sous forme de dommages et intérêts. La personne subissant l'atteinte à ses droits extrapatrimoniaux peut recueillir au sein de son patrimoine une créance de réparation. La gravité de l'objet du conflit sera plus précisément appréciée au regard de son incidence économique ou juridique. Peu important que cette incidence soit immédiate ou à terme, certaine ou hypothétique.

L'incidence économique correspond à l'évaluation pécuniaire de l'objet du conflit d'intérêts. Afin de circonscrire tout débat relatif à la lésion, il convient de retenir prioritairement la valeur économique demandée, proposée ou payée. Subsidiairement cette évaluation pécuniaire pourra correspondre à une estimation réalisée sur la base de critères objectifs et vérifiables. Par exemple, un conflit d'intérêts a pour objet des négociations et un contrat de cession d'actifs ; une estimation des actifs variant entre 500 000 EUR et 20 000 EUR entraine une perception différente du conflit. Encore, une importance croissante sera accordée à une information confidentielle relative à un risque de dissolution anticipée de la société en comparaison avec une information très confidentielle relative à un brevet d'exploitation. Tel sera encore le cas d'une garantie affectant une partie ou l'ensemble des actifs mobilisés au soutien de l'activité sociale [1].

L'incidence juridique correspond à la gravité des conséquences patrimoniales qu'emporterait l'objet du conflit d'intérêts. C'est-à-dire l'acquisition ou la perte d'un droit patrimonial. Cette incidence permet de rendre compte tant des actes juridiques que des faits matériels ou juridiques susceptibles d'aboutir à un tel résultat. Par exemple, le fait matériel objet du conflit d'intérêts conduit à la réalisation d'une faute civile délictuelle, fait juridique, dont le paiement sera réalisé par le créancier au moyen d'un acte de gestion sur son patrimoine.

Les critères dits substantiels ou significatifs ont pour fonction d'artificiellement restreindre la portée d'une définition des conflits d'intérêts autour d'un objet déterminé. Lorsque ces critères sont mobilisés au sein d'une définition, ils doivent nécessairement être accompagnés d'éléments chiffrés ou d'une méthode d'évaluation. En cas contraire, ils pourraient être détournés en élément de disqualification du conflit d'intérêts. Par exemple, le droit anglais comporte un dispositif légal similaire au régime français des conventions réglementées[2]. Le législateur anglais vise des transactions dites significatives[3]. Il explicite les données chiffrées[4] et méthodes d'évaluation[5] permettant de retenir le caractère significatif d'une transaction.

Une vigilance accrue doit être portée sur l'objet des conflits d'intérêts dont l'incidence économique et juridique pourrait engager l'entier patrimoine de la société ou l'ensemble des actifs détenus par les associés d'une société non personnifiée. L'anéantissement anticipé du patrimoine social est redouté. La combinaison de l'influence juridique et économique permet de distinguer par exemple : les actes modifiant ou non les statuts, les actes augmentant ou non les engagements des associés, les actes conclus à l'avantage exclusif de l'intérêt social[6] ou de l'intérêt du cocontractant, les actes d'agrément ou d'exclusion d'un associé. Ces actes de disposition ou d'administration ont un impact pécuniaire variable sur le patrimoine social ou sur celui des associés d'une société non personnifiée.

## Conclusion du paragraphe 2

La force d'attraction de l'intérêt personnel se mesure au regard de l'analyse de la gravité de l'objet du conflit d'intérêts. L'attractivité d'un intérêt personnel croît à mesure de l'incidence de l'objet du conflit d'intérêts sur le patrimoine en cause.

---

[1] V. par ex. Cass. 3ème civ., 12 sept. 2012, n°11-17.948, Bull. 2012, III, n°121 ; *adde* Cass. com., 3 juin 2008, n°07-11.785, inédit. Comp. 3ème civ., 21 déc. 2017, n°16-26.500, inédit.

[2] Rappr., I. PARACHKEVOVA, art. préc., II., B., 2.

[3] Section 190 du *Companies Act*.

[4] Section 191, 1 et 2 du *Companies Act*, qualifiant de substantiel l'actif dont la valeur « *excède 10% de la valeur des actifs de la société et est supérieure à plus de 5 000 £, ou excède 100 000£* ».

[5] Section 191, 3 du *Companies Act*, selon laquelle « *la valeur de l'actif de la société est déterminée sur la base des comptes annuels les plus récents, ou en leur absence, sur la base du montant du capital social.* ».

[6] Rappr. les art. L. 223-20, L. 225-39, L. 225-87, L. 226-10, L. 227-11 et L. 229-7 du Code de commerce.

Aussi, plus l'intérêt personnel sera doté d'un haut degré d'attractivité, plus il sera susceptible d'entrer en conflit avec l'intérêt social. Lorsque l'associé ou le dirigeant est en conflit d'intérêts, plus l'intérêt personnel sera doté d'un haut degré d'attractivité, plus la résolution du conflit d'intérêts à de chances de s'effectuer au détriment de l'intérêt social. Ces phénomènes permettent d'apprécier le niveau de dangerosité des conflits d'intérêts et renforcent les preuves de leurs éléments constitutifs. Par exemple en matière d'abus de biens sociaux, de manière rétrospective, l'influence juridique étendue et l'incidence juridique ou économique élevée permettent d'esquisser la mauvaise foi de l'auteur présumé d'un abus de biens sociaux[1].

La gravité d'un conflit d'intérêts peut être mesurée en fonction de l'incidence patrimoniale de son objet. Cette incidence s'apprécie cumulativement ou alternativement au regard du type d'acte ou de fait en cause et au regard de sa gravité. La dangerosité du conflit d'intérêts croît à mesure de son impact sur un patrimoine déterminé[2]. Un niveau de dangerosité déterminé pourra correspondre, en pratique, à un palier de déclenchement du traitement des conflits d'intérêts. L'objet du conflit d'intérêts présente l'avantage d'appliquer une mesure de traitement sans considération pour la personne de l'associé ou du dirigeant en cause. De fait, cela permet d'éviter tout débat relatif à ses intentions, son degré de conscience du conflit en cause et son influence juridique exercée.

## Conclusion de la section I

Le degré de gravité du conflit d'intérêts est ici apprécié au regard de son objet ou de l'influence juridique détenue par la personne en conflit. Il permet d'anticiper les conséquences de son hypothétique résolution négative. La gravité du conflit d'intérêts sera déterminée en fonction de :

- la capacité du représentant de l'intérêt social à obtenir une décision conforme à sa volonté,
- l'incidence juridique et économique du conflit d'intérêts sur un patrimoine déterminé.

La gravité du conflit d'intérêts croît à mesure du risque qu'il desserve l'intérêt social. L'influence juridique de l'associé, du dirigeant ou d'une personne liée et l'objet du conflit d'intérêts sont en principe interdépendants. Ils renvoient ensemble aux pouvoirs dont sont titulaires l'associé ou le dirigeant. Par exemple, un représentant de l'intérêt social peut accomplir un fait matériel, un fait ou un acte juridique à forte incidence patrimoniale seulement s'il dispose d'une influence juridique suffisante. Enfin il convient de rappeler que l'influence juridique et l'objet du conflit d'intérêts peuvent intégrer le faisceau d'indices permettant de qualifier le conflit d'intérêts en cause.

---

[1] Rappr. D. REBUT, art. préc., n°148.

[2] V. par ex. Cass. 3ème civ., 12 sept. 2012, n°11-17.948, préc. et Cass. com., 3 juin 2008, n°07-11.785, préc. ; comp. 3ème civ., 21 déc. 2017, n°16-26.500, préc. ; *adde* Cass. com., 24 janv. 1995, n°93-13.273, préc. et Cass. com., 30 nov. 2004, n°01-16.581, préc. ; v. spécialement CA Versailles, 22ème ch., 20 juin 2006, *Mallet c/ SA Champagne Giesler et autres.*

La gravité du conflit d'intérêts déduite de son objet ou de l'influence juridique détenue par la personne en conflit permet de faire œuvre de discernement lors de son traitement. Par exemple, un premier conflit d'intérêts direct met en prise l'intérêt personnel moral d'un associé majoritaire dirigeant souhaitant asseoir son nom dans la postérité. Un second conflit d'intérêts indirect met en prise l'intérêt personnel matériel d'un dirigeant souhaitant vendre un actif de la société pour un prix sous-évalué à une autre société contrôlée par son épouse. Ces conflits appartiennent à des catégories différentes et sont d'une inégale gravité. Ils nécessitent donc des traitements distincts.

Afin d'être complète, l'analyse de la gravité d'un conflit d'intérêts impose de tenir compte de son dénouement et de son impact sur la société.

## Section II - Gravité déduite de l'impact du conflit d'intérêts

La gravité du conflit d'intérêts déduite de son dénouement tient compte de son impact juridique ou économique réel. Cet impact s'apprécie au niveau des droits patrimoniaux et extrapatrimoniaux de la société personne morale ou ceux mobilisés par les associés au soutien de l'activité sociale d'une société non personnifiée. Le degré de dangerosité que présente un conflit d'intérêts est apprécié en fonction du choix qu'opère le représentant de l'intérêt social entre la satisfaction prioritaire de l'intérêt social ou celui d'un autre intérêt[1]. Partant d'un conflit d'intérêts résolu hors application d'une quelconque mesure de gestion, deux séries de facteurs d'aggravation peuvent être identifiées. La première est relative au dénouement positif du conflit d'intérêts (paragraphe 1) au soutien de l'intérêt social. La seconde est relative au dénouement négatif du conflit d'intérêts (paragraphe 2) au détriment de l'intérêt social.

### §1 - Le dénouement positif du conflit d'intérêts

Le dénouement positif d'un conflit d'intérêts, qualifié sur le seul fondement de ses seuls éléments constitutifs, recouvre deux hypothèses. La première lorsque l'associé ou le dirigeant agit en faveur de l'intérêt social (A.). La seconde lorsque la personne concernée opère une conciliation des intérêts en présence favorable à l'intérêt social (B.).

#### *A - Règlement en faveur de l'intérêt social*

Les pouvoirs politiques d'associé ou de gestion devraient être exclusivement exercés au soutien de l'intérêt social. L'associé ou le dirigeant en conflit d'intérêts privilégie l'intérêt social. Une satisfaction exclusive simultanée de l'intérêt social et d'un intérêt personnel est impossible.

Résoudre un conflit d'intérêts en faveur de l'intérêt social implique nécessairement un sacrifice de l'intérêt en tension[2]. Cette résolution se rencontre lorsque l'associé ou le dirigeant renonce à son intérêt personnel ou celui de la

[1] Rappr. D. SCHMIDT, Essai de systématisation des conflits d'intérêts, art. préc., I, C et J. VALIERGUE, *op. cit.*, n°139.
[2] Rappr. P.-F. CUIF, art. préc., n°1.

personne représentée ou liée. Elle se rencontre encore lorsque la personne concernée supporte une diminution de la valeur de son patrimoine ou une souffrance psychologique quelconque. Par exemple, l'associé consent à des réductions et augmentations successives du capital afin d'assurer la survie de la société éprouvant de graves difficultés financières[1]. Il résout ainsi un conflit d'intérêts indirect personnel en faveur de l'intérêt social. Son intérêt personnel est ici sacrifié soit en perdant la qualité d'associé, soit en mobilisant des actifs de son patrimoine personnel afin de conserver cette qualité.

Le conflit d'intérêts peut être créé dans la perspective de soutenir exclusivement l'intérêt social. Tel serait par exemple le cas d'un associé ou dirigeant d'une société à responsabilité limitée qui s'engagerait personnellement à une convention en qualité de codébiteur[2] ou se porterait garant des engagements de cette dernière. Tel serait encore le cas lorsqu'il consomme spontanément les biens et services de la société dans des conditions identiques à celles accordées à la clientèle.

Par principe, tout conflit d'intérêts qualifié sur le seul fondement de ses éléments constitutifs, devrait être résolu dans l'unique perspective de satisfaire exclusivement l'intérêt social. L'exercice des pouvoirs politiques d'associé ou de gestion dans cette perspective n'est pas utopique.

Toute personne représentant l'intérêt social et investie d'un pouvoir politique d'associé ou de gestion sociale peut être considérée comme astreinte à un devoir de loyauté à l'égard de la société[3]. Ce devoir, dérivé de la bonne foi, est discuté en doctrine[4]. En droit des sociétés, la jurisprudence a initialement reconnu un devoir de loyauté du dirigeant envers les associés[5] puis envers la société[6]. Le devoir de loyauté a, par suite, été étendu par la Cour de cassation aux associés notamment envers la société[7]. Le devoir de loyauté imposerait aux associés et aux dirigeants d'adopter un comportement positif en faveur de l'intérêt social dont ils ont la charge. Il implique alors pour l'associé ou le dirigeant de régler les conflits d'intérêts rencontrés en faveur de l'intérêt social. Le principe précité est parfaitement applicable lorsque l'associé ou le dirigeant est en conflit d'intérêts direct ou indirect personnel. En présence d'un conflit d'intérêts direct ou indirect impliquant un second intérêt représenté, il se révèle paradoxal. La personne

---

[1] V. spé. CA Versailles, 13ème ch., 29 nov. 1990, *Abdelnour et autres, Louis Bourgeois et autres c/ SA Usinor et autres* ; Com., 17 mai 1994, n°91-21.364, préc.

[2] Rappr. Cass com., 9 mai 2018, n°16-28.157, Bull. 2018, IV, n°53.

[3] Rappr. J. MORET-BAILLY, art. préc., n°14 ; *adde* J. VALIERGUE, *id.*, n°556 ; v. également D. SCHMIDT, Essai de systématisation des conflits d'intérêts, art. préc., I, B.

[4] L. NURIT-PONTIER, Devoir de loyauté, Fasc. 45-10, J.- cl. stés, LexisNexis, 2022, n°1 et suiv.

[5] V. en matière de cession de droits sociaux l'arrêt Com., 27 févr. 1996, n°94-11.241, Bull. 1996, IV, n°65, p.50. *Adde* Cass. com., 12 mai 2004, n°00-15.618, Bull. 2004, IV, n°94, p.97 ; Cass. civ. 1re, 25 mars 2010, n°08-13.060, inédit ; Cass. com., 12 mars 2013, n°12-11.970, inédit ; Cass. com., 10 juil. 2018, n°16-27.868, inédit. Rappr. L. NURIT-PONTIER, art. préc., n°7 et suiv.

[6] V. spé. à propos de faits de concurrence déloyale, Cass. com., 24 févr. 1998, n°96-12.638, Bull. 1998, IV, n°86, p.68. *Adde* L. NURIT-PONTIER, art. préc., n°33 et suiv.

[7] V. spé. Cass. com., 15 nov. 2011, n°10-15.049, Bull. 2011, IV, n°188. *Adde* L. NURIT-PONTIER, art. préc., n°44 et suiv.

concernée est alors tenue d'agir en faveur de deux intérêts distincts. Une résolution d'un conflit d'intérêts en faveur d'un intérêt et au préjudice concomitant du second doit être écartée. L'associé ou le dirigeant en cause n'a d'autre choix que de procéder à un arbitrage positif ou négatif entre les intérêts en présence.

*B - Arbitrage positif au soutien de l'intérêt social*

Les pouvoirs politiques d'associé ou de gestion peuvent être exercés au soutien simultané de l'intérêt social et de l'intérêt personnel en cause. L'associé ou le dirigeant en conflit d'intérêts opère une conciliation des intérêts en présence. Cette conciliation induit un impact positif immédiat sur la société et dans une propension égale ou supérieure à celui que connait l'intérêt personnel de confrontation. Par exemple, un dirigeant réalise des actes de mécénat au nom de la société dans le but réel d'inscrire son nom personnel dans la durée en l'alliant à une cause noble. Ou encore, un associé dirigeant rachète des actifs de la société à leur valeur comptable en raison de graves difficultés rencontrées par la société et en l'absence d'acquéreurs dans les délais requis[1].

Cette catégorie inclut également les conflits d'intérêts dont la résolution a un impact immédiat strictement neutre sur l'intérêt social. Par exemple, des associés créent des catégories d'actions donnant droit à un bénéfice distribuable variable[2]. Elle inclut encore l'ensemble des décisions qui octroient ou confortent une influence juridique étendue à un associé ou un dirigeant. Spécialement, le cumul des compétences de décision, d'exécution et de contrôle ne préjuge pas *ipso facto* de leur emploi négatif[3]. Cette catégorie inclut enfin les conflits d'intérêts dont la résolution emporte une dissolution de la société consentie par ses associés et non consécutive à l'usage abusif de leurs pouvoirs politiques. L'intérêt social est réorienté par ses associés vers son terme. Dès lors, l'intérêt social se caractérise principalement par sa nécessaire extinction. Pour le dire autrement, l'intérêt social commande la disparition de la société.

Les pouvoirs d'un associé ou dirigeant peuvent être exercés en faveur de l'intérêt social et concomitamment emporter satisfaction d'un intérêt personnel. Le devoir de loyauté des associés et des dirigeants impose que ces derniers recherchent cet arbitrage positif lorsqu'un règlement du conflit d'intérêts exclusivement en faveur de l'intérêt social est impossible. Cette solution doit être spécialement recherchée lorsque la personne concernée est en conflit d'intérêts direct ou indirect par représentation. Un règlement vertueux du conflit d'intérêts au soutien de l'ensemble des intérêts en tension et dans des propensions équilibrées devrait être privilégié.

---

[1] Comp. Com., 28 avr. 2004, n°00-12.827, préc.
[2] Rappr. 3ème civ., 18 avr. 2019, n°18-11.811, préc.
[3] V. Cass. 3ème civ., 18 juin 1997, n°95-17.122, préc.

Conclusion du paragraphe 1

Le devoir de loyauté emporte une obligation pour les associés et dirigeants d'employer leurs pouvoirs politiques ou de gestion au soutien exclusif ou prépondérant de l'intérêt social. L'ensemble des conflits d'intérêts, qualifiés sur le seul fondement de leurs éléments constitutifs, peuvent être réglés positivement au soutien de l'intérêt social. Ils le sont dans la plus grande majorité des cas, notamment en présence de conflits d'intérêts indirects. Par exemple, les associés décident d'affecter aux réserves un montant substantiel des bénéfices distribuables ou arrêtent un taux de distribution raisonnable[1]. Ou encore, les dirigeants votant à l'un d'eux l'attribution d'une indemnité de départ dont le montant peut être raisonnable et équilibré au regard des perspectives de la société. En pratique, les hypothèses dénotant une résolution positive d'un conflit d'intérêts sont minorées face à celles faisant état d'une résolution négative.

## §2 - Le dénouement négatif du conflit d'intérêts

Le dénouement négatif du conflit d'intérêts, qualifié sur le seul fondement de ses éléments constitutifs, recouvre deux hypothèses. La première, lorsque l'associé ou le dirigeant opère une conciliation des intérêts défavorables à l'intérêt social (A.). La seconde, lorsque la personne concernée agit au préjudice de l'intérêt social (B.).

### *A - Arbitrage négatif au détriment de l'intérêt social*

Les pouvoirs politiques d'associé ou de gestion peuvent être exercés au soutien prépondérant d'un intérêt personnel. Le dénouement du conflit d'intérêts est considéré comme négatif lorsque :

- l'intérêt social est positivement impacté mais dans une propension inférieure à l'intérêt personnel en cause,
- l'intérêt social est négativement impacté en dehors de l'apparition d'un quelconque préjudice.

La conciliation des intérêts s'effectue au soutien prépondérant ou exclusif de l'intérêt personnel des associés et dirigeants ou des personnes auxquelles ils sont liés. Par exemple, les associés soutiennent une distribution totale des bénéfices alors que la société pourrait rencontrer un ralentissement d'activité à court terme. Ou encore, un associé dirigeant rachète des actifs de la société à leur valeur comptable en raison des difficultés rencontrées par la société.

La conciliation des intérêts pourra s'accompagner d'une transgression de devoirs ou d'obligations distincts du devoir de loyauté auquel sont astreints les associés et dirigeants. Il pourra s'agir notamment d'un devoir ou d'une obligation de discrétion, de confidentialité, d'impartialité, d'indépendance. Par exemple, un associé souhaite avoir l'avis d'un expert au sujet de l'impact d'une opération de gestion sur son patrimoine personnel et sur celui de la société ; à cette fin l'associé divulgue une information confidentielle à l'expert sans que ce dernier n'en fasse

---

[1] V. par ex. 3ème civ., 18 avr. 2019, n°18-11.811, préc.

usage à titre personnel. L'associé transgresse son obligation de confidentialité sans pour autant être à l'origine d'un préjudice causé à l'intérêt social.

Sans pour autant être rare, ce type de dénouement négatif est peu courant en pratique. Il sera le plus souvent source d'une perte de chance, soit une forme de règlement du conflit d'intérêts au préjudice de l'intérêt social. De manière rétrospective, ce type de dénouement pourrait encore être découvert postérieurement à une action en responsabilité. Les prétentions du demandeur seraient rejetées en raison des faits d'espèce jugés insuffisants pour permettre la qualification d'un préjudice réparable. Malgré l'existence d'une faute, le dénouement du conflit d'intérêts en cause peut être qualifié d'arbitrage négatif au détriment de l'intérêt social.

Les pouvoirs d'un associé ou dirigeant ne devraient être exercés au soutien prépondérant d'un intérêt différent de l'intérêt social. Le devoir de loyauté des associés et des dirigeants implique qu'ils s'abstiennent de régler les conflits d'intérêts rencontrés en faveur d'un intérêt personnel. En pratique, une résolution des conflits d'intérêts par arbitrage négatif au détriment de l'intérêt social se rencontre davantage lorsque l'associé ou le dirigeant est en conflit d'intérêts par double représentation. Le représentant de l'intérêt social préférera souvent opérer un règlement négatif du conflit d'intérêts pour au moins l'un des intérêts en tension alors même qu'il aurait pu en rechercher un règlement vertueux.

### *B - Règlement au préjudice de l'intérêt social*

Les pouvoirs politiques d'associé ou de gestion peuvent être exercés au préjudice de l'intérêt social. L'associé ou le dirigeant en conflit d'intérêts privilégie exclusivement son intérêt personnel ou celui d'une personne à laquelle il est lié. Le dénouement du conflit d'intérêts s'opère au préjudice[1] de l'intérêt social. Par exemple, la dissolution anticipée d'une société en participation *in bonis* est décidée par un associé majoritaire, promettant, aux seules fins de se soustraire à une promesse de rachat des droits sociaux d'un associé minoritaire, bénéficiaire[2] ; les associés d'une société civile immobilière, préalablement à sa dissolution, constituent une seconde société et votent la cession du seul actif immobilier de la première au profit de la seconde « *à un prix très inférieur à sa valeur réelle* »[3] ; un dirigeant quadruple sa rémunération, réduisant drastiquement le montant des bénéfices sociaux et limitant ainsi la capacité d'investissement de la société[4] ; un

[1] Le dommage corporel, matériel ou moral est classiquement assimilé au siège de la lésion alors que le préjudice en est la conséquence, v. spé. C. BLOCH, Le préjudice, *in* P. LE TOURNEAU (dir.), Dalloz action Droit de la responsabilité et des contrats, 2021-2022, n°2122.12 et P. LE TOURNEAU, Responsabilité : généralités, Rép. civ. Dalloz, 2009, n°22.

[2] V. spé. Com., 8 févr. 2011, n°10-11.788, préc.

[3] V. Com., 24 mai 2016, n°14-28.121, préc.

[4] Rappr. Cass. com., 20 févr. 2019, n°17-12.050 préc. ; *adde* Cass. com., 15 janv. 2020, n°18-11.580, préc.

associé dirigeant se fait garantir par la société une dette personnelle d'un montant supérieur à celui du patrimoine de la société[1].

Le préjudice en cause doit être certain. Le préjudice certain est actuel, futur ou résulte de la perte d'une chance. Il doit être subi par une personne, quand bien même il serait apprécié à l'aune de l'intérêt social.

Le préjudice certain est actuel lorsque ses conséquences patrimoniales ou extrapatrimoniales se sont réalisées concomitamment au dénouement du conflit d'intérêts. Par exemple, les associés majoritaires organisent le transfert d'un actif social à une autre société qu'ils ont créée à cet effet[2]. Le dénouement du conflit d'intérêts est matérialisé par l'adoption de la résolution d'assemblée générale et emporte l'apparition d'un préjudice actuel par disparition d'un actif patrimonial.

Le préjudice certain est futur lorsque ses conséquences patrimoniales ou extrapatrimoniales sont différées dans le temps[3], à une date postérieure au dénouement du conflit d'intérêts. Selon Monsieur BLOCH, ce type de préjudice est « *virtuellement présent* » en ce que « *sont déjà réunies toutes les conditions de sa réalisation dans l'avenir* »[4]. Par exemple, le directeur général d'une SA conclut une convention réglementée d'une durée de dix ans et dont la première exécution de l'obligation mise à la charge de la société est différée dans le temps. Un terme proche de la prescription triennale réduit la probabilité que cette convention soit critiquée par un actionnaire constatant le préjudice subi par la société au moment de l'exécution de l'obligation en cause. Le dénouement du conflit d'intérêts matérialisé par la signature de la convention, emporte l'apparition d'un préjudice futur par disparition d'actifs patrimoniaux reportée dans le temps. Prendre en considération le préjudice futur permet de ne pas avoir recours au conflit d'intérêts dit potentiel.

Le préjudice certain résulte de la perte d'une chance lorsque ses conséquences patrimoniales ou extrapatrimoniales se matérialisent par une disparition actuelle et certaine de la probabilité d'un événement favorable[5]. L'événement en cause ne doit pas simplement être virtuel et hypothétique[6]. Par exemple, un associé acquiert l'immeuble loué par la société alors que le dirigeant avait adressé au cédant une promesse unilatérale d'achat. Les conflits d'intérêts sont ici matérialisés par les négociations amorcées par l'associé en connaissance de l'offre déposée par le dirigeant, l'émission d'une offre concurrente puis la signature du contrat de vente de l'immeuble. Le dénouement de ces conflits d'intérêts emporte l'apparition d'un préjudice résultant de la perte d'une chance pour la société d'acquérir le bien immobilier au sein duquel elle exploite son activité et de réaliser

---

[1] V. Cass. com., 3 juin 2008, n°07-11.785, préc.

[2] Rappr. Cass. com., 24 janv. 1995, n°93-13.273, préc. et Cass. com., 30 nov. 2004, n°01-16.581, préc. ; v. spécialement CA Versailles, 22ème ch., 20 juin 2006, *Mallet c/ SA Champagne Giesler et autres*.

[3] V. Cass. Req., 1er juin 1932.

[4] C. BLOCH, art. préc., n°2123-75.

[5] Rappr. Cass. 1re civ., 21 nov. 2006, n°05-15.674, Bull. 2006, I, n°498, p.443 ; Cass. crim., 18 mars 1975, n°74-92.118, Bull. crim., n°79, p.223 ; *adde* C. BLOCH, art. préc., n°2123.91 et 2123.100.

[6] En ce sens 2ème civ., 11 mars 2010, n°09-12.451, inédit ; rappr. Com., 26 nov. 2003, n°00-10.243 et n°00-10.949, Bull. 2003, IV, n°186, p.206.

une économie de loyers locatifs. Le caractère incertain de l'événement favorable initialement invoqué pourrait être démontré par l'apparition d'un ou plusieurs événements favorables alternatifs. Le décalage dans le temps entre le fait générateur et la date de réalisation de l'événement initialement invoqué, augmente les probabilités qu'il soit compensé par d'autres évènements favorables alternatifs. Par exemple, un associé acquiert l'immeuble loué par la société alors que le dirigeant avait fait part aux associés de son intention d'entrer en pourparlers dans un futur proche avec le cédant aux fins d'acquérir ce même bien. Le bien immobilier dont la société n'a pu recueillir la propriété est ultérieurement détruit par un incendie. Tout d'abord, la société a vu disparaitre la probabilité favorable d'acquérir la propriété de l'immeuble en cause. Puis, elle a vu se réaliser la probabilité favorable consistant à éviter d'en supporter les risques juridiques[1]. La probabilité déduite du premier événement n'était ni actuelle ni certaine. Ainsi, les conflits d'intérêts qui affectaient l'associé ont été résolus par un arbitrage négatif au détriment de l'intérêt social.

Le préjudice en cause doit encore être personnel. En principe, il sera subi par la société personne morale. Lorsque la société est dépourvue de personnalité morale, le préjudice sera subi par les associés. En ce dernier cas, la frontière entre le préjudice causé à l'intérêt social et le préjudice subi personnellement par l'associé est extrêmement fine. Elle apparaît nettement dans l'hypothèse d'un préjudice patrimonial subi par l'associé et résultant d'une indisponibilité ou d'une disparition d'un actif employé à l'activité sociale. Par exemple, un associé gérant loue à un tiers les locaux d'exploitation d'une société en participation situés dans un immeuble apporté en pleine propriété à la société et détenus par un coassocié en vertu de l'article 1872 alinéa 1 du Code civil[2]. Tel serait encore le cas d'un associé cédant un bien mobilier nécessaire à l'activité sociale et dont il avait recueilli la propriété par un coassocié en vertu de l'article 1872 alinéa 4 du même Code[3].

Tout conflit d'intérêts dont la résolution fait courir un risque de dissolution anticipée à la société, constitue de fait un préjudice. Ce préjudice est caractérisé par la perte d'une chance de connaitre un développement pérenne. Constitue également *de facto* un règlement préjudiciable, les conflits d'intérêts dont la résolution a conduit le représentant de l'intérêt social à commettre une infraction pénale[4] ou une faute civile[5] pour le compte de la société. Une décision des associés ou des dirigeants exposant la société à une condamnation civile, administrative ou pénale est de fait préjudiciable et contraire à son intérêt. Une action en responsabilité pouvant se solder par une diminution de la valeur du patrimoine de la société personnifiée ou par la disparition d'actifs sociaux détenus par les associés d'une société non personnifiée.

---

1 Comp. par ex. Com., 4 oct. 1994, n°93-10.934, préc.

2 Rappr. B. DONDERO, Société en participation, art. préc., n°60.

3 Rappr. B. DONDERO, art. préc., n°66.

4 Rappr. Cass. com., 28 sept. 2010, n°09-66.255, Bull. 2010, IV, n°146 et 3ème civ., 10 mars 2016, n°14-15.326, Bulletin d'information 2016, n°846, III, n°1076.

5 V. par ex. Com., 25 janv. 1982.

Aucun conflit d'intérêts, qualifié sur le seul fondement de ses éléments constitutifs, ne devrait être résolu au préjudice de l'intérêt social. Cet impératif de comportement est supérieur à celui imposant à la personne concernée de résoudre tout conflit d'intérêts en faveur de l'intérêt social.

Le devoir de loyauté des associés et des dirigeants s'oppose à ce qu'ils résolvent un conflit d'intérêts rencontré au préjudice de l'intérêt social dans le but de satisfaire un intérêt personnel. Les pouvoirs politiques d'associé ou de gestion ne peuvent être exercés au préjudice de l'intérêt duquel ils émanent. En pratique, l'associé ou le dirigeant peut rencontrer un paradoxe par lequel un conflit d'intérêts par double représentation devrait être inéluctablement résolu au préjudice d'un des deux intérêts représentés. En ce cas, le représentant de l'intérêt social n'aura d'autre choix que de renoncer à le résoudre. L'associé ou le dirigeant devra abandonner l'un des intérêts en tension.

### Conclusion du paragraphe 2

Le devoir de loyauté auquel sont astreints les associés et dirigeants les oblige à s'abstenir d'employer leurs pouvoirs politiques ou de gestion au détriment ou au préjudice de l'intérêt social. Le dénouement négatif du conflit d'intérêts, qualifié au regard d'une acception large, peut et doit être évité. Les conflits d'intérêts résolus au préjudice de la société sont stigmatisés par le droit positif[1].

### Conclusion de la section II

Le degré de gravité du conflit d'intérêts est ici apprécié au regard de son impact positif ou négatif sur l'intérêt social. La gravité du conflit d'intérêts croît à mesure de son incidence négative sur l'intérêt social. Le devoir de loyauté auquel sont tenus les associés et les dirigeants emporte l'obligation de résoudre tout conflit d'intérêts, qualifié sur le seul fondement de ses éléments constitutifs, au soutien de l'intérêt social. La gravité du conflit d'intérêts induite par son impact permet de faire œuvre de discernement au titre de son traitement. Le niveau de dangerosité du conflit d'intérêts pourrait conditionner le déclenchement de certaines mesures de sanction et de réparation.

## Conclusion du chapitre II

Avant son dénouement, la gravité du conflit d'intérêts dépend de son objet ainsi que de l'influence juridique exercée par la personne concernée. Cette gravité permet d'anticiper les conséquences de l'hypothétique résolution négative d'un conflit d'intérêts. La gravité du conflit d'intérêts oriente l'arrêt de mesures de prévention et régule l'application de mesures de gestion. La gravité du conflit d'intérêts justifie le prononcé de sanctions et motive le déclenchement d'actions en réparation.

---

[1] Par ex., en droit des sociétés le régime des nullités des conventions réglementées ou encore les éléments constitutifs de l'abus du droit de vote. Ce type de dénouement sera également appréhendé par le droit pénal ; v. spécialement les délits : d'abus de confiance, d'abus de biens sociaux, d'abus de crédit de la société et d'abus de voix et pouvoirs sociaux.

Selon l'acception positive du conflit d'intérêts, un conflit d'intérêts n'induit pas *de facto* un usage des pouvoirs politiques d'associé ou de gestion au préjudice de la société. Le dénouement du conflit d'intérêts au soutien de l'intérêt social serait autant à espérer que pourrait être redouté son dénouement au détriment de l'intérêt social. La pratique requiert une franche distinction entre les comportements positifs au soutien de l'intérêt social et les comportements négatifs contraires à ce même intérêt. Ce sont les comportements des associés et dirigeants contraires à l'intérêt social que la notion de conflit d'intérêts doit permettre d'appréhender. Loin d'être un préjugé cognitif négatif[1], cette appréhension forge la définition négative du conflit d'intérêts.

Le comportement contraire à l'intérêt qu'induit la notion de conflit d'intérêts peut être appréhendé au moyen du préjudice. Éprouvé en doctrine comme en jurisprudence, le préjudice est mobilisé tant en droit de la responsabilité civile qu'en droit des contrats.

Le préjudice permet ainsi d'appréhender indifféremment les conflits d'intérêts directs et indirects qualifiés au moyen d'un fait ou d'un acte juridique. Au contraire, l'influence juridique de l'associé, du dirigeant ou d'une personne liée et l'objet du conflit d'intérêts constituent de redoutables filtres. Appliqués à une définition des conflits d'intérêts ils permettent d'en réduire artificiellement la portée. Toutefois, ces facteurs d'aggravation permettent d'identifier des conflits d'intérêts devant faire l'objet d'une attention prioritaire. Tel serait par exemple le cas d'une définition générale des conflits d'intérêts proposant comme illustration : les situations dans lesquelles un associé majoritaire ou un dirigeant investi d'un pouvoir d'exécution doit participer à l'adoption collective d'une décision à laquelle, lui-même ou toute personne liée, aurait un intérêt ; les situations dans lesquelles un associé, un dirigeant ou toute personne qui leur serait liée conclut un contrat de vente avec la société ; les situations dans lesquelles un associé, un dirigeant ou toute personne qui leur serait liée est impliqué dans les négociations d'un acte juridique intéressant la société et dont le montant de l'opération est égal ou supérieur à 25 000 EUR.

---

[1] Cette notion renvoie à l'attractivité psychologique supérieure d'un fait négatif par rapport à un fait positif ; parmi un ensemble de faits une personne est davantage encline à se concentrer sur un fait négatif et ainsi occulter un ensemble de faits positifs. V. spé. S. T. FISKE, *Attention and Weight in Person Perception: The Impact of Negative and Extreme Behavior, Journal of Personality and Social Psychology*, 1980, *Volume* 38(6), p.889 – 906, *General Discussion* ; *adde* B. L. FREDRICKSON, M. F. LOSADA, *Positive Affect and the Complex Dynamics of Human Flourishing, The American Psychologist*, 2005, *Volume* 60(7), p.678 – 686, *Resutlts* ; rappr. B. L. FREDRICKSON, M. F. LOSADA, "*Positive affect and the complex dynamics of human flourishing*" : *Correction to Fredrickson and Losada* (2005), *American Psychologist, 2013, Volume 68*(9), p.822 ; J. CACIOPPO, J. K. GOLLAN, D. HOXHA, K. HUNNICUTT-FERGUSON, C. J. NORRIS, L. ROSEBROCK, L. SANKIN, *The Negativity Bias Predicts Response Rate to Behavioral Activation for Depression, Journal of Behavior Therapy and Experimental Psychiatry*, 2016, *Volume* 52, p.171 - 178.

# Conclusion du titre I

En droit des sociétés, le conflit d'intérêts peut être juridiquement défini comme la situation de fait par laquelle l'associé ou le dirigeant risque d'exercer ses pouvoirs au préjudice de l'intérêt social afin de privilégier directement ou indirectement son intérêt personnel ou celui d'une personne liée. Sauf précision contraire, cette définition est applicable à l'ensemble des conflits d'intérêts visés au sein du présent ouvrage.

Cette définition correspond à une acception restrictive du conflit d'intérêts[1]. Elle résulte d'une conciliation entre les éléments constitutifs du conflit d'intérêts et la gravité déduite de son impact préjudiciable. La portée opérationnelle de cette définition est assurée au moyen de la prise en compte du préjudice futur et celui résultant d'une perte de chance. Ces préjudices permettent d'appréhender une situation présente dont l'impact sur l'intérêt social sera futur. Davantage de critères filtrant appliqués à la définition retenue emporteraient une acception élusive des conflits d'intérêts.

La présente définition permet d'exclure les situations de fait dans lesquelles l'associé ou le dirigeant utilise ses pouvoirs directement ou indirectement aux fins de mettre en concurrence l'intérêt social avec son intérêt personnel ou celui d'une autre personne liée et qu'il en résulte un impact positif au soutien de l'intérêt social. Ces situations auraient pu être improprement qualifiées de conflit d'intérêts si une acception large de cette notion avait été retenue.

Le conflit d'intérêts est en cours lorsque l'exercice certain mais futur d'un pouvoir déterminé au soutien d'un intérêt personnel, emportera une perte de chance ou un préjudice pour la société. Le conflit d'intérêts est résolu lorsque les pouvoirs de l'associé ou du dirigeant en cause ont été exercés au soutien d'un intérêt personnel et qu'il en résulte une perte de chance ou un préjudice pour la société.

Les présents développements ont permis d'identifier une méthodologie unitaire facilitant l'arrêt d'une définition juridique des conflits d'intérêts applicable au droit des sociétés. Cette méthodologie a permis de mettre en exergue quatre constantes. La première selon laquelle l'intensité du conflit d'intérêts se déduit de l'état de confrontation entre les intérêts en présence. L'intensité du conflit d'intérêts croît à mesure qu'un associé ou dirigeant a la capacité d'exercer ses pouvoirs au soutien, non de l'intérêt social, mais de son intérêt personnel ou celui d'une personne à laquelle il est lié. La seconde par laquelle la gravité du conflit d'intérêts s'apprécie au regard de son objet, de l'influence juridique détenue par la personne en conflit ou en fonction de son impact effectif sur l'intérêt social. Le conflit d'intérêts s'aggrave à mesure qu'augmente le risque qu'il se résolve au préjudice de l'intérêt social. La troisième selon laquelle les éléments constitutifs du conflit d'intérêts appréciés de manière

[1] Rappr. D. SCHMIDT, *op. cit.*, p.31, n°19 et p.428, n°437 ; *adde* C. OGIER, *op. cit.*, p.278 ; comp. J. MORET-BAILLY, Les conflits d'intérêts des experts consultés par l'administration dans le domaine sanitaire, RDSS 2004, p.855, n°22.

isolée, ne préjugent jamais de son dénouement effectif. Que ce dénouement soit positif ou négatif. La quatrième en raison de laquelle seuls les conflits d'intérêts susceptibles d'être résolus au préjudice de l'intérêt social doivent faire l'objet d'un traitement juridique.

Cette méthodologie et ses constantes permettent, en pratique, d'arrêter une infinité de définitions et de classifications des conflits d'intérêts. Elle permet également, à rebours, de décrypter les motivations et objectifs sous-jacents des praticiens proposant certaines définitions des conflits d'intérêts. Peuvent être distinguées les définitions dotées d'une réelle portée pratique de celles réduites à un effet d'annonce. Cet effet se déduit notamment des termes restrictifs ou évasifs employés et la multiplication d'opportunités de contrôle du processus de qualification des conflits d'intérêts. Cette stratégie permet d'aboutir à un pouvoir de sélection arbitraire des situations dénotant un conflit d'intérêts. L'arrêt d'une définition précise des conflits d'intérêts demeure essentiel afin de déployer l'ensemble des mesures permettant de les identifier *in concreto.*

# Titre II - Détecter les conflits d'intérêts

Comme le relève avec justesse Monsieur MEKKI, « *La diversité des conflits d'intérêts impose l'instauration d'un système fondé sur la transparence née de l'information.* »[1]. L'information est un prérequis. Elle conditionne le déclenchement de mécanismes de prévention, gestion, sanction et réparation des conflits d'intérêts. C'est pourquoi, il convient d'isoler les mécanismes de détection des conflits d'intérêts. Cette détection peut spontanément s'imposer aux sociétés en raison d'une disposition légale spéciale, les obligeant à identifier et communiquer les conflits d'intérêts rencontrés à des personnes désignées ou au public[2]. La détection des conflits d'intérêts est assurée au moyen de deux procédés distincts. Le premier résulte d'une communication spontanée de l'information (chapitre I) par les associés et les dirigeants. Le second repose sur la recherche d'informations (chapitre II) par les associés et les dirigeants.

---

[1] M. MEKKI, art. préc., n°24 ; *adde* D. SCHMIDT, *op. cit.*, n°24, p.36, relevant que « *La transparence dissipe le soupçon* ».

[2] En droit des sociétés, v. par ex. les annexes 1, 3 et 8 du règlement délégué (UE) 2019/980 de la Commission du 14 mars 2019 préc. ; les art. L. 22-10-40 et R. 22-10-27 du Code de commerce ; v. également en d'autres matières : l'art. L. 544-4 al. 3 et R. 533-16 I. 6° du Code monétaire et financier ; les art. L. 533-10 3° et L. 541-8 4° du même Code ; l'art. 261-4 II. du RGAMF ; *adde* les art. L. 4122-3 al. 3 et L. 4122-6 du Code de la défense ou encore les art. L. 1451-1, R. 1451-2 et suiv. du Code de la santé publique.

# Chapitre I - La communication spontanée de l'information

En droit des sociétés, il n'existe aucune obligation légale générale ou spéciale imposant explicitement à des dirigeants ou des associés de révéler à la société les conflits d'intérêts qu'ils rencontrent. Pour pallier cette carence, un système déclaratif reposant sur l'initiative des associés et dirigeants est à privilégier. L'élaboration d'un tel système peut reposer sur des obligations déclaratives (section I) dont il convient de préciser les modalités d'exécution (section II).

## Section I - Les obligations déclaratives

Le système déclaratif peut s'articuler autour de deux types d'obligation déclarative. La première est une obligation de déclaration préalable aux conflits intérêts (paragraphe 1). La seconde est une obligation de déclaration spontanée des conflits intérêts (paragraphe 2).

### §1 - L'obligation de déclaration préalable au conflit d'intérêts

L'obligation de déclaration préalable doit permettre une identification du risque d'apparition des conflits d'intérêts (A) et viser les éléments générateurs des conflits d'intérêts (B).

#### *A - Identification du risque d'apparition des conflits d'intérêts*

La déclaration préalable aux conflits d'intérêts est un acte par lequel le déclarant révèle des intérêts personnels et liens d'intérêts. Elle est attendue avant toute survenance du conflit d'intérêts. Elle doit permettre d'apprécier le risque d'apparition d'un conflit d'intérêts. Subsidiairement, elle pourra être un outil de mesure de l'intensité et de la gravité des conflits qui pourraient survenir. Cette déclaration facilite l'application de mesures de prévention et permet de présélectionner les mesures de gestion ou de sanction pouvant être déclenchées.

Les représentants de l'intérêt social pourraient être considérés comme débiteurs d'une obligation de déclaration préalable au conflit d'intérêts envers la société personne morale ou la collectivité des associés d'une société non personnifiée. Cette obligation imposerait aux associés et aux dirigeants de déclarer les intérêts personnels ou les liens d'intérêts dont ils savent ou ne peuvent ignorer qu'ils pourraient être générateurs d'un conflit d'intérêts. Cette obligation pourrait être déduite du devoir de loyauté auquel sont astreints les associés et dirigeants[1].

Les associés et dirigeants sont liés à la société par un acte juridique. L'obligation de déclaration serait donc plus précisément une obligation contractuelle d'information accessoire aux statuts ou à l'acte de nomination du

---

[1] Rappr. P. LE TOURNEAU, M. POUMAREDE, Bonne foi, art. préc., n°76.

dirigeant[1]. Par exemple, un dirigeant a connaissance du caractère obsolète des brevets composant l'apport en nature que souhaite réaliser un futur associé personne morale au sein de laquelle il est associé minoritaire. Le dirigeant sait et ne peut ignorer qu'en cas d'agrément de ce futur associé, la société subira un préjudice. Ce préjudice serait ici *a minima* caractérisé par la perte d'une chance d'acquérir des brevets valorisables. Préalablement à l'exercice d'un quelconque pouvoir de gestion intéressant la procédure d'agrément, le dirigeant devrait donc spontanément révéler aux associés l'ensemble des éléments constitutifs des conflits d'intérêts qu'il pourrait rencontrer.

En d'autres matières[2], ce système de déclaration fait l'objet de dispositions légales précises. À la croisée du droit des sociétés et du droit public, seule une disposition légale spéciale de déclaration de situation patrimoniale et d'intérêts est mise à charge des présidents et directeurs généraux des sociétés ou établissements publics[3]. D'autres obligations spéciales d'informations peuvent ponctuellement être relevées. Par exemple, sur le fondement de l'article L. 22-10-40 du Code de commerce, l'actionnaire qui « *se fait représenter par une autre personne que son conjoint ou le partenaire avec lequel il a conclu un pacte civil de solidarité* », doit être informé des liens juridiques financiers, professionnels et familiaux susceptibles d'affecter le mandat. Plus généralement il doit être « *informé par son mandataire de tout fait lui permettant de mesurer le risque que ce dernier poursuive un intérêt autre que le sien* ». Les articles L. 228-1 et suivants du même Code permettent aux sociétés par actions de solliciter des informations ayant pour objet d'identifier l'intérêt personnel matériel des propriétaires de titres au porteur ou nominatifs[4].

L'obligation de déclaration déduite du devoir de loyauté des associés et dirigeants revêt une portée limitée. Il appartient aux représentants de l'intérêt social d'en préciser les contours et de l'étendre. L'obligation précontractuelle d'information permet d'exiger une déclaration préalable d'un futur associé ou dirigeant. L'obligation de déclaration peut encore être contractuellement aggravée au sein des statuts ou d'un contrat spécial, tel qu'un pacte d'associés ou un contrat dit de mandat de direction affinant les obligations liant la société et un dirigeant. À côté de ces obligations juridiques, des obligations déontologiques de déclaration au caractère contraignant dégradé pourraient être créées[5]. La portée pratique de ce type d'obligation est incertaine puisque la violation d'une règle déontologique ne constitue pas *de facto* une faute civile[6].

---

[1] Rappr. l'obligation contractuelle d'information, v. M. POUMAREDE, Notion d'obligation contractuelle, *in* P. LE TOURNEAU (dir.), Dalloz action Droit de la responsabilité et des contrats, 2021-2022, n°3122.122 et suiv.

[2] V. art. 7-2 de l'ordonnance n°58-1270 du 22 déc. 1958 ; l'art. L. 722-21 du Code de commerce ; les art. L. 1451-1, D. 1453-1 et suiv. du Code de la santé publique.

[3] Art. 11, III., de la loi n°2013-907 du 11 oct. 2013 préc.

[4] V. spé. les art. L. 228-2 et L. 228-3 du Code de commerce.

[5] Notamment lorsqu'elle procède d'un règlement intérieur, une charte déontologique, un code de conduite. Rappr. M. MEKKI, art. préc., n°31 et J. MORET-BAILLY, L'enseignement de la déontologie des juristes est-il nécessaire ?, D. 2020, p.1313, II, A.

[6] V. en matière contractuelle, Cass. 1re civ., 5 nov. 1991, n°89-15.179, Bull. 1991, I, n°297, p.195. *Adde* en matière délictuelle, Cass. com., 10 sept. 2013, n°12-19.356, Bull. 2013, IV, n°128 ; v.

En toute hypothèse, l'imputation de l'obligation générale de déclaration préalable à un associé ou un dirigeant ne devrait jamais dépendre de son influence juridique. Tel serait par exemple le cas d'une clause statutaire imputant une obligation d'information préalable aux seuls associés détenant une majorité qualifiée. Toutefois, l'étendue des informations contenues au sein de ce type de déclaration pourrait varier en fonction de l'influence juridique du débiteur.

La déclaration préalable initiale correspond au premier acte déclaratif de portée générale ou spéciale réalisé par le déclarant.

La déclaration préalable complémentaire est l'acte par lequel le déclarant modifie une déclaration initiale. Cette déclaration a pour objet d'affiner la précision ou de contrer l'obsolescence du contenu d'une déclaration initiale.

La déclaration préalable générale s'effectue antérieurement à ce qu'une personne soit investie d'un pouvoir politique d'associé ou de gestion sociale. Cette déclaration cible des intérêts et liens d'intérêts spécifiques. La déclaration générale sera donc dotée d'une portée limitée. En pratique cette déclaration est souvent confondue avec une déclaration dite d'indépendance ; c'est-à-dire un acte par lequel une personne déclare être indépendante de personnes nommées ou de certains intérêts catégoriels identifiés.

La déclaration préalable spéciale s'effectue antérieurement à un acte ou un fait déterminé. Cette déclaration est exhaustive et sera donc dotée d'une portée étendue.

L'étendue des informations requises doit être mesurée afin de ne pas constituer une ingérence injustifiée dans la vie privée du déclarant et des personnes auxquelles il est lié. Le droit au respect de la vie privée, bénéficiant d'une protection juridique élevée[1], constitue la principale limite à ce type de déclaration. En raison de leur contenu plus ou moins sensible, ces déclarations revêtent un caractère confidentiel renforcé et doivent faire l'objet d'une diffusion restreinte. Cette limite emporte une double conséquence. La déclaration préalable doit être précise et porter sur des informations pertinentes. Elle doit encore principalement être focalisée sur la situation personnelle des représentants de l'intérêt social et moins sur celle des personnes auxquelles ils sont liés[2]. Cette obligation devra également être conciliée avec des obligations concurrentes de confidentialité, de secret des affaires, de secret professionnel et de discrétion[3]. De ce fait, certains intérêts ou liens d'intérêts ne pourront être révélés avec précision.

---

également B. MALLET-BRICOUT, Déontologie, morale et droit : un triptyque revivifié, RTD civ., 2016, p.694, v. spé. sous « *Déontologie versus droit et obligations ?* ».

[1] V. l'art. 12 de la DUDH du 10 déc. 1948 ; l'art. 8 de la Conv. EDH et l'art. 7 de la Charte des droits fondamentaux de l'Union européenne ; l'art. 9 al. 1 du Code civil ; *adde* Cons. Constit., 12 janv. 1977, n°76-75 DC ; Cons. Constit., 23 juil. 1999 n°99-416 DC et 9 nov. 1999, n°99-419 DC.

[2] Rappr. Cons. const., 9 oct. 2013, n°2013-675 DC ; *adde* J.-F. KERLEO, État des lieux des déclarations déontologiques, RFDA 2018, p.495, v. sous *Forme et contenu des déclarations.*

[3] V. par ex. les art. L. 225-37 et L. 225-92 du Code de commerce ; rappr. M. MEKKI, art. préc., n°27.

*B - Déclaration des éléments générateurs des conflits d'intérêts*

Comme le révèle le contenu des déclarations préalables[1] requis dans diverses matières, les informations attendues doivent prioritairement porter sur les intérêts personnels et les liens d'intérêts. Subsidiairement, elles peuvent porter sur l'influence juridique exercée. Les déclarations peuvent porter sur les intérêts patrimoniaux et extrapatrimoniaux ainsi que l'ensemble des liens juridiques et factuels. En pratique, les déclarations préalables peuvent majoritairement porter sur les liens d'intérêts car ils permettent de s'affranchir d'une interprétation erronée de la notion d'intérêt personnel par le déclarant. Cependant, les liens d'intérêts ont pour fonction d'identifier l'intérêt personnel au moyen d'une présomption à l'intensité variable. Pour cette raison la déclaration expresse d'intérêts matériels ou moraux ne doit être ignorée.

Les intérêts et liens d'intérêts à déclarer peuvent être présents comme passés. En ce dernier cas, la période usuellement couverte en pratique oscille entre trois et cinq ans préalablement à la date d'exigibilité de l'obligation de déclaration en cause. Les informations attendues peuvent correspondre à des d'intérêts ou liens d'intérêts spéciaux. Afin de conserver une portée pratique pertinente, les informations attendues doivent être identifiées avec précision les personnes mettant en place ce type de système déclaratif. Par exemple, pourrait être sollicitée la déclaration de la détention d'instruments financiers ou d'objets d'art. Cette information permet de mettre en évidence des intérêts matériels occasionnant une augmentation directe de la valeur de l'actif patrimonial. Ou encore les informations pourraient porter sur la situation professionnelle du conjoint, partenaire de PACS ou du concubin et les activités associatives ou politiques exercées. Ces informations portent sur des liens juridiques familiaux et des liens sociologiques caractérisés par une identité d'activité associative ou politique.

En présence d'un lien d'intérêts consolidé, lorsque ces informations sont connues de lui, le déclarant devrait indiquer : l'identité et l'activité de la personne ciblée par la détection d'un lien d'intérêts ; la qualification du lien fondamental en cause ; le nombre de personnes relais séparant l'associé ou le dirigeant de la personne ciblée ; l'identité des trois premières personnes relais ainsi que leur activité professionnelle principale ; la qualification des trois premiers liens intermédiaires.

---

[1] V. notamment Le rapport de la Commission de réflexion pour la prévention des conflits d'intérêts dans la vie publique préc., Annexe 5, p.119, proposant un modèle de déclaration préalable ; les art. 25 *ter* et *quinquies* de la loi n°83-634 du 13 juil. 1983 préc. codifiés aux art. L. 122-2 et suiv. du Code général de la fonction publique ; les art. 7-2 et 7-3 de l'ordonnance n°58-1270 du 22 déc. 1958 préc., relatifs à la déclaration préalable des magistrats ; l'art. 4 de la loi n°2013-907 du 11 oct. 2013 préc. ; le décret n°2013-1212 du 23 déc. 2013 relatif aux déclarations de situation patrimoniale et déclarations d'intérêts adressées à la Haute Autorité pour la transparence de la vie publique ; les art. L. 4122-6 et suivants du Code de la défense ; les art. L. 1451-1 et R. 1451-2 du Code de la santé publique détaillant le contenu des déclarations publiques d'intérêts dans le domaine de la santé.

Les informations attendues peuvent également être identifiées en fonction de la source de l'intérêt ou du lien d'intérêts. Les informations ciblées peuvent être limitées à des intérêts et liens d'intérêts déterminés au regard des actes, faits, ou personnes desquels ils sont issus. En fonction de personnes identifiées, pourraient par exemple être déclarés : les rémunérations, gratifications ou avantages de toute nature dont le paiement est immédiat, à terme ou conditionné, issus d'un concurrent, client ou fournisseur de la société. En fonction des faits et actes induits par l'activité sociale[1], pourraient par exemple être déclarés : les rémunérations, gratifications ou avantages de toute nature dont le paiement est immédiat, à terme ou conditionné, obtenus dans le cadre de l'activité de la société. En fonction d'une incidence économique chiffrée[2], pourraient par exemple être déclarés : les rémunérations, gratifications ou avantages de toute nature dont le paiement est immédiat, à terme ou conditionné, excédant 30 000 EUR.

Afin de ne pas doter l'obligation de déclaration en cause d'une portée pratique illusoire, les filtres appliqués aux informations ciblées doivent demeurer mesurés. Lorsqu'elle ne s'infère pas des informations communiquées, l'influence devrait être révélée à côté des intérêts et liens d'intérêts auxquels elle se rapporte. Cette information est opportune en présence de liens professionnels de nature capitalistique. Elle porte, par exemple, sur le montant du capital ou des droits de vote détenus[3].

Lorsqu'elles n'ont pas la qualité d'associée ou dirigeant, les informations relatives aux personnes liées au déclarant doivent être limitées. Ces informations sont susceptibles de porter atteinte à leur vie privée ou être inconnues du déclarant. Elles demeurent essentielles afin de détecter les conflits d'intérêts directs et indirects par simulation ou interposition de personnes[4].

En présence d'une personne physique, elles peuvent porter sur son nom d'usage, ses prénoms et ses activités professionnelles. La communication de ces informations ne semble pouvoir être imposée qu'au sujet des personnes physiques liées par un lien familial au déclarant et induisant ou ayant induit une communauté de vie. Il s'agira du conjoint, du partenaire lié par un pacte de solidarité civile et du concubin.

En présence d'une personne morale, outre sa raison sociale et sa forme juridique, les informations pourraient être étendues à l'adresse de son siège social, au montant de son capital, à l'identité de ses représentants légaux et à son objet social statutaire et réel.

En présence d'un lien d'intérêts consolidé, il apparait légitime que soient communiquées les informations permettant d'apprécier l'influence juridique exercée par les trois premières personnes relais. L'objectif étant de détecter l'amorce d'une chaine de contrôle au moyen de plusieurs sociétés détenues en

---

[1] Rappr. l'art. R. 1451-2, I., 4° du Code de la santé publique.

[2] Rappr. les art. R. 1451-2, I., 7° et D. 1453-1 du Code de la santé publique.

[3] V. par ex. l'art. R. 1451-2 I. 6° du Code de la santé publique.

[4] Rappr. les art. L. 228-2, L. 228-3, R. 228-3 du même Code et l'art. L. 211-3 du code monétaire et financier.

cascade et dont le déclarant serait l'ultime ou l'un des principaux bénéficiaires. Lorsque ces informations sont connues de lui, le déclarant devrait indiquer : l'influence juridique qu'il exerce sur la première personne relais au titre du lien fondamental ; l'influence juridique exercée par les trois premières personnes relais.

Une déclaration de situation patrimoniale permet d'identifier les intérêts personnels du déclarant à l'instar de leurs sources et importances. En raison de son haut degré d'atteinte à la vie privée, elle ne saurait porter sur l'entier patrimoine des représentants de l'intérêt social. Elle doit être limitée à certains éléments d'actifs ou passifs patrimoniaux tels que l'ensemble des biens immobiliers, fonds de commerce et valeurs mobilières. Au-delà des biens propres au déclarant, la déclaration patrimoniale pourrait porter sur des biens communs ou indivis. La déclaration de patrimoine pourrait porter sur un périmètre d'informations large lorsque les associés et dirigeants détiennent un pouvoir d'influence juridique étendue. Un tel périmètre ne saurait être appliqué de façon arbitraire et discriminatoire à certains associés ou dirigeants isolés.

Au sein d'une déclaration préalable générale, le déclarant indique ne pas être concerné par une ou plusieurs informations requises.

Dans le cadre d'une déclaration préalable spéciale, le déclarant relève l'absence d'un quelconque intérêt personnel au regard de l'acte ou du fait en cause. Il peut encore indiquer n'être lié à aucune personne intéressée à ce même acte ou fait. Ponctuellement, lorsqu'il lui en est fait la demande, un associé ou un dirigeant pourra confirmer ne pas détenir d'intérêt personnel ni être lié à une personne identifiée au regard d'un acte ou d'un fait identifié par l'auteur de la demande.

En droit des sociétés, peuvent être identifiées plusieurs catégories d'informations qui pourraient être contenues au sein d'une déclaration préalable générale. La première permet notamment de détecter les conflits d'intérêts personnels, directs ou indirects. Elle porte sur l'ensemble des liens, ainsi que leur durée, unissant ou ayant uni au cours des trois années précédentes le déclarant aux associés et dirigeants. En présence d'une société comportant un nombre très important d'associés, cette information pourrait être limitée en fonction de l'influence juridique exercée par la personne liée. Par exemple, lorsque cette dernière détient au moins 3% du capital ou des droits de vote.

La seconde rend compte des pouvoirs d'associé et de gestion sociale détenus au sein d'autres sociétés et permet spécialement de détecter les conflits d'intérêts directs par double représentation. Elle porte sur l'ensemble des liens de représentations juridiques, unissant ou ayant uni au cours des trois années précédentes le déclarant à toute personne physique ou morale.

La troisième permet de mettre en exergue les liens de nature psychologique résultant d'un sentiment de gratitude, de reconnaissance, d'affinité et de sympathie. Elle facilite la détection des conflits d'intérêts personnels, directs ou indirects, par emprise d'un intérêt moral. Elle porte sur l'ensemble des accords ou arrangements conclus avec toute personne physique ou morale et en vertu desquels le déclarant a été admis ou sélectionné en qualité d'associé ou de dirigeant.

La quatrième permet principalement de détecter les conflits d'intérêts indirects par emprise d'un intérêt personnel ou de celui d'une personne liée. Elle porte sur l'ensemble des liens, ainsi que leur durée, unissant ou ayant uni au cours des trois années précédentes le déclarant à un salarié, concurrent, fournisseur, client, plus généralement tout créancier ou débiteur de la société.

La cinquième permet d'identifier les intérêts matériels du déclarant dans lesquels il peut ou espère obtenir une augmentation directe de la valeur de son patrimoine en y adjoignant un élément d'actif. Cette catégorie porte tout d'abord sur les principales sources de revenus ainsi que l'ensemble des rémunérations, gratifications ou avantages de toute nature dont le paiement est immédiat, à terme ou conditionné, versés par une quelconque personne liée à la société. De manière non limitative, ces personnes seront par exemple des associés et dirigeants, une société mère, des sociétés filiales, un concurrent, un client ou futur client, un salarié. Le déclarant devrait notamment indiquer l'identité de son débiteur à l'instar de l'estimation pécuniaire de la rémunération, la gratification ou l'avantage en cause. Cette catégorie porte également sur les participations financières directes dans le capital d'une société dont le montant est égal ou supérieur à 5 000 EUR ou 5% du capital, détenues par le déclarant et/ou son conjoint, partenaire lié par un pacte de solidarité civile ou concubin.

La sixième permet de détecter certains conflits d'intérêts indirects spéciaux par emprise d'un intérêt personnel ou de celui d'une personne liée. Cette catégorie porte tout d'abord sur les activités professionnelles, fonctions et mandats électifs exercés ou ayant été exercés au cours des trois années précédentes par le déclarant et son conjoint, partenaire lié par un pacte de solidarité civile ou concubin. Cette catégorie porte également sur les principales activités extra-professionnelles exercées en qualité de bénévole ou d'associé d'une personne morale à but non lucratif intéressée par la société ou son secteur d'activité ; par exemple : une association à promotion écologique, un syndicat, une association de promotion d'une activité professionnelle ou de réflexion sur le cadre légal d'un secteur d'activité.

La septième correspond à un champ d'expression libre du déclarant. Elle doit lui permettre de révéler tout intérêt ou lien d'intérêts dont le déclarant sait ou ne peut ignorer qu'il peut être de nature à générer un conflit d'intérêts. Elle doit encore lui permettre de déclarer toutes informations et précisions complémentaires qu'il juge opportun de communiquer.

La déclaration spéciale doit contenir de manière exhaustive l'ensemble des intérêts et liens d'intérêts qui se rapportent au fait ou à l'acte en raison duquel la déclaration est exigée. Le déclarant doit spécialement décrire avec précision ses liens d'intérêts avec, d'une part, toute personne concourant à la création ou l'exécution de l'acte ou du fait envisagé et avec, d'autre part, toute personne pour qui l'acte ou le fait envisagé présente un quelconque avantage ou désavantage. Pour les opérations les plus sensibles, la déclaration pourrait ponctuellement porter sur l'ensemble des liens d'intérêts passés remontant d'un à trois ans.

Conclusion du paragraphe 1

Les actes de déclaration préalable aux conflits d'intérêts s'inscrivent dans un objectif de protection de l'intérêt social. Déduite du devoir de loyauté et de nature contractuelle, une obligation de déclaration préalable pourrait être identifiée. Elle s'imposerait aux associés et aux dirigeants, débiteurs, à l'égard de la société, créancière. Sa portée est limitée aux intérêts personnels et liens d'intérêts générateurs du conflit d'intérêts dont le déclarant sait ou ne peut ignorer qu'il surviendra en cas d'exercice de ses pouvoirs. Cette obligation coexiste avec l'obligation de déclaration du conflit d'intérêts.

## §2 - L'obligation de déclaration spontanée du conflit d'intérêts

L'obligation de déclaration spontanée du conflit d'intérêts permet de recueillir des informations concomitamment ou postérieurement à la survenance du conflit. Cette obligation de déclaration doit permettre une identification des éléments constitutifs des conflits d'intérêts (A). Cette déclaration vise les éléments constitutifs et la gravité du conflit d'intérêts identifié (B).

### *A - Identification des éléments constitutifs des conflits d'intérêts*

La déclaration spontanée du conflit d'intérêts est un acte par lequel le déclarant révèle un conflit d'intérêts en cours ou résolu. En principe, les conflits d'intérêts en cours doivent être déclarés préalablement à leur résolution. Les conflits d'intérêts résolus doivent être déclarés à bref délai. Cette déclaration doit permettre de qualifier avec précision le conflit d'intérêts en cause et d'en suivre l'évolution. Cette déclaration facilite l'application de mesures de gestion et permet de présélectionner les traitements coercitifs qui pourraient être déclenchés.

Les représentants de l'intérêt social pourraient être considérés comme débiteurs d'une obligation de déclaration spontanée des conflits d'intérêts envers la société personne morale ou la collectivité des associés d'une société non personnifiée. Cette obligation imposerait aux associés et aux dirigeants de déclarer l'ensemble des conflits d'intérêts en cours ou résolus dont ils ont connaissance ou dont ils ne peuvent ignorer l'existence[1]. Cette obligation pourrait être déduite du devoir de loyauté auquel sont astreints les associés et dirigeants envers la société.

À l'instar de l'obligation de déclaration préalable, l'obligation de déclaration spontanée du conflit d'intérêts peut être qualifiée d'obligation contractuelle d'information accessoire aux statuts de la société ou à l'acte de nomination du dirigeant. Par exemple, un dirigeant informe les associés avoir racheté des actifs sociaux à leur valeur comptable la plus basse. Ou encore, une réunion d'associés est convoquée aux fins d'agréer un nouvel associé. À la suite de la convocation, un associé révèle être personnellement intéressé à l'apport en nature surévalué

[1] V. notamment B. DONDERO, Le traitement juridique des conflits d'intérêts : entre droit commun et dispositifs spéciaux, art. préc., n°19 ; B. FAGES, art. préc., n°8 ; rappr. I. PARACHKEVOVA, art. préc., II., B., 1.

du futur coassocié auquel il est lié. L'associé en cause étant convaincu que cet apport permettra un accroissement à court terme de l'activité sociale.

Des dispositions légales spéciales peuvent ponctuellement astreindre une personne à ce type d'obligation de déclaration. Sur le fondement des alinéas 1 et 8 de l'article L. 22-10-40 du Code de commerce, le mandataire d'un actionnaire semble être débiteur d'une telle obligation à l'égard de son mandat. En raison de leurs activités, certaines sociétés sont débitrices d'une obligation de déclaration spontanée à l'égard de leurs clients. Précisément, les sociétés de gestion de portefeuille, les conseillers en investissements financiers et les conseillers en investissements participatifs sont contraints de communiquer l'ensemble des conflits d'intérêts pour lesquels il n'est pas certain « *que le risque de porter atteinte aux intérêts des clients sera évité* »[1]. Dans le même sens, les conseillers en vote doivent communiquer sans délai à leurs clients « *tout conflit d'intérêts et toute relation commerciale pouvant influencer la préparation de leurs recherches, conseils ou recommandations de vote* »[2].

En droit des sociétés, aucune disposition légale ne met explicitement à la charge des associés ou des dirigeants une obligation générale de déclaration spontanée des conflits d'intérêts. Certaines obligations de déclarations, éparses, s'en rapprochent et se concentrent sur l'objet des conflits d'intérêts. Tel est, par exemple, le cas du régime des conventions réglementées ou de l'obligation d'information des associés d'une société civile professionnelle dont ils sont débiteurs les uns envers les autres.

L'obligation de déclaration déduite du devoir de loyauté devrait être explicitée par les associés et dirigeants au sein de dispositions contractuelles ou déontologiques[3]. En revanche, cette obligation juridique ne doit être dégradée en une obligation déontologique. Elle ne peut non plus être limitée au regard de la classification ou de l'objet du conflit d'intérêts. Cette obligation ne saurait être conditionnée par la détention d'une influence juridique déterminée. Tel serait par exemple le cas d'une clause statutaire par laquelle seuls les conflits d'intérêts préjudiciables directs et matérialisés par un contrat devraient être déclarés.

Cette obligation d'information spéciale pourrait être renforcée par un dispositif d'alerte[4]. Selon ce dispositif, toute personne, qui aurait connaissance d'un conflit d'intérêts affectant une personne en charge de l'intérêt social pourrait alerter la société. La personne donnant l'alerte pourra être, par exemple, un coassocié, un codirigeant ou un salarié. La personne auteur du signalement doit agir de bonne foi et de manière désintéressée[5].

---

[1] Art. L. 533-10 et L. 541-8 du Code monétaire et financier.

[2] Art. L. 544-4 al. 3 du Code monétaire et financier.

[3] Rappr. D. SCHMIDT, *op. cit.*, n°44, p.58.

[4] Rappr. notamment la loi n°2016-1691 du 9 déc. 2016 et la directive (UE) 2019/1937 du Parlement européen et du Conseil du 23 oct. 2019.

[5] F. BARRIERE, art. préc., n°13 et suiv. ; rappr. art. 6 de la loi n°2016-1691 du 9 déc. 2016 préc. ; *adde* V. MAGNIER, Le lanceur d'alerte-actionnaire ou mandataire social, un acteur « stratégique » de la gouvernance des sociétés, D. 2020, p.1307, III, B.

L'acte de déclaration spontanée recoupe deux catégories d'informations. La première est essentielle et vise la présence ou l'absence de conflit d'intérêts. La seconde correspond aux éléments permettant de qualifier avec précision le conflit d'intérêts déclaré.

La simple déclaration de présence ou d'absence de conflit d'intérêts ne souffre d'aucune limite. En revanche, la déclaration des éléments constitutifs du conflit d'intérêts peut se heurter aux limites exposées *supra* au sujet des déclarations préalables. Ces limites seront principalement le droit au respect de la vie privée, l'obligation de confidentialité, de secret ou de discrétion. Elles s'appliquent très spécialement en présence d'un conflit d'intérêts indirect. Ces conflits peuvent conduire à déclarer des informations concernant les personnes liées. Ils peuvent encore induire une démultiplication du nombre d'obligations de confidentialité affectant une ou plusieurs personnes liées.

### *B - Déclaration des éléments constitutifs et de la gravité du conflit d'intérêts identifié*

Au sein de son acte déclaratif, l'associé ou le dirigeant déclare se trouver ou penser se trouver en position de conflit d'intérêts. Cet acte doit faire état de deux catégories d'informations. La première relative aux éléments constitutifs du conflit d'intérêts. La seconde relative à la gravité du conflit d'intérêts.

La déclaration spontanée négative permet au déclarant d'attester de l'absence de conflits d'intérêts à un moment déterminé[1]. En pratique elle sera spécialement utilisée afin de confirmer l'absence de conflits d'intérêts indirects suspectés d'un point de vue extérieur par d'autres représentants de l'intérêt social.

Ponctuellement, lorsqu'il lui en est fait la demande, un associé ou un dirigeant pourra confirmer ne rencontrer aucun conflit d'intérêts déterminé par l'auteur de la demande en tenant compte de sa classification et de sa gravité.

Le déclarant doit retranscrire avec précision l'ensemble des éléments constitutifs du conflit d'intérêts avéré ou suspecté et relatifs à son intensité. Ces informations permettront de déterminer le caractère direct ou indirect du conflit d'intérêts. La déclaration doit prioritairement porter sur les intérêts personnels et liens d'intérêts en cause. En présence d'un lien d'intérêts consolidé, le déclarant doit indiquer : l'identité et l'activité de la personne ciblée par la détection du lien d'intérêts ; la qualification du lien fondamental en cause. L'objet du conflit doit être décrit avec précision. Spécialement lorsque le fait matériel, le fait juridique ou l'acte juridique est réalisé ou doit être réalisé au nom et pour le compte de la société.

Le déclarant doit préciser l'influence juridique qu'il exerce de manière générale au sein de la société. Il doit encore décrire les pouvoirs politiques d'associé ou de gestion sociale qu'il est amené à mobiliser et qui engendre le conflit d'intérêts en cause.

Le déclarant doit fournir ces mêmes informations lorsqu'elles se rapportent à une personne liée associée ou dirigeante. Lorsque la personne liée n'est pas

[1] Rappr. l'art. 2 al. 6 du décret n°2017-794 du 5 mai 2017 préc.

associée ou dirigeante, le déclarant devrait préciser en des termes généraux le ou les pouvoirs qu'elle est amenée à mobiliser à l'occasion du conflit d'intérêts. Cette dernière information est attendue du déclarant chaque fois qu'elle est connue de lui ou lorsqu'il ne peut légitimement l'ignorer. Par exemple, la société cède un actif stratégique et le dirigeant déclare être lié au cessionnaire, une société représentée par son épouse qui agit sur délégation de pouvoir.

Le déclarant doit retranscrire avec précision l'ensemble des éléments permettant d'apprécier la nature et la gravité du préjudice causé ou qui peut être causé à la société. Ces informations doivent permettre, le cas échéant, de suivre l'évolution de l'impact des conflits d'intérêts résolus. Des éléments justificatifs à la situation de conflit d'intérêts sont attendus du déclarant.

Lorsque le conflit d'intérêts est en cours, le déclarant doit décrire : l'avantage que présenterait le conflit d'intérêts pour la société malgré l'apparition d'un préjudice ; l'impact positif attendu permettant de compenser le préjudice initial ; les mesures proposées afin de garantir que l'impact préjudiciable sera limité ; les mesures de gestion spontanément mises en œuvre par le déclarant ; les divers stades d'avancement dans le processus de résolution du conflit.

Lorsque le conflit d'intérêts est résolu, le déclarant doit décrire : l'avantage initialement attendu pour la société malgré l'apparition d'un préjudice ; les mesures de gestion spontanément mises en œuvre ; l'évaluation de l'impact préjudiciable du conflit d'intérêts, notamment sur la base de données chiffrées ; l'évolution de l'impact du conflit d'intérêts au regard de l'aggravation du préjudice ou de sa compensation ultérieure.

### Conclusion du paragraphe 2

Les actes de déclaration spontanée des conflits d'intérêts tendent à assurer la pérennité de l'intérêt social. Les associés et les dirigeants, débiteurs, pourraient être tenus à une obligation de déclaration spontanée des conflits d'intérêts à l'égard de la société, créancière. Cette obligation pourrait être déduite de leur devoir de loyauté et serait de nature contractuelle. Sa portée est étendue à l'ensemble des éléments constitutifs du conflit d'intérêts en cours ou résolu.

## Conclusion de la section I

Associés et dirigeants pourraient être réputés comme étant débiteurs envers la société, créancière, d'une double obligation spéciale d'information. La première correspond à une obligation de déclaration préalable aux conflits d'intérêts. La seconde est une obligation de déclaration spontanée des conflits d'intérêts. Cette double obligation spéciale d'information peut être déduite du devoir de loyauté auquel sont astreints les associés et dirigeants envers la société personne morale ou la collectivité des associés d'une société non personnifiée. Elle concourt à la protection de l'intérêt social. De nature contractuelle, elle est accessoire aux statuts ou à l'acte de nomination du dirigeant. En l'absence de disposition légale expresse ces obligations déclaratives mériteraient d'être explicitement consacrées par la jurisprudence.

Les obligations de déclaration préalable ou spontanée sont tributaires de la définition des conflits d'intérêts retenue. L'acte de déclaration doit comporter l'ensemble des informations permettant de détecter et de qualifier les conflits d'intérêts que rencontre ou pourrait rencontrer le déclarant. Les mécanismes déclaratifs souffrent d'un problème unitaire en ce qu'ils reposent sur l'initiative et le bon vouloir de l'associé ou du dirigeant en cause. Faisant preuve de vertu en se conformant à ses obligations d'information, les mesures de traitement coercitif des conflits d'intérêts déclenchées à l'encontre du déclarant pourraient être allégées. La passivité du déclarant ne saurait être aggravée aux moyens de dispositions ayant pour effet de limiter la portée des obligations de déclarations. Tel serait spécialement le cas d'obligations de déclaration limitées aux intérêts personnels, liens d'intérêts et conflits d'intérêts jugés significatifs par le débiteur en dehors de toute donnée chiffrée ou méthode d'évaluation. Ce type de dispositif inciterait davantage à la dissimulation qu'à la révélation. La pertinence des informations obtenues est tributaire des modalités d'exécution des obligations déclaratives.

## Section II - Exécution des obligations déclaratives

L'extraction du renseignement relatif aux conflits d'intérêts est déterminée par les modalités d'exécution des obligations déclaratives (paragraphe 1). Cette extraction peut être limitée en cas de manquement aux obligations déclaratives (paragraphe 2).

### §1 - Modalités d'exécution des obligations déclaratives

Les modalités d'exécution des obligations de déclarations portent sur les formes et dates d'exigibilité de l'acte déclaratif (A). Elles nécessitent d'identifier les destinataires de l'acte déclaratif (B).

#### *A - Formes et dates d'exigibilité de l'acte déclaratif*

Les obligations de déclarations préalables et spontanées devraient être qualifiées d'obligations à terme. Leur exigibilité peut être modulée dans le temps. Elle peut intervenir à intervalles temporels réguliers[1] ou dépendre d'événements futurs et déterminés[2]. La qualification d'obligation conditionnelle présente le désavantage de faire peser un aléa sur l'existence même des obligations déclaratives. Au contraire, il semble préférable de permettre aux obligations déclaratives d'exister juridiquement et de faire peser un aléa sur leur date d'exigibilité. L'obligation de déclaration spontanée des conflits d'intérêts est assortie d'un terme incertain[3]. L'obligation ne fait aucun doute et l'incertitude porte sur la survenance du conflit d'intérêts.

---

[1] Le terme de l'obligation est alors certain, C. HANNOUN, Y. GUENZOUI, Terme, Rép. civ. Dalloz, 2017, n°15.

[2] Le terme de l'obligation demeure incertain, C. HANNOUN, Y. GUENZOUI, *id.*, n°16.

[3] Rappr. C. HANNOUN, Y. GUENZOUI, *id.*, n°19.

Certaines obligations de déclarations préalables visant des intérêts personnels et liens d'intérêts spécifiques peuvent également être dotées d'un terme incertain. Les obligations ne font aucun doute et l'incertitude porte sur l'apparition de l'intérêt personnel ou du lien d'intérêts visé par l'obligation. Les règles de computation des délais applicables en matière de procédure civile peuvent être transposées aux présents mécanismes déclaratifs.

L'exigibilité des obligations de déclarations préalables générales peut être déterminée au regard de : la date de prise en charge de l'intérêt social ; la date anniversaire de cette prise en charge ou un autre événement récurrent ; la date de sortie de la société. Leur exécution pourrait intervenir : dans un délai allant d'un à trois mois préalablement à l'entrée du débiteur au sein de la société ; dans les quinze jours suivant la date anniversaire de l'entrée au sein de la société et dans les trois mois suivants le départ de la société. La déclaration de patrimoine n'est utile qu'à la condition d'être établie à l'entrée et sortie de la société, afin de mesurer la variation de la composition du patrimoine.

L'exigibilité des obligations de déclarations préalables spéciales est déterminée au regard de la date de survenance de l'acte ou du fait déterminé ; par exemple : l'amorce de négociations contractuelles, une réunion de dirigeants ou d'associés, l'exécution d'une opération sur le capital. Leur exécution devrait intervenir à bref délai. Il pourrait être différé et intervenir dans les quinze jours suivant la survenance de l'évènement déterminé.

L'exigibilité des obligations de déclarations préalables complémentaires est déterminée au regard de la date à partir de laquelle le déclarant connait ou ne peut légitimement ignorer le fait ou l'acte rendant obsolète une précédente déclaration. Leur exécution pourra être immédiate ou différée dans les quinze jours suivant la survenance du fait ou de l'acte en cause.

L'exigibilité des obligations de déclarations spontanées est déterminée au regard de la date de survenance des conflits d'intérêts. C'est-à-dire à la date de confrontation des intérêts en cause impliquant l'exercice d'un pouvoir et engendrant l'apparition d'un préjudice. Le préjudice futur et le préjudice résultant d'une perte de chance certaine permettent d'avancer la date de déclaration antérieurement à la résolution du conflit d'intérêts. Par exemple, un associé est convoqué à une réunion d'associés ayant pour objet d'autoriser une opération de rachat par la société à son épouse d'un brevet qu'il sait obsolète. La date d'exigibilité de l'obligation de déclaration spontanée du conflit d'intérêts correspond ici à la date de réception de l'avis de convocation ; le conflit d'intérêts se matérialise à cette date, non au jour de l'apparition du préjudice caractérisé par le paiement du prix et le transfert de propriété.

En principe, l'exécution de ces obligations doit intervenir sans délai dès que l'associé ou le dirigeant en cause a connaissance du conflit d'intérêts qui l'affecte ou ne peut légitimement l'ignorer. Par exception, en présence de circonstances exceptionnelles dûment justifiées, une exécution de l'obligation dans les huit jours suivant l'apparition du conflit d'intérêts en cause pourrait être tolérée.

L'exigibilité des déclarations négatives doit être déterminée par l'auteur de la demande. Leur exécution devrait intervenir sans délai. Un délai supplémentaire de vingt-quatre à soixante-douze heures pourrait être accordé au regard de la complexité de certains conflits d'intérêts indirects suspectés. Ce délai pourrait être étendu à quinze jours en présence d'une obligation de déclaration préalable négative. Ce délai laisse le temps au déclarant d'entreprendre les vérifications nécessaires, notamment lorsque la demande de déclaration porte sur des liens d'intérêts distendus.

En principe, l'ensemble des déclarations doivent être effectuées sur un support durable, papier ou informatique, permettant sa conservation sécurisée. À des fins probatoires, un écrit matériel ou dématérialisé est impératif. Une déclaration orale pourrait être admise à condition d'être confirmée par écrit. Un système de télédéclaration pourrait être mis en place au sein des sociétés dotées de moyens suffisants et intégré à un espace de travail ou de communication virtuel réservé à leurs dirigeants et associés.

Un document dédié aux déclarations devrait être privilégié. Afin de gagner en célérité et en simplicité, des modèles types pourraient être établis par la société et mis à la disposition des personnes visées par une obligation de déclaration. De manière alternative, les déclarations peuvent être régulièrement émises et consignées au sein de documents sociaux tels que les procès-verbaux des réunions de dirigeants ou d'associés, un registre des décisions des délibérations de l'associé unique. Par exception, seules les alertes portant sur les conflits d'intérêts pourraient être émises verbalement. À des fins de protection optimale du lanceur d'alerte, spécialement s'il est exposé à un risque élevé de représailles, l'absence de confirmation écrite se justifie[1]. L'absence de cet écrit permet de préserver le secret de l'identité du lanceur d'alerte. Les déclarations et les informations brutes qu'elles contiennent, doivent être conservées de manière sécurisée et faire l'objet d'un accès restreint. Des mesures spécifiques doivent être arrêtées afin de limiter l'exposition d'un lanceur d'alerte à d'éventuelles représailles.

Les renseignements pertinents extraits des déclarations peuvent être conservés selon des standards de sécurité moins drastiques et faire l'objet d'un accès plus étendu. Pour ce faire, les renseignements doivent être retranscrits par des intitulés et expressions neutres. Plus précisément peuvent être indiqués : la qualification de l'intérêt personnel ou du lien d'intérêts en cause ; le caractère direct ou indirect du conflit d'intérêts qualifié ; l'incidence économique et juridique de l'objet du conflit d'intérêts ; l'influence juridique des personnes en cause. Seraient occultées l'ensemble des informations factuelles permettant d'identifier l'identité des personnes en cause.

Ainsi, les conflits d'intérêts détectés et les mesures de traitement déployées, pourraient être consignés au sein d'un registre spécial. De manière générale, les renseignements obtenus pourraient être supprimés après une période de conservation allant de trois à six ans. Un délai allongé peut notamment être retenu en présence d'un registre ne référençant aucune donnée à caractère

[1] Rappr. l'art. 18 de la directive (UE) 2019/1937 du Parlement européen et du Conseil du 23 oct. 2019 préc.

personnel et se bornant à indiquer de manière neutre la qualification des conflits d'intérêts identifiés et le type de mesure de traitement appliqué. Les déclarations préalables ou spontanées peuvent contenir des données à caractère personnel. La procédure de gestion de ces déclarations doit, le cas échéant, se conformer à la réglementation relative au traitement des données à caractère personnel[1].

*B - Destinataire de l'acte déclaratif*

L'exécution des obligations de déclarations doit être effectuée auprès de la société personne morale ou de la collectivité d'associés en présence d'une société non personnifiée. Parce qu'ils sont investis de pouvoirs leur permettant d'agir au soutien de l'intérêt social, l'ensemble des associés et dirigeants sont en principe compétents pour connaitre des déclarations spontanées formulées par l'un d'entre eux. En pratique, deux catégories de destinataires des déclarations peuvent être distinguées. La première regroupe les personnes destinataires des informations brutes contenues dans les déclarations. La seconde regroupe celles destinataires du renseignement extrait des déclarations.

Le destinataire de premier rang est la personne destinataire des informations brutes contenues dans les déclarations. Le destinataire de premier rang a la charge de la gestion des actes déclaratifs. Idéalement, il s'agit d'un associé ou d'un dirigeant faiblement exposé aux conflits d'intérêts, notamment au regard de l'étendue de ses pouvoirs et l'influence juridique qu'il détient. Un tel destinataire dissipe les soupçons portant sur un usage détourné du système déclaratif et renforce la confiance inspirée par ce système. La gestion des déclarations relève davantage d'une compétence de contrôle et de surveillance. Elle ne devrait pas être confiée à un dirigeant en charge de la gestion quotidienne de la société, aux associés détenant une majorité absolue et aux personnes qui leur seraient liées. La personne en charge de la gestion des déclarations peut être secondée par une personne physique interne à la société. Par exemple, un censeur, un salarié, un associé ou un dirigeant. Le destinataire de premier rang pourrait être suppléé par un collège composé d'un nombre impair d'associés et/ou de dirigeants. Ce collège devrait être doté des pouvoirs et moyens financiers suffisants pour déléguer tout ou partie de sa compétence à une personne neutre, extérieure à la société et membre d'une profession libérale astreinte à des obligations déontologiques étendues et contraignantes. Cette personne pourrait être un avocat de la société, pour autant qu'il soit choisi en dehors des conseils habituels à titre personnel des associés ou des dirigeants de la société. Ce collège a vocation à intervenir sur demande de la personne en charge de la gestion des déclarations et en cas d'empêchement de cette dernière. Notamment, lorsqu'elle se trouve en conflit d'intérêts ou lorsque doivent être traitées ses déclarations. Il doit également être investi du pouvoir de contrôler la personne usuellement première destinataire des déclarations. Lorsque l'ensemble des personnes précitées se trouvent en conflit d'intérêts et que le recours à une personne extérieure à la

[1] Spé. règlement (UE) 2016/679 du Parlement européen et du Conseil du 27 avril 2016.

société est impossible, la gestion des déclarations revient à l'ensemble des personnes dotées de la même qualité juridique que le déclarant. À défaut elle revient à la collectivité des associés.

Le destinataire de premier rang devrait être investi de cinq prérogatives juridiques spéciales. La première est un devoir de conserver les déclarations et de protéger le secret attaché à leur contenu. Très spécialement lorsqu'il s'agit d'une déclaration de patrimoine. Le destinataire doit accuser réception des déclarations à bref délai. Il doit alimenter le registre des conflits d'intérêts identifiés et veille à son actualisation. La seconde est un pouvoir de qualifier, sur la base d'une méthodologie précise, les intérêts personnels, liens d'intérêts et conflits d'intérêts relevés au sein des déclarations. Le destinataire affine la classification et la gravité des conflits d'intérêts déclarés. Il doit être investi d'une compétence lui permettant de ne pas se voir opposer une quelconque confidentialité lorsque l'objet du conflit d'intérêts est un acte ou un fait réalisé au nom et pour le compte de la société. Il formule des avis relatifs à l'évolution du préjudice ou à l'impact positif attendu et permettant de compenser le préjudice initial. La troisième est un pouvoir d'instruire et de suivre les actes déclaratifs reçus. À cette fin le destinataire peut notamment formuler des questions supplémentaires ou solliciter des précisions et informations complémentaires. Il porte une attention très particulière à l'évolution des conflits déclarés. La quatrième est un pouvoir d'auto-saisine afin de solliciter ponctuellement une confirmation d'absence d'intérêts personnels, de liens d'intérêts ou de conflit d'intérêts. La cinquième est un pouvoir d'assistance juridique ou technique. Le destinataire doit pouvoir être consulté librement par tout représentant de l'intérêt social. Il doit encore assurer une réelle protection des déclarants contre toutes formes de représailles suscitées à l'occasion d'une déclaration. Plus particulièrement lorsque la déclaration est émise dans le cadre d'un dispositif d'alerte.

Les renseignements pertinents doivent être partagés avec les associés ou les dirigeants n'ayant pas participé à la gestion des actes déclaratifs. Ces associés et dirigeants peuvent être qualifiés de destinataires de second rang des renseignements extraits des déclarations. Ce partage peut intervenir spontanément par le destinataire de premier rang. Il peut encore être effectué en tout temps et sur demande. Par exemple, au moyen d'un accès libre au registre des conflits d'intérêts. Les renseignements pertinents relatifs aux conflits d'intérêts devant être partagés sont *a minima* : le nom et la qualité juridique du représentant de l'intérêt social en cause ; la qualification retenue du conflit d'intérêts ; la gravité du conflit d'intérêts ; la qualification de l'intérêt personnel et du lien d'intérêts en cause ; la date de résolution du conflit d'intérêts ; la date de la première déclaration. Le cas échéant, peuvent être partagés : la date des déclarations de suivi ; l'avis retenu par le premier destinataire de la déclaration relatif à l'évolution du préjudice ou à l'impact positif attendu permettant de compenser le préjudice initial ; les mesures de gestion suggérées ou appliquées.

Ces quelques renseignements assurent une balance raisonnable entre transparence et protection de la vie privée, de la confidentialité ou des secrets[1].

Les destinataires de second rang doivent pouvoir avoir accès, sur simple demande, aux détails des déclarations à l'exception des informations dont la communication porterait atteinte à la confidentialité, au secret ou à la vie privée des déclarants et des personnes physiques liées. Ce droit d'accès pourrait être encadré sous réserve de ne pouvoir permettre une rétention abusive ou un détournement d'informations par le destinataire de premier rang. Il pourrait être réservé aux pairs du déclarant ou conditionné à la survenance d'une situation particulière. Par exemple, lorsque l'objet d'une décision collective est en lien avec une déclaration. Lorsque ce droit d'accès est encadré, la personne en charge de la gestion des déclarations doit impérativement être suppléée par un collège composé d'un nombre impair d'associés ou de dirigeants les moins exposés aux conflits d'intérêts.

Trois modèles généraux de gestion des déclarations peuvent être identifiés. Le premier par lequel l'ensemble des déclarations sont systématiquement connues et gérées par les associés. Le second au sein duquel les déclarations sont gérées par un destinataire de premier rang et accessibles à l'ensemble des personnes dotées d'un pouvoir de contrôle ou de surveillance. Ces dernières personnes sont destinataires de second rang et peuvent être, par exemple, un quelconque associé, un co-gérant, le président du conseil d'administration ou de surveillance. Le troisième induisant une gestion par un destinataire de premier rang et un accès restreint des autres associés ou dirigeants aux seuls renseignements extraits des déclarations.

Une franche distinction entre les personnes destinataires de premier et second rang peut s'avérer impossible. Notamment, lorsque l'organisation sociale ne le permet pas ou lorsque la société dispose de moyens financiers limités. Dans certaines hypothèses les associés et dirigeants sont inévitablement destinataires à la fois des informations brutes et du renseignement attendu. Par exemple, lorsque les déclarations sont effectuées sans délai à l'oral et consignées au sein du procès-verbal d'une réunion de dirigeants ou d'associés.

En droit des sociétés, la communication au public du contenu intégral et exhaustif des déclarations préalables ou spontanées n'est pas nécessaire. Une telle communication, au-delà des risques d'atteinte à la vie privée des déclarants, est de nature à dissuader la mise en place spontanée d'un système déclaratif renforcé par les associés et dirigeants. Monsieur MEKKI relève que « *Pour éviter cette dictature de la transparence, les déclarations d'intérêts devraient être accessibles aux pairs et autorités de déontologie, sans pour autant l'être toujours aux citoyens.* »[2]. Ponctuellement, une société peut de manière volontaire communiquer des renseignements extraits

---

[1] Comp. D. SCHMIDT, *op. cit.*, n°42, p.55 et n°45, p.59.

[2] M. MEKKI, art. préc., v. spé. n°28 et n°38 ; *contra* J.-F. KERLEO, art. préc., *Le cas particulier de la publication : une sphère privée à géométrie variable.*

des déclarations à certains tiers identifiés ou au public. Elle pourra encore y être indirectement contrainte par des dispositions légales éparses[1].

Une obligation de tenir à la disposition du public un registre des conflits d'intérêts rencontrés par les dirigeants et principaux associés, pourrait être imposée aux sociétés cotées dont les titres sont admis aux négociations sur un marché réglementé ou sur un système multilatéral de négociation. Une obligation similaire pourrait être attendue des sociétés ou établissements publics. Cette obligation aurait pour objet de garantir un standard minimal de probité et d'intégrité des dirigeants de sociétés impactant sensiblement l'environnement écologique, social et économique de la nation.

Les renseignements communiqués seront filtrés en se rapportant à une thématique spécifique[2] ou en étant dotés d'une précision relative[3]. Ils doivent être délivrés sur un support déterminé et à une fréquence variable ; par exemple : annuellement via un rapport spécial, en continu par l'intermédiaire d'un site internet, ponctuellement au moyen d'une notification spéciale. En principe, plus les tiers destinataires seront nombreux plus les informations seront généralisées ou occultées. C'est-à-dire présentées sous forme de qualification neutre ou de statistiques. Ceci, afin de respecter la vie privée des personnes en cause ou se conformer à une obligation de confidentialité.

Ce n'est en définitive que de manière très exceptionnelle et au titre d'un dispositif légal spécial, qu'un tiers à la gestion sociale pourra être destinataire de premier ordre d'une déclaration. Tel serait par exemple le cas d'une déclaration issue d'un dispositif d'alerte[4] et adressée au président d'une juridiction identifiée, au Procureur de la République, au préfet ou au public.

## Conclusion du paragraphe 1

Les modalités d'exécution des obligations de déclarations doivent être conventionnellement précisées par les associés et dirigeants. Les obligations déclaratives sont des obligations à terme. En principe, l'exécution d'une obligation préalable doit intervenir à bref délai, dès l'identification des intérêts personnels ou des liens d'intérêts dont le déclarant sait ou ne peut ignorer qu'ils peuvent être générateurs d'un conflit d'intérêts. L'exécution d'une obligation spontanée doit intervenir sans délai, dès que l'associé ou le dirigeant en cause a connaissance du conflit d'intérêts qui l'affecte ou ne peut légitimement l'ignorer. Une distinction peut être effectuée entre, d'une part, les destinataires de l'acte déclaratif et, d'autre part, les destinataires des renseignements extraits des déclarations. En principe, lorsque les renseignements pertinents sont voués à une

---

[1] V. spé. l'alinéa 2 des art. L. 225-40 et L. 225-80 du Code de commerce ; rappr. le règlement délégué (UE) 2019/980 de la Commission du 14 mars 2019 préc. Comp. l'art. L. 1451-1 du Code de la santé publique.

[2] Rappr. les art. L. 533-10 et L. 541-8 du Code monétaire et financier.

[3] Rappr. les art. L. 544-4, R. 544-1 et R. 533-16 du Code monétaire et financier.

[4] Rappr. S. RAYNE, Intérêts fondamentaux de la nation : atteintes aux, Rép. dr. pénal et proc. pénale Dalloz, 2009, n°141 et 142 ; les art. L. 561-1 et suiv. du Code monétaire et financier ; les art. 6 et 8 de loi n°2016-1691 du 9 déc. 2016 préc. ; *adde* F. BARRIERE, art. préc., n°26 et 27.

large diffusion, ils devraient être présentés de manière neutre. Il apparait essentiel de garantir aux associés et dirigeants un accès aux déclarations spontanées des conflits d'intérêts. Il apparait nécessaire de communiquer au public de manière précise la méthodologie utilisée pour définir, identifier, prévenir et gérer les conflits d'intérêts rencontrés par les dirigeants et les associés. Enfin, les modalités d'exécution doivent permettre de limiter, d'anticiper et de pallier les manquements aux obligations déclaratives.

## §2 - Manquement aux obligations déclaratives

Le manquement aux obligations déclaratives est caractérisé moins par une absence justifiée de communication d'informations brutes (A) que par une absence injustifiée de communication d'informations brutes et de renseignements (B).

### *A - Absence de communication justifiée d'informations brutes*

Lorsque l'information brute attendue ne peut justifier une atteinte légitime au secret, à la confidentialité ou à la vie privée, elle peut être volontairement omise par le déclarant. Les informations portant manifestement atteinte à la vie privée du déclarant ou des personnes liées peuvent légitimement faire l'objet d'un refus de déclaration. Tel serait par exemple le cas d'informations intéressant l'état de santé, l'orientation sexuelle, les idéaux philosophiques, politiques et religieux.

Des obligations au secret sont insusceptibles d'atteintes. Tel est spécialement le cas des informations couvertes par le secret de la défense nationale[1], le secret des sources journalistiques[2], le secret professionnel auquel sont astreints les avocats[3] les notaires[4] et les médecins[5]. Certaines de ces obligations au secret sont de nature à faire échec au dispositif d'alerte légal[6].

Les informations brutes peuvent encore être omises, lorsque leur communication placerait inéluctablement le déclarant ou ses destinataires en position de conflit d'intérêts. Cette situation demeure marginale et sera le plus souvent le fait d'une obligation de confidentialité ou de secret. Ces obligations sont de nature à faire obstacle à la communication détaillée de certaines informations. Par exemple, un dirigeant conclut pour le compte de la société un accord de confidentialité avec le représentant d'une seconde société comportant une clause pénale. Dans le cadre de l'exécution de l'opération couverte par la confidentialité, le dirigeant découvre un lien d'intérêts l'unissant à une partie au contrat. La déclaration préalable de ce lien devrait ne contenir aucune

---

[1] V. les art. R. 2311-1 et suiv. du Code de la défense et 413-9 et suiv. du Code pénal ; *adde* O. DE MAISON ROUGE, Le droit français du renseignement, Rép. IP/IT et Communication Dalloz, 2019, n°41 et suiv. ; S. RAYNE, art. préc., n°99 et suiv.

[2] Art. 2 de la loi du 29 juil. 1881 sur la liberté de la presse.

[3] V. les art. 12-2, 66-5 et 66-6 de la loi n°71-1130 du 31 déc. 1971 préc. ; l'art. 4 du décret n°2005-790 du 12 juil. 2005 préc.

[4] V. l'art. 23 de la loi contenant organisation du notariat du 25 Ventôse an XI.

[5] Art. R. 4127-4 du Code de la santé publique.

[6] L'art. 6 al. 2 de la loi n°2016-1691 du 9 déc. 2016 préc.

information brute susceptible d'emporter transgression par la société de son obligation de confidentialité et l'exposer à l'exécution de la clause pénale.

Afin de ne pas emporter transgression de l'obligation de déclaration, les omissions du déclarant doivent faire l'objet d'une justification précise. Par exemple, le déclarant peut exposer être dans l'impossibilité de déclarer les informations requises en raison d'une obligation au secret ou de confidentialité, lui interdisant de révéler le lien d'intérêts en cause ou l'identité d'une personne liée. Il peut encore indiquer qu'une déclaration exhaustive serait de nature à porter atteinte à la vie privée d'une personne liée.

Pour autant le représentant de l'intérêt social ne se trouve pas totalement délié par son obligation de déclaration. Le déclarant doit faire état d'informations neutres relatives à la qualification du conflit d'intérêts identifié, de l'intérêt ou du lien d'intérêts en cause. Par exemple, un associé est lié à l'un des principaux concurrents de la société au titre d'un contrat de prestation de service confidentiel. Il pourrait, au sein de sa déclaration préalable, révéler un lien d'intérêts juridiques professionnel et d'obligation l'unissant à une personne morale intéressée à l'activité sociale.

*B - Absence de communication injustifiée d'informations brutes et de renseignements*

Trois situations emportent transgression des obligations déclaratives. La première lorsque le déclarant omet volontairement de communiquer des informations brutes et ne les substitue par aucune information neutre. La seconde lorsque le déclarant ne communique pas, à la suite d'une demande expresse en ce sens, des informations brutes involontairement omises. La troisième lorsque, hors motif légitime, le déclarant refuse spontanément ou à la suite d'une demande expresse de corriger les informations erronées contenues dans la déclaration.

Le manquement à l'obligation de déclaration peut se prolonger en abus de déclaration. Cet abus peut être caractérisé lorsqu'une déclaration est émise à l'encontre d'un associé ou d'un dirigeant à des fins malveillantes ou en ayant conscience de son caractère infondé. La transgression d'une obligation de déclaration peut empêcher le déclenchement des mesures de prévention et de gestion. Elle peut encore priver d'effet les mesures arrêtées sur la base d'une révélation incorrecte ou incomplète.

L'intensité des sanctions peut croitre en fonction des obligations déclaratives en cause. Par ordre décroissant appellent une sanction renforcée : les déclarations spontanées du conflit d'intérêts, les déclarations préalables spéciales, les déclarations préalables générales à la prise en charge de l'intérêt social, les déclarations négatives et enfin les déclarations préalables complémentaires.

Le manquement par un représentant de l'intérêt social à une obligation de déclaration pourrait être assimilé à une transgression du devoir de loyauté auquel il est astreint envers la société. Un tel manquement peut motiver le déclenchement ou aggraver l'application de mesures coercitives applicables aux conflits d'intérêts. Outre l'application de dispositions légales spéciales tendant à la communication forcée de certaines informations, le déclarant pourrait voir engager sa responsabilité civile ou pénale. Par exemple, l'auteur d'un abus de déclaration pourrait très spécialement se rendre coupable de dénonciation calomnieuse[1] ou de diffamation[2]. Le manquement aux obligations déclaratives des associés et dirigeants peut emporter transgression d'une obligation d'information spéciale dont serait débitrice la société. Cette dernière pourrait alors être exposée à des mesures de communication forcée et de sanction[3].

### Conclusion du paragraphe 2

Les limites à l'obligation de déclaration, ne paralysent pas l'entier système déclaratif. À l'exception des informations sollicitées portant manifestement atteinte à la vie privée du déclarant ou d'une personne liée, les associés et dirigeants ne peuvent s'affranchir totalement de leurs obligations déclaratives préalables ou spontanées. Sous réserve de s'en justifier et présenter une information neutre, le déclarant peut s'affranchir d'une communication précise et détaillée des informations brutes. Par exemple, un associé pourrait déclarer détenir un intérêt personnel matériel à la conclusion d'un contrat stratégique avec une seconde société à laquelle il est lié par un lien d'intérêts professionnel et des liens d'obligations. Cette déclaration neutre lui permettrait d'éviter de révéler explicitement être le principal conseil juridique de cette seconde société avec laquelle il a conclu des accords de confidentialité. Le manquement à une obligation de déclaration ou l'abus de déclaration pourra faire l'objet de mesures de traitement coercitif des conflits d'intérêts.

## Conclusion de la section II

Les obligations déclaratives sont déterminantes du déclenchement des mesures de traitement non coercitif des conflits d'intérêts. Pour cette raison, elles devraient être décrites au moins dans leurs principes généraux au sein des statuts ou, à défaut, au sein d'un pacte d'associés. Le caractère contraignant et exigeant du dispositif arrêté est nécessairement tributaire de l'organisation sociale et des moyens financiers dont dispose la société. Les renseignements permettant de qualifier les conflits d'intérêts sont extraits au moyen du traitement des informations brutes contenues au sein des déclarations. Consigner systématiquement ces renseignements et les dissimuler à la majorité des associés et dirigeants s'avérerait contreproductif. Au contraire, ils doivent être partagés entre l'ensemble des représentants de l'intérêt social. Une communication au public de renseignements ciblés pourrait être attendue de certaines sociétés dont l'impact environnemental, social et économique de leurs activités est sensible. Le suivi effectif des déclarations et la diffusion retenue de renseignements sont de nature à restreindre le risque de transgression par les associés et dirigeants de

[1] V. l'art. L. 226-10 al. 1er du Code pénal.
[2] V. les art. 29 al. 1er et 32 de la loi du 29 juil. 1881 préc. ; *adde* les art. R. 621-1 et suiv. du Code pénal.
[3] V. notamment l'art. L. 465-3-2 du Code monétaire et financier.

leurs obligations déclaratives. Le manquement aux obligations déclaratives fait obstacle à une prévention ou une gestion efficace des conflits d'intérêts et peut entrainer le déclenchement de mesures coercitives applicables aux conflits d'intérêts.

## Conclusion du chapitre I

Les associés et les dirigeants pourraient être considérés comme débiteurs d'une double obligation d'information spéciale de nature contractuelle à l'égard de la société personne morale ou de la collectivité d'associés en présence d'une société non personnifiée. Cette double obligation pourrait être déduite du devoir de loyauté auquel sont astreints les associés et dirigeants envers la société. Dans un premier temps, cette obligation d'information requiert une déclaration préalable au conflit d'intérêts de l'ensemble des intérêts ou liens d'intérêts dont le dirigeant ou l'associé sait ou ne peut légitimement ignorer qu'ils peuvent être générateurs d'un conflit. Dans un second temps, cette obligation d'information impose une déclaration spontanée des conflits d'intérêts en cours ou résolus.

Les associés et dirigeants demeurent libres d'étendre la portée de ces obligations déclaratives et d'en préciser les modalités d'exécution. À ce jour aucune disposition légale n'y fait obstacle. Afin de maintenir cet état de fait, la pratique devrait user de cette liberté pour mettre en place un système déclaratif permettant une détection et une gestion anticipée des conflits d'intérêts. La portée opérationnelle d'un dispositif d'appréhension des conflits d'intérêts s'apprécie notamment à travers son système de détection des conflits d'intérêts. Outre la pertinence des informations brutes requises, la procédure de gestion des déclarations doit être de nature à assurer une protection optimale des informations recueillies et un partage des renseignements extraits. Une portée illusoire d'un dispositif d'appréhension sera trahie par deux indices. Le premier lorsque l'opportunité de communication de certaines informations est laissée à la seule appréciation de la personne en cause. Le second se dégage d'une procédure de gestion opaque ou contrôlée par une même personne. Par exemple, la gestion des déclarations est exclusivement confiée au président du conseil d'administration d'une société anonyme, secondé par une personne qui lui est liée et qui ne pourrait agir que sur son autorisation expresse.

Un système déclaratif approprié conduit à une certaine autorégulation de la part des représentants de l'intérêt social. Ils seront moins enclins à provoquer un conflit d'intérêts qu'ils savent devoir révéler. Les obligations déclaratives incitent à la confiance et dissipent la curiosité. L'incitation positive se déduit des conséquences qu'emporte la déclaration sur la situation du déclarant. Les déclarations préalables et spontanées n'emportent pas *de facto* déclaration d'un manquement au devoir de loyauté[1]. Au contraire, de prime abord, elles permettent davantage de présumer la loyauté de la personne concernée. Plus

---

[1] Rappr. J. VALIERGUE, *op. cit.*, n°1569 ; *adde* J.-F. KERLEO, art. préc., *La valeur ambiguë des déclarations.*

encore, elles peuvent être de nature à immuniser le déclarant contre le déclenchement de certaines mesures coercitives ou alléger leur application. L'incitation négative à la déclaration repose sur la stigmatisation des personnes manquant à leurs obligations déclaratives. Elle se déduit de la crainte de se voir infliger une mesure de traitement coercitif des conflits d'intérêts ou d'en connaitre une aggravation et d'être visé par une mesure de recherche de l'information.

# Chapitre II - La recherche de l'information

La recherche d'informations relatives aux conflits d'intérêts est nécessaire lorsque les obligations déclaratives sont dotées d'une portée pratique limitée ou sont inexécutées. Cette recherche est permise au moyen d'un accès légal à l'information sociale (section I) et d'un accès contraint aux renseignements (section II).

## Section I - L'accès légal à l'information sociale

L'étendue des informations auxquelles ont légalement accès les associés ou les dirigeants est conditionnée par la forme sociétaire choisie. À partir des dispositions légales récurrentes, deux catégories générales d'informations peuvent être esquissées. Les renseignements relatifs aux éléments constitutifs ou la gravité des conflits d'intérêts peuvent être extraits d'informations accessibles au public (paragraphe 1) ou d'informations réservées aux associés et aux dirigeants (paragraphe 2).

### §1 - Informations accessibles au public

Toute personne peut obtenir des renseignements relatifs à un conflit d'intérêts suspecté ou avéré à partir des informations accessibles au public. Ces informations publiques peuvent être générales (A) ou spéciales (B).

#### *A - Les informations publiques générales*

Des informations à portée générale sont en permanence accessibles au public. Elles sont légalement attendues de toutes les sociétés à l'exception de celles non personnifiées. Des renseignements peuvent être extraits des informations fournies lors de l'accomplissement des formalités de constitution et d'immatriculation des sociétés dotées de la personnalité morale. Une large diffusion au public de ces informations est assurée par des mesures de publicités ou d'annonces légales et sont accessibles près les greffes des tribunaux de commerce. En principe, ces informations devraient être constamment actualisées. Les statuts de la société et les copies des actes de nomination des dirigeants font partie des documents déposés au greffe des tribunaux de commerce lors de l'immatriculation. Ces documents peuvent être consultés par le public. L'article R. 225-109 du Code de commerce autorise toute personne à toute époque d'obtenir au siège social des sociétés anonymes, une copie certifiée conforme des statuts en vigueur au jour de la demande à laquelle est annexée la liste comportant le nom et prénom usuel, selon le cas, des administrateurs ou des membres du conseil de surveillance et du directoire. En dehors de cette société, le droit d'accès à ces documents et d'en prendre copie est explicitement reconnu aux seuls associés des sociétés civiles[1] et des sociétés à responsabilité limitée[2]. Les

[1] Art. 31 du décret n°78-704 du 3 juil. 1978 préc.
[2] Art. R. 223-14 du Code de commerce.

informations accessibles au public sont encore composées de toutes les données personnelles et traces numériques disponibles sur internet.

Aucune disposition légale générale ne contraint les sociétés à centraliser, consigner et communiquer des informations relatives à la situation de conflit d'intérêts dans laquelle se trouveraient la société, ses associés ou ses dirigeants. De manière ponctuelle, une disposition légale spéciale peut contraindre des professionnels à une communication publique permanente de leur dispositif d'appréhension des conflits d'intérêts[1].

Quelques rares informations peuvent encore spontanément et indirectement se rapporter à l'objet d'un conflit d'intérêts. Tel est le cas, par exemple, de l'obligation de publication d'informations relatives aux conventions réglementées conclues par une société dont les actions sont admises aux négociations sur un marché réglementé[2]. Les informations publiques permettent d'identifier les intérêts personnels matériels ou moraux des associés et dirigeants. Ils seront par exemple déduits : de la raison ou la dénomination sociale, la forme de la société, le montant du capital social, le montant des apports en numéraire, l'évaluation des apports en nature, l'identité des associés tenus indéfiniment et solidairement aux dettes sociales, l'identité des dirigeants et des personnes ayant le pouvoir d'engager la société auprès des tiers, l'existence de clauses relatives à l'agrément des cessionnaires de droits sociaux. Ces informations permettent d'apprécier le niveau d'exposition aux actions en responsabilité et aux dettes sociales ainsi que la liquidité des titres sociaux.

L'accès aux statuts permet d'affiner l'identification des intérêts personnels des associés et dirigeants notamment au regard des apports effectués, de la répartition des bénéfices et des pertes, des modalités de nomination et de rémunération des dirigeants. Au regard des modalités de prise de décision et de la répartition des droits de vote, les statuts permettent également d'apprécier l'influence juridique exercée par les associés et dirigeants. L'ensemble de ces informations permettent principalement l'identification de liens d'intérêts juridiques, financiers, familiaux et professionnels. Elles aident à l'identification des bénéficiaires effectifs dont l'identité est déclarée au registre du commerce et des sociétés sans être accessible au public[3]. Les données personnelles et traces numériques abandonnées sur internet augmentent les probabilités d'identification de liens d'intérêts factuels de nature psychologique ou sociologique.

### *B - Les informations publiques spéciales*

Des informations à portée spéciale sont ponctuellement accessibles au public. Elles sont légalement requises d'un nombre restreint de sociétés en raison de leur forme sociale ou de leurs activités. Par exemple, les sociétés commerciales sont tenues de déposer annuellement leurs comptes sociaux au greffe du tribunal de

[1] Rappr. l'art. R. 22-10-27 du Code de commerce et les art. L. 544-4 et R. 533-16 du Code monétaire et financier.

[2] Art. L. 22-10-13, L. 22-10-30, L. 226-10, R. 22-10-17 et R. 22-10-19 du Code de commerce.

[3] V. les art. L. 561-45-1 et suiv. et R. 561-1 et suiv. du Code monétaire et financier.

commerce. Sauf exception[1], les documents déposés seront accessibles au public. Cette obligation de dépôt ne s'étend pas aux sociétés non immatriculées et aux sociétés civiles. En présence d'une société dont les actions sont admises aux négociations sur un marché réglementé, l'accès au public de certaines catégories de documents et informations sera facilité au moyen d'une mise à disposition directe sous forme électronique sur leur site internet.

Certaines informations permettront d'identifier avec précision certains renseignements se rapportant aux éléments constitutifs ou à la gravité des conflits d'intérêts. Plusieurs illustrations peuvent être recensées. Le document d'enregistrement universel[2] qu'une société serait amenée à produire, contient notamment des informations permettant d'apprécier l'intérêt personnel de certains associés ou dirigeants dont le patrimoine est grevé par un passif judiciaire[3] ou dont l'honorabilité est discutée[4]. Ce document doit être mis à la disposition du public sous forme électronique via un site internet.

Les sociétés dont les actions sont admises aux négociations sur un marché réglementé sont contraintes de publier sur leur site internet la politique de rémunération des dirigeants[5]. Elle doit rester gratuitement à la disposition du public « *au moins pendant la période où elle s'applique* »[6]. Cette politique permet d'apprécier l'intérêt personnel matériel des dirigeants auxquels elle s'applique.

Doit encore être portée à la connaissance du public toute convention conclue entre actionnaires et prévoyant des conditions préférentielles de cession ou d'acquisition d'actions admises aux négociations sur un marché réglementé et portant sur au moins 0,5% du capital ou des droits de vote de la société qui a émis ces actions[7]. Cette information permet de relever l'intérêt personnel matériel des actionnaires signataires.

Le cas échéant, les sociétés dont les actions admises aux négociations sur un marché réglementé doivent indiquer au sein de leur documentation légale accessible au public : l'identité de la ou des personnes qui la contrôle directement ou indirectement[8] ; les accords connus par elles dont la mise en œuvre pourrait, à une date ultérieure, entraîner un changement du contrôle qui s'exerce sur elles[9]

---

[1] V. l'art. L. 232-25 du Code de commerce.

[2] Rappr. art. 9 du règlement (UE) n°2017/1129 du Parlement et du Conseil du 14 juin 2017 préc. ; *adde* l'annexe 2 du règlement délégué (UE) 2019/980 de la Commission du 14 mars 2019 préc.

[3] Le règlement préc., requiert que soit communiqué « *le détail de toute faillite, mise sous séquestre, liquidation ou placement d'entreprises sous administration judiciaire* » prononcé au cours des cinq dernières années au moins.

[4] Ce même règlement requiert que soit communiqué « *le détail de toute condamnation pour fraude* » ainsi que « *le détail de toute mise en cause et/ou sanction publique officielle prononcée contre ces personnes par des autorités statutaires ou réglementaires (y compris des organismes professionnels désignés)* » prononcée au cours des cinq dernières années au moins.

[5] V. les art. L. 22-10-8, L. 22-10-26, L. 22-10-76, R. 22-10-14, R. 22-10-18 et R. 22-10-40 du Code de commerce.

[6] Art. R. 22-10-14 IV, R. 22-10-18 IV et R. 22-10-40 V du Code de commerce.

[7] Art. L. 233-11 du Code de commerce.

[8] V. les annexes 1, 3, 6, 7, 8, 24 et 25 du règlement délégué (UE) 2019/980 de la Commission du 14 mars 2019 préc.

[9] *Ibid.*

; si les principaux actionnaires détiennent des droits de vote différents ou fournir une déclaration appropriée indiquant l'absence de tels droits de vote[1]. Ces informations facilitent l'identification des intérêts personnels et liens d'intérêts.

Les dispositions relatives au franchissement de seuils légaux ont spécialement pour objet d'assurer un suivi de l'évolution de l'influence juridique d'actionnaires détenant des actions admises aux négociations sur un marché réglementé[2].

Sauf exception, les personnes physiques ou morales venant à posséder directement ou indirectement un nombre d'actions dépassant des seuils légalement déterminés de détention du capital ou des droits de vote doit informer la société[3]. Le franchissement de seuils critiques contraint la personne en cause à déclarer les objectifs qu'elle a l'intention de poursuivre au cours des six mois à venir[4]. Ces informations devront être relayées par la société au public par l'intermédiaire de son rapport de gestion[5].

Les annexes 1, 3 et 8 du règlement délégué (UE) 2019/980 de la Commission du 14 mars 2019 précité, contraignent les sociétés dont les actions sont admises sur un marché réglementé à publier certains conflits d'intérêts affectant des représentants de l'intérêt social identifiés.

Les articles L. 22-10-13 et L. 22-10-30 du Code de commerce imposent aux sociétés dont les actions sont admises aux négociations sur un marché réglementé de communiquer sous forme électronique sur leur site internet des informations précises se rapportant aux conventions réglementées[6]. Doit notamment être communiqué l'ensemble des informations nécessaires « *pour évaluer l'intérêt de la convention pour la société et les actionnaires, y compris minoritaires, qui n'y sont pas directement ou indirectement intéressés* »[7]. Ces informations doivent être publiées au plus tard au moment de leur conclusion. Elles peuvent contenir des renseignements relatifs au préjudice éventuellement causé à la société au moyen d'une convention réglementée.

L'article R. 22-10-15 du même Code impose à ces mêmes sociétés de mettre à la disposition du public sur leur site internet et pendant dix ans des informations relatives aux rémunérations, gratifications ou avantages de toute nature attribués ou perçus par ses dirigeants. Les politiques de rémunération des dirigeants, publiées sur le site internet des sociétés, doivent décrire « *La manière dont elle respecte l'intérêt social et contribue à la stratégie commerciale ainsi qu'à la pérennité de la société* »[8]. Elles doivent encore indiquer les mesures permettant d'éviter ou de gérer les

---

[1] V. les annexes 1, 6, 7, 24 et 25 du règlement délégué (UE) 2019/980 de la Commission du 14 mars 2019 préc.

[2] Art. L. 233-7 du Code de commerce ; *adde* les art. L. 233-12 et L. 233-13 du même Code ; rappr. D. SCHMIDT, *op. cit.*, n°55 et suiv., p.66 et suiv.

[3] V. l'art. L. 233-7 du Code de commerce et les art. 223-12 et 223-13 du RGAMF.

[4] V. les art. L. 233-7 VII du Code de commerce et 223-17 du RGAMF.

[5] Rappr. l'art. L. 233-7 III du Code de commerce.

[6] V. art. R. 22-10-17 et R. 22-10-19.

[7] Art. R. 22-10-17 et R. 22-10-19 du Code de commerce.

[8] V. le 1° du I des art. R. 22-10-14, R. 22-10-18 et R. 22-10-40 du Code de commerce.

conflits d'intérêts occasionnés par « *Le processus de décision suivi pour sa détermination, sa révision et sa mise en œuvre* »[1].

## Conclusion du paragraphe 1

Les informations publiques générales et permanentes à l'instar des informations publiques spéciales et ponctuelles sont dotées d'une portée restreinte. Elles demeurent accessibles au plus grand nombre. Les informations publiques permettent principalement une détection des éléments constitutifs d'un conflit d'intérêts suspecté ou avéré. En comparaison avec les informations publiques, les informations réservées aux associés ou aux dirigeants sont dotées d'une portée plus étendue.

## §2 - Informations réservées aux associés ou aux dirigeants

Les associés et dirigeants peuvent obtenir des renseignements relatifs à un conflit d'intérêts suspecté ou avéré à partir des informations liées à l'activité sociale. Ces informations sociales peuvent être exhaustives (A) ou synthétiques (B).

### *A - Les informations sociales exhaustives*

Les documents intéressant l'activité sociale permettent d'obtenir des renseignements relatifs aux conflits d'intérêts. Sont ici visés les documents comptables et sociaux tels que : les livres de commerce et de comptabilité, les contrats, factures, correspondances, procès-verbaux ou plus généralement tout document établi par la société ou reçu par elle.

Tout associé ou dirigeant ne dispose pas *de facto* du pouvoir d'accéder à l'intégralité de ces documents. Ce pouvoir est nécessairement exercé par l'ensemble des dirigeants représentants légaux de la société, investis d'un pouvoir légal leur permettant d'engager la société auprès des tiers. Sont notamment concernés le gérant, le directeur général, le président directeur général, le directeur général délégué, les membres du directoire, le président d'une société par actions simplifiée. Ce pouvoir est légalement accordé, sans restriction, aux associés des sociétés civiles dans lesquelles est exercée une profession libérale soumise à un statut législatif ou réglementaire[2]. Ce pouvoir est le corolaire du risque élevé pesant sur les associés. Ces derniers sont responsables personnellement et indéfiniment des actes professionnels qu'ils accomplissent. Ils sont encore solidairement responsables avec la société des conséquences dommageables causées par ses activités. En principe, sans que puisse leur être reprochée une violation du secret professionnel, les associés d'une société civile professionnelle sont débiteurs les uns envers les autres d'une obligation d'information spéciale. Cette obligation a pour objet l'activité professionnelle

---

[1] V. le 2° du I des art. R. 22-10-14, R. 22-10-18 et R. 22-10-40 du Code de commerce.

[2] V. par ex., l'art. 23 du décret n°92-680 du 20 juil. 1992 ; *adde* les art. R. 743-97 et R. 822-84 du Code de commerce.

exercée au sein de la société[1]. Les associés d'autres formes sociales peuvent légalement être investis de ce pouvoir dont l'exercice est toutefois temporellement restreint. Il s'exerce, au moins une fois par an, par les associés d'une société civile[2]. Il est exercé, au moins deux fois par an, par les associés non-gérants d'une société en nom collectif[3], les associés commandités non-gérants et commanditaires d'une société en commandite simple[4] ainsi que les associés commandités non gérants d'une société en commandite par actions[5].

En principe lorsqu'il est accordé aux associés, ce pouvoir emporte celui de prendre copie des documents concernés et la possibilité pour son titulaire de se faire assister par un expert[6] afin d'identifier précisément le renseignement recherché. Les associés et dirigeants ayant un accès à l'ensemble des documents sociaux sont dans une situation privilégiée. Ils pourront en extraire avec précision des renseignements relatifs aux éléments constitutifs et à la gravité des conflits d'intérêts suspectés ou avérés. Seul un accès à l'ensemble des documents intéressant l'activité sociale permet d'identifier avec précision les liens d'intérêts. Les informations concernant les participations détenues par la société au sein de personnes morales permettent de retracer avec précision certains liens d'intérêts consolidés. L'impact préjudiciable des conflits d'intérêts n'est mesurable avec précision qu'au moyen d'un accès à l'intégralité des documents sociaux.

### B - *Les informations sociales synthétiques*

Des renseignements peuvent être extraits des informations et documents communiqués préalablement aux prises de décisions collectives ou individuelles. Ces documents présentent un caractère synthétique en ce qu'ils se limitent à l'objet de la décision projetée. De manière générale, ces documents regroupent l'ordre du jour, le résumé des projets de résolution ainsi que toutes informations nécessaires à une prise de décision éclairée.

L'accès à tout document et information nécessaire à une prise de décision éclairée peut être érigé en principe général[7]. Lorsqu'il n'est pas légalement explicité[8], ce principe doit être étendu à toutes les sociétés et s'appliquer tant aux associés[9] qu'aux dirigeants non investis d'une compétence de gestion courante. Sauf à ce que leur communication soit légalement exigée, les documents et

---

[1] V. par ex. l'art. 45 du décret n°92-680 du 20 juil. 1992 préc. ; rappr. F. MAURY, Sociétés civiles professionnelles, Rép. Sociétés Dalloz, 2009, n°68 et 82.

[2] Art. 1855 du Code civil et art. 48 du décret n°78-704 du 3 juil. 1978 préc.

[3] Ce droit s'exerce au siège social, v. les art. L. 221-8 et R. 221-8 du Code de commerce.

[4] Art. L. 222-2, L. 222-7 et R. 222-3 du Code de commerce.

[5] L. 226-1 du Code de commerce.

[6] V. l'art. 48 du décret n°78-704 du 3 juil. 1978 préc. et les art. R. 221-8 al. 3, R. 222-3, R. 221-8 al. 3 et L. 226-1 al. 2 du Code de commerce.

[7] Rappr. CA Limoges, ch. civ., 28 mars 2012, n°10-00576, *SAS Groupe R. c/ R.*

[8] V. spécialement les art. 40 al. 2 et 43 du décret n°78-704 du 3 juil. 1978 préc., rappr. l'art. L. 225-35 al. 3 du Code de commerce ; *adde* l'art. L. 225-68 al. 3 du même Code ; v. également les art. 41 et 44 du règlement (CE) n°2157/2001 du Conseil du 8 oct. 2001 préc.

[9] Rappr. l'art. 1844 al. 1 du Code civil garantissant à tout associé le droit de participer aux décisions collectives.

informations générant ou alimentant un conflit d'intérêts pourraient faire exception à ce principe.

Préalablement à l'assemblée générale annuelle, les associés sont destinataires de documents synthétiques se rapportant à l'activité réalisée au cours de l'exercice comptable en cause par la société[1] et, le cas échant, le groupe de sociétés[2]. Cette synthèse est plus ou moins exhaustive en fonction de la forme sociale concernée ou de l'impact environnemental, social et économique de la société. Les sociétés commerciales doivent, notamment, fournir un rapport de gestion[3].

Les associés de certaines sociétés peuvent légalement être investis d'un pouvoir d'accès étendu aux informations et documents synthétiques se rapportant à l'activité sociale. Ce pouvoir est exerçable, à toute époque, par l'associé d'une société à responsabilité limitée ou d'une entreprise à responsabilité limitée[4]. Il peut être exercé, à toute époque, par les actionnaires d'une société anonyme[5] et les associés commanditaires des sociétés en commandite par actions[6] ou par leur mandataire[7]. En principe, l'exercice de ce pouvoir emporte celui de prendre copie des documents concernés et celui de se faire assister par un expert[8] afin d'identifier précisément le renseignement recherché.

L'ensemble de ces documents et informations souffrent d'un problème majeur. Ils ne sont que la synthèse de l'activité sociale et font l'objet d'une communication soignée. Toutefois, ils permettront d'identifier dans une certaine mesure des renseignements se rapportant aux éléments constitutifs ou à la gravité des conflits d'intérêts. Plusieurs illustrations peuvent être recensées.

À partir des informations minimales ou supplémentaires qu'il contient, le rapport de gestion renseigne avec précision sur certains intérêts personnels et liens d'intérêts. Il renseigne par exemple sur : l'intérêt personnel des associés ou des dirigeants bénéficiaires de dépenses dites somptuaires mises à la charge de la société ; l'intérêt personnel des dirigeants des sociétés dont les rémunérations et avantages de toutes natures font l'objet d'une communication précise[9] ; l'intérêt personnel des personnes qui bénéficient de prêts accordés par la société[10] ; l'intérêt personnel des sociétés au sein desquelles la société en cause acquiert une

---

[1] V. par ex. les art. L. 221-7, R. 221-7, L. 222-2, L. 221-7, L. 223-26 al. 2, L. 225-115, R. 225-81, R. 225-83, R. 225-88, R. 225-89, L. 226-1, L. 229-8, L. 227-1 al. 3, L. 232-1 du Code de commerce.

[2] V. l'art. L. 233-16 du Code de commerce.

[3] Art. L. 232-1 du Code de commerce ; sauf exception v. art. L. 232-1 IV., L 123-16 et D. 123-200 2° du même Code.

[4] Art. L. 223-26 al. 4 et R. 223-15 du Code de commerce.

[5] Art. L. 225-115, 225-117 et R. 225-89 al. 1er du Code de commerce. *Adde* les art. L. 225-118, L. 239-3, al. 2 et L. 285-55 al. 2 du même Code et les art. L. 214-8-8 et L. 214-24-42 du Code monétaire et financier.

[6] L'art. L. 226-1 du Code de commerce.

[7] V. l'art. R. 225-91 du Code de commerce.

[8] V. les art. R. 223-15, R. 225-92 al. 2 et R. 225-94 du Code de commerce.

[9] V. les art. L.22-10-8, L.22-10-9, L. 22-10-26, L. 22-10-76 et L. 22-10-77 du Code de commerce. Rappr. B. FRANÇOIS, Apports de la loi Pacte en matière de gouvernement d'entreprise, Rev. sociétés, 2019, p.493, n°3.

[10] V. les art. L. 511-6 3 *bis* et R. 511-2-1-3 du Code monétaire et financier.

participation[1] ou détient le contrôle[2] ; l'accroissement de l'intérêt personnel d'une société associée d'une seconde et en présence de participations croisées[3] ; l'intérêt personnel des salariés ayant acquis des actions de la société[4], détenant des actions au nominatif ou via des fonds communs de placement d'entreprise[5].

Certains documents et informations peuvent avoir spécialement pour fonction de faciliter l'identification des liens d'intérêts. Tel est notamment le cas : du tableau annexé au bilan des filiales et participations de certaines sociétés[6] ; de la liste des transactions significatives conclues entre la société et des parties liées[7] ; de l'identité et des activités des dirigeants ou des candidats à cette fonction[8] ; de la liste des arrangements ou accords conclus avec les principaux actionnaires ou avec des clients, fournisseurs ou autres, en vertu desquels certaines personnes investies d'un pouvoir de gestion sociale ont été sélectionnées en tant que membre d'un organe d'administration, de direction ou de surveillance ou en tant que membre de la direction générale[9].

Sans pour autant viser explicitement la situation de conflit d'intérêts, des dispositions légales spéciales éparses peuvent induire une communication d'informations relatives à l'objet d'un tel conflit. Tel est par exemple le cas à propos : des actes d'apport en nature réalisés au sein des SARL et EURL[10] ou des sociétés par actions[11] ; des actions de préférences émises par des sociétés de capitaux et auxquelles s'applique la procédure des avantages particuliers lorsqu'ils sont accordés à une ou plusieurs personnes, associés ou non, nommément désignés[12].

D'autres dispositions légales spéciales peuvent occasionner une communication simultanée d'informations contenant des renseignements relatifs à l'objet et l'impact d'un conflit d'intérêts. Tel est le cas des informations se rapportant aux conventions réglementées soumises à l'autorisation des associés et le cas échéant à l'autorisation préalable de dirigeants[13]. Les informations communiquées portent sur l'objet du conflit d'intérêts, à savoir un acte

---

[1] Art. L. 233-6 du Code de commerce.

[2] Art. L. 233-12 et L. 233-13 du Code de commerce.

[3] Art. R. 233-19, R. 233-29 et R. 233-30 du Code de commerce.

[4] Art. L. 225-211 du Code de commerce.

[5] Art. L. 225-102 du Code de commerce.

[6] Art. L. 233-15 du Code de commerce.

[7] Art. 833-16 du plan comptable général et R. 123-199-1 du Code de commerce.

[8] V. les art. L. 225-115, 1° et 3° et R. 225-83, 1° et 5° du Code de commerce.

[9] Annexes 1, 6, 7, 24 et 25 du règlement délégué (UE) 2019/980 de la Commission du 14 mars 2019 préc.

[10] Art. L. 223-9, R. 223-6 et D. 223-6-1 du Code de commerce.

[11] V. les art. L. 225-8, L. 225-14, R. 224-2, R. 225-136, R. 225-136-1 et R. 123-107 du Code de commerce.

[12] V. les art. L. 225-8 et suiv., L. 225-147, L. 226-1, L. 227-, L. 22-10-53, L. 22-10-54 et L. 228-11 du Code de commerce.

[13] V. spé. les alinéas 1 et 4 des art. L. 225-38 et L. 225-86 du Code de commerce ainsi que les alinéas 1, 2 et 3 des art. L. 225-40 et L. 225-88 du même Code ; rappr. les art. L. 223-19, L. 226-10, L. 229-7, L. 612-5 du même Code.

juridique[1]. Elles permettent encore d'apprécier la date et l'impact du dénouement du conflit d'intérêts sur la société. En ce sens, le rapport sur les conventions réglementées soumis à l'approbation des associés doit comporter les informations permettant d'apprécier l'intérêt qui s'attachait à la conclusion des conventions analysées[2]. Au sein des sociétés anonymes, l'autorisation préalable du conseil doit être « *motivée en justifiant de l'intérêt de la convention pour la société, notamment en précisant les conditions financières qui y sont attachées.* »[3]. En revanche, l'article L. 227-10 du Code de commerce applicable aux sociétés par actions simplifiées ne comporte aucune indication relative au rapport sur les conventions réglementées sur lequel les associés doivent statuer. Il apparait toutefois raisonnable de transposer à ces sociétés les dispositions visant le contenu du rapport attendu au sein des sociétés à responsabilité limitée et des sociétés anonymes. Le régime applicable au sein des sociétés anonymes et des sociétés en commandite par actions prévoit un suivi régulier de l'impact des conventions autorisées dont l'exécution se poursuit sur plusieurs exercices[4].

Il serait souhaitable que les obligations de communication relatives aux conventions réglementées soient étendues aux conventions portant sur des opérations courantes et conclues à des conditions normales. L'information, à destination des associés et des dirigeants, pourrait se limiter à la liste de ces conventions, leur objet et date de conclusion ainsi que l'identité des personnes intéressées[5]. Ce type de communication permettrait de réduire le risque qu'une convention réglementée soit volontairement et improprement qualifiée de convention courante et conclue à des conditions normales. En pratique, certains dirigeants confortés par une courte prescription peuvent miser sur la probabilité selon laquelle ces conventions volontairement déclassées échapperont à la vigilance des associés et, le cas échéant, des commissaires aux comptes.

Tel est encore le cas des informations communiquées aux actionnaires, relatives aux rémunérations des dirigeants sociaux d'une société dont les actions sont admises aux négociations sur un marché réglementé. Ces informations portent précisément sur l'impact concret de la politique de rémunération en vigueur au regard de la situation de la société et de son environnement social et économique[6]. Elles portent encore sur les rémunérations totales et avantages de toute nature versés ou attribués à l'issue d'un exercice comptable aux dirigeants expressément visés par ce dispositif[7]. Au surplus, la politique de rémunération

[1] Les art. R. 225-31, R. 225-58, R. 223-17 et R. 612-6 du Code de commerce.

[2] V. les art. L. 223-19, R. 223-17, L. 225-38 et suiv., R. 225-30 et -31, L. 225-86 et suiv., R. 225-57 et -58, L. 226-10, R. 226-2, L. 229-7, L. 612-5 et R. 612-6 du Code de commerce.

[3] Alinéa 4 des art. L. 225-38 et L. 225-86 du Code de commerce.

[4] V. les art. L. 225-40, L. 226-10, R. 223-16, R. 225-30 et R. 225-58 du Code de commerce ; rappr. les art. L. 22-10-12 et L. 22-10-29 du même Code.

[5] Rappr. l'alinéa 7 de l'art. L. 225-115 du Code de commerce.

[6] V. les art. L. 22-10-9, L. 22-10-34 I, L. 22-10-77 I, D. 22-10-16 du Code de commerce.

[7] V. les art. L. 22-10-34 II et L. 22-10-77 II du Code de commerce ; rappr. les annexes 1, 6, 7, 24 et 25 du règlement délégué (UE) 2019/980 de la Commission du 14 mars 2019 préc.

fait également l'objet d'un projet de résolution soumis à l'approbation de l'assemblée générale.

### Conclusion du paragraphe 2

Les informations sociales exhaustives sont dotées d'une haute précision. Leur accès est limité aux dirigeants en charge de la gestion courante de la société. Ponctuellement, les associés peuvent être légalement investis du pouvoir d'accéder à ces informations. Les informations sociales synthétiques sont dotées d'une précision relative. En fonction de leur objet, leur accès est élargi à l'ensemble des représentants de l'intérêt social. Ces informations permettent principalement une identification à contretemps des conflits d'intérêts et un suivi de leur impact.

## Conclusion de la section I

L'accès légal aux informations sociales permet une extraction limitée de renseignements portant sur les éléments constitutifs et la gravité des conflits d'intérêts en cours ou résolus. L'accès à ces informations est asymétrique. La société, les associés ou les dirigeants suspectant un conflit d'intérêts doivent réaliser un travail d'enquête à partir des informations auxquelles ils ont accès. La densité des informations croît à mesure de l'impact environnemental, social et économique des sociétés. Afin de détecter un conflit d'intérêts, il convient de prêter une attention particulière aux informations et documents concernant : les délégations de pouvoir et mandat de représentation des associés ou des dirigeants ; les actes juridiques conclus entre la société et les personnes investies d'un pouvoir politique d'associé ou de gestion sociale ; les rémunérations, gratifications ou avantages de toute nature dont le paiement est immédiat, à terme ou conditionné ; les décisions sociales accordant un avantage quelconque aux associés ou aux dirigeants ; les avances, prêts, crédits, sûretés, garanties, abandons de créances, montant des comptes courants d'associés ; la répartition du capital social et des droits de vote ; les droits sociaux détenus par la société ou les participations croisées ; le volume d'affaires réalisées avec les partenaires, fournisseurs, prestataires de service et clients de la société ; le tableau des flux de trésorerie et la nature des charges déductibles ou non déductibles pour le calcul de l'assiette de l'impôt sur les sociétés. Ce socle minimal d'informations légales peut recéler d'indices suffisants pour justifier l'emploi, par un associé ou un dirigeant, de canaux spéciaux d'informations.

## Section II - L'accès contraint aux renseignements

Les renseignements relatifs aux éléments constitutifs ou à la gravité des conflits d'intérêts peuvent être obtenus par l'exercice de prérogatives d'instruction interne (paragraphe 1) ou à l'issue d'une extraction judiciaire de l'information (paragraphe 2).

## §1 - L'exercice de prérogatives d'instruction interne

Les associés et dirigeants peuvent obtenir des renseignements relatifs aux conflits d'intérêts au moyen du pouvoir d'amender l'ordre du jour (A) ou celui de débattre et de poser des questions (B).

### *A - Pouvoir d'amender l'ordre du jour*

Les projets de résolution ou points inscrits à l'ordre du jour peuvent avoir spécifiquement pour objet d'amorcer un débat et solliciter des renseignements relatifs à un conflit d'intérêts suspecté ou avéré. Ce type de projet de résolution ou point inscrit à l'ordre du jour est nécessairement en rapport avec l'intérêt social de la société en cause. En effet, en droit des sociétés, les conflits d'intérêts sont définis au regard de leur impact préjudiciable sur l'intérêt social. Or, la recherche d'informations permettant d'éviter ou de juguler un préjudice social peut être considérée comme relevant de l'intérêt social.

Accès sur les éléments constitutifs d'un conflit d'intérêts, les projets de résolution ou points inscrits devraient davantage porter sur l'identification des liens d'intérêts juridiques affectant l'un des participants à la réunion plutôt que ses intérêts personnels. Par exemple, un administrateur d'une société anonyme nommément désigné pourrait être invité à clarifier ses liens d'intérêts avec d'autres personnes identifiées au sein de l'ordre du jour de la réunion du conseil d'administration. Accès sur la gravité d'un conflit d'intérêts, les projets de résolution ou points inscrits pourraient porter sur l'identification de l'impact projeté et constaté du conflit d'intérêts en cause.

En pratique, les renseignements sollicités par des associés peuvent reposer sur des informations sociales auxquelles ils n'ont pas d'accès légal. Les associés pourraient, par un projet de résolution, se prononcer favorablement sur le principe d'une transmission d'informations en la possession des dirigeants permettant d'identifier les éléments constitutifs et la gravité d'un conflit d'intérêts. Ce type de résolutions ne contraint juridiquement pas les dirigeants à communiquer l'information visée. De manière incidente ces résolutions permettent d'amorcer un débat entre les associés sur un sujet précis et recueillir leur opinion. Retirer des projets ou points de l'ordre du jour suscitant indirectement des débats à propos d'un conflit d'intérêts ou rejeter une demande d'inscription à l'ordre du jour pour ce même motif, peut attiser la curiosité. Ce procédé est de nature à trahir un conflit d'intérêts dissimulé.

L'ordre du jour assure à son auteur, dans une certaine mesure, la maitrise des informations relatives aux conflits d'intérêts qui seront mobilisées et échangées en amont, au cours et en aval d'une réunion.

L'ordre du jour est un support préalable essentiel aux décisions collectives. En principe, il est rédigé par l'auteur de la convocation à la réunion d'associés ou de dirigeants en cause[1].

---

[1] Rappr. Y. GUYON, Assemblées d'actionnaires, Rép. sociétés Dalloz, 2002, n°59 et 60.

Spontanément, le pouvoir de convoquer est légalement attribué à une[1] ou plusieurs[2] personnes déterminées. Ce pouvoir peut faire l'objet d'aménagements statuaires[3] ou être complété par des dispositions d'organisation interne. Doté d'une portée juridique contraignante inférieure aux statuts, le règlement intérieur sera en pratique privilégié aux fins de préciser les conditions de fonctionnement, le cas échéant, du conseil d'administration ou de surveillance, du directoire et de la gérance des SA ou des SCA[4].

À défaut de dispositions légales ou statutaires précises, le pouvoir de convoquer les associés devrait, en principe, appartenir aux dirigeants investis d'une compétence de surveillance. Il pourrait, subsidiairement, être octroyé aux dirigeants investis d'une compétence de gestion courante de la société[5]. Lorsque plusieurs dirigeants exercent collectivement leurs prérogatives, le pouvoir de convoquer les dirigeants en cause devrait être confié à l'un d'eux ; à défaut, il devrait être exercé de manière concurrente. Lorsqu'ils sont investis ensemble d'une même compétence, les destinataires d'un ordre du jour devraient être titulaires d'un pouvoir d'amendement par adjonction. Ce pouvoir porte, non sur la censure de tout ou partie de l'ordre du jour, mais sur la possibilité d'ajouter de nouveaux points ou projets de résolutions. Il ne saurait être transformé en un droit de regard et d'ingérence par lequel certains représentants de l'intérêt social s'empareraient d'une compétence qu'ils ne détiennent pas. Par exemple, les dirigeants investis d'une compétence de gestion courante de la société ne devraient jamais pouvoir amender l'ordre du jour des réunions des dirigeants investis d'une compétence de surveillance de la gestion.

Les contrariétés au sein de l'ordre du jour que peut occasionner l'exercice de ce pouvoir sont indifférentes. Elles constituent une opportunité d'expression alternative, sinon supplémentaire. L'exercice du pouvoir d'amender l'ordre du jour doit être assorti de conditions suffisamment précises afin d'en limiter l'usage à contretemps ou à des fins dilatoires. Un délai suffisant devrait permettre le dépôt des amendements et leur traitement en amont de la réunion en cause. Ce dépôt devrait être motivé. Un usage abusif de cette prérogative pourrait justifier le déclenchement de traitements coercitifs applicables aux conflits d'intérêts.

Ensemble, les pouvoirs de convoquer et de fixer l'ordre du jour peuvent être légalement et limitativement attribués à une ou plusieurs personnes. En pratique, il convient alors d'accorder aux personnes convoquées un pouvoir de proposition ou d'injonction d'ajout de projets de résolution et de points à l'ordre du jour. Dans le premier cas, le destinataire de l'amendement détient un pouvoir d'agrément. Le destinataire peut refuser d'amender l'ordre du jour. Dans le second cas, le destinataire est lié par la demande d'inscription. En pratique, cette prérogative est rarement accordée à l'ensemble des dirigeants exerçant

---

[1] Rappr. les art. L. 233-27, L. 225-103 et L. 226-7 du Code de commerce.

[2] Rappr. les art. L. 225-51, L. 225-103 et L. 226-7 du Code de commerce.

[3] Rappr. les art. L. 225-103, L. 226-9 et L. 227-9 du Code de commerce.

[4] Rappr. G. WICKER, J.-C. PAGNUCCO, Personne morale, art. préc., n°100 et A. COURET, note sous TC Paris, 1re ch., 10 nov. 2020, n°2019036759, D. 2021, p.28, n°4 et suiv.

[5] Rappr. les art. L. 221-6, L. 222-2 du Code de commerce et 1848 du Code civil.

collectivement leurs prérogatives. Ce pouvoir sera le plus souvent réservé : au quart, au tiers ou à la moitié des dirigeants les moins exposés aux conflits d'intérêts ; au dirigeant ayant la qualité de référent en matière de conflits d'intérêts ; au vice-président ou au président d'un comité de travail.

De manière spontanée le pouvoir d'amender l'ordre du jour est légalement accordé aux associés[1]. Son exercice sera en principe conditionné à la détention d'une fraction minimale du capital social[2]. Un pouvoir d'inscription de projets de résolution à l'ordre du jour est expressément accordé aux associés des SARL[3], aux actionnaires des SA[4] et des SE[5] ainsi qu'aux associés commanditaires des SCA[6]. Sauf pouvoir légal d'agrément, le destinataire d'un projet de résolution ne peut refuser son inscription à l'ordre du jour[7]. Par exception, la demande pourrait être rejetée si les formes et délais prescrits ne sont pas respectés. Elle pourrait également être rejetée lorsque son objet est manifestement contraire à l'intérêt social en ce qu'il emporterait transgression d'une obligation civile, pénale ou administrative de la société. Par exemple, le contenu du projet de résolution constitue une infraction pénale, une atteinte au respect de la vie privée d'une personne, une transgression d'une obligation de confidentialité ou de secret.

Aucune jurisprudence ne reconnait expressément aux destinataires d'un projet de résolution, le pouvoir d'en refuser l'inscription à l'ordre du jour au motif qu'il serait contraire à une compétence légalement attribuée à un coreprésentant de l'intérêt social[8]. En de telles circonstances, une action en justice postérieure à l'adoption du projet de résolution litigieux est inévitable[9].

Un pouvoir de refus d'inscription pourrait être reconnu par la jurisprudence lorsque l'auteur de l'amendement de l'ordre du jour souhaite indirectement contraindre un coreprésentant de l'intérêt social à exercer un pouvoir qui lui est légalement réservé. L'exercice de ce pouvoir de refus doit être limité aux seuls amendements dont l'adoption lierait un coreprésentant de l'intérêt social. Par exemple, les actionnaires d'une société anonyme pourraient voir refuser l'inscription à l'ordre du jour d'un amendement ayant pour objet l'arrêt immédiat de l'ensemble des activités sociales d'extraction et d'exploitation du charbon. L'adoption de cette résolution aurait pour effet de contraindre les dirigeants à

---

[1] Rappr. Y. GUYON, art. préc., n°65 et suiv.

[2] Rappr. J.-P. SORTAIS, Protection des minoritaires : droit des sociétés, Rép. sociétés Dalloz, 1993, n°65 et suiv.

[3] V. les art. L. 223-27 et R. 223-20-3 du Code de commerce.

[4] V. les art. L. 225-105 et R. 225-71 et suiv. du Code de commerce.

[5] V. l'art. L. 229-8 du Code de commerce et l'art. 56 du règlement (CE) n°2157/2001 du Conseil du 8 oct. 2001 préc.

[6] L'art. L. 226-1 renvoie au régime applicable au sein des SA.

[7] Rappr. S. TRIGO, P. LEFEVRE, L'éthique en droit des affaires Évolution de l'activisme actionnarial en France : quel encadrement ?, RLDA, 2020, n°165.

[8] Rappr. A. GAUDEMET, L'arrêt Motte et le climat, Bull. Joly Sociétés, 2022, n°BJS200r3.

[9] En ce sens Cass. civ., 4 juin 1946 ; v. également Cass. com., 11 juin 1965, n°63-10.240, Bull. com., n°361 ; Cass. com., 30 avr. 1968, Bull. 1968, n°143 ; rappr. Y. GUYON, Assemblées d'actionnaires, art. préc., n°227, 228 et 229 ; *adde* P. DELEBECQUE, F.-J. PANSIER, Conseil d'administration, Rép. sociétés Dalloz, 2003, n°101 à 103.

faire usage de pouvoirs qui leur sont légalement réservés ; à savoir définir et mettre en œuvre les orientations de l'activité de la société. Ce pouvoir de refus ne pourrait être exercé en présence de projets de résolution invitant des coreprésentants de l'intérêt social à réfléchir sur l'opportunité d'exercer des pouvoirs qui leur sont légalement attribués. Par exemple, un projet de résolution déposé au sein d'une société anonyme pourrait être ainsi formulé : l'assemblée générale, statuant aux conditions de quorum et de majorité requises pour les assemblées générales ordinaires, invite le conseil d'administration à réfléchir, au regard des pouvoirs qui lui sont légalement attribués, sur l'opportunité de communiquer aux actionnaires un rapport répertoriant l'ensemble des conventions unissant la société et le directeur général par personnes interposées.

*B - Pouvoir de débattre et de poser des questions*

Le pouvoir d'assister à une réunion permet de recueillir des renseignements extraits des débats. En principe, la prise d'une décision collective commande que soit réuni l'ensemble des personnes investies de la compétence concernée. L'associé et l'usufruitier de droits sociaux d'une quelconque société voient ce principe légalement consacré au moyen d'une disposition d'ordre public[1]. Sauf exception légale[2], ils ne peuvent être privés du droit d'assister à la réunion et des moyens d'expression préalables aux votes. Ce principe fondamental est également applicable aux associés possédant des droits sociaux dépourvus du droit de vote.

La présence et la participation de personnes dépourvues d'un quelconque pouvoir social[3] ou investies de compétences différentes de celles qui se réunissent ne peuvent qu'exceptionnellement être admises. Cette admission peut résulter d'une disposition légale[4], statutaire ou d'organisation interne. Par exemple, les statuts ou un règlement intérieur peuvent notamment autoriser l'accès : des dirigeants aux réunions des associés, des dirigeants investis d'un pouvoir de gestion courante aux réunions des dirigeants investis d'une compétence de surveillance et inversement. À défaut, l'admission pourrait résulter de l'accord exprès et unanime des associés ou des dirigeants concernés. Ces derniers pourraient notamment tolérer ou requérir la présence d'un salarié de la société, d'un conseil juridique ou financier, d'un commissaire de justice.

Les conflits d'intérêts peuvent justifier l'exercice d'un pouvoir de convoquer et requérir des observations de personnes dépourvues d'un quelconque pouvoir social ou investies de compétences différentes de celles qui se réunissent. Par

---

[1] V. l'art. 1844 du Code civil, spé. al. 1, 3 et 4 ; *adde* les art. L. 225-28 et L. 225-113 du Code de commerce.

[2] V. par ex. l'art. L. 228-35-3 al. 3 du Code de commerce, disposant que « *Les titulaires d'actions à dividende prioritaire sans droit de vote bénéficient des droits reconnus aux autres actionnaires, à l'exception du droit de participer et de voter, du chef de ces actions, aux assemblées générales des actionnaires de la société.* ».

[3] Par ex. : un notaire, un commissaire de justice, un conseil juridique, un expert-comptable, un salarié, un journaliste, un agent de sécurité.

[4] V. par ex. les art. L. 823-17, R. 225-101 et L. 228-55 du Code de commerce et l'art. L. 2312-77 al. 3 du Code du travail.

exemple, la collectivité d'associés, le conseil d'administration ou de surveillance devraient pouvoir interroger un quelconque dirigeant ou salarié de la société au cours d'une réunion. Le régime des sociétés anonymes accorde indirectement cette prérogative aux conseils d'administration ou de surveillance. Ces derniers sont investis du pouvoir de procéder aux vérifications qu'ils jugent opportunes[1].

Les pouvoirs de participer aux débats d'une réunion et de poser des questions orales permettent une sollicitation active de renseignements relatifs à un conflit d'intérêts suspecté ou avéré[2]. Ces pouvoirs peuvent conditionner l'exercice d'autres prérogatives juridiques telles que les droits de voter, mettre en œuvre l'action sociale et révoquer.

L'objet des questions posées en séance ne doit pas être étranger à l'intérêt social et doit pouvoir être rattaché à l'ordre du jour de la réunion concernée. L'ensemble des questions et des réponses qui y sont apportées, devraient être consignées au sein du procès-verbal de la réunion. Les débats menés en séance peuvent conduire à l'identification de nouveaux projets de résolution liés à un conflit d'intérêts[3]. En raison du principe d'intangibilité de l'ordre du jour et sauf exception[4], seule une disposition statutaire ou d'organisation interne peut expressément autoriser la soumission au vote de ces nouveaux projets. À défaut, les personnes concernées pourraient agréer ces nouveaux projets de résolution. Cette alternative n'est ouverte qu'à la double condition que l'ensemble des associés ou des dirigeants concernés soient présents ou représentés et qu'ils se prononcent unanimement en faveur de cet agrément.

Le pouvoir de débattre au sujet de conflits d'intérêts pourrait être menacé par la dématérialisation des réunions. Cette menace est relative si les moyens techniques déployés permettent aux personnes concernées de débattre oralement et de poser des questions en direct. Hors disposition légale contraire, il conviendrait d'accorder aux associés et dirigeants un pouvoir de s'opposer à la tenue d'une réunion dématérialisée au cours de laquelle un conflit d'intérêts doit être discuté. Des dispositions légales peuvent conditionner l'exercice de ce pouvoir, non à la gravité d'un conflit d'intérêts, mais à la détention d'un seuil minimal d'influence juridique[5].

L'opportunité de débattre est également dégradée par le recours à la consultation écrite. Ce procédé limite la synergie de groupe par la division et l'isolement des points de vue. Pour cette raison, ce procédé ne saurait supplanter le principe légal de réunion. Il devrait rester exceptionnel et faire l'objet d'une

---

[1] V. les art. L. 225-35, L. 225-68 et L. 229-7 du Code de commerce et l'art. 41 paragraphes 3 et 4 du règlement (CE) n°2157/2001 du Conseil du 8 oct. 2001 préc.

[2] Rappr. A. VIANDIER, Le droit de critique des associés des sociétés fermées, Rev. sociétés, 2022, p.263, A.

[3] V. par ex. Com., 14 oct. 2020, n°18-12.183, inédit.

[4] V. par ex. Com., 25 avr. 1989, n°87-15.208 ; *adde* Y. GUYON, Assemblées d'actionnaires, art. préc., n°61 à 63.

[5] Rappr. les art. L. 225-103-1 al. 2 et R. 225-61-1 et -2 al. 4 du Code de commerce.

disposition statutaire expresse[1]. Des dispositions légales éparses limitent le recours aux consultations écrites en fonction de leur objet et imposent une prise de décision en réunion ou assemblée[2]. Un pouvoir d'opposition aux consultations écrites ayant pour objet un conflit d'intérêts pourrait être reconnu aux associés et dirigeants[3].

Le pouvoir de débattre en séance a fait l'objet d'une exceptionnelle atteinte, alors que la France traversait une grave crise sanitaire liée à la pandémie de covid-19[4]. En effet, figurait parmi les mesures d'urgence déployées entre le 12 mars 2020 et le 31 juillet 2021, la possibilité de tenir une assemblée « *sans que les membres et les autres personnes ayant le droit d'y assister ne soient présents physiquement ou par conférence téléphonique ou audiovisuelle* »[5]. Quelques sociétés ont souhaité qu'une disposition légale permette d'opter de manière générale à ce type de dispositif de consultation des associés. Or, comme le rappelle Monsieur COURET, « *Ce droit ne se recommande pas de principes éprouvés par la tradition : c'est une réglementation d'exception, purement palliative.* »[6].

Les questions écrites permettent une sollicitation active de renseignements relatifs aux éléments constitutifs et à la gravité d'un conflit d'intérêts[7]. Le pouvoir de poser des questions écrites ayant pour objet un conflit d'intérêts suspecté ou avéré, devrait statutairement être attribué à l'ensemble des représentants de l'intérêt social. Il ne saurait être exercé dans un but étranger ou contraire à l'intérêt social[8].

Des dispositions légales éparses reconnaissent cette prérogative aux associés en dehors ou à l'occasion d'une prise de décisions collectives. Une première série de dispositions légales confèrent cette prérogative aux associés réunis aux fins d'approuver les comptes annuels ou se prononcer sur la gestion et la marche des affaires de la société[9]. Cette prérogative ne peut s'exercer qu'à la clôture de l'exercice comptable en cause, postérieurement à la convocation de l'assemblée générale et à compter de la communication des documents synthétiques se rapportant à l'activité sociale. Ainsi, par exemple, les questions écrites posées au sein d'une SARL ou d'une SA ne pourraient être rejetées au motif qu'elles seraient sans rapport direct avec l'ordre du jour. Les dispositions légales applicables ne

---

[1] En ce sens l'art. 1853 du Code civil ; *adde* les art. L. 223-27, L. 221-7, L. 222-2, L. 225-37 al. 3, L. 225-82 al. 3, L. 226-1, L. 227-9 et L.229-8 du Code de commerce.

[2] V. par ex. les art. L. 221-7, L.222-2, L. 223-27 al. 1, L. 223-26, L. 225-37 al. 3 et L. 225-82 al. 3 du Code de commerce.

[3] Rappr. les art. L. 221-6 et L. 222-5 du Code de commerce.

[4] V. A. COURET, J.-J. DAIGRE, C. BARRILLON, Les assemblées et les conseils dans la crise, D. 2020, p.723 ; rappr. le décret n°2020-1257 du 14 oct. 2020 ainsi que la loi n°2020-1379 du 14 nov. 2020.

[5] Art. 4 de l'ordonnance n°2020-321 du 25 mars 2020 préc. ; *adde* A. COURET, J.-J. DAIGRE, C. BARRILLON, art. préc., n°28.

[6] A. COURET, Interpréter le droit des sociétés en temps de Covid-19, Rev. sociétés, 2020, p.331, n°2.

[7] Rappr. S. TRIGO, P. LEFEVRE, art. préc., « *Questions écrites* ».

[8] Rappr. TC Paris, 2ème ch., 11 mai 2004, n°03-78521, *SA Suez c/ Delville.*

[9] V. les art. L. 223-26, L. 225-108, L. 226-1, L. 229-8 et R. 225-84 al. 2 du Code de commerce.

lient pas l'exercice de ce pouvoir à l'ordre du jour mais à l'ensemble des documents communiqués à l'occasion de la réunion d'associés[1]. Une seconde série de dispositions légales confèrent expressément cette prérogative aux associés non investis d'un pouvoir de gestion sociale courante et en dehors de toute prise de décision collective. Les questions sont limitées par leur objet.

Au sein des sociétés civiles, SNC, SCS et SCA les questions doivent avoir pour objet « *la gestion sociale* »[2]. Ce pouvoir s'exerce au moins une fois par an au sein des sociétés civiles[3] et deux fois par an au sein des sociétés commerciales précitées[4]. Au sein des sociétés par actions, les associés détenant « *au moins 5% du capital social* » peuvent poser par écrit des questions ayant pour objet une ou plusieurs « *opérations de gestion de la société, ainsi que, le cas échéant, des sociétés qu'elle contrôle* »[5]. En ce dernier cas, la demande s'apprécie « *au regard de l'intérêt du groupe.* »[6]. Aucune restriction temporelle n'affecte l'exercice de ce pouvoir.

Au sein des sociétés à responsabilité limitée et sociétés par actions, les questions peuvent encore porter « *sur tout fait de nature à compromettre la continuité de l'exploitation* »[7]. Seuls des conflits d'intérêts d'une particulière gravité peuvent faire l'objet de telles questions. Une double restriction affecte l'exercice de ce pouvoir. La première restriction, commune aux SARL, SA, SCA et SAS, est temporelle. Les associés peuvent exercer ce pouvoir « *deux fois par exercice* ». La seconde, applicable aux sociétés par actions, est liée à la détention d'une influence juridique minimale. Les associés, associés commanditaires ou actionnaires doivent représenter « *au moins 5% du capital social* »[8].

De manière générale, il est à craindre qu'aucune réponse pertinente ne soit apportée aux questions posées[9]. Ce risque est accentué à mesure qu'elles gagnent à être connues du plus grand nombre[10]. Toutefois, le silence gardé ou la réponse élusive donnée sont de nature à renforcer le soupçon.

## Conclusion du paragraphe 1

Les pouvoirs d'amender l'ordre du jour, d'assister et débattre aux réunions ou de poser des questions écrites permettent aux associés et dirigeants d'obtenir des renseignements auxquels ils n'avaient pas initialement accès. L'absence de répartition légale minimale de ces pouvoirs contraint la société, en pratique, à se doter de dispositions statutaires ou d'organisation interne supplémentaires.

---

[1] En ce sens CA Paris, pôle 5, 9ème ch., 19 déc. 2013 n°12/22644, *A. de C. c/ SA W.* ; *adde* A. VIANDIER, note sous CA Paris, pôle 5, 9ème ch., 19 déc. 2013 n°12/22644, *A. de C. c/ SA W.*, Rev. sociétés, 2014, p.312, n°11 et V. MAGNIER, art. préc., n°86-1.

[2] V. l'art. 1855 du Code civil ; *adde* les art. L. 221-8, L. 226-1 et L. 222-7 du Code de commerce.

[3] Art. 1855 du Code civil.

[4] Art. L. 221-8, L. 226-1 et L. 222-7 du Code de commerce.

[5] Art. L. 225-231 al. 1, L. 226-1, L. 226-7 et L. 227-1 al. 3 du Code de commerce.

[6] Art. L. 225-231 al. 1 du Code de commerce.

[7] V. les art. L. 223-36, L. 225-232, L. 226-1, L. 227-1 al. 3 du Code de commerce.

[8] V. les art. L. 225-232, L. 226-1, L. 227-1 al. 3 du Code de commerce.

[9] D. SCHMIDT, *op. cit.*, p.80, n°71, relevant que les réponses peuvent être « *superficielles, évasives ou controuvées* ».

[10] Rappr. A. VIANDIER, note préc., n°12 ; adde l'art. L. 225-108 al. 3 et 4 du Code de commerce.

L'ensemble de ces prérogatives d'instruction interne doit être exercé au soutien de l'intérêt social. Elles peuvent se heurter à la résistance des associés et dirigeants impliqués dans le conflit d'intérêts en cause. L'exercice de ces prérogatives peut ainsi attiser la curiosité et contraindre l'usage de mesures de communication forcée du renseignement.

## §2 - L'extraction judiciaire de l'information

Les associés et dirigeants peuvent obtenir des renseignements relatifs aux conflits d'intérêts au moyen des injonctions communication de l'information légale (A). En présence d'un conflit d'intérêts suspecté ou avéré, les représentants de l'intérêt social peuvent encore déclencher des mesures d'extraction judiciaire du renseignement (B).

### *A - Injonctions communication de l'information légale*

La société, en la personne d'un représentant identifié, est débitrice envers ses associés ou ses dirigeants, créanciers, de diverses obligations légales d'information. L'inexécution de cette obligation se corrige au moyen d'une action en justice ayant pour objet le prononcé d'une injonction de communiquer de droit commun ou spécial. L'intérêt et la qualité à agir du demandeur[1] s'apprécient principalement au regard de sa qualité de débiteur de l'obligation d'information en cause.

Le comportement passif et à contretemps adopté par un créancier pourrait faire échouer ses demandes[2]. Lorsque le refus de communiquer résulte d'un conflit d'intérêts, il peut justifier l'application de sanctions spéciales[3] et le déclenchement de mesures d'extraction judiciaire du renseignement. En droit des sociétés, la loi du 15 mai 2001 relative aux nouvelles régulations économiques marquait un repli des sanctions pénales applicables au manquement à une obligation d'informations[4]. En contrepartie, elle introduisait des dispositions spéciales permettant au créancier de poursuivre l'exécution forcée de ces obligations de faire, au moyen d'une procédure de référé spécial[5].

En principe, cette procédure s'adresse davantage aux associés des sociétés commerciales et se rapporte davantage à des informations sociales synthétiques[6]. Par exemple, l'article L. 238-1 du Code de commerce, applicable aux sociétés en

---

[1] V. les art. 31 et 122 du Code de procédure civile ; rappr. N. CAYROL, Action en justice, Rép. proc. civ. Dalloz, 2019, n°233 et 234.

[2] Rappr. CA Orléans, ch. commerciale économique et financière, 18 juil. 2006, n°05-3384, *Dumas c/ Tavernier ès qualité.*

[3] Par ex. : la désignation d'un mandataire en justice, le réputé non-écrit des clauses statutaires paralysant le droit à l'information, la nullité des délibérations, l'action en réparation.

[4] Loi n°2001-420 ; rappr. F. MANIN, E. JEULAND, Les incertitudes du référé injonction de faire en droit des sociétés, Rev. sociétés, 2004, p.1, n°4 à 6.

[5] F. MANIN, E. JEULAND, art. préc., n°11 et suiv ; rappr. N. CAYROL, Référé civil, Rép. proc. civ. Dalloz, 2021, n°432 et 433 ; *adde* R. LAHER, Injonction de faire, Rép. sociétés Dalloz, 2021, n°3 et 5.

[6] Rappr. F. MANIN, E. JEULAND, art. préc., n°28 et 28 *bis.*

nom collectif et aux sociétés à responsabilité limitée ou par actions, permet d'obtenir principalement des informations et documents dont la communication est requise préalablement aux prises de décisions collectives d'associés. Par exception, l'injonction de communication spéciale peut être initiée par toute personne intéressée[1] lorsqu'elle porte sur des informations accessibles au public[2] ou conditionnées à la réalisation d'un fait déterminé[3]. Cette injonction s'apparente alors davantage à une injonction de dépôt de documents[4]. Elle permet principalement d'obtenir des informations et documents publics se rapportant aux intérêts personnels des associés et dirigeants[5]. En toute hypothèse, le demandeur ne peut exiger communication que des seules informations et documents limitativement énumérées par les dispositions légales en cause[6].

Cette procédure est protectrice de l'intérêt social en ce qu'elle n'est pas dirigée contre la société. En effet, le défendeur à l'action sera, en son nom personnel, le représentant de l'intérêt social légalement investi du devoir d'exécuter l'obligation d'information dont est débitrice la société[7]. Les frais de procédure et l'éventuelle astreinte prononcée seront directement supportés par le représentant en cause[8]. En complément de ces procédures spéciales, des dispositions pénales subsistent. Elles s'appliquent de manière prépondérante aux dirigeants des sociétés commerciales et ciblent principalement des informations relatives aux liens d'intérêts financiers[9].

Le référé injonction de droit commun pourra être utilisé par l'ensemble des associés et dirigeants créanciers d'une obligation d'information, dont l'exécution forcée ne peut être recherchée sur le fondement de dispositions spéciales[10]. Il pourra encore être subsidiairement dirigé à l'encontre d'informations non couvertes par un dispositif d'injonction spéciale de communication[11]. À la différence des dispositifs spéciaux, la saisine en référé injonction est conditionnée à ce que l'obligation en cause ne soit pas sérieusement contestable[12]. La preuve de cette condition est ici facilitée, puisque l'obligation de communication repose

[1] Rappr. F. MANIN, E. JEULAND, *ibid.*

[2] V. par ex., les art. L. 611-2 II, L. 123-5-1, L. 22-10-13 al. 2 et L. 22-10-30 al. 2 du Code de commerce.

[3] V. par ex. les art. L. 238-2, L. 238-4 et L. 238-5 du Code de commerce.

[4] Rappr. F. MANIN, E. JEULAND, art. préc., n°30.

[5] V. par ex., les art. L. 238-3 et L. 238-3-1 du Code de commerce.

[6] En ce sens, Cass. com., 23 juin 2009, n°08-14.117, inédit.

[7] Rappr. F. MANIN, E. JEULAND, art. préc., n°22 et 23 ; *adde* Com., 1 juil. 2008, n°07-20.643.

[8] V. par ex., l'alinéa 3 de l'art. L. 238-1 du Code de commerce.

[9] V. les art. L. 241-4, L. 241-9, L. 242-8, L. 243-1, L. 244-1, L. 244-5, L. 245-13, L. 246-2, L. 247-1 et suiv. du Code de commerce.

[10] V. spé. les art. 835 al. 2 et 873 al. 2 du Code de procédure civile ; v. par ex. 3ème civ., 27 juin 2019, n°18-17.662, Bull. 2019 ; *adde* CA Paris, 14ème ch., sect. B, 14 janv. 2005, n°04-13421, *Sté Civile des mousquetaires c/ Deyglun.*

[11] Rappr. F. MANIN, E. JEULAND, art. préc., n°18.

[12] En ce sens 1re civ., 31 mars 1998, n°96-13.781, Bull. 1998, I, n°137, p.91 et 2ème civ., 23 juin 2011, n°10-20.076, inédit ; *adde* N. CAYROL, Référé civil, art. préc., n°382.

sur des dispositions légales précises. L'urgence n'est pas une condition de recevabilité applicable à ce référé injonction[1].

Les mesures d'exécution prononcées pourront être assorties d'une astreinte. Le juge des référés pourra liquider l'astreinte prononcée, s'il reste saisi de l'affaire ou s'il s'en est expressément réservé la compétence[2]. L'action étant nécessairement dirigée contre la société, l'astreinte et les frais de procédures seront liquidés sur ses biens propres.

*B - Mesures d'extraction judiciaire du renseignement*

Motivée par la singulière gravité d'un conflit d'intérêts avéré ou suspecté, l'action en justice à des fins probatoires apparait inévitable. La preuve du conflit d'intérêts en cause peut reposer sur des informations auxquelles le demandeur n'a pas légalement accès. En ce cas, le déploiement de mesures judiciaires probatoires ou conservatoires s'avère nécessaire. De manière incidente ces mesures permettent d'obtenir la communication forcée des informations sur lesquelles reposent les renseignements et d'en contrôler la véracité[3].

Ces mesures peuvent être déclenchées spontanément. Elles peuvent encore être la conséquence de suspicions alimentées par des informations légales ou par des renseignements obtenus à la suite de l'exercice de prérogatives d'instruction interne. Ces mesures peuvent ainsi être appliquées, notamment, en raison de : l'inexécution d'une obligation légale d'information, la communication d'informations parcellaires, le refus d'inscrire un projet de résolution ou un point à l'ordre du jour d'une réunion, l'absence de réponse à une question orale ou écrite. L'intérêt et la qualité à agir du demandeur s'apprécient principalement au regard de l'intérêt que sert la procédure initiée. L'action en justice doit être prioritairement initiée au soutien direct de l'intérêt social[4]. Elle ne doit pas tendre à la satisfaction exclusive de l'intérêt personnel du demandeur ou celui d'une personne à laquelle il est lié. Elle sera motivée, notamment, au regard de la gravité du conflit d'intérêts en cause.

Préalablement à la saisine du juge, la société, les associés ou les dirigeants suspectant un conflit d'intérêts peuvent avoir recours à la sommation interpellative et aux services d'agences de recherches privées.

---

[1] En ce sens 1re civ., 4 nov. 1976, n°75-14.617, Bull. civ. 1, n°330, p.264, 3ème civ., 6 déc. 1977, n°76-13.482, Bull. civ. 3, n°428, p.326 et 1re civ., 25 mars 2003, n°00-13.471, inédit ; *adde* N. CAYROL, art. préc., n°390.

[2] V. l'art. 491 al. 1 du Code de procédure civile ; *adde* 2ème civ., 15 févr. 2001, n°99-13.102, Bull. 2001, II, n°27, p.20, 2ème civ., 15 janv. 2009, n°07-20.955, Bull. 2009, II, n°13 et 2ème civ., 27 févr. 2014, n°13-12.493, Bull. 2014, II, n°52.

[3] Rappr. les art. L. 241-3 3°, L. 242-6 2°, L. 241-9, L. 242-20, L. 242-30, L. 243-1, L. 244-5, L. 244-1 et L. 246-2 du Code de commerce.

[4] Rappr. D. MARTIN, G. BUGE, L'intérêt social dans le contentieux des ordonnances sur requête, en référé et en la forme des référés, RTD com., 2010, p.481, n°9 et 10.

La sommation interpellative[1] signifiée par un commissaire de justice[2] permet à un représentant de l'intérêt social d'obtenir communication d'un renseignement précis à titre probatoire. Elle se distingue de la « *sommation aux fins d'exécution* » par laquelle un créancier enjoint son débiteur à payer une obligation[3]. L'associé ou le dirigeant enjoint à la personne en cause de fournir des renseignements relatifs aux éléments constitutifs ou la gravité d'un conflit d'intérêts. Le cas échéant, les trois actions dites interrogatoires visées aux articles 1123, 1158 et 1183 du Code civil pourraient être exercées au moyen d'une sommation. La première permet d'obtenir des renseignements à propos du lien d'intérêts contractuel unissant l'associé ou le dirigeant en cause à une autre personne en raison d'un pacte de préférence. La seconde permet de mesurer l'étendue de l'influence juridique dont dispose l'associé ou le dirigeant en cause. La troisième se rapporte à la gravité d'un conflit d'intérêts matérialisé par un acte juridique entaché de nullité.

L'acte de sommation est soumis à un formalisme restreint. La sommation pourra contenir des questions ouvertes nécessitant une réponse détaillée. Elle pourra encore contenir des questions fermées auxquelles les réponses sont oui ou non. Elle pourra enfin comporter une liste de faits à confirmer ou infirmer. Le formalisme et les modalités de réponse pourront être prescrits au sein de l'acte. À défaut, les propos de la personne sommée pourraient être directement recueillis sur le champ par le commissaire de justice et consignés au sein d'un procès-verbal. Si la sommation renseigne sur la détermination de la personne qui y a recours, elle peut être tenue en échec par la seule volonté de la personne sommée. Sauf à comporter reconnaissance par le débiteur de sa dette ou procéder d'un titre exécutoire, la sommation n'est pas interruptive de la prescription[4]. Les réponses données, à la suite d'une sommation interpellative, peuvent être qualifiées d'aveux extrajudiciaires[5]. Toutefois, les réponses retranscrites par le commissaire de justice ne peuvent à elles seules valoir commencement de preuve par écrit[6]. Le coût de cette procédure n'est pas négligeable et est intégralement supporté par la personne qui y a recours. La sommation interpellative doit faire l'objet d'un usage modéré et ne doit pas être transformée en outil d'intimidation. Il est préférable de ne pas utiliser ce procédé lorsqu'est à craindre une disparition de la preuve. La personne sommée pourrait procéder à la destruction des informations recherchées.

La gravité d'un conflit d'intérêts peut conduire les représentants de l'intérêt social à recourir aux services d'agences de recherches privées. Soumis aux dispositions des articles L. 621-1 et suivants du Code de la sécurité intérieure. Les

---

[1] Rappr. R. LAHER, Sommation, Rép. proc. civ. Dalloz, 2020, n°39 et 40.

[2] V. les art. 654 et suiv. du Code de procédure civile.

[3] R. LAHER, art. préc., n°9. *Adde* les art. 1344 et 1652 du Code civil.

[4] En ce sens Cass. 3ème civ., 6 mars 1996, n°94-13.212, Bull. 1996, III, n°64, p.43.

[5] En ce sens v. notamment 1re civ., 28 oct. 1970, n°68-14.135, Bull. civ. 1, n°287, p.234 ; rappr. G. LARDEUX, Preuve : modes de preuve, Rép. civ. Dalloz, 2019, n°280 et 282 ; *adde* l'art. 1383 du Code civil et F. FERRAND, Preuve, Rép. proc. civ. Dalloz, 2013, n°785.

[6] En ce sens Cass. 3ème civ., 10 avr. 1986, n°84-15.151, Bull. 1986, III, n°40, p.31, Cass. 1re civ., 19 nov. 2002, n°01-10.169, inédit et Cass. 3ème civ., 29 sept. 2016, n°15-20.177, Bull. 2016.

services d'investigations proposés seront particulièrement efficaces pour collecter et croiser les informations publiques disponibles afin de mettre en évidence des liens d'intérêts. À un degré supérieur, lorsqu'une infraction pénale est à l'origine ou résulte d'un conflit d'intérêts, l'enquête privée pourra céder sa place à une enquête ou une information judiciaire.

Saisi en référé ou par requête sur le fondement de l'article 145 du Code de procédure civile, le juge peut prononcer des mesures d'instruction à des fins probatoires. La recevabilité de la demande est conditionnée à l'existence d'un motif légitime de conserver ou d'établir avant tout procès la preuve de faits dont pourrait dépendre la solution d'un litige[1]. Ces mesures s'inscrivent nécessairement dans une optique contentieuse et peuvent être mobilisées au sein de toutes les sociétés sans condition tenant à l'influence juridique du demandeur[2]. Elles permettent d'appréhender des renseignements contenus au sein d'informations et documents ciblés ou indéterminés dont le demandeur est certain qu'ils existent et auxquels il n'a aucun accès légal.

La condition relative à l'absence d'instance au fond doit s'apprécier à la date de saisine du juge[3]. L'urgence ne figure pas parmi les conditions de recevabilité de la demande[4]. Le motif légitime du demandeur s'apprécie au regard de l'existence d'un litige potentiel et de la nécessité d'obtenir la preuve des faits permettant de le résoudre[5]. Cette condition de recevabilité est souverainement appréciée par les juges du fond[6] au jour où ils statuent[7]. La situation litigieuse peut être caractérisée par l'existence d'un conflit d'intérêts. Le requérant dispose d'informations permettant d'apprécier ses contours généraux. La solution au litige est alors conditionnée par la preuve des faits permettant de qualifier les éléments constitutifs et la gravité du conflit d'intérêts en cause. Le droit au respect à la vie privée, le secret des affaires ou le secret professionnel ne constituent pas en eux-mêmes un motif illégitime[8]. En pareil cas, le juge doit s'astreindre à relever que le renseignement recherché est « *indispensable à l'exercice du droit à la preuve, et proportionnée aux intérêts en présence* »[9]. L'absence de motif légitime pourrait être

[1] Rappr. N. CAYROL, Référé civil, art. préc., n°398 ; *adde* B. SAINTOURENS, note sous CA Agen, 25 avr. 2018, n°17/00448, *M. X et autres c/ M. Y et autres*, Rev. sociétés, 2018, p.582, n°19.

[2] V. spé. Com., 7 déc. 1981, n°80-11.853, Bull. com., n°425 ; rappr. E. JEULAND, Expertise, Rép. sociétés Dalloz, 2000, n°21 ; *adde* I. URBAIN-PARLEANI, L'expertise de gestion et l'expertise *in futurum*, Rev. sociétés, 2003, p.223, *Un domaine illimité d'application*.

[3] V. notamment Cass. com., 3 avr. 2013, n°12-14.202, inédit ; *adde* E. JEULAND, art. préc., n°21.

[4] En ce sens Chbr. mixte, 7 mai 1982, n°79-11.814, Bull. chbr. mixte, n°2 ; rappr. I. URBAIN-PARLEANI, art. préc., *L'expertise* in futurum.

[5] Rappr. I. URBAIN-PARLEANI, art. préc., *Le motif légitime* ; *adde* J.-D. BRETZNER, A. AYNES, Droit de la preuve, D. 2021, p.207, B, 2 b ; en ce sens Cass. com., 20 févr. 2019, n°17-27.668, inédit.

[6] En ce sens 2ème civ., 14 mars 1984, n°82-16.076, Bull. 1984, II, n°49.

[7] V. Cass. 2ème civ., 17 mars 2016, n°15-12.456, Bull. d'information 2016, n°846, II, n°1051.

[8] V. 2ème civ., 7 janv. 1999, n°95-21.934, Bull. 1999, II, n°4, p.3 ; *adde* 1re civ., 3 nov. 2016, n°15-20.495, Bull. 2016 ; au sujet du secret bancaire v. Cass. com., 15 mai 2019, n°18-10.491, Bull. 2019 ; rappr. Cass. soc., 23 mai 2007, n°05-17.818, Bull. 2007, V, n°8, à propos de l'articulation entre le droit au respect à la vie privée d'un salarié et la nécessité d'établir la preuve d'actes de concurrence déloyale ; v. également Soc., 19 déc. 2012, n°10-20.526 et n°10-20.528, Bull. 2012, V, n°341.

[9] Cass. 1re civ., 5 avr. 2012, n°11-14.177, Bull. 2012, I, n°85.

caractérisée lorsque, préalablement à la saisine du juge, le demandeur n'a pas exercé son pouvoir de consultation des documents et informations en cause[1].

Au sens strict, les mesures d'instruction visées par l'article 145 du Code de procédure civile sont celles prévues par les articles 232 à 284-1 du même Code[2]. Le juge peut avoir recours à des mesures de constatation et consultation ou, subsidiairement, d'expertise[3]. Il peut encore imposer sous astreinte la production d'informations et documents à condition que leur existence soit *a minima* vraisemblable[4]. Le juge ne peut donc ordonner des mesures générales de confiscation ou de saisie des documents[5]. L'expertise sera privilégiée en présence de documents et informations complexes ou sensibles. Les mesures de communications peuvent être dirigées à l'encontre de tiers[6]. En pareil cas, l'accord du requis préalablement à l'exécution des mesures ordonnées n'est pas nécessaire[7]. L'ensemble des mesures probatoires ordonnées doivent être précises. Le juge ne peut, par exemple, autoriser un commissaire de justice « *à se saisir de tout document social, fiscal, comptable, administratif, de quelque nature que ce soit et lui permettaient de fouiller à son gré les locaux de la société, sans avoir préalablement sollicité la remise spontanée des documents concernés et obtenu le consentement du requis* »[8]. Afin de limiter le risque d'atteinte à la vie privée, au secret ou à la confidentialité, les informations ou documents saisis pourraient être placés sous séquestre judiciaire[9]. Le rapport d'expertise ou le constat du commissaire de justice pourrait retranscrire par des mentions neutres les renseignements extraits des informations et documents protégés.

Les mesures échappant à la compétence du juge saisi sur le fondement de l'article 145 du Code de procédure civile pourraient être ordonnées au moyen d'une procédure de référé dit urgence ou conservatoire[10]. Par exemple, en 1990 le tribunal de commerce de Paris saisi sur le fondement de l'ancien article 873 alinéa premier du Code de procédure civile, désignait un expert en qualité d'enquêteur[11]. Cette ordonnance fut confirmée par la Cour d'appel de Paris[12].

Le défendeur à l'action ne sera pas nécessairement la société et pourra être un coreprésentant de l'intérêt social ou une personne à laquelle il est lié. Par exemple,

---

[1] V. spécialement CA Paris, pôle 5, ch. 8, 9 oct. 2018, n°17/19171.

[2] En ce sens 2ème civ., 8 févr. 2006, n°05-14.198, Bull. 2006, II, n°44, p.37.

[3] V. les art. 249 et suiv., 256 et suiv., 263 et suiv. du Code de procédure civile.

[4] V. 2ème civ., 17 nov. 1993, n°92-12.922, Bull. 1993, II, n°330, p.184.

[5] En ce sens Cass. com., 16 juin 1998, n°96-20.182, Bull. 1998, IV, n°192, p.160.

[6] En ce sens 2ème civ., 26 mai 2011, n°10-20.048, Bull. 2011, II, n°118 ; *adde* l'art. 243 du Code de procédure civile.

[7] V. 2ème civ., 31 janv. 2019, n°17-31.535, Bull. 2019.

[8] 2ème civ., 16 mai 2012, n°11-17.229, Bull. 2012, II, n°89.

[9] V. spé. l'art. R. 153-1 al. 1 du Code de commerce ; rappr. F.-J. PANSIER, Séquestre, Rép. proc. civ. Dalloz, 2010, n°11 et 24.

[10] Rappr. les art. 834 et 872 et les art. 835 et 873 al. 1 du Code de procédure civile.

[11] TC Paris, ordonnance en référé, 14 févr. 1990, *Petrossian c. Petrossian et autres* ; rappr. l'art. 204 et suiv. du Code de procédure civile ; *adde* N. CAYROL, Référé civil, art. préc., n°647 ; J. CAVALLINI, Le juge des référés et les mandataires de justice dans les sociétés *in bonis*, Rev. sociétés, 1998, p.247 ; D. MARTIN, G. BUGE, art. préc., n°22.

[12] CA Paris, 1re ch., 7 mars 1990, n°1990-600794, *Pétrossian c. Pétrossian.*

les mesures pourraient être ordonnées à l'encontre d'une quelconque filiale d'un groupe de sociétés. Contrairement à l'expertise de gestion, les frais d'expertise sont à la charge du demandeur[1].

La clause compromissoire ou la convention d'arbitrage ne font pas nécessairement obstacle à toute saisine du juge étatique. Préalablement à la constitution du tribunal arbitral, l'article 1449 du Code de procédure civile autorise le président du tribunal judiciaire ou de commerce à statuer sur les mesures d'instruction et, en cas d'urgence, les mesures provisoires ou conservatoires sollicitées[2].

La particulière gravité du conflit d'intérêts pourra justifier une assignation en référé de la personne concernée à heure indiquée, même les jours fériés et chômés[3]. Le risque élevé de destruction volontaire du renseignement recherché est de nature à motiver qu'il soit momentanément dérogé au principe du contradictoire par le recours à une procédure sur requête[4].

L'expertise de gestion a pour but de pallier la carence d'informations relatives aux conflits d'intérêts matérialisés par des opérations de gestion présumées irrégulières[5]. L'expertise dite *in futurum* ordonnée sur le fondement de l'article 145 du Code de procédure civile permet d'obtenir ou conserver la preuve des renseignements d'un quelconque conflit d'intérêts[6]. En pratique, au regard de la portée limitée de la première expertise, les représentants de l'intérêt social préfèrent avoir recours à la seconde[7]. Leur fonction étant distincte, l'arrêt rendu par la chambre commerciale de la Cour de cassation rappelle « *qu'une mesure d'instruction ordonnée sur le fondement de l'article 145 du code de procédure civile ne revêt aucun caractère subsidiaire par rapport à l'expertise de gestion prévue par l'article L. 225-231 du code de commerce* »[8].

---

[1] En ce sens Cass. 2ème civ., 10 févr. 2011, n°10-11.774, Bull. 2011, II, n°34 ; *adde* E. JEULAND, Expertise, art. préc., n°22.

[2] Véritable sparadrap du capitaine Haddock, une partie ne peut qu'exceptionnellement et temporairement se défaire d'une clause compromissoire ; rappr. X. VUITTON, commentaire sous Cass. com., 29 juin 1999, n°98-17.215, JCP G, 2000, n°1, II, 10228, 2, B ; *adde* N. CAYROL, art. préc., n°102 et suiv.

[3] Art. 485 du Code de procédure civile.

[4] V. notamment les art. 845 et 875 du Code de procédure civile.

[5] Rappr. I. URBAIN-PARLEANI, art. préc., *L'expertise de gestion, une fonction d'information* ; *adde* L. GODON, Expertise de gestion, Rép. sociétés Dalloz, 2021, n°5 et suiv.

[6] Rappr. I. URBAIN-PARLEANI, art. préc., *L'expertise in futurum, une fonction probatoire* ; *adde* J.-P. SORTAIS, art. préc., n°78 ; L. GODON, art. préc., n°11 et suiv.

[7] Rappr. I. URBAIN-PARLEANI, art. préc., *L'existence d'un choix entre les deux expertises.*

[8] Cass. com., 18 oct. 2011, n°10-18.989, Bull. 2011, IV, n°165 ; v. également Com., 7 déc. 1981, n°80-11.853, Bull. com., n°425 et Cass. com., 24 juin 2020, n°18-17.104, Bull. 2007, IV, n°259, inédit ; rappr. N. CAYROL, art. préc., n°435 ; J.-P. SORTAIS, art. préc., n°102 ; L. GODON, art. préc., n°17.

L'expertise de gestion est ouverte aux associés[1] des sociétés par actions[2] ou à responsabilité limitée[3] ne bénéficiant pas du pouvoir d'accéder à l'intégralité des informations sociales. Elle est ordonnée par le président du tribunal de commerce statuant en référé[4]. À la date de la demande introductive d'instance, le demandeur doit détenir une influence juridique minimale[5]. Les associés, associés commanditaires ou actionnaires des sociétés par actions doivent détenir « *au moins 5% du capital social* »[6]. Les associés des sociétés à responsabilité limitée doivent représenter « *au moins le dixième du capital social* »[7]. La demande d'expertise doit être motivée par l'absence d'informations suffisantes relatives à l'opération de gestion en cause. À défaut elle pourrait être rejetée[8]. Au sein des sociétés par actions, les associés, associés commanditaires ou actionnaires des sociétés de capitaux sont contraints de poser une question écrite préalablement à la saisine du juge. De manière générale, l'absence de réponse ou l'absence de communication de renseignements pertinents peuvent motiver le recours à l'expertise de gestion[9].

L'expertise se limite aux conflits d'intérêts matérialisés par des opérations de gestion relevant de la compétence des dirigeants, non des associés[10]. La demande peut, par exemple, porter sur des conventions réglementées approuvées par la collectivité des associés[11] ou des anomalies comptables suspectées à l'issue d'une distribution d'acompte sur dividendes[12]. La demande doit encore porter sur des

---

[1] V. Cass. com., 7 déc. 2007, n°05-19.643, Bull. 2007, IV, n°259 ; rappr. J.-P. SORTAIS, art. préc., n°74 et L. GODON, Expertise de gestion, art. préc., n°27 et suiv.

[2] Art. L. 225-231, L. 226-1 et L. 227-1 al. 3 du Code de commerce.

[3] Art. L. 223-37 du Code de commerce.

[4] Art. R. 223-30 et R. 225-163 du Code de commerce.

[5] V. Cass. com., 6 déc. 2005, n°04-10.287, Bull. 2005, IV, n°245, p.270 ; *adde* I. URBAIN-PARLEANI, art. préc., *Une action réservée* ; J.-P. SORTAIS, art. préc., n°72 ; E. JEULAND, art. préc., n°7 ; L. GODON, art. préc., n°42 et suiv.

[6] Art. L. 225-231 al. 1 et 2 du Code de commerce.

[7] Art. L. 223-37 al. 1 du Code de commerce.

[8] Rappr. Com., 11 oct. 2005, n°03-15.448, inédit et Com., 12 févr. 2008, n°06-20.121, Bull. 2008, IV, n°38.

[9] V. par ex. Cass. com., 9 févr. 1999, n°96-17.581, inédit ; Com., 10 déc. 2013, n°12-24.232, inédit, note E. SCHLUMBERGER, Rev. sociétés, 2014, p.565.

[10] V. Cass. com., 30 mai 1989, n°87-18.083, Bull. 1989, IV, n°174, p.115 ; Cass. com., 12 janv. 1993, n°91-12.548, Bull. 1993, IV, n°10, p.6 ; rappr. Cass. com., 25 sept. 2012, n°11-18.312, Bull. 2012, IV, n°170 et Cass. com., 13 sept. 2017, n°15-25.950, inédit ; *adde* I. URBAIN-PARLEANI, art. préc., *Une action ciblée* ; E. JEULAND, art. préc., n°13 ; J.-P. SORTAIS, art. préc., n°82 et suiv. ; L. GODON, art. préc., n°76 et suiv.

[11] En ce sens Cass. com., 5 mai 2009, n°08-15.313, Bull. 2009, IV, n°63, note L. GODON, Rev. sociétés, 2009, p.807.

[12] V. CA Paris, pôle C, 14ème ch., 30 sept. 1994, *Soler c/ Sté Les voyagistes réunis*, note P. LE CANNU, Bull. Joly Sociétés, 1994, n°12, p.1315 ; en dehors de cette hypothèse, l'affectation des résultats relève de la compétence des associés et ne peut donc faire l'objet d'une expertise de gestion, en ce sens B. SAINTOURENS, note sous CA Agen, 25 avr. 2018, n°17/00448, *M. X et autres c/ M. Y et autres*, art. préc., n°15.

actes de gestion « *susceptible de porter atteinte à l'intérêt social* »[1]. Cette condition semble *de facto* vérifiée lorsque l'opération en cause est le support d'un conflit d'intérêts ; c'est-à-dire une situation qui est de fait préjudiciable à l'intérêt social. Le risque d'atteinte à l'intérêt social pourrait, notamment, être caractérisé par des « *présomptions d'irrégularités affectant une ou plusieurs opérations de gestion déterminées* »[2]. Au sein des sociétés par actions, l'expertise de gestion peut être dirigée à l'encontre d'opérations de gestion d'une société filiale. La demande étant appréciée « *au regard de l'intérêt du groupe* »[3], elle ne devrait pas être motivée par l'atteinte isolée à l'intérêt social de la société contrôlée ou celui de la société mère[4].

Par l'intermédiaire de son rapport, l'expert désigné peut se contenter de communiquer au demandeur des renseignements neutres extraits des informations auxquelles il aura eu accès[5]. Le rapport d'expertise bénéficie d'une large communication et doit notamment « *être annexé à celui établi par le commissaire aux comptes en vue de la prochaine assemblée générale et recevoir la même publicité.* »[6]. La décision de justice ordonnant l'expertise de gestion peut mettre les honoraires de l'expert à la charge de la société[7]. Paradoxalement, sous réserve d'assimiler ces honoraires à un préjudice futur, la demande d'expertise de gestion pourrait être qualifiée de conflit d'intérêts indirect personnel. Ce paradoxe doit être nuancé en ce que cette expertise s'inscrit dans une volonté de protéger l'intérêt social.

## Conclusion du paragraphe 2

L'injonction de communication spéciale ou de droit commun permet de rétablir l'accès légal aux informations à partir desquelles peuvent être extraits des renseignements. La nécessité d'avoir recours à cette procédure renforce la crainte, pour un associé ou un dirigeant suspicieux, de déceler un conflit d'intérêts. Les mesures d'extractions judiciaires permettent d'obtenir des renseignements extraits d'informations pour lesquelles le demandeur ne bénéficiait d'aucun accès légal. Les demandes de déclenchement d'une mesure d'instruction in futurum ou d'une expertise de gestion sont motivées par la gravité du conflit d'intérêts en cause et par la volonté de protéger l'intérêt social.

---

[1] Cass. com., 10 févr. 1998, n°96-11.988, Bull. 1998, IV, n°69, p.53 ; *adde* D. MARTIN, G. BUGE, art. préc., n°13 ; rappr. A. CERATI-GAUTHIER, art. préc., n°12 à 14 ; E. JEULAND, art. préc., n°6 et 14 ; J.-P. SORTAIS, art. préc., n°100 ; L. GODON, Expertise de gestion, art. préc., n°90.

[2] Com., 22 mars 1988, n°86-17.040, Bull. 1988, IV, n°124, p.87 ; dans le même sens Cass. com., 27 janv. 2009, n°07-16.771, inédit.

[3] Art. L. 225-231 al. 1 du Code de commerce.

[4] En ce sens L. GODON, art. préc., n°35.

[5] V. spécialement Com., 26 nov. 1996, n°94-16.432, Bull. 1996, IV, n°293, p.250.

[6] Art. L. 223-37 al. 4 et L. 225-231 al. 5 du Code de commerce.

[7] V. art. L. 223-37 al. 3 et L. 225-231 al. 4 du Code de commerce ; rappr. I. URBAIN-PARLEANI, art. préc., *La phase judiciaire* ; L. GODON, art. préc., n°148.

## Conclusion de la section II

Les représentants de l'intérêt social ont le pouvoir de solliciter des informations à partir desquelles peuvent être extraits des renseignements relatifs aux conflits d'intérêts. La gravité des conflits d'intérêts suspectés ou avérés et la volonté de protéger l'intérêt social justifient l'exercice de prérogatives d'instruction interne. Elles conditionnent le déclenchement de mesures judiciaires. Les mesures d'extraction de l'information peuvent viser un nombre limité de conflits d'intérêts et permettent d'extraire des renseignements étendus. Elles seront majoritairement dirigées à l'encontre de conflits d'intérêts dotés d'une gravité élevée. L'accès contraint aux renseignements s'inscrit davantage dans une démarche de constat des conflits d'intérêts préalable au déclenchement d'une mesure de sanction ou de réparation.

# Conclusion du chapitre II

Les associés et dirigeants bénéficient d'un accès inégal aux informations sociales à partir desquelles des renseignements relatifs aux conflits d'intérêts peuvent être extraits. Les conflits d'intérêts avérés ou suspectés justifient l'emploi de prérogatives juridiques permettant aux associés et dirigeants d'obtenir des renseignements par la contrainte. En pratique, les mesures de recherche de l'information ne permettent qu'une détection à contretemps des conflits d'intérêts. Ces derniers ont le plus souvent causé un préjudice à la société sans qu'une quelconque mesure de prévention et de gestion n'ait pu être déclenchée. Le droit à l'information induit le pouvoir de l'obtenir et implique un devoir de s'informer[1]. Le pouvoir de s'informer est reconnu aux associés et dirigeants afin qu'ils agissent prioritairement au soutien de l'intérêt social. À titre principal, l'information permet de préserver l'intérêt social. Subsidiairement, l'information sociale peut permettre aux associés et dirigeants de préserver un intérêt personnel. La gravité d'un conflit d'intérêts suspecté ou avéré justifie que les associés et dirigeants aient accès aux informations leur permettant de protéger l'intérêt social. Les dirigeants et associés favorisant l'accès à ces informations pourraient voir alléger les mesures de sanctions ou réparations des conflits d'intérêts déclenchées à leur encontre. Au contraire, entraver l'accès à ces informations pourrait entrainer une aggravation de ces mêmes mesures.

[1] Rappr. M. POUMAREDE, art. préc., *in* P. LE TOURNEAU (dir.), Dalloz action Droit de la responsabilité et des contrats, 2018-2019, n°3122.141 et suiv.

# Conclusion Titre II

Les informations sociales disponibles et communiquées sur le fondement d'une disposition légale ne permettent de détecter qu'un nombre limité de conflits d'intérêts en cours ou résolus. Afin de préserver l'intérêt social, les associés et dirigeants disposent de pouvoirs contraignants leur permettant de détecter des conflits d'intérêts avérés ou suspectés dotés d'une gravité élevée. Les conflits d'intérêts ainsi détectés feront principalement l'objet de mesures de sanctions ou de réparations. Seuls les systèmes déclaratifs permettent de détecter un nombre étendu de conflits d'intérêts et assurent un déclenchement en temps utile des mesures de prévention ou de gestion. Les associés et dirigeants peuvent être considérés comme débiteurs à l'égard de la société, créancière, d'une obligation de déclaration des conflits d'intérêts. Elle porte sur les conflits d'intérêts rencontrés mais également sur les intérêts personnels et les liens d'intérêts dont les associés et les dirigeants savent ou ne peuvent ignorer qu'ils pourraient être générateurs d'un conflit d'intérêts. Cette obligation se déduirait du devoir de loyauté. En droit des sociétés, elle pourrait faire l'objet d'une disposition légale générale. À défaut et en l'absence d'une consécration jurisprudentielle, cette obligation est abandonnée à la volonté et la créativité des associés ou des dirigeants.

# Conclusion Partie I

En droit des sociétés, la définition du conflit d'intérêts s'articule autour de l'état de concurrence entre l'intérêt social et l'intérêt personnel des associés, des dirigeants ou celui d'une personne à laquelle ils sont liés. L'état de concurrence entre les intérêts en présence permet d'établir une typologie des conflits d'intérêts. Peuvent être distingués les conflits d'intérêts directs personnels, directs par représentation, indirects personnels et indirects par personnes liées. Cette classification permet d'apprécier l'intensité des conflits d'intérêts. L'intensité est déduite de la promiscuité existante entre les intérêts en présence. La définition des conflits d'intérêts ne peut se limiter au seul état de concurrence entre l'intérêt social, d'une part, et les intérêts personnels des associés et dirigeants ou ceux des personnes auxquelles ils sont liés, d'autre part. En pratique, il apparait nécessaire de cibler les conflits d'intérêts desquels résulte ou résultera de manière certaine une atteinte à l'intérêt social. La notion de conflit d'intérêts peut être limitée en fonction de l'impact préjudiciable du conflit sur l'intérêt social.

Le conflit d'intérêts peut ainsi être défini comme la situation de fait par laquelle l'associé ou le dirigeant risque d'exercer ses pouvoirs au préjudice de l'intérêt social afin de privilégier directement ou indirectement son intérêt personnel ou celui d'une personne liée. Cette définition est issue d'une acception restrictive des conflits d'intérêts et justifie leur traitement unitaire.

La gravité déduite de l'objet du conflit d'intérêts et de l'influence juridique détenue par la personne en conflit, permet de faire œuvre de discernement lors de la sélection des mesures de traitement des conflits d'intérêts. Les conflits d'intérêts pourront faire l'objet de mesures autonomes de détection. Ces mesures permettent d'obtenir la communication d'informations à partir desquelles seront extraits des renseignements relatifs aux éléments constitutifs et à la gravité des conflits d'intérêts. Leur caractère contraignant croît à mesure de la gravité des conflits d'intérêts en cause. La détection des conflits d'intérêts conditionne le déclenchement des dispositifs de traitement.

# Seconde partie : Le traitement des conflits d'intérêts

Distinguer les différentes mesures de traitement des conflits d'intérêts fait l'objet de difficultés pratiques. En fonction de leurs effets sur l'intérêt social, ces mesures peuvent être réparties en deux catégories. La première regroupe l'ensemble des traitements des conflits d'intérêts limitant le risque d'atteinte à l'intérêt social. La seconde regroupe l'ensemble des traitements ayant pour but d'endiguer une atteinte à l'intérêt social. Le traitement non coercitif du conflit d'intérêts (titre I) a pour objet d'empêcher son apparition ou d'accompagner et maitriser sa résolution. Le traitement coercitif du conflit d'intérêts (titre II) a pour objet de sanctionner et compenser sa résolution préjudiciable.

## Titre I - Traitement non coercitif du conflit d'intérêts

Les traitements non coercitifs ont pour objet d'empêcher la survenance des conflits d'intérêts ou limiter leur impact préjudiciable sur l'intérêt social. Ils s'articulent autour de la prévention des conflits d'intérêts (chapitre I) et de la gestion des conflits d'intérêts en cours (chapitre II).

# Chapitre I - La prévention des conflits d'intérêts

Selon Monsieur SCHMIDT, « *Si l'on veut combattre les conflits d'intérêts, il faut d'abord empêcher leur survenance.*»[1]. Les systèmes préventifs reposent sur l'interdiction faite aux associés et aux dirigeants de se placer en conflit d'intérêts[2]. En droit des sociétés, cette interdiction ne fait l'objet d'aucune disposition légale générale. Les interdictions peuvent être déduites des éléments constitutifs du conflit d'intérêts (section I) et de leur gravité (section II).

## Section I - Les interdictions déduites des éléments constitutifs du conflit d'intérêts

Les interdictions déduites des éléments constitutifs du conflit d'intérêts peuvent viser les intérêts détenus (paragraphe 1) ou les intérêts mis en tension (paragraphe 2) par les associés et dirigeants.

### §1 - Interdictions et intérêts détenus

La prévention des conflits d'intérêts peut s'opérer au moyen d'incompatibilités déduites des intérêts personnels et des liens d'intérêts (A). Elle peut également être issue d'une limitation du nombre d'intérêts représentés (B).

#### *A - Incompatibilités déduites des intérêts personnels et des liens d'intérêts*

Les incompatibilités peuvent avoir pour objet d'empêcher la formation du conflit d'intérêts en agissant au niveau de ses éléments constitutifs. Ces incompatibilités interdisent à une personne de représenter l'intérêt social au regard de ses intérêts personnels et de ses liens d'intérêts présents ou passés[3]. Cette catégorie d'incompatibilités fait l'objet de dispositions légales éparses et vise majoritairement la qualité de dirigeant. Les incompatibilités avec la qualité d'associé ou de dirigeant doivent être dotées d'une portée restrictive en raison de leur caractère attentatoire aux libertés fondamentales, tel que la liberté d'entreprendre[4]. Les incapacités de jouissance ou d'exercice liées au droit des personnes, génèrent des incompatibilités. Toutefois, elles ne se déduisent pas d'un intérêt personnel ou d'un lien d'intérêts déterminé et seront donc écartées des présents développements.

Tout d'abord, ces incompatibilités peuvent résulter d'intérêts personnels et de liens d'intérêts ayant engendré une condamnation pénale. Les personnes

---

[1] D. SCHMIDT, *op. cit.*, n°21, p.33.

[2] Rappr. D. SCHMIDT, Essai de systématisation des conflits d'intérêts, art. préc., II, A, et B. DONDERO, Le traitement juridique des conflits d'intérêts : entre droit commun et dispositifs spéciaux, art. préc., n°19.

[3] Rappr. P.-F. CUIF, art. préc., n°52 et 53.

[4] Rappr. V. CHAMPEIL-DESPLATS, La liberté d'entreprendre au pays des droits fondamentaux, Rev. Travail, 2007, p.19, I, B. V. Cons. const., 16 janv. 1982, Déc. n°81-132 DC. ; Cons. const., 10 juin 1998, Déc. n°98-401 DC ou encore Cons. const., 21 janv. 2011, Déc. n°2010-89 QPC.

physiques ou morales[1] coupables de certaines infractions pénales de droit commun ou spécial peuvent être condamnées à une interdiction d'exercer l'activité professionnelle ou sociale à l'occasion de laquelle l'infraction a été commise. Elles peuvent également être condamnées à une interdiction d'exercer une profession commerciale ou industrielle, de diriger, d'administrer, de gérer ou de contrôler à un titre quelconque, directement ou indirectement, pour leur propre compte ou pour le compte d'autrui, une entreprise commerciale ou industrielle ou une société commerciale[2]. Par exemple, en fonction de l'étendue de la peine prononcée, la personne en cause ne pourrait s'associer à aucune société exerçant l'activité professionnelle interdite. Elle pourrait encore se voir interdire de détenir une influence juridique étendue au sein d'une société commerciale. Ces peines, alternatives ou complémentaires, peuvent être prononcées à titre permanent ou temporaire[3]. En matière de procédure collective, les interdictions sont plus larges[4] ; leur durée ne peut excéder quinze ans[5].

Ensuite, ces incompatibilités peuvent résulter d'intérêts personnels et de liens d'intérêts induits par l'exercice d'une profession libérale réglementée[6], d'une fonction publique[7] ou d'un mandat électif[8]. Ces incompatibilités font l'objet de dispositions légales éparses. Elles viseront majoritairement l'incapacité d'exercer des activités commerciales ou d'être nommé dirigeant investi d'un pouvoir de gestion courante de la société. Ces incompatibilités affecteront principalement les sociétés au sein desquelles les associés ont la qualité de commerçant[9]. Par exemple, un avocat ne pourrait s'associer à une société en nom collectif par interposition d'une société civile ayant pour objet la gestion d'intérêts familiaux

[1] V. les art. 131-37 et 131-39 du Code pénal.

[2] En matière de droit pénal des affaires, v. les art. L. 241-2 et suiv. du Code de commerce ; v. également les art. 311-14, 313-7 et 314-10 du Code pénal et l'art. L.574-5 du Code monétaire et financier. *Adde* les art. L. 237-4 et L. 247-5 al. 1 du Code de commerce. Rappr. B. BOULOC, Interdiction et incapacité professionnelle (Pén., Sociétés), Rép. dr. pénal et proc. pénale Dalloz, 2010, n°54 et suiv. ; P. DELEBECQUE, F.-J. PANSIER, Administrateur (Sociétés), Rép. sociétés Dalloz, 2003, n°80 et suiv.

[3] V. les art. 131-6 et 131-27 du Code pénal.

[4] V. spé. Les art. L. 653-2 et L. 653-8 du Code de commerce. Rappr. B. BOULOC, art. préc., n°68 et suiv.

[5] Art. L. 653-11 du Code de commerce.

[6] V. par ex. l'art. 111 al. 2 et al. 3 du décret n°91-1197 du 27 nov. 1991 ; l'art. 6 al. 2 de la loi n°71-1130 du 31 déc. 1971 préc. et les art. 112 et 113 du décret précité. *Adde* les art. 13 al. 1 et 3, 13-1 al. 1 du décret n°45-0117 du 19 déc. 1945 et Com., 10 oct. 1995, n°91-21.990 et n°91-21.748. V. également l'art. 54 de l'ordonnance n°2023-77 du 8 févr. 2023 et l'art. R. 5125-19 du Code de la santé publique. Rappr. B. SAINTOURENS, Sociétés d'exercice libéral, Rép. sociétés Dalloz, 2003, n°38 et 39.

[7] V. spé. les art. L. 123-1 al. 1 du Code général de la fonction publique et L.4122-2 du Code de la défense ; *adde* B. SAINTOURENS, Société civile, art. préc., n°75.

[8] Rappr. J.-P. CAMBY, Incompatibilités politiques : mandats nationaux, Rép. cont. admin. Dalloz, 2016, n°51 ; B. SAINTOURENS, art. préc., n°76.

[9] Rappr. D. GIBIRILA, Société en nom collectif, Rép. sociétés Dalloz, 2020, n°29 et suiv. ; D. GIBIRILA, Société en commandite simple, Rép. sociétés Dalloz, 2020, n°8 et 26 ; B. SAINTOURENS, Commandite par actions, Rép. sociétés Dalloz, 2005, n°41.

qu'il contrôle et dirige ; l'objet civil de cette seconde société est incompatible avec la qualité de commerçant qu'induit la première[1]. En principe, ces incompatibilités ne jouent que pour le temps d'exercice de la fonction en cause. Par exception, certaines incompatibilités pourront être maintenues à l'issue du terme de la fonction en cause et pour une durée variant entre un à trois ans[2].

Enfin, ces incompatibilités pourraient résulter des intérêts personnels et des liens d'intérêts concentrés autour d'une personne morale. Par exemple, au sein de certaines sociétés commerciales, les fonctions de dirigeants peuvent être incompatibles avec la qualité de personne morale[3]. Ou encore, au sein de certaines sociétés professionnelles les associés doivent nécessairement être des personnes physiques[4].

En pratique, ces incompatibilités peuvent faire l'objet de dispositions spéciales au sein des statuts, d'un règlement intérieur ou d'un pacte d'associé. Par exemple, les statuts d'une société identifient comme incompatible avec la qualité d'associé ou de dirigeant, les personnes morales comptant parmi ses associés ou ses dirigeants : un client, un fournisseur ou un prestataire de services. La qualité d'associé ou de dirigeant peut être identifiée comme étant incompatible avec des intérêts personnels et des liens d'intérêts déterminés. Cette incompatibilité peut, tout d'abord, interdire la détention d'un intérêt personnel déterminé. Elle peut encore interdire aux associés et dirigeants d'être liés à une personne identifiée. Elle peut enfin interdire à ces derniers, d'être liés à la société au moyen de liens d'intérêts spéciaux. Lorsque ces interdictions ne font pas l'objet de dispositions légales, elles pourront faire l'objet de clauses spéciales au sein des statuts, d'un règlement intérieur ou d'un pacte d'associé.

Ce type d'incompatibilité peut prendre la forme d'une obligation légale d'exclusivité. Une obligation générale d'exclusivité est par exemple mise à la charge de l'apporteur en industrie[5]. L'activité, le service ou la prestation objet de l'apport doit être exécuté par l'apporteur en faveur de l'intérêt social[6]. Une obligation d'exclusivité spéciale peut également être mise à la charge des associés

[1] V. art. L. 221-1 al. 1 du Code de commerce.

[2] V. par ex., l'art. L. 822-12 al. 1 et 2 du Code de commerce. *Adde* l'art. 23 de la loi n°2013-907 du 11 oct. 2013 préc ; l'art. 432-13 du Code pénal.

[3] V. spé. les art. L. 223-18 al. 1, L. 225-47, L. 225-51-1, L. 225-53 et L. 225-59 du Code de commerce.

[4] V. spé. les art. 5 et 6 de l'ordonnance n°2023-77 du 8 févr. 2023 ; les alinéas 1 et 3 de l'art. 34 de l'ordonnance n°2023-77 du 8 févr. 2023 ; art. L. 232-1, L. 322-1 et L. 324-1 du Code rural et de la pêche maritime. *Adde* F. MAURY, Sociétés civiles professionnelles, art. préc., n°8, 34 et 157 ; B. SAINTOURENS, Société en participation de professions libérales, Rép. sociétés Dalloz, 1994, n°9 et 11.

[5] Rappr. G. GOFFAUX-CALLEBAUT, Apport, Rép. sociétés Dalloz, 2011, n°592 et n°593. *Adde* F. MAURY, art. préc., n°68.

[6] V. 1843-3 dernier alinéa du Code civil. *Adde* G. GOFFAUX-CALLEBAUT, art. préc., n°594.

de certaines sociétés civiles à caractère professionnel[1] ou de certaines sociétés d'exercice libéral[2].

Ce type d'incompatibilité peut également résulter de liens d'intérêts spéciaux pouvant unir les associés et les dirigeants à la société[3]. L'incompatibilité légale classique vise le lien professionnel unissant un associé ou un dirigeant à la société au moyen d'un contrat de travail. Elle résulte, tout d'abord, de l'absence de lien de subordination juridique[4] entre la société et le dirigeant ou l'associé en cause en raison de ses pouvoirs ou de l'influence juridique étendue dont il dispose[5]. Elle procède également de l'absence d'exercice d'une fonction technique effective[6] pour laquelle le représentant de l'intérêt social perçoit une rémunération distincte[7]. Enfin, elle peut se dégager d'une incompatibilité légale spéciale. Par exemple, les articles L. 225-44 et L. 225-22 du Code de commerce interdisent aux administrateurs d'une société anonyme de conclure un contrat de travail avec cette dernière[8]. Une exception demeure lorsque la société n'emploie pas deux-cent-cinquante salariés ou plus et dont le bilan n'excède pas quarante-trois millions d'euros ou dont le chiffre d'affaires hors taxe n'excède pas cinquante millions d'euros[9]. Les associés d'une société en nom collectif et les associés commandités des sociétés en commandite simple ou par actions ne semblent pouvoir conclure de contrat de travail avec ces sociétés. La jurisprudence déduirait cette interdiction, d'une part, de la qualité de commerçant des associés en cause et, d'autre part, de leur obligation de répondre indéfiniment

---

[1] Rappr. F. MAURY, art. préc., n°68. *Adde* l'art. 8 de l'ordonnance n°2023-77 du 8 févr. 2023 ; art. 44 du décret n°78-380 du 15 mars 1978 ; l'art. 43 du décret n°92-680 du 20 juil. 1992 préc. ; l'art. 41 du décret n°77-1480 du 28 déc. 1977 ; l'art. R. 6223-11 du Code de la santé publique. Comp. par ex. l'art. R. 4113-72 du même Code ; L'art. L. 323-2 al. 3 et 4 du Code rural et de la pêche maritime.

[2] Rappr. l'art. 45 de l'ordonnance n°2023-77 du 8 févr. 2023. Rappr. B. SAINTOURENS, Sociétés d'exercice libéral, art. préc., n°68.

[3] Rappr. par ex. l'art. L. 245-12 1° du Code de commerce.

[4] V. Cass. soc., 13 nov. 1996, n°94-16.487, Bull. 1996, V, n°386, p.275. *Adde* notamment Soc., 17 mai 2006, n°05-43.265 et Cass. soc., 8 avr. 2021, n°19-16.566.

[5] En ce sens Cass. soc., 7 févr. 1979, n°77-11.841, Bull. soc., n°122, p.87 ; Soc., 19 févr. 1986, n°83-42.004, Bull. 1986 V, n°9, p.7. *Adde* notamment Soc., 29 juin 1995, n°91-45.576 et Soc., 25 sept. 2019, n°17-14.953, inédit. V. également G. AUZERO, N. FERRIER, Cumul d'un contrat de travail et d'un mandat social, Rép. travail Dalloz, 2021, n°21 et suiv. ; R. ROUTIER, Directeur général – Président-directeur général, Rép. sociétés Dalloz, 2002, n°20.

[6] En ce sens Soc., 16 oct. 1980, n°79-12.751, Bull. soc., V, n°745 et, notamment, Soc., 22 mai 1995, n°94-41.787. Rappr. Soc., 15 avr. 2016, n°15-11.041, inédit. V. également G. AUZERO, N. FERRIER, art. préc., n°18 et suiv.

[7] V. spé. Cass. soc., 21 juil. 1981, n°80-11.672, Bull. soc., n°723.

[8] En ce sens Soc., 7 juin 1974, n°73-40.155, Bull. soc., n°355, p.338 ; Soc., 22 avr. 1992, n°90-44.545, Bull., V, n°293, p.180 ; Cass. soc., 21 nov. 2006, n°05-45.416, Bull., V, n°348, p.336 ; *adde* G. AUZERO, N. FERRIER, art. préc., n°44 et P. DELEBECQUE, F.-J. PANSIER, art. préc., n°71. En vertu de l'art. L. 225-85 al. 1 du même Code, cette interdiction n'est pas applicable aux membres du conseil de surveillance d'une société anonyme. Rappr. G. AUZERO, N. FERRIER, art. préc., n°61 et suiv.

[9] Art. L. 225-21-1 al. 1 du Code de commerce.

et solidairement aux dettes sociales[1]. Peut encore être relevé, au sein des sociétés anonymes, l'incompatibilité légale entre la qualité d'administrateur et de membre du conseil de surveillance élu par les salariés et certains mandats de représentation des intérêts des salariés[2].

*B - Limitation du nombre d'intérêts représentés*

La limitation du nombre maximal d'associés et de dirigeants consiste à fixer un nombre maximal d'associés ou de dirigeants au sein de la société en cause. Ce type de restriction a pour objet de limiter la démultiplication des intérêts personnels et des intérêts liés ou représentés à travers chacun des associés[3] et dirigeants[4]. Par exemple, des dispositions légales peuvent imposer l'exercice de certaines fonctions de direction par une unique personne[5].

L'efficacité de ce mécanisme préventif est relative en ne permettant pas de cibler avec précision les conflits d'intérêts dotés d'une dangerosité élevée. Il peut encore être tenu en échec par le nombre élevé d'intérêts personnels et d'intérêts liés concentrés autour d'un seul représentant de l'intérêt social.

La limitation collective des intérêts réputés être représentés consiste à fixer un nombre maximum d'associés ou de dirigeants dotés d'intérêts personnels spéciaux, d'une part, ou liés à une ou plusieurs personnes au moyen d'un lien d'intérêts identifié, d'autre part. Elle réduit le risque d'apparition des conflits d'intérêts indirects personnels ou par personnes liées. Une telle restriction affecte la composition des organes sociaux au sein desquels les représentants de l'intérêt social exercent collectivement ou co-exercent leurs pouvoirs. Cette limitation sera généralement déterminée en fonction de l'activité sociale et des intérêts ou groupements d'intérêts qu'elle affecte. Par exemple, les statuts d'une société par actions simplifiée pourraient limiter :

---

[1] En ce sens Soc., 14 oct. 2015, n°14-10.960, Bull., n°837. *Adde* Soc., 29 sept. 2009, n°08-19.777. Rappr. AUZERO, N. FERRIER, art. préc., n°65 et 68 ; D. GIBIRILA, Société en nom collectif, art. préc., n°21. Cette position jurisprudentielle est critiquée en doctrine, v. AUZERO, N. FERRIER, art. préc., n°66. Elle pourrait connaitre un assouplissement futur en se concentrant sur les conditions classiques du cumul entre la qualité de représentant de l'intérêt social et celle de salarié, principalement au regard de l'état de subordination de la personne en cause ; rappr. en ce sens Rép. min. à QE n°14659, JOAN Q. 19 févr. 2019, p.1686, note A. LECOURT, RTD com., 2019, p.410.

[2] Art. L. 225-30 et L. 225-80. Rappr. l'art. 23 de la loi n°83-675 du 26 juil. 1983. *Adde* P. DELEBECQUE, F.-J. PANSIER, art. préc., n°105.

[3] Rappr. l'alinéa 1 de l'art. L. 223-3 du Code de commerce ; *adde* D. GIBIRILA, Société à responsabilité limitée, Rép. sociétés Dalloz, 2019, n°53.

[4] Rappr. les art. L. 225-17 al. 1, L. 225-69 al. 1 et L. 225-95 du Code de commerce. *Adde* J.-P. CHAZAL, Y. REINHARD, Les administrateurs dans la loi sur les nouvelles régulations économiques (NRE), RTD com., 2001, p.935, 2. V. également les art. L. 225-27 al. 2 et 3, L. 225-79 al. 2 et 3, L. 225-58 al. 1 et L. 225-53 al. 2 du même Code.

[5] Tel est spécialement le cas au sein d'une société anonyme : du président et du vice-président du conseil de surveillance, art. L. 225-81 al. 1 du Code de commerce ; du président du conseil d'administration, art. L. 225-47 al. 1 du même Code ; du directeur général, art. L. 225-51-1 du même Code. *Adde* également le président d'une société par actions simplifiée, art. L. 227-6 al. 1 du même Code.

- à cinq le nombre d'associés liés à un coassocié ou un dirigeant par un lien familial ;
- à deux le nombre de dirigeants liés à un concurrent personne physique ou morale et ses associés ou dirigeants, au moyen d'un lien d'intérêts familial, financier ou d'obligation contractuelle ;
- à un tiers du conseil d'administration et neuf de ses membres éprouvant un intérêt moral pour le développement des énergies renouvelables ou liés à des personnes morales dont l'objet est de promouvoir ou exploiter de telles énergies.

Cette limitation peut faire l'objet de dispositions légales spéciales. Par exemple, au sein d'une société anonyme, le nombre des membres du conseil d'administration ou de surveillance liés à la société par un contrat de travail ne peut dépasser le tiers des membres en fonction[1]. Le nombre des membres du conseil élus par les salariés et dont la désignation n'est pas obligatoire, ne peut excéder quatre ni le tiers du nombre des autres membres du conseil d'administration ou de surveillance[2]. Le nombre des administrateurs élus par les salariés est porté à cinq lorsque les actions de la société en cause sont admises aux négociations sur un marché réglementé[3].

La limitation individuelle des intérêts juridiquement représentés consiste à fixer un nombre maximum de personnes physiques ou morales qu'un associé ou un dirigeant est autorisé à simultanément représenter sur le fondement de la loi, d'un acte judiciaire ou conventionnel. Elle réduit principalement le risque d'apparition des conflits d'intérêts directs par représentation ou indirects par personnes liées. Une telle restriction affecte la personne de l'associé ou du dirigeant. Elle doit donc être mesurée et appliquée de manière restrictive afin de ne pas constituer une entrave disproportionnée aux libertés individuelles des associés et dirigeants. Cette limitation est déterminée, alternativement ou cumulativement, en fonction du représenté et du type de représentation en cause. Par exemple, des dispositions statutaires pourraient interdire :
- aux associés et dirigeants de détenir plus de cinq mandats de représentation de fournisseurs ou de concurrents, personnes physiques ou morales, de la société ;
- aux associés et dirigeants de représenter en qualité de dirigeant plus de dix filiales de la société ;

[1] V. l'alinéa 2 des art. L. 225-22 et L. 225-85 du Code de commerce. *Adde* G. AUZERO, N. FERRIER, art. préc., n°56 et 62 ; P. DELEBECQUE, F.-J. PANSIER, art. préc., n°71. Adde les art. L. 225-22 al. 3 et L. 225-22 al. 2 du même Code. Rappr. G. AUZERO, N. FERRIER, *id.*, n°57 et 62. Comp. l'art. 60 de l'ordonnance n°2023-77 du 8 févr. 2023 ; l'art. L. 822-9 du même Code ; l'art. 15 al. 1 de la loi n°78-763 du 19 juil. 1978 préc. ; l'art. 15 de la loi n°73-1196 du 27 déc. 1973. V. G. AUZERO, N. FERRIER, *id.*, n°60 et N. OLSZAK, art. préc., n°114.

[2] Art. L. 225-27 al. 1 et L. 225-79 al. 2 du Code de commerce ; *adde* P. DELEBECQUE, F.-J. PANSIER, art. préc., n°101.

[3] Art. L. 22-10-6 du Code de commerce.

- aux membres du conseil d'administration ou de surveillance de représenter plus de deux membres du conseil au cours de ses réunions et au moyen d'un mandat spécial.

Cette limitation peut faire l'objet de dispositions légales spéciales. Par exemple, au sein des sociétés anonymes ayant leur siège sur le territoire français, une personne physique « *ne peut exercer simultanément plus de cinq mandats de directeur général, de membre du directoire, de directeur général unique, d'administrateur ou de membre du conseil de surveillance de sociétés anonymes ayant leur siège sur le territoire français* »[1] ; elle ne peut également exercer simultanément plus de cinq mandats d'administrateur ou de membre de conseil de surveillance[2] et plus d'un mandat de directeur général, de membre du directoire ou de directeur général unique[3]. Ces limitations s'appliquent au représentant permanent d'une personne morale nommée administratrice ou membre du conseil de surveillance[4]. Outre les modalités spécifiques de décomptes des mandats[5], par exception, ne sont pas pris en compte les mandats d'administrateur ou de membre du conseil de surveillance détenus au sein d'une société contrôlée au sens de l'article L. 233-16 du Code de commerce par la société au sein de laquelle la personne exerce un mandat social[6]. Par exception encore, un deuxième mandat de directeur général ou un mandat de membre du directoire ou de directeur général unique peut être exercé dans une société contrôlée au sens de l'article L. 233-16 par la société dont la personne en cause est directeur général ou membre du directoire ou directeur général unique[7]. D'autres dérogations légales sont applicables à certaines sociétés eu égard à leur capital[8] ou leur objet social[9]. Peuvent également être relevées les

---

[1] Art. L. 225-94-1 al. 1 et 2 du Code de commerce. Rappr. P. DELEBECQUE, F.-J. PANSIER, art. préc., n°62 ; R. ROUTIER, Directeur général – Président-directeur général, art. préc., n°28 ; C. MALECKI, Cumul de mandats sociaux, Rép. sociétés Dalloz, 2003, n°56 et 57 et V. MAGNIER, art. préc., n°19.

[2] Al. 1 des art. L. 225-21 et L. 225-77 du Code de commerce ; cette limitation est applicable au cumul de sièges d'administrateur et de membre du conseil de surveillance en vertu de l'art. L. 225-94 al. 1 du même Code. Rappr. P. DELEBECQUE, F.-J. PANSIER, art. préc., n°59 et C. MALECKI, art. préc., n°7 et 25.

[3] Al. 1 des art. L. 225-54-1 et L. 225-67 du Code de commerce. Rappr. P. DELEBECQUE, F.-J. PANSIER, art. préc., n°63 ; R. ROUTIER, art. préc., n°26 ; C. MALECKI, art. préc., n°28 et suiv. et V. MAGNIER, *ibid.*

[4] Art. L. 225-20 et L. 225-76 du Code de commerce.

[5] Al. 3 des art. L. 225-21 et L. 225-77 du Code de commerce.

[6] Al. 2 des art. L. 225-21, L. 225-77 et L. 225-94-1 du Code de commerce. Rappr. P. DELEBECQUE, F.-J. PANSIER, art. préc., n°63 et C. MALECKI, art. préc., n°8 et suiv. et n°26.

[7] Al. 3 des art. L. 225-54-1 et L. 225-67 du Code de commerce. *Adde* l'art. L. 225-94 al. 2 du même Code. Rappr. R. ROUTIER, art. préc., n°27 et C. MALECKI, art. préc., n°30 et suiv.

[8] V. par ex. l'alinéa 4 des art. L. 225-54-1 et L. 225-67 du Code de commerce. *Adde* l'art. L. 225-95-1 al. 3 du même Code. Rappr. P. DELEBECQUE, F.-J. PANSIER, art. préc., n°61 et C. MALECKI, art. préc., n°74 et suiv.

[9] V. par ex. l'alinéa 3 de l'art. L. 225-94-1 du Code de commerce. *Adde* l'art. L. 225-95-1 al. 1 du même Code, l'art. L. 214-7-2 4° du Code monétaire et financier, les art. L. 322-4-2 et L. 511-31 al. 6 du Code des assurances et l'alinéa 1 de l'art. 130 de la loi n°2003-706 du 1er août 2003 préc. Rappr. P. DELEBECQUE, F.-J. PANSIER, *ibid.* et C. MALECKI, *ibid.*

dispositions légales limitant le nombre de représentants de l'État au sein des sociétés qu'il contrôle[1] ou le nombre de procurations établies au nom d'un même associé d'une société coopérative de production[2].

## Conclusion du paragraphe 1

Les restrictions peuvent affecter les intérêts générateurs du conflit d'intérêts. Elles font obstacle à la détention d'intérêts générateurs de conflits d'intérêts. En pratique, ces mécanismes préventifs sont efficaces mais emportent d'importantes restrictions aux libertés individuelles des associés et dirigeants. Ils demeurent licites à condition d'avoir pour objet la protection de l'intérêt social et d'être proportionnés par rapport au but poursuivi. À un degré de contrainte inférieur, les associés ou les dirigeants pourront préférer avoir recours à des interdictions déduites de l'état de concurrence des intérêts générateurs d'un conflit.

## §2 - Interdictions et concurrence d'intérêts

La prévention des conflits d'intérêts peut être concentrée autour de l'état de concurrence entre les intérêts en présence. Cette prévention s'effectue, dans un premier temps, par l'agrément de nouveaux intérêts extérieurs à la société (A). Dans un second temps, elle est assurée au moyen d'une interdiction de mettre en concurrence des intérêts identifiés (B).

### *A - Agrément de nouveaux intérêts extérieurs à la société*

La procédure d'agrément permet de contrôler la compatibilité entre l'intérêt social et les intérêts personnels d'une personne souhaitant devenir associé ou dirigeant de la société. L'agrément de nouveaux intérêts est une procédure par laquelle les représentants de l'intérêt social acceptent sans condition[3] ou refusent l'entrée d'un nouvel associé ou dirigeant au sein de la société. Il peut avoir pour objet de préserver l'intérêt social d'intérêts extérieurs et susceptibles de lui être contraire. Cette procédure permet de réguler l'entrée au sein de la société de nouveaux associés ou dirigeants en fonction de leurs intérêts personnels ou ceux des personnes auxquelles ils sont liés. En pratique, l'agrément vise davantage les futurs associés. Mais il peut être appliqué aux candidats dirigeants proposés aux représentants de l'intérêt social compétents pour les nommer. Par exemple, le conseil d'administration d'une société anonyme pourrait se réunir afin d'agréer les candidats administrateurs dont la nomination sera proposée aux actionnaires au cours d'une future assemblée générale.

La procédure d'agrément permet également d'opérer un contrôle :

---

[1] Ce nombre est fixé par décret sans pouvoir excéder six ni le tiers des membres du conseil d'administration ou de surveillance, v. l'art. 51 de la loi n°96-314 du 12 avr. 1996 portant diverses dispositions d'ordre économique et financier. *Adde* le décret n°96-1054 du 5 déc. 1996 pris pour l'application de l'art. 51 de la loi n°96-314 du 12 avr. 1996 préc., fixant le nombre de représentants à six.

[2] V. l'art. 14 al. 2 de la loi n°78-763 du 19 juil. 1978 ; *adde* N. OLSZAK, Coopérative ouvrière de production, Rép. sociétés Dalloz, 2009, n°109.

[3] En ce sens v. Cass. com., 17 janv. 2012, n°09-17.212, Bull. 2012, IV, n°10.

- des diverses interdictions légales ou conventionnelles déduites des intérêts détenus par les futurs associés ou dirigeants ;
- des intérêts ou liens d'intérêts exigés afin de devenir associé ou dirigeant de la société en cause.

L'efficacité de cette procédure est tributaire de la fourniture d'une déclaration préalable au conflit d'intérêts par la personne souhaitant devenir associé ou dirigeant. L'agrément est issu de dispositions légales ou conventionnelles. L'agrément de nouveaux associés peut faire l'objet de dispositions légales contraignantes ou supplétives de volonté. L'agrément des cessions de parts sociales consenties à des tiers fait l'objet de dispositions légales contraignantes au sein, notamment, des sociétés civiles[1], des sociétés à responsabilité limitée[2], des sociétés en nom collectif[3], des sociétés en commandite simple[4], des sociétés d'exercice libéral à forme anonyme[5] et des sociétés par actions spécialisées dans les activités de presse[6]. L'agrément des transmissions ou des cessions de parts sociales à des tiers ou nouveaux associés s'impose légalement aux associés, notamment, des sociétés civiles professionnelles[7], des sociétés d'exercice libéral en commandite par actions[8] ou par actions simplifiées[9] et des sociétés de commissaires aux comptes[10]. L'agrément des cessions ou des transmissions de droits sociaux peut fait l'objet de dispositions légales supplétives de volonté au sein, notamment, des sociétés civiles[11], des sociétés à responsabilité limitée[12], des sociétés par actions simplifiées[13], des sociétés civiles de placement immobilier ou des sociétés d'épargne forestière[14]. Au sein d'une société anonyme ou d'une société en commandite par actions dont les actions ne sont pas admises aux négociations sur un marché réglementé et dont les titres sont au nominatif, la cession à quelque titre que ce soit d'actions ou de titres donnant accès au capital, peut être soumise à l'agrément de la société[15].

---

[1] Art. 1861 al. 1 et 2 du Code civil. *Adde* l'alinéa 1 des art. 1867 et 1686 du même Code. Rappr. l'art. R. 233-9 du Code des procédures civiles d'exécution et l'alinéa 4 de l'art. R. 233-6 du même Code. V. également B. LECOURT, Cession de droits sociaux, Rép. sociétés Dalloz, 2017, n°347.
[2] Art. L. 223-14 al. 1 du Code de commerce. *Adde* l'art. L. 223-15 du même Code. Rappr. l'alinéa 4 de l'art. R. 233-6 et l'art. R. 233-9 du Code des procédures civiles d'exécution.
[3] Art. L. 221-13 al. 2 du Code de commerce.
[4] Art. L. 222-8 al. 1 du Code de commerce.
[5] Art. 76 et 92 de l'ordonnance n°2023-77 du 8 févr. 2023.
[6] Art. 4 de la loi n°86-897 du 1er août 1986 ; *adde* J.-L. BEAUFORT, Le droit d'agrément dans les sociétés de presse, Rev. sociétés, 1994, p.433, n°3. Rappr. Com., 13 déc. 1994, n°93-11.569 et n°93-12.349, Bull. 1994, IV., n°384, p.317.
[7] Art. 23 al. 1 de l'ordonnance n°2023-77 du 8 févr. 2023.
[8] Art. 65 de l'ordonnance n°2023-77 du 8 févr. 2023.
[9] Art. 77 et 93 de l'ordonnance n°2023-77 du 8 févr. 2023.
[10] Art. L. 822-9 al. 3 du Code de commerce.
[11] V. l'art. 1861 al. 2 et l'art. 1870 al. 1 et 4 du Code civil. *Adde* l'alinéa 3 de l'art. 1832-2 du Code civil et l'alinéa 1 des art. 1867 et 1686 du même Code.
[12] V. les art. L. 223-13 al. 1 et 2, L. 223-15 du Code de commerce.
[13] Art. L. 228-23 al. 1 et 2 du Code de commerce.
[14] V. l'art. L. 214-97 al. 1 du Code monétaire et financier.
[15] Al. 1 et 2 des art. L. 228-23 et L. 226-1 du Code de commerce.

De manière paradoxale, des dispositions légales peuvent spontanément dispenser d'agrément les cessions ou transmissions de droits sociaux à des tiers au pacte social en raison du lien familial qui les unit à l'associé en cause. Par exemple, au sein des sociétés civiles de placement immobilier et des sociétés d'épargne forestière, il est interdit de soumettre à agrément les transmissions de parts en cas de succession, de liquidation de communauté de biens entre époux, ou de cession soit à un conjoint, soit à un ascendant ou à un descendant[1]. En principe, au sein d'une société anonyme, ne peuvent être soumises à agrément les transmissions d'actions par succession, liquidation du régime matrimonial ou de cession, soit à un conjoint, soit à un ascendant ou à un descendant[2]. Par exception, un tel agrément peut être exigé lorsque les actions de la société sont réservées à ses salariés et qu'il a pour objet d'éviter que lesdites actions ne soient dévolues ou cédées à des personnes n'ayant pas la qualité de salarié de la société[3].

Contenu au sein des statuts ou d'un pacte extrastatutaire, l'agrément conventionnel des associés ou des dirigeants permet de renforcer d'éventuelles dispositions légales spéciales ou de pallier leur absence[4]. Sous réserve de n'enfreindre aucune disposition légale d'ordre public, les clauses d'agrément sont licites.

Afin d'assurer un contrôle étendu des intérêts extérieurs à la société, la clause d'agrément doit être rédigée de manière suffisamment large[5]. Elle doit permettre d'appréhender l'ensemble des hypothèses dans lesquelles une personne peut devenir associée ou dirigeante. Par exemple, une clause visant tout nouvel associé ou dirigeant sera applicable à toute personne dépourvue de cette qualité. En revanche, la clause visant les tiers au pacte social sera applicable aux personnes non signataires des statuts ou non désignées par eux. Enfin, la clause visant les personnes tierces ou étrangères à la société sera applicable aux seules personnes non liées à la société en qualité d'associé ou de dirigeant par l'intermédiaire des statuts ou d'un acte de nomination. Cette dernière formulation est la plus restrictive des trois. Par exemple, une clause statutaire d'une société civile soumet à l'agrément préalable des associés, toute cession de parts sociales à une personne tierce à la société. La cession intervenant entre un dirigeant en fonction, cessionnaire, et un associé, cédant, pourrait alors échapper à la procédure d'agrément. Le cessionnaire est ici lié à la société par un acte de nomination. Cet acte permet au dirigeant cessionnaire de contester la qualité de tiers à la société.

[1] Art. L. 214-97 al. 1 du Code monétaire et financier.

[2] Art. L. 228-23 al. 3 du Code de commerce.

[3] Art. L. 228-23 al. 4 du Code de commerce.

[4] V. par ex. Com., 3 juin 1986, n°85-12.657, Bull. 1986 IV, n°115, p.98 ; Com., 6 mai 2003, n°01-12.567, Bull. 2003 IV, n°70, p.79. *Adde* Com., 15 mai 2007, n°06-13.484, inédit. Rappr. B. SAINTOURENS, Société civile, art. préc., n°137 ; B. LECOURT, art. préc., n°349 et S. SCHILLER, Pactes d'actionnaires : clauses statutaires et pactes extrastatutaires, Rép. sociétés Dalloz, 2020, n°41 et 43.

[5] Relevant la portée limitée d'une clause statutaire d'agrément v., par ex., Com., 6 mai 2003, n°01-03.172, inédit et Com., 12 févr. 2008, n°06-20.966, inédit.

Afin d'efficacement prévenir la société contre les conflits d'intérêts, une clause d'agrément d'associé pourrait être formulée de la manière suivante. La pleine propriété, la nue-propriété ou l'usufruit des droits sociaux ne peuvent être transmis ou cédés à titre gratuit ou onéreux et par quelque moyen que ce soit à un nouvel associé qu'avec l'agrément de la société ; pour l'application de cette clause sont notamment visées les transmissions ou les cessions réalisées par voie : de succession, de liquidation de communauté de biens entre époux, de partage d'une indivision, d'apport, d'échange, de compensation de créances, de conversion de titres donnant accès au capital ou aux droits de vote, de fusion, de scission, de transmission universelle de patrimoine, d'adjudication publique. Ou encore, au sein d'une société par actions simplifiée dont le capital comporte deux catégories d'associés, une clause statutaire pourrait soumettre à l'agrément des associés détenant des actions de catégorie A, les candidats dirigeants à élire par les associés détenant des actions de catégorie B et inversement.

Des dérogations à la procédure d'agrément pourraient être intégrées lorsque la personne en cause atteste et justifie d'un intérêt personnel ou d'un lien d'intérêts déterminé. Par exemple, les statuts d'une société spécialisée dans le financement du secteur des énergies renouvelables pourraient dispenser d'agrément un nouvel associé ou candidat dirigeant :

- détenteur d'un diplôme de niveau 7 spécialisé en transition écologique et développement durable,
- lié ou qui a été lié depuis moins d'un an à une personne spécialisée dans la promotion ou l'exploitation des énergies renouvelables.

*B - Interdiction de mettre en concurrence des intérêts identifiés*

Les interdictions peuvent avoir pour objet de limiter le risque de concurrence entre, d'une part, l'intérêt social et, d'autre part, les intérêts personnels des associés et dirigeants ou des personnes qui leur sont liées. Ce type d'interdiction a mécaniquement pour effet de restreindre l'exercice des pouvoirs juridiques d'associé ou de dirigeant. La prévention des conflits d'intérêts peut s'effectuer au moyen d'une interdiction de placer en concurrence directe l'intérêt social et un intérêt personnel. Ce type d'interdiction prend la forme d'une obligation par laquelle un associé ou un dirigeant ne peut user de ses pouvoirs directement aux fins de mettre en concurrence l'intérêt social avec leur intérêt personnel ou celui d'une autre personne représentée[1].

Au moyen de dispositions conventionnelles, l'interdiction en cause pourrait reposer sur une obligation de résultat lorsqu'elle vise une ou plusieurs illustrations de concurrence directe d'intérêts. Par exemple, une disposition conventionnelle pourrait interdire à un associé ou un dirigeant de négocier, rédiger ou conclure :

- pour son propre compte un quelconque acte juridique avec la société qu'il représente ;

[1] Rappr. par ex., l'art. 13-1 al. 1 du décret n°45-0117 du 19 déc. 1945 préc.

- un quelconque acte juridique au nom et pour le compte de la société et d'une seconde personne ou d'un groupe de personnes qu'il représente.

En droit des sociétés, contrairement à certains domaines spéciaux[1], il n'existe aucune disposition légale emportant une interdiction pour les associés et les dirigeants de contracter avec la société pour leur propre compte ou celui d'une personne qu'ils représentent. Les règles applicables aux procédures des conventions réglementées n'emportent pas un principe d'interdiction mais celui d'une autorisation préalable. Dans sa version initiale, telle qu'issue de l'ordonnance du 10 février 2016[2], l'article 1161 alinéa 1 du Code civil disposait qu'« *un représentant ne peut agir pour le compte des deux parties au contrat ni contracter pour son propre compte avec le représenté* »[3]. Des auteurs ont pu relever la délicate articulation du champ d'application de cet article avec le droit des sociétés et, notamment, le régime des conventions réglementées[4]. La loi de ratification de l'ordonnance précitée[5] modifiait en conséquence l'article 1161[6]. L'alinéa 1 de cet article dispose qu'« *en matière de représentation des personnes physiques, un représentant ne*

---

[1] Rappr. P.-F. CUIF, art. préc., n°14 et 15 ; B. DONDERO, Le traitement juridique des conflits d'intérêts : entre droit commun et dispositifs spéciaux, art. préc., n°30 ; P. LE TOURNEAU, Mandat, art. préc., n°225 et 228 ; N. MATHEY, Représentation, art. préc., n°104. V. spé. l'art. 1596 du Code civil, disposant que les personnes ayant reçu mandat de vendre aux enchères les biens, ne peuvent se rendre adjudicataire, ni par eux-mêmes, ni par personnes interposées. Cette interdiction légale a été étendue par la jurisprudence : au mandat d'entreprise immobilière, Cass. 1re civ., 13 avr. 1983, n°81-16.728, Bull. civ., I., n°119 ; à la vente en général, 1re civ., 12 déc. 2000, n°98-20.086, Bull. civ., I., n°319 ; au bien à vendre n'appartenant pas au mandant, créancier saisissant, 1re civ., 19 déc. 1995, n°93-10.582, Bull. 1995, I., n°474, p.329. Pour l'application de l'art. 1596 du Code civil à des ventes par interposition de personnes, v. notamment 1re civ., 2 oct. 1980, n°78-12.440, Bull. civ., I., n°241 ; 1re civ., 17 juin 1986, n°84-15.398, Bull. civ., I., n°170 et Cass. com., 2 juil. 2008, n°07-15.509, Bull. 2008, III., n°120. V. encore l'art. 509 4° du même Code.

[2] Ordonnance n°2016-131 préc., art. 2.

[3] Rappr. A. COURET, Nouveau régime de la représentation et conflits d'intérêts en droit des sociétés, Rev. sociétés, 2017, p.331 ; G. WICKER, N. FERRIER, La représentation, JCP G, 2015, suppl. n°21, p.27 et R. MORTIER, Conflits d'intérêts : pourquoi et comment appliquer aux sociétés le nouvel art. 1161 du code civil, Dr. Sociétés, 2016, étude 11.

[4] Rappr. A. COURET, A. REYGROBELLET, Le droit des sociétés menacé par le nouvel art. 1161 du code civil ?, D. 2016, p.1867 ; H. LE NABASQUE, Conventions libres et conventions réglementées : faut-il avoir peur de l'art. 1161 du code civil ?, Bull. Joly Sociétés, 2016, p.681 ; M. MEKKI, Les incidences de la réforme du droit des obligations sur le droit des sociétés : rupture ou continuité ?, Rev. sociétés, 2016, p.483 ; H. BARBIER, L'emprise du régime contractuel sur la société : ses ressources et limites, Dr. Sociétés, 2017, dossier 3 ; R. MORTIER, A.-F. ZATTARA, Pour l'inapplication aux personnes morales du droit de se prévaloir de la prohibition des conflits d'intérêts contractuels (C. civ., nouv. art. 1161), JCP N, 2017, 1268 ; M. MEKKI, Pour une ratification minimaliste de l'ordonnance du 10 févr. 2016, AJ contrat 2017, p.462 et M. MEKKI, Droit des contrats, D. 2017, p.375.

[5] V. art. 6 de la loi n°2018-287 du 20 avr. 2018 préc.

[6] Rappr. S. PELLET, La formation du contrat, AJ contrat 2018, p.254, n°2 ; A. TADROS, La ratification de l'ordonnance de réforme du droit des contrats : quelques incidences sur la pratique des affaires, D. 2018, p.1162, n°19 et suiv. ; A. LECOURT, Incidences de la loi de ratification de l'ordonnance n°2016-131 du 10 févr. 2016 portant réforme du droit des contrats, du régime général et de la preuve des obligations sur le droit des sociétés, RTD com., 2018, p.365, C., 2. ; N. KILGUS, Le contrat conclu entre le dirigeant et la société : quelques remarques autour d'un « contrat avec soi-même », AJ contrat 2018, p.455.

*peut agir pour le compte de plusieurs parties au contrat en opposition d'intérêts ni contracter pour son propre compte avec le représenté* ». Cette modification induit une double restriction du champ d'application de cet article. La première exclut les personnes morales. La seconde réduit l'interdiction de contracter pour le compte de plusieurs représentés au seul contrat dont les parties sont en opposition d'intérêts ; le conflit d'intérêts n'est alors pas caractérisé par son impact préjudiciable mais par l'opposition intrinsèque des intérêts en présence.

La prévention peut prendre la forme d'une interdiction de placer en concurrence indirecte l'intérêt social et un intérêt personnel. Cette interdiction prend la forme d'une obligation par laquelle un associé ou un dirigeant ne peut user de ses pouvoirs indirectement aux fins de mettre en concurrence l'intérêt social avec son intérêt personnel ou celui d'une personne représentée. En droit des sociétés, aucune disposition légale n'appréhende ce type de restriction. Les associés et les dirigeants demeurent libres d'introduire une telle interdiction au moyen de dispositions conventionnelles.

Une interdiction générale de placer en concurrence indirecte l'intérêt social et un intérêt personnel doit nécessairement faire l'objet d'une obligation de moyens[1]. En effet, le représentant de l'intérêt social en cause peut, d'une part, ne pas avoir conscience de cet état de concurrence indirect d'intérêts et, d'autre part, ne pas avoir la pleine maîtrise de la résolution du conflit d'intérêts qui en résulterait. En revanche, l'interdiction visant des liens d'intérêts fondamentaux identifiés pourrait faire l'objet d'une obligation de résultat[2]. Par exemple, une disposition statutaire pourrait interdire à la société de négocier, rédiger ou conclure un quelconque acte juridique avec toute personne liée à ses associés et dirigeants au moyen d'un lien familial, d'un lien financier ou d'un lien de représentation.

## Conclusion du paragraphe 2

Les restrictions peuvent affecter l'état de concurrence des intérêts générateurs du conflit d'intérêts. Elles font obstacle au rapprochement direct ou indirect d'intérêts personnels générateurs de conflits d'intérêts. Leur portée contraignante est inférieure aux interdictions déduites des intérêts détenus. En effet, les associés et les dirigeants demeurent théoriquement libres de détenir ou représenter un nombre illimité d'intérêts. Il leur est seulement interdit de les placer en état de concurrence avec l'intérêt social.

## Conclusion de la section I

Les interdictions déduites des éléments constitutifs du conflit d'intérêts réduisent le risque d'apparition de conflits d'intérêts directs ou indirects. Elles se combinent et limitent la détention d'intérêts générateurs de conflits ou

[1] Rappr. M. POUMAREDE, Preuve de l'inexécution d'une obligation contractuelle, *in* P. LE TOURNEAU (dir.), Dalloz action Droit de la responsabilité et des contrats, n°3123.31.
[2] Rappr. M. POUMAREDE, art. préc., n°3123.51.

empêchent leur rapprochement. Leur transgression laisse place aux sanctions des conflits d'intérêts, en particulier, les sanctions affectant les associés et dirigeants. Ces restrictions sont détachées de la notion de préjudice. Elles pourraient donc empêcher la survenance de situations de fait dans lesquelles la société n'en subirait aucun. L'ensemble des interdictions identifiées pourraient être supplantées par une obligation d'éviter tout conflit d'intérêts.

Les interdictions déduites des éléments constitutifs du conflit d'intérêts pourraient être rassemblées autour d'une obligation imposant aux associés et aux dirigeants de s'abstenir de se placer volontairement en conflit d'intérêts[1]. L'acception restrictive des conflits d'intérêts permet d'affiner le devoir de loyauté auquel sont astreints les associés et dirigeants envers la société. Ce devoir pourrait être le fondement de l'obligation d'éviter les conflits d'intérêts. Chaque représentant de l'intérêt social serait individuellement débiteur de cette obligation à l'égard de la société, personne morale, ou de la collectivité d'associés en présence d'une société non personnifiée. Cette obligation vise les intérêts personnels et les liens d'intérêts dont la personne en cause sait ou ne peut ignorer qu'ils peuvent être générateurs d'un conflit d'intérêts. Elle interdit aux associés ou aux dirigeants de placer volontairement en concurrence l'intérêt social avec un intérêt personnel ou celui d'une personne liée dont ils savent ou ne peuvent ignorer qu'il en résultera un conflit d'intérêts. Par exemple, sauf à transgresser son obligation de loyauté, un associé majoritaire et dirigeant doit s'abstenir de déposer en son nom personnel un brevet stratégique développé par la société. Il ne devrait, non plus, accepter un mandat de dirigeant au sein d'une seconde société concurrente engagée dans une procédure judiciaire avec la première.

Les interdictions induites par cette obligation visent les faits susceptibles de causer un préjudice à la société. En l'absence de consécration explicite par la jurisprudence ou le législateur, cette obligation devrait faire l'objet de dispositions contractuelles spéciales. L'ensemble des interdictions présentées peut être complété par des interdictions déduites de la gravité des conflits d'intérêts.

## Section II - Les interdictions déduites de la gravité des conflits d'intérêts

Les interdictions déduites de la gravité des conflits d'intérêts peuvent porter sur l'influence juridique exercée par les associés et dirigeants (paragraphe 1) et l'objet du conflit d'intérêts (paragraphe 2).

[1] V. spé. J. MORET-BAILLY, art. préc., n°23 ; *adde* P.-F. CUIF, art. préc., n°44, pour qui « *D'un point de vue strictement juridique, le conflit d'intérêts peut être considéré comme un manquement à une obligation de loyauté.* » ; l'auteur relevant un principe général selon lequel « *« nul ne doit faire entrer en conflit ses intérêts personnels avec ceux dont il a la charge ».* », art. préc., n°73 ; rappr. en droit britannique la section 175 du *Companies Act 2006 c. 46.*

## §1 - Interdictions et influence juridique exercée par les associés et dirigeants

La prévention des conflits d'intérêts peut s'opérer au moyen de limites affectant l'influence juridique des représentants de l'intérêt social. Ces limites ont pour objet de restreindre l'exercice individuel (A) ou collectif (B) des pouvoirs d'associé ou de dirigeant.

### *A - Limite à l'exercice individuel des pouvoirs*

L'interdiction générale de concentrer les pouvoirs d'associé et de dirigeant fait obstacle à l'exercice par une seule personne des pouvoirs politiques d'associé ou de gestion. Elle se matérialise par des pouvoirs partagés, dont l'exercice est conjoint ou concurrent. L'interdiction générale de concentrer des pouvoirs peut être renforcée par un principe de pluralité des détenteurs de pouvoirs politiques d'associé ou de gestion. Tout d'abord, ce principe peut impliquer une déconcentration légale des pouvoirs et compétences[1] ou induire, à un échelon inférieur, une pré-répartition de certains pouvoirs. Ensuite, il peut induire un exercice collégial des pouvoirs détenus par les associés[2] ou une même catégorie de dirigeants[3]. Enfin, ce principe peut s'articuler autour d'une division d'un pouvoir en plusieurs pouvoirs complémentaires détenus par des personnes distinctes. Le cumul par une personne de l'ensemble des pouvoirs politiques d'associé et de gestion est exceptionnellement possible au sein des seules sociétés unipersonnelles. Interdire la concentration des pouvoirs assure un partage des compétences de décision, d'exécution et de contrôle[4]. En pratique, afin de préserver son caractère opérationnel, cette interdiction doit être couplée à des mécanismes limitant l'exercice collectif des pouvoirs. Au sein des sociétés pour lesquelles aucune disposition impérative n'impose l'exercice collégial des pouvoirs politiques d'associé ou de gestion, il est opportun d'adopter dès leur constitution une organisation déconcentrée du pouvoir[5].

Ce type d'interdiction peut encore être renforcé par des mécanismes d'exercice conjoint ou concurrent de pouvoirs identiques. Par exemple, le pouvoir de représentation de la société peut être exercé conjointement ou concurremment par plusieurs gérants au sein des sociétés civiles[6], des sociétés en

---

[1] V. par ex. les art. L. 226-2, L. 226-4 et L. 226-9 du Code de commerce ; l'art. 18 al. 1 de la loi n°86-18 du 6 janv. 1986.

[2] En vertu de l'art. 1832 du Code civil, la forme pluripersonnelle des sociétés demeure le principe et la forme unipersonnelle une exception. *Adde* par ex. l'art. L. 226-1 al. 1er du Code de commerce. Rappr. J. DELVALLEE, La collégialité dans les sociétés par actions simplifiées, Rev. sociétés, 2020, p.75, n°3.

[3] Par ex., le conseil de surveillance ou d'administration d'une société anonyme ou d'une société en commandite par actions, doit comporter au moins trois membres, art. L. 225-17 al. 1, L. 225-69 et L. 226-4 du Code de commerce. Rappr. J. DELVALLEE, *ibid.*

[4] Rappr. V. MAGNIER, art. préc., n°51 et suiv.

[5] Rappr. S. SCHILLER, art. préc., n°217 à 219.

[6] V. les art. 1846 al. 1, 1848 et 1849 du Code civil.

nom collectif[1] et des sociétés en commandite simple ou par actions[2]; il pourrait encore être exercé concurremment par le directeur général et les directeurs généraux délégués ou les membres du directoire au sein des sociétés anonymes[3].

Les restrictions peuvent avoir pour objet d'interdire à un représentant de l'intérêt social, l'exercice de certains pouvoirs politiques identifiés d'associé ou de gestion. L'interdiction d'exercer des pouvoirs identifiés peut tout d'abord résulter d'incompatibilités légales en raison d'une compétence ou de pouvoirs détenus. Elles peuvent être qualifiées d'incompatibilités fonctionnelles. Par exemple, au sein des sociétés en commandite par actions, les pouvoirs politiques d'un associé commandité sont identifiés comme étant incompatibles avec les pouvoirs de gestion d'un membre du conseil de surveillance[4]; au sein des sociétés d'attribution d'immeubles en jouissance à temps partagé, l'exercice des fonctions de gérant est incompatible avec celles de membre du conseil de surveillance[5]; les fonctions de membre du comité d'audit sont incompatibles avec celles de direction[6]. Ce type d'incompatibilité peut être conventionnellement répliqué et aménagé. Par exemple, les fonctions de direction pourraient être identifiées comme incompatibles avec celles exercées au sein d'un comité de travail spécialisé du conseil d'administration en charge des nominations et des rémunérations[7].

Ce type d'interdiction peut encore résulter de dispositions conventionnelles[8]. Ce type de clause doit être concilié avec les dispositions légales impératives attribuant un pouvoir spécifique à un associé ou un dirigeant[9]. L'interdiction peut s'appliquer aux représentants de l'intérêt social de manière permanente ou temporaire. Par exemple, la détention d'une compétence de gestion courante de la société pourrait emporter l'interdiction permanente d'exercer un droit de veto et d'amender l'ordre du jour des réunions des dirigeants investis d'une compétence de surveillance de la gestion. Cette même compétence pourrait également emporter l'interdiction permanente d'exercer un pouvoir de gestion des déclarations spontanées et préalables au conflit d'intérêts ou une compétence de conseil en matière de conflits d'intérêts. Ou encore, l'exercice de pouvoirs de gestion pourrait être temporairement interdit aux personnes ayant la qualité d'associé depuis moins de cinq ans. Interdire le cumul des pouvoirs politiques d'associé avec ceux de gestion des dirigeants constitue un mécanisme vertueux de prévention des conflits d'intérêts ; spécialement lorsque l'associé en cause

---

1 Art. L. 221-3 al. 1 du Code de commerce.

2 Art. L. 222-2 et L. 226-2 du Code de commerce.

3 Alinéas 1, 2 et 5 de l'art. L. 225-56 et alinéa 2 de l'art. L. 225-66 du Code de commerce. Rappr. R. ROUTIER, Directeur général délégué : directeur technique, Comité de direction, Collège de censeurs, Rép. sociétés Dalloz, 2002, n°17 et suiv.

4 Art. L. 226-4 al. 3. Incompatibilité non répliquée au sein des sociétés en commandite simple.

5 Art. 18 al. 1 de la loi n°86-18 du 6 janv. 1986 préc.

6 V. les art. L. 823-19, L. 823-19 al. 1 et L. 820-1 III., 5° du Code de commerce.

7 Rappr. P. DELEBECQUE, F.-J. PANSIER, Conseil d'administration, art. préc., n°120 et suiv. ; R. ROUTIER, art. préc., n°63 et suiv. et V. MAGNIER, art. préc., n°27 et suiv.

8 Comp. la délibération n°2020-163 du 8 sept. 2020, n°10.

9 V. notamment Cass. com., 11 juin 1965, n°63-10.240, préc. note de bas de page 800.

détient une position majoritaire. En ce dernier cas, il ne pourra pas arbitrairement réorienter l'intérêt social.

Le caractère temporaire de l'interdiction peut résulter de l'arrêt d'un terme en deçà duquel un associé ou un dirigeant ne peut pas exercer un pouvoir déterminé. Ce caractère temporaire peut encore être obtenu en conditionnant l'exercice du pouvoir en cause à une autorisation préalable contraignante d'un ou plusieurs coreprésentants de l'intérêt social. En pratique, cet exercice conditionnel sera affiné en fonction de l'objet sur lequel porte l'exercice du pouvoir. En revanche, conditionner l'exercice d'un pouvoir à la réception d'un simple avis favorable ou défavorable non juridiquement contraignant, émis par un ou plusieurs coreprésentants de l'intérêt social, est insuffisant pour être assimilé à un mécanisme préventif des conflits d'intérêts.

Les interdictions légales ou conventionnelles identifiées peuvent être étendues à certaines personnes liées aux associés ou aux dirigeants. Par exemple, l'exercice d'une compétence de contrôle de la gestion sociale pourrait être interdit aux conjoints et préposés du dirigeant investi d'une compétence de gestion[1].

L'interdiction de l'exercice prolongé de pouvoirs identifiés est une restriction ayant pour objet de limiter la durée d'exercice continue des pouvoirs politiques d'associé ou de gestion par un représentant de l'intérêt social. Elle résulte de l'arrêt d'un terme au-delà duquel un associé ou un dirigeant ne peut plus exercer un pouvoir politique d'associé ou de gestion déterminé. Cette interdiction permet, d'une part, d'enrayer la démultiplication des intérêts personnels et des liens d'intérêts créés à l'occasion de l'exercice répété dans le temps d'un pouvoir. D'autre part, elle permet de réduire le risque que ces intérêts et liens d'intérêts atteignent un niveau d'intensité critique.

Cette limitation pourrait être appliquée aux associés. Par exemple, au sein d'une société par actions simplifiée dont le capital comporte deux catégories d'associés, une clause statutaire pourrait limiter à trois ans l'exercice du pouvoir pour les associés détenant des actions de catégorie A de choisir les dirigeants proposés à l'élection par les associés détenant des actions de catégorie B et inversement. Mais en pratique, elle affecte davantage les dirigeants. Par exemple, au sein des sociétés anonymes, l'exercice continu des pouvoirs de gestion détenus en qualité de membre du directoire, du conseil de surveillance ou d'administration ne peut légalement excéder six ans[2]. Cette interdiction peut également se traduire par l'arrêt d'une limite d'âge au-delà de laquelle une personne ne peut plus exercer une compétence ou des pouvoirs identifiés[3].

---

[1] V. en ce sens l'art. 18 al. 1 de la loi n°86-18 du 6 janv. 1986 préc. ; adde l'art. 19 de cette même loi.

[2] V. les art. L. 225-18 al. 1, L. 225-47 al. 2, L. 225-62, L. 225-75 al. 1 du Code de commerce. Rappr. P. DELEBECQUE, F.-J. PANSIER, Administrateur (Sociétés), art. préc., n°32 et suiv. Comp. l'art. L. 225-56 al. 1 et 3 du même Code.

[3] V. par ex. l'alinéa 1 des art. L. 225-48, L. 225-54, L. 225-60 et L. 226-3 du Code de commerce.

*B - Limite à l'exercice collectif des pouvoirs*

L'interdiction préventive peut être concentrée autour du déséquilibre des influences juridiques individuelles au sein d'une collectivité de dirigeants ou d'associés. Cette interdiction tend à assurer le maintien d'un niveau déterminé d'influence juridique à chacun des dirigeants ou des associés exerçant collectivement leurs pouvoirs. L'influence juridique individuelle se mesure au regard de la fraction du capital social ou des droits de vote détenue par la personne en cause. Trois types de dispositifs permettent d'aboutir à une telle interdiction.

Le premier a pour objet de maintenir l'équilibre de l'influence individuelle des associés ou des dirigeants. Il prend la forme d'un montant plancher à partir duquel la fraction du capital social ou des droits de vote détenue par les associés ou les dirigeants ne peut être inférieure. Par exemple, au moyen d'une disposition conventionnelle, les associés ou les dirigeants pourraient s'engager à détenir au moins 10% des droits de vote[1]. Un mécanisme d'équilibrage de l'influence individuelle des associés et des dirigeants, en cas de mouvement du capital social ou d'une modification de la répartition des droits de vote, peut accompagner ce dispositif. En pratique, ce mécanisme prendra la forme d'une clause d'anti-dilution à laquelle peuvent être adjointes des promesses unilatérales d'achat et de vente croisées[2]. Son efficacité pourra être renforcée par le maintien du droit préférentiel de souscription à l'occasion d'une augmentation de capital ou d'une émission de titres donnant accès au capital ou aux droits de vote.

Le second limite l'influence individuelle des associés ou des dirigeants. Il prend la forme d'un montant plafond à partir duquel la fraction détenue du capital social ou des droits de vote par les associés ou les dirigeants ne peut être supérieure. Par exemple, une clause statutaire interdit aux associés ou aux dirigeants de détenir individuellement plus de 30% des droits de vote[3]. Un mécanisme limitant l'écart entre les différents niveaux d'influence individuelle des représentants de l'intérêt social pourrait renforcer ce dispositif. Par exemple, une clause statutaire interdit tout écart supérieur à 30 points entre la détention des droits de vote la plus élevée, d'une part, et la détention la moins élevée, d'autre part.

Le troisième permet de temporairement figer l'influence individuelle des associés ou des dirigeants. En pratique, ce dispositif prend la forme d'une

---

[1] Rappr. Mémento Sociétés commerciales 2022, 53ème éd., Francis Lefebvre, Coll. Mémento pratique, 2021, n°69172, à propos des clauses « *de maintien du niveau de participation* ».

[2] Rappr. Mémento Sociétés commerciales 2022, *op. cit.*, n°69155 et 69173.

[3] Rappr. Mémento Sociétés commerciales 2022, *op. cit.*, n°69171, à propos des clauses « *de limitation des participations* ». V. également Com., 13 févr. 1996, n°93-19.654, préc., *adde* K. MAGNIER-MERRAN, art. préc., 2.2.

disposition légale[1] ou conventionnelle[2] d'inaliénabilité de tout ou partie des droits sociaux détenus par un associé. L'inaliénabilité doit nécessairement être limitée dans le temps afin de ne pas emporter une atteinte perpétuelle au droit de propriété[3]. Hors dispositifs légaux, une clause d'inaliénabilité doit être, cumulativement, temporaire et être justifiée par un intérêt sérieux et légitime[4]. Les dispositions d'inaliénabilité sont d'interprétation stricte[5]. Il convient de préciser avec exactitude l'ensemble des mécanismes de transfert de propriété interdits. Par exemple, une clause d'inaliénabilité pourrait viser les cessions et les transmissions de droits sociaux aux tiers ou aux coreprésentants de l'intérêt social. Un résultat similaire peut encore être obtenu au moyen de clauses dites de *standstill* ou de non-agression, interdisant simultanément l'acquisition et la cession de droits sociaux sur une période déterminée.

L'interdiction préventive peut viser la surreprésentation d'un intérêt personnel au sein d'une collectivité de dirigeants ou d'associés. Cette interdiction fait obstacle à ce que les intérêts personnels d'un représentant de l'intérêt social ou ceux d'une personne liée dominent la collectivité d'associés ou de dirigeants à laquelle il appartient. Elle empêche la maîtrise de l'exercice collectif de pouvoirs par une seule personne et entrave la détention d'une influence juridique étendue par personnes interposées. Cette interdiction peut prendre la forme d'une obligation générale de diversité des intérêts personnels au sein des collectivités d'associés ou de dirigeants. Elle peut encore être renforcée par des modalités d'adoption des décisions ayant pour effet de diluer l'intérêt personnel des associés et des dirigeants.

L'obligation de diversité des intérêts personnels affecte la composition des collectivités d'associés ou de dirigeants. Elle peut se manifester par des mécanismes limitant la représentation collective d'un intérêt spécifique. Ces mécanismes peuvent spécialement prendre la forme de dispositions conventionnelles organisant la répartition des candidats aux fonctions de direction. Par exemple, au sein d'une société comprenant un faible nombre d'associés, une clause statutaire pourrait imposer une répartition des candidats représentant chacun des associés au conseil de surveillance[6]. Cette répartition pourrait être proportionnelle à la fraction du capital qu'ils détiennent. Encore, au sein d'une société comprenant un nombre élevé d'associés, une clause similaire pourrait imposer un nombre déterminé de candidats représentant chacun des

---

[1] V. par ex. l'art. L. 214-86 al. 3 du Code monétaire et financier. Rappr. le pacte Dutreil prévu à l'art. 787 B du Code général des impôts ; *adde* E. KORNPROBST, Cession de droits sociaux (Régime fiscal), Rép. sociétés Dalloz, 2016, n°257.

[2] V. par ex., les art. L. 227-13 et L. 229-11 du Code de commerce.

[3] V. R.-N. SCHÜTZ, Inaliénabilité, Rép. civ. Dalloz, 2021, n°100 et S. SCHILLER, art. préc., n°31.

[4] 1re civ., 31 oct. 2007, n°05-14.238, Bull. 2007, I., n°337 ; *adde* R.-N. SCHÜTZ, art. préc., n°93 et 99, Mémento Groupes de sociétés 2019-2020, Francis Lefebvre, Coll. Mémento pratique, 2019, n°15550 et S. SCHILLER, Pactes d'actionnaires : clauses statutaires et pactes extrastatutaires, art. préc., n°32.

[5] V. Mémento Groupes de sociétés 2019-2020, *ibid.* ; *adde* R.-N. SCHÜTZ, art. préc., n°119 et suiv.

[6] Rappr. J.-D. DREYFUS, M. PELTIER, Société d'économie mixte locale et sociétés publiques locales, Rép. sociétés Dalloz, 2015, n°53.

associés détenant une influence juridique élevée ; le solde des sièges au conseil pourrait être occupé par des candidats proposés à l'issue d'une élection par une assemblée spéciale regroupant l'ensemble des associés non représentés par un candidat unique[1].

En pratique, au sein des sociétés dont les actions sont admises aux négociations sur un marché réglementé, cette obligation de diversité se traduit également par la présence de membres du conseil d'administration ou de surveillance faiblement exposés à certains conflits d'intérêts. Ces membres du conseil sont usuellement qualifiés, par facilité de langage, d'indépendants, de libres d'intérêts ou encore de libres de conflits d'intérêts[2]. L'indépendance en cause est sélective. Ces dirigeants doivent être libres de certains liens d'intérêts spécifiques[3] afin de préserver l'intégrité de leur jugement[4].

Les personnes régulièrement invitées aux réunions d'une collectivité de représentants de l'intérêt social ou siégeant en qualité de censeur[5], doivent faire l'objet d'une attention particulière. Il est à craindre que leur présence ait pour réel objet de contourner une interdiction de surreprésentation.

Les modalités d'adoption des décisions collectives peuvent permettre une dilution d'un intérêt personnel préalablement aux opérations de vote. Ces modalités doivent garantir un concours élevé d'associés et de dirigeants à l'occasion d'une prise de décision collective. Elles s'articulent autour de règles spéciales d'attribution du droit de vote et de quorum.

L'attribution du droit de vote, correspond à la forme sous laquelle l'expression de la volonté individuelle des associés ou des dirigeants sera prise en compte lors d'une prise de décision collective. Elle doit être distinguée des modalités de décompte des voix émises. En principe, cette attribution est égalitaire. Le nombre de voix attribuées est fixe. Il est déterminé en fonction de la personne du représentant de l'intérêt social ou du nombre de titres sociaux qu'il détient. Dans la première hypothèse, chacun des associés ou des dirigeants détient une voix[6]. Dans la seconde hypothèse, chacun des titres sociaux donne droit à une voix ;

---

[1] Rappr. J.-D. DREYFUS, M. PELTIER, art. préc., n°54.

[2] Rappr. V. MAGNIER, art. préc., n°22 et suiv. ; A. VIANDIER, L'administrateur indépendant des sociétés cotées, RJDA, 2008, p.599, spé. n°5 et 6 ; DELGA J., L'administrateur indépendant n'existe pas : « Dangers », D. 2002, p.2858 ; A. COURET, Le gouvernement d'entreprise : la *corporate governance*, art. préc., II, A, 2° et S. SCHILLER, art. préc., n°211 ; J.-Y. TROCHON, Les conflits d'intérêts : aspects de gouvernance, CDE, n°2, 2016, dossier 14, 3., B et B. FRANÇOIS, Rapport sur les administrateurs indépendants, Rev. sociétés, 2015, p.265.

[3] Rappr. en droit britannique, les notes explicatives relatives à la section 175 du *Companies Act 2006 c. 46*, *Explanatory Notes*, section 175, n°341. *Adde* les art. L. 822-11-3 et L. 813-1 du Code de commerce.

[4] Comp. l'alinéa 1 de la section 173 du *Companies Act 2006 c. 46*.

[5] Rappr. R. ROUTIER, Directeur général délégué : directeur technique, Comité de direction, Collège de censeurs, art. préc., n°74 et suiv. et S. SCHILLER, art. préc., n°223.

[6] Par ex., art. 21 al. 1 décret n°78-380 du 15 mars 1978 préc. ; art. R. 743-92 al. 1 du Code de commerce et d'huissier de justice, art. 21 al. 1 décret n°69-1274 du 31 déc. 1969 ; art. L. 225-264 al. 1 du Code de commerce ; art. 1 de la loi n°47-1775 du 10 sept. 1947 ; L. 931-15 al. 1 du Code rural et de la pêche maritime ; L. 6163-4 al. 10 du Code de la santé publique. Rappr. J.-F. TESSLER, L'idéologie coopérative dans le commerce associé, AJ contrat 2020, p.419, n°2.1.4.

par conséquent, les associés ou les dirigeants disposent d'autant de voix qu'ils détiennent de parts sociales ou d'actions[1]. Par exception, au sein de certaines formes sociales et en l'absence de dispositions légales contraires, l'attribution du droit de vote peut être inégalitaire. Plusieurs modalités de répartition des voix entre les associés et les dirigeants existeront au sein d'une même société. En présence d'une société par actions, les droits sociaux emportant dérogation au principe de répartition égalitaire précité seront qualifiés d'actions de préférence[2]. Trois modalités d'attribution inégalitaire peuvent être identifiées.

La première est applicable aux seuls associés. Elle n'attribue aucun droit de vote à un nombre déterminé d'actions ou de parts sociales. Les droits sociaux dépourvus d'un quelconque droit de vote sont une anomalie en ce qu'ils privent l'associé de certains pouvoirs d'exercice collectif. Ils doivent donc représenter une fraction limitée du capital social[3].

La seconde augmente le nombre de voix à émettre par un associé ou un dirigeant[4]. Ce droit de vote dit plural, peut être conditionnel et limité dans le temps. La condition peut affecter son attribution et être liée, par exemple à : une durée minimale d'ancienneté du bénéficiaire au sein de la société[5], une durée minimale de détention des droits sociaux[6], une catégorie spéciale d'apports. La condition peut encore affecter sa mise œuvre ; le droit de vote plural pourrait, par exemple, être limité à certaines décisions ou certaines réunions d'associés ou de dirigeants. Hors dispositions légales spéciales, le droit de vote attaché aux parts sociales ou aux actions ordinaires ne peut être supprimé ou suspendu. Ce principe, fait obstacle à l'application d'une clause dite de stage aux associés propriétaires des droits sociaux précités[7]. Néanmoins, cette clause pourrait être

---

[1] V. par ex. les art. L. 223-28 al. 1, L. 225-122 al. 1 et L. 226-1 al. 2 du Code de commerce. Rappr. C. CHAMPAUD, Le droit français des sociétés à l'aube du XXIe siècle, Rev. sociétés, 2000, p.77, II., n°3. Comp. l'art. 19 al. 1 du décret n°92-680 du 20 juil. 1992 préc. *Adde* l'art. R. 814-120 al. 1 du Code de commerce ; l'art. R. 4113-43 al. 1 du Code de la santé publique et l'art. R. 241-46 al. 1 du Code rural et de la pêche maritime.

[2] V. les art. L. 228-11 et suiv. du Code de commerce. *Adde* R. ARAKELIAN, Action de préférence, Rép. sociétés Dalloz, 2015, n°1 et 7 ; P. LEDOUX, La nature de la préférence, Bull. Joly Sociétés, 2006, n°11, p.1219, n°1 et suiv. et N. RONTCHEVSKY, Un renouvellement des acquis, Le lien capital-pouvoir : la réforme des actions de préférence, Rev. sociétés, 2019, p.605.

[3] Par ex. art. L. 228-11 al. 3 du Code de commerce applicable aux actions de préférence ; v. R. ARAKELIAN, art. préc., n°95 ; P. LEDOUX, art. préc., II., B., 1. et n°1 et Mémento Sociétés commerciales 2022, *op. cit.*, n°67813.

[4] V. l'art. L. 228-11 al. 1 du Code de commerce dans sa rédaction issue de la loi n°2019-486 du 22 mai 2019 préc. Rappr. N. RONTCHEVSKY, art. préc., n°20 et suiv. ; R. ARAKELIAN, art. préc., n°91-1 et Mémento Sociétés commerciales 2022, *op. cit.*, n°67784.

[5] Rappr. par ex., l'art. 59 al. 1 de la loi n°78-763 du 19 juil. 1978 préc.

[6] V. par ex. l'art. L. 225-123 al. 1, L. 226-1 al. 2 et L. 22-10-46 du Code de commerce. Rappr. Y. GUYON, Assemblées d'actionnaires, art. préc., n°185 et suiv. ; Mémento Sociétés commerciales 2022, *op. cit.*, n°47717 et B. FRANÇOIS, Inefficacité des droits de vote double de la loi « Florange » ?, Rev. sociétés, 2019, p.284. *Adde* Mémento Sociétés civiles 2022, Francis Lefebvre, Coll. Mémento pratique, 2021, n°9110.

[7] Cette clause a pour objet de temporairement suspendre le droit de vote d'un nouvel associé. Elle pourrait en revanche s'appliquer aux droits sociaux de préférence émis temporairement sans droit

remplacée par un mécanisme de droit de vote multiple. À côté des droits sociaux ordinaires, des parts sociales ou actions à droits de vote multiple pourraient être attribuées à l'ensemble des associés et avoir pour objet de prévenir certains conflits d'intérêts.

La troisième diminue ou plafonne le nombre de voix pouvant être émis par un associé ou un dirigeant[1]. À l'instar du droit de vote plural, cette modalité d'attribution peut faire l'objet de conditions et restrictions temporelles ou encore venir en renfort d'un mécanisme préventif[2]. Elle peut, notamment, s'appliquer de manière globale à l'ensemble d'une réunion[3] ou être conditionnée à l'objet d'une résolution[4].

La dilution d'un intérêt personnel, préalablement aux opérations de vote, peut également être obtenue grâce au quorum. Le quorum se définit comme le nombre minimum de représentants de l'intérêt social présent pour que la collectivité à laquelle ils appartiennent puisse valablement délibérer. Il correspond au niveau de représentativité des associés et des dirigeants à l'occasion d'une prise de décision collective. Le quorum pourrait être calculé de manière hybride en tenant compte à la fois de la personne des associés[5] et d'un nombre déterminé de droits sociaux[6] ou d'une fraction du capital social détenue[7]. La prise en compte des associés et des dirigeants représentés devrait être limitée afin de privilégier la

---

de vote. En ce sens Mémento Assemblées générales 2022-2023, Francis Lefebvre, Coll. Mémento pratique, 2022, n°56820.

[1] Cette modalité d'attribution doit être distinguée des plafonds appliqués au droit de vote lors du calcul de la majorité requise pour l'adoption d'une décision collective. Pour un ex. légal d'attribution réduite du droit de vote, v. l'art. R. 4113-43 al. 2 du Code de la santé publique.

[2] Par ex., le nombre total maximal des voix exerçables pourrait être égal au montant plafond de la fraction du capital social ou des droits de vote que les associés ou les dirigeants ne peuvent franchir.

[3] Le nombre total maximal des voix exerçables au cours d'une réunion peut être égal au nombre total des voix détenues par un associé ou un dirigeant. Par ex., un associé dispose de 100 parts sociales donnant droit à 100 voix pouvant être exercées non sur chacune des résolutions mais sur l'ensemble de la réunion d'associés. Le nombre total maximal des voix exerçables peut encore être proratisé en fonction du nombre de résolutions inscrites à l'ordre du jour ; ce nombre est obtenu en divisant le nombre total des voix détenues par le nombre total de points inscrits à l'ordre du jour. Dans le prolongement de l'ex. précédent, si l'ordre du jour d'une réunion comporte 10 résolutions, l'associé pourra exercer jusqu'à 10 voix par résolutions.

[4] Par ex., nonobstant le nombre total des voix détenues par chacun des associés ou des dirigeants, le nombre de voix exerçables pourrait être limité en présence d'une décision ayant pour objet ou pour effet de modifier les statuts de la société.

[5] V. par ex., au sein des sociétés anonymes, l'alinéa 1 des art. L. 225-37 et L. 225-82 du Code de commerce ; *adde* Mémento Sociétés commerciales 2022, *op. cit.*, n°40720 et 44700. Rappr. S. SCHILLER, art. préc., n°168.

[6] Peuvent être pris en compte les droits sociaux avec ou sans droit de vote. V. par ex. les art. L. 225-96 al. 2, L. 225-98 al. 2, L. 225-99 al. 3, L. 22-10-31, L. 22-10-32, L. 22-10-33, L. 226-1 al. 2, L. 223-29 al. 1et 2, L. 223-30 al. 2 et 3, du Code de commerce. *Adde* Mémento Sociétés commerciales 2022, *op. cit.*, n°32790, n°32872 et n°47550.

[7] V. par ex. l'art. L. 222-9 al. 2 du Code de commerce ; rappr. D. GIBIRILA, Société en nom collectif, art. préc., n°121.

présence effective physique ou virtuelle[1]. Un seuil maximal d'associés ou de dirigeants représentés peut être arrêté en fonction du nombre d'individus composant la collectivité en cause. Par exemple, une disposition légale ou conventionnelle pourrait interdire la représentation entre associés lorsque la société en comporte seulement deux[2].

Contrairement à l'unanimité des suffrages exprimés, l'unanimité des associés ou des dirigeants impose, en principe, la présence de l'ensemble des personnes composant la collectivité en cause[3]. Par exception, une disposition légale ou conventionnelle pourrait prendre en compte les associés ou les dirigeants représentés. L'unanimité des associés ou des dirigeants induit un quorum calculé par personne particulièrement exigeant.

Les modalités d'adoption des décisions collectives peuvent permettre une dilution d'un intérêt personnel au cours et à l'issue des opérations de vote. Ces modalités proscrivent l'adoption d'une décision collective par l'expression de volonté d'un seul associé ou dirigeant. Elles s'articulent autour d'une combinaison de règles spéciales de calcul de la majorité. Ces règles se décomposent en trois temps. Le premier consiste à déterminer la majorité requise. Le second limite le nombre de voix auquel la règle de majorité sera appliquée. Le troisième est relatif à la détermination de la masse totale des voix comptabilisées.

Déterminer la majorité requise implique d'identifier le nombre de voix nécessaire pour qu'un projet de résolution ou point à l'ordre du jour soit adopté ou rejeté. En pratique, sont usuellement utilisées les majorités absolue et qualifiée. La première requiert la moitié des voix plus une[4]. La seconde impose un nombre de voix plus important[5]. L'unanimité des associés ou des dirigeants impose, d'une part, que ces derniers soient présents ou représentés[6], et, d'autre part, qu'ils émettent un vote identique. L'unanimité des voix exprimées, c'est-à-dire l'identité des voix émises, est assimilable à une forme de majorité qualifiée.

La limitation des voix comptabilisées consiste à plafonner les voix pouvant être émises par un associé ou un dirigeant à l'occasion d'une prise de décision collective. Cette limitation permet notamment de corriger une répartition

[1] La présence virtuelle doit être assurée par des moyens de télécommunications garantissant une participation effective en temps réel des associés ou des dirigeants. Par ex., au sein des sociétés anonymes, v. les art. L. 225-37 al. 2 et L. 225-82 al. 3 du Code de commerce.

[2] V. notamment au sein des sociétés à responsabilité limitée, l'art. L. 223-28 al. 2 du Code de commerce.

[3] V. spé. 3ème civ., 5 janv. 2022, n°20-17.428, Bull. 2022. Rappr. CA Versailles, 12ème ch., sect. 2, 24 févr. 2005, n°03/7294, *SAS Cril Technology et a. c/ Boudineau*. Par ex., au sein de toute société, les décisions ayant pour effet d'augmenter les engagements des associés doivent être adoptées à l'unanimité de ces derniers, art. 1836 al. 2 du Code civil, cette règle est d'ordre public. *Adde* les art. L. 223-30 al. 1, L. 222-9 al. 1, L. 223-43 al. 1, L. 225-245 al. 1, L. 226-1 al. 2, L. 227-3, L. 227-19 al. 1 et L. 225-147 al. 1 du Code de commerce.

[4] V. par ex., les art. L. 223-29 al. 1 et 2, L. 225-98 al. 3 et L. 226-1 du Code de commerce. *Adde* les art. L. 225-37 al. 1 et L. 225-82 al. 1 du même Code.

[5] V. par ex. l'art. L. 223-30 al. 2 et 3 du Code de commerce.

[6] V. par ex. les art. 1836, al. 1, 1844-6, al. 1, 1852 du Code civil.

inégalitaire du droit de vote et de rétablir un certain équilibre entre les influences juridiques individuelles. Elle permet encore de faire obstacle à la détention d'une majorité de fait. Le plafond peut être exprimé en nombre fixe ou en pourcentage de voix[1]. Exprimé en pourcentage, le plafond peut notamment être calculé à partir : du nombre total des droits de vote[2] ; du nombre des droits de vote exerçables, à l'exclusion des droits de vote suspendus[3] ; du nombre des droits de vote nécessaires pour atteindre les quorums définis ; du nombre des suffrages exprimés, c'est-à-dire l'ensemble des droits de vote détenus par les personnes présentes ou représentées, à l'instar de ceux exercés à distance. Par exemple, la formule S*(P)/100 permet de limiter le droit de vote en fonction du taux de participation à une réunion. (S) désigne le seuil exprimé en pourcentage au-delà duquel les droits de vote ne sont pas comptabilisés. Ce seuil est appliqué à la participation (P) calculée en additionnant l'ensemble des voix des personnes présentes, représentées, ayant donné pouvoir au président ou voté par correspondance. Appliquée aux associés, en principe, cette limitation devrait porter sur l'ensemble des parts sociales ou actions ayant droit de vote[4]. Par exception, elle pourrait être appliquée à une même catégorie de droits sociaux[5]. Un tel seuil spécial pourrait coexister avec une limitation générale des voix.

La détermination de la masse des voix à laquelle seront appliquées les règles de majorité impose de traiter le sort des abstentions, des votes blancs ou nuls. Lorsque les décisions collectives sont adoptées à la majorité des suffrages exprimés, les abstentions et les votes blancs ou nuls ne sont pas pris en compte pour le calcul de la majorité[6]. Au contraire, lorsqu'elles sont adoptées à la majorité des personnes présentes ou représentées, les abstentions et les votes blancs ou nuls sont assimilés à des votes d'opposition et sont pris en compte pour le calcul de la majorité[7]. L'impact pratique de cette distinction n'est pas nul. En appliquant la première méthode de calcul, certaines décisions pourront être adoptées alors qu'elles auraient été rejetées en appliquant la seconde. La masse des voix peut

---

[1] Par ex., les statuts d'une société pourraient limiter à trente le nombre de voix à émettre par un associé ou un dirigeant. Ils pourraient encore fixer cette limite à 25% des suffrages exprimés. Rappr. Mémento Sociétés commerciales 2022, *op. cit.*, n°47712.

[2] Le seuil maximal des droits de vote comptabilisés pourrait ainsi correspondre au plafond limitant l'influence individuelle des associés ou des dirigeants. Il pourrait, par ex., être fixé à 25% du capital social ou des droits de vote. Rappr. l'art. 19 octies al. 4 de la loi n°47-1775 du 10 sept. 1947 préc.

[3] Par ex., 25% des droits de vote auquel est retranché l'ensemble des droits sociaux auto-détenus ou faisant l'objet d'une suspension légale du droit de vote.

[4] V. par ex. les art. L. 225-125 et L. 226-1 al. 2 du Code de commerce.

[5] Par ex., au sein d'une société civile dont le capital est divisé en deux catégories de parts sociales, les statuts pourraient limiter le nombre de voix des seules parts sociales conférant aux associés un droit de vote multiple.

[6] V. par ex. l'alinéa 3 des art. L. 225-96 et 98 du Code de commerce.

[7] CA Douai, 2ème ch., 17 nov. 1994, n°94/06333, *Cunin c/ Sté Holding de Services Industriels*. Dans sa rédaction antérieure à la loi n°2019-744 du 19 juil. 2019 préc., l'alinéa 3 des art. L. 225-96 et 98 du Code de commerce disposait que la majorité des assemblées générales était calculée à partir du nombre de voix dont disposaient « *les actionnaires présents ou représentés.* ».

encore intégrer celles émises sur le fondement d'une procuration rédigée sans indication de mandataire et réputée accordée à la société[1].

Ces mécanismes peuvent être renforcés au moyen d'un dispositif de vote à bulletin secret[2]. Le secret est garanti par la mise à disposition des votants de trois types de bulletins de vote et portant l'inscription : pour, contre ou abstention ; il peut encore être assuré lorsque la centralisation, le dépouillement et le décompte des votes sont réalisés par un commissaire de justice, un avocat ou tout autre membre d'une profession libérale astreinte à des obligations déontologiques strictes. Ce dispositif pourrait s'appliquer à certaines réunions et décisions identifiées ou s'imposer à la demande d'un votant. Le caractère secret des opérations de vote, limite l'exposition des votants à d'éventuelles représailles en raison de l'opposition ou du soutien aux résolutions qu'ils auraient manifesté. Ce mécanisme de vote prévient ainsi l'apparition de conflits d'intérêts affectant les associés ou les dirigeants, par emprise d'un intérêt moral caractérisé par une souffrance morale évitée.

En l'absence de dispositions légales impératives, le quorum et la majorité peuvent être renforcés en fonction de l'objet des réunions ou des décisions. Ils pourraient spécialement être aggravés en présence : de décisions ayant pour effet de réorienter l'intérêt social[3] ; de décisions affectant les dispositifs d'information, de prévention et de gestion des conflits d'intérêts[4].

Ces décisions pourraient être adoptées à l'unanimité des associés ou des dirigeants. L'unanimité devrait être limitée aux décisions insusceptibles d'engendrer une paralysie de la gestion sociale. Afin de prévenir tout blocage du fonctionnement de la société, la règle d'unanimité peut être expressément écartée par une disposition légale[5]. À défaut, un système de double convocation pourrait être mis en place. Les règles de quorum et de majorité les plus restrictives pourraient être appliquées sur première convocation ; sur seconde convocation, des règles plus souples pourraient être retenues afin de garantir l'adoption des décisions nécessaires au fonctionnement de la société.

L'unanimité des associés devrait *a minima* être observée pour modifier l'ensemble des dispositions statutaires aménageant le droit de vote ou renforçant les quorums et majorités en présence d'un conflit d'intérêts. Cette sécurité préventive fait ainsi obstacle à toute modification opportuniste des mécanismes d'adoption des décisions collectives par un associé détenant à lui seul la majorité absolue ou qualifiée des voix.

---

[1] V. par ex. l'art. L. 225-106 al. 7 du Code de commerce. Rappr. Mémento Sociétés commerciales 2022, *op. cit.*, n°47800 et 47801.

[2] Ce dispositif est compatible avec les dispositions légales ou réglementaires imposant qu'il soit fait mention du résultat des votes sur le procès-verbal de la réunion d'associés ; v. en ce sens 3ème civ., 12 mai 2021, n°19-21.725, inédit.

[3] Au moyen, par ex., d'une modification du préambule des statuts, de l'objet social de la société ou de sa raison d'être statutaire.

[4] Par ex., les décisions d'agrément de nouveaux intérêts extérieurs à la société ou encore les décisions ayant pour objet d'autoriser ou ratifier un conflit d'intérêts.

[5] V. par ex. l'art. L. 223-30 al. 3 du Code de commerce.

L'agrément préalable au renfort de l'influence juridique est une procédure par laquelle les associés ou les dirigeants acceptent sans condition ou refusent l'accroissement des pouvoirs d'exercice collectif d'un coassocié ou d'un codirigeant. Cette procédure s'applique préalablement à l'octroi d'un nouveau pouvoir d'exercice collectif ou au renfort de tels pouvoirs. Cet agrément exclut de son champ d'application les personnes tierces au pacte social et se distingue donc de l'agrément d'intérêts extérieurs à la société. Cette procédure peut porter, par exemple, sur l'attribution d'une voix prépondérante à un dirigeant ou encore l'augmentation du nombre de voix dont dispose un codirigeant, une cession de droits sociaux entre associés. En pratique, sont davantage visées les cessions de droits sociaux entre associés. L'agrément des cessions de droits sociaux entre associés peut faire l'objet, d'une part, de dispositions légales contraignantes[1] ou supplétives de volonté[2] et, d'autre part, de dispositions conventionnelles.

### Conclusion du paragraphe 1

Les interdictions déduites de l'influence juridique des associés ou des dirigeants empêchent la formation d'un nombre limité de conflits d'intérêts. En revanche, elles font obstacle à la capacité pour un représentant de l'intérêt social en conflit d'intérêts d'en opérer, seul ou de concert, la résolution. Ces mécanismes préventifs interdisent principalement la détention de l'ensemble des pouvoirs sociaux et le contrôle des décisions collectives par une seule personne. Ils empêchent toute réorientation arbitraire de l'intérêt social par une personne et limitent le risque d'adoption de décisions collectives défavorables à la société. Ils sont ainsi susceptibles de prévenir l'apparition des conflits d'intérêts les plus graves. Paradoxalement, ces mécanismes peuvent occasionner une démultiplication des conflits d'intérêts causée par la division du pouvoir entre un plus grand nombre d'associés et de dirigeants. Cependant, cette démultiplication s'accompagne d'une diminution de leur gravité. En complément, ces interdictions peuvent être complétées par des interdictions déduites de l'objet des conflits d'intérêts.

## §2 - Interdictions et objet du conflit d'intérêts

La prévention des conflits d'intérêts peut s'articuler autour de leur objet. Des interdictions peuvent être déduites des supports juridiques du conflit d'intérêts (A) ou être induites par la restriction statutaire de l'objet social (B).

---

[1] V. par ex., les art. L. 221-13 al. 2 et L. 222-8 al. 1 du Code de commerce ; l'art. 76 et 92 de l'ordonnance n°2023-77 du 8 févr. 2023 ; l'art. 4 de la loi n°86-897 du 1er août 1986. Comp. l'art. 31-1, I, b, 1° de l'ordonnance n°2014-948 du 20 août 2014. *Adde* C. VAUTROT-SCHWARZ, La gouvernance et les opérations sur le capital des sociétés à participation publique, AJDA, 2015, p.2200 ; M. LORDONNOIS, L'ordonnance du 20 août 2014 sur les sociétés à participation publique : état des lieux après la loi Macron, RFDA, 2016, p.94 et S. BERNARD, La réforme des mécanismes de protection des entreprises stratégiques, AJDA, 2019, p.1285.

[2] V. par ex., l'art. 1861 al. 2 du Code civil, l'al. 1 des art. 1867 et 1686 du même Code et l'art. R. 233-6 al. 4 du Code des procédures civiles d'exécution ; *adde* les art. L. 223-16, L. 228-23 al. 1 et 2, les al. 1 et 2 des art. L. 228-23 et L. 226-1 du Code de commerce.

### *A - Interdictions déduites des supports juridiques du conflit d'intérêts*

La prévention des conflits d'intérêts peut s'opérer à travers des interdictions faites aux associés ou aux dirigeants de réaliser des faits matériels, des actes ou des faits juridiques identifiés. Peuvent être visés les faits et actes ayant un impact sur le patrimoine social ou sur l'ensemble des biens détenus par les associés d'une société non personnifiée. Ces interdictions gagnent en précision juridique en comparaison avec les restrictions déduites de liens d'intérêts. Elles peuvent être affinées au regard du type et de la gravité des faits ou des actes juridiques qui pourraient faire l'objet d'un conflit d'intérêts.

Les restrictions peuvent avoir pour objet d'interdire aux associés ou aux dirigeants d'exercer leurs pouvoirs aux fins de réaliser des actes juridiques et des faits matériels ou juridiques relevant d'une catégorie spécifique. Elles peuvent être d'origine légale, jurisprudentielle ou conventionnelle. À partir de faits matériels ou juridiques, il peut par exemple être interdit aux associés ou aux dirigeants : de gérer les déclarations de conflits d'intérêts ; d'appliquer des mesures de représailles à l'encontre d'un lanceur d'alerte ayant révélé un conflit d'intérêts[1] ; de divulguer à des tiers une quelconque information sociale[2] ; d'user à titre gratuit des biens de la société ; de recevoir des cadeaux de la part de tiers à la société[3] ; de sélectionner et proposer à la nomination des candidats dirigeants ; d'initier et conduire des pourparlers ; de rédiger des projets d'actes juridiques ; pour un dirigeant, de participer à l'élaboration d'une politique de rémunération dont il bénéficiera. Issue de ce type d'interdiction, la pratique a couramment recours à l'obligation de non-concurrence. L'obligation de loyauté à laquelle sont tenus les dirigeants, leur interdit d'exercer une activité concurrente à celle de la société[4]. Hors stipulation contraire ou actes de concurrence déloyaux, cette obligation de non-concurrence ne s'impose pas, de plein droit, aux associés[5] quand bien même ils seraient débiteurs d'une obligation de loyauté à l'égard de la société. Cette différence de traitement juridique peut s'expliquer, notamment, en raison de l'étendue des pouvoirs légaux dont sont investis les associés et les dirigeants. Contrairement au dirigeant, l'associé ne définit pas nécessairement la stratégie sociale et ne gère pas quotidiennement la société. Si tel devait être le cas, il pourrait être admis qu'un associé puisse être débiteur de plein droit d'une obligation de non-concurrence à l'égard de la société[6]. À partir d'actes juridiques,

---

[1] V. par ex. l'art. L. 861-3, II, du Code de la sécurité intérieure.

[2] V. spé. les mécanismes d'organisation interne faisant obstacle à la transmission d'informations ou de renseignements, autrement désignés par les termes de murailles de Chine ; rappr. P.-F. CUIF, art. préc., n°54. Comp. la délibération n°2020-163 du 8 sept. 2020, préc., n°11.

[3] Rappr. en droit britannique la section 176 du *Companies Act 2006 c. 46*.

[4] En ce sens Cass. com., 15 nov. 2011, n°10-15.049, préc. Rappr. Y. PICOD, Y. AUGUET, M. GOMY, Concurrence : obligation de non-concurrence, Rép. com. Dalloz, 2020, n°78.

[5] En ce sens Cass. com., 15 nov. 2011, n°10-15.049, préc. ; Com., 19 mars 2013, n°12-14.407, inédit ; Cass. com., 3 mars 2015, n°13-25.237, inédit ; Cass. com., 10 sept. 2013, n°12-23.888, Bull. 2013, IV, n°131 ; *Adde* Y. PICOD, Y. AUGUET, M. GOMY, art. préc., n°76.

[6] Rappr. Cass. com., 5 oct. 2004, n°02-17.375, inédit. *Adde* Y. PICOD, Y. AUGUET, M. GOMY, art. préc., n°80.

il peut par exemple être interdit aux associés ou aux dirigeants : de conclure au nom de la société une garantie ou une quelconque sûreté pour le compte d'un représentant de l'intérêt social[1] ; de conclure un contrat de travail avec la société ; de réaliser un acte de gestion externe[2] ; d'acquérir des droits sociaux de préférence[3] ou les droits sociaux d'un associé cédant ; d'acquérir un actif de la société[4] ; de réaliser un acte d'apport en industrie[5] ; d'acquérir des instruments financiers de couverture portant sur des actions et options reçues en rémunération.

Les interdictions préventives peuvent être déterminées en fonction de la gravité des faits matériels, des actes et des faits juridiques. Ces restrictions ont pour objet d'interdire aux associés ou aux dirigeants d'exercer leurs pouvoirs aux fins de réaliser des actes juridiques et des faits matériels ou juridiques dotés d'une incidence économique ou juridique élevée. Cette incidence sera appréciée au départ du patrimoine social ou de l'ensemble des biens détenus par les associés d'une société non personnifiée. Elles peuvent être d'origine légale, jurisprudentielle ou conventionnelle par l'intermédiaire d'obligations de résultat. À partir de faits matériels ou juridiques, il peut par exemple être interdit aux associés ou aux dirigeants de divulguer des informations classées très sensibles[6]. Ou encore de réaliser des faits matériels de concurrence déloyale. D'origine jurisprudentielle, cette dernière interdiction affecte indistinctement les dirigeants[7] et les associés[8]. À partir d'actes juridiques, il peut par exemple être interdit aux associés ou aux dirigeants : de conclure des actes juridiques ayant un caractère léonin[9] ; d'adopter des décisions collectives ayant pour effet d'augmenter les

---

1 Rappr. les art. L. 225-43 al.3, L. 225-91 al.2, L. 229-7 al. 1, L. 227-12, L. 226-10, L. 223-21 du Code de commerce. *Adde* G. GAEDE, Conventions réglementées, Rép. sociétés Dalloz, 2021, n°213 et suiv.

2 V. les art. L. 222-6 et L. 226-1 al. 2 du Code de commerce.

3 Rappr. les art. L. 228-35-8 et L. 245-4 du Code de commerce. *Adde* P. DELEBECQUE, F.-J. PANSIER, Administrateur (Sociétés), art. préc., n°52 et P. LE CANNU, S. KOUHAIZ, Directoire et conseil de surveillance, Rép. sociétés Dalloz, 2022, n°36.

4 V. par ex., l'art. L. 237-7 du Code de commerce.

5 V. les art. L. 222-1 al. 2, L. 226-1 al. 2 et L. 225-3 al. 4 du Code de commerce.

6 Rappr. par ex., l'art. 49 du règlement (CE) n°2157/2001 du Conseil du 8 oct. 2001 préc.

7 Rappr. Cass. com., 24 févr. 1998, n°96-12.638, préc.

8 Sauf stipulation contraire, l'associé n'est pas, en cette qualité, tenu de s'abstenir d'exercer une activité concurrente de celle de la société et doit seulement s'abstenir d'actes de concurrence déloyale, v. Cass. com., 15 nov. 2011, n°10-15.049, préc., Com., 19 mars 2013, n°12-14.407, préc., Cass. com., 3 mars 2015, n°13-25.237, préc., Cass. com., 10 sept. 2013, n°12-23.888, préc.

9 V. l'art. 1844-1 du Code civil. *Adde* Com., 20 mai 1986, n°85-16.716, Bull. 1986, IV, n°95, p.81. Cette jurisprudence a été étendue par la chambre commerciale de la Cour de cassation : aux cessions conclues à prix planché et dont l'exécution est échelonnée dans le temps Com., 10 janv. 1989, n°87-12.155, Bull. 1989, IV, n°19, p.11 ; aux promesses croisées de rachat et de vente libellées en des termes identiques, Cass. com., 24 mai 1994, n°00-22.713, Bull. 1994, IV, n°189, p.151 ; aux promesses unilatérales d'achat conclues entre un associé et un bailleur de fonds dans le cadre d'opérations de capital-investissement, Com., 16 nov. 2004, n°00-22.713, Bull. 2004, IV, n°197, p.224 ; aux promesses unilatérales de rachat conclues entre associés, dont l'option ne peut être levée qu'à l'expiration d'un certain délai et pendant un temps limité, Cass. com., 22 févr. 2005, n°02-14.392, Bull. 2005, IV, n°37, p.42.

engagements des associés[1] ; d'adopter des décisions collectives ayant pour objet de distribuer un dividende fictif[2] ou supérieur à un seuil déterminé[3] ; d'introduire une clause statutaire « *ayant pour effet de subordonner l'exercice de l'action sociale à l'avis préalable ou à l'autorisation de l'assemblée, ou qui comporterait par avance renonciation à l'exercice de cette action* »[4] ; d'adopter une décision par les associés ayant pour effet d'éteindre une action en responsabilité contre les dirigeants sociaux pour la faute commise dans l'accomplissement de leur mandat[5] ; de conclure des actes de disposition portant sur des biens sociaux stratégiques ; d'opérer un transfert de propriété par quelque moyen que ce soit d'un actif social d'une valeur égale ou supérieure à 150 000 EUR.

En principe, les restrictions précitées cessent lorsque la personne en cause perd la qualité de représentant de l'intérêt social. Par exception, ces interdictions peuvent être artificiellement maintenues lorsque leur transgression est postérieure à la perte de la qualité d'associé ou de dirigeant et qu'elle repose sur des faits matériels préparatoires antérieurs à cette perte. Par exemple, un dirigeant souhaite faire concurrence à la société qu'il dirige après avoir démissionné, notamment, en recrutant les salariés de cette dernière. Pour ce faire, préalablement à sa démission, il délie les salariés de leur clause de non-concurrence. Ces faits sont constitutifs d'une transgression de l'obligation de loyauté et de l'obligation de non-concurrence du dirigeant en cause[6].

Le cas échéant, certaines de ces interdictions peuvent être conventionnellement maintenues postérieurement à la perte de la qualité d'associé ou de dirigeant. À condition d'avoir pour objet la protection de l'intérêt social et d'être proportionnée par rapport au but poursuivi, la licéité de ces interdictions étendues peut être admise. En droit des sociétés, la jurisprudence admet la validité des clauses de non-concurrence liant la société à un ancien représentant de l'intérêt social. Ces clauses sont licites à condition : d'avoir pour objet la protection d'intérêts légitimes[7] ; d'être cumulativement limitées dans le temps et dans l'espace[8] ; de ne pas apporter une restriction excessive à la liberté

---

[1] Art. 1836 al. 2 du Code civil ; rappr. Cass. civ., 9 févr. 1937 ; *adde* F. RIZZO, Le principe d'intangibilité des engagements des associés, RTD com., 2000, p.27, n°3.

[2] V. art. L. 232-12 al. 3 du Code de commerce. V. les art. L. 241-3, 2°, L. 248-1, L. 242-30 al. 1, L. 242-6, 1°, L. 243-1, L. 244-1, L. 244-4 et L. 245-16 du même Code.

[3] Rappr. l'art. L. 232-14 al. 1 du Code de commerce.

[4] V. l'art. 1843-5 al. 2 du Code civil ; L. 223-22 al. 4 et L. 225-253 al. 1 du Code de commerce.

[5] V. l'art. 1843-5 al. 3 du Code civil ; L. 223-22 al. 5 et L. 225-253 al. 2 du Code de commerce.

[6] V. spé. Cass. com., 24 févr. 1998, n°96-12.638, préc. *Adde* Com., 17 mars 2015, n°14-11.463, inédit.

[7] V. notamment Soc., 14 mai 1992, n°89-45.300, Bull. 1992, V, n°309, p.193 ; Com., 14 nov. 1995, n°93-16.299, inédit et Cass. 1re civ., 11 mai 1999, n°97-14.493, Bull. 1999, I, n°156 p.103. *Adde* Y. PICOD, Y. AUGUET, M. GOMY, art. préc., n°105 et P. LE TOURNEAU, M. POUMAREDE, Contrat et période post-contractuelle, *in* P. LE TOURNEAU (dir.), Dalloz action Droit de la responsabilité et des contrats, 2021-2022, n°3113.42.

[8] V. notamment Cass. soc., 10 juil. 2002, n°99-43.334, n°00-45.135 et n°00-45.387, Bull. 2002, V, n°239, p.234, Com., 12 févr. 2013, n°12-13.726, inédit et Cass. com., 8 oct. 2013, n°12-25.984, inédit.

d'exercice de la profession en cause[1] ; d'être proportionnées par rapport à l'objet du contrat[2]. Hors contrat de travail liant la société au représentant de l'intérêt social en cause, le paiement d'une contrepartie financière ne fait pas partie des conditions de validité d'une clause de non-concurrence[3]. Ainsi, par exemple, pourrait être conventionnellement maintenue : l'obligation de non-concurrence de dirigeants sociaux ; l'interdiction de révéler certaines informations sociales sensibles non-stratégiques[4] ; l'interdiction d'utiliser à titre professionnel des biens sociaux donnés au départ de la société.

*B - Interdictions induites par la restriction statutaire de l'objet social*

Limiter l'objet social statutaire a pour effet d'interdire l'accomplissement par la société de certains faits matériels, actes ou faits juridiques. Les associés sont libres d'apporter une quelconque restriction à l'objet social, pour autant que ce dernier demeure licite[5]. Ces restrictions réduisent le nombre d'opérations pouvant être réalisées par un associé ou un dirigeant au soutien de son intérêt personnel ou celui d'une personne liée[6].

La limitation de l'objet social peut être réalisée par exclusion. Par exemple, une société a pour objet la détention d'un bien immobilier unique identifié ; par exclusion n'entre pas dans son objet social l'ensemble des actes ayant pour objet ou pour effet de faire sortir le bien en cause du patrimoine social ou du patrimoine d'un associé d'une société non personnifiée. Cette limitation peut également être obtenue au moyen d'interdictions expresses. Par exemple, une société a pour objet la gestion exclusive d'un bien immobilier identifié à l'exclusion de tout acte de disposition ayant pour effet de transférer la propriété de ce bien à une quelconque personne.

La restriction statutaire de l'objet social limite la capacité de jouissance des sociétés personnifiées. Elle permet également d'affiner l'identification des contours de l'intérêt social des sociétés personnifiées ou non. Paradoxalement, cette restriction a pour effet d'augmenter le risque d'atteinte à l'intérêt social et augmente donc la gravité des conflits d'intérêts. Toutefois, cet effet se trouve compensé en ce que la restriction de l'objet social permet un déclenchement facilité des traitements coercitifs des conflits d'intérêts.

Les interdictions induites par la limitation de l'objet social s'imposent aux dirigeants, aux associés et aux tiers au pacte social. Ces interdictions sont dotées

---

[1] V. par ex. Com., 29 mai 1980, n°79-10.323, Bull. com., 1980, IV, n°220, Cass. soc., 18 déc. 1997, n°95-43.409, Bull. 1997, V, n°459, p.327, Cass. 1re civ., 11 mai 1999, n°97-14.493, préc., Cass. com., 4 juin 2002, n°00-15.790, inédit et Cass. com., 4 juil. 2006, n°03-19.900, inédit.

[2] V. notamment Cass. com., 4 janv. 1994, n°92-14.121, Bull. 1994, IV, n°4, p.4, Com., 16 déc. 1997, n°96-10.859, Bull. 1997, IV, n°338, p.294 et Cass. com., 4 juin 2002, n°00-15.790, préc.

[3] En ce sens v. notamment Com., 11 mars 2014, n°12-12.074, inédit. V. également Cass. soc., 10 juil. 2002, n°99-43.334, n°00-45.135 et n°00-45.387, préc. *Adde* Y. PICOD, Y. AUGUET, M. GOMY, art. préc., n°118 et suiv., P. LE TOURNEAU, M. POUMAREDE, art. préc., n°3113.45.

[4] Comp. l'art. 49 du règlement (CE) n°2157/2001 du Conseil du 8 oct. 2001 préc.

[5] V. les art. 6 et1833 al. 1 du Code civil.

[6] Rappr. Mémento Sociétés civiles 2022, *op. cit.*, n°816.

d'une portée externe à la société, contrairement aux restrictions statutaires portant sur l'influence juridique ou l'objet du conflit d'intérêts[1]. Au sein des sociétés civiles, des sociétés en nom collectif et des sociétés en commandite simple, les restrictions liées à l'objet social s'imposent de plein droit aux tiers[2]. Toutefois, au sein des sociétés à responsabilité limitée et par actions, elles ne s'imposent qu'aux tiers ayant expressément connaissance de ces restrictions ou ne pouvant les ignorer[3].

La restriction statutaire de l'objet social peut être complétée par des interdictions légales spéciales. Ces interdictions légales sont nombreuses et éparses. Elles peuvent être divisées en deux catégories générales. La première regroupe l'ensemble des dispositions ayant pour objet ou pour effet d'entraver le libre accès à des secteurs d'activités protégées. Appartiennent notamment à cette catégorie les dispositions légales interdisant l'exercice de certaines activités[4] ou soumettant leur exercice à un agrément ou à une autorisation[5]. La seconde regroupe l'ensemble des dispositions ayant pour objet ou pour effet de prohiber la réalisation d'opérations ou la conclusion d'actes déterminés[6]. L'ensemble de ces interdictions légales participe à la restriction de la capacité de jouissance des sociétés.

### Conclusion du paragraphe 2

Les interdictions déduites de l'objet des conflits d'intérêts font principalement obstacle à l'apparition des conflits dont la résolution pourrait avoir un grave impact sur la société. C'est-à-dire les conflits d'intérêts dotés d'un impact préjudiciable sur le patrimoine de la société personne morale ou sur celui des associés lorsque la société n'est pas immatriculée.

## Conclusion de la section II

Les interdictions déduites de la gravité des conflits d'intérêts limitent le rapprochement juridique entre un intérêt personnel et l'intérêt social au moyen de faits matériels, d'actes ou de faits juridiques. Elles peuvent être combinées et requièrent des informations précises relatives aux modalités d'adoption individuelle ou collective des décisions sociales. Leur transgression occasionne

---

[1] V. l'art. 1849 al. 3 du Code civil ; adde l'art. L. 223-18 al. 6 et les alinéas 3 des art. L. 221-5, L. 225-56, L. 225-64 et L. 226-7 du Code de commerce. Il importe peu que les tiers aient eu ou non connaissance des clauses limitant les pouvoirs des dirigeants, v. en ce sens Com., 2 juin 1992, n°90-18.313, Bull. 1992, IV, n°213, p.149 et Cass. 3ème civ., 24 janv. 2001, n°99-12.841, Bull. 2001, III, n°10, p.9. *Adde* A. TADROS, Regard critique sur l'intérêt social et la raison d'être de la société dans le projet de loi PACTE, art. préc., n°30.

[2] V. l'art. 1849 al. 1 du Code civil et l'art. L. 221-5 al. 1 du Code de commerce.

[3] V. les art. L. 225-56 al. 2, L. 225-64 al. 2 et L. 223-18 al. 5 du Code de commerce.

[4] Rappr. les art. L. 2341-1, L. 2341-2, L. 2343-2 et L. 2344-2 du Code de la défense.

[5] V. par ex. l'art. L. 2332-1 al. 1er du Code de la défense ; les art. L. 612-9 et suiv., L. 320-1 et suiv. du Code de la sécurité intérieure. Rappr. l'al. 1 de l'art. 1 et 40 de l'ordonnance n°2023-77 du 8 févr. 2023.

[6] V. par ex. l'art. 11-4 al. 3 de la loi n°88-227 du 11 mars 1988 ; *adde* l'art. L. 52-8 al. du Code électoral. ; l'art. 1 al. 1 et l'art. 2 de la loi n°86-18 du 6 janv. 1986 préc.

principalement l'application des sanctions affectant le support juridique des conflits d'intérêts. L'ensemble de ces mécanismes préventifs se concentrent autour de l'exercice du pouvoir. Dans un premier temps, ils régulent l'étendue des pouvoirs attribués aux associés et dirigeants. Dans un second temps, ils limitent l'exercice des pouvoirs en fonction de l'objet sur lequel ils portent. Ils réduisent le risque d'apparition de conflits d'intérêts directs ou indirects ciblés en fonction de leur gravité. En pratique, ces interdictions auront pour principale fonction d'appréhender les conflits d'intérêts identifiés comme faisant l'objet d'une attention prioritaire ; à savoir les illustrations proposées en complément d'une définition générale des conflits d'intérêts.

Ces interdictions permettent d'affiner l'obligation d'éviter les conflits d'intérêts dont seraient débiteurs associés et dirigeants à l'égard de la société créancière. Cette obligation est aggravée lorsqu'un dirigeant ou un associé rencontre un conflit d'intérêts dont il peut maitriser la résolution et dont l'objet lui confère une gravité élevée. Ce système de prévention réduit le degré d'attractivité de l'intérêt personnel. Il est doté d'un effet de dissuasion psychologique élevé. D'une part, ce système dissuade les associés ou les dirigeants de créer un conflit d'intérêts dont ils ne peuvent pas maitriser la résolution. D'autre part, il rend juridiquement inaccessibles les faits et les actes susceptibles d'alimenter les intérêts personnels des associés, des dirigeants ou des personnes auxquelles ils sont liés.

## Conclusion du chapitre I

Les mécanismes de prévention procèdent d'une volonté de préserver l'intérêt social des conflits d'intérêts. Les présents développements ont permis d'identifier une obligation générale, dont serait créancière la société, imposant aux associés ou aux dirigeants d'éviter de se placer en conflit d'intérêts. Cette obligation est limitée aux situations de fait préjudiciables à la société. Elle prévient majoritairement de la survenance des conflits d'intérêts directs. Elle permet, également, d'appréhender les conflits d'intérêts indirects dans lesquels l'associé ou le dirigeant exerce volontairement ses pouvoirs afin d'indirectement privilégier son intérêt personnel ou celui d'une personne liée.

Cette obligation peut être complétée par diverses interdictions spéciales déduites des éléments constitutifs ou de la gravité des conflits d'intérêts. Paradoxalement, ces interdictions spéciales peuvent avoir une portée plus large que l'obligation précitée. En effet, ces dernières s'appliquent indépendamment de la notion de préjudice. L'ensemble de ces interdictions renforce *in fine* l'obligation générale d'éviter les conflits d'intérêts. Les dispositions légales assurant la prévention des conflits d'intérêts sont limitées et appréhendent majoritairement la qualité de dirigeant. Elles laissent ainsi une place prépondérante à la liberté contractuelle. Afin d'être dotés d'une portée opérationnelle optimale, les mécanismes préventifs devraient faire l'objet de dispositions statutaires dès la constitution de la société. En pratique, ils seront davantage introduits à l'issue d'un conflit d'intérêts.

En théorie, la présence d'un nombre élevé d'associés et de dirigeants augmente le risque de prolifération des conflits d'intérêts mais diminue les probabilités qu'ils soient dotés d'une intensité élevée. À l'inverse, un nombre restreint d'associés et de dirigeants diminue le nombre de conflits d'intérêts pouvant survenir mais augmente les probabilités qu'ils soient dotés d'une intensité élevée.

Privilégier les interdictions déduites de la gravité des conflits d'intérêts permet de limiter le nombre des interdictions déduites des éléments constitutifs du conflit d'intérêts et de réduire leur portée. Quand bien même un associé ou un dirigeant représenterait un nombre élevé d'intérêts tiers, il ne serait pas en mesure de les faire primer sur l'intérêt social. En revanche, des limitations à l'influence juridique demeurent nécessaires afin qu'un associé ou un dirigeant ne puisse pas privilégier son intérêt personnel au préjudice de la société. L'ensemble des mécanismes préventifs ne permettent pas d'empêcher la survenance de toutes les situations génératrices de conflits d'intérêts. Leur prévention doit donc nécessairement être complétée par des mécanismes de gestion des conflits d'intérêts.

# Chapitre II - La gestion des conflits d'intérêts en cours

Les dispositifs de gestion sont applicables aux seuls conflits d'intérêts en cours. C'est-à-dire les conflits d'intérêts dans lesquels l'exercice futur des pouvoirs de l'associé ou du dirigeant au soutien de son intérêt personnel ou celui d'une personne liée, emportera une perte de chance ou un préjudice futur pour la société. Les conflits d'intérêts dont l'impact préjudiciable s'est réalisé laissent place au déclenchement d'un traitement coercitif. Les mesures de gestion ont pour objet d'accompagner la résolution d'un conflit d'intérêts identifié. Elles s'organisent autour d'un contrôle des éléments constitutifs du conflit d'intérêts (section I) et de l'impact préjudiciable des conflits d'intérêts (section II).

## Section I - Contrôle des éléments constitutifs du conflit d'intérêts

Les mécanismes de gestion ont prioritairement pour objet de supprimer les conflits d'intérêts. À défaut, ils doivent permettre de les édulcorer afin d'en diminuer la gravité préalablement à leur résolution. Pour ce faire, il convient de renoncer à un intérêt générateur du conflit (paragraphe 1) et de réduire l'influence juridique de la personne en conflit d'intérêts (paragraphe 2).

### §1 - Renoncer à un intérêt générateur du conflit

La renonciation à un intérêt générateur du conflit d'intérêts s'obtient par le dessaisissement volontaire et temporaire (A) ou permanent (B) d'un intérêt.

*A - Dessaisissement volontaire et temporaire d'un intérêt*

La gestion des conflits d'intérêts peut être assurée au moyen de l'abandon temporaire d'un intérêt personnel ou la suspension temporaire d'un lien d'intérêts. Ces mécanismes de gestion permettent de rendre temporairement indisponible un droit, un élément d'actif ou de passif patrimonial générateur d'un conflit d'intérêts. Ils sont externes à la société et se concentrent sur la situation personnelle de l'associé ou du dirigeant en conflit d'intérêts. Ils peuvent également atteindre les personnes qui lui sont liées. Ce type de gestion s'effectue au moyen d'actes juridiques conclus entre l'associé ou le dirigeant en conflit d'intérêts et la société ou un tiers au pacte social.

En premier lieu, ces actes peuvent emporter une renonciation temporairement à l'intérêt personnel en conflit avec l'intérêt social. Ils prendront principalement la forme de contrats et d'engagements unilatéraux comportant des obligations précises de faire et de ne pas faire à la charge de l'associé ou du dirigeant en cause. Ces dernières pourraient ainsi temporairement emporter renonciation à l'exercice d'un droit. Par exemple, une société éprouve de graves difficultés financières ; le droit au remboursement d'une créance en compte courant d'associé objet d'un conflit d'intérêts pourrait temporairement être suspendu. Ces actes de renonciation pourraient encore imposer la conservation d'un bien identifié ; par exemple, des actions ou des options reçues par un dirigeant en guise de rémunération[1] susceptibles de générer un conflit d'intérêts. Ces actes peuvent également avoir pour objet de déléguer la gestion de droits ou de biens déterminés à des tiers. Les conflits d'intérêts les plus graves pourraient justifier le recours à la fiducie gestion. Ce mécanisme permet d'extraire du patrimoine de l'associé ou du dirigeant en conflit d'intérêts, le droit ou le bien duquel procède son intérêt personnel[2].

En second lieu, ces actes peuvent emporter une suspension ou un aménagement temporaire des liens d'intérêts générateurs du conflit d'intérêts. L'associé ou le dirigeant en cause s'engage auprès de la société, à accomplir des faits matériels ou à conclure des actes juridiques avec des personnes liées identifiées. Les promesses de porte-fort seront les instruments juridiques privilégiés. Le représentant de l'intérêt social promet à la société, bénéficiaire, le fait d'un tiers lié[3]. L'associé ou le dirigeant pourrait ainsi garantir l'exécution d'actes juridiques conclus avec la société, en promettant leur ratification par le tiers lié[4]. Par exemple, l'associé d'une société s'engage à s'abstenir d'user des

---

[1] En présence d'un tel mécanisme de rémunération, il est courant qu'un dirigeant prenne l'engagement de ne réaliser aucune opération sur ces titres et, le cas échéant, de les conserver au nominatif pour une durée maximale variant entre un an et le terme de ses fonctions sociales. Cet intervalle de temps est dénommé période de conservation.

[2] V. l'art. 2011 du Code civil. Dans le cadre de la fiducie gestion, l'associé ou le dirigeant en conflit d'intérêts revêt simultanément les qualités juridiques de constituant et de bénéficiaire.

[3] V. l'art. 1204 du Code civil. Rappr. C. AUBERT DE VINCELLES, Porte-fort, Rép. civ. Dalloz, 2017, n°2 et 3.

[4] Rappr. les promesses de porte-fort d'exécution et de ratification. *Adde* C. AUBERT DE VINCELLES, art. préc., n°29 et 38 ; F.-X. TESTU, Contrats d'affaires, Dalloz référence, 2010, n°72 et suiv.

pouvoirs de gestion qu'il détient au sein d'une fondation en pourparlers avec cette même société ; il s'engage également à ce que la fondation ratifie l'acte afin de garantir l'exécution de son obligation. Le représentant de l'intérêt social pourrait également promettre la conclusion future d'un acte juridique par le tiers lié[1]. Par exemple, deux sociétés ont un dirigeant commun et entrent en pourparlers. Ce dirigeant se trouve en conflit d'intérêts direct par double représentation. Afin d'y remédier, il promet à la première société l'adoption d'une décision sociale par les associés de la seconde, ayant pour objet la ratification d'une délégation de pouvoir accordée à un codirigeant. En pratique, le traitement de certains liens d'intérêts se heurtera à des difficultés juridiques ou matérielles. Les liens d'intérêts juridiques dont une personne n'a pas la libre disposition[2] et la majorité des liens d'intérêts factuels[3] feront l'objet d'une gestion limitée.

Les contrats conclus par la société dans le cadre de son activité peuvent contenir des clauses spéciales relatives à la gestion des intérêts personnels ou des liens d'intérêts. Les clauses de garantie personnelle ou de déclarations et de garanties permettent de répertorier l'ensemble des mesures que le représentant de l'intérêt social entend mettre en œuvre afin de gérer le conflit d'intérêts qu'il rencontre. Par exemple, un dirigeant déclare au sein d'un contrat avoir suspendu un lien d'intérêts identifié. Les clauses relatives à la protection de l'intégrité des consentements permettent d'ériger en élément déterminant du consentement, la capacité d'un représentant de l'intérêt social à suspendre temporairement un intérêt personnel ou un lien d'intérêts générateur d'un conflit d'intérêts. Ces dispositions peuvent être conjuguées avec une clause d'*intuitu personae*[4]. Par exemple, une déclaration contractuelle du dirigeant est érigée en élément déterminant du consentement du cocontractant.

La gestion d'un conflit d'intérêts pourrait être obtenue par la suspension temporaire du pouvoir de représentation de la société. Ce mécanisme de gestion permet de temporairement suspendre l'exercice du pouvoir de représentation dont est investi un associé ou un dirigeant et par lequel un conflit d'intérêts se manifeste. Ce mécanisme est principalement interne à la société. C'est-à-dire qu'il appréhende les liens de représentation unissant la société à l'associé ou au dirigeant en conflit d'intérêts. Le cas échéant, ce mécanisme de gestion peut être mis en place afin de suspendre un quelconque lien de représentation unissant l'associé ou le dirigeant à toute personne.

Ce type de gestion s'effectue principalement au moyen d'un acte juridique de représentation ayant pour objet la substitution du dirigeant ou de l'associé en conflit d'intérêts. Elle peut encore s'effectuer sur le fondement d'une disposition

---

[1] Rappr. C. AUBERT DE VINCELLES, art. préc., n°34.
[2] Par ex., les liens familiaux de parenté.
[3] Par ex., les liens d'amitiés ou d'inimités.
[4] Rappr. A. MORIN, *Intuitus personae* et sociétés cotées, RTD com., 2000, p.299, n°3, I. PASCUAL, La prise en considération de la personne physique dans le droit des sociétés, RTD com., 1998, p.273, n°35. *Adde*, notamment, Cass. com., 14 janv. 1997, n°95-12.769, inédit et Com., 29 janv. 2013, n°11-23.676, Bull. 2013, IV, n°19.

légale[1]. Cet acte, un contrat ou un acte de nomination, confie temporairement au représentant l'exercice du pouvoir d'accomplir un fait matériel, un acte ou un fait juridique déterminé pour le compte de la société. S'il est limité à la conclusion d'un acte juridique pour le compte de la société, l'acte de représentation pourra être qualifié de mandat spécial[2].

L'acte de représentation est à durée déterminée ou indéterminée. Le représenté pourra être la personne en conflit d'intérêts, la société personne morale ou la collectivité d'associés au sein d'une société dépourvue de la personnalité morale. En présence d'un pouvoir légalement attribué, seul son titulaire pourra avoir l'initiative de ce mécanisme de gestion. Par exemple, les associés d'une société à responsabilité limitée ne pourraient collectivement investir une tierce personne d'un pouvoir de gestion détenu par le dirigeant en conflit d'intérêts[3]. Lorsque le dirigeant ou l'associé est représenté à titre personnel, sa sortie de la société emporte caducité de l'acte de représentation en cours d'exécution. La caducité sera encore encourue à l'occasion d'une modification de la répartition légale des pouvoirs au sein de la société.

Le représentant est choisi parmi les dirigeants, les associés ou les tiers à la société. En principe, il ne doit pas se trouver en conflit d'intérêts. Par exception, un représentant en conflit d'intérêts indirect pourrait être toléré lorsqu'il permet de pallier un conflit d'intérêts direct. Le représentant doit prioritairement être choisi parmi les personnes ne présentant aucun lien d'intérêts fondamental avec le dirigeant ou l'associé en conflit d'intérêts. En toute hypothèse, le représentant doit agir au soutien de l'intérêt social. Il doit bénéficier d'une large autonomie lors de l'exercice du pouvoir en cause. En présence d'un lien de subordination entre le représentant et l'associé ou le dirigeant en conflit d'intérêts, l'acte de représentation pourra être qualifié de délégation spéciale de pouvoirs[4].

L'efficacité de ce mécanisme de gestion est conditionnée par l'attribution des pouvoirs nécessaire à l'accomplissement de l'opération visée. Deux méthodes peuvent être identifiées. La première impose d'investir un représentant unique de pouvoirs étendus, lui permettant d'accomplir toutes les étapes de l'opération en cause. Par exemple, un dirigeant est en conflit d'intérêts direct à l'occasion de la conclusion d'un contrat ; le représentant, substituant le dirigeant, doit être investi des pouvoirs de négocier, rédiger et signer l'acte juridique objet du conflit d'intérêts. Investir le représentant du seul pouvoir de signer l'acte serait ici insuffisant[5]. La seconde consiste à investir plusieurs représentants de pouvoirs complémentaires. Dans la continuité de l'exemple précédent, un représentant serait investi du pouvoir de négocier l'acte juridique ; un second représentant

[1] V. par ex., les art. L. 236-9 II., L. 223-38 al. 2 et 3 du Code de commerce.

[2] V. les art. 1984 et suiv. du Code civil. *Adde* P. LE TOURNEAU, Mandat, art. préc., n°73 et suiv.

[3] Rappr. par ex. Com., 22 oct. 2013, n°12-24.658, inédit.

[4] V. D. GIBIRILA, Délégation de pouvoirs, Rép. sociétés Dalloz, 2017, n°49 et suiv. Rappr.

[5] Ce mécanisme de représentation relèverait davantage de la délégation de signature. Cette dernière « *suppose que le délégataire reçoive seulement le pouvoir de signer un document, mais non de prendre une décision.* », D. GIBIRILA, art. préc., n°9 et 10.

serait investi du pouvoir de rédiger l'acte ; un troisième serait chargé d'en contrôler le contenu et de le signer.

*B - Dessaisissement volontaire et permanent d'un intérêt*

Les mécanismes de gestion peuvent permettre de renoncer définitivement à un droit, un élément d'actif ou de passif patrimonial générateur d'un conflit d'intérêts. Ils se concentrent autour de la situation personnelle du représentant de l'intérêt social en conflit d'intérêts et des personnes auxquelles il est lié. Ces mécanismes sont limités aux droits et aux biens dont les personnes ont la libre disposition. Ce type de gestion s'effectue principalement au moyen d'un acte unilatéral abdicatif emportant renonciation ou abandon du lien d'intérêts, du fait matériel, de l'acte ou du fait juridique générant un intérêt personnel[1]. Par exemple, au sein d'une société à responsabilité limitée éprouvant des difficultés financières, un associé renonce au paiement d'un dividende dont il a voté la distribution[2] et le gérant renonce à une rémunération exceptionnelle. Ou encore, un dirigeant renonce à la conclusion d'un contrat au nom et pour le compte de deux sociétés qu'il représente simultanément. La mise en œuvre de ces mécanismes de gestion pourra faire l'objet d'une promesse de porte-fort, de déclarations, de garanties personnelles et de clauses relatives à la protection de l'intégrité des consentements.

L'abandon permanent de l'intérêt social est une mesure de gestion permettant de renoncer définitivement à l'exercice d'un pouvoir ou à la qualité juridique d'associé ou de dirigeant. Elles emportent dessaisissement de tout ou partie de l'intérêt social. Ces mesures se matérialisent par la délégation conventionnelle d'un pouvoir de représentation de la société, la démission volontaire des fonctions de dirigeant ou l'exercice du droit de retrait de l'associé.

En pratique ces mesures de gestion seront réservées aux conflits d'intérêts récurrents. Elles peuvent être limitées aux conflits dotés d'une gravité élevée. Monsieur GIBIRILA définit la délégation de pouvoir comme « *l'acte juridique par lequel, au sein d'une société, une personne physique, le délégant, se dessaisit au profit d'une autre personne physique, le délégataire, d'une partie de ses pouvoirs.* »[3]. Le délégant est nécessairement un dirigeant représentant légal de la société, en conflit d'intérêts à l'occasion de l'exercice d'un pouvoir de gestion[4]. Cette mesure de gestion implique de déléguer l'ensemble des pouvoirs de représentation se rapportant à

---

[1] Rappr. D. HOUTCIEFF, Renonciation, Rép. civ. Dalloz, 2017, n°1 et suiv. *Adde* C. BRENNER, S. LEQUETTE, Acte juridique, art. préc., n°264 et suiv.

[2] Le droit au paiement du dividende né à compter de l'assemblée générale ayant statué sur l'affectation des bénéfices. La renonciation au dividende mis en paiement constitue un abandon de créance certaine, liquide et exigible. Rappr. Com., 13 févr. 1996, n°93-21.140 et n°94-12.225, Bull. 1996, IV, n°53, p.41, et Cass. com, 26 mai 2004, n°03-11.471, inédit.

[3] D. GIBIRILA, art. préc., n°5. *Adde* F.-X. TESTU, art. préc., n°32.09.

[4] D. GIBIRILA, art. préc., n°22 et suiv. *Adde* J.-F. BULLE, Les délégations de pouvoirs, JCP E, 1999, 1136, 2. et G. WICKER, J.-C. PAGNUCCO, Personne morale, art. préc., n°84. 2.

un domaine déterminé[1], tel que : les ressources humaines, les affaires juridiques, la gestion financière, les relations investisseurs, les risques environnementaux. Par exemple, le dirigeant d'une société est lié à certains salariés par un lien d'intérêts juridique familial ; à l'occasion d'une procédure disciplinaire, le dirigeant délègue ses pouvoirs en matière de ressources humaines afin d'échapper au conflit d'intérêts qu'il rencontre. En revanche, la délégation de pouvoir ne peut porter sur l'intégralité des pouvoirs légaux dont est investi le délégant[2].

Le délégataire doit être un préposé du délégant, placé sous son autorité hiérarchique[3]. Les directeurs généraux adjoints et délégués ou encore les directeurs techniques salariés répondent à cette exigence[4]. Il doit être choisi parmi les personnes faiblement exposées aux conflits d'intérêts. En principe, le délégataire ne peut être un tiers à la société[5]. Par exception, en présence d'un groupe de sociétés, il pourra être choisi au sein de la société mère[6] lorsque le délégant est dirigeant d'une filiale.

La délégation est tacite ou résulte d'un écrit et n'a pas à faire l'objet de mesures de publicité[7]. Le délégant peut autoriser ou interdire la subdélégation de pouvoirs[8]. La délégation est accordée pour une durée déterminée ou indéterminée[9]. Elle doit couvrir l'ensemble de la période d'exercice des fonctions sociales du dirigeant en cause. En cas contraire, elle ne pourrait être assimilée à une mesure de gestion emportant dessaisissement permanent de l'intérêt social. La sortie du délégant de la société n'emporte pas *de facto* caducité de la délégation en cours d'exécution[10]. En revanche, la transformation de la société en une forme sociale dont la répartition légale du pouvoir est différente[11] ou une fusion aboutissant à la création d'une société nouvelle[12], emporte caducité des délégations de pouvoirs en cours d'exécution.

---

1 Rappr. par ex. l'art. R. 225-28 al. 4 du Code de commerce. *Adde* A. TADROS, La délégation de pouvoirs en droit des sociétés : aspects de droit civil après la réforme du droit commun des contrats, D. 2017, p.1662, n°5 et 6.

2 Rappr. *supra* Cass. com., 11 juin 1965, n°63-10.240, préc. *Adde* D. GIBIRILA, art. préc., n°50.

3 V. D. GIBIRILA, art. préc., n°49 et Mémento Sociétés commerciales 2022, *op. cit.*, n°13550.

4 Rappr. R. ROUTIER, art. préc., n°1 et 26.

5 Rappr. D. GIBIRILA, art. préc., n°52.

6 V. par ex. Cass. soc., 19 janv. 2005, n°02-45.675, Bull. 2005, V, n°10, p.8, Cass. soc., 23 sept. 2009, n°07-44.200, Bull. 2009, V, n°191. *Adde* D. GIBIRILA, art. préc., n°51.

7 Rappr. Cass. ch. mixte, 19 nov. 2010, n°10-10.095, Bull. 2010, ch. mixte, n°1 et Cass. soc., 4 mai 2011, n°10-11.872, inédit.

8 Rappr. par ex. Com., 8 juil. 2008, n°07-13.868, Bull. 2008, IV, n°146.

9 V. par ex. Cass. com., 17 janv. 2012, n°10-24.811, Bull. 2012, IV, n°9.

10 V. D. GIBIRILA, n°37 et suiv. *Adde* J.-M. MOULIN, S. COLLIOT, La vie des délégations de pouvoirs dans l'entreprise, Bull. Joly Sociétés, 2012, §398, p.745, I, A. Rappr. par ex., Com., 4 févr. 1997, n°94-20.681, Bull. 1997, IV, n°44, p.40 ou encore Cass. com., 15 mars 2005, n°03-13.032, Bull. 2005, IV, n°64, p.68 ; *adde* Cass. com., 3 juin 2009, n°08-13.355, Bull. 2009, IV, n°74.

11 V. les art. L. 210-6 al. 1 du Code de commerce et 1844-3 du Code civil. En ce sens Crim., 3 janv. 1986 n°85-91.905, Bull. crim., 1986, n°3, p.6.

12 Rappr. Cass. crim., 20 juil. 2011, n°10-87.348, inédit. *Adde* J.-M. MOULIN, S. COLLIOT, art. préc., II.

Les conflits d'intérêts dotés d'une gravité élevée ou identifiés comme faisant l'objet d'une attention prioritaire, peuvent justifier qu'une personne renonce volontairement à sa qualité de dirigeant. La démission constitue un acte juridique unilatéral produisant tous ses effets dès lors qu'elle est portée à la connaissance de la société[1]. Elle doit être exprimée de manière claire et non équivoque[2]. Aucune acceptation n'est requise de la part de la société ou des associés. Elle s'oppose à la démission d'office et aux démissions imposées ou en blanc, assimilables à des mécanismes de sanction des conflits d'intérêts.

La démission peut être donnée à tout moment[3] sous couvert de respecter les formes et délais éventuellement prescrits par les statuts. Certains conflits d'intérêts pourraient justifier la dérogation à l'application d'un éventuel préavis ou motiver l'application d'un délai de préavis réduit. L'efficacité de cette mesure de gestion proscrit au dirigeant démissionnaire d'endosser une qualité juridique au sein de la société lui permettant d'étroitement collaborer avec la personne qui lui succède. Par exemple, un administrateur démissionnaire ne devrait continuer à siéger au conseil en qualité de censeur. Ou encore, un président du conseil ou un directeur général démissionnaire ne devrait être recruté par la société en qualité de salarié occupant les fonctions dites de conseiller spécial de son successeur.

Un associé peut volontairement et unilatéralement renoncer à cette qualité juridique afin de résoudre un conflit d'intérêts doté d'une gravité élevée ou identifiée comme étant d'attention prioritaire.

Le droit de retrait est légalement accordé aux associés d'un nombre restreint de sociétés. Lorsqu'un associé en fait la demande, son retrait s'impose à la société. Tel est le cas, par exemple, au sein des sociétés à capital variable[4] et des sociétés civiles professionnelles[5]. Au sein d'autres sociétés, des dispositions légales peuvent autoriser les associés à demander leur retrait sans que l'exercice de ce droit ne s'impose à la société[6]. Le droit de retrait sera soumis à des conditions fixées par les statuts ou à une autorisation préalable accordée à l'unanimité des coassociés. À défaut d'autorisation et motivé par un juste motif, le retrait peut être autorisé par une décision de justice[7]. Comme le rappelle Monsieur SAINTOURENS, le juste motif de retrait s'apprécie au regard de la situation

---

[1] En ce sens Soc., 1er févr., 2011, n°10-20.953, Bull. 2011, V, n°43.

[2] Rappr. notamment Com., 12 févr. 2002, n°00-11.602, Bull. 2002, IV, n°32, p.32.

[3] Rappr. Cass. soc., 6 mai 1982, n°80-40.170, Bull. soc., n°281.

[4] V. les art. L. 231-5 al. 1 et L. 231-6 al. 1 du Code de commerce. *Adde* M.-H. MONSERIE-BON, Capital variable, Rép. sociétés Dalloz, 2001, n°48 et suiv.

[5] V. les art. 22 et 25 de l'ordonnance n°2023-77 du 8 févr. 2023. *Adde*, par ex., l'art. R. 4113-67 du Code de la santé publique.

[6] V. notamment l'art. 1869 alinéa 1 du Code civil.

[7] Rappr. J.-J. DAIGRE, La perte de la qualité d'actionnaire, actes du colloque du Centre de recherches en droit des affaires et de l'économie de l'Université Paris I organisé les 14 et 15 avril 1999, Qu'est-ce qu'un actionnaire ?, Rev. sociétés, 1999, p.535, I., B., 2.

personnelle de l'associé[1]. Le conflit d'intérêts affectant l'associé est susceptible de constituer un juste motif de retrait. L'associé en conflit d'intérêts souhaitant privilégier ses intérêts personnels ou celui d'une personne liée, pourrait motiver sa demande en précisant qu'il souhaite préserver la société d'un préjudice futur ou d'une perte de chance. Par exemple, une associée et son époux éprouvent des difficultés financières personnelles. Elle est contrainte soit de liquider ses droits sociaux, soit de demander le paiement d'une importante créance en compte courant susceptible d'affecter les capacités financières de la société. L'associée en cause serait fondée à demander son retrait afin d'obtenir paiement du prix de ses droits sociaux et convenir d'un paiement échelonné dans le temps de sa créance en compte courant. Ce retrait lui permettrait de juguler les conflits d'intérêts directs et indirects personnels qu'elle rencontrerait à l'occasion de sa demande en remboursement de son compte courant. Présenté comme une mesure de gestion, le retrait judiciaire constitue, subsidiairement, un mécanisme de sanction des conflits d'intérêts. En dehors de ces hypothèses, les dispositions légales applicables à certaines formes sociales n'accordent aucun droit de retrait aux associés. Tel est notamment le cas au sein des sociétés d'exercices libérales[2]. Au sein de ces sociétés, un associé ne peut imposer son retrait à ses coassociés ni l'obtenir par décision de justice[3]. En pratique, la crainte d'une aggravation d'un conflit d'intérêts et du déclenchement de traitements coercitifs peut conduire une société à autoriser le retrait d'un associé.

Le retrait d'un associé peut indirectement être obtenu au sein des sociétés dont l'agrément, légal ou conventionnel, est requis préalablement aux cessions de droits sociaux à des tiers étrangers à la société. Des dispositions légales permettent le rachat des droits sociaux de l'associé dont la cession n'a pas été agréée par la société[4]. En effet, les coassociés sont tenus d'acquérir ou de faire acquérir les droits sociaux en cause. Alternativement, la société peut également procéder au rachat des droits sociaux et réduire son capital du montant de leur valeur nominale. Ainsi, les sociétés au sein desquelles il n'existe aucune possibilité pour un associé de se retirer sont rares ; la société en nom collectif en fait partie. Le retrait d'un associé pourrait toutefois être obtenu au moyen de dispositions conventionnelles statutaires ou extrastatutaires organisant la sortie volontaire d'un associé. Par exemple, il pourrait reposer sur des promesses unilatérales d'achat de droits sociaux consenties entre associés[5].

---

[1] B. SAINTOURENS, Société civile, art. préc., n°160, citant notamment Cass. 3ème civ., 8 juil. 1998, n°96-20.583, Bull. 1998, III, n°162, p.108. *Adde* 1re civ., 27 févr. 1985, n°83-14.069, Bull. 1985, I, n°81, p.74. Rappr. Com., 8 mars 2005, n°02-17.448, inédit.

[2] Aucun art. de l'ordonnance n°2023-77 du 8 févr. 2023 n'accorde expressément aux associés en exercice, un droit de retrait des sociétés d'exercice libéral. Les décrets d'application de cette loi peuvent toutefois, ponctuellement, autoriser le retrait des associés.

[3] V. en ce sens spé. Cass. 1re civ., 12 déc. 2018, n°17-12.467, Bull. civ., 2018. *Adde* Mémento Sociétés commerciales 2022, *op. cit.*, n°8140.

[4] V. par ex., les art. L. 228-24 al. 2 et L. 223-14 al. 3 et 4 du Code de commerce ; *adde* l'art. 26 al. 1 et 3 du décret n°93-78 du 13 janv. 1993.

[5] En ce sens, J.-J. DAIGRE, art. préc., I., A., 2., b). *Adde* par ex. CA Versailles, 12ème ch., 9 juil. 2020, n°19/02770, *SARL BAYOUT Holding c/ Société civile Goupe Zèbre.*

Les conditions d'exercice du retrait peuvent être déterminées au sein des statuts ou au sein de la décision collective autorisant le retrait de l'associé[1]. Elles doivent être conciliées avec les éventuelles dispositions légales spéciales applicables à certaines sociétés[2]. L'aménagement des conditions d'exercice du retrait ne peut avoir pour effet de priver les associés de ce droit[3]. Le retrait d'un associé peut, notamment, être conditionné : à l'expiration d'un délai en deçà duquel l'exercice du droit de retrait est interdit ; au respect d'un préavis[4] ; au paiement d'une indemnité de retrait[5] ou encore à la contribution de certains frais fixes à la charge de la société[6]. L'associé retrayant a droit au remboursement de la valeur de ses droits sociaux. Hors dispositions légales contraires[7], la perte de la qualité d'associé est concomitante à la date du rachat des droits sociaux. Dans l'attente de ce remboursement, l'associé retrayant conserve l'intégralité de ses droits pécuniaires et non pécuniaires[8]. Les associés peuvent toutefois conventionnellement déroger à ce principe[9]. La valeur des droits sociaux est fixée, à défaut d'accord amiable, à dire d'expert[10]. L'expert est tenu d'appliquer les règles et modalités explicitées au sein de dispositions statutaires ou extrastatutaires[11]. Le paiement de la créance en remboursement peut être librement aménagé par les parties. L'obligation de remboursement dont est débitrice la société pourrait, par exemple, faire l'objet d'une dation en paiement[12] ; l'associé retrayant, initialement créancier d'une somme d'argent,

---

[1] Rappr. notamment, l'art. 1869 al. 1 du Code civil. *Adde* Cass. com., 14 avr. 2015, n°14-11.605, inédit.

[2] Par ex. au sein des sociétés professionnelles ; rappr. B. SAINTOURENS, Sociétés d'exercice libéral, art. préc., n°60 et F. MAURY, Sociétés civiles professionnelles, art. préc., n°95 et suiv.

[3] Sur le caractère d'ordre public des dispositions légales accordant ou autorisant le droit de retrait des associés, v. A. BOUGNOUX, Sociétés civiles, Associés, Fasc. 48-60, J.- cl. Stés, LexisNexis, 2020, n°46 ; A. CATHELINEAU, Le retrait dans les sociétés civiles professionnelles, JCP E, n°22, 2001, 888, n°8 et P. PAILLER, Sociétés à capital variable, Règles communes à toutes les sociétés à capital variable, Fasc. 167-10, J.- cl. Stés, LexisNexis, 2018, n°44.

[4] V. Com., 9 juil. 2002, n°99-13.072, Bull. 2002, I, n°119, p.128.

[5] V. par ex., Cass. com., 22 févr. 2000, n°97-17.020, Bull. 2000, IV, n°35, p.29.

[6] V. spé. 1re civ., 8 janv. 2020, n°17-13.863, Bull. civ., 2020. *Adde* antérieurement, dans la même affaire, les arrêts Cass. 1re civ., 16 avr. 2015, n°13-24.931, Bull. 2015, I, n°94 et sur renvoie, CA Versailles, 1re ch., 1re sect., 23 févr. 2017, n°15/04842.

[7] V. par ex. l'art. 26 al. 2 du décret n°93-78 du 13 janv. 1993 préc.

[8] V. Com., 27 avr. 2011, n°10-17.778, inédit ; Cass. 1re civ., 9 juin 2011, n°09-69.923, Bull. 2011, I, n°110 ; Cass. 1re civ., 16 avr. 2015, n°13-24.931, préc. et 1re civ., 8 janv. 2020, n°17-13.863, préc.

[9] Rappr. en ce sens, Com., 16 sept. 2014, n°13-17.807, Bull. 2014, IV, n°130. *Adde* 1re civ., 8 janv. 2020, n°17-13.863, préc.

[10] V. notamment l'art. 1869 du Code civil renvoyant à l'expertise objet de l'art. 1843-4 du même Code. La juridiction saisie d'une demande d'expertise sur le fondement de l'art. 1843-4 préc. ne peut se substituer à l'expert en procédant elle-même à l'évaluation de la valeur des droits sociaux, en ce sens Cass. 1re civ., 25 nov. 2003, n°00-22.089, Bull. 2003, I, n°243, p.191.

[11] V. l'art. 1843-4 al. 4 du Code civil. *Adde* par ex., Cass. com., 4 mai 2010, n°08-20.693, Bull. 2010, IV, n°85 ; *adde* dans le même sens, Com., 16 sept. 2014, n°13-17.807, préc.

[12] Monsieur BICHERON définit la dation en paiement comme « *un mode d'extinction d'une obligation, par l'exécution d'une prestation différente de celle originairement due* », F. BICHERON, La dation en paiement, éd. Panthéon-Assas, Coll. Thèse, préf. M. GRIMALDI, 2006, p.526, n°646. *Adde* l'art.

pourrait conventionnellement accepter de reprendre son apport ou de recevoir un bien social afin d'éteindre cette obligation[1].

## Conclusion du paragraphe 1

La gestion des conflits d'intérêts peut être concentrée autour de leurs éléments générateurs. Cette gestion implique pour la personne en conflit, de se dessaisir de l'un des intérêts en tension de manière temporaire ou permanente. En fonction de la catégorie de conflit d'intérêts en cause, le déploiement de ce type de gestion emporte deux types d'effets. Le premier est de supprimer les conflits d'intérêts directs et de les déclasser en conflits d'intérêts indirects. Le second est de distendre les conflits d'intérêts indirects ; ces derniers ne seraient alors plus qualifiés au moyen d'une succession de liens d'intérêts intermédiaires, mais d'un lien d'intérêts fondamental. Les mécanismes juridiques concourant à cette gestion sont laissés à l'initiative de la personne en conflit d'intérêts. Leur déclenchement peut éventuellement être suggéré par une personne investie d'une compétence de conseil en matière de conflits d'intérêts. Ces mécanismes peuvent encore être renforcés par des mesures permettant de réduire l'influence juridique de la personne en conflit d'intérêts.

## §2 - Réduire l'influence juridique de la personne en conflit d'intérêts

La réduction de l'influence d'un associé ou d'un dirigeant en conflit d'intérêts s'obtient au moyen de la suspension des pouvoirs permettant l'adoption de décisions collectives (A) et d'un renfort ponctuel des contre-pouvoirs (B).

### *A - Suspension des pouvoirs permettant l'adoption de décisions collectives*

Ce type de gestion a pour objectif d'assurer une prise de décision collective marquée par la volonté des coreprésentants de l'intérêt social non affectés par le conflit d'intérêts en cause. La suspension s'impose à l'associé et au dirigeant lorsqu'elle procède d'une disposition légale ou d'un acte juridique. Elle intervient préalablement à la résolution du conflit d'intérêts en cause et ne peut donc être assimilée à un traitement coercitif. La suspension volontaire par un associé ou un dirigeant de l'exercice de leur droit peut être qualifiée d'abstention[2].

La gestion d'un conflit d'intérêts, dont la résolution intervient au moyen d'une décision collective, doit faire l'objet d'une attention particulière. En effet, cette gestion est susceptible d'affecter des droits fondamentaux d'associés et d'altérer les pouvoirs légalement attribués à certains dirigeants. Le droit pour un dirigeant ou un associé de participer à l'adoption d'une décision collective se divise en deux droits d'égale importance. Il implique, tout d'abord, le droit de participer aux

---

1342-4 al. 2 du Code civil et J.-F. HAMELIN, Dation en paiement, Rép. civ. Dalloz, 2016, n°12 et suiv.

[1] Rappr. J.-F. HAMELIN, Dation en paiement, Rép. civ. Dalloz, 2016, n°17 et suiv. *Adde* l'alinéa 3 de l'art. 1844-9 du Code civil.

[2] Rappr. S. GUINCHARD, T. DEBARD, *op. cit.*, v. « *Abstention* », sens n°1.

débats préalables au vote de la décision collective. Il induit également, le droit de participer aux opérations de vote.

La suspension du droit de participer à une réunion ayant pour objet l'adoption d'une décision collective peut s'opérer à deux niveaux. Dans un premier temps, elle peut affecter la présence physique ou virtuelle de l'associé ou du dirigeant à la réunion. Ce dernier n'assiste pas à la réunion en cause et aux débats qu'elle occasionne. Cette suspension fait obstacle à la récupération de renseignements échangés au cours de ceux-ci. Toutefois, cette suspension ne prive pas le dirigeant ou l'associé de l'information dont il est légalement bénéficiaire. Elle empêche encore, l'influence par emprise psychologique des coassociés ou des codirigeants non affectés par le conflit d'intérêts en cause[1] ; cette influence étant génératrice d'intérêts personnels moraux[2]. La personne en conflit d'intérêts ne peut donc plus inspirer, par sa seule présence ni la crainte ni la bienveillance. Dans un second temps, la suspension du droit de participer à une réunion peut se limiter à la participation active du représentant de l'intérêt social lors des débats au moyen d'une prise de parole. L'associé ou le dirigeant en conflit peut assister à la réunion en cause mais ne peut prendre la parole. Cette suspension fait obstacle à la recherche de renseignements au cours de la réunion. Elle empêche l'influence active des coreprésentants de l'intérêt social ; l'associé ou le dirigeant en conflit d'intérêts ne peut orienter les débats à son avantage afin d'emporter le soutien des coassociés ou des codirigeants non affectés par le conflit d'intérêts en cause. Cependant, la suspension du droit de participer activement aux débats n'empêche pas l'influence par emprise psychologique de l'associé ou du dirigeant en conflit d'intérêts.

Associés et dirigeants peuvent, de manière spontanée ou sur invitation, volontairement s'abstenir d'assister et de participer à une réunion. En revanche la suspension de ce droit ne peut leur être imposée de manière uniforme. Le droit de participer aux décisions collectives reconnu aux associés est protégé par l'article 1844 alinéa 1 du Code civil. Cette disposition est d'ordre public et est insusceptible d'aménagement conventionnel[3]. L'associé en conflit d'intérêts ne peut être privé de son droit d'accéder aux réunions d'associés et de participer aux débats préalables à l'adoption d'une décision collective[4]. Seule une disposition légale spéciale pourrait déroger à ce principe fondamental[5].

En l'absence de disposition légale contraire, le droit de participer aux décisions collectives des dirigeants peut être suspendu pour cause de conflit

[1] Rappr. Y. GUYON, Assemblées d'actionnaires, art. préc., n°99.

[2] Spécialement, la crainte de subir des représailles, le souhait de développer une relation personnelle amicale ou encore le souhait de soigner son image professionnelle.

[3] Rappr. Y. GUYON, art. préc., n°100 ; *adde* G. WICKER, J.-C. PAGNUCCO, Personne morale, art. préc., n°96.

[4] Rappr. au sein des sociétés anonymes, des sociétés en commandite par actions et des sociétés européennes les art. L. 242-9, L. 243-1 et L. 244-5 du Code de commerce, punissent de deux ans d'emprisonnement et d'une amende de 9 000 EUR « *Le fait d'empêcher un actionnaire de participer à une assemblée d'actionnaires* ».

[5] Rappr. Y. GUYON, art. préc., n°98.

d'intérêts[1]. Cette suspension peut résulter d'une décision collective et de dispositions statutaires ou extrastatutaires. Elle pourrait également être dégradée en une obligation déontologique d'abstention. La suspension du droit de participer aux décisions collectives peut faire l'objet de dispositions légales spéciales[2]. Par exemple, au sein d'une société anonyme, le membre du conseil d'administration ou de surveillance ne peut prendre part aux délibérations du conseil ayant pour objet l'autorisation d'une convention réglementée à laquelle il est intéressé[3]. Une telle suspension est encore applicable aux administrateurs lorsque la réunion du conseil a pour objet un élément ou un engagement de rémunération dont ils sont bénéficiaires en leur qualité de président, de directeur général ou de directeur général délégué et pour lequel une délibération est nécessaire[4]. Ces dispositions légales concernent majoritairement les conflits d'intérêts personnels directs[5] et indirects[6]. La suspension du droit d'assister à la réunion et du droit de participer aux débats pourrait être étendue aux personnes liées au dirigeant en conflit d'intérêts. En ce cas, les liens d'intérêts doivent être identifiés avec précision ; par exemple, un lien d'obligation juridique de représentation ou un lien familial induisant une communauté de vie.

Le droit de vote prolonge le droit d'assister à la réunion et de participer aux débats. La suspension de ce droit permet d'empêcher l'associé ou le dirigeant d'influer par son vote sur la résolution du conflit d'intérêts qui l'affecte. Associés et dirigeants peuvent volontairement s'abstenir d'exercer leur droit de vote. Toutefois cette abstention, au regard des règles de majorité, ne doit pas faire obstacle à l'adoption de la décision en cause. Elle ne doit également pas être assimilée à un vote contre, risquant à défaut d'entrainer le rejet automatique de la décision collective.

Le droit de vote a été reconnu par la jurisprudence comme étant une prérogative fondamentale de la qualité d'associé[7]. L'arrêt rendu sur le fondement des alinéas 1 et 4 de l'article 1844 du Code civil, par la chambre commerciale de la Cour de cassation le 9 février 1999, précisait « *que tout associé a le droit de participer aux décisions collectives et de voter et que les statuts ne peuvent déroger à ces dispositions ;* »[8]. Ainsi rattaché au droit de participer aux décisions collectives, ce principe est d'ordre public[9]. Par conséquent, les associés ne peuvent être privés du droit de vote au moyen d'une décision collective et de clauses statutaires ou

---

[1] Rappr. D. SCHMIDT, *op. cit.*, n°44, p.58.
[2] Rappr. J. DELVALLEE, art. préc., n°41.
[3] Alinéa 1 des art. L. 225-40 et L. 225-88 du Code de commerce. *Adde* les art. L. 229-7, L. 226-10, L. 22-10-12 et L. 22-10-29 du même Code.
[4] Art. L. 22-10-8, IV, du Code de commerce.
[5] Par ex., l'administrateur partie à la convention réglementée soumise à l'approbation du conseil.
[6] Par ex., l'administrateur également associé majoritaire de la société partie à la convention réglementée soumise à l'approbation du conseil.
[7] Assimilant le droit de vote à un attribut essentiel de l'associé, v. Cass. civ., 7 avr. 1932. Rappr. Mémento Assemblées générales 2022-2023, *op. cit.*, n°56005.
[8] Cass. com., 9 févr. 1999, n°96-17.661, préc. *Adde* A. BOUGNOUX, art. préc., n°3 et 4.
[9] V. spé. Cass. com, 23 oct. 2007, n°06-16.537 ; *adde* Cass. com, 9 juil. 2013, n°11-27.235, Bull. 2013, IV, n°123 et Com., 6 mai 2014, n°13-14.960, inédit.

extrastatutaires. Les clauses contrevenant à ce principe sont aisément identifiables. En pratique, elles disposent que l'associé ne peut prendre part au vote et excluent du calcul du quorum et de la majorité les voix de l'associé dont le droit de vote est suspendu. Ces clauses ne doivent pas être confondues avec des dispositions créant une illusion de suspension du droit de vote.

S'il bénéficie de la même protection, le droit de vote de l'associé se distingue du droit de participer aux décisions collectives[1]. Les dispositions légales privant un associé du droit de vote sont nombreuses. En principe, elles se limitent à la gestion des conflits d'intérêts personnels directs et indirects, identifiés en fonction de leur objet[2] ; par exemple, au sein de certaines sociétés, l'associé ayant un intérêt personnel à la convention réglementée soumise à l'approbation de la collectivité d'associés, ne peut prendre part au vote[3]. Par exception, des dispositions légales applicables au sein de sociétés professionnelles peuvent appréhender des conflits d'intérêts indirects[4]. La suspension du droit de vote renforce indirectement l'efficacité de certaines mesures de prévention des conflits d'intérêts[5]. Elle semble affecter simultanément la personne de l'associé et les droits sociaux dont il est propriétaire. En théorie, l'associé dont le droit de vote est suspendu ne pourrait : mandater un coassocié aux fins d'exercer son droit de vote ; recevoir mandat aux fins d'exercer le droit de vote d'un coassocié[6] ; voir exercer son droit de vote par un usufruitier ou par ses coassociés indivisaires[7].

Contrairement aux associés, le droit de vote des dirigeants exerçant collectivement leurs pouvoirs n'est protégé par aucune disposition légale impérative. Ce droit peut faire l'objet d'une suspension pour cause de conflits d'intérêts, au moyen d'une décision collective et de dispositions statutaires ou extrastatutaires. Des dispositions légales spéciales peuvent imposer la suspension du droit de vote de certains dirigeants. Concentrées autour des membres du

---

[1] Rappr. A.-V. LE FUR, « Concilier l'inconciliable » : réflexions sur le droit de vote de l'actionnaire, D. 2008, p.2015, spé. II., B, « *Les conséquences sur le droit de vote : un droit dissociable du droit de participer* ». Critiquant cette distinction, v. notamment J.-J. DAIGRE, art. préc., I., 3., a).

[2] En ce sens, v. notamment, J.-M. MOULIN, Sociétés anonymes, Droits des actionnaires, Fasc. 1484, J.- cl. com., LexisNexis, 2002, n°37, « – *Suppression – Conflit d'intérêts* – » et Y. GUYON, Assemblées d'actionnaires, art. préc., n°178. V. les art. L. 225-101 al. 1 et 2, L. 225-10 al. 1, L. 225-138 al. 1, L. 221-12 du Code de commerce ou encore les art. 1851 al. 3, 1860 et 1863 al. 1 du Code civil ; en ce sens v. B. SAINTOURENS, Société civile, art. préc., n°112 et Mémento Sociétés civiles 2022, *op. cit.*, n°9000.

[3] En ce sens, v. les art. L. 223-19 al. 1, L. 225-40 al. 4, L. 225-88 al. 4, L. 226-10 al. 1 et L. 229-7 du Code de commerce. Faute de disposition en ce sens, la suspension du droit de vote n'est pas applicable aux associés d'une société par actions simplifiée ou aux associés d'une personne morale de droit privé non commerçante ayant une activité économique, v. l'alinéa 3 des art. L. 227-10 et L. 612-5 du même Code.

[4] V. spécialement l'art. 52 al. 1 du décret n°92-680 du 20 juil. 1992 préc. ; les art. R. 4113-16 al. 4, R. 4113-79 al. 1, R. 5125-21, R. 4381-79 du Code de la santé publique.

[5] Rappr. l'art. 1832-2 al. 3 du Code civil ; ou encore l'art. L. 228-15 al. 2 du Code de commerce.

[6] Seul l'alinéa 2 des art. L. 225-10 et L. 225-101 du Code de commerce, précise explicitement que l'actionnaire en cause « *n'a voix délibérative ni pour lui-même ni comme mandataire* ».

[7] En ce sens à propos de l'indivision, v. Y. GUYON, art. préc., n°180.

conseil d'administration ou de surveillance des sociétés par actions, elles visent principalement des conflits d'intérêts personnels directs et indirects identifiés eu égard à leur objet[1]. Une clause statutaire ou extrastatutaire dotée d'un caractère juridiquement contraignant pourrait emporter suspension du droit de vote des dirigeants exerçant collectivement leurs pouvoirs en présence d'un quelconque conflit d'intérêts direct personnel ou par représentation. Cette suspension conventionnelle pourrait être étendue aux conflits d'intérêts indirects personnels. Plus précisément les conflits d'intérêts indirects révélés au moyen d'un lien d'intérêts fondamental[2] ou au moyen d'un lien d'intérêts consolidé au fil duquel la personne en cause exerce une influence juridique étendue et constante.

En l'absence de dispositions légales ou conventionnelles, les dirigeants n'ont pas l'obligation de s'abstenir d'exercer leur droit de vote en présence d'une décision à laquelle ils ont un intérêt personnel. Cette solution a été retenue par un arrêt de la Cour de cassation rendue par la chambre commerciale en date du 24 février 1975[3].

À l'instar des associés, les dirigeants dont le droit de vote est suspendu ne sauraient ni mandater un codirigeant aux fins d'exercer son droit de vote ni recevoir pareil mandat. En pratique, la suspension du droit de vote devrait s'accompagner de l'absence du dirigeant à l'occasion de la mise aux voix lorsque l'exercice du droit de vote n'est pas secret.

La gestion du conflit d'intérêts peut affecter le droit de participer à l'adoption d'une décision collective. La suspension de ce droit, volontaire ou contrainte, ne doit pas avoir pour conséquence d'empêcher l'adoption d'une quelconque décision collective ou d'entacher cette dernière d'un vice de forme. La rédaction de l'ordre du jour, doit permettre d'isoler les points et résolutions occasionnant un conflit d'intérêts pour un ou plusieurs représentants de l'intérêt social.

La suspension ou l'abstention de l'exercice du droit de participer aux décisions collectives peut placer la collectivité d'associés ou de dirigeants dans l'impossibilité d'adopter une décision faute d'atteinte du quorum ou de la majorité requise. Tel est notamment le cas, lorsque l'abstention ou la suspension n'emporte pas *de facto* soustraction des voix de l'associé ou du dirigeant en cause du calcul du quorum et de la majorité. En pareil cas, des règles de quorum et de majorité différentes pourraient être appliquées sur seconde convocation.

Deux alternatives se présentent lorsque la suspension du droit de participer à l'adoption d'une décision collective affecte l'intégralité des associés ou des dirigeants appelés à se réunir. La première, par laquelle les associés ou les dirigeants renoncent à l'adoption de la décision génératrice de conflits d'intérêts. Ce type de décision expose la société à un préjudice et n'est donc pas indispensable à la gestion sociale. La seconde, le cas échéant, par laquelle les

---

[1] V. les art. L. 225-40 al. 1, L. 225-88 al. 1, L. 229-7, L. 226-10, L. 22-10-8, IV et L. 22-10-66 du Code de commerce. Rappr. en droit britannique la section 175, (6), du *Companies Act 2006 c. 46*.

[2] Par ex., un lien familial ou un lien d'obligation de représentation.

[3] Com., 24 févr. 1975, n°73-14.141, Bull. com., n°58, p.46. *Adde* J.-C. PAGNUCCO, Administration, Conseil d'administration, Fasc. 131-10, J.- cl. Stés, LexisNexis, 2009, n°72.

associés ou les dirigeants délèguent l'adoption de la décision en cause à une collectivité de représentants de l'intérêt social non affectés par un conflit d'intérêts. Par exemple, la compétence pour adopter une décision collective des gérants affectés d'un conflit d'intérêts au sein d'une société civile, est transférée aux associés. Cette seconde solution est applicable dans la limite des dispositions légales impératives opérant une répartition des pouvoirs d'associés et de dirigeants.

Lorsque ces alternatives demeurent insuffisantes, la suspension de ce droit pourrait faire l'objet d'une dérogation individuelle ou collective. Hors dispositions légales spéciales, lorsque le conflit d'intérêts affecte la majorité ou l'ensemble des associés ou des dirigeants, des dérogations individuelles pourraient être tolérées. Ces dérogations ont pour objet de ne pas solliciter l'abstention des intéressés ou de rétablir leur droit de participer à la décision collective.

Dans un premier temps, des dérogations pourraient être accordées aux associés ou aux dirigeants affectés d'un conflit d'intérêts indirect par personne liée. Lorsque leur application ne permet toujours pas l'adoption de la décision en cause, ces dérogations pourraient être étendues. Dans un second temps, des dérogations pourraient être appliquées aux associés ou aux dirigeants affectés d'un conflit d'intérêts indirect personnel ; à condition toutefois, que ce conflit d'intérêts soit révélé au moyen d'un lien d'intérêts consolidé au fil duquel l'associé, le dirigeant ou une personne liée exerce une influence juridique restreinte.

Ne devraient jamais faire l'objet d'une quelconque dérogation, les conflits d'intérêts directs et les conflits d'intérêts indirects personnels révélés au moyen d'un lien d'intérêts au fil duquel l'associé, le dirigeant ou une personne liée exerce une influence juridique étendue.

Les dérogations à la suspension du droit de participer à l'adoption d'une décision pourraient être collectivement appliquées. Ces dérogations affectent l'ensemble des associés ou des dirigeants dont le droit de participer à l'adoption d'une décision collective fait l'objet d'une suspension volontaire ou contrainte. Elles sont applicables en présence de dispositions légales spéciales imposant la suspension du droit de participer aux décisions collectives. Elles sont encore applicables en cas d'insuffisance des dérogations individuelles, notamment, lorsque l'ensemble des associés ou des dirigeants demeurent affectés par un conflit d'intérêts direct. Par exemple, cette dérogation collective est légalement appliquée à la suspension du droit de vote des actionnaires prévue à l'article L. 228-15 alinéa 2 du Code de commerce ; cette dérogation s'applique lorsque l'ensemble des actions de la société fait l'objet d'une conversion en actions de préférence. L'application de cette dérogation impose aux associés ou aux dirigeants de mentionner au procès-verbal de la réunion, qu'une ou plusieurs décisions ont été adoptées alors qu'ils se trouvaient en conflit d'intérêts. À défaut, les traitements coercitifs du conflit d'intérêts pourraient être facilités et aggravés.

*B - Renfort ponctuel des contre-pouvoirs*

La gestion du conflit d'intérêts peut avoir pour objectif de renforcer les pouvoirs des coassociés ou des codirigeants non affectés par le conflit d'intérêts en cause. Le dirigeant ou l'associé ne sera pas écarté de la résolution du conflit d'intérêts qu'il rencontre. Cette gestion peut être appliquée à l'ensemble des conflits d'intérêts directs. Elle peut être étendue aux conflits d'intérêts indirects, révélés au moyen d'un lien d'intérêts fondamental ou au moyen d'un lien d'intérêts consolidé au fil duquel l'associé, le dirigeant ou une personne liée exerce une influence juridique étendue. Elle pourrait encore être limitée à certains conflits d'intérêts identifiés par leur objet.

Les pouvoirs de gestion d'un dirigeant ou ceux confiés à un associé peuvent faire l'objet de deux mesures. La première consiste à temporairement nommer un ou plusieurs adjoints chargés d'assister et surveiller le représentant de l'intérêt social en conflit d'intérêts dans l'exercice de ses pouvoirs. Ces adjoints ont pour missions de formuler des conseils et recommandations visant à assurer un règlement positif du conflit d'intérêts. Ils doivent rendent compte aux représentants de l'intérêt social les ayant nommés ; à savoir, en pratique, les dirigeants ou les associés investis de pouvoirs de surveillance. Les adjoints peuvent être investis de pouvoirs concurrents dont l'exercice sera limité à l'objet du conflit d'intérêts. Ils pourraient, par exemple, être investis des pouvoirs de négocier et conclure un contrat de cession d'actifs auquel un dirigeant est intéressé. En présence d'un acte juridique, sa validité pourrait être conditionnée à un formalisme protecteur de l'intérêt social et requérant la contresignature des adjoints. La seconde mesure implique de temporairement déconcentrer et partager le pouvoir à l'occasion duquel survient le conflit d'intérêts. Le pouvoir du dirigeant ou de l'associé est divisé en plusieurs pouvoirs d'exercice complémentaire. Ces pouvoirs sont répartis entre le représentant de l'intérêt social en conflit d'intérêts et une ou plusieurs personnes nommées à cet effet. Par exemple, les pouvoirs de négocier, rédiger et signer l'acte juridique objet du conflit d'intérêts pourraient être répartis entre trois personnes.

Les personnes nommées doivent être choisies parmi celles n'étant pas unies avec le dirigeant ou l'associé en conflit d'intérêts par un lien d'intérêts fondamental. Leur nomination ne doit pas les placer en conflit d'intérêts direct. À l'occasion d'une prise de décision collective, des mesures de gestion peuvent renforcer l'influence juridique des associés et dirigeants non affectés par le conflit d'intérêts en cause. Elles permettent principalement de pallier l'impossibilité, juridique ou pratique, de suspendre le droit de participer aux décisions collectives.

Tout d'abord, des dispositions statutaires ou extrastatutaires pourraient prédéterminer l'orientation du vote des associés ou des dirigeants en conflit d'intérêts. Elles pourraient ainsi imposer l'émission d'un vote le plus favorable aux intérêts de la société. Par exemple, en cas de difficultés financières éprouvées par la société, les associés s'engagent à voter la mise en réserve des bénéfices ; ou encore les administrateurs d'une société anonyme s'engagent à rejeter les demandes d'autorisation de toute convention réglementée dont le montant excède un montant déterminé. Ces dispositions sont licites à condition de ne pas porter atteinte au droit de participer aux décisions collectives et ne pas être contraire à l'intérêt social ou à une disposition légale impérative[1]. Par exemple, au sein des sociétés anonymes, ces dispositions ne doivent pas avoir pour objet de couvrir un trafic de voix, par lequel un actionnaire accepte de voter dans un sens déterminé contre un avantage accordé, promis ou garanti[2].

Ensuite, des mesures de gestion peuvent avoir pour objet de limiter l'influence de l'associé ou du dirigeant en conflit d'intérêts à l'occasion d'une prise de décision collective. Elles s'inspirent des mécanismes de prévention limitant l'exercice collectif des pouvoirs identifiés *supra*. Ces mécanismes relèvent de la gestion des conflits d'intérêts, lorsque deux conditions cumulatives sont remplies. Dans un premier temps, le déclenchement de la mesure doit être conditionné à la présence d'un conflit d'intérêts. Dans un second temps, la mesure déclenchée doit être temporaire et prendre fin à l'occasion de la résolution du conflit d'intérêts en cause. Cinq principales mesures peuvent être répertoriées.

La première accorde des droits de vote supplémentaires aux associés et aux dirigeants non affectés par le conflit d'intérêts en cause.

La deuxième réduit ou plafonne le droit de vote des associés et des dirigeants en conflit d'intérêts préalablement aux opérations de vote.

La troisième plafonne le nombre de voix comptabilisées et émises par l'associé ou le dirigeant en conflit d'intérêts, indépendamment de son droit de vote ; c'est-à-dire le nombre total de voix dont il dispose. Cette mesure limite l'utilité du recours au prêt de titres sociaux, ayant par exemple pour objet de renforcer l'influence juridique d'un ou plusieurs associés non affectés par le conflit d'intérêts en cause[3].

La quatrième neutralise la voix prépondérante accordée en cas de partage au représentant de l'intérêt social en conflit d'intérêts[4].

La cinquième renforce les règles de quorum et de majorité applicables aux décisions collectives créant ou ayant pour objet un conflit d'intérêts qui affecte au moins l'un des associés ou des dirigeants convoqués. Tel serait notamment le

---

[1] À propos des associés v., notamment, CA Paris, pôle 5, 8ème ch., 4 déc. 2012, n°11/15313, *SAS Pampr'oeuf distribution c/ SA Les Et. Ligner* ; *adde* A. VIANDIER, Observations sur les conventions de vote, JCP E, n°19, 1986, act. 15405, spé. III., 2. ; C. COUPET, Associé, La notion d'associé, Fasc. 7-10, J.- cl. stés, LexisNexis, 2020, n°79 et 88 ; J.-M. MOULIN, art. préc., n°38 ; Mémento Sociétés civiles 2022, *op. cit.*, n°9061 et suiv. ; Mémento Sociétés commerciales 2022, *op. cit.*, n°7743 et suiv. En l'absence de disposition légale et de jurisprudence contraire, ces conditions peuvent être appliquées aux dirigeants exerçant collectivement leurs pouvoirs, par ex. au sein du conseil d'administration ou de surveillance d'une société ; v. en ce sens J.-C. PAGNUCCO, art. préc., n°73 ; J.-J. CAUSSAIN, H. AZARIAN, Conseil de surveillance, Fasc. 133-60, J.- cl. stés, LexisNexis, 2021, n°61 ; Mémento Sociétés commerciales 2022, *op. cit.*, n°40741 et suiv.

[2] V. les art. L. 242-9, 3. et L. 245-11, 2. du Code de commerce ; v. également l'art. L. 231-14, 3., du Code monétaire et financier. Pour une expertise *in futurum* motivée, notamment, par la suspicion de la commission d'une telle infraction v. CA Paris, pôle 1, 8ème ch., 12 févr. 2021, n°20/07493, *M. c/ Amber Capital UK LLP Limited.*

[3] Rappr. S. TRIGO, P. LEFEVRE, art. préc., spé. « *Vote en assemblée* » et F. AUCKENTHALER, Prêts de titres, Fasc. 2125, J.- cl. stés, LexisNexis, 2020, n°1 et 36.

[4] Rappr. les art. L. 225-82 et L. 225-37 al. 4 du Code de commerce.

cas d'une règle de majorité qualifiée, croisant majorité simple et unanimité des suffrages exprimés. Plus précisément, cette règle de majorité repose sur deux conditions cumulatives. Tout d'abord, elle nécessite l'atteinte d'une majorité simple composée des voix de l'ensemble des associés ou des dirigeants. Ensuite, elle requiert un sens de vote identique à l'ensemble des associés ou des dirigeants non affectés par le conflit d'intérêts en cause. Par un arrêt de rejet remarqué, en date du 24 octobre 2018, la chambre commerciale de la Cour de cassation a eu l'occasion de se prononcer sur la validité d'une telle clause[1]. En l'espèce, la rédaction maladroite de la clause laissait croire qu'elle aboutissait à une neutralisation totale du droit de vote de l'associé en cause[2]. Sans rompre avec sa jurisprudence relative à la suspension du droit de vote des associés, la Cour de cassation rejetait le pourvoi en ce que « *malgré une rédaction malheureuse* », la clause ne contrevenait pas aux dispositions de l'article 1844 du Code civil. La Haute juridiction relevait que l'associé en cause avait « *émis un vote dont il a été tenu compte* » et que la décision en cause « *s'est trouvée acquise en raison de l'unanimité des voix des autres associés qui y étaient favorables* » ; c'est-à-dire l'unanimité des suffrages exprimés, non l'unanimité des associés. La clause n'avait ni pour objet ni pour effet d'artificiellement neutraliser le droit de vote de l'associé en cause[3].

---

[1] Com., 24 oct. 2018, n°17-26.402, inédit, obs. RJDA, 5/19, 2019, n°348, J. MOURY, RTD com., 2018, p.964, C. COUPET, Dr. sociétés, 2019, repère 3, A. RABREAU, Gaz. Pal., 2019, n°34658, p.59, notes J.-P. DOM, Rev. sociétés, 2019, p.246, R. MORTIER, Dr. sociétés, 2019, comm. 21, B. BRIGNON, Bull. Joly Sociétés, 2019, p.23, B. BRIGNON, Defrénois, 2019, n°145p9, p.22, M. BUCHBERGER, JCP E, n°24, 2019, p.1282. *Adde* dans la même affaire, Cass. com., 24 oct. 2018, n°15-27.911 et n°17-18.957, inédit, notes B. BRIGNON, Bull. Joly Sociétés préc. et RJDA, 5/19, obs. préc., la Haute juridiction censure pour excès de pouvoir les décisions rendues en référé et ayant prononcé des mesures visant à contourner l'application de la clause d'aménagement du calcul de la majorité.

[2] En ce sens, v. le moyen formulé par l'auteur du pourvoi en cassation. La clause était formulée en ces termes « *lorsque la société comprend au moins trois associés, l'assemblée générale, statuant à l'unanimité moins les voix de l'associé mis en cause, peut sur proposition de tout associé exclure tout membre de la société* (…) ». Selon une première interprétation, le vote de l'associé serait matériellement émis avant d'être retranché du calcul de la majorité requise. En ce sens, B. BRIGNON, note Bull. Joly Sociétés préc., B. BRIGNON, note Defrénois préc., spé. II., R. MORTIER, note préc., spé. « *Deuxième arrêt : validation de la clause statutaire stérilisant le droit de vote de l'associé exclu* », J. MOURY obs. préc., n°4 et A. RABREAU, obs. préc., notant qu'« *il résultait de l'application de la clause que l'intéressé, convoqué à participer à l'assemblée ayant pour objet son exclusion, avait, comme les autres associés, mis son bulletin dans l'urne mais, à la différence des autres, voyait son bulletin écarté à l'heure de la comptabilisation des votes nécessaires à l'adoption de la décision.* ». *Adde* P. LE CANNU, J. HEINICH, J. DELVALLEE, Société par actions simplifiée, Rép. sociétés Dalloz, 2020, n°220 et A. BOUGNOUX, Sociétés civiles, Décisions collectives, Art. 1845 à 1870-1, Fasc. 25, J.- cl. civ. Code, LexisNexis, 2020, n°43, relevant que « *la distinction entre privation du droit de vote et règles de majorité posées par les statuts aboutit ainsi à vider de toute portée le droit de vote néanmoins formellement exercé par l'associé exclu.* ».

[3] En ce sens J.-P. DOM, note préc., n°5, notant qu'« *En l'espèce, l'unanimité de ceux qui ont voté « pour » ... formait une majorité amplement suffisante à l'exclusion. En effet, l'arrêt d'appel enseigne que l'exclu avait voté « contre son exclusion qui s'est trouvée acquise du fait de l'unanimité des autres associés pour cette résolution votée par trois associés sur quatre, soit 82,5 % des voix au regard des parts de chacun dans la société civile de moyens ».* », RJDA, 5/19, obs. préc., relevant qu'« *En d'autres termes, cette clause devait être lue comme soumettant l'adoption d'une décision d'exclusion à une double condition : celle, de droit commun, de l'adoption d'une résolution à la majorité des votants et celle, des statuts, d'unanimité des associés autres que celui concerné.* » et Mémento

L'exemple suivant permet d'illustrer la mise en œuvre de la clause décrite ci-dessus. Au sein d'une société à responsabilité limitée, composée de dix associés détenant chacun 10% du capital, une décision collective a pour objet l'exclusion d'un associé créant une société concurrente. L'associé visé par la procédure d'exclusion et un associé lié au premier par un lien d'intérêts familial s'opposent à la résolution. 80% des voix détenues par les huit autres associés ont été émises en faveur de la résolution. Le vote de l'ensemble des associés permet donc d'atteindre la majorité qualifiée requise. Cependant, exclusion faite des voix de l'associé intéressé, aucune unanimité des suffrages exprimés ne se dessine ; l'ensemble des associés non affectés par le conflit d'intérêts en cause n'ont pas émis un vote identique. Par conséquent, la résolution sera rejetée. Cet exemple démontre que cette règle de vote est perfectible si elle n'est pas étendue aux personnes liées à l'associé en conflit d'intérêts. Il permet encore de relever qu'un tel mode de calcul serait sans effet au sein d'une société comprenant un nombre d'associés égal à deux. S'ils sont égalitaires, la majorité simple ne sera jamais acquise en cas d'opposition de l'associé en conflit d'intérêts. Si l'un est majoritaire et l'autre minoritaire, l'associé majoritaire pourra décider seul du rejet ou de l'adoption de la décision collective. Pour cette raison, la clause objet des faits de l'arrêt précité s'appliquait lorsque la société comprenait « *au moins trois associés* ».

Les cinq mesures précitées semblent préférables à l'application d'une disposition statutaire ou extrastatutaire, neutralisant temporairement une limitation affectant l'exercice collectif des pouvoirs[1]. La mise en œuvre de ce type de dispositif est perfectible, en ce qu'il pourrait profiter à l'associé ou au dirigeant en conflit d'intérêts.

La sortie partielle de la société consiste pour un représentant de l'intérêt social en conflit d'intérêts, à volontairement diminuer son influence juridique exercée au sein de la société. Elle permet de mécaniquement renforcer l'influence juridique des coreprésentants de l'intérêt social. Cette méthode de gestion s'applique davantage aux associés. Le cas échéant, elle peut être appliquée aux dirigeants. Elle constitue une alternative au dessaisissement permanent de l'intérêt social par exercice du droit de retrait.

Au moyen du retrait partiel, l'associé exposé à un conflit d'intérêts récurrent peut, sur invitation ou de sa propre initiative, réduire sa participation au sein de la société. Le retrait partiel doit être concilié avec les dispositions légales encadrant l'exercice du droit de retrait des associés. À défaut de telles dispositions, le retrait partiel pourrait être obtenu aux moyens de promesses unilatérales d'achats consenties entre associés et ayant pour objet une fraction limitée de droit sociaux. De manière alternative, l'associé en cause pourrait démembrer ses droits sociaux et transmettre l'usufruit à un tiers. Ce dernier serait

---

Assemblées générales 2022-2023, *op. cit.*, n°56005. Rappr. C. COUPET, obs. préc. et M. BUCHBERGER, note préc.

[1] Comp. les art. L. 233-34 et suiv. et L. 22-10-47 du Code de commerce et les art. 231-54 et 231-55 du RGAMF. *Adde* Mémento Sociétés commerciales 2022, *op. cit.*, n°65550 et suiv.

conventionnellement investi du droit de vote lors des décisions occasionnant pour le nu-propriétaire un conflit d'intérêts.

### Conclusion du paragraphe 2

La gestion des conflits d'intérêts peut se concentrer autour de l'influence juridique exercée par l'associé ou le dirigeant intéressé et les personnes auxquelles ils sont liés. Cette gestion n'a pas pour objet de supprimer ou déclasser un conflit d'intérêts. Elle permet de le laisser perdurer et d'en réduire la gravité. Les mesures déployées auront pour effet de minorer ou de suspendre le pouvoir du représentant de l'intérêt social en conflit d'intérêts et des personnes qui lui sont liées. L'associé ou le dirigeant perd la maîtrise de la résolution du conflit d'intérêts qui l'affecte. À l'occasion d'une décision collective, il peut exercer ses pouvoirs en faveur de son intérêt personnel ou celui d'une personne liée ; ses coassociés ou ses codirigeants demeurent en mesure de faire obstacle à la résolution préjudiciable du conflit d'intérêts en cause.

## Conclusion de la section I

Le contrôle des éléments constitutifs du conflit d'intérêts du conflit d'intérêts permet de le supprimer ou le déclasser en une catégorie de conflit moins dangereuse. L'associé ou le dirigeant en cause renonce à l'intérêt ou à l'exercice du pouvoir générateur du conflit traité. Les mécanismes juridiques ayant pour objet de supprimer ou déclasser un conflit d'intérêts sont essentiellement d'origine volontaire. Ils affectent sensiblement la relation entre l'intéressé et la société. Ils emportent, pour la plupart, de graves conséquences sur la situation juridique du dirigeant ou de l'associé les mettant en œuvre. Ces mécanismes pourraient être rassemblés autour d'une obligation conventionnelle imposant aux associés et aux dirigeants de faire cesser les conflits d'intérêts qui les affectent ou ceux dont ils ne peuvent légitimement ignorer l'existence. Cette obligation succède à l'obligation d'éviter les conflits d'intérêts. Bien qu'elle puisse être dotée d'une réelle portée juridique contraignante, en pratique cette obligation est davantage mobilisée à titre déontologique.

La suppression du conflit d'intérêts ou son déclassement peut s'avérer juridiquement impossible ou inadapté. Le contrôle des éléments constitutifs du conflit d'intérêts permet, en ce cas, à l'associé ou au dirigeant en cause de renoncer à l'influence juridique lui permettant de maitriser, seul ou par personne interposée, la résolution du conflit d'intérêts. La mise en œuvre des mécanismes juridiques réduisant l'influence juridique est essentiellement laissée à l'initiative de l'intéressé. Leurs conséquences juridiques sur la situation personnelle de l'associé ou du dirigeant sont d'une moindre ampleur. Ainsi, une obligation générale de s'abstenir de résoudre les conflits d'intérêts au préjudice de l'intérêt social devrait s'imposer aux associés et aux dirigeants. Cette obligation, dont est créancière la société, est issue du devoir de loyauté des représentants de l'intérêt social. Elle permet de pallier l'absence ou la transgression d'une obligation conventionnelle de faire cesser les conflits d'intérêts. Lorsque la suppression d'un conflit d'intérêts ne peut être obtenue, les efforts doivent être concentrés autour du contrôle de l'impact préjudiciable du conflit.

## Section II - Contrôle de l'impact préjudiciable des conflits d'intérêts

Les mesures de gestion peuvent être concentrées autour de la résolution du conflit d'intérêts[1]. Elles ont principalement pour objet de susciter la renonciation volontaire au conflit d'intérêts (paragraphe 1). Elles permettent également, d'accepter la résolution préjudiciable d'un conflit d'intérêts (paragraphe 2).

### §1 - Susciter la renonciation volontaire au conflit d'intérêts

Associés et dirigeants peuvent être mis en capacité de volontairement renoncer au conflit d'intérêts qu'ils rencontrent. Pour ce faire, ces derniers doivent recevoir une formation appropriée (A). Ils peuvent également, y être incités par l'emploi d'un leurre psychologique générateur d'un intérêt personnel (B).

#### *A - Formation appropriée des associés et des dirigeants*

La gestion autonome d'un conflit d'intérêts est conditionnée par la formation théorique et pratique reçue par les associés et les dirigeants[2]. Ces derniers doivent détenir les connaissances suffisantes afin de comprendre qu'une satisfaction de leur intérêt personnel est subsidiaire par rapport à celle de l'intérêt social.

La formation théorique des associés et des dirigeants doit permettre un développement de la culture juridique de l'intérêt social et des conflits d'intérêts. Elle doit surtout être exempte de notions favorisant ou légitimant une résolution préjudiciable des conflits d'intérêts. Ces notions peuvent être issues de théories économiques et financières hâtivement transposées à la matière juridique[3]. Elles peuvent également être issues de règles de droit étranger inapplicables au sein du système juridique français. Elles peuvent enfin être issues de propositions doctrinales ou de théories juridiques abandonnées. Une illustration transversale peut être relevée. Il convient, par exemple, de lutter contre l'idée selon laquelle les associés ou les actionnaires seraient propriétaires du patrimoine de la société personne morale[4] ; les dirigeants étant alors tenus à leur égard, d'un devoir dit

---

[1] Rappr. D. SCHMIDT, art. préc., II, B.

[2] Rappr. M. MEKKI, art. préc., v. spé. n°33.

[3] V. spé. A. BERLE et G. MEANS, The modern corporation and private property, 1932, New York, MacMillan. Rappr. T. MASSART, Contrat de société, art. préc., n°11, relevant que « *L'idée centrale de leur ouvrage est que le développement de la société par actions génère la séparation de la propriété et du contrôle de l'entreprise.* » ; *adde* B. FRANÇOIS, Admission sur les marchés financiers, offre au public de titres financiers, placement privé et financement participatif, Rép. sociétés Dalloz, 2016, n°510.

[4] Exposant les origines de cette assimilation, v. T. MASSART, *ibid.* Rappr. D. SCHMIDT, *op. cit.*, spé. p.414, n°423, l'auteur notant que « *Le patrimoine social appartient, par-delà la personne morale, à tous les actionnaires et n'a pas vocation à enrichir un seul d'entre eux.* ». Cette affirmation demeure discutable même en émettant l'hypothèse selon laquelle l'auteur aurait voulu faire référence à l'éventuel *boni*

fiduciaire[1]. Or aucun droit de propriété n'est accordé aux associés sur le patrimoine d'une société[2] ; le droit positif ne reconnait aucun devoir fiduciaire à la charge des dirigeants[3]. Cette affirmation ne souffre d'aucune exception. La notion de patrimoine est liée à celle de personnalité juridique. De ce fait, les termes de patrimoine social ne peuvent être utilisés en présence d'une société non immatriculée[4] ; hors indivision, les biens apportés au soutien de l'activité sociale sont maintenus au sein du patrimoine des apporteurs ou transférés au sein du patrimoine d'un associé[5]. Les associés ne peuvent plus librement disposer des biens apportés et doivent nécessairement les employer au soutien de l'intérêt social[6]. Les associés peuvent ainsi conserver la propriété des biens apportés à la société tout en lui réservant un usage exclusif[7]. Il s'agirait alors d'un apport en pleine propriété relative[8]. Cette relativité est davantage marquée lorsque les biens apportés par un associé sont transférés au sein du patrimoine d'un coassocié[9].

La formation pratique permet d'identifier les contours de l'intérêt social d'une société au sein de laquelle une personne est nouvellement associée ou dirigeante. Elle est laissée à la discrétion de la société en cause. Elle sera davantage dispensée

---

de liquidation ; en effet en ce cas le « *patrimoine social* » n'existe plus, la société étant dissoute et les opérations de liquidation clôturées.

[1] À propos de la représentation dite fiduciaire, v. N. MATHEY, Représentation, art. préc., n°44 et 45, v. également J. MORET-BAILLY, Définir les conflits d'intérêts, art. préc., n°8. Rappr. D. SCHMIDT, *op. cit.*, spé. p.42, n°55 ; p.58, n°44 ; p.128 et 129, n°117 ; p.142, n°134 et p.149, n°143, faisant référence au « *devoir fiduciaire* », auquel seraient tenus les administrateurs et le président d'une société anonyme à l'égard des actionnaires.

[2] En ce sens, T. MASSART, *ibid.* ; J. PAILLUSSEAU, art. préc., n°18 et 19 ; J. MESTRE (dir.), D. VELARDOCCHIO, A.-S. MESTRE-CHAMI, J. HEINICH, S. LACROIX-DE SOUSA, G. LOUSTALET, G. CARTERET, Le Lamy Sociétés Commerciales, Wolters Kluwer France, 2021, n°911, 1) et suiv. ; Mémento Sociétés civiles 2022, *op. cit.*, n°20200 ; Mémento Sociétés commerciales 2022, *op. cit.*, n°4060 à 4064, spé. 4., relevant que « *Les associés ne sont pas directement propriétaires des biens de la société (contrairement à la situation des membres d'une indivision) et n'ont aucun droit sur l'actif social.* ». V. également, Cass. com., 4 déc. 1963, n°62-11.831, Bull. civ. III, n°521, p.436, note D. VIDAL, Bull. Joly Sociétés, 2007, n°11, p.1239. *Adde* Com., 3 avr. 2007, n°06-13.930, inédit ; Cass. com., 8 oct. 2013, n°12-25.787, inédit.

[3] Le régime juridique de la fiducie est distinct de celui des sociétés, v. les art. 2011 et suiv. du Code civil. La société n'étant pas la propriété des associés, les dirigeants ne peuvent être tenus à un devoir dit fiduciaire à leur égard. Dans un même ordre d'idée les dirigeants ne sont les mandataires ni de la société personne morale, ni de ses associés ; en ce sens Mémento Sociétés civiles 2022, *op. cit.*, n°7002 et Mémento Sociétés commerciales 2022, *op. cit.*, n°10000. Rappr. M. GERMAIN, La contractualisation du droit des sociétés, *in* I. URBAIN-PARLEANI, et P.-H. CONAC (dir.), *Regards sur l'évolution du droit des sociétés depuis la loi du 24 juillet 1966*, 1re éd., Dalloz, Coll. Thèmes et commentaires, 2018, p.33, n°12 et T. FAVARIO, art. préc., n°35. *Adde* notamment Com., 18 sept. 2019, n°16-26.962, Bull. civ., 2019.

[4] Rappr. B. DONDERO, Société en participation, art. préc., n°51, relevant à propos de l'apport réalisé au profit d'une société en participation, que « *Simplement, les droits résultant de cet apport ne naîtront pas dans un patrimoine social qui n'existe pas, mais dans les patrimoines des différents participants.* ».

[5] V. les alinéas 2 et 3 de l'art. 1872 du Code civil.

[6] Rappr. en ce sens B. DONDERO, art. préc., n°56.

[7] V. l'alinéa 1er de l'art. 1872 du Code civil. *Adde* B. DONDERO, art. préc., n°60.

[8] Rappr. B. DONDERO, *ibid.*, relevant que « *dans le cadre de la société en participation, la conservation de la propriété par l'apporteur ne vaut, encore une fois, qu'à l'égard des tiers.* ».

[9] Rappr. B. DONDERO, art. préc., n°66.

aux dirigeants, au sein des sociétés exerçant une activité sensible, un nombre élevé d'associés, ou ayant des capacités financières étendues.

L'obligation déontologique de formation est courante en pratique. Les chartes ou codes déontologiques des dirigeants peuvent imposer une formation initiale pour tout nouveau dirigeant nommé par les associés ; ils peuvent également prévoir un *quantum* annuel d'heures de formation à suivre. Ponctuellement, l'obligation de formation est d'origine légale et se rapporte à l'exercice général de fonctions sociales[1].

La gestion autonome des conflits d'intérêts peut être renforcée en présence d'une personne investie d'une compétence de conseil et de sensibilisation. Cette compétence peut impliquer l'exercice de cinq pouvoirs non coercitifs distincts. Le premier est un pouvoir d'organiser ou de compléter les formations précitées. Le second correspond à un pouvoir de conseil relatif à l'instauration ou au renfort d'un mécanisme de prévention. Le troisième est un pouvoir de conseil ou de suggestion relatif au déclenchement d'une mesure de gestion. Ces conseils et suggestions doivent conduire l'associé ou le dirigeant en cause à volontairement renoncer au conflit d'intérêts ou à la maîtrise de sa résolution. Le quatrième est un pouvoir de suggestion relatif au déclenchement d'un mécanisme de sanction ou d'une action en responsabilité civile.

Ce pouvoir général doit être exercé par une personne faiblement exposée aux conflits d'intérêts. Cette personne peut notamment être un associé, un dirigeant, un référent déontologue mandaté par la société ou encore un administrateur membre d'un comité de régulation des conflits d'intérêts. Elle peut être destinatrice de premier rang des déclarations en matière de conflit d'intérêts. Le détenteur d'un tel pouvoir se rencontre, en pratique, davantage au sein des sociétés ayant des ressources financières étendues ou dont les activités sont sensibles.

### *B - Le leurre psychologique générateur d'un intérêt personnel*

Les associés et les dirigeants peuvent être psychologiquement incités, de manière consciente ou inconsciente, à renoncer au conflit d'intérêts au moyen d'un leurre. Ce dispositif fonctionne lorsque le leurre devient l'objet d'un conflit d'intérêts. Il ne fait juridiquement pas obstacle à la formation du conflit d'intérêts et ne relève donc pas des dispositifs de prévention. Il incite seulement au déploiement d'un mécanisme de gestion affectant les éléments constitutifs du conflit.

Le leurre psychologique consiste à mettre en place un dispositif permettant de compenser l'abandon de l'intérêt personnel en conflit, par la satisfaction concomitante ou différée d'un autre intérêt personnel. Il conduit l'intéressé à s'interroger quant à l'intérêt personnel qu'il souhaite satisfaire prioritairement, en fonction de la résolution projetée du conflit d'intérêts qu'il rencontre. Il suggère

[1] V. par ex. l'alinéa 5 des art. L. 225-23 et L. 225-71 du Code de commerce. *Adde* les art. L. 225-30-2 et L. 225-80 du même Code.

une compensation de l'intérêt personnel sacrifié à l'issue d'un conflit d'intérêts, par la satisfaction d'un intérêt personnel généré par le leurre psychologique. Le leurre conduit l'associé ou le dirigeant à penser qu'il satisfait son intérêt personnel alors qu'il agit au soutien de l'intérêt social en renonçant au conflit d'intérêts en cours. De manière inverse, en portant atteinte à l'intérêt social, l'associé ou le dirigeant se porterait concomitamment préjudice à lui-même.

Les leurres psychologiques génèrent un intérêt matériel ou moral dont l'obtention est conditionnée par la satisfaction préalable d'un ou plusieurs intérêts de la société. Pour cette raison, en pratique, ce dispositif est couramment identifié comme un mécanisme dit d'alignement des intérêts personnels sur ceux de la société. Deux catégories de leurres psychologiques peuvent être distinguées.

La première regroupe par exemple les cadeaux et les avantages en nature consentis par la société aux associés se déplaçant en personne pour exercer leur droit de participer à une assemblée générale[1]. Elle regroupe également les leurres issus d'une obligation de payer un avantage pécuniaire, sous condition suspensive d'atteindre des objectifs de performance déduits des intérêts de la société à l'échéance d'un terme certain[2]. En pratique, cet avantage sera une somme d'argent, des titres de créance ou des droits sociaux[3]. Par exemple, la rémunération des dirigeants peut inclure des éléments variables reposant sur une telle obligation. Le paiement de ces éléments est effectué en numéraire ou dans la limite d'un nombre prédéterminé de droits sociaux ou de titres de créance virtuellement attribués au dirigeant. À l'échéance du terme, fixé entre trois et cinq ans en pratique, la société procède à l'exécution de son obligation. Cet intervalle de temps est dénommé période de performance ou d'acquisition. Le cas échéant, la société transfère la propriété des droits sociaux ou des titres de créance définitivement acquis par le dirigeant. Les critères de performance utilisés et déduits des intérêts de la société pourraient notamment être de nature

---

[1] Cette pratique est courante au sein des sociétés dont les actions sont admises aux négociations sur un marché réglementé. V. Mémento Assemblées générales 2022-2023, *op. cit.*, n°44600 et suiv.

[2] Au sein des sociétés dont les actions sont admises aux négociations sur un marché réglementé, lorsqu'elle constitue un élément de rémunération de certains dirigeants, cette obligation est affectée d'une seconde condition. Selon l'art. L. 22-10-34 al. 5 du Code de commerce applicable aux sociétés anonymes, les éléments de rémunération variables attribués au titre de l'exercice écoulé aux dirigeants visés par ces textes, « *ne peuvent être versés qu'après approbation par une assemblée générale des éléments de rémunération de la personne concernée.* » ; *adde* l'art. L. 22-10-77 al. 5 du même Code, applicable aux sociétés en commandite par actions. Rappr. R. FOY, Attribution gratuite d'actions : régime juridique, Rép. sociétés Dalloz, 2008, n°92.

[3] Rappr. R. FOY, art. préc., n°7.

environnementale[1], sociale[2], sociétale[3], consumériste[4], stratégique[5], financière[6]. Leur détermination revient logiquement aux associés ou aux dirigeants investis du pouvoir de déterminer la politique sociale ou les orientations de l'activité de la société.

La seconde catégorie regroupe les leurres faisant craindre le déclenchement d'une sanction pécuniaire ou extra-pécuniaire, en cas de réalisation d'un fait matériel, d'un fait ou d'un acte juridique déterminé. La sanction pourra, par exemple, prendre la forme : d'une clause de privation ou de répétition d'un élément de rémunération ; d'une clause pénale ; d'un motif de départ anticipé ou de révocation ; d'un motif d'application d'une méthode de calcul de la valeur de droits sociaux favorable à la société cessionnaire, par l'application d'une décote forfaitaire ; d'une cause de déchéance du droit de lever une option d'achat ou de vente de droits sociaux à un prix avantageux pour son bénéficiaire. Des leurres psychologiques relevant de cette catégorie peuvent être d'origine légale. Tel est, par exemple, le cas des alinéas 2 et 3 de l'article L. 22-10-34 du Code de commerce applicables aux sociétés anonymes dont les actions sont admises aux négociations sur un marché réglementé. En cas de rejet par l'assemblée générale des informations se rapportant à l'impact concret de la politique de rémunération en vigueur[7], la rémunération des membres du conseil d'administration ou de surveillance est suspendue. Ces derniers sont incités à tenir compte des griefs exprimés par les actionnaires ; la suspension de leur rémunération sera maintenue jusqu'à l'approbation par l'assemblée générale d'une politique de rémunération révisée. Cette suspension de rémunération est également applicable en cas de transgression des dispositions légales imposant une proportion déterminée de membres de chaque sexe au sein du conseil d'administration ou de surveillance de certaines sociétés anonymes[8].

Le leurre psychologique doit être mis en place préalablement à l'apparition des conflits d'intérêts ciblés. Il se rapportera aux faits matériels, faits et actes

---

[1] Par ex. la préservation de la biodiversité sur une zone géographique d'activité de la société, le déploiement d'une stratégie environnementale, la notation et le maintien au sein d'indices boursiers reflétant la performance écologique d'une société, la réduction des gaz à effet de serre.

[2] Par ex. la promotion de la diversité, la progression des salaires, le déploiement d'une stratégie renforçant la santé et la sécurité des employés, la diminution du nombre d'accidents du travail, le maintien à zéro du nombre d'accidents fatals.

[3] Par ex. la création d'emplois locaux dans les zones d'implantation du groupe, l'amélioration de la qualité de vie des riverains autour d'une zone géographique d'activité du groupe, le soutien matériel à des organismes à but non lucratifs, le nombre d'opérations de mécénat.

[4] Par ex. l'augmentation du nombre de clients, la mesure de la satisfaction client, l'amélioration de l'e-réputation.

[5] Par ex. l'implantation de l'activité sociale sur un nouveau secteur géographique, la réalisation d'une opération de restructuration juridique sensible, la réduction du délai de lancement d'un nouveau produit.

[6] Par ex. l'augmentation de la valeur des capitaux propres, l'apurement d'une partie de la dette sociale, l'augmentation des dépenses d'investissement, l'augmentation de la valeur ou de la liquidité du titre social.

[7] Rappr. l'art. L. 22-10-9 I. du Code de commerce.

[8] V. les art. L. 225-45, L. 225-83, L. 225-18-1 et L. 225-69-1 du Code de commerce.

juridiques susceptibles de faire régulièrement l'objet d'un conflit d'intérêts. La sélection d'un leurre pertinent est donc tributaire de la déclaration préalable aux conflits d'intérêts. Le leurre ne doit pas être mis en place concomitamment à l'apparition du conflit d'intérêts ciblé. Il ne doit pas avoir pour objet direct la renonciation à un conflit d'intérêts en cours. En cas contraire, ce mécanisme dégénérerait en un système d'achat de la renonciation aux conflits d'intérêts.

Tout d'abord, le leurre psychologique emporte une gestion aléatoire d'un nombre restreint de conflits d'intérêts. La gestion est limitée aux seuls conflits d'intérêts en cours partageant le même objet que le leurre psychologique ; c'est-à-dire les faits ou les actes visés par le leurre psychologique.

Ensuite, l'associé ou le dirigeant en cause est susceptible de tirer un avantage personnel supérieur en résolvant le conflit d'intérêts au préjudice de l'intérêt social. En cette hypothèse, le leurre psychologique ne fonctionne pas car il était d'un attrait inférieur, en comparaison avec l'intérêt personnel retiré du conflit d'intérêts. Par exemple, un élément de rémunération d'un dirigeant intègre la réalisation d'investissements stratégiques nécessaires pour assurer la pérennité à long terme de la société ; pourtant le dirigeant s'abstient de les réaliser afin de ne pas affecter la valeur boursière à court terme des titres sociaux qu'il détient.

Enfin, le leurre ne doit pas produire l'effet inverse et placer le dirigeant ou l'associé en conflit d'intérêts direct. Il ne doit pas permettre de simuler la poursuite de l'intérêt social alors qu'en réalité l'associé ou le dirigeant en cause agit exclusivement au soutien de ses intérêts personnels. Par exemple, des indices contenus au sein d'une politique de rémunération peuvent être de nature à trahir une telle simulation. Ces indices sont : une indication de la seule présence d'une rémunération composée d'éléments fixes et variables, sans communication précise des montants et des critères de calcul utilisés[1] ; un montant élevé d'une rémunération fixe sur la base de laquelle sont calculés des éléments de rémunération variable[2] ; l'utilisation de critères de performance non quantifiables et correspondant à l'exercice des pouvoirs légaux des dirigeants[3] ; l'utilisation de critères de performance contradictoires[4] ; l'utilisation de critères de performance

---

[1] Les montants et la nature des critères de performance sont, en ce cas, arrêtés au terme de l'obligation de payer la rémunération en cause. Ce procédé permet d'ajuster, de manière opportuniste, le montant total d'une rémunération en fonction de la situation financière et extra-financière de la société. Il permet d'assurer au dirigeant le paiement du montant le plus élevé possible.

[2] Comp. l'art. 3 du décret n°53-707 du 9 août 1953, fixant le montant brut des rémunérations à 450 000 EUR. *Adde* J.-D. DREYFUS, Entreprises du secteur public, Rép. sociétés Dalloz, 2009, n°183.

[3] Par ex. : respect d'un calendrier prévisionnel, maintien de relation cordiale avec des codirigeants et les principaux associés, dialogue avec les associés, amélioration de l'organisation interne de la société, mise en œuvre optimale de la stratégie sociale, réflexion sur le développement de nouveaux produits, identification de nouveaux marchés, réponse efficace aux risques identifiés, réflexion à un plan de succession.

[4] Par ex., la rémunération variable du dirigeant d'une société pétrolière est calculée sur la base de deux critères de performance. Le premier, est relatif à l'augmentation de la part des énergies renouvelables proposée aux consommateurs. Le second, est relatif à l'augmentation du nombre des licences d'exploitation et des explorations pétrolières.

sur lesquels le dirigeant peut avoir une influence directe et mécanique[1] ; une méthode de calcul des rémunérations variables permettant de garantir un montant plancher de rémunération[2] ; une période d'acquisition ou de performance de courte durée, variant de six mois à trois ans ; une faculté de substitution des conditions de performance ou des modalités de calcul d'une rémunération variable[3] ; l'octroi d'un pouvoir de dérogation opportuniste à l'application de la politique de rémunération afin de tenir compte de l'imprévision et permettre l'ajustement à la hausse ou à la baisse du montant total de rémunération[4] ; un pouvoir discrétionnaire d'ajustement à la hausse ou à la baisse du montant d'un élément de rémunération variable ; un paiement anticipé de tout ou partie des éléments de rémunération avant le terme de la période de performance ; l'absence de période de conservation des titres définitivement acquis par le dirigeant à l'issue d'une période de performance ; l'usage possible d'instruments de couverture des titres définitivement acquis par le dirigeant et soumis à une obligation de conservation ; l'absence de clause de restitution des rémunérations versées en cas de survenance d'un fait modifiant le calcul de leur montant, trouvant son origine lors de la période de performance et révélé postérieurement à leur paiement[5].

## Conclusion du paragraphe 1

L'incitation à la gestion autonome d'un conflit d'intérêts est incertaine. Cette gestion est nécessairement limitée aux conflits d'intérêts en cours dont l'associé ou le dirigeant a connaissance ou dont il ne peut légitimement ignorer l'existence. La formation des représentants de l'intérêt social et les leurres psychologiques augmentent seulement les chances d'aboutir à une renonciation volontaire au conflit d'intérêts ou à la maîtrise de sa résolution. Ces dispositifs sont donc de

---

[1] Par ex., la rémunération variable d'un dirigeant est intégralement déterminée en fonction du bénéfice net par action. Le dirigeant pourra directement influer sur cette rémunération dans l'exercice de ses pouvoirs. Notamment, par l'usage des autorisations de rachat et d'annulation d'actions accordées par les associés pour des montants élevés.

[2] En ce cas l'obligation de payer la rémunération en cause existe. L'exécution de l'obligation se trouve seulement subordonnée à l'échéance d'un terme certains. En présence de ce type de calcul, une obligation de payer initialement présentée comme affectée d'une condition suspensive pourrait donc être requalifiée en obligation à terme.

[3] Par ex., en allongeant la période de performance, en diminuant les objectifs chiffrés à atteindre et en modifiant les pondérations de chacun des éléments composant la rémunération totale.

[4] Cette pratique, s'est développée à compter de la crise sanitaire liée à la pandémie de covid-19. L'alinéa 2 du III. des art. L. 22-10-8 et L. 22-10-76 du Code de commerce, autorise au sein des sociétés cotées, les dérogations à l'application d'une politique de rémunération « *si cette dérogation est temporaire, subordonnée à la survenance de circonstances exceptionnelles, conforme à l'intérêt social et nécessaire pour garantir la pérennité ou la viabilité de la société.* ». Ces conditions, cumulatives et particulièrement exigeantes, ne semblent pouvoir permettre qu'une baisse de la rémunération des dirigeants. Des sociétés y ont vu l'opportunité d'introduire au sein de leur politique de rémunération, des motifs de dérogation en fonction de circonstances imprévisibles ; contrairement au texte précité, les dérogations en cause peuvent être appliquées en faveur du dirigeant et occasionner un rehaussement de leur rémunération.

[5] Ce type de clause fonctionne à l'image d'une garantie de passif. Rappr. T. ALLAIN, Clauses de garantie dans les cessions de droits sociaux, Rép. sociétés Dalloz, 2018, n°21.

nature à diminuer le recours aux mesures d'acceptation de la résolution préjudiciable des conflits d'intérêts.

## §2 - Accepter la résolution préjudiciable d'un conflit d'intérêts

Ce type de gestion s'intéresse moins à l'état de concurrence des intérêts en présence, qu'à son impact sur la société. L'exposé préalable du principe d'autorisation et de ratification des conflits d'intérêts (A) permet d'entrevoir ses limites (B).

### *A - Principe d'autorisation et de ratification des conflits d'intérêts*

La notion de conflit d'intérêts ne doit pas constituer un frein à la liberté d'entreprendre et au développement économique. La société doit demeurer libre de parier sur la compensation du préjudice qu'elle pourrait subir, par un gain concomitant ou ultérieur à la résolution d'un conflit d'intérêts. Que la compensation attendue soit certaine ou incertaine importe peu ; ces considérations motiveront la demande d'acceptation.

L'acceptation de la perte de chance ou du préjudice auquel est exposée la société peut intervenir antérieurement ou postérieurement à la résolution des conflits d'intérêts. Juridiquement, l'acceptation se matérialise par une autorisation[1] ou une ratification du conflit d'intérêts.

L'autorisation générale des conflits d'intérêts futurs est définie comme l'acte par lequel la société autorise un associé ou un dirigeant à user librement de ses pouvoirs, aux fins de résoudre des conflits d'intérêts futurs qu'il pourrait rencontrer. En principe, ce type d'autorisation doit appréhender les conflits d'intérêts dont l'incidence économique et juridique de leur objet est modérée. Cette exigence implique d'arrêter un seuil de gravité plafond. L'autorisation pourrait s'appliquer, par exemple, aux conflits d'intérêts ayant pour objet un fait matériel ou un acte juridique inférieur à 5 000 EUR. Ainsi, font l'objet d'une autorisation légale[2] les conflits d'intérêts ayant pour objet une convention portant sur des opérations courantes[3] et conclue à des conditions normales[4] ; ces

---

[1] Rappr. P.-F. CUIF, art. préc., n°60, relevant que « *L'autorisation lève l'obstacle d'une prohibition.* ».

[2] V. les art. L. 223-20, L. 225-39, L. 225-87, L. 226-10, L. 227-11 et L. 229-7 du Code de commerce.

[3] V. Com., 21 avr. 1977, n°75-12.918, Bull. com., n°105, p.90. *Adde* Com., 1er oct. 1996, n°94-16.315, inédit ; Cass. com., 11 mars 2003, n°01-01.290, inédit et Com., 3 juin 2008, n°07-12.307. Rappr. J. MESTRE (dir.), D. VELARDOCCHIO, A.-S. MESTRE-CHAMI, J. HEINICH, S. LACROIX-DE SOUSA, G. LOUSTALET, G. CARTERET, *op. cit.*, n°3774 et G. GAEDE, Conventions réglementées, art. préc., n°193 et suiv.

[4] À savoir, les « *conditions dans lesquelles sont habituellement conclues les conventions semblables non seulement dans la société en cause mais encore dans les autres du même secteur d'activité.* », en ce sens Rép. min. à QE n°4276, JOAN Q. 4 avr. 1969, p.870 ; *adde* Com., 1er oct. 1996, n°94-16.315, préc. et Cass. com., 11 juil. 2000, n°97-21.612, inédit, notes S. ZEIDENBERG, D. 2001, p.2024 et P. LE CANNU, Bull. Joly Sociétés, 2001, p.34. L'analyse des rapports contractuels intervenant entre la société et ses contractants peut permettre de déceler un intérêt anormalement privilégié ; au regard par ex., du prix, des garanties, des obligations des parties, du terme, du montant d'une clause pénale. Rappr. J. MESTRE (dir.), D. VELARDOCCHIO, A.-S. MESTRE-CHAMI, J. HEINICH, S. LACROIX-DE SOUSA, G. LOUSTALET, G. CARTERET, *ibid.* et G. GAEDE, art. préc., n°196 et suiv.

conditions cumulatives s'apprécient au moment de la conclusion du contrat[1]. Au sein des sociétés anonymes, cette autorisation légale atteint également les « *conventions conclues entre deux sociétés dont l'une détient, directement ou indirectement, la totalité du capital de l'autre* »[2] ; cette autorisation légale s'applique indépendamment de l'incidence économique ou juridique de la convention pouvant être l'objet d'un conflit d'intérêts[3]. Par exception, l'autorisation pourrait viser un conflit d'intérêts indirect précisément identifié indépendamment de son objet. Par exemple, les conflits indirects révélés au moyen d'un lien d'intérêts distendu au fil duquel la personne en cause ou la personne liée exerce une influence juridique restreinte.

En conséquence, lorsqu'un associé ou un dirigeant rencontre un conflit d'intérêts objet d'une autorisation générale, il pourra le résoudre de manière autonome. Ce type d'autorisation générale devrait mettre à la charge de son bénéficiaire, une obligation de rendre compte de son usage[4]. Sauf disposition légale contraire, la société doit conserver son pouvoir d'amender ou de révoquer, à tout moment, les autorisations générales accordées pour une durée déterminée ou indéterminée.

L'autorisation spéciale portant sur la résolution d'un conflit d'intérêts en cours est définie comme l'acte par lequel la société autorise un associé ou un dirigeant à exercer ses pouvoirs aux fins de résoudre un conflit d'intérêts identifié[5]. Par cette autorisation, la société consent à subir le fait dommageable résultant du conflit d'intérêts en raison d'un impact positif espéré[6]. Par exemple, la société autorise la conclusion d'une convention d'assistance financière au profit d'une société filiale au sein de laquelle son dirigeant est associé ; par cette convention la société espère accélérer le développement de sa filiale. Pour ce

[1] Rappr. Cass. com., 9 avr. 1996, n°93-21.472, Bull. 1996, IV, n°118, p.100, notes P. LE CANNU, Bull. Joly Sociétés, 1996, p.677, Y. GUYON, Rev. sociétés, 1996, p.788, obs. A. VIANDIER, J.-J. CAUSSAIN, JCP E, 1996, I, 589.

[2] V. les art. L. 225-39, L. 225-87, L. 226-10 et L. 229-7 du Code de commerce.

[3] Rappr. B. DONDERO, Conflits d'intérêts : les réformes attendues en matière de conventions conclues dans le cadre d'un groupe, Bull. Joly Sociétés, 2013, p.843, n°14 et suiv. ; B. DONDERO, note sous Ord. n°2014-863 du 31 juil. 2014, JO 2 août 2014, p.12820, RTD com. 2014, p.641, I. A. ; B. DONDERO, Le nouveau droit des conventions réglementées dans les sociétés anonymes, JCP E, n°38, 2014, 1466, B., spé. n°9.

[4] Rappr. art. L. 22-10-12 et L. 22-10-29 du même Code. Comp. antérieurement, dans leur version en vigueur entre le 16 mai 2001 et le 2 août 2003, les art. L. 225-39 et L. 225-87 du Code de commerce, imposaient au président du conseil d'établir la liste des conventions courantes et conclues à des conditions normales, avant de la transmettre aux membres du conseil et aux commissaires aux comptes. Au terme de l'art. L. 225-115, 6°, du même Code, tout actionnaire avait le droit d'obtenir communication de cette liste. Dans leur version en vigueur entre le 2 août 2003 et le 19 mai 2011, les art. L. 225-39 et L. 225-87 du Code de commerce, excluaient de cette liste les conventions qui n'étaient « *significatives pour aucune des parties* » en raison « *de leur objet ou de leurs implications financières* ». L'art. 58 de la loi n°2011-525 du 17 mai 2011 de simplification et d'amélioration de la qualité du droit, supprimait l'obligation d'établir cette liste et la possibilité pour les actionnaires d'en obtenir communication.

[5] Rappr. en droit britannique la section 175, (4) et (5), du *Companies Act 2006 c. 46*. *Adde* l'art. 1161 al. 2 du Code civil.

[6] V. par ex. Com., 18 mars 2020, n°18-17.010, inédit.

faire, elle accepte de subir une diminution, à court terme, de la valeur de son patrimoine[1]. L'autorisation peut porter sur tout type de conflits d'intérêts. Une disposition légale ou conventionnelle pourrait limiter les demandes d'autorisation à certains conflits d'intérêts en fonction de leur intensité et/ou de leur objet[2].

La demande d'autorisation pourrait ainsi être requise à partir d'un seuil de gravité plancher[3]. Ce seuil pourrait être complété par un second seuil plafond, à partir duquel un conflit d'intérêts ne pourrait plus faire l'objet d'une demande d'autorisation. Tel serait le cas, par exemple, d'une clause selon laquelle doit faire l'objet d'une autorisation des associés préalablement à sa résolution, tout conflit d'intérêts rencontré par un dirigeant lorsque son objet est un acte juridique emportant inaliénabilité temporaire ou transfert de propriété d'un actif de la société dont l'évaluation pécuniaire excède 100 000 EUR.

La demande d'autorisation doit être formulée préalablement à la résolution du conflit d'intérêts sur lequel elle porte. Aucun fait matériel ne doit avoir été initié et aucun fait ou acte juridique ne doit avoir été accompli ou conclu. La demande d'autorisation a pour objet l'exercice du pouvoir et les conséquences du conflit d'intérêts sur la société. Elle doit avoir un caractère contraignant ; elle ne peut être présentée comme une simple consultation des coassociés ou des codirigeants et limitée à la communication d'informations.

L'autorisation peut être accordée en les termes de la demande ou refusée. Le refus d'autoriser un conflit d'intérêts, a pour effet d'imposer l'adoption d'un comportement déterminé par l'intéressé[4] ; ce dernier devra renoncer au conflit d'intérêts en cause. L'autorisation peut encore être accordée avec réserves ou sous conditions. Les réserves permettent, notamment, d'insister sur l'impact négatif du conflit d'intérêts que souhaite éviter la société. Les conditions permettent, dans un premier temps, d'ajuster l'impact positif souhaité par la société du conflit d'intérêts. Les conditions peuvent, par exemple, porter sur : la manière dont certains faits matériels doivent être accomplis, la modification des conditions essentielles d'un acte juridique ou de ses modalités d'exécution. Les conditions permettent, dans un second temps, d'assurer une compensation du désavantage subit par la société. Les conditions prendront ici la forme de garanties ou de sûretés personnelles et réelles exigées de l'associé ou du dirigeant en conflit d'intérêts. Ce type d'autorisation devrait mettre à la charge de son bénéficiaire, une obligation de rendre compte de l'évolution de l'impact du conflit d'intérêts.

La ratification du conflit d'intérêts est définie comme la décision par laquelle la société contrôle et approuve l'acte objet d'un conflit d'intérêts résolu par un

---

[1] Rappr. Crim., 4 févr. 1985, n°84-91.581, préc.

[2] V. par ex., les art. L. 225-38, L. 225-86, L. 226-10 et L. 229-7 du Code de commerce. *Adde* également l'art. L. 237-6 du même Code. Rappr. D. PORACCHIA, D. MARTIN, Regard sur l'intérêt social, Rev. sociétés, 2012, p.475, n°30 et Y. GUYON, Assemblées d'actionnaires, art. préc., n°230.

[3] Comp. par ex., l'art. 502 du Code civil et l'art. 4 du décret n°2008-1484 du 22 déc. 2008, préc.

[4] B. DONDERO, Le traitement juridique des conflits d'intérêts : entre droit commun et dispositifs spéciaux, art. préc., n°19.

associé ou un dirigeant sans autorisation expresse de la société ou en excédant ses pouvoirs[1]. Certaines dispositions légales imposent la ratification par la société d'actes juridiques réalisés par les dirigeants et pouvant faire l'objet d'un conflit d'intérêts[2]. Il apparait opportun pour le dirigeant ou l'associé en cause, d'assortir l'acte objet du conflit d'intérêts d'une clause suspensive[3] ou résolutoire[4]. Ces clauses permettraient, en cas de refus d'autorisation, de prémunir la société contre la réalisation du préjudice induit par la résolution du conflit d'intérêts. La demande de ratification devrait être formulée dans un délai relativement proche de la conclusion de l'acte juridique objet du conflit d'intérêts. Elle ne devrait être présentée postérieurement à la réunion annuelle des associés ayant pour objet l'approbation des comptes de l'exercice écoulé.

La ratification peut être accordée en les termes de la demande et opérer de manière rétroactive. En ce cas, la ratification porte sur les faits matériels accessoires à l'acte en cause ; par exemple, les négociations précédant sa conclusion. Ainsi, un conflit d'intérêts ayant abouti à la conclusion d'un contrat commutatif parfaitement équilibré au regard des circonstances d'espèces[5], pourrait aisément faire l'objet d'une ratification par la société.

Le refus de ratification d'un conflit d'intérêts laisse place à l'application d'un traitement coercitif ; spécialement lorsque l'acte n'était assorti d'aucune condition suspensive ou résolutoire et que l'associé ou le dirigeant n'est pas en capacité de procéder à la résolution conventionnelle de l'acte. Cet anéantissement rétroactif est concevable, par exemple, en présence d'un acte juridique non exécuté et procédant d'un conflit d'intérêts direct.

La ratification peut encore être accordée, le cas échéant, sous conditions d'une modification à bref délai de certaines obligations ou de leurs modalités d'exécution. Ces modifications peuvent être opérées, par exemple, au moyen d'un avenant au contrat initial ou d'une novation. La modification de l'acte soumis à ratification est facilitée lorsqu'il procède d'un conflit d'intérêts direct. À défaut d'y parvenir, la ratification serait caduque et emporterait les conséquences identiques à un refus de ratification.

Lorsqu'elle est accordée, la ratification devrait inclure une obligation de rendre compte de l'exécution de l'acte en cause, jusqu'à son terme[6]. Cette

---

[1] Rappr. D. D'AMBRA, Confirmation, Rép. civ. Dalloz, 2017, n°4. *Adde* B. DONDERO, art. préc., n°25.

[2] V. par ex. les art. L. 225-24, L. 225-78, L. 225-36 et L. 225-65 du Code de commerce. *Adde* les art. L. 223-19, L. 225-38 et L. 225-86, L. 226-10 al. 2, L. 229-7 et L. 612-5 du même Code ; l'art. 1843 du Code civil, l'art. L. 210-6 al. 2 du Code de commerce et l'art. 6 al. 4 du décret n°78-704 du 3 juil. 1978 préc. ; rappr. J.-P. SORTAIS, Constitution des sociétés, art. préc., n°202 et n°212.

[3] V. l'art. 1304 du Code civil. *Adde* Y. BUFFELAN-LANORE, (actu.) J.-D. PELLIER, Condition, Rép. civ. Dalloz, 2020, n°17.

[4] V. l'art. 1304 du Code civil. *Adde* Y. BUFFELAN-LANORE, (actu.) J.-D. PELLIER, art. préc., n°18.

[5] Par ex., au regard du prix correspondant à celui appliqué à tout cocontractant, de la haute qualité de la prestation ou du bien objet du contrat et de l'impossibilité matérielle pour la société de se procurer un bien ou service de meilleure qualité dans sa zone géographique d'activité.

[6] Rappr. par ex., les art. R. 223-16, R. 225-30 et R. 225-58 du Code de commerce.

obligation permettrait, par exemple, de déceler l'exécution préjudiciable d'un contrat commutatif pourtant conclu à des conditions parfaitement équilibrées.

*B - Limites à l'autorisation et la ratification des conflits d'intérêts*

Les décisions d'autorisations et de ratifications du conflit d'intérêts doivent être prises par les associés. Seuls les associés peuvent définitivement accepter de faire encourir à la société un risque d'exposition à un préjudice ou de lui faire subir une situation préjudiciable. Les dirigeants ne peuvent autoriser ou ratifier un conflit d'intérêts qu'à titre provisoire et sous réserve d'une décision de la collectivité des associés ou de l'associé unique[1]. Les autorisations d'un conflit d'intérêts émanant d'un ou plusieurs dirigeants doivent ainsi faire l'objet d'une ratification par les associés[2]. Les dispositions conventionnelles instaurant une procédure d'autorisation ou de ratification des conflits d'intérêts ne doivent pas avoir matériellement pour effet de priver un dirigeant de ses pouvoirs légalement attribués[3].

Trois limites affectant l'objet du conflit d'intérêts peuvent être identifiées. La première selon laquelle l'autorisation ou la ratification, même lorsqu'elle est décidée à l'unanimité des associés, ne peut porter sur des faits exposant la société à un anéantissement fortuit et irrémédiable. Tel serait spécialement le cas, des faits dont la gravité exposerait la société à une extinction anticipée, involontaire et brutale de son objet social[4]. Afin de garantir le respect de cette limite, un pouvoir d'opposition ou d'ajournement pourrait être exceptionnellement reconnu à un ou plusieurs associés ou dirigeants non affectés par le conflit d'intérêts en cause. Ce pouvoir pourrait porter sur la mise aux voix d'une décision d'autorisation ou ratification ; il pourrait également s'appliquer à l'exécution d'une telle décision[5]. La seconde en raison de laquelle l'autorisation ou la ratification ne doit pas porter sur un acte ou un fait objet d'une interdiction légale. Elle ne doit également pas porter sur une interdiction conventionnelle préventive ; en cas contraire cette interdiction n'empêcherait plus la formation du conflit d'intérêts et déclasserait le dispositif en une mesure de gestion. La troisième par laquelle l'autorisation préalable conventionnelle est inapplicable aux faits et aux actes juridiques pour lesquelles une disposition légale impose une autorisation préalable des associés ou des dirigeants[6].

La validité des actes d'autorisation et de ratification est limitée par la portée des informations fournies préalablement à leur adoption. Ces actes doivent être adoptés sur la base d'une information complète et étendue. Cette information doit permettre une identification précise de la gravité du préjudice encouru par

[1] Rappr. par ex., les art. L. 223-19, L. 225-38 et L. 225-86, L. 226-10, L. 229-7 et L. 612-5 du Code de commerce.

[2] V. par ex., les art. L. 225-38, L. 225-86, L. 226-10 et L. 229-7 du Code de commerce.

[3] V. par ex. Cass. com., 11 juin 1965, n°63-10.240, préc.

[4] V. spé. Com., 8 nov. 2011, n°10-24.438, préc. et 3ème civ., 21 déc. 2017, n°16-26.500, préc.

[5] Rappr. à propos du droit de veto S. SCHILLER, art. préc., n°221, B. SAINTOURENS, Société civile, art. préc., n°95 et Mémento Sociétés commerciales 2022, *op. cit.*, n°40742.

[6] Rappr. par ex. les art. L. 225-38, L. 225-86, L. 226-10 et L. 229-7 du Code de commerce.

la société et des éléments permettant d'aboutir à sa compensation concomitante ou ultérieure[1].

L'autorisation générale préalable requiert une déclaration préalable au conflit d'intérêts détaillée. Doivent y figurer l'ensemble des informations en lien avec l'autorisation envisagée. L'autorisation préalable et la ratification du conflit d'intérêts requièrent une déclaration spontanée complète du conflit d'intérêts en cause. Doivent spécifiquement être indiqués les motifs du recours au conflit d'intérêts en cause et l'ensemble des éléments permettant d'apprécier sa gravité[2]. La ratification du conflit d'intérêts nécessite en sus, l'indication des motifs ayant conduit l'associé ou le dirigeant à ne pas solliciter d'autorisation préalable ou à excéder ses pouvoirs. Ces motifs pourraient, par exemple, être caractérisés par la suspension du droit de participer à une décision collective affectant l'ensemble des dirigeants appelés à se réunir. Tel serait notamment le cas du conseil d'administration ou de surveillance d'une société anonyme, dont l'ensemble des membres est intéressé à la convention réglementée objet d'une demande d'autorisation ; cette situation place le conseil dans l'impossibilité de régulièrement délibérer. En ces circonstances, une demande de ratification de la convention conclue par les actionnaires pourrait être motivée par cet état de fait[3].

La décision d'autorisation ou de ratification d'un conflit d'intérêts ne saurait être adoptée par l'associé ou le dirigeant visé par la demande. À défaut de disposition légale spéciale impérative contraire, l'associé ou le dirigeant en cause devrait volontairement s'abstenir de participer à la décision collective d'approbation ou de ratification. Le cas échéant, la décision collective pourrait être adoptée à l'unanimité des associés[4]. La décision des associés et par elle la volonté de la société peut résulter d'une réunion collective ou d'un acte juridique auquel intervient l'ensemble des associés. L'unanimité des associés acquise permet, en outre, de déroger aux statuts[5].

## Conclusion du paragraphe 2

Cette gestion permet à la société de faire œuvre de discernement et d'accepter, *a priori* ou *a posteriori*, des conflits d'intérêts dont le préjudice pourrait être limité ou compensé. En pratique, que les associés et les dirigeants aient ou non conscience de se trouver en conflit d'intérêts, il s'agit d'un mode de gestion des conflits usuellement mis en œuvre. Ce type de gestion doit être mis en œuvre de manière raisonnée en ce qu'il cautionne l'exposition de la société à des situations

---

[1] Rappr. par ex. les art. L. 533-10 et L. 541-8 du Code monétaire et financier.

[2] Comp. par ex., l'art. 6 al. 1 et 2 du décret n°78-704 du 3 juil. 1978 préc. *Adde* J.-P. SORTAIS, art. préc., n°205.

[3] V. en ce sens Rép. min. à QE n°20677, JOAN Q. 28 juil. 1975, p.5429. Rappr. Mémento Sociétés commerciales 2022, *op. cit.*, n°52796 et P. DELEBECQUE, F.-J. PANSIER, Administrateur (Sociétés), art. préc., n°240 et 241.

[4] Rappr. par ex., Com., 18 mars 2020, n°18-17.010, préc.

[5] V. spé. Cass. 1re civ., 21 mars 2000, n°98-14.933, Bull. 2000, I, n°99, p.66 et Com., 29 janv. 2020, n°18-15.179, inédit. *Adde* J.-B. TAP, Les actes dérogatoires aux statuts, Rev. sociétés, 2020, p.531 et H. BARBIER, Du discret essor des conventions dérogatoires aux statuts, Bull. Joly Sociétés, 2019, n°120g5, p.1. Dans la même affaire v. Cass. com., 12 mai 2015, n°14-13.744, inédit.

de fait préjudiciables résultant d'un conflit d'intérêts. Cette gestion se limite toutefois aux conflits d'intérêts insusceptibles d'emporter l'anéantissement involontaire et irrémédiable de la société. Elle pourrait être d'application subsidiaire par rapport aux mesures de gestion affectant les éléments constitutifs du conflit d'intérêts.

## Conclusion de la section II

Les mesures de gestion articulées autour du contrôle de l'impact préjudiciable d'un conflit d'intérêts répondent à un double objectif. Le premier est de mettre en capacité intellectuelle et matérielle le dirigeant ou l'associé à renoncer au conflit d'intérêts qu'il rencontrerait. Le second est de soumettre la situation dommageable à l'approbation de la société. Ce type de gestion n'a ni pour objet de supprimer ou déclasser un conflit d'intérêts ni d'en réserver la résolution aux représentants de l'intérêt social non affectés par le conflit en cause. Cette gestion est doublement limitée. Tout d'abord, les mécanismes suscitant une renonciation volontaire au conflit d'intérêts peuvent être tenus en échec en fonction de l'attractivité de l'intérêt personnel en concurrence avec l'intérêt social. Ensuite, l'acceptation de la résolution préjudiciable des conflits d'intérêts ne garantit en rien sa compensation effective par un gain concomitant ou ultérieur. Ces mesures de gestion doivent coexister avec d'autres dispositifs de prévention et de gestion.

# Conclusion du chapitre II

Les dispositifs de gestion procèdent d'une volonté de réduire l'exposition de l'intérêt social à la résolution préjudiciable d'un conflit d'intérêts. En théorie, une société devrait volontairement se doter d'un système minimal de gestion des conflits d'intérêts, pertinent au regard de son activité. En pratique, certaines sociétés y seront contraintes par des dispositions légales spéciales[1]. Les dispositions légales aboutissant indirectement à la gestion des conflits d'intérêts sont limitées et laissent ainsi une place prépondérante à la liberté contractuelle. L'ensemble des mesures de gestion peuvent se combiner. Le contrôle des éléments constitutifs des conflits d'intérêts devrait être préféré au contrôle de son impact préjudiciable.

Les mécanismes juridiques permettant d'opérer une gestion des éléments constitutifs des conflits d'intérêts ont permis d'identifier une double obligation. La première, conventionnelle, impose aux associés et aux dirigeants de faire cesser les conflits d'intérêts qu'ils rencontrent. La seconde, de portée générale, impose aux associés et aux dirigeants de s'abstenir de résoudre les conflits d'intérêts au préjudice de l'intérêt social. Ces obligations peuvent être conciliées avec les mesures d'autorisation et de ratification des conflits d'intérêts d'origine légale ou conventionnelle. Ces mesures entravent l'apparition du préjudice et font donc obstacle à la transgression de l'obligation générale précitée.

---

[1] V. par ex., en matière financière, le 3° des art. L. 533-10 et L. 541-8 du Code monétaire et financier. *Adde* le 2° des art. R. 22-10-14 et R. 22-10-18 du Code de commerce.

# Conclusion du Titre I

Les dispositifs de traitement non coercitif assurent une protection de l'intérêt social contre les conflits d'intérêts rencontrés par les associés ou les dirigeants. Limiter la définition des conflits d'intérêts au moyen de la notion de préjudice renforce la légitimité des dispositifs de prévention et de gestion des conflits d'intérêts. La prévention repose sur des interdictions visant les éléments constitutifs ou la gravité du conflit d'intérêts. La gestion permet à la société d'opérer un contrôle des éléments constitutifs d'un conflit d'intérêts en cours ou de son impact préjudiciable. En droit des sociétés, quelques dispositions légales éparses spéciales permettent indirectement de prévenir et de gérer un nombre limité de conflits d'intérêts. Par conséquent, la mise en place d'un système efficace de gestion et de prévention des conflits d'intérêts relève de la volonté des associés. La portée opérationnelle des dispositifs de prévention et de gestion commande de ne pas limiter leur déclenchement à certains conflits d'intérêts identifiés en raison de leur objet. En revanche, l'objet des conflits d'intérêts permet d'identifier les conflits devant être traités prioritairement.

En l'absence d'un quelconque système, les associés et les dirigeants pourraient être considérés comme demeurant débiteurs, à l'égard de la société créancière, de deux obligations. La première est une obligation d'éviter les conflits d'intérêts. La seconde est une obligation de s'abstenir de résoudre les conflits d'intérêts au préjudice de l'intérêt social. Ces obligations peuvent être déduites de leur devoir de loyauté. Les conflits d'intérêts ayant pu produire leurs effets préjudiciables, en l'absence de dispositifs de prévention et de gestion ou en l'absence du déclenchement de tels dispositifs, peuvent faire l'objet d'un traitement coercitif.

# Titre II - Traitement coercitif du conflit d'intérêts

Les traitements coercitifs sont déployés en fonction de la société au sein de laquelle les conflits d'intérêts sont qualifiés. Ils ont pour objet de juguler les conséquences des conflits d'intérêts ou de réparer le préjudice qu'ils occasionnent. Ces traitements s'articulent autour de la sanction des conflits d'intérêts (chapitre I) et de la réparation des conflits d'intérêts (chapitre II).

# Chapitre I - La sanction des conflits d'intérêts

Les mesures de sanction sont principalement déclenchées en présence d'un conflit d'intérêts résolu[1]. Le cas échéant, elles pourront également être utilisées en présence d'un conflit d'intérêts en cours et à l'occasion duquel l'intéressé a transgressé un dispositif d'information, de prévention ou de gestion. Deux catégories de sanctions peuvent être identifiées. La première répertorie les sanctions affectant la personne en conflit d'intérêts (section I). La seconde regroupe les sanctions affectant l'objet du conflit d'intérêts (section II).

## Section I - Sanctions affectant la personne en conflit d'intérêts

Les sanctions affectant la personne en conflit d'intérêts, emportent, dans un premier temps, la perte de l'autonomie d'exercice d'un pouvoir déterminé (paragraphe 1). Elles induisent, dans un second temps, la perte de la qualité d'associé ou de dirigeant (paragraphe 2).

### §1 - Perte de l'autonomie d'exercice d'un pouvoir déterminé

La sanction des conflits d'intérêts peut prendre la forme d'une suppression de la liberté d'exercer ou de s'abstenir d'exercer un pouvoir déterminé. Ce type de sanction permet de momentanément déposséder un associé ou un dirigeant de l'autonomie qui lui est reconnue à l'occasion de l'exercice d'un pouvoir. La personne en cause sera privée du choix d'exercer ou de ne pas exercer un pouvoir déterminé. Ce dispositif permet de sanctionner et de pallier l'inertie de l'associé ou du dirigeant à l'issue d'un conflit d'intérêts résolu. Il ne peut donc être assimilé à un mécanisme de gestion du conflit d'intérêts. En effet, l'associé ou le dirigeant s'abstient d'exercer ou a exercé ses pouvoirs afin de résoudre un conflit d'intérêts au préjudice de l'intérêt social. La réitération ultérieure et à l'identique du conflit d'intérêts par le même associé ou dirigeant importe peu[2]. Ces sanctions se traduisent par l'exercice contraint ou concurrent d'un pouvoir déterminé (A). Elles se matérialisent encore par la désignation judiciaire d'un mandataire aux fins d'exercer un pouvoir déterminé (B).

#### *A - L'exercice contraint ou concurrent d'un pouvoir déterminé*

Les sanctions du conflit d'intérêts peuvent aboutir à une dépossession de la liberté d'exercer ou de ne pas exercer un pouvoir déterminé. Ces sanctions sont conditionnées par la présence d'un conflit d'intérêts impliquant une carence d'exercice d'un pouvoir social déterminé. Trois catégories de sanctions peuvent être identifiées. La première permet l'exercice concurrent et à titre subsidiaire d'un pouvoir déterminé par un coreprésentant de l'intérêt social. La seconde

---

[1] Rappr. D. SCHMIDT, art. préc., II, C. *Adde* M. MEKKI, art. préc., n°37.

[2] Par ex., un dirigeant résout le conflit d'intérêts qu'il rencontre en refusant de convoquer une réunion d'associés. Ce conflit d'intérêts pourra être réitéré de manière identique, toutes les fois où il sera demandé au dirigeant de convoquer la réunion en cause.

implique de contraindre le titulaire d'un pouvoir de l'exercer. La troisième induit l'exercice du pouvoir sur décision de justice.

Ponctuellement, un pouvoir, dont l'exercice est initialement réservé à un associé ou un dirigeant, pourra être exercé à titre subsidiaire par un ou plusieurs coassociés ou codirigeants. L'exercice concurrent et subsidiaire du pouvoir peut résulter d'une disposition conventionnelle ou légale.

Une clause statutaire ou extrastatutaire peut permettre à un associé ou un dirigeant d'exercer un pouvoir normalement réservé à une personne lorsque celle-ci est en conflit d'intérêts. Ce type de clause doit être concilié avec les dispositions légales impératives imposant une répartition des pouvoirs d'associés et de dirigeants. L'exercice concurrent d'un pouvoir pourrait être conditionné à l'accomplissement préalable d'une formalité et l'écoulement d'un délai de carence. Par exemple, les statuts d'une société civile pourraient accorder le pouvoir de convoquer l'assemblée des associés au gérant. Ils pourraient également autoriser chacun des associés à exercer ce pouvoir à une double condition. La première selon laquelle l'associé doit formuler la demande au gérant par lettre recommandée avec accusé de réception. La seconde par laquelle la demande ne doit pas avoir été suivie d'effets dans les quinze jours suivants sa réception ou sa première présentation. Par conséquent, si le gérant refuse de convoquer une assemblée d'associés à raison d'un conflit d'intérêts, le pouvoir de convoquer l'assemblée pourrait être exercé par un associé.

Des dispositions légales spéciales éparses peuvent accorder aux associés ou aux dirigeants le droit d'exercer un pouvoir à titre concurrent et subsidiaire. Ces dispositions concernent majoritairement l'organisation interne de la société et permettent aux associés d'agir en cas de carence de son représentant légal pour cause de conflit d'intérêts. Elles sont limitées en fonction de l'objet du conflit d'intérêts. Parmi les exemples pouvant être relevés[1], l'action sociale exercée *ut singuli* permet d'illustrer cette catégorie de dispositions légales. En effet, la loi habilite les associés à exercer l'action sociale en responsabilité contre les dirigeants de la société[2]. L'action sociale exercée *ut singuli* par un associé permet de surmonter l'inertie d'un dirigeant à mettre en œuvre l'action sociale *ut universi* contre lui-même ou une personne à laquelle il est lié ; elle sera, notamment, exercée en l'absence de codirigeant en position d'exercer l'action sociale *ut*

---

[1] V. notamment l'art. L. 225-36-1 al. 3 et 4 du Code de commerce. Rappr. l'art. 12 al. 2 de l'ordonnance n°2014-948 du 20 août 2014 préc. V. également les art. L. 221-6, al. 2 et L. 222-5 du Code de commerce ; Comp. l'art. 39 al. 1 et 2 du décret n°78-704 du 3 juil. 1978 préc. ; l'art. 1846 al. 5 du Code civil ; les art. L. 223-27 al. 8, L. 225-103, II, 1°, L. 223-27, al. 2 du L. 234-1, L. 234-2, R. 234-3 al. 1 et 3, R. 234-6 al. 3 Code de commerce ; l'art. 55 al. 1 du règlement (CE) n°2157/2001 du Conseil du 8 oct. 2001 préc. Rappr. Mémento Sociétés commerciales 2022, *op. cit.*, n°23010, D. GIBIRILA, Société en nom collectif, art. préc., n°261 ; D. GIBIRILA, Société en commandite simple, art. préc., n°119 ; Mémento Assemblées générales 2022-2023, *op. cit.*, n°1000 et suiv.

[2] V. spé. l'art. 1843-5 al. 1 du Code civil applicable à toute société hors dispositions légales spéciales contraires ; *adde* les art. L. 223-22 al. 3, L. 225-252, L. 225-256, L. 226-12, L. 22-10-73 et L. 227-8 du Code de commerce. Rappr. N. CAYROL, Action en justice, art. préc., n°401 et J.-P. SORTAIS, Protection des minoritaires : droit des sociétés, art. préc., n°34 et suiv.

*universi*[1]. Au sein des sociétés à responsabilité limitée ou par actions, les associés et les actionnaires peuvent collectivement exercer l'action sociale *ut singuli*[2]. Cette action doit être intentée par un associé ; à défaut elle serait irrecevable[3]. En principe, l'action *ut singuli* ne peut être engagée contre une personne n'ayant pas la qualité de dirigeant représentant légal de la société ou n'ayant pas une qualité juridique visée par une disposition légale spéciale[4]. Par exception, sur le fondement de l'article 480-1 du Code pénal, la chambre criminelle de la Cour de cassation juge recevable l'action sociale *ut singuli* exercée à l'encontre du complice condamné avec un représentant légal de la société pour un même délit[5]. La jurisprudence des chambres civiles et de la chambre commerciale de la Haute juridiction pourrait connaitre une évolution favorable à la défense de la société. Ces chambres pourraient, dans un premier temps, s'aligner sur la jurisprudence de la chambre criminelle. Dans un second temps, elles pourraient élargir la recevabilité de l'action sociale *ut singuli* dirigée à l'encontre : des coauteurs solidairement responsables en vertu d'une disposition légale ou conventionnelle ; des coauteurs de l'inexécution d'un acte juridique ; des coauteurs d'un même dommage liés par une obligation de réparation *in solidum.*

Certaines dispositions légales ne sont applicables qu'aux associés ou aux dirigeants détenteurs d'une influence juridique minimale. Tel est, par exemple, le cas des dispositions permettant un exercice concurrent et subsidiaire du pouvoir de convoquer une réunion de dirigeants[6] ou d'associés[7].

La suppression temporaire du droit de vote permet de contraindre un associé ou un dirigeant à exercer un pouvoir déterminé afin de mettre fin aux conséquences dommageables du conflit d'intérêts qu'il rencontre. Cette sanction induit un affaiblissement à titre temporaire de l'influence juridique à l'occasion de l'adoption de décisions collectives. Elle occasionne, en parallèle, un accroissement de l'influence juridique des coreprésentants de l'intérêt social.

---

[1] V. par ex. Com., 27 mai 2021, n°19-17.568, inédit.

[2] V. les art. R. 223-31, al. 1 et R. 225-169 du Code de commerce ; rappr. Mémento Sociétés commerciales 2022, *op. cit.*, n°14077 et J.-P. SORTAIS, art. préc., n°60 et suiv.

[3] V. par ex. Com., 24 juin 2020, n°18-17.338, inédit ou encore Com., 13 mars 2019, n°17-22.128, inédit.

[4] En ce sens, par ex., Com., 19 mars 2013, n°12-14.213, Bull., 2013, IV, n°42 ou encore 3ème civ., 5 déc. 2019, n°18-26.102, Bull. civ., 2019.

[5] V. en ce sens Cass. crim., 28 janv. 2004, n°02-87.585, Bull. crim., 2004, n°18, p.62 ; Crim., 14 janv. 2009, n°08-80.584, inédit ; Cass. crim., 6 nov. 2019, n°17-87.150, inédit. Rappr. N. CAYROL, Action en justice, art. préc., n°485.

[6] V. spé., au sein des sociétés anonymes, l'art. L. 225-36-1 al. 2 et 4 du Code de commerce. Rappr. au sein des sociétés à participation publique, l'art. 12 al. 2 de l'ordonnance n°2014-948 du 20 août 2014 préc.

[7] V. par ex. les art. L. 223-27, L. 222-5, L. 225-103, II, 4° du Code de commerce ; l'art. 55 al. 1 du règlement (CE) n°2157/2001 du Conseil du 8 oct. 2001 préc. ; *Adde* les art. 19 al. 2 du décret n°67-868 du 2 oct. 1967 préc. et du décret n°78-380 du 15 mars 1978 préc. ; l'art. 17 al. 2 du décret n°92-680 du 20 juil. 1992 préc. ; l'art. 13 al. 3 de la loi n°86-18 du 6 janv. 1986 préc. ; les art. R. 4113-41 al. 2 et R. 6223-18 al. 1 du Code de la santé publique.

La suppression du droit de vote est totale[1] ou partielle[2]. Elle peut être maintenue jusqu'à la date d'exercice du pouvoir en cause ou jusqu'à l'expiration d'un délai suivant cette date. Sauf disposition légale contraire, cette sanction peut être déclenchée à l'encontre des dirigeants sur le fondement d'une clause statutaire ou extrastatutaire. Elle pourrait permettre, notamment, de pallier le refus de ratification de l'acte résultant d'un conflit d'intérêts lorsque le dirigeant a la capacité de résoudre ou résilier l'acte. Cette sanction pourrait encore être déclenchée lorsqu'un dirigeant omet de procéder à une déclaration préalable au conflit d'intérêts[3].

Seule une disposition légale peut supprimer le droit de vote, prérogative fondamentale d'associé. En principe, les dispositions légales emportant une telle sanction sont éparses et s'appliquent au sein des seules sociétés par actions[4]. Par exception, cette sanction s'applique au sein d'une quelconque société en cas de transgression des dispositions relatives aux investissements étrangers dans une activité en France mentionnée à l'article L. 151-3 du Code monétaire et financier et pour lesquelles une autorisation préalable du ministre chargé de l'économie est nécessaire[5]. La suppression du droit de vote s'applique majoritairement de manière automatique, en dehors d'une quelconque décision de justice. Cette sanction est applicable lorsque le conflit d'intérêts a, notamment, pour objet : la constitution de la société[6] ; l'obligation d'information liée au franchissement de seuils[7] ou à l'identité des propriétaires de titres au porteur[8] ; l'obligation d'information relative au prêt des actions d'une société dont le siège social est établi en France et admises aux négociations sur un marché réglementé d'un État membre de l'Union européenne ou d'un autre État partie à l'accord sur l'Espace

[1] Par ex., lorsque le droit de vote est attribué en fonction de la personne du représentant de l'intérêt social.

[2] Par ex., lorsque le droit de vote est déterminé en fonction du nombre de titres sociaux détenu, sa suppression pourra affecter tout ou partie des voix.

[3] Comp. l'art. L. 1451-1 al. 6 du Code de la santé publique.

[4] V. J. MESTRE (dir.), D. VELARDOCCHIO, A.-S. MESTRE-CHAMI, J. HEINICH, S. LACROIX-DE SOUSA, G. LOUSTALET, G. CARTERET, *op. cit.*, n°3922, J.-M. MOULIN, art. préc., n°35, Y. GUYON, Assemblées d'actionnaires, art. préc., n°181 et suiv. Rappr. Mémento Assemblées générales 2022-2023, *op. cit.*, n°56360 et suiv. Aucune disposition légale d'application générale n'emporte suppression du droit de vote à titre de sanction, spécialement au sein des sociétés civiles ; rappr. Mémento Sociétés civiles 2022, *op. cit.*, n°9000.

[5] V. l'art. L. 151-3-1 al. 6 et 7 du Code monétaire et financier. Rappr. C. BOITEAU, La loi *PACTE* et l'État, RFDA, 2019, p.581 et S. BERNARD, art. préc., I, A.

[6] V. les art. L. 225-11-1 et L. 225-16-1 du Code de commerce.

[7] V. l'art. L. 233-14 du Code de commerce. Lorsqu'il en existe un, le bureau de l'assemblée est compétent pour constater l'application des limitations du droit de vote résultant d'un défaut de déclaration de franchissement de seuil. Le bureau n'est pas compétent pour prononcer la privation du droit de vote, lorsque le défaut de déclaration du franchissement d'un seuil procède d'une action de concert contestée, en ce sens Com., 15 mai 2012, n°10-23.389 ; *adde* Com., 15 mai 2012, n°11-11.633, inédit. En revanche, le bureau demeure compétent pour constater et appliquer les limitations de droits de vote, lorsque le concert qu'il constate n'est pas contesté devant lui, Com., 27 juin 2018, n°15-29.366, Bull. 2018, IV, n°77. Rappr. P.-H. CONAC, art. préc., n°151 et Mémento Assemblées générales 2022-2023, *op. cit.*, n°51245.

[8] V. l'art. L. 228-3-3 al. 1 et 2 du Code de commerce.

économique européen[1] ; une augmentation de capital[2] ; la libération d'un apport en numéraire dont le paiement est exigible[3] ; une participation croisée prohibée[4] ; les actions d'autocontrôle[5] ou auto-détenues[6] ; les actions admises aux négociations sur un marché réglementé non inscrites sous la forme nominative ou déposée alors qu'elles seraient détenues par un dirigeant, son conjoint non séparé de corps ou ses enfants mineurs non émancipés[7] ; le dépôt d'une offre publique d'achat ou de retrait[8] ; la caducité d'une offre publique obligatoire[9] ; la réunion du comité social et économique à laquelle le représentant de l'auteur d'une offre publique ne se rend pas[10]. Dans la plupart des hypothèses précitées, cette sanction s'accompagnera d'une privation du droit aux dividendes[11].

À la demande d'un coassocié ou d'un codirigeant, le juge peut contraindre l'exercice d'un pouvoir social déterminé sur le fondement d'une disposition légale spéciale. L'action en justice peut être étendue aux tiers au pacte social, tel que le ministère public ou toute personne intéressée.

Quelques rares dispositions légales habilitent le juge à exercer un pouvoir social à titre concurrent et subsidiaire. Tel est, par exemple, le cas des dispositions portant sur : la désignation du mandataire unique chargé de représenter les copropriétaires de parts sociales indivises[12] ; le retrait judiciaire d'un associé pour juste motif[13] ; la désignation et le renouvellement du liquidateur[14] ; l'approbation des comptes du liquidateur[15] ; les demandes d'autorisations nécessaires pour aboutir à la liquidation de la société[16] ; la désignation d'un ou plusieurs commissaires aux apports en cas d'apport en nature ou de stipulation d'avantages particuliers au sein d'une société anonyme et à défaut d'unanimité des

---

[1] V. L. 22-48-10 du Code de commerce.
[2] V. l'art. L. 250-150 du Code de commerce.
[3] V. les art. L. 228-29 al. 1 et R. 226-58 du Code de commerce.
[4] L'art. L. 233-29 al. 1 et 3 du Code de commerce. Rappr. J. MESTRE (dir.), D. VELARDOCCHIO, A.-S. MESTRE-CHAMI, J. HEINICH, S. LACROIX-DE SOUSA, G. LOUSTALET, G. CARTERET, *op. cit.*, n°2225.
[5] À savoir les actions d'une société possédées par une ou plusieurs sociétés directement ou indirectement contrôlées par la première. V. l'art. L. 233-31 du Code de commerce.
[6] C'est-à-dire, les actions possédées par la société et composant son propre capital. V. l'art. L. 225-210 al. 4 du Code de commerce.
[7] V. l'art. L. 225-109 al. 3.
[8] V. l'art. L. 433-3 I et II du Code monétaire et financier ; *adde* les art. 234-1 et suiv. du RGAMF.
[9] V. l'art. L. 433-1-2 I et II du Code monétaire et financier ; *adde* l'art. 231-9 du RGAMF.
[10] V. l'art. L. 2312-48 du Code du travail.
[11] V. par ex., les art. L. 225-11-1, L. 225-16-1, L. 225-109 al. 3, L. 250-150, L. 225-210 al. 4, L. 228-3-3 du Code de commerce et l'art. L. 151-3-1 al. 8 du Code monétaire et financier. *Adde* L'art. L. 228-29 al. 2 du Code de commerce, emportant suspension du droit aux dividendes à l'instar du droit préférentiel de souscription.
[12] V. l'art. 1844 al. 2 du Code civil.
[13] V. l'art. 1869 al. 1 du Code civil.
[14] V. l'art. 1844-8 al. 2 du Code civil ; *adde* l'art. 9 du décret n°78-704 du 3 juil. 1978 préc. ; les art. L. 237-19, L. 237-21 al. 1 et 2 du Code de commerce.
[15] V. les art. L. 237-10 du Code de commerce et 10 al. 2 du décret n°78-704 du 3 juil. 1978 préc.
[16] L'action en justice est réservée au liquidateur, v. l'art. L. 237-23 al. 3 du Code de commerce.

actionnaires[1] ; la désignation, en cas d'urgence, des représentants de la masse d'obligataires[2].

Plus fréquemment, le juge sera habilité à contraindre l'exercice d'un pouvoir de gestion au moyen d'une procédure spéciale d'injonction de faire, le cas échéant, prononcée sous astreinte[3]. La procédure spéciale d'injonction de faire peut porter sur un conflit d'intérêts ayant, notamment, pour objet : une information légale ; la libération des apports en numéraire[4] ; la transcription des procès-verbaux des réunions des organes de direction et d'administration[5] ; la transcription des procès-verbaux des assemblées générales des actionnaires et des obligataires[6] ; certaines obligations du liquidateur[7] ; la convocation d'une assemblée générale annuelle[8] ou spéciale[9] ; la convocation d'une assemblée générale demandée par les actionnaires au sein d'une société européenne[10] ; la suppression de la mention société à mission inscrite sur les actes, documents ou supports électroniques émanant de la société[11] ; certaines formalités liées aux augmentations de capital au sein d'une société anonyme[12].

### *B - La désignation judiciaire d'un mandataire aux fins d'exercer un pouvoir déterminé*

Les conflits d'intérêts dont les éléments constitutifs et la gravité sont préoccupants peuvent justifier la désignation judiciaire d'un mandataire aux fins d'exercer un pouvoir d'associé ou de dirigeant. L'étendue de la mission confiée au mandataire judiciaire croît à mesure de la gravité du conflit d'intérêts. Par ordre d'intensité croissante, deux catégories de sanctions peuvent être identifiées. La première permet de confier à un mandataire *ad hoc* l'exercice d'un pouvoir social déterminé. La seconde implique la désignation d'un administrateur judiciaire emportant dessaisissement de pouvoirs d'un ou plusieurs représentants de l'intérêt social.

Ponctuellement, un pouvoir de gestion déterminé est exercé, à titre subsidiaire et concurrent, par un mandataire *ad hoc* désigné par décision de justice. Cette désignation est temporaire et n'emporte pas dessaisissement du dirigeant auquel

---

1 V. les art. L. 223-9, L. 223-33 et L. 225-147 al. 1 du Code de commerce.

2 L'action en justice est étendue à tout intéressé, v. l'art. L. 228-50 du Code de commerce.

3 Rappr. R. LAHER, Injonction de faire, art. préc., n°56 et Mémento Sociétés commerciales 2022, *op. cit.*, n°89820.

4 V. l'art. 1843-3 al. 5 du Code civil.

5 L'action est ouverte à tout intéressé et est dirigée à l'encontre du président des organes de direction ou d'administration en cause, v. l'art. L. 238-4 du Code de commerce.

6 L'action est ouverte à tout intéressé et est dirigée à l'encontre du président de l'assemblée générale en cause, v. l'art. L. 238-5 du Code de commerce.

7 V. l'art. L. 238-2 du Code de commerce ; l'action étant ouverte à toute personne intéressée.

8 V. spé. les art. L. 223-26 al. 1, L. 225-100 al. 1, L. 226-1, al. 2 du Code de commerce.

9 V. spé. l'art. L. 238-6 du Code de commerce.

10 V. l'art. 55 al. 3 du règlement (CE) n°2157/2001 du Conseil du 8 oct. 2001 préc.

11 V. l'art. L. 210-11 du Code de commerce.

12 V. spé. l'art. L. 225-149-3 al. 1 ; *adde* Mémento Sociétés commerciales 2022, *op. cit.*, n°49930.

l'exercice du pouvoir en cause est initialement réservé[1]. À la différence d'un administrateur judiciaire, le mandataire *ad hoc* est nécessairement investi d'une ou plusieurs missions de portée limitée[2]. Ces missions ne peuvent, par exemple, porter sur la conclusion d'un acte de gestion externe à la société ou sur la gestion générale de la société[3].

La recevabilité de la demande en désignation du mandataire *ad hoc* est subordonnée à la démonstration de sa conformité à l'intérêt social[4]. Elle n'est subordonnée ni au fonctionnement anormal de la société ni à la menace d'un péril imminent ou d'un trouble manifestement illicite[5]. La demande en justice est introduite sur le fondement d'une disposition légale spéciale ou de droit commun. Les dispositions légales spéciales autorisant la désignation d'un mandataire *ad hoc* sont éparses et limitées en fonction de l'objet du conflit d'intérêts. Certaines d'entre elles habilitent le juge, au choix du demandeur, à prononcer une injonction de faire ou à désigner un mandataire[6]. L'action peut être reconnue à un représentant de l'intérêt social identifié ou à un tiers au pacte social, tel que les commissaires aux comptes, le ministère public ou toute personne intéressée. La désignation du mandataire *ad hoc* peut intervenir en présence d'un conflit d'intérêts ayant, notamment, pour objet : la représentation à l'instance d'une société anonyme ou à responsabilité limitée, lorsque l'action sociale est exercée *ut singuli*[7] ; la désignation d'un gérant lorsqu'une société civile en est dépourvue et qu'un quelconque associé n'est pas en mesure de convoquer une réunion d'associés[8] ; le silence gardé ou l'opposition à une demande de délibération d'associés formulée par un associé non gérant d'une société civile[9] ; la prorogation de la société civile[10] ; la convocation d'une réunion d'associés au sein d'une société à responsabilité limitée[11] ; la convocation de l'assemblée des

---

[1] Rappr. M. GERMAIN, R. VATINET, Administration provisoire, Fasc. 43-10, J.- cl. Stés, LexisNexis, 2018, n°85 ; B. LECOURT, Administrateur provisoire, Rép. sociétés Dalloz, 2018, n°155 et 156 ; B. LECOURT, Questions autour de l'administrateur provisoire, JCP E, 2017, 1384, n°21.

[2] Rappr. B. LECOURT, art. préc., n°24 et M. GERMAIN, R. VATINET, art. préc., n°89 et suiv.

[3] Rappr. par ex. 1re civ., 17 oct. 2012, n°11-23.153, inédit.

[4] En ce sens Com., 19 juin 1990, n°89-14.092, Bull. 1990, IV, n°186, p.127. V. également Com., 15 déc. 2021, n°20-12.307, Bull. 2021. *Adde* M. GERMAIN, R. VATINET, art. préc., n°87 et B. LECOURT, Administrateur provisoire, art. préc., n°157.

[5] En ce sens, Cass. com., 13 janv. 2021, n°18-24.853 et 19-11.302, Bull. civ., 2021. *Adde* 3ème civ., 21 juin 2018, n°17-13.212, Bull., 2018, III, n°74. Rappr. D. MARTIN, G. BUGE, art. préc., n°22 et B. LECOURT, Administrateur provisoire, art. préc., n°157 et 158.

[6] V. par ex. les art. 1843-3 al. 5 du Code civil, L. 223-26 al. 1, L. 225-100 al. 1, L. 238-6 du Code de commerce. *Adde* R. LAHER, art. préc., n°71.

[7] V. l'alinéa 2 des art. R. 223-32 et R. 225-170 du Code de commerce. *Adde* C. CHAMPAUD, D. DANET, obs. sous Décret n°2006-1566 du 11 déc. 2006, JO 12 déc., RTD com., 2007, p.140.

[8] V. l'art. 1846 al. 5 du Code civil.

[9] V. l'art. 39 al. 1 et 5 du décret n°78-704 du 3 juil. 1978 préc.

[10] V. l'art. 1844-6 al. 3 et 4 du Code civil.

[11] V. par ex. Com., 15 déc. 2021, n°20-12.307, préc. *Adde* l'art. L. 223-27 al. 7 du Code de commerce, selon lequel « *Tout associé peut demander en justice la désignation d'un mandataire chargé de convoquer l'assemblée et de fixer son ordre du jour.* ». Selon une doctrine majoritaire, cette disposition est applicable en cas de carence du dirigeant à convoquer une assemblée sur demande d'un ou plusieurs associés, en ce sens

associés appelée à constater la clôture de la liquidation[1]. L'action en justice peut être conditionnée à la détention d'une influence juridique minimale. Par exemple, au sein d'une société anonyme, l'assemblée générale est convoquée par un mandataire désigné à la demande « *d'un ou plusieurs actionnaires réunissant au moins 5 % du capital social* » ou d'une association d'actionnaires répondant aux conditions fixées à l'article L. 22-10-44 du Code de commerce[2]. L'action en justice peut encore être limitée aux conflits d'intérêts dont les conséquences sont constitutives d'une situation d'urgence. Par exemple, l'assemblée générale est convoquée, en cas d'urgence, par un mandataire désigné à la demande de tout intéressé[3]. En présence d'une société par actions, l'assemblée générale des actionnaires pourra également être convoquée, en cas d'urgence, par un mandataire désigné à la demande du comité social et économique[4].

En l'absence de dispositions spéciales, les associés peuvent demander la désignation judiciaire sur le fondement d'une disposition de droit commun. Le juge peut être saisi du litige au fond[5]. Lorsque les conditions sont réunies, il pourra être saisi en référé[6]. Par exemple, lorsque le conflit d'intérêts en cause occasionne une situation d'urgence, un mandataire judiciaire pourra être désigné lorsque la demande ne se heurte à aucune contestation sérieuse ou se trouve justifiée par l'existence d'un différend[7]. Ou encore, en présence d'un conflit d'intérêts occasionnant une contestation sérieuse, un mandataire *ad hoc* pourra être désigné afin de prévenir un dommage imminent ou faire cesser un trouble

v. notamment A. BOUGNOUX, Sociétés à responsabilité limitée, Décisions collectives, Fasc. 75-10, J.- cl. Stés, LexisNexis, 2019, n°67, Mémento Sociétés commerciales 2022, *op. cit.*, n°32310, D. GIBIRILA, Société à responsabilité limitée, art. préc., n°526 ; BRDA, Demande de désignation d'un mandataire chargé de convoquer une assemblée de SARL, 7/10, 2010, n°27. Aux termes de l'art. L. 223-27 al. 4 du même Code, le pouvoir de solliciter la réunion d'une assemblée est limité aux associés représentants une fraction déterminée du capital social. L'action en désignation du mandataire *ad hoc* pourrait ainsi être limitée à la carence du dirigeant à convoquer l'assemblée dans les conditions fixées à l'alinéa 4 de l'art. L. 223-27 préc ; en ce sens J. MESTRE (dir.), D. VELARDOCCHIO, A.-S. MESTRE-CHAMI, J. HEINICH, S. LACROIX-DE SOUSA, G. LOUSTALET, G. CARTERET, *op. cit.*, n°3902, J.-M. MOULIN, art. préc., n°3229, d).

1 L'action peut être introduite par tout associé, v. l'art. L. 237-9 du Code de commerce.

2 V. l'art. L. 225-103 al. 4 du Code de commerce. Rappr. J.-P. SORTAIS, Protection des minoritaires : droit des sociétés, art. préc., n°39 et suiv ; Y. GUYON, Assemblées d'actionnaires, art. préc., n°28 et suiv. ; Mémento Sociétés commerciales 2022, *op. cit.*, n°46050. Rappr. TC Paris, ord. de référé, 14 oct. 2020, n°J2020000303, *Vivendi Amber Capital l'ADAM c. Lagardère*. *Adde* A. COURET, Les visages de l'intérêt dans la jurisprudence récente, Bull. Joly Sociétés, 2020, p.1.

3 V. l'art. L. 225-103 al. 4 du Code de commerce. Rappr. J.-P. SORTAIS, Protection des minoritaires : droit des sociétés, art. préc., n°39 et suiv ; Y. GUYON, *ibid.* ; Mémento Sociétés commerciales 2022, *ibid.*

4 V. l'art. L. 2312-77 al. 1 du Code du travail ; l'emploi de l'expression « *l'assemblée générale des actionnaires* » semble limiter la portée de cette disposition aux seules sociétés par actions, v. en ce sens Mémento Sociétés commerciales 2022, *op. cit.*, n°32316.

5 V. par ex., 3ème civ., 21 juin 2018, n°17-13.212, préc.

6 En ce sens Mémento Sociétés commerciales 2022, *op. cit.*, n°32318. *Adde* J. CAVALLINI, art. préc., *Le pouvoir des mandataires de justice a fonction non directoriale.*

7 V. les art. 834 et 872 du Code de procédure civile. *Adde* N. CAYROL, Référé civil, art. préc., n°370 et suiv. Rappr. par ex. 1re civ., 17 oct. 2012, n°11-23.153, préc. V. également Cass. com., 22 sept. 2021, n°19-24.968, inédit.

manifestement illicite[1]. Le juge pourrait être saisi sur requête lorsque la gravité du conflit d'intérêts en cause est de nature à justifier qu'il soit momentanément dérogé au principe du contradictoire. Un mandataire *ad hoc* pourrait être désigné par voie de requête lorsque le conflit d'intérêts a, notamment, pour objet une information sociale exposée à un risque de destruction volontaire, ou encore la convocation d'une réunion d'associés afin de désigner un dirigeant alors que la société en serait dépourvue.

*Nonobstant* le fondement juridique de la demande, le juge ne peut s'immiscer dans la gestion de la société par l'intermédiaire du mandataire *ad hoc* qu'il désigne[2]. Ainsi le juge ne peut, par exemple, apprécier l'opportunité de la demande en désignation d'un mandataire *ad hoc* au regard de l'intérêt personnel du demandeur et de la préservation de l'objet social[3]. Le juge dépasserait également ses pouvoirs s'il : désigne un mandataire *ad hoc* dont les termes de la mission emportent dérogation à une règle de quorum et de majorité statutaire[4] ; condamne un associé à libérer une part de capital social[5] ; désigne un mandataire *ad hoc* avec pour mission de convoquer une réunion d'associés sur des questions nouvelles et non contenues au sein de la demande préalablement adressée au gérant d'une société civile[6].

Commet un abus de droit, le représentant de l'intérêt social exerçant son pouvoir de participer à l'adoption d'un acte ou d'une délibération, exclusivement en faveur d'un intérêt distinct de l'intérêt social. Messieurs LE TOURNEAU et POUMAREDE relèvent que « *L'abus de droit ne se caractérise pas nécessairement par l'intention de nuire, mais simplement* en détourant un droit de son objet. » et précisent que « *Le détournement peut aussi bien porter sur un droit accordé pour la satisfaction personnelle de son titulaire (comme le droit de propriété) ou sur un pouvoir accordé dans l'intérêt d'autrui* »[7]. L'abus de droit permet au juge d'appréhender des conflits d'intérêts résolus au moyen d'un usage abusif des pouvoirs politiques d'associé. Les

[1] V. l'alinéa 1er des art. 835 et 873 du Code de procédure civile. *Adde* N. CAYROL, art. préc., n°377 et suiv. Rappr. par ex. CA Versailles, 13ème ch., 19 juin 2003, n°02-3899, *Teissier c/ SARL CTB.*

[2] Rappr. M. GERMAIN, R. VATINET, art. préc., n°93.

[3] Rappr. Cass. com., 6 févr. 2019, n°16-27.560, inédit.

[4] Rappr. Cass. com., 24 oct. 2018, n°15-27.911 et n°17-18.957, préc.

[5] En ce sens Cass. com., 7 juil. 2009, n°08-16.433, inédit.

[6] Rappr. CA Paris, 14ème ch., sect. B, 10 nov. 2006 n°06-7468, *SCI Nogent Viaduc c/ Laïk.*

[7] P. LE TOURNEAU, M. POUMAREDE, Agissements fautifs dans l'exercice des droits et abus de droit, *in* P. LE TOURNEAU (dir.), Dalloz action Droit de la responsabilité et des contrats, 2021-2022, n°2213.12. À propos de l'impact de la distinction doctrinale entre les droits subjectifs et les pouvoirs sur la notion d'abus de droit, v. L. CADIET, P. TOURNEAU, art. préc., n°12 notant « *Qu'ils soient d'esprit égoïste ou d'esprit altruiste, tous les droits répondent à des conditions d'exercice définies par le droit objectif, et c'est au respect de ces conditions que se mesure l'abus de droit.* ». Ces auteurs ajoutent que « *Sans doute, la qualification des prérogatives juridiques conférées à une personne dans l'intérêt d'autrui est sujette à discussion : véritable droit subjectif pour les uns, simple pouvoir pour les autres* » et qu'« *En toute hypothèse, ces prérogatives sont susceptibles d'abus.* », L. CADIET, P. TOURNEAU, art. préc., n°184. *Adde* E. GAILLARD, *op. cit.*, n°57 et suiv., spé. n°61 ; G. WICKER, J.-C. PAGNUCCO, Personne morale, art. préc., n°31, 4° et 32, 5° ; P.-F. CUIF, art. préc., n°39 ; J.-Y. TROCHON, art. préc., 2., A.

sanctions prétoriennes de l'abus du droit de vote, spécialement de l'abus de minorité et d'égalité, en sont la principale illustration[1].

La jurisprudence définit l'abus de minorité comme l'attitude adoptée par un associé minoritaire, contraire à l'intérêt social en interdisant la réalisation d'une opération essentielle à la société, « *dans l'unique dessein de favoriser ses propres intérêts au détriment de l'ensemble des autres associés* »[2]. Cette définition, dont les conditions sont cumulatives, est transposable à l'abus d'égalité[3]. Le cas échéant, ces abus du droit de vote peuvent être commis par l'usufruitier de droits sociaux[4].

L'abus de minorité ou d'égalité permet principalement d'appréhender des conflits d'intérêts d'une intensité et d'une gravité élevées. L'intérêt personnel d'un associé doit être directement opposé à l'intérêt social[5]. Le conflit d'intérêts se manifeste par l'exercice du pouvoir de participer aux décisions sociales. L'exercice de ce pouvoir peut se matérialiser par l'émission d'un vote d'opposition à la résolution en cause ou encore par l'émission d'un vote blanc ou nul. Il peut également se matérialiser par le refus de l'associé d'exercer son droit de vote, en s'abstenant d'assister à la réunion d'associés ou de participer aux opérations de vote. L'associé en cause doit détenir une influence juridique restreinte suffisante pour faire obstacle à la prise d'une décision collective. L'abus du droit de vote ne peut être caractérisé lorsque l'associé en cause n'a pas reçu les informations lui permettant d'apprécier la gravité de la décision collective et les conséquences de son opposition[6]. Le conflit d'intérêts a pour objet un acte juridique doté d'une incidence économique et juridique élevée. L'acte en cause doit être une décision collective d'associés dont le rejet expose la société à un risque de dissolution anticipée, involontaire et brutale[7]. L'abus du droit de vote

---

[1] Rappr. L. CADIET, P. TOURNEAU, art. préc., n°192 et 193.

[2] En ce sens v. spé. Cass. com., 15 juil. 1992, n°90-17.216, Bull. 1992, IV, n°279, p.194 ; Com., 5 mai 1998, n°96-15.383, Bull. 1998, IV, n°149, p.120 ; Com., 18 juin 2002, n°98-21.967, inédit. Rappr. J.-P. SORTAIS, Abus de majorité, minorité, égalité, Rép. sociétés Dalloz, 2017, n°55 ; L. CADIET, P. TOURNEAU, art. préc., n°195 ; P. LE TOURNEAU, M. POUMAREDE, art. préc., n°2213.188 ; Mémento Sociétés civiles 2022, *op. cit.*, n°9075 ; Mémento Sociétés commerciales 2022, *op. cit.*, n°7830 ; Mémento Assemblées générales 2022-2023, *op. cit.*, n°58940.

[3] V. notamment Cass. com., 8 juil. 1997, n°95-15.216, inédit ; Com., 16 juin 1998, n°96-13.997, inédit. *Adde* Cass. com., 31 mars 2009, n°08-11.860, inédit ; 3ème civ., 5 juil. 2018, n°17-19.975, inédit. Rappr. J.-P. SORTAIS, art. préc., n°83 et suiv. ; L. CADIET, P. TOURNEAU, *ibid.* ; Mémento Sociétés civiles 2022, *op. cit.*, n°9076 ; Mémento Assemblées générales 2022-2023, *op. cit.*, n°59150.

[4] Rappr. Mémento Assemblées générales 2022-2023, *op. cit.*, n°92430.

[5] Rappr. Cass. com., 9 juin 2021, n°19-17.161, inédit.

[6] V. spé. Com. 27 mai 1997, n°95-15.690, Bull. 1997, IV, n°159, p.143 ; Cass. com., 20 mars 2007, n°05-19.225, Bull. 2007, IV, n°97. *Adde* CA Versailles, 12ème ch., sect. 2, 24 févr. 2005, n°03/7294, *SAS Cril Technology et a. c/ Boudineau.*

[7] V. notamment Com., 5 mai 1998, n°96-15.383, préc. ; Cass. com., 19 mars 2013, n°12-16.910, inédit ; Com., 16 juin 1998, n°96-13.997, préc. Comp. notamment Cass. com., 9 mars 1993, n°91-14.685, Bull. 1993, IV, n°101, p.69 ; Cass. com., 31 mars 2009, n°08-11.860, préc., ; 3ème civ., 5 juil. 2018, n°17-19.975, préc. *Adde* J.-P. SORTAIS, art. préc., n°59 et suiv. ; Mémento Sociétés civiles 2022, *op. cit.*, n°9076 et 9077 ; Mémento Sociétés commerciales 2022, *op. cit.*, n°7845 ; Mémento Assemblées générales 2022-2023, *op. cit.*, n°59200 et suiv.

est qualifié à l'issue de plusieurs conflits d'intérêts identiques et dont la réitération aggrave la perte de chance ou le préjudice subi par la société[1].

L'abus de minorité ou d'égalité est sanctionné, à la demande de la société, par la désignation judiciaire d'un mandataire *ad hoc* « *aux fins de représenter les associés minoritaires défaillants à une nouvelle assemblée et de voter en leur nom dans le sens des décisions conformes à l'intérêt social mais ne portant pas atteinte à l'intérêt légitime des minoritaires* »[2]. Les frais et honoraires du mandataire *ad hoc* pour l'exercice de sa mission peuvent être mis à la charge de l'associé auteur de l'abus du droit de vote[3]. Le mandataire rend compte de l'exécution de son mandat à l'associé représenté[4].

Le juge ne peut ni se substituer à la collectivité d'associés en adoptant la résolution litigieuse[5] ni « *fixer le sens du vote du mandataire qu'il désigne* »[6]. Le juge ne peut également pas prononcer la validité d'une résolution adoptée à une majorité insuffisante dans un contexte d'abus de minorité ou d'égalité[7].

L'abus de minorité ou d'égalité sanctionne des conflits d'intérêts à l'issue desquels un associé entrave une évolution de l'intérêt social essentielle à la société menacée d'anéantissement à court terme. Une telle évolution est donc profitable directement à la société et indirectement à l'ensemble de ses associés. Tout associé se comportant en personne raisonnable, c'est-à-dire prudente et diligente, devrait y consentir. Lorsque les circonstances d'espèce le justifient, le vote du mandataire *ad hoc* pourrait, par exemple, être émis au soutien de résolutions réduisant à zéro le capital social avant de l'augmenter[8].

La désignation d'un administrateur provisoire ne peut intervenir qu'à l'issue d'une accumulation de conflits d'intérêts, entravant le fonctionnement normal de

---

[1] V. l'ensemble des décisions jurisprudentielles précitées, au sein desquelles la qualification de l'abus était recherchée *a minima* à l'issue d'un premier refus de voter au soutien de la résolution litigieuse.
[2] En ce sens Cass. com., 9 mars 1993, n°91-14.685, préc. Rappr. Cass. com., 14 janv. 1992, n°90-13.055, Bull. 1992, IV, n°19, p.17. *Adde* M. GERMAIN, R. VATINET, art. préc., n°92 ; J.-P. SORTAIS, art. préc., n°74 et suiv. ; L. CADIET, P. TOURNEAU, *ibid.* ; P. LE TOURNEAU, M. POUMAREDE, *ibid.* ; Mémento Sociétés civiles 2022, *op. cit.*, n°9078 ; Mémento Sociétés commerciales 2022, *op. cit.*, n°7833 ; Mémento Assemblées générales 2022-2023, *op. cit.*, n°59400 et suiv.
[3] V. par ex., CA Paris, pôle 5, 5ème ch., 5 sept. 2013, n°11/08180, *Barbier c/ Sté Visions Grand Large.*
[4] En ce sens Com., 18 nov. 2014, n°13-19.767, Bull. 2014, IV, n°172. *Adde* Mémento Assemblées générales 2022-2023, op. cit., n°59407 et 59409.
[5] V. spé. Cass. com., 9 mars 1993, n°91-14.685, préc. *Adde* Cass. com., 31 mars 2009, n°08-11.860, préc.
[6] En ce sens Cass. 3ème civ., 16 déc. 2009, n°09-10.209, Bull. 2009, III, n°287. V. également Cass. com., 4 févr. 2014, n°12-29.348, Bull. 2014, IV, n°31. *Adde* J. MESTRE (dir.), D. VELARDOCCHIO, A.-S. MESTRE-CHAMI, J. HEINICH, S. LACROIX-DE SOUSA, G. LOUSTALET, G. CARTERET, *op. cit.*, n°1621 ; M. GERMAIN, R. VATINET, *ibid.* ; J.-P. SORTAIS, art. préc., n°56 ; L. CADIET, P. TOURNEAU, *ibid.* ; P. LE TOURNEAU, M. POUMAREDE, *ibid.* ; Mémento Assemblées générales 2022-2023, *op. cit.*, n°59400.
[7] Cass. com., 15 juil. 1992, n°90-17.216, préc. et Cass. 3ème civ., 21 déc. 2017, n°15-25.627, Bull. civ., 2017. Rappr. J.-P. SORTAIS, art. préc., n°73 ; Mémento Assemblées générales 2022-2023, *op. cit.*, n°59420.
[8] Rappr. à propos d'une réduction de capital justifiée par le montant des pertes sociales, Com., 18 juin 2002, n°99-11.999, Bull. 2002, IV, n°108, p.116. *Adde* A. LECOURT, Capital social, Rép. sociétés Dalloz, 2020, n°274.

la société et menaçant son existence. Elle est exceptionnelle et intervient alors que plusieurs conflits d'intérêts de diverses intensités se succèdent ou existent concomitamment. Ces conflits d'intérêts peuvent indifféremment affecter les associés et les dirigeants. La perte de chance ou le préjudice qui en résulte pour chacun d'eux s'aggrave et atteint un seuil critique. Ce seuil critique correspond aux deux conditions exigées par la jurisprudence pour désigner un administrateur provisoire. Les conflits d'intérêts en cause doivent cumulativement occasionner un fonctionnement anormal de la société et exposer l'intérêt social à un péril imminent[1]. Par exemple, plusieurs associés en conflit d'intérêts refusent d'exercer leur droit de vote lors des réunions d'associés à raison de graves dissensions personnelles s'élevant entre eux. Ces conflits d'intérêts se réitèrent sur l'ensemble d'un exercice social. Les conflits d'intérêts affectant le dirigeant associé majoritaire s'aggravent et ce dernier finit par délaisser la gestion sociale. La succession des conflits d'intérêts et leur aggravation compromettent la pérennité de la société.

Cette sanction a pour objet de pallier le risque de dissolution anticipée, involontaire et brutale auquel est exposée la société[2]. Elle ne peut être prononcée lorsque le fonctionnement de la société est irrémédiablement paralysé. Un administrateur provisoire pourrait, par exemple, être désigné préalablement à une demande en dissolution pour juste motif de la société ; cette solution alternative est exploitable lorsqu'il existe une probabilité d'éviter ou de surmonter la paralysie du fonctionnement de la société[3].

La demande est formulée par tout représentant de l'intérêt social, associé[4] comme dirigeant[5]. En pratique, la gravité des conflits d'intérêts, motivant la

---

[1] V. notamment Com., 26 avr. 1982, n°81-10.514, Bull. com., 1982, n°136 ; Cass. com., 3 juil. 1984, n°82-15.721, Bull.1984, IV, n°210 ; Com., 17 janv. 1989, n°87-10.966, Bull. 1989, IV, n°28, p.17 ; Cass. com., 25 janv. 2005, n°00-22.457, inédit ; Com., 6 févr. 2007, n°05-19.008, Bull. 2007, IV, n°28 ; Com., 25 sept. 2007, n°06-20.320, inédit ; Cass. com., 10 nov. 2009, n°08-19.356, inédit ; 3ème civ., 1 déc. 2009, n°08-19.719, inédit ; Cass. com., 18 mai 2010, n°09-14.838, inédit ; Cass. com., 29 sept. 2015, n°14-11.491, inédit ; 3ème civ., 30 juin 2015, n°13-25.685, inédit ; Com., 8 nov. 2016, n°14-21.481, inédit ; Cass. 2ème civ., 18 oct. 2018, n°17-20.195, inédit ; Com., 14 oct. 2020, n°18-20.240, inédit. Rappr. CA Paris, 14ème ch., 22 mai 1965, n°9999. *Adde* B. LECOURT, Administrateur provisoire, art. préc., n°19 et suiv ; M. JEANTIN, Le rôle du juge en droit des sociétés, *in* Mélanges en l'honneur de Roger Perrot, Nouveaux juges, nouveaux pouvoirs ?, Dalloz, Coll. Études, mélanges, travaux, 1996, p.149 ; M. GERMAIN, R. VATINET, art. préc., n°13 et suiv. ; B. LECOURT, Questions autour de l'administrateur provisoire, art. préc., 1, A ; Mémento Sociétés civiles 2022, *op. cit.*, n°20261 ; Mémento Sociétés commerciales 2022, *op. cit.*, n°10120 ; D. MARTIN, G. BUGE, art. préc., n°17. Rappr. G. WICKER, J.-C. PAGNUCCO, art. préc., n°31, 4°.

[2] V. par ex. Com., 26 avr. 1982, n°81-10.514, préc. Comp. Cass. 1re civ., 9 janv. 1996, n°93-19.952, Bull. 1996, I, n°16, p.11. Rappr. B. LECOURT, Administrateur provisoire, art. préc., n°19.

[3] Rappr. B. LECOURT, art. préc., n°82.

[4] V. par ex. 1re civ., 20 janv. 1976, n°74-14.753, Bull. civ. 1, 1976, n°24, p.18 ; 3ème civ., 17 janv. 2019, n°17-26.695, Bull. civ. 2019.

[5] Rappr. J. MESTRE (dir.), D. VELARDOCCHIO, A.-S. MESTRE-CHAMI, J. HEINICH, S. LACROIX-DE SOUSA, G. LOUSTALET, G. CARTERET, *op. cit.*, n°856 et B. LECOURT, Administrateur provisoire, art. préc., n°88 citant Req., 16 déc. 1942. *Adde* Mémento Sociétés

demande, permet de privilégier la saisine du juge en référé[1]. Le juge peut également être saisi au fond ou, le cas échéant, sur requête[2]. L'intérêt à agir s'apprécie à la date de la demande introductive d'instance et ne peut être remis en cause par l'effet de circonstances postérieures[3]. La demande en désignation d'un administrateur judiciaire ne peut, par exemple, être tenue en échec par l'exclusion de l'associé ou du dirigeant demandeur[4].

L'administrateur provisoire doit être choisi parmi les personnes ne présentant aucun lien d'intérêts fondamental avec les dirigeants ou les associés. Sa désignation emporte dessaisissement des dirigeants légaux en fonction[5]. L'administrateur est judiciairement investi des pouvoirs conférés par la loi aux dirigeants[6]. La désignation n'emporte pas *de facto* révocation des dirigeants en fonction[7]. L'administrateur provisoire a pour fonction de faciliter la résolution de la crise sociale engendrée par des conflits d'intérêts. Sa mission principale consiste à administrer et gérer la société[8]. Le juge pourrait encore l'investir de missions spéciales qu'il détermine [9].

Le pouvoir général de gestion détenu par l'administrateur provisoire, lui permet d'accomplir l'ensemble des actes conservatoires et d'administration que nécessite l'activité sociale[10]. L'administrateur pourra accomplir, sur autorisation du juge, des actes de disposition nécessaires afin de remédier aux conséquences

---

commerciales 2022, *op. cit.*, n°10250 et M. GERMAIN, R. VATINET, art. préc., n°40 et suiv ; J. CAVALLINI, art. préc., *Le pouvoir directorial de l'administrateur provisoire.*

[1] Rappr. J. MESTRE (dir.), D. VELARDOCCHIO, A.-S. MESTRE-CHAMI, J. HEINICH, S. LACROIX-DE SOUSA, G. LOUSTALET, G. CARTERET, *op. cit.*, n°855 ; M. GERMAIN, R. VATINET, art. préc., n°35 et suiv. ; B. LECOURT, art. préc., n°114 et suiv ; Mémento Sociétés civiles 2022, *op. cit.*, n°20261 ; Mémento Sociétés commerciales 2022, *op. cit.*, n°10255.

[2] V. par ex. 3ème civ., 17 sept. 2020, n°19-14.163, inédit.

[3] V. notamment Cass. com., 6 déc. 2005, n°04-10.287, préc. Rappr. M. BANDRAC, Vérification de l'intérêt à agir, Dalloz action Droit et pratique de la procédure civile, 2021-2022, n°211.131.

[4] Rappr. Cass. 2ème civ., 9 nov. 2006, n°05-13.484, Bull. 2006, II, n°307, p.286. *Adde* B. LECOURT, art. préc., n°86.

[5] V. notamment 3ème civ., 25 oct. 2006, n°05-15.393, Bull. 2006, III, n°210, p.175. *Adde* B. LECOURT, art. préc., n°137, 140 et 141 ; J. MESTRE (dir.), D. VELARDOCCHIO, A.-S. MESTRE-CHAMI, J. HEINICH, S. LACROIX-DE SOUSA, G. LOUSTALET, G. CARTERET, *op. cit.*, n°866 ; M. GERMAIN, R. VATINET, art. préc., n°58. Distinguant les demandes en désignation d'un mandataire *ad hoc* et d'un administrateur provisoire, v. spé. Cass. 3ème civ., 18 mai 2017, n°16-13.838, inédit ; *adde* LECOURT art. préc., n°158.

[6] En ce sens Com., 6 mai 1986, n°84-14.430, Bull. 1986, IV, n°77, p.67.

[7] En ce sens 1re civ., 9 juil. 1974, n°73-12.282, Bull. civ., 1974, n°222, p.191.

[8] Rappr. B. LECOURT, art. préc., n°136 et suiv. ; M. GERMAIN, R. VATINET, art. préc., n°59 ; J. MESTRE (dir.), D. VELARDOCCHIO, A.-S. MESTRE-CHAMI, J. HEINICH, S. LACROIX-DE SOUSA, G. LOUSTALET, G. CARTERET, *op. cit.*, n°868 ; B. LECOURT, Questions autour de l'administrateur provisoire, art. préc., 2, A.

[9] Rappr. spé. B. LECOURT, Administrateur provisoire, art. préc., n°138.

[10] V. l'art. 1155 al. 1 du Code civil. *Adde* par ex., 3ème civ., 3 mai 2007, n°05-18.486, Bull. 2007, III, n°70. Rappr. B. LECOURT, Administrateur provisoire, art. préc., n°142 ; M. GERMAIN, R. VATINET, art. préc., n°62 ; B. LECOURT, Questions autour de l'administrateur provisoire, art. préc., n°29 et 30.

des conflits d'intérêts en cause[1]. L'administrateur provisoire pourrait, par exemple, être autorisé à : mettre en œuvre l'action sociale à l'encontre des personnes liées aux dirigeants ou aux associés en conflit d'intérêts ; mettre en œuvre des sanctions affectant le fait ou l'acte juridique objet du conflit d'intérêts ; convoquer une assemblée générale appelée à statuer sur les conséquences des conflits d'intérêts en cause[2]. L'échec de l'administrateur provisoire à résoudre la crise sociale liée aux conflits d'intérêts, pourra laisser place à la dissolution anticipée, volontaire ou judiciaire, de la société.

### Conclusion du paragraphe 1

Les sanctions emportant une perte de l'autonomie d'exercice d'un pouvoir déterminé sont temporaires. Elles ont pour fonction d'interrompre l'évolution du préjudice causé par un ou plusieurs conflits d'intérêts. Le déclenchement des sanctions peut être conditionné par l'atteinte d'un seuil de gravité minimal des conflits d'intérêts. Cette condition limite le risque d'immixtion dans la gestion de la société par des personnes dépourvues d'un quelconque pouvoir social. Elle permet également d'apporter une réponse graduelle aux conflits d'intérêts. Ainsi la désignation judiciaire d'un mandataire sanctionne des conflits d'intérêts d'une gravité supérieure à ceux sanctionnés par l'exercice contraint ou concurrent d'un pouvoir social. Lorsque ces sanctions sont prononcées par décision de justice, l'intérêt à agir du demandeur doit être motivé par la volonté de protéger l'intérêt social. Les conflits d'intérêts dotés d'une gravité élevée pourront justifier le déclenchement d'une sanction permanente, en ce qu'elle emporte la perte de la qualité d'associé ou de dirigeant.

## §2 - Perte de la qualité d'associé ou de dirigeant

La sanction du conflit d'intérêts peut consister à retirer la qualité d'associé ou de dirigeant aux personnes ayant fait un usage de leurs pouvoirs contraire à l'intérêt social afin de résoudre un conflit d'intérêts[3]. Contrairement aux mesures de prévention des conflits d'intérêts, ces sanctions sont déclenchées contre la volonté de l'auteur du conflit d'intérêts. Ces sanctions se matérialisent par l'éviction (A) ou l'exclusion (B) de la personne en conflit d'intérêts.

### *A - L'éviction de la personne en conflit d'intérêts*

La clause d'éviction permet d'automatiquement retirer la qualité d'associé ou de dirigeant à une personne affectée par un événement objectivement déterminé[4].

---

[1] V. l'art. 1155 al. 2 du Code civil. Rappr. par ex. Com., 8 nov. 2016, n°14-21.481, préc. *Adde* B. LECOURT, Administrateur provisoire, art. préc., n°143 et suiv. ; M. GERMAIN, R. VATINET, art. préc., n°63 et suiv. ; B. LECOURT, Questions autour de l'administrateur provisoire, art. préc., n°31 et 32 ; Mémento Sociétés commerciales 2022, *op. cit.*, n°10280.

[2] Rappr. Par ex. 1re civ., 25 oct. 1989, n°87-16.804, Bull. 1989, I, n°332, p.222. *Adde* Y. GUYON, Assemblées d'actionnaires, art. préc., n°34.

[3] Rappr. P.-F. CUIF, art. préc., n°65 et suiv.

[4] Rappr. S. SCHILLER, Pactes d'actionnaires : clauses statutaires et pactes extrastatutaires, art. préc., n°153.

Cet évènement peut correspondre, notamment, à la perte d'une qualité juridique, la création ou la disparition d'un lien d'intérêts déterminé. Par un arrêt en date du 29 septembre 2015, la chambre commerciale de la Cour de cassation a reconnu la validité des clauses statutaires d'éviction des associés[1]. Cette solution est partagée par la chambre sociale de la Cour de cassation[2]. L'éviction d'un associé s'effectue au moyen d'une promesse unilatérale de vente consentie à la société et ayant pour objet l'intégralité des droits sociaux qu'il détient[3]. La levée de l'option est conditionnée à la survenance du fait générateur de l'éviction[4].

Ces décisions jurisprudentielles pourraient inspirer la rédaction de clauses d'évictions de dirigeants. Un engagement unilatéral de volonté conditionnel ayant pour objet la démission de l'intéressé en cas de survenance d'événements déterminés, permettrait d'obtenir l'éviction d'un dirigeant[5].

Sauf lorsqu'elle est d'origine légale[6], la clause d'éviction doit être intégrée aux statuts afin d'être opposée par la société aux associés ou aux dirigeants. Elle peut également être insérée au sein d'un acte extrastatutaire auquel sont parties la société et l'ensemble des associés ou des dirigeants à laquelle elle s'applique.

Contrairement à l'exclusion, l'éviction n'a pas une portée exclusivement disciplinaire mais a pour objet direct de préserver l'intérêt social[7]. En pratique, cette principale caractéristique s'illustre par la perte automatique de la qualité d'associé ou de dirigeant[8]. Aucune décision des associés ou des dirigeants n'est requise pour prononcer l'éviction. Des clauses pourront toutefois accorder aux associés ou aux dirigeants le pouvoir de renoncer à l'éviction de la personne en cause[9].

La personne en cause perd sa qualité d'associé ou de dirigeant à la date de survenance du fait causant son éviction ou, le cas à échéant, à la date de la

---

[1] Com., 29 sept. 2015, n°14-17.343, inédit et Com., 13 mars 2019, n°17-28.504, préc. Rappr. Com., 20 mars 2012, n°11-10.855, Bull. 2012, IV, n°60.

[2] V. spé. Soc., 9 mars 2017, n°15-14.416, inédit.

[3] Rappr. par ex. Com., 6 mai 2014, n°13-17.349 et n°13-19.066, inédit.

[4] Rappr. Com., 22 sept. 2021, n°19-23.958, inédit.

[5] Comp. la démission d'office des dirigeants, utilisée à titre de sanction légale en cas de contravention aux règles de cumul des mandats au sein des sociétés anonymes. V. les art. L. 225-21 al. 4, L. 225-77 al. 4, L. 225-54-1 al. 5, L. 225-67 al. 5 et L. 225-94-1 al. 4 du Code de commerce. *Adde* C. MALECKI, art. préc., n°84 et 85 ; Mémento Sociétés commerciales 2022, *op. cit.*, n°37360.

[6] V. par ex., en matière d'éviction pour cause de sanction disciplinaire, l'art. 27 al. 4 de l'ordonnance n°2023-77 du 8 févr. 2023 ; *adde* spé. l'art. R. 5125-24 du Code de la santé publique.

[7] Rappr. J.-J. ANSAULT, note sous Com., 29 sept. 2015, n°14-17.343, Rev. sociétés, 2016, p.228, n°3, relevant « *que l'éviction s'apparente à une mesure qui touche la pure administration de la société, l'exclusion constitue sans nul doute une sanction disciplinaire* » et A. LECOURT, obs. sous Soc., 9 mars 2017, n°15-14.416, RTD com., 2017, p.920, selon lequel « *C'est cette dimension disciplinaire qui devrait, à l'avenir, permettre de faire le départ entre ce qui relève de l'exclusion et ce qui traduit une éviction contractuellement acceptée* ». *Adde* Com., 8 mars 2005, n°02-17.692, Bull. 2005, IV, n°47, p.52.

[8] V. par ex., l'art. 27 al. 4 de l'ordonnance n°2023-77 du 8 févr. 2023 ; ou encore Com., 29 sept. 2015, n°14-17.343, préc., en l'espèce l'éviction présentait un caractère automatique, la clause disposait que tout actionnaire qui cessait d'être salarié de la société perdait dès ce moment sa qualité d'actionnaire.

[9] V. par ex. Com., 29 sept. 2015, n°14-17.343, préc.

décision constatant l'éviction. Un associé peut ainsi perdre cette qualité, non à la date du remboursement effectif de ses droits sociaux, mais au moment du transfert de propriété légalement imposé ou conventionnellement accepté.

Ériger le conflit d'intérêts en cause directe d'éviction pourrait être de nature à conférer à la clause d'éviction une portée disciplinaire et l'exposer à un risque de requalification en clause d'exclusion. Il apparait préférable de retenir un événement davantage objectif extrait des éléments de qualification du conflit d'intérêts. La cause d'éviction peut être déduite des intérêts personnels ou des liens d'intérêts.

L'obtention ou la perte d'une qualité juridique déterminée permet d'ériger des intérêts personnels constitutifs d'un conflit d'intérêts en cause d'éviction. Pourraient notamment entrainer l'éviction d'un associé ou d'un dirigeant : la perte de qualité de salarié pour la société ; l'obtention de la qualité de salarié au sein d'une quelconque personne morale ; l'obtention de la qualité de fonctionnaire ; la perte du droit d'exercer une profession réglementée ; la cessation prolongée d'une activité apportée en industrie[1].

La création ou la disparition d'un lien d'intérêts déterminé peut également être cause d'éviction. L'éviction d'un représentant de l'intérêt social pourrait être causée, par exemple, dès la création d'un lien d'intérêts fondamental de type professionnel ou financier avec une société concurrente. Plus précisément, serait évincée de la société la personne qui deviendrait associée, obligataire, dirigeante, salariée, d'une société concurrente. Ou encore pourrait être évincé l'associé ou le dirigeant personne morale dont le capital social est modifié par l'entrée d'un nouvel associé.

Les intérêts et liens d'intérêts, cause d'éviction, permettent d'indirectement sanctionner des conflits d'intérêts en cours, résolus, avérés ou suspectés. En pratique, ils permettront de sanctionner des conflits d'intérêts indirects dont la preuve est matériellement délicate à rapporter.

La clause d'éviction complète les mécanismes de prévention des conflits d'intérêts prenant la forme d'incompatibilités déduites d'intérêts personnels et de liens d'intérêts. L'éviction pouvant intervenir préalablement à la formation du conflit d'intérêts et ainsi être assimilée à un mécanisme préventif. Cependant, la gravité des conséquences qu'elle occasionne, commande de la classer parmi les mécanismes permettant de sanctionner les conflits d'intérêts. L'éviction ne permet qu'une sanction limitée des conflits d'intérêts. Il ne semble pas nécessaire de compléter les dispositions légales ou conventionnelles d'éviction, par des mécanismes juridiques emportant une éviction indirecte des associés[2].

---

[1] G. GOFFAUX-CALLEBAUT, art. préc., n°596.

[2] V. notamment, au moyen d'une clause de sortie contrainte, dite *buy or sell*, « *aux termes de laquelle un associé s'engage à l'égard de l'autre, à réception d'une proposition de vente de sa part, soit à lui acheter ses parts, soit à lui vendre les siennes au prix proposé* », Mémento Cessions de parts et actions 2021-2022, Francis Lefebvre, Coll. Mémento pratique, 2021, n°14020. Rappr. par ex. Cass. com., 28 avr. 2009, n°08-13.044 et n°08-13.049, inédit.

*B - L'exclusion de la personne en conflit d'intérêts*

En principe, tout associé a droit au maintien au sein de la société[1]. Par exception, l'exclusion d'un associé peut être obtenue sur le fondement d'une disposition légale ou d'une disposition statutaire[2]. Elle s'effectue au moyen du rachat forcé des parts sociales ou des actions. Les dispositions légales prévoyant l'exclusion d'un associé sont éparses. Lorsqu'elle n'est pas expressément autorisée par une disposition légale[3], la jurisprudence reconnait la validité d'une clause d'exclusion à condition de figurer au sein des statuts[4]. En cours de vie sociale, l'introduction de cette clause au sein des statuts peut intervenir sur décision adoptée à l'unanimité des associés [5].

Lorsqu'elle n'est pas la réplique d'une disposition légale, la clause d'exclusion statutaire doit être rédigée avec précision. Doivent y être spécialement décrits les motifs et la procédure d'exclusion[6]. En l'absence de dispositions légales contraires ou d'accord amiable relatif au transfert de propriété des droits sociaux, l'associé exclu perd cette qualité au moment du remboursement de ses droits[7]. Dans l'attente de la cession des droits sociaux, les droits non pécuniaires de l'associé exclu peuvent être suspendus[8]. À défaut d'accord amiable entre les parties ou de clause statutaire fixant le prix de rachat, ce dernier doit être déterminé à dire d'expert dans les conditions fixées à l'article 1843-4 du Code

---

[1] V. J. MESTRE (dir.), D. VELARDOCCHIO, A.-S. MESTRE-CHAMI, J. HEINICH, S. LACROIX-DE SOUSA, G. LOUSTALET, G. CARTERET, *op. cit.*, n°919, qualifiant ce droit de « *Droit fondamental de l'associé* ». *Adde* S. SCHILLER, art. préc., n°144, citant en illustration de ce principe Com., 12 mars 1996, n°93-17.813, Bull. 1996, IV, n°86, p.71.

[2] Rappr. J.-J. DAIGRE, La perte de la qualité d'actionnaire, actes du colloque du Centre de recherches en droit des affaires et de l'économie de l'Université Paris I organisé les 14 et 15 avril 1999, préc., I.

[3] V. par ex. l'art. 1860 du Code civil ; les art. L. 227-16, L. 227-17, L. 229-12, L. 221-16 et L. 231-6 du Code de commerce ; l'art. L. 433-4 du Code monétaire et financier. Rappr. J. MESTRE (dir.), D. VELARDOCCHIO, A.-S. MESTRE-CHAMI, J. HEINICH, S. LACROIX-DE SOUSA, G. LOUSTALET, G. CARTERET, *op. cit.*, n°921 et Mémento Sociétés commerciales 2022, *op. cit.*, n°65973.

[4] V. spé. Com., 13 déc. 1994, n°93-11.569 et n°93-12.349, Bull. 1994, IV, n°384, p.317.

[5] V. Mémento Sociétés civiles 2022, *op. cit.*, n°20211 et Mémento Sociétés commerciales 2022, *op. cit.*, n°8100, citant CA Paris, 27 mars 2001, 3ème ch., sect. A, *Sté Editions du Témoignage chrétien c/ Montaron*, CA Grenoble, ch. com., 16 sept. 2010, n°10-62, *SA ITM E. c/ D. divorcée S.*, CA Paris, pôle 5, 8ème ch., 17 févr. 2015, n°14/00358, *SARL Avec c/ Sté Bureau de Vérification et de Conseil (BVC)*.

[6] Rappr. Mémento Sociétés civiles 2022, *ibid.* et Mémento Sociétés commerciales 2022, *ibid* ; J.-J. DAIGRE, La perte de la qualité d'actionnaire, actes du colloque du Centre de recherches en droit des affaires et de l'économie de l'Université Paris I organisé les 14 et 15 avril 1999, préc., II., A.

[7] V. Com., 27 avr. 2011, n°10-17.778, préc. et Cass. 1re civ., 28 sept. 2016, n°15-18.482. Rappr. J. MESTRE (dir.), D. VELARDOCCHIO, A.-S. MESTRE-CHAMI, J. HEINICH, S. LACROIX-DE SOUSA, G. LOUSTALET, G. CARTERET, *op. cit.*, n°924 ; J.-J. DAIGRE, La perte de la qualité d'actionnaire, actes du colloque du Centre de recherches en droit des affaires et de l'économie de l'Université Paris I organisé les 14 et 15 avril 1999, préc., II., B.

[8] V. spécialement, les art. L. 227-16 al. 2, L. 227-17 al. 1 et L. 229-12 du Code de commerce. *Adde* Com., 16 sept. 2014, n°13-17.807, préc.

civil[1]. Sauf disposition contraire des statuts, la valeur des droits sociaux est déterminée à la date la plus proche de leur rachat[2].

Les dirigeants sont librement révocables. Ce principe étant d'ordre public, aucune disposition conventionnelle ne peut y faire directement ou indirectement échec[3]. Cette liberté est toutefois encadrée. La majorité des dispositions légales exigent un juste motif de révocation[4]. Ces dispositions ajoutent qu'à défaut de juste motif la révocation peut donner lieu à des dommages et intérêts. Sont, par exemple, révocables pour juste motif le gérant d'une société civile, d'une société en nom collectif, d'une société en commandite simple, d'une société à responsabilité limitée[5] ; le directeur général ne cumulant pas ses fonctions avec celles de président du conseil d'administration, les directeurs généraux délégués et les membres du directoire d'une société par actions[6]. Cependant la troisième chambre civile de la Cour de cassation semble reconnaitre la validité des clauses statutaires supprimant le droit aux dommages et intérêts lorsque la révocation est décidée sans juste motif[7].

Certains dirigeants demeurent révocables à tout moment, sans qu'il soit besoin d'un juste motif[8]. Tel est, par exemple, le cas des administrateurs, du président du conseil d'administration et des membres du conseil de surveillance

---

[1] V. Mémento Sociétés civiles 2022, *op. cit.*, n°20210, n°4 et Mémento Sociétés commerciales 2022, *op. cit.*, n°8136.

[2] V. notamment Com., 16 sept. 2014, n°13-17.807, préc. et Cons. const., 16 sept. 2016, n°2016-563, QPC. *Adde* J.-M. DESACHE, B. DONDERO, L'art. 1843-4 du code civil et la date d'évaluation des droits sociaux, D. 2014, p.2446.

[3] V. par ex. Cass. com., 3 mai 1995, n°93-17.776, inédit ; Com., 17 mars 2021, n°19-10.350, inédit. *Adde* D. GIBIRILA, H. AZARIAN, Dirigeants sociaux, Désignation. Exercice et cessation des fonctions, Fasc. 1050, J.- cl. com., LexisNexis, 2015, n°120 ; Mémento Sociétés civiles 2022, *op. cit.*, n°20211 et Mémento Sociétés commerciales 2022, *op. cit.*, n°8100 ; J. MESTRE (dir.), D. VELARDOCCHIO, A.-S. MESTRE-CHAMI, J. HEINICH, S. LACROIX-DE SOUSA, G. LOUSTALET, G. CARTERET, *op. cit.*, n°736, b).

[4] Rappr. H. AZARIAN, Dirigeants de sociétés, J.- cl. com., Synthèse 160, 2021, n°16 ; D. GIBIRILA, H. AZARIAN, art. préc., n°121 ; Mémento Sociétés civiles 2022, *op. cit.*, n°7215 et Mémento Sociétés commerciales 2022, *op. cit.*, n°12490 ; J. MESTRE (dir.), D. VELARDOCCHIO, A.-S. MESTRE-CHAMI, J. HEINICH, S. LACROIX-DE SOUSA, G. LOUSTALET, G. CARTERET, *ibid.*

[5] V. l'art. 1851 al. 1 du Code civil et les art. L. 221-12, al. 4, L. 222-2, L. 223-25, al. 1 du Code de commerce.

[6] V. les art. L. 225-55, al. 1, L. 225-55, al. 1 et L. 225-61, al. 1 du Code de commerce.

[7] Cass. 3ème civ., 6 janv. 1999, n°96-22.249, Bull. 1999, III, n°6, p.4. *Adde* J. ATTARD, La révocation des dirigeants sociaux : de la licéité des clauses écartant l'exigence légale du juste motif, JCP G, 2000, I, 217 ; D. MIELLET, Liberté statutaire et contrôle de la révocation des mandataires sociaux "protégés", JCP E, 1999, 1279. Rappr. Mémento Sociétés civiles 2022, *op. cit.*, n°7220 et Mémento Sociétés commerciales 2022, *op. cit.*, n°12490.

[8] Rappr. Mémento Sociétés commerciales 2022, *op. cit.*, n°12495, relevant que l'expression de révocation dite *ad nutum*, n'est plus adaptée en raison des évolutions jurisprudentielles aboutissant à un renfort des droits des dirigeants révoqués. *Adde* J. MESTRE (dir.), D. VELARDOCCHIO, A.-S. MESTRE-CHAMI, J. HEINICH, S. LACROIX-DE SOUSA, G. LOUSTALET, G. CARTERET, *ibid.* ; H. AZARIAN, *ibid.* ; D. GIBIRILA, H. AZARIAN, art. préc., n°117 et 118.

au sein d'une société anonyme[1]. Sauf disposition statutaire contraire, la révocation décidée sans juste motif n'ouvre droit à aucune indemnité.

Selon la jurisprudence, *nonobstant* le type de révocation en cause, le dirigeant doit avoir eu connaissance des motifs de sa révocation[2] et avoir été mis en mesure de présenter ses observations[3] préalablement à la prise de décision statuant sur celle-ci[4]. Ces conditions sont déduites de l'obligation de loyauté dont est débitrice la société à l'égard des dirigeants, créanciers, à l'occasion de leur révocation[5]. À défaut, la révocation pourrait revêtir un caractère brutal et être qualifiée d'abusive[6].

Le conflit d'intérêts procède d'un usage des pouvoirs d'associé ou de dirigeant, préjudiciable à la société. Il est constitutif d'une faute civile. Pouvant être qualifié avec précision, un conflit d'intérêts direct ou indirect peut constituer un motif d'exclusion des associés[7] et un juste motif de révocation des dirigeants[8]. Par exemple, un associé cède pour son compte personnel une information sociale stratégique à une société concurrente. Les faits caractérisant ce conflit d'intérêts direct personnel pourraient être le motif de son exclusion.

Il n'apparait pas opportun de limiter les motifs d'exclusion et de révocation, à une catégorie précise de conflits d'intérêts ou à une liste limitative d'illustrations de conflits d'intérêts. En pratique, seront majoritairement retenus comme motif de révocation : les conflits d'intérêts directs personnels ou par représentation et les conflits d'intérêts indirects révélés au moyen d'un lien d'intérêts consolidé au fil duquel l'associé, le dirigeant ou une personne liée exerce une influence

---

[1] V. les art. L. 225-18, al. 2, L. 225-47, al. 3 et L. 225-75, al. 2 du Code de commerce.

[2] En ce sens Cass. com., 14 mai 2013, n°11-22.845, Bull., 2013, IV, n°80. V. également Cass. com., 15 mai 2007, n°05-19.464, Bull., 2007, IV, n°133.

[3] En ce sens Cass. com., 24 mars 1998, n°95-12.349, inédit ; Com., 2 mars 2011, n°10-17.667, inédit ; Cass. com., 22 nov. 2016, n°15-14.911, inédit ; Com., 14 oct. 2020, n°18-12.183, inédit. Rappr. Cass. com., 10 févr. 2015, n°13-27.967, inédit, en l'espèce la dirigeante avait eu connaissance des motifs de sa révocation et avait été mise en mesure de présenter ses observations avant qu'il fût procédé au vote. *Adde* Cass. com., 10 mai 2006, n°05-16.909, Bull. 2006, IV, n°120, p.123, précisant qu'un dirigeant ne peut imposer la présence de son avocat à l'organe de gestion interne statuant sur sa révocation.

[4] Rappr. D. GIBIRILA, H. AZARIAN, art. préc., n°129 ; J. MESTRE (dir.), D. VELARDOCCHIO, A.-S. MESTRE-CHAMI, J. HEINICH, S. LACROIX-DE SOUSA, G. LOUSTALET, G. CARTERET, *ibid.* ; Mémento Sociétés civiles 2022, *op. cit.*, n°7213 et Mémento Sociétés commerciales 2022, *op. cit.*, n°12553.

[5] V. spé. Cass. com., 14 mai 2013, n°11-22.845, préc., se référant à « *l'obligation de loyauté dans l'exercice du droit de révocation* ». V. également Cass. com., 23 oct. 2019, n°17-27.659, inédit. Rappr. NURIT-PONTIER L., Devoir de loyauté, art. préc., n°57. Comp. notamment Com., 12 mai 2004, n°00-19.415, inédit et Cass. com., 28 févr. 2006, n°04-17.566, inédit, la Haute juridiction se référant au « *principe de la contradiction* ».

[6] Rappr. H. AZARIAN, Dirigeants de sociétés, art. préc., n°17.

[7] Rappr. J. MESTRE (dir.), D. VELARDOCCHIO, A.-S. MESTRE-CHAMI, J. HEINICH, S. LACROIX-DE SOUSA, G. LOUSTALET, G. CARTERET, *op. cit.*, n°923 ; Mémento Sociétés civiles 2022, *op. cit.*, n°20211, 1. et Mémento Sociétés commerciales 2022, *op. cit.*, n°8110.

[8] Rappr. D. GIBIRILA, H. AZARIAN, art. préc., n°123 et 124 ; Mémento Sociétés civiles 2022, *op. cit.*, n°7216 et 7217 ; Mémento Sociétés commerciales 2022, *op. cit.*, n°12500. R. ROUTIER, Directeur général – Président-directeur général, art. préc., n°34.

juridique étendue. Ce type de motif permet d'exclure ou de révoquer une personne en conflit d'intérêts. Il ne permet pas d'écarter un associé ou un dirigeant ayant sciemment prêté son concours à la création d'un conflit d'intérêts. Il ne permet également pas d'exclure l'associé ou le dirigeant principal instigateur et bénéficiaire du conflit d'intérêts affectant un coassocié ou un codirigeant. Afin de révoquer ou d'exclure ces personnes, les motifs doivent intégrer le fait d'avoir organisé ou prêté son concours afin de créer ou dissimuler un conflit d'intérêts. Ce motif permettrait, par exemple, d'exclure l'associé ayant sollicité un dirigeant afin de lui céder par personne interposée un bien mobilier de la société. Il permettrait également, de révoquer le dirigeant ayant constitué une personne morale à titre personnel, afin de dissimuler par personne interposée le conflit d'intérêts affectant un associé.

Les conflits d'intérêts ayant régulièrement été autorisés ou ratifiés ne peuvent constituer un juste motif de révocation. Les faits révélés au sein d'un quitus de gestion donné au dirigeant par les associés ne peuvent être invoqués comme juste motif de révocation[1].

Les éléments constitutifs du conflit d'intérêts peuvent être utilisés comme motif autonome d'exclusion ou de révocation. Ces motifs permettent de sanctionner les conflits d'intérêts dont la preuve matérielle pourrait être complexe à rapporter. Trois catégories de motifs peuvent être identifiées.

La première rassemble les motifs issus des intérêts personnels et des liens d'intérêts constitutifs du conflit d'intérêts. Par exemple, un associé débiteur d'un apport en industrie rencontre un conflit d'intérêts caractérisé par son désintérêt pour la société au profit d'un concurrent. Pourraient être érigés en motif d'exclusion de l'associé : la réorientation de son intérêt personnel traduit par son désintérêt pour les affaires sociales[2] ; le lien d'intérêts emportant transgression de son obligation d'exclusivité ; le lien d'intérêts financier et professionnel l'unissant avec un concurrent de la société. Toutefois, le simple fait d'être lié au dirigeant ou à l'associé en conflit d'intérêts ne devrait être érigé en motif isolé de révocation ou d'exclusion. Ce type de motif ne permet pas de cibler les comportements contraires à l'intérêt social. En pratique, au sein de certaines sociétés, il pourrait conduire à l'exclusion ou la révocation de la majorité des associés ou des dirigeants.

La seconde catégorie regroupe les motifs issus de l'objet du conflit d'intérêts. Par exemple, un associé débiteur d'un apport en numéraire refuse de libérer le solde de son apport à raison des difficultés financières de la société dont il estime que l'activité est compromise. Le défaut de libération intégrale d'un apport en numéraire pourrait être érigé en motif d'exclusion de l'associé. Ce motif correspond à l'objet du conflit d'intérêts rencontré par l'associé[3]. L'objet du

[1] Rappr. Mémento Assemblées générales 2022-2023, *op. cit.*, n°78160 et Mémento Assemblées générales 2022-2023, *op. cit.*, n°78165.

[2] Rappr. Com., 14 oct. 2020, n°18-19.181, inédit.

[3] Rappr. par ex. les art. L. 228-27, du Code de commerce, L. 211-3 et L. 212-4 du Code de la construction et de l'habitation.

conflit d'intérêts érigé en motif de révocation du dirigeant pourrait notamment correspondre : au refus de répondre aux questions écrites des associés[1] ; à la dissimulation d'informations[2] ; au refus d'exécuter une décision sociale adoptée par les associés pour cause de divergences de vues, exclusives du climat de confiance[3] ; au refus de mettre en œuvre l'action sociale à l'encontre d'une personne liée au moyen d'un lien d'intérêts familial ; au fait de conclure un acte juridique ou d'user des fonds sociaux pour son propre compte ou celui d'une personne liée.

La troisième catégorie réunit les motifs induits par l'impact et les conséquences du conflit d'intérêts. Par exemple, motivé par l'aversion profonde qu'il éprouve pour ses coassociés, un associé et dirigeant s'abstient volontairement de mettre en application de nouvelles règles fiscales applicables à l'activité sociale et transfert des actifs stratégiques au sein d'une nouvelle société créée à cet effet. Les impacts des conflits d'intérêts rencontrés par l'associé dirigeant pourraient être érigés en motif de sa révocation ou de son exclusion. Ces motifs pourraient être : la violation des statuts[4] ; la commission de fautes graves et de gestion[5] ; le fait d'avoir adopté un comportement risquant de compromettre l'intérêt social et le fonctionnement de la société[6] ; la transgression d'une obligation légale à laquelle est soumise la société au regard de son activité[7].

En droit des sociétés, aucune disposition légale n'accorde au juge le pouvoir d'exclure un associé[8]. Seuls les gérants des sociétés civiles, des sociétés à responsabilité limitée ou en commandite par actions peuvent être judiciairement

---

[1] Rappr. Com., 14 oct. 2020, n°18-12.183 préc., en l'espèce le gérant révoqué avait notamment refusé de répondre aux questions écrites des associés portant sur les liens d'intérêts qu'il entretenait avec une société concurrente.

[2] Rappr. Com., 5 juil. 2016, n°14-23.904, préc.

[3] Rappr. Mémento Sociétés commerciales 2022, *op. cit.*, n°12503.

[4] Rappr. Mémento Sociétés commerciales 2022, *op. cit.*, n°12502.

[5] Rappr. D. GIBIRILA, H. AZARIAN, art. préc., n°122 ; Mémento Sociétés civiles 2022, *op. cit.*, n°7216 et Mémento Sociétés commerciales 2022, *op. cit.*, n°125021.

[6] Rappr. les art. R. 5125-21, R. 4381-16 et R. 4113-16 du Code de la santé publique, érigeant le fait de contrevenir aux règles de fonctionnement de la société, en motif d'exclusion des associés d'une société d'exercice libérale de pharmaciens d'officine, d'auxiliaires médicaux de médecins, de chirurgiens-dentistes ou de sages-femmes. Rappr. par ex., Cass. com., 4 mai 1999, n°96-19.503, Bull. 1999, IV, n°94, p.77, en l'espèce la Haute juridiction reprochait à la Cour d'appel de ne pas avoir recherché si la mésentente entre deux cogérants, n'était pas de nature « *à compromettre l'intérêt social ou le fonctionnement de la société* » ; Cass. com., 4 mai 1993, n°91-14.693, Bull. 1993, IV, n°175, p.124, rappelant « *que la révocation du gérant d'une société à responsabilité limitée peut être justifiée, même en l'absence de faute démontrée, par l'existence, entre les associés et ce gérant, d'une mésentente de nature à compromettre l'intérêt social* » ; Com., 19 déc. 2006, n°05-15.803, Bull. 2006, IV, n°269, p.292. Rappr. D. GIBIRILA, H. AZARIAN, art. préc., n°124 ; Mémento Sociétés civiles 2022, *op. cit.*, n°7217.

[7] Rappr. par ex., Cass. com., 6 nov. 2012, n°11-20.582, Bull., 2012, IV, n°202. Rappr. Mémento Sociétés commerciales 2022, *op. cit.*, n°12502.

[8] V. spé. Com., 12 mars 1996, n°93-17.813, préc.

révoqués pour cause légitime[1]. La cause légitime s'apprécie au regard, non des intérêts personnels d'un ou plusieurs associés, mais de l'intérêt social[2].

La gravité élevée d'un conflit d'intérêts rencontré par un dirigeant peut constituer une cause légitime de révocation judiciaire. Tel est spécialement le cas des conflits d'intérêts compromettant l'intérêt social ou le fonctionnement de la société[3].

Le juge est saisi par les associés. Au sein des sociétés en commandite par actions, il peut être saisi par la société[4]. La révocation judiciaire peut aboutir à l'exclusion des dirigeants disposant de pouvoirs ou d'une influence juridique leur permettant de tenir en échec une quelconque procédure de révocation conventionnelle. Tel est par exemple le cas d'un dirigeant associé détenant la majorité absolue des droits de vote. Un associé disposant d'une influence juridique restreinte pourrait présenter une telle demande révocation.

En l'absence de disposition légale y faisant obstacle, les associés pourraient introduire une clause autorisant le juge à prononcer la révocation judiciaire des dirigeants pour cause légitime. Cette clause pourrait être introduite au sein des sociétés pour lesquelles aucune disposition légale n'autorise expressément la révocation judiciaire d'un dirigeant[5]. Les causes de révocation judiciaire pourraient être limitées aux conflits d'intérêts compromettant l'intérêt social ou le fonctionnement de la société. Une telle clause permet de pallier l'absence d'évolution jurisprudentielle ou législative étendant la révocation judiciaire des dirigeants à davantage de sociétés.

## Conclusion du paragraphe 2

Les sanctions emportant la perte de la qualité d'associé ou de dirigeant sont permanentes. L'éviction et l'exclusion sanctionnent le comportement adopté par un associé ou un dirigeant ayant résolu un conflit d'intérêts au préjudice de la société. Ces sanctions permettent de faire obstacle à la réitération future d'un quelconque conflit d'intérêts. L'éviction d'un associé ou d'un dirigeant sanctionne un nombre limité de conflits d'intérêts. Elle est soumise à une procédure allégée. Au contraire, l'exclusion permet d'appréhender un nombre plus étendu de conflits d'intérêts. En contrepartie, elle obéit à des conditions de mise en œuvre plus contraignantes.

---

[1] V. les art. 1851 al. 2 du Code civil, L. 223-25 al. 2 et L. 226-2 al. 4 du Code de commerce. *Adde* H. AZARIAN, Dirigeants de sociétés, art. préc., n°18 ; D. GIBIRILA, H. AZARIAN, art. préc., n°116. Comp. Com., 8 févr. 2005, n°01-14.292, inédit.

[2] Rappr. par ex. Com., 8 févr. 2005, n°01-14.292, inédit, préc. et 3ème civ., 27 juin 2019, n°18-16.861, inédit. *Adde* D. GIBIRILA, H. AZARIAN, *ibid.* et Mémento Sociétés civiles 2022, *op. cit.*, n°7225.

[3] V. par ex., CA Paris, pôle 8, 5ème ch., 29 nov. 2016, n°16/06010 ; CA Pau, 1re sect., 2ème ch., 6 mars 2003, n°02-1557, *Brocard c/ Brocard.* Rappr. CA Paris, pôle 5, 8ème ch., 17 mars 2015, n°14-07179, *SELARL PELLERIN c/ Zoubida AOUCHICHE EL MADANIA.* *Adde* D. GIBIRILA, H. AZARIAN, *ibid.* et Mémento Sociétés commerciales 2022, *op. cit.*, n°31157.

[4] V. l'art. L. 226-2 al. 4 du Code de commerce.

[5] V. par ex., CA Paris, pôle 5, 8ème ch., 6 juin 2019, n°18/22544, en l'espèce les statuts d'une société en nom collectif, prévoyaient que la révocation d'un associé gérant pouvait intervenir à l'issue « *d'une décision judiciaire pour cause légitime* ».

## Conclusion de la section I

Deux catégories de sanctions, affectant l'associé ou le dirigeant en conflit d'intérêts, ont été identifiées. La première interrompt l'évolution du préjudice causé par un conflit d'intérêts. Elle regroupe l'ensemble des techniques juridiques dépossédant momentanément un associé ou un dirigeant de ses pouvoirs. La seconde empêche la réitération d'un quelconque conflit d'intérêts. Elle regroupe l'ensemble des mesures entrainant la perte de la qualité juridique d'associé ou de dirigeant. Cette catégorie permet de déposséder définitivement un associé ou un dirigeant de ses pouvoirs sociaux. L'ensemble de ces sanctions affectent principalement la gestion interne de la société. Elles ne sont pas exclusives les unes des autres. Elles pourront, le cas échéant, être cumulées avec une sanction spéciale disciplinaire ou pénale en fonction de l'objet du conflit d'intérêts.

## Section II - Sanctions affectant l'objet du conflit d'intérêts

Les sanctions affectant prioritairement l'objet du conflit d'intérêts peuvent être divisées en deux catégories. La première regroupe l'ensemble des sanctions de l'acte ou du fait procédant d'un conflit d'intérêts (paragraphe 1). La seconde inclut les sanctions de la société altérée par un conflit d'intérêts (paragraphe 2).

### §1 - Sanctions de l'acte ou du fait procédant d'un conflit d'intérêts

La sanction du conflit d'intérêts peut être concentrée autour de la suppression des effets juridiques de l'acte ou du fait juridique procédant d'un conflit d'intérêts. Ce type de sanction empêche ou interrompt les effets juridiques : d'un conflit d'intérêts, d'un conflit d'intérêts dont les termes de l'autorisation n'ont pas été respectés ou d'un conflit d'intérêts irrégulièrement autorisé ou ratifié. L'acte (A) et le fait juridique (B) objet d'un conflit d'intérêts donnent lieu à des sanctions distinctes.

#### *A - Sanction du fait juridique objet d'un conflit d'intérêts*

La gravité d'un conflit d'intérêts ayant pour objet un fait juridique peut rendre nécessaire la saisine du juge en référé[1]. Les pouvoirs dont il dispose, lui permettent de faire cesser une situation illicite[2], empêcher l'apparition du dommage causé par un conflit d'intérêts en cours ou faire obstacle à l'aggravation du préjudice généré par un conflit d'intérêts résolu. Le juge est saisi à l'initiative de la société, d'un associé ou d'un dirigeant non-représentant légal de la société. L'action en justice tend à sauvegarder le patrimoine social. Elle est dirigée contre la société, un associé ou un dirigeant.

---

[1] Rappr. D. MARTIN, G. BUGE, art. préc., n°11 et suiv.

[2] Rappr. C. BLOCH, M. POUMAREDE, Réparation en nature, *in* P. LE TOURNEAU (dir.), Dalloz action Droit de la responsabilité et des contrats, 2021-2022, n°2311.10 et suiv.

Lorsque le conflit d'intérêts en cause emporte une situation d'urgence[1], le juge saisi en référé peut prononcer toutes mesures que justifie l'existence d'un différend[2]. Par exemple, un associé majoritaire et dirigeant est en litige avec ses coassociés minoritaires. Poursuivant un intérêt moral personnel de vengeance, il fait adopter une résolution sociale autorisant la cession de l'unique bien dont dépend l'activité sociale à une autre société qu'il représente également. En qualité de représentant de la société cessionnaire, il délivre un commandement de payer à la société cédante. Les coassociés minoritaires pourraient saisir le juge afin que soit ordonné : la suspension de la résolution litigieuse exposant l'intérêt social à un péril imminent[3] ; la suspension des effets du commandement de payer[4] ; le séquestre du bien litigieux[5].

En présence d'un dommage imminent[6] ou d'un trouble manifestement illicite[7] provoqué par un conflit d'intérêts, le juge saisi en référé peut prononcer toute mesure conservatoire ou de remise en état[8]. Les mesures conservatoires arrêtées par le juge sont distinctes de celles prononcées dans le cadre d'une procédure civile d'exécution sur le fondement de l'article L. 511-1 du Code des procédures civiles d'exécution[9]. Le dommage imminent est caractérisé, par exemple, en présence d'un conflit d'intérêts affectant le « *fonctionnement, légal, normal de la*

---

[1] Rappr. Com., 30 janv. 1980, n°78-13.334, Bull. com., 1980, n°51. *Adde* 2ème civ., 29 janv. 2015, n°13-24.691, Bull. 2015, II, n°19 ; Cass. 3ème civ., 10 mai 1977, n°76-11.012, Bull. civ., 1977, 3ème civ., n°199, p.153, et 2ème civ., 28 oct. 1999, n°97-13.975, inédit. Rappr. N. CAYROL, Référé civil, art. préc., n°374 à 376.

[2] V. les art. 834 et 872 du Code de procédure civile.

[3] Rappr. Y. GUYON, Assemblées d'actionnaires, art. préc., n°203. *Adde* par ex. Cass. com, 13 janv. 2021, n°18-25.713 et n°18-25.730, Bull. civ., 2021, rappelant qu'il n'entre pas dans les pouvoirs du juge des référés d'annuler les délibérations de l'assemblée générale d'une société et précisant que le juge peut toutefois en suspendre les effets.

[4] Rappr. Com., 26 févr. 1980, n°78-15.687, Bull. com., 1980, n°108.

[5] Rappr. Com., 15 févr. 1983, n°82-10.782, Bull. com., 1983, n°67, en l'espèce, les actions d'une filiale avaient été placées sous séquestre sur demande des actionnaires minoritaires de la société holding. V. également l'art. L. 151-3-1 c) du Code monétaire et financier. C. BOITEAU, art. préc., v. sous « *La protection renforcée contre les investissements étrangers indésirables* » et S. BERNARD, art. préc., I, A.

[6] Rappr. 2ème civ., 27 juin 1979, n°78-13.012, Bull. civ., 1979, 2ème civ., n°199 ; Com., 21 mars 1984, n°82-12.347, Bull. 1984, IV, n°115 ; Com., 15 févr. 1983, n°82-10.782, Bull. com., 1983, n°67 ; 3ème civ., 22 oct. 2015, n°14-11.776 ; n°14-21.515, Bull. 2016, n°838, 3ème civ., n°363 ; 1re civ., 16 mai 2012, n°11-18.181, Bull. 2012, I, n°109.

[7] La preuve de l'urgence de la mesure sollicitée n'est pas requise, en ce sens Cass. 3ème civ., 22 mars 1983, n°81-14.547, Bull. 1983, 3ème civ., n°83. Le caractère de trouble manifestement illicite est une notion de droit échappant à l'appréciation souveraine du juge, en ce sens Ass. plén., 28 juin 1996, n°94-15.935, Bull. 1996, Ass. plén., n°6, p.11, obs. J.-L. BERGEL, RDI, 1996, p.536. Comp. antérieurement 2ème civ., 6 déc. 1978, n°77-13.558. Cette condition doit être appréciée à la date du prononcé de la décision, non à celle de l'assignation, v. 2ème civ., 25 nov. 1992, n°91-10.832, Bull. 1992, 2ème civ., n°266, p.204.

[8] V. l'alinéa 1er des art. 835 et 873 du Code de procédure civile. Rappr. N. CAYROL, art. préc., n°377.

[9] V. N. CAYROL, art. préc., n°682.

*société* »[1] et exposant une décision d'associés ou de dirigeants à un risque de nullité. Constitue également un dommage imminent le conflit d'intérêts ayant pour objet la tenue d'une assemblée générale dont l'adoption des résolutions proposées affecterait la mission de l'administrateur provisoire nommé par décision de justice[2]. Le trouble manifestement illicite peut, notamment, être qualifié lorsque les dirigeants et les associés majoritaires reportent « *jusqu'au résultat de son recours en cassation, qui n'est pas suspensif, les décisions à prendre pour mettre fin à l'abus de majorité* » constaté par une cour d'appel[3]. Outre la suspension des effets d'une décision sociale ou le prononcé de l'inaliénabilité temporaire d'un bien social, le juge pourrait ordonner le report de l'assemblée d'associés ou de dirigeants en cause[4].

Ces mesures peuvent être accompagnées par la désignation d'un commissaire de justice chargé de constater leur exécution, notamment au cours d'une réunion d'associés[5]. Cette désignation n'a pas pour but de détecter un conflit d'intérêts dont l'existence est connue, mais a pour objectif de constater l'étendue du préjudice qu'il pourrait occasionner.

Elles peuvent encore être cumulées avec la désignation d'un mandataire *ad hoc* chargé, non d'exercer un pouvoir social, mais de concilier ou de conseiller les dirigeants et les associés[6].

L'ensemble de ces mesures peuvent être prononcées quand bien même elles se heurteraient à une contestation sérieuse[7]. Les conflits d'intérêts les plus graves, justifiant qu'il soit momentanément dérogé au principe du contradictoire, permettent de saisir le juge sur requête.

---

[1] V. CA Paris, pôle 1, 2ème ch., 10 juin 2009, n°09/11337, *SA Gécina c/ Société Metrovacesca*. *Adde* D. MARTIN, G. BUGE, art. préc., n°14.

[2] Cass. com, 13 janv. 2021, n°18-25.713 et n°18-25.730, préc.

[3] En ce sens CA Paris, 14ème ch., sect. A, 20 mars 2002, n°2001/22215, *Camet c/ Sté Marché Biron*.

[4] D. MARTIN, G. BUGE, art. préc., n°13.

[5] Rappr. Com., 22 mars 1988, n°86-16.785, Bull. 1988, IV, n°123, p.86. *Adde* CA Paris, pôle 1, 2ème ch., 10 juin 2009, n°09/11337, *SA Gécina c/ Société Metrovacesca*, préc. V. également J. MESTRE (dir.), D. VELARDOCCHIO, A.-S. MESTRE-CHAMI, J. HEINICH, S. LACROIX-DE SOUSA, G. LOUSTALET, G. CARTERET, *op. cit.*, n°3897 ; Mémento Assemblées générales 2022-2023, *op. cit.*, n°44980 et suiv.

[6] Rappr. par ex. Com., 19 avr. 2005, n°02-17.133, inédit, en l'espèce un mandataire *ad hoc* avait pour mission « *d'assister le conseil d'administration dans ses opérations de gestion et dans la recherche d'une solution au conflit opposant les actionnaires ainsi que de veiller à l'information régulière et loyale de ces derniers* » ; CA Paris, 1re ch., sect. C, 7 juin 1990, *Brambilla c/ Courrèges* ; CA Paris, 3ème ch., sect. B, 12 oct. 1989, *SA Loris Azzaro c/ Azzaro* ; TC Paris, ord. de référé, 14 mai 2009, n°J2009002297, *SA Metrovacesa c/ Sté Mag import SL et a.*. *Adde* J. CAVALLINI, Le juge des référés et les mandataires de justice dans les sociétés *in bonis*, art. préc., spé. « *Les mandataires de justice à fonction non directoriale* » ; J. MESTRE (dir.), D. VELARDOCCHIO, A.-S. MESTRE-CHAMI, J. HEINICH, S. LACROIX-DE SOUSA, G. LOUSTALET, G. CARTERET, *op. cit.*, n°867 et 1538 ; Mémento Sociétés commerciales 2022, *op. cit.*, n°10353.

[7] À propos du référé dit urgence v. spé. 3ème civ., 25 janv. 1989, n°87-15.940, Bull. 1989, III, n°22, p.12 ; *adde* N. CAYROL, art. préc., n°659. À propos du référé dit conservatoire ou de remise en état v. notamment 2ème civ., 21 avr. 1982, n°81-11.165, Bull. 1982, 2ème civ., n°61, 1re civ., 15 oct. 1985, n°84-12.291, Bull. 1985, I, n°260, p.232 et 1re civ., 3 juin 1986, n°84-16.363, Bull. 1986, I, n°153, p.153 ; *adde* N. CAYROL, art. préc., n°382 et 681.

L'exécution forcée en nature permet d'appréhender les conflits d'intérêts ayant pour objet l'inexécution d'une obligation générée par un acte juridique. Ces conflits ont plus précisément pour objet un fait juridique d'inexécution. Sur le fondement de l'article 1221 du Code civil[1], l'exécution forcée en nature d'une obligation de faire est prononcée à condition qu'elle ne soit pas impossible et qu'il n'existe aucune disproportion manifeste entre son coût pour le débiteur de bonne foi et son intérêt pour le créancier[2]. L'exécution forcée en nature d'une obligation de ne pas faire est obtenue sur le fondement de l'article 1222 du Code civil[3], à condition d'intervenir dans un délai et à un coût raisonnable[4]. L'obligation en cause doit être certaine, exigible et, le cas échéant, liquide[5].

L'exécution forcée en nature est prononcée par le juge saisi en référé ou, le cas échéant, sur requête, lorsque l'obligation en cause n'est pas sérieusement contestable[6]. Afin de faciliter l'exécution des obligations dont le paiement s'effectue en numéraire, l'action en justice peut être précédée d'une injonction de payer[7].

L'exécution forcée d'une obligation statutaire ou extrastatutaire est demandée, le cas échéant, par la société, un associé ou un dirigeant. Par exemple, un associé refuse d'exécuter une obligation de contribuer aux pertes en cours de vie sociale[8] et de réaliser un apport en numéraire appelé et non libéré[9]. Les conflits d'intérêts rencontrés par l'associé pourraient être sanctionnés par l'exécution forcée de ses obligations.

L'exécution forcée d'une obligation statutaire ou extrastatutaire rend possible la sanction de l'inexécution de certaines obligations issues d'un mécanisme d'information, de prévention et de gestion des conflits d'intérêts. L'exécution

---

[1] *Adde* l'art. L. 111-1 al. 1 du code des procédures civiles d'exécution. Antérieurement à l'ordonnance n°2016-131 du 10 févr. 2016, préc., v. les art. 1142 et 1184 du Code civil ; Cass. 3ème civ., 11 mai 2005, n°03-21.136, Bull. 2005, III, n°103, p.96 et Cass. 1re civ., 16 janv. 2007, n°06-13.983, Bull. 2007, I, n°19, p.17. Rappr. M. POUMAREDE, Exécution forcée en nature, *in* P. LE TOURNEAU (dir.), Dalloz action Droit de la responsabilité et des contrats, 2021-2022, n°3212.31 ; V. FORTI, Exécution forcée en nature, Rép. civ. Dalloz, 2016, n°20 et suiv.

[2] Rappr. M. POUMAREDE, art. préc., n°3212.32 et n°3212.33. *Adde* V. FORTI, art. préc., n°61 et suiv.

[3] Rappr. M. POUMAREDE, art. préc., n°3212.71. Antérieurement à l'ordonnance n°2016-131 du 10 févr. 2016, préc., v. les art. 1143 et 1144 du Code civil.

[4] Rappr. V. FORTI, art. préc., n°82 et suiv.

[5] V. M. POUMAREDE, art. préc., n°3212.41 et suiv. ; V. FORTI, art. préc., n°89 et suiv.

[6] V. l'alinéa 2 des art. 835 et 873 du Code de procédure civile. Rappr. M. POUMAREDE, art. préc., n°3212.52 ; V. FORTI, art. préc., n°112 ; N. CAYROL, Référé civil, art. préc., n°391 et suiv., n°707 et 708 ; R. LAHER, art. préc., n°26.

[7] V. V. FORTI, art. préc., n°111.

[8] Sauf clause contraire des statuts, la contribution aux pertes s'effectue à la dissolution de la société, v. Com., 3 mars 1975, n°73-13.721, Bull. com., n°68, p.56 ; Cass. com., 29 oct. 2003, n°00-17.538, inédit et Com., 31 mars 2004, n°00-17.423, inédit.

[9] Rappr. Cass. 3ème civ., 17 janv. 2019, n°17-22.070, inédit, précisant « *que le capital social non libéré est une créance de la société contre son associé qui ne s'éteint pas lorsque celui-ci se retire de la société* ». *Adde* Com., 23 avr. 2013, n°12-18.453, Bull. 2013, IV, n°69. Rappr. A. LECOURT, Capital social, art. préc., n°95.

forcée peut en garantir l'effectivité. Elle pourrait, par exemple, être prononcée à l'encontre : d'un associé refusant de délivrer les droits sociaux objets d'une promesse unilatérale de vente dont l'option a été levée par le bénéficiaire en application d'une clause de sortie partielle[1] ; de la société dont le dirigeant refuse d'inscrire à l'ordre du jour une résolution déposée par un associé ou refuse de répondre à une question écrite ; d'un associé lié par une convention de vote refusant de concourir à la réalisation d'une opération déterminée[2] ; d'un associé ayant transgressé une clause d'un pacte de non-acquisition de droits sociaux et condamné à céder la première moitié des droits sociaux litigieux à la société en vue de leur annulation et la seconde à un ou plusieurs de ses coassociés[3].

L'exécution forcée peut encore atteindre les tiers de mauvaise foi liés à l'associé ou au dirigeant en conflit d'intérêts et auteur du fait d'inexécution. En présence d'un conflit d'intérêts direct par représentation, la mauvaise foi du tiers peut être présumée. En effet, le tiers est représenté par l'associé ou le dirigeant en conflit d'intérêts. En présence d'un conflit d'intérêts indirect, la preuve de la mauvaise foi du tiers sera simplifiée en deux hypothèses. La première, lorsque le tiers est lié à l'auteur du conflit au moyen d'un lien d'intérêts fondamental. La seconde, lorsque le tiers est lié à l'auteur du conflit au moyen d'un lien d'intérêts consolidé au fil duquel il exerce une influence juridique étendue et constante. L'exécution forcée pourrait, par exemple, atteindre le tiers lié, avec lequel a

---

[1] Rappr. par ex. Com., 10 juin 1976, n°74-14.595, Bull. 1976, IV, n°190, p.163 ; Com., 24 nov. 2009, n°08-21.369, Bull. 2009, IV, n°151 ; Com., 13 janv. 2021, n°19-11.726, inédit, en l'espèce sur le fondement de l'art. 873 al. 2 du code de procédure civile, la Cour d'appel avait prononcé l'exécution forcée de la cession des actions litigieuses en exécution d'un pacte d'actionnaires. *Adde* J. MESTRE (dir.), D. VELARDOCCHIO, A.-S. MESTRE-CHAMI, J. HEINICH, S. LACROIX-DE SOUSA, G. LOUSTALET, G. CARTERET, *op. cit.*, n°1099 ; Mémento Sociétés commerciales 2022, *op. cit.*, n°69311.

[2] À propos des réticences jurisprudentielles et doctrinales à prononcer l'exécution forcée d'une obligation de voter au soutien ou à l'encontre de résolutions déterminées, v. J. MESTRE (dir.), D. VELARDOCCHIO, A.-S. MESTRE-CHAMI, J. HEINICH, S. LACROIX-DE SOUSA, G. LOUSTALET, G. CARTERET, *op. cit.*, n°891 ; Mémento Sociétés commerciales 2022, *op. cit.*, n°7764. Rappr. CA Paris, 5ème ch., sect. C, 30 juin 1995, n°93/27606, *Sté Metaleurop c/ Sté Financière Delot et Cie*, note J.-J. DAIGRE, JCP E, 1996, II, 795, ayant confirmé le jugement de première instance condamnant un associé « *à souscrire à l'augmentation du capital* » litigieuse soumise au vote de la collectivité d'associés ; l'associé en cause n'était toutefois pas expressément condamné à voter au soutien de la résolution portant sur l'augmentation de capital.

[3] Comp. Cass. com., 24 mai 2011, n°10-24.869, Bull. 2011, IV, n°80. *Adde* Com., 20 sept. 2016, n°15-10.963, inédit, en l'espèce la substitution du créancier d'une clause de préemption dans les droits du cessionnaire des actions litigieuses, était impossible en raison de « *la disparition des sociétés cédées, à la suite d'une opération de fusion-absorption* ». Rappr. V. FORTI, Exécution forcée en nature, art. préc., n°124.

contracté l'associé ou le dirigeant en conflit d'intérêts, en violation d'un pacte de préférence[1] ou d'une promesse unilatérale[2].

Un tiers peut demander l'exécution forcée d'une obligation née d'un acte externe à la société. Cette demande peut être dirigée à l'encontre de la société sur le fondement d'un acte conclu par un associé ou un dirigeant en conflit d'intérêts et ayant détourné ou excédé ses pouvoirs. Les liens d'intérêts établissant la mauvaise foi du tiers lié à l'auteur du conflit d'intérêts peuvent y faire obstacle. Tel est le cas lorsque, au regard des liens d'intérêts en cause, le tiers a connaissance du dépassement ou du détournement de pouvoir ou ne peut l'ignorer[3].

L'action du tiers peut encore être dirigée, avec succès, à l'encontre de l'auteur du conflit d'intérêts. Tel sera par exemple le cas lorsque : un associé se retire de la société afin d'échapper à son obligation aux dettes sociales[4] ; un futur gérant non associé conclu, pour son propre compte, des actes au nom d'une société en formation en violation du mandat reçu des associés[5] ; un associé d'une société en participation dont l'acte conclu par le gérant a tourné à son profit[6] ; un associé

---

[1] V. l'art. 1123 al. 2 du Code civil, selon lequel lorsque le tiers connaissait l'existence du pacte et l'intention du bénéficiaire de s'en prévaloir, ce dernier peut demander au juge de le substituer au tiers dans le contrat conclu. Antérieurement à l'ordonnance n°2016-131 du 10 févr. 2016, préc., v. spé. Ch. mixte, 26 mai 2006, n°03-19.376, Bull. 2006, ch. mixte, n°4, p.13 ; 3ème civ., 14 févr. 2007, n°05-21.814, Bull. 2007, III, n°25. Rappr. J. MESTRE (dir.), D. VELARDOCCHIO, A.-S. MESTRE-CHAMI, J. HEINICH, S. LACROIX-DE SOUSA, G. LOUSTALET, G. CARTERET, op. cit., n°1104 ; V. FORTI, art. préc., n°52 et 53.

[2] Sous réserve d'évolution jurisprudentielle en ce sens, cette sanction pourrait être obtenue sur le fondement de l'art. 1124 al. 2 du Code civil, dans des conditions similaires à celles appliquées à un pacte de préférence. V. en ce sens O. BARRET, Promesse de vente, Rép. civ. Dalloz, 2011, n°165 et suiv. Antérieurement à l'ordonnance n°2016-131 du 10 févr. 2016, préc., lorsque le bénéficiaire levait l'option postérieurement à la révocation de la promesse par le promettant, la jurisprudence refusait de prononcer son exécution forcée, v. 3ème civ., 15 déc. 1993, n°91-10.199, Bull. 1993, III, n°174, p.115 ; une clause d'exécution en nature insérée au sein de la promesse était nécessaire afin d'obtenir son exécution forcée, v. 3ème civ., 27 mars 2008, n°07-11.721, inédit. Rappr. J. MESTRE (dir.), D. VELARDOCCHIO, A.-S. MESTRE-CHAMI, J. HEINICH, S. LACROIX-DE SOUSA, G. LOUSTALET, G. CARTERET, *op. cit.*, n°1099 ; V. FORTI, art. préc., n°34 et 55.

[3] V. par ex., Com., 9 oct. 1961, Bull. civ., 1961, III, n°348, en l'espèce le tiers au pacte social contractant « *n'ignorait pas le caractère abusif et frauduleux des obligations contractées* » par la gérante de la société en cause. Com., 18 mai 1981, n°79-13.742, Bull. com., 1981, IV, n°235, à propos d'investissements personnels réalisés par le président du conseil d'administration et payés au moyen de chèques tirés sur les comptes bancaires de la société ; 3ème civ., 19 févr.1986, n°84-12.467, inédit.

[4] L'associé retrayant demeure obligé aux dettes dont le fait générateur est antérieur à son départ, v. Civ., 16 mars 1942 ; Com., 4 janv. 1994, n°91-19.680, inédit ; Cass. com., 4 févr. 1997, n°94-18.114, Bull. 1997, IV, n°45, p.41. *Adde* 3ème civ., 6 juil. 1994, n°92-12.839, Bull. 1994, III, n°140, p.89. V. les art. 1857 et 1858 du Code civil, l'art. 15 de la loi du 29 nov. 1966 préc., art. L. 221-1 du Code de commerce. Rappr. Société, Dispositions générales, Parts sociales : droits et obligations de l'associé, Fasc. 41, J.- cl. stés, LexisNexis, 2015, n°8 et suiv. ; Mémento Sociétés civiles 2022, *op. cit.*, n°20400 et suiv.

[5] Les actes non repris par une société ayant acquis la personnalité morale, demeurent à la charge de la personne les ayant conclus, v. Com., 26 avr. 1988, n°87-11.051, Bull. 1988, IV, n°142, p.100 ; Com., 11 janv. 2005, n°01-17.477, inédit ; Com., 1er avr. 2014, n°12-23.501, inédit.

[6] V. les alinéas 2 et 3 de l'art. 1872-1 Code civil. *Adde* B. DONDERO, Société en participation, art. préc., n°133 et suiv.

commanditaire a réalisé un acte de gestion pour lequel il est solidairement tenu, avec les associés commandités, des dettes et engagements de la société qui en résultent[1]. L'action du tiers est ici, par répercussion, favorable à la société contre laquelle la procédure d'exécution forcée n'est pas dirigée.

À l'initiative de la société, le fait juridique objet d'un conflit d'intérêts peut tout d'abord être sanctionné par l'exercice d'une action oblique. Il peut également être sanctionné au moyen de deux quasi-contrats nommés[2] : le paiement de l'indu et l'enrichissement injustifié. Sous réserve de respecter les conditions qui leur sont propres, ces actions peuvent être exercées à l'encontre d'un dirigeant, d'un associé ou d'une personne qui leur est liée.

L'action oblique[3] permet à la société, créancière, d'exercer les droits de son débiteur lié à l'auteur du conflit d'intérêts pour le compte de celui-ci, à l'exception de ceux qui sont exclusivement rattachés à sa personne[4] ; elle peut être exercée lorsque la carence du débiteur dans l'exercice de ses droits et actions à caractère patrimonial compromet les droits de la société. Cette action permet spécialement de sanctionner les conflits d'intérêts indirects affectant un associé ou un dirigeant lié au débiteur de la société. Par exemple, le codirigeant d'une première société, créancière, livre des informations sociales au dirigeant d'une seconde société, débitrice, au sein de laquelle il est associé majoritaire afin qu'elle maintienne son insolvabilité et retarde le recouvrement d'une importante créance. Les informations sociales, objet du conflit d'intérêts, sont livrées afin de motiver la carence du débiteur personne liée.

L'action en répétition de l'indu et en enrichissement injustifié permettent de sanctionner les conflits d'intérêts ayant pour objet un fait « *purement volontaires dont il résulte un engagement de celui qui en profite sans y avoir droit* »[5]. L'action en paiement de l'indu[6] permet à la société, *solvens*, d'obtenir restitution par un associé, un dirigeant ou une personne liée, *accipiens*, du paiement indu objet d'un conflit d'intérêts. L'indu dit subjectif ou objectif[7] peut être le fait d'un conflit d'intérêts direct comme indirect. Par exemple, une société anonyme pourrait obtenir restitution des sommes indûment perçues par le président du conseil

[1] V. l'art. L. 222-6 du Code de commerce.

[2] V. l'art. 1300 du Code civil. Rappr. P. LE TOURNEAU, M. POUMAREDE, Relations quasi-contractuelles, *in* P. LE TOURNEAU (dir.), Dalloz action Droit de la responsabilité et des contrats, 2021-2022, n°3114.11.

[3] V. l'art. 1341-1 du Code civil. *Adde* F. GREAU, Action oblique, Rép. civ. Dalloz, 2019, n°24 et suiv. ; N. CAYROL, Référé civil, art. préc., n°555 et suiv.

[4] V. par ex. Com., 4 déc. 2012, n°11-14.592, Bull. 2012, IV, n°222, relevant que le droit de retrait d'un associé est strictement personnel et qu'il ne peut donc pas être exercé par voie oblique.

[5] Art. 1300 du Code civil.

[6] V. les art. 1302 et suiv. du Code civil. *Adde* M. DOUCHY-OUDOT, Paiement de l'indu, Rép. civ. Dalloz, 2018, n°8 et suiv ; P. LE TOURNEAU, M. POUMAREDE, art. préc., n°3114.140 et suiv.

[7] Rappr. M. DOUCHY-OUDOT, art. préc., n°2.

d'administration au titre d'une rémunération supplémentaire que ce dernier s'accorderait de manière occulte sans autorisation du conseil[1].

Plus rare, l'action en enrichissement injustifié[2] permet de sanctionner les conflits d'intérêts dont l'objet est un fait ayant conduit la société à s'appauvrir[3] au profit d'un associé, d'un dirigeant ou d'une personne liée, injustement enrichi[4]. L'enrichissement et l'appauvrissement ne doivent trouver aucune justification[5] dans une obligation juridique ou naturelle, une intention libérale ou la recherche d'un intérêt personnel. Cette dernière justification est de nature à faire échouer l'action dirigée à l'encontre de la société par un associé ou un dirigeant en conflit d'intérêts. L'action en enrichissement injustifié est subsidiaire[6] ; elle peut aboutir à condition de ne rencontrer aucun obstacle de droit[7] ou de fait[8]. Cette action permettrait à la société d'obtenir une indemnité égale à la moindre des deux valeurs de l'enrichissement et de l'appauvrissement[9]. Par exemple, la société mère pourrait obtenir une indemnité équivalente au montant des travaux de rénovation d'un bien immobilier appartenant à une société filiale, au sein de laquelle le dirigeant de la première est associé.

### *B - Sanction de l'acte juridique objet d'un conflit d'intérêts*

*Le réputé non écrit*

Le réputé non écrit peut être appliqué aux clauses statutaires insérées par un futur associé ou un futur dirigeant en conflit d'intérêts à l'occasion de la rédaction des statuts de la société en formation. Le caractère réputé non écrit d'une clause

---

[1] V. Com., 15 déc. 1987, n°86-13.479, Bull. 1987, IV, n°280, p.209. *Adde* Com., 30 nov. 2004, n°01-13.216, inédit ; CA Paris, pôle 5, 8ème ch., 19 mai 2015, n°14/02087. Rappr. Cass. com., 15 mars 2017, n°14-17.873, inédit ; CA Versailles, 12ème ch., 18 mai 2020, n°18/05463.

[2] V. les art. 1303 et suiv. du Code civil. *Adde* A.-M. ROMANI, Enrichissement injustifié, Indemnisation de l'appauvri, Rép. civ. Dalloz, 2018, n°1 et suiv ; P. LE TOURNEAU, M. POUMAREDE, art. préc., n°3114.251 et suiv.

[3] Rappr. A.-M. ROMANI, art. préc., n°81 et suiv ; P. LE TOURNEAU, M. POUMAREDE, art. préc., n°3114.271 et 3114.273.

[4] Rappr. A.-M. ROMANI, art. préc., n°52 et suiv ; P. LE TOURNEAU, M. POUMAREDE, art. préc., n°3114.272 et 3114.274.

[5] V. les art. 1303-1 et -2 du Code civil. Rappr. A.-M. ROMANI, art. préc., n°109 et suiv ; P. LE TOURNEAU, M. POUMAREDE, art. préc., n°3114.291 et suiv.

[6] V. les art. 1303 et 1303-3 du Code civil. *Adde* A.-M. ROMANI, art. préc., n°13, 175 et suiv. ; P. LE TOURNEAU, M. POUMAREDE, art. préc., n°3114.311.

[7] Rappr. A.-M. ROMANI, art. préc., n°194 et suiv. *Adde* par ex. Cass. soc., 5 nov. 2009, n°08-43.177, inédit.

[8] V. A.-M. ROMANI, art. préc., n°207 et suiv.

[9] V. les art. 1303 et 1303-2 al. 2 du Code civil. *Adde* A.-M. ROMANI, art. préc., n°222 et suiv. ; P. LE TOURNEAU, M. POUMAREDE, art. préc., n°3114.321. Rappr. par ex. CA Versailles, 12ème ch., 18 mai 2020, préc., en l'espèce, sur le fondement de l'action en paiement de l'indu, l'ancien président directeur général d'une société anonyme était condamné à resituer à la société la somme de 254 093 EUR correspondante à la rémunération irrégulièrement perçue au cours d'un exercice, faute de décision du conseil d'administration. Sur le fondement de l'action en enrichissement injustifié, la société était également condamnée à payer la même somme, 254 093 EUR, à l'ancien président directeur général au regard des fonctions exercées durant l'exercice social en cause.

peut être constaté par décision de justice sur le fondement d'une disposition légale[1]. En droit des sociétés, les dispositions légales prévoyant cette sanction sont éparses et s'appliquent principalement aux clauses contrevenant à une règle de fonctionnement de la société. Deux séries de clauses statutaires issues d'un conflit d'intérêts peuvent être distinguées.

La première rassemble l'ensemble des clauses réputées non écrites sur le fondement de l'article 1844-10, alinéa 2 du Code civil ou d'une règle d'ordre public de droit commun[2]. Cet article, applicable à l'ensemble des sociétés[3], répute non écrites les clauses statutaires contraires « *à une disposition impérative du droit des sociétés dont la violation n'est pas sanctionnée par la nullité de la société* »[4]. Par exemple, afin de satisfaire ses intérêts personnels, un associé majoritaire et dirigeant introduit des clauses statutaires ayant pour effet : de subordonner l'exercice de l'action sociale à son autorisation préalable[5] ; d'opérer une répartition léonine des bénéfices et des pertes ; de priver un coassocié de son droit de participer et de voter aux décisions collectives d'associés[6] ; d'augmenter les engagements des associés en cours de vie sociale sur simple décision du dirigeant. L'ensemble de ces clauses issues des conflits d'intérêts rencontrés par l'associé majoritaire pourraient être réputées non écrites.

La seconde regroupe l'ensemble des clauses réputées non écrites sur le fondement de dispositions spéciales applicables à certaines sociétés à raison de leur forme ou de leur objet[7]. Par exemple, pourraient être réputées non écrites les clauses introduites par un associé ou un dirigeant en conflit d'intérêts et ayant pour objet : de restreindre l'accès à une information légale relative à l'activité sociale[8] ; de priver l'associé d'une société à responsabilité limitée du droit de poser une question écrite au gérant, de convoquer l'assemblée générale ou d'amender l'ordre du jour[9] ; de priver l'associé ou son représentant, du droit de participer aux décisions collectives d'associés[10] ; de déroger à une règle d'attribution légale

---

[1] Rappr. Y. PICOD, Nullité, Rép. civ. Dalloz, 2019, n°156 et 159.

[2] V. ensemble les art. 6 et 1102 al. 2 du Code civil. Rappr. par ex. Cass. com., 30 mai 2012, n°11-18.024, inédit, cassation au visa de « *l'art. 1844-10, alinéa 2, du code civil, ensemble les principes de la liberté contractuelle et de la liberté de la concurrence* », de l'arrêt d'appel écartant la nullité d'une clause statuaire ; la Haute juridiction reprochait aux juges d'appel de ne pas avoir recherché si la clause statutaire en cause n'avait pas, au regard des faits d'espèces, « *pour objet ou pour effet de porter atteinte à la liberté contractuelle et de la concurrence* ». *Adde* D. GIBIRILA, Société, Dispositions générales, Nullité de société, d'actes ou de délibérations, Fasc. 80, J.- cl. civ. Code, LexisNexis, 2018, n°41 et 82.

[3] Rappr. Mémento Sociétés commerciales 2022, *op. cit.*, n°89840.

[4] Rappr. J. MESTRE (dir.), D. VELARDOCCHIO, A.-S. MESTRE-CHAMI, J. HEINICH, S. LACROIX-DE SOUSA, G. LOUSTALET, G. CARTERET, *op. cit.*, n°2778 et 2797.

[5] Art. 1843-5 al. 2 du Code civil.

[6] V. par ex. Com., 6 mai 2014, n°13-14.960, inédit.

[7] Rappr. J. MESTRE (dir.), D. VELARDOCCHIO, A.-S. MESTRE-CHAMI, J. HEINICH, S. LACROIX-DE SOUSA, G. LOUSTALET, G. CARTERET, *op. cit.*, n°2778.

[8] V. les art. L. 221-7 al. 3 et L. 223-26 al. 1 et 5 du Code de commerce.

[9] V. l'art. L. 223-26 al. 3 et 5 et l'art. L. 223-27 al. 4, 5 et 6 du Code de commerce.

[10] V. les art. L. 223-28, L. 225-113, L. 225-106 al. 1, 6, L. 22-10-39 al. 2 et L. 228-35-6 al. 2 du Code de commerce.

du droit de vote[1] ; de déroger aux règles de quorum, de majorité et d'unanimité[2] ; de supprimer le droit de voter par correspondance ou de déroger à la compétence reconnue à l'assemblée générale extraordinaire pour modifier les statuts au sein d'une société anonyme[3] ; d'emporter par avance renonciation à l'exercice de l'action sociale ou de subordonner l'exercice de cette action à l'avis préalable ou à l'autorisation des associés[4] ; de supprimer le droit d'agrément des cessions de droits sociaux[5] ; de déroger à une règle d'encadrement des rémunérations[6] ; de faire obstacle au principe de révocabilité d'un dirigeant[7].

Le réputé non écrit permet une sanction sélective des conflits d'intérêts. Il présente l'avantage de ne pas emporter la nullité de l'intégralité des statuts. Cette sanction affecte la clause en son entier, dont la modification ne peut être ordonnée par le juge[8]. En droit de la consommation, la première chambre civile de la Cour de cassation a eu l'occasion d'approuver une Cour d'appel ayant jugé « *que la demande tendant à voir réputer non écrites les clauses litigieuses ne s'analysait pas en une demande en nullité, de sorte qu'elle n'était pas soumise à la prescription quinquennale* »[9] ; cette solution pourrait être étendue à la prescription biennale applicable en droit des sociétés.

En droit des sociétés, il n'existe aucune disposition générale ou spéciale érigeant les conflits d'intérêts en cause autonome de nullité des actes dont ils sont l'objet. La nullité d'un tel acte peut toutefois être recherchée sur divers fondements juridiques. Ces fondements varient en fonction de l'acte juridique en cause. À des fins de synthèse, trois catégories d'actes juridiques objet d'un conflit d'intérêts peuvent être identifiées. La première regroupe les actes organisant la gestion interne de la société. La seconde est composée des actes régissant, alternativement ou cumulativement, les rapports entre la société, les associés et les dirigeants. La troisième intègre les actes conclus au nom et pour le compte de la société et intéressant son activité sociale.

*La nullité de l'acte ou d'une décision interne*

Lorsqu'ils sont l'objet d'un conflit d'intérêts, les actes et décisions des associés ou des dirigeants relatifs à la gestion interne de la société, obéissent à un régime spécial de nullité modifié par l'ordonnance n°2025-229 du 12 mars 2025 portant réforme du régime des nullités en droit des sociétés[10]. Ce régime est encadré par

---

[1] V. les art. L. 225-122 al. 1, L. 223-28 al. 1 et 5 du Code de commerce.

[2] V. les art. L. 223-30 al. 2, L. 222-9 al. 3 et L. 225-37 al. 1 du Code de commerce.

[3] V. les art. L. 225-107 al. 1 et L. 225-96 al. 1 du Code de commerce.

[4] V. les art. L. 223-22 al. 4 et L. 225-253 du Code de commerce.

[5] V. les art. L. 221-13 al. 2, 3 et L. 233-14 al. 7 du Code de commerce.

[6] V. les art. l'art. L. 225-44, L. 225-85 al. 1 et 3, L. 232-15 al. 1 du Code de commerce.

[7] V. l'art. L. 225-47 al. 3 et L. 226-2 al. 4 du Code de commerce.

[8] En ce sens Cass. com., 9 juil. 2013, n°11-27.235, Bull. 2013, IV, n°123 et Com., 9 juil. 2013, n°12-21.238, Bull. 2013, IV, n°124.

[9] Cass. 1re civ., 3 mars 2019, n°17-23.169, Bull. civ., 2019.

[10] Rappr. av. l'entrée en vigueur de l'ordonnance n°2025-229 du 12 mars 2025, P.-F. CUIF, art. préc., n°69 et suiv. ; D. GIBIRILA, Société, Dispositions générales, Nullité de société, d'actes ou de délibérations, art. préc., n°36 et suiv. ; N. JULLIAN, S. TISSEYRE, Nullité, Rép. sociétés Dalloz, 2021, n°155 et suiv. ; J. MESTRE (dir.), D. VELARDOCCHIO, A.-S. MESTRE-CHAMI,

les articles 1844-10 alinéa 3, 1844-12-1, -14 et -15-2 du Code civil, applicables à toutes sociétés ; il est complété par des dispositions éparses du Code de commerce applicables aux sociétés commerciales.

Trois conditions cumulatives doivent être vérifiées afin de prononcer la nullité[1]. Tout d'abord, le demandeur doit justifier d'un grief résultant de l'atteinte à l'intérêt protégé par la règle dont la violation est invoquée[2]. Par exemple, ne ferait pas grief l'absence de convocation adressée à un associé en conflit d'intérêts s'opposant systématiquement à la tenue d'une quelconque réunion[3] ou ayant participé à la réunion d'associés en cause[4]. Au sein des sociétés à responsabilité limitée et des sociétés de capitaux, la nullité pour irrégularité dans la convocation des associés ou des actionnaires est expressément écartée « *lorsque tous les associés étaient présents ou représentés* »[5].

Ensuite, les conséquences de la nullité pour l'intérêt social ne doivent pas être excessives, au jour de la décision la prononçant, au regard de l'atteinte à l'intérêt dont la protection est invoquée[6]. Ces deux premières conditions permettent de tenir en échec la demande en nullité formulée par l'auteur du conflit d'intérêts.

Enfin l'irrégularité relevée doit avoir eu une influence sur le sens de la décision[7]. Cette démonstration sera facilitée lorsque la personne en conflit d'intérêts dispose d'une influence juridique étendue.

Sept causes de nullités peuvent être distinguées. La première résulte de la violation d'une disposition impérative de droit des sociétés[8]. Il convient d'ajouter à cette catégorie la violation des statuts lorsque la loi prévoit la nullité[9]. La nullité

J. HEINICH, S. LACROIX-DE SOUSA, G. LOUSTALET, G. CARTERET, *op. cit.*, n°2808. *Adde* G. WICKER, J.-C. PAGNUCCO, Personne morale, art. préc., n°55.

1 Article 1844-12-1 du Code civil.

2 Art. 1844-12-1, 1° du Cod civil. Comp. av. l'entrée en vigueur de l'ordonnance n°2025-229 du 12 mars 2025, préc. Cass. ch. mixte, 16 déc. 2005, n°04-10.986, préc. Rappr. J. MESTRE (dir.), D. VELARDOCCHIO, A.-S. MESTRE-CHAMI, J. HEINICH, S. LACROIX-DE SOUSA, G. LOUSTALET, G. CARTERET, *op. cit.*, n°2802 ; D. GIBIRILA, Société, Dispositions générales, Nullité de société, d'actes ou de délibérations, art. préc., n°41 et 54.

3 Rappr. Com., 21 juin 2011, n°10-21.928, Bull. 2011, IV, n°106, en l'espèce la Cour d'appel rejetait la demande en nullité d'une associée des assemblées tenues hors sa présence faute de grief causé par les irrégularités alléguées ; la Cour relevait que l'associée en cause s'était « *cantonnée dans une attitude d'opposition systématique* » et avait décidé de ne pas participer aux décisions collectives.

4 Rappr. Com., 7 juil. 2015, n°14-18.705, inédit.

5 V. les art. L 223-27 al. 9, L 225-104 al. 2, L 226-1 al. 2 et L. 227-2-1 I 4° du Code de commerce. *Adde* à propos des assemblées générales d'obligataires, l'art. L 228-59 al. 2 du même Code.

6 Art. 1844-12-1, 3° du Cod civil.

7 Art. 1844-12-1, 2° du Cod civil.

8 V. l'art. 1844-10 al. 3 du Code civil. Rappr. av. l'entrée en vigueur de l'ordonnance n°2025-229 du 12 mars 2025, préc., D. GIBIRILA, art. préc., n°40 ; N. JULLIAN, S. TISSEYRE, art. préc., n°157 et suiv. ; J. MESTRE (dir.), D. VELARDOCCHIO, A.-S. MESTRE-CHAMI, J. HEINICH, S. LACROIX-DE SOUSA, G. LOUSTALET, G. CARTERET, *op. cit.*, n°2810 et suiv.

9 V. art. 1844-10 al. 4 du Code civil et rappr. Com., 18 mai 2010, n°09-14.855, Bull. 2010, IV, n°93. *Adde* 3ème civ., 8 juil. 2015, n°13-14.348, préc. et Cass. com., 19 mars 2013, n°12-15.283, Bull. 2013, IV, n°44. Comp. Com., 2 juin 1987, n°86-10.108, Bull. 1987, IV, n°133, p.102. Rappr. S. SCHILLER, Pactes, statuts, règlement intérieur : quelle hiérarchie ?, Rev. sociétés, 2011, p.331, n°16.

peut également résulter de la violation d'une disposition réglementaire dont dépend l'application d'une disposition légale impérative[1]. Par exception, au sein de toutes les sociétés, ne peuvent encourir la nullité les actes contrevenant à l'obligation de gérer la société dans son intérêt social et de prendre en considération les enjeux sociaux et environnementaux de son activité[2]. Encourt la nullité, par exemple, l'acte objet d'un conflit d'intérêts : adopté par des associés majoritaires et augmentant les engagements des associés minoritaires[3] ; adopté par une assemblée générale à laquelle certains associés n'ont pas été convoqués[4] ; privant un associé d'un quelconque bénéfice ou lui faisant supporter l'intégralité des pertes sociales[5] ; interdisant la poursuite par les associés d'un dirigeant en conflit d'intérêts pour les fautes de gestion commises[6]. La nullité pourra également être prononcée à l'encontre d'un acte pris ou d'une décision adoptée sur le fondement d'une clause statutaire réputée non écrite[7].

La seconde cause de nullité regroupe l'ensemble des dispositions éparses du Code de commerce retenant l'application d'une nullité facultative ou s'imposant au juge au moyen d'une neutralisation expresse de l'article 1844-12-1 du Code civil. Par exemple en présence d'une délibération objet d'un conflit d'intérêts et adoptée par une assemblée d'actionnaires d'une société anonyme en violation des règles de compétence des assemblées générales ordinaires et extraordinaires[8]. En revanche, s'imposerait au juge la nullité d'une décision emportant transgression de la politique de rémunération d'une société cotée[9].

La nullité facultative offre au juge l'opportunité de rendre une décision favorable à l'intérêt social. Lorsque le demandeur est l'auteur du conflit d'intérêts, le juge pourrait écarter la nullité lorsqu'elle apparait favorable à ses seuls intérêts personnels. Au contraire, lorsque le demandeur n'est pas l'auteur du conflit

---

[1] V. spé. Cass. ch. mixte, 16 déc. 2005, n°04-10.986, Bull. 2005, ch. mixte, n°9, p.19, rattachant au droit de participer aux décisions collectives d'associés prévu à l'art. 1844 al. 1 du Code civil, les modalités de convocation des réunions d'associés dont dépendent l'effectivité de ce principe édictées à l'art. 40 du décret n°78-704 du 3 juillet 1978 préc. *Adde* D. GIBIRILA, art. préc., n°41 ; N. JULLIAN, S. TISSEYRE, art. préc., n°180 ; J. MESTRE (dir.), D. VELARDOCCHIO, A.-S. MESTRE-CHAMI, J. HEINICH, S. LACROIX-DE SOUSA, G. LOUSTALET, G. CARTERET, *op. cit.*, n°2812 et 2813.

[2] V. l'art. 1844-10 al. 3 du Code civil, renvoyant à l'art. 1833 al. 2 du Code civil. *Adde* les art. L. 225-35, al. 1, première phrase et L. 225-64, al. 1, troisième phrase, du Code de commerce.

[3] V. l'art. 1836 al. 2 du Code civil.

[4] V. l'art. 1844 al. 1 du Code civil ; *adde* par ex. Cass. 3ème civ., 21 oct. 1998, n°96-16.537, Bull. 1998, III, n°203, p.135, précisant « *que tout associé peut se prévaloir de l'absence de convocation d'un associé à l'assemblée générale* ».

[5] V. l'art. 1844-1 al. 2 du Code civil ; *adde* par ex. 3ème civ., 8 juil. 2015, n°13-14.348, Bull. 2016, n°834, 3ème civ., n°81.

[6] Rappr. l'art. 1843-5 al. 3 du Code civil.

[7] V. par ex. Cass. com., 9 juil. 2013, n°11-27.235, préc. et Com., 6 mai 2014, n°13-14.960, préc., en l'espèce « *la clause des statuts d'une société prévoyant que l'associé objet d'une procédure d'exclusion ne peut pas prendre part au vote de la résolution relative à son exclusion et que ses actions ne sont pas prises en compte pour le calcul du quorum et de la majorité* » ; la Haute juridiction relevait « *que la décision d'exclusion d'un associé prise sur le fondement d'une telle clause est nulle, peu important que cet associé ait été admis à prendre part au vote.* ».

[8] V. les art. L. 225-121 al. 1, L. 225-96 et L. 225-98 du Code de commerce.

[9] V. les art. L. 22-10-8, L. 22-10-26 et L. 22-10-76 du Code de commerce.

d'intérêts, le juge pourrait prononcer la nullité lorsqu'elle apparait favorable à l'intérêt social. La gravité d'un conflit d'intérêts pourrait être utilisée afin de convaincre le juge de prononcer l'application d'une nullité facultative.

La troisième cause de nullité regroupe l'article 1844-10-1 du Code civil traitant de la nullité de l'apport en société[1] fait à une société et les articles du Code de commerce relatifs aux opérations de fusions, scissions et d'apports partiels d'actifs[2].

La quatrième cause de nullité résulte de la violation d'une disposition légale relative à la validité des contrats en général[3]. Au sein des sociétés civiles et commerciales, elle est susceptible d'affecter tout acte ou décision objet d'un conflit d'intérêts.

L'acte ou la décision objet d'un conflit d'intérêts peut être annulé pour cause d'incapacité ou en raison d'un vice du consentement[4]. Ces causes de nullités peuvent affecter le représentant de l'intérêt social ayant adopté seul l'acte. Elles peuvent également affecter un ou plusieurs représentants de l'intérêt social ayant collectivement adopté l'acte ou la décision[5]. Par exemple, encourent la nullité : les résolutions adoptées par l'associé unique cogérant en conflit d'intérêts et affecté d'un trouble mental[6] ; la délibération d'un conseil d'administration d'une société anonyme surprise par les réticences dolosives du président du conseil en conflit d'intérêts[7] ; le règlement intérieur rédigé par le président du conseil d'administration d'une société anonyme sous la violence morale commise par des actionnaires en conflit d'intérêts[8] ; la décision de ratification par les associés d'une convention réglementée sur le fondement d'un rapport d'audit erroné, réalisé par une société liée à l'associé en conflit d'intérêts bénéficiaire de la convention en cause[9].

---

[1] V. spé. Les alinéas 1 et 2 de l'art. 1844-10-1 du Code civil.

[2] V. art. L. 236-2 et suiv. du Code de commerce.

[3] V. l'art. 1844-10 al. 3 du Code civil. Comp. av. l'entrée en vigueur de l'ordonnance n°2025-229 du 12 mars 2025, préc. D. GIBIRILA, art. préc., n°42 ; N. JULLIAN, S. TISSEYRE, art. préc., n°189 ; J. MESTRE (dir.), D. VELARDOCCHIO, A.-S. MESTRE-CHAMI, J. HEINICH, S. LACROIX-DE SOUSA, G. LOUSTALET, G. CARTERET, *op. cit.*, n°2804.

[4] V. l'art. 1128, 1° et 2° du Code civil ; *adde* les art. 1145 et suiv. du même Code. Rappr. N. JULLIAN, S. TISSEYRE, art. préc., n°193 ; J. MESTRE (dir.), D. VELARDOCCHIO, A.-S. MESTRE-CHAMI, J. HEINICH, S. LACROIX-DE SOUSA, G. LOUSTALET, G. CARTERET, *op. cit.*, n°2803 et 2816.

[5] Rappr. J. MESTRE (dir.), D. VELARDOCCHIO, A.-S. MESTRE-CHAMI, J. HEINICH, S. LACROIX-DE SOUSA, G. LOUSTALET, G. CARTERET, *op. cit.*, n°2805 et 2816.

[6] V. par ex. CA Paris, pôle 5, 8ème ch., 26 juin 2018, n°17/03617.

[7] Rappr. Com., 8 avr. 1976, n°75-10.971, Bull. com., 1976, n°109, p.93, en l'espèce l'autorisation du conseil d'administration d'une convention réglementée allouant une pension de retraite au président directeur général avait été surprise par les réticences dolosives de ce dernier. *Adde* Com., 27 nov. 1972, n°70-12.609, Bull. com., 1972, n°308, p.287. V. également N. JULLIAN, S. TISSEYRE, art. préc., n°195.

[8] Rappr. J. MESTRE (dir.), D. VELARDOCCHIO, A.-S. MESTRE-CHAMI, J. HEINICH, S. LACROIX-DE SOUSA, G. LOUSTALET, G. CARTERET, *op. cit.*, n°2816 citant 3ème civ., 22 mai 1973, n°71-14.822. *Adde* N. JULLIAN, S. TISSEYRE, art. préc., n°196.

[9] Comp. Cass com., 27 janv. 1982, n°80-11.064, Bull. com., 1982, n°37. *Adde* N. JULLIAN, S. TISSEYRE, art. préc., n°194.

L'acte ou la décision interne, objet d'un conflit d'intérêts, peut encore être annulé sur le fondement du défaut ou de l'excès de pouvoir[1]. Ce fondement sera privilégié lorsqu'il n'existe aucune disposition impérative ou expresse permettant d'obtenir la nullité de l'acte ou de la décision critiquée. Le défaut de pouvoir résulte d'une délibération ou d'un acte pris par un représentant ou une collectivité de représentants de l'intérêt social et ne disposant pas du pouvoir d'exprimer la volonté de la société représentée[2]. Par exemple, un associé en conflit d'intérêts ne peut déléguer un pouvoir légalement attribué au dirigeant[3]. L'excès de pouvoir résulte d'une délibération ou d'un acte pris par un représentant ou une collectivité de représentants de l'intérêt social outrepassant les pouvoirs dont ils sont conventionnellement ou légalement investis[4]. Par exemple, le président d'une société par actions simplifiée dispose du pouvoir de modifier les statuts à l'exception des clauses relatives à la prévention et la gestion des conflits d'intérêts ; la suppression d'une telle clause, dont la modification est réservée à la collectivité d'associés, constitue un excès de pouvoir. L'acte ou la décision étant non conclu avec un tiers et demeurant interne à la société, l'inopposabilité parait être inadaptée en cas d'excès de pouvoir[5]. Le défaut ou l'excès de pouvoir d'un associé ou d'un dirigeant en conflit d'intérêts peut concomitamment être analysé comme un défaut d'expression de la volonté du représentant de l'intérêt social compétent[6]. Par exemple, le conseil d'administration d'une société anonyme adopte une délibération ayant pour objet la suppression de clauses statutaires dont la modification relève de la compétence des actionnaires ; la volonté des actionnaires, donc de la société, fait ici défaut.

Peut enfin être annulé, l'acte ou la décision objet d'un conflit d'intérêts dont le contenu est illicite ou incertain[7]. Par exemple, afin de ne pas entacher sa réputation, un associé majoritaire et dirigeant adopte une délibération ayant pour objet de dissimuler le délit de fraude fiscale imputé à la société et dont il est l'auteur. La délibération objet du conflit d'intérêts exposant la société à des sanctions fiscales pourrait être annulée pour illicéité de son contenu.

La cinquième cause de nullité déduite des principes généraux du droit[8] est d'origine jurisprudentielle. Elle résulte de l'abus de majorité commis par l'associé

---

[1] Rappr. N. JULLIAN, S. TISSEYRE, art. préc., n°205 et 206. Comp. les art. 1156 et 1157 Code civil, applicables lorsque le représentant engage le représenté à l'égard des tiers.

[2] Rappr. N. JULLIAN, S. TISSEYRE, art. préc., n°203.

[3] Rappr. Com., 22 oct. 2013, n°12-24.658, préc. *Adde* Cass. civ., 4 juin 1946, préc. et 3ème civ., 8 juil. 2015, n°13-27.248, Bull. 2016, n°834, 3ème civ., n°83, en l'espèce la Cour d'appel annulait une assemblée générale d'associés à laquelle avaient participé les héritiers d'un associé décédé et non agréés en qualité d'associé.

[4] Rappr. N. JULLIAN, S. TISSEYRE, art. préc., n°203.

[5] Rappr. N. MATHEY, art. préc., n°83 à 88.

[6] Rappr. l'art. 1100-1 du Code civil. *Adde* N. MATHEY, art. préc., n°53 à 62.

[7] V. l'art. 1128, 3° et les art. 1162 et suiv. du Code civil. Rappr. N. JULLIAN, S. TISSEYRE, art. préc., n°199 et suiv. ; J. MESTRE (dir.), D. VELARDOCCHIO, A.-S. MESTRE-CHAMI, J. HEINICH, S. LACROIX-DE SOUSA, G. LOUSTALET, G. CARTERET, *op. cit.*, n°2816.

[8] Rappr. N. JULLIAN, S. TISSEYRE, art. préc., n°207 et 208.

en conflit d'intérêts[1]. Cette sanction vise, à l'instar de l'abus de minorité et d'égalité, les situations dans lesquelles un associé commet un abus de droit en détournant ses pouvoirs[2]. Elle s'applique à l'ensemble des actes et des délibérations objet d'un conflit d'intérêts affectant un ou plusieurs associés.

La jurisprudence qualifie d'abus de majorité, la résolution adoptée contrairement à l'intérêt social et dans l'unique dessein de favoriser les associés majoritaires au détriment des associés minoritaires[3]. Ces conditions de qualification sont cumulatives[4] ; le simple caractère contraire de la décision à l'intérêt social est insuffisant[5]. Ce cumul de conditions permet de ne pas sanctionner les décisions marquant une réorientation de l'intérêt social. En effet, une décision collective d'associés peut apparaitre profitable à l'ensemble des associés quand bien même elle serait momentanément défavorable à l'intérêt social ; une telle décision peut emporter une réorientation de l'intérêt social.

L'abus de majorité autorise l'appréhension des conflits d'intérêts directs se manifestant par l'exercice du pouvoir de participer aux décisions sociales. Les associés doivent détenir une influence juridique étendue suffisante pour faire primer leur volonté lors d'une réunion d'associés. L'abus de majorité peut être qualifié en présence d'un seul associé détenant la majorité des droits de vote. Il peut également être qualifié lorsque plusieurs associés égalitaires ou minoritaires détiennent, de fait, une majorité des droits de vote à l'occasion d'une prise de décision collective. Par exemple, deux des trois associés égalitaires en droit de vote peuvent commettre un abus de majorité au détriment de la société et du

---

[1] V. spé. Com., 6 juin 1990, n°88-19.420 et 88-19.783, Bull.1990, IV, n°171, p.117. *Adde* J. MESTRE (dir.), D. VELARDOCCHIO, A.-S. MESTRE-CHAMI, J. HEINICH, S. LACROIX-DE SOUSA, G. LOUSTALET, G. CARTERET, *op. cit.*, n°2806 et 2819 ; D. GIBIRILA, Société, Dispositions générales, Nullité de société, d'actes ou de délibérations, art. préc., n°45 ; N. JULLIAN, S. TISSEYRE, art. préc., n°213 et 215 ; J.-P. SORTAIS, Abus de majorité, minorité, égalité, art. préc., n°27 ; Mémento Assemblées générales 2022-2023, *op. cit.*, n°58700.

[2] Rappr. L. CADIET, P. TOURNEAU, art. préc., n°194 ; G. WICKER, J.-C. PAGNUCCO, Personne morale, art. préc., n°32, 5° et 96 ; P.-F. CUIF, art. préc., n°39 ; J.-Y. TROCHON, art. préc., 2., A.

[3] En ce sens par ex. Cass. com., 18 avr. 1961, n°59-11.394, Bull. civ., 1961, III, n°175 ; Cass. com., 30 mai 1980, n°78-13.836, Bull. civ., 1980, IV, n°223 ; Cass. com., 24 janv. 1995, n°93-13.273, Bull. 1995, IV, n°27, p.22 et Cass. com., 30 nov. 2004, n°01-16.581, inédit. Rappr. P. LE TOURNEAU, M. POUMAREDE, Agissements fautifs dans l'exercice des droits et abus de droit, art. préc., n°2213.186 ; N. JULLIAN, S. TISSEYRE, art. préc., n°214 ; J.-P. SORTAIS, Abus de majorité, minorité, égalité, art. préc., n°8 et 9 ; Mémento Sociétés civiles 2022, *op. cit.*, n°9071 ; Mémento Sociétés commerciales 2022, *op. cit.*, n°7792 ; Mémento Assemblées générales 2022-2023, *op. cit.*, n°58030.

[4] En ce sens Cass. 3ème civ., 18 juin 1997, n°95-17.122, préc. *Adde* Mémento Assemblées générales 2022-2023, *op. cit.*, n°58030.

[5] V. par ex., Cass com., 13 janv. 2021, n°18-21.860, Bull. 2021, en l'espèce la Cour d'appel avait annulé des délibérations d'associés octroyant des primes à un dirigeant, en ce qu'elles constituaient « *des rémunérations abusives comme étant manifestement excessives et contraires à l'intérêt social* » ; la Haute juridiction censurait cette décision faute pour la Cour d'appel d'avoir caractérisé « *une violation aux dispositions légales s'imposant aux sociétés commerciales ou des lois régissant les contrats, ni relever l'existence d'une fraude ou d'un abus de droit commis par un ou plusieurs associés* ». *Adde* N. JULLIAN, S. TISSEYRE, art. préc., n°217.

troisième associé[1]. L'abus de majorité peut, le cas échéant, être commis par un usufruitier de droits sociaux[2]. Afin de lutter efficacement contre les actes et les décisions objet d'un conflit d'intérêts, la nullité pour abus de majorité pourrait être étendue aux actes et délibérations adoptées par des dirigeants exerçant collectivement leurs pouvoirs[3].

Sont constitutives d'un abus de majorité, les décisions objet d'un conflit d'intérêts ayant notamment pour effet : de nommer un conseil d'administration de complaisance et de rejeter l'ensemble des résolutions proposées par un groupe d'actionnaires minoritaires[4] ; d'augmenter la rémunération perçue par l'associé majoritaire en sa qualité de dirigeant de manière excessive au regard des résultats de la société[5] ; l'affectation systématique des bénéfices aux réserves ne répondant pas à une politique d'investissement ou de prudence[6] ; le transfert de l'activité de la société au sein de locaux à construire et loués par une société civile immobilière contrôlée par l'associé majoritaire[7] ; de couvrir la gestion de l'actionnaire majoritaire et président directeur général en sa qualité de gérant d'une filiale, afin de minorer le risque d'exposition à une action en responsabilité au regard des fautes de gestion commises au sein de la société mère[8] ; de dissoudre la société et ainsi de permettre à l'associé majoritaire, promettant, de se soustraire à une promesse de rachat de droits sociaux consentie à l'associé minoritaire, bénéficiaire[9].

---

[1] V. par ex. 1re civ., 20 mars 1989, n°87-16.862.

[2] V. notamment Cass. com., 2 déc. 2008, n°08-13.185, préc. et Cass. com., 22 févr. 2005, n°03-17.421, préc. Rappr. Mémento Assemblées générales 2022-2023, *op. cit.*, n°92430.

[3] Rappr. P. DELEBECQUE, F.-J. PANSIER, Conseil d'administration, art. préc., n°185.

[4] Rappr. Cass. com., 20 févr. 1957, n°57-02.531, Bull. com., 1957, n°48, p.40.

[5] Rappr. notamment Cass. com., 20 févr. 2019, n°17-12.050, inédit, en l'espèce l'associé majoritaire avait voté au soutien de plusieurs décisions ayant pour objet la mise en réserve des bénéfices et l'augmentation de sa rémunération en qualité de gérant ; la Cour de cassation relevait « *que le faible montant des bénéfices résultait nécessairement de la décision de ce dernier d'augmenter sa rémunération de gérant de près du double en quatre ans* ». Cass. com., 15 janv. 2020, n°18-11.580, inédit. Comp. par ex. Cass. com., 14 oct. 2020, n°18-24.732, inédit, la Haute juridiction censurant l'arrêt d'appel pour ne pas avoir recherché si l'augmentation de la rémunération du dirigeant et le complément de rémunération qu'il avait perçu « *n'étaient pas justifiés par l'évolution du chiffre d'affaires réalisé au cours de la période considérée, la cour d'appel a privé sa décision de base légale* ».

[6] Rappr. Cass. com., 1 juil. 2003, n°99-19.328, inédit, en l'espèce, les décisions portaient sur la mise en réserve des bénéfices et l'octroi de primes de bilan à l'associé majoritaire en sa qualité de gérant. Comp. les décisions rejetant la qualification d'abus de majorité : Cass. com., 10 juin 2020, n°18-15.614, inédit ; Cass. com., 3 juin 2003, n°00-14.386, inédit ; Com., 4 nov. 2020, n°18-20.409, inédit ; CA Reims, ch. 1ère civ. sect., 10 sept. 2007, n°04-2958, *SA Fonderies Vignon c/ Moret* ; Cass. com., 17 mars 2009, n°08-11.268, inédit.

[7] Rappr. Com., 8 janv. 1973, n°71-12.142, Bull. com., 1973, n°13, p.10. Comp. Com., 4 oct. 1994, n°93-10.934, Bull. 1994, IV, n°278, p.222.

[8] V. Com., 29 mai 1972, n°71-11.739, Bull. com., 1972, n°164, p.160.

[9] V. Com., 8 févr. 2011, n°10-11.788, inédit. Comp. Com., 7 mars 2018, n°16-10.727, inédit, en l'espèce la décision de dissoudre la société n'était pas jugée comme étant constitutive d'un abus de majorité, la Haute juridiction relevant notamment que l'associé minoritaire « *subit le même préjudice que les deux autres associés du fait de la dissolution, à savoir la perte de chance de percevoir des dividendes sur les bénéfices réalisés* » et que la décision de dissolution n'avait pas été prise pour faire échec au rachat de ses parts.

À côté de l'abus de majorité, doit être distinguée l'hypothèse de l'abus du droit d'exclusion d'un associé. La jurisprudence semble se détacher de l'exigence de qualifier un abus de majorité afin d'obtenir la nullité d'une telle décision. En effet, la définition de l'abus de majorité, appliquée aux décisions d'exclusion d'un associé, pourrait tenir en échec toute demande de nullité lorsque la décision, bien que détournée de son objet, demeure favorable à l'intérêt social. Afin d'admettre la nullité de ce type de décision, la jurisprudence semble se fonder sur une conception classique de l'abus de droit, c'est-à-dire le détournement de sa finalité d'une prérogative juridique[1]. Ce courant jurisprudentiel permettrait de contrôler le droit d'exclure un associé et par conséquent, de garantir le droit de rester associé[2]. Elle permettrait également de lutter efficacement contre une forme d'expropriation pour cause d'utilité privée[3], dirigée à l'encontre d'un associé en particulier, contraint de céder les droits sociaux dont il est propriétaire.

La sixième cause de nullité, également déduite des principes généraux du droit, résulte de la fraude[4]. L'ensemble des actes ou délibérations des sociétés civiles ou commerciales peuvent être annulés pour fraude. Pourrait par exemple être annulée pour fraude, la décision objet d'un conflit d'intérêts adoptée à l'issue d'une réunion d'associés irrégulièrement convoquée afin que plusieurs associés ne puissent s'y rendre[5]. Pourrait également être annulée, la décision ayant pour effet de réduire et d'augmenter le capital social, à bref délai et dans des conditions financières favorables à l'associé majoritaire, dans le seul but d'évincer des

---

[1] V. spé. Com., 14 nov. 2018, n°16-24.532, inédit ; Cass. 1re civ., 3 févr. 2021, n°16-19.691, Bull. civ., 2021.

[2] Rappr. Cass. 1re civ., 3 févr. 2021, n°16-19.691, préc.

[3] Rappr. A. CHEYNET DE BEAUPRE, L'expropriation pour cause d'utilité privée, JCP G, 2005, doctr. 144, n°3. L'expropriation pour cause d'utilité porte atteinte au droit fondamental de propriété, garanti en droit interne par les art. 2 et 17 de la DDHC du 26 août 1789, les art. 544 et 545 du Code civil ; reconnaissant la valeur constitutionnelle du droit de propriété, v. notamment Cons. const., 16 janv. 1982, n°81-132 DC, Cons. const., 25 et 26 juin 1986, n°86-207 DC, Cons. const., 25 juil. 1989, n°89-256 DC, Cons. const., 7 déc. 2000, n°2000-436 DC, Cass. 1re civ., 4 janv. 1995, n°92-20.013, Bull. 1995, I, n°4, p.2, 1re civ., 28 nov. 2006, n°04-19.134, Bull. 2006, I, n°529, p.467, CE, 29 mars 2002, *SCI Stephaur et autres*, req. n°243338, Lebon p.117. Le droit de propriété jouit également d'une protection internationale, v. l'art. 1er du premier protocole additionnel de la CEDH et l'art. 17 de la Charte des droits fondamentaux de l'UE ; *adde* CJCE, 13 déc. 1979, *Liselotte Hauer c/ Land Rheinland-Pfalz*, aff. 44/79, rec. 3727.

[4] Rappr. N. JULLIAN, S. TISSEYRE, art. préc., n°207, 209 et 210 ; J. MESTRE (dir.), D. VELARDOCCHIO, A.-S. MESTRE-CHAMI, J. HEINICH, S. LACROIX-DE SOUSA, G. LOUSTALET, G. CARTERET, *op. cit.*, n°2807 et 2816 ; D. GIBIRILA, Société, Dispositions générales, Nullité de société, d'actes ou de délibérations, art. préc., n°44. *Adde* S. GUINCHARD, T. DEBARD, *op. cit.*, v. « *Fraude* » sens n°1 et P. LE TOURNEAU, M. POUMAREDE, Agissements fautifs dans l'exercice des droits et abus de droit, art. préc., n°2213.18.

[5] Rappr. Com., 6 juil. 1983, n°82-12.910, Bull. com., 1983, IV, n°206, en l'espèce, pour annuler l'assemblée en cause, la Cour d'appel avait constaté que l'assemblée litigieuse avait été tenue alors que plusieurs actionnaires « *par une convocation qui ne respectait pas le délai légal et par le refus d'admission qui leur fut opposé, avaient "été éliminés par ruse et artifice" et qu'ainsi elle avait délibéré en fraude de leurs droits* ».

associés minoritaires[1]. Enfin, encourt la nullité, la délibération approuvant une convention réglementée, adoptée au moyen d'un montage juridique d'interposition de personnes ayant pour seul objet de permettre au bénéficiaire de la convention de contrôler indirectement l'assemblée générale d'actionnaires[2].

Une septième cause de nullité doit être réservée aux dispositions statutaires d'une société par actions simplifiée prévoyant la nullité des décisions sociales prises en violation des règles établies par les statuts[3]. Cette société permet de bâtir un dispositif d'identification, de prévention et de gestion des conflits d'intérêts particulièrement efficace. Il conviendra de déterminer avec précision au sein des statuts les mécanismes dont la transgression devra être sanctionnée par la nullité. L'action en nullité relève du droit commun des sociétés[4].

*La nullité de l'acte régissant les rapports entre associés, dirigeants et la société*

Les actes juridiques organisant les rapports entre associés, dirigeants et la société peuvent être annulés sur le fondement de dispositions de droit commun ou de droit spécial. Ces actes se caractérisent par leur impact potentiel ou avéré sur la gestion interne de la société. Ces actes regroupent par exemple : les promesses de cession, d'achat ou de vente de droits sociaux conclus entre associés ; les pactes d'associés ratifiés ou non par la société ; les engagements conclus entre un dirigeant et la société, encadrant les modalités de départ de ce dernier.

En premier lieu, la nullité peut résulter des dispositions spéciales du droit des sociétés. Deux séries de dispositions peuvent être relevées à titre d'illustration. La première emporte nullité du contrat de travail conclu avec un administrateur en fonction au sein d'une société anonyme[5]. La seconde traite des conventions réglementées au sein des sociétés anonymes, des sociétés en commandite par actions et des sociétés européennes[6]. Ces dispositions sanctionnent d'une nullité facultative, les actes objet d'un conflit d'intérêts, cumulativement conclus sans autorisation préalable du conseil d'administration ou de surveillance et ayant eu

---

[1] Rappr. Com., 16 avr. 2013, n°09-10.583 et 09-13.651, inédit ; Com., 11 janv. 2017, n°14-27.052, inédit ; Com., 7 mai 2019, n°17-18.785, inédit. Comp. Com., 5 avr. 2018, n°16-18.772, inédit.

[2] Par ex., une société par actions B a pour PDG Monsieur X et compte parmi ses actionnaires : Monsieur X détenant 5% des droits de vote et la société W détenant 66% des droits de vote. Monsieur X, en sa qualité de PDG de la société B, souhaite conclure une convention réglementée et contrôler le vote d'approbation de l'assemblée générale. Pour ce faire, il constitue une société V qu'il dirige et dont il détient 95% du capital et des droits de vote ; cette société acquiert 51% des droits de vote de la société W et 1% de la société B. Il conclut un contrat de prestation de services entre la société V, prestataire, et la société B, bénéficiaire. Au motif d'une absence d'intérêt indirect à la conclusion de la convention, selon le PDG de la société B, la société W est admise au vote d'approbation de la convention réglementée.

[3] Art. L. 227-20-1 du Code de commerce.

[4] Spé. les art. 1844-10-1 à 1844-17 du Code civil.

[5] V. les art. L. 225-22 al. 1 et L. 225-44 du Code de commerce. Cette nullité ne s'applique pas au contrat de travail conclu entre un administrateur et une société anonyme visée à l'art. L. 225-21-1 al. 1.

[6] V. les art. L. 225-42 al. 1, L. 225-90 al. 1, L. 226-10 al. 1, L. 229-7, al. 6 du Code de commerce. *Adde* G. GAEDE, Conventions réglementées, art. préc., n°179 et 180.

des conséquences dommageables pour la société[1]. Le défaut d'autorisation préalable peut résulter d'une violation de la procédure d'autorisation[2] ou de la nullité de la délibération d'autorisation[3].

En second lieu, la nullité peut résulter de la violation d'une disposition du droit des contrats en général ou d'un principe général du droit[4].

La nullité peut, notamment, provenir d'un vice du consentement provoqué par erreur, dol ou violence[5]. Afin de faciliter la recherche de la nullité d'un acte sur le fondement de la réticence dolosive, une clause spéciale d'information pourrait être insérée au sein des actes. Cette clause identifierait comme déterminante du consentement de l'une ou des deux parties, des déclarations précises d'absence de conflits d'intérêts et d'intérêts ou de liens d'intérêts générateurs de conflits d'intérêts. Une déclaration incorrecte et dolosive présente l'avantage de rendre l'erreur provoquée excusable[6].

La nullité de l'acte est encore encourue lorsque son contenu est illicite ou incertain. La jurisprudence a eu l'occasion de préciser qu'une convention conclue entre associés est valable lorsqu'elle n'est pas contraire à une règle d'ordre public, à une stipulation impérative des statuts ou à l'intérêt social[7]. Cette jurisprudence pourrait être transposée aux actes organisant les rapports juridiques entre la société et un dirigeant. Par exemple, un associé et dirigeant use de ses pouvoirs sociaux afin de dissimuler à ses coassociés la cession de ses droits sociaux à un tiers concurrent et la rendre opposable à la société. Intervenant en violation d'une clause statutaire aménageant une disposition légale impérative d'agrément, cette

---

[1] V. par ex. Cass. com., 3 juin 2008, n°07-12.307, inédit, en l'espèce, pour annuler un contrat conclu sans autorisation du conseil d'administration, la Cour d'appel relevait « *que le contrat litigieux ne pouvait être considéré comme portant sur une opération courante, dès lors, d'un côté, qu'il instituait un avantage au profit de certains mandataires, dans leur intérêt personnel direct ou indirect, en les faisant bénéficier de prestations étrangères à l'intérêt de la société Axa Re et, de l'autre, qu'il avait nécessairement des conséquences dommageables pour cette dernière, dans la mesure où il lui faisait supporter une charge financière non négligeable, sans aucune contrepartie pour elle* ». *Adde* spé. Com., 1er oct. 1996, n°94-16.315, préc. et Cass. soc., 17 sept. 2014, n°13-16.172, inédit. Rappr. G. GAEDE, art. préc., n°181.

[2] V. spé. : Com., 10 juil. 1978, n°77-10.240, Bull. com., n°195, p.164, note I. BALENSI, Rev. sociétés, 1979, p.848, en l'espèce, en lieu et place d'une autorisation issue d'une « *délibération éclairée par la connaissance du texte du contrat envisage* », le conseil d'administration avait délégué à trois de ses membres le pouvoir de conclure la convention litigieuse ; Cass. com., 4 juil. 1995, n°93-17.969, Bull. 1995, IV, n°206, p.192 ; Com., 3 mai 2000, n°97-22.510, inédit ; Com., 21 nov. 2000, n°97-21.748, inédit, en l'espèce, l'autorisation n'avait pu être valablement obtenue faute pour les délibérations du conseil d'administration d'avoir porté « *sur tous les éléments essentiels de la convention* ». *Adde* G. GAEDE, art. préc., n°139 et 140.

[3] V. spé., Cass. com., 18 oct. 1994, n°92-22.052, Bull. 1994, IV, n°304, p.246. *Adde* G. GAEDE, art. préc., n°145.

[4] Rappr. J.-M. MOULIN, Sociétés anonymes, Pactes d'actionnaires, Fasc. 1486, J.- cl. Stés, LexisNexis, 2018, n°50 et suiv. ; J. MESTRE (dir.), D. VELARDOCCHIO, A.-S. MESTRE-CHAMI, J. HEINICH, S. LACROIX-DE SOUSA, G. LOUSTALET, G. CARTERET, *op. cit.*, n°1318.

[5] Rappr. par ex. Cass. com., 12 mai 2021, n°19-18.500, inédit.

[6] V. les art. 1137 et 1139 du Code civil.

[7] V. Com., 7 janv. 2004, n°00-11.692, inédit.

cession encourt la nullité[1]. Résultant d'un conflit d'intérêts, encourent également la nullité par exemple : la convention conclue entre la société et un dirigeant ayant pour objet ou pour effet d'entraver ou de restreindre l'exercice du droit de révocation[2] ; l'acte conclu entre un associé et la société, contrevenant à une clause statutaire aménageant une disposition légale impérative[3] ; la promesse unilatérale d'achat de droits sociaux en vue de leur annulation, consentie par la société, promettant, afin de prémunir l'associé, bénéficiaire, contre toute perte sociale. La nullité des actes objet d'un conflit d'intérêts, régissant les rapports entre les associés, les dirigeants et la société pourrait être recherchée sur le fondement de leur contrariété aux dispositions impératives de l'article 1833 alinéa 2 du Code civil[4].

La nullité peut également être recherchée sur le fondement de la fraude. Résultant d'un conflit d'intérêts, encourt par exemple la nullité pour fraude : la convention, conclue par un dirigeant ayant pour objet le paiement d'une indemnité en cas de perte de ses fonctions, antidatée à une date antérieure à sa nomination en qualité de dirigeant afin de l'exclure du champ d'application des conventions réglementées[5] ; la cession de droits sociaux d'actionnaires au moyen d'une société interposée dans le but d'échapper à une clause d'agrément[6].

L'ensemble de ces causes de nullité permettent une protection efficace des dispositifs de prévention et de gestion des conflits d'intérêts issus d'un acte juridique organisant les rapports entre associés, dirigeants et la société.

*La nullité de l'acte externe*

Les actes intéressant l'activité sociale sont généralement conclus avec un tiers. Dans de nombreuses hypothèses, ce tiers est lié à l'associé ou au dirigeant en conflit d'intérêts. Ces actes peuvent également être conclus avec le dirigeant ou l'associé en conflit d'intérêts. Trois causes de nullité de ces actes peuvent être distinguées.

La première est réservée aux actes conclus en violation des dispositions légales spéciales relatives aux conventions interdites au sein des sociétés par actions et des sociétés à responsabilité limitée. Ces dispositions sanctionnent d'une nullité absolue[7] les contrats conclus par la société ayant pour objet un prêt, un découvert en compte courant ou autrement, une caution ou un aval. Le champ d'application

[1] V. notamment Com., 21 mars 1995, n°93-14.564, Bull. 1995, IV, n°99, p.88 ; Com., 14 avr. 2021, n°19-16.468, inédit. *Adde* par ex. les art. L. 227-15 et -17 du Code de commerce.

[2] V. notamment Cass. com., 3 mai 1995, n°93-17.776, préc. *Adde* Com., 17 mars 2021, n°19-10.350, préc.

[3] Cass. 1re civ., 13 juin 1995, n°93-16.535, Bull. 1995, I, n°252, p.177.

[4] Sur le caractère impératif de cette disposition v. l'art. 1844-10 du Code de commerce. Comp. les actes emportant dérogation aux statuts auxquels consentent les associés à l'unanimité.

[5] Rappr. Com., 5 janv. 2016, n°14-18.688 et 14-18.689, Bull. civ. 2016, IV.

[6] V. Com., 27 juin 1989, n°88-17.654, Bull. 1989, IV, n°209, p.140. *Adde* Com., 7 janv. 2004, n°00-11.692, préc.

[7] En ce sens Ch. mixte, 10 juil. 1981, n°77-10.794, Bull. 1981, ch. mixte, n°7.

*ratione personae* de ces dispositions est limité[1]. Par exemple encourent la nullité, le cautionnement et la constitution d'hypothèque consentis par la société à son président-directeur général aux fins de garantir ses engagements personnels[2] ; ou encore, le cautionnement hypothécaire accordé par une société à responsabilité limitée à ses associés en remboursement d'un prêt personnel[3].

La seconde cause de nullité résulte de la violation des dispositions spéciales relatives aux conventions réglementées au sein des sociétés anonymes, des sociétés en commandite par actions et des sociétés européennes. La nullité de l'acte est prononcée dans les mêmes conditions que celles précédemment exposées à propos des actes juridiques organisant les rapports entre associés, dirigeants et la société. Par exemple encourt la nullité, la promesse de vente d'un immeuble conclue entre une société anonyme, sans autorisation du conseil d'administration, et l'épouse de son président-directeur général ; marié sous le régime matrimonial de séparation de biens, le dirigeant conserve un intérêt à la conclusion de la convention caractérisé par les économies de loyers pouvant être réalisées[4].

La troisième cause de nullité, à l'instar d'un quelconque acte juridique, peut être recherchée sur le fondement de la violation d'une disposition de droit commun des contrats et des principes généraux du droit.

Les actes externes objet d'un conflit d'intérêts peuvent être annulés en raison d'une incapacité, d'un vice du consentement, d'un contenu illicite ou incertain. Par exemple, un associé acquiert au nom d'une société par actions simplifiée, préalablement à son immatriculation, un portefeuille de valeurs mobilières cédé par une seconde société qu'il dirige. Cet acte encourt la nullité, pour défaut de capacité juridique à contracter, faute pour la première société d'être dotée de la personnalité morale[5]. Ou encore, un dirigeant conclut au nom de la société qu'il dirige, un contrat de prestation de services fournie par une seconde société au sein de laquelle il est associé majoritaire. Ayant pour objet l'exercice des fonctions de direction, le contrat pourrait être annulé pour défaut de contrepartie convenue[6].

---

[1] Ces dispositions s'appliquent limitativement aux gérants, aux associés personnes physiques des sociétés à responsabilité limitée, aux administrateurs personnes physiques, au directeur général, aux directeurs généraux délégués, aux représentants permanents des personnes morales administrateurs ou membre du conseil de surveillance, aux membres du directoire et aux membres du conseil de surveillance ; elle s'appliquent également aux conjoints, ascendants et descendants des personnes précitées, ainsi qu'à toute personne interposée.

[2] V. Ch. mixte, 10 juil. 1981, n°77-10.794, préc.

[3] V. Com., 25 avr. 2006, n°05-12.734, inédit.

[4] Rappr. Com., 23 janv. 1968, n°65-11.571, préc.

[5] Rappr. par ex. Cass. 3ème civ., 5 oct. 2011, n°09-70.571 et 09-72.855, inédit et Com., 21 févr. 2012, n°10-27.630, Bull. 2012, IV, n°49.

[6] Rappr. Com., 14 sept. 2010, n°09-16.084, inédit et Com., 23 oct. 2012, n°11-23.376, Bull. 2012, IV, n°190, prononçant faute de contrepartie réelle, la nullité pour absence de cause des conventions ayant pour objet des prestations de services identiques aux fonctions exercées par un dirigeant ou la délégation totale des fonctions de direction. Comp. Com., 6 déc. 2016, n°15-11.105, inédit, et Com., 5 juin 2019, n°17-26.167, inédit, n'encourt pas la nullité pour défaut de contrepartie

La nullité peut également être recherchée sur le fondement du défaut, de l'excès ou du détournement de pouvoirs[1].

Le défaut ou l'excès de pouvoir peut être caractérisé par un dépassement de l'objet social. Au sein des sociétés civiles, des sociétés en nom collectif et des sociétés en commandite simple, le dépassement de l'objet social est *de facto* sanctionné par la nullité[2]. Parmi les sociétés à responsabilité limitée et par actions, la nullité est prononcée seulement lorsque le cocontractant avait connaissance du dépassement de l'objet social ou ne pouvait l'ignorer[3]. La preuve de cette connaissance peut s'inférer de la qualification d'un conflit d'intérêts direct ; en cette hypothèse le tiers est représenté par l'associé ou le dirigeant en conflit d'intérêts. La recherche de la preuve sera facilitée en présence de conflits d'intérêts indirects en fonction des liens d'intérêts unissant le tiers à l'associé ou au dirigeant. Tel sera le cas lorsque le tiers est lié à l'auteur du conflit d'intérêts au moyen d'un lien d'intérêts fondamental[4] ou au moyen d'un lien d'intérêts consolidé au fil duquel il exerce une influence juridique étendue et constante[5]. Ces observations sont transposables aux actes objet d'un conflit d'intérêts et conclus en violation d'une promesse unilatérale ou d'un pacte de préférence[6].

La validité de l'acte conclu en violation d'une clause statutaire limitative des pouvoirs ne peut être critiquée par la société[7]. Toutefois, sur le fondement de l'article 1156 alinéa 2 du Code civil et en l'absence de dispositions légales spéciales contraires, le tiers pourrait critiquer l'acte résultant d'un défaut ou d'un excès de pouvoir[8]. Cette solution est confortée par la jurisprudence autorisant les tiers à opposer à la société la violation de clauses statutaires limitant les pouvoirs des

convenue, la convention dont les prestations de services ne recouvrent pas l'ensemble des fonctions du dirigeant en cause.

[1] Rappr. l'art. 1153 du Code civil.

[2] Comp. Com., 13 déc. 2011, n°10-26.968, inédit, la Haute juridiction censurait la décision ayant prononcé la nullité d'un cautionnement ; elle reprochait à la Cour d'appel de ne pas avoir recherché « *si le cautionnement litigieux ne pouvait être rattaché à l'objet social* » de la SNC caution, en raison d'une « *communauté d'intérêts* » pouvant exister entre celle-ci et la société cautionnée. Rappr. Y. CHAPUT, Objet social, Rép. sociétés Dalloz, 2020, n°91 et 95.

[3] Rappr. l'art. 1157 du Code civil. *Adde* Y. CHAPUT, art. préc., n°73 et suiv.

[4] Par ex., le dirigeant en conflit d'intérêts est également associé majoritaire et président du conseil d'administration de la société cocontractante.

[5] Par ex., le dirigeant en conflit d'intérêts d'une société anonyme contrôle une chaine de sociétés dont la dernière société, en bout de chaine, détient 90% de la personne morale cocontractante de la première.

[6] V. l'art. 1123 al. 2 du Code civil. V. également l'art. 1124 al. 3 du même Code. Rappr. S. SCHILLER, Pactes d'actionnaires : clauses statutaires et pactes extrastatutaires, art. préc., n°243 et n°247.

[7] V. Com., 2 juin 1992, n°90-18.313, préc. Rappr. J. MESTRE (dir.), D. VELARDOCCHIO, A.-S. MESTRE-CHAMI, J. HEINICH, S. LACROIX-DE SOUSA, G. LOUSTALET, G. CARTERET, *op. cit.*, n°756 ; Mémento Sociétés civiles 2022, *op. cit.*, n°7420 ; Mémento Sociétés commerciales 2022, *op. cit.*, n°13475 et 13480.

[8] Selon cet art., « *Lorsqu'il ignorait que l'acte était accompli par un représentant sans pouvoir ou au-delà de ses pouvoirs, le tiers contractant peut en invoquer la nullité.* ».

dirigeants[1]. Seuls les tiers ignorant le défaut ou l'excès de pouvoir peuvent invoquer la nullité de l'acte. Par conséquent, les tiers liés à l'auteur du conflit d'intérêts ne peuvent critiquer l'acte lorsque le lien d'intérêts en cause emporte connaissance du défaut ou de l'excès de pouvoir. Cette nullité étant relative[2], la société pourrait inviter le tiers cocontractant à s'en prévaloir.

Le détournement de pouvoir peut être caractérisé par la contrariété d'un acte à l'intérêt social. La qualification du détournement de pouvoir est spécialement recherchée lorsque l'acte en cause est conforme à l'objet social, mais sert exclusivement les intérêts personnels d'un représentant de l'intérêt social ou d'une personne liée[3].

La nullité des actes contraires à l'intérêt social est limitée par la jurisprudence aux garanties accordées par les sociétés civiles, sans contrepartie, en faveur de l'intérêt personnel d'un dirigeant ou d'un associé et dont la réalisation est susceptible d'irrémédiablement compromettre l'existence de la société[4].

---

[1] V. par ex. Cass. 2ème civ., 23 oct. 1985, n°83-12.007, Bull. 1985, II, n°159, p.105 ; Soc., 15 févr. 2012, n°10-27.685, inédit, en l'espèce un salarié licencié opposait à la société une clause statutaire limitative des pouvoirs du dirigeant dont la transgression « *rendait le licenciement sans cause réelle et sérieuse* » ; 3ème civ., 14 juin 2018, n°16-28.672, Bull. 2018, III, n°64.

[2] En ce sens Cass. 1re civ., 12 nov. 2015, n°14-23.340, Bull. 2016, n°839, 1re civ., n°451.

[3] La nullité de ce type d'acte aurait pu être recherchée sur le fondement de la formulation transitoire de l'art. 1145 aliéna 2 du Code civil, applicable à l'issue de l'entrée en vigueur de l'ordonnance n°2016-131 du 10 février 2016, préc. et disposant que « *La capacité des personnes morales est limitée aux actes utiles à la réalisation de leur objet tel que défini par leurs statuts et aux actes qui leur sont accessoires, dans le respect des règles applicables à chacune d'entre elles.* » ; la notion d'utilité de l'acte à la réalisation de l'objet social a été supprimée par l'art. 6 de la loi n°2018-287 du 20 avr. 2018, préc., en vigueur au 1er oct. 2018. Rappr. R. MORTIER, Sociétés et loi n°2018-287 du 20 avril 2018 de ratification de l'ordonnance réformant le droit des contrats, Dr. sociétés, 2018, étude 9, n°16 et suiv. ; A.-F. ZATTARA-GROS, La nécessaire restriction du domaine du nouvel art. 1145 sur la capacité des personnes morales, JCP N, 2017, 1269 ; J.-R. ANDRE, M. STORCK, La capacité juridique des sociétés civiles, JCP N, 2017, 1310 ; A. TADROS, La ratification de l'ordonnance de réforme du droit des contrats : quelques incidences sur la pratique des affaires, art. préc., n°18 et suiv. ; Y. CHAPUT, art. préc., n°54 et suiv. Les actes issus d'un conflit d'intérêts direct personnel ou par représentation, auraient également pu être appréhendés sur le fondement de la rédaction transitoire de l'art. 1161 du Code de civil en articulation avec les règles spéciales applicables au droit des sociétés. *Adde* R. MORTIER, art. préc., n°20 et suiv.

[4] En ce sens v. par ex. : Cass. com., 3 juin 2008, n°07-11.785, inédit ; Com., 8 nov. 2011, n°10-24.438, inédit, en l'espèce l'immeuble donné en garantie était le seul bien immobilier de la société, la Haute juridiction relevait « *que l'opération ne lui rapportait aucune ressource, mais grevait ainsi très lourdement son patrimoine, exposé à une disparition totale sans aucune contrepartie pour elle, au risque donc de l'existence même de la société garante* » ; Cass. com., 14 févr. 2018, n°16-19.762, inédit. Comp., refusant de prononcer la nullité de l'acte pour contrariété à l'intérêt social, par ex. : Cass. 3ème civ., 12 sept. 2012, n°11-17.948, Bull. 2012, III, n°121 et 3ème civ., 21 déc. 2017, n°16-26.500, inédit, en l'espèce la valeur du bien affecté en garantie était inférieure au montant de son engagement en garantie ; Cass. com., 10 févr. 2015, n°14-11.760, inédit ; Com., 2 nov. 2016, n°16-10.363, inédit ; 3ème civ., 30 nov. 2017, n°16-20.210, inédit, en l'espèce la société tirait une contrepartie de l'opération garantie. Rappr. J. ATTARD, La sanction des actes et délibérations contraires à l'intérêt social, LPA, 2021, p.10, II, A ; P.-M. REVERDY, Le cauchemar de l'intérêt social des SCI, Defrénois, 2021, p.19, I. B ; R. DALMAU, La nullité des sûretés consenties par les sociétés civiles en garantie des dettes d'autrui : un ouvrage encore sur le métier, Rev. sociétés, 2018, p.487, I. B. ; P. DUPICHOT, Derrière l'intérêt social de la SCI caution : la cause ?, Bull. Joly Sociétés, 2015, p.260 ;

Affectant la validité de l'acte, ces conditions s'apprécient lors de la conclusion, *nonobstant* l'évolution ultérieure du patrimoine social ou la diminution du montant de la dette garantie à l'approche du terme de son remboursement[1]. L'acte répondant à ces conditions encourt la critique quand bien même il entrerait dans l'objet social de la société[2]. Cette jurisprudence pourrait être maintenue malgré la rédaction de l'article 1844-10 alinéa 3, applicable aux actes internes à la société[3], et la récente réforme du droit des sûretés[4]. Cette cause de nullité ne figurant pas parmi celles énumérées par le droit Européen[5], cette jurisprudence demeure en revanche inapplicable aux sociétés à responsabilité limitée et aux sociétés par actions[6].

La nullité fondée sur le détournement de pouvoir pourrait être étendue à l'ensemble des actes conclus en faveur de l'intérêt personnel d'un associé, d'un dirigeant ou d'une personne liée et exposant la société à un risque de dissolution anticipée, involontaire et brutale. La nullité serait ainsi réservée aux actes présentant un risque d'anéantissement de la société par extinction de l'objet social. Ces actes pourraient être tenus pour équivalent à un dépassement de l'objet social ne pouvant échapper à aucun tiers cocontractant se comportant en personne raisonnable. Appréhendée sous l'angle du dépassement de l'objet social, la nullité pour détournement de pouvoir pourrait être prononcée en présence d'une société civile ou commerciale.

Enfin, le fondement de la fraude permet de rechercher la nullité d'un acte juridique externe. Par exemple, pourrait être annulé pour fraude l'acte qualifié de convention courante conclue à des conditions normales, dans le seul but de le faire échapper à la procédure des conventions réglementées. Ou encore, pourrait être annulée l'attribution gratuite d'actions décidée par un dirigeant, à une société qu'il contrôle, dans le but de déroger à une politique de rémunération et compenser le montant non perçu d'une rémunération long terme faute d'atteinte des conditions de performance exigées.

---

M. STORCK, Sûreté accordée par une SCI, l'exigence de non-contrariété à l'intérêt social : Dr sociétés 2015, étude 2, 2 et suiv. ; M. BUCHBERGER, Pour un abandon de l'intérêt social comme condition de validité des contrats conclus par la société, Rev. sociétés, 2020, p.659, n°4 ; Y. CHAPUT, art. préc., n°93.

[1] Rappr. spé. 3ème civ., 21 déc. 2017, n°16-26.500, préc.

[2] En ce sens Com., 23 sept. 2014, n°13-17.347, Bull. 2014, IV, n°142. *Adde* dans le même sens, par ex., Com., 6 janv. 2021, n°19-15.299, inédit.

[3] Rappr. D. PORACCHIA, De l'intérêt social à la raison d'être des sociétés, Bull. Joly Société, 2019, p.40, I. Comp. M. BUCHBERGER, art. préc., n°9.

[4] Comp. C.-A. MICHEL, Société et cautionnement : entre clarifications par l'ordonnance du 15 septembre 2021 et perspectives d'évolution, JCP N, 2021, 1338, n°19 et suiv.

[5] V. l'art. 9 de la directive (UE) 2017/1132 du Parlement Européen et du Conseil du 14 juin 2017, préc. ; rappr. antérieurement l'art. 10 de la Directive 209/101/CE du Parlement européen et du Conseil, du 16 sept. 2009. Rappr. P. DUPICHOT, L'Europe au secours des sûretés pour autrui consenties par les sociétés de capitaux, Bull. Joly Sociétés, 2015, p.609.

[6] En ce sens v. par ex. Cass. 2ème civ., 12 mai 2015, n°13-28.504 et 14-11.028, Bull. 2015, n°5, IV, n°80 ; Com., 19 sept. 2018, n°17-17.600, inédit. Rappr. J. ATTARD, La sanction des actes et délibérations contraires à l'intérêt social, art. préc., II, B ; M. BUCHBERGER, art. préc., n°24.

*L'action en nullité*

L'action en nullité doit être exercée au fond et ne relève pas des pouvoirs du juge des référés[1].

La critique des actes exposés à une nullité relative est réservée à la personne dont la loi protège les intérêts particuliers[2]. Les actes exposés à une nullité absolue peuvent être critiqués par toute personne ayant un intérêt légitime[3]. Les associés et les dirigeants non investis du pouvoir de représenter la société en justice pourront agir en nullité absolue des actes externes conclus par le représentant légal de la société lorsqu'il se trouve en conflit d'intérêts. Par exemple, en présence d'un abus de majorité, l'action en nullité est ouverte aux associés[4] et à la société[5]. En toutes hypothèses le ou les associés majoritaires auteurs de l'abus doivent être mis en cause ; la société ne peut être assignée seule[6].

Paradoxalement, l'action en nullité pourrait être jugée recevable lorsqu'elle est intentée par un ou plusieurs associés à qui la nullité est imputable[7]. Lorsque le conflit d'intérêts affectant le demandeur à l'action ne permet pas de caractériser le défaut d'intérêt à agir, il pourra faire obstacle au prononcé de la nullité. La nullité, demandée par l'auteur du conflit d'intérêts, pourra être écartée lorsque l'acte ou la décision attaquée ne lui fait pas grief ou lorsque la nullité en cause est facultative.

En fonction de son fondement juridique, l'action en nullité doit être introduite à une date compatible avec les délais de prescription de droit spécial

[1] En ce sens Cass. com, 13 janv. 2021, n°18-25.713 et n°18-25.730, préc..

[2] Rappr. l'art. 1179 al. 2 et l'art. 1181 al. 1er du Code civil. *Adde* D. GIBIRILA, Société, Dispositions générales, Nullité de société, d'actes ou de délibérations, art. préc., n°52.

[3] Rappr. l'art. 1179 al. 1 et l'art. 1180 al. 1er du Code civil. *Adde* D. GIBIRILA, *ibid.*

[4] Rappr. par ex. Com., 17 juin 2008, n°06-15.045 et n°07-14.965, préc., en l'espèce l'associé retrayant n'ayant pas perdu sa qualité d'associé faute de remboursement de ses droits sociaux, avait été jugé recevable à critiquer des résolutions adoptées à l'issue d'un abus de majorité.

[5] En ce sens Cass. com., 21 janv. 1997, n°94-18.883, Bull. 1997, IV, n°26, p.24.

[6] En ce sens Com., 6 juin 1990, n°88-19.420 et 88-19.783, préc.

[7] V. par ex. Cass. 3ème civ., 19 juil. 2000, n°98-17.258, Bull. 2000, III, n°150, p.103. *Adde* Com., 13 nov. 2003, n°00-20.646, Bull. 2003, IV, n°171, p.188, en l'espèce la nullité d'une décision interne était recherchée sur le fondement de la transgression de l'art. 1836 al. 2 du Code civil et la Haute juridiction précisait « *que l'associé ayant émis un vote favorable à la résolution proposée n'est pas, de ce seul fait, dépourvu d'intérêt à en poursuivre l'annulation* ». Rappr. Cass. com., 26 mai 2009, n°08-13.611, inédit. Rappr. Y. PICOD, Nullité, art. préc., n°67 et 68 ; D. GIBIRILA, Société, Dispositions générales, Nullité de société, d'actes ou de délibérations, art. préc., n°54 ; J. MESTRE (dir.), D. VELARDOCCHIO, A.-S. MESTRE-CHAMI, J. HEINICH, S. LACROIX-DE SOUSA, G. LOUSTALET, G. CARTERET, *op. cit.*, n°2834 ; N. JULLIAN, S. TISSEYRE, art. préc., n°230.

applicables en droit des sociétés[1] ou de droit commun[2]. La prescription débute à compter du jour où la nullité est encourue[3]. En cas de dissimulation, le point de départ du délai de la prescription est reporté au jour où l'acte a été révélé[4]. En matière de prescription, l'information relative aux conflits d'intérêts revêt une importance stratégique majeure. En pratique, l'associé ou le dirigeant en conflit d'intérêts mettra à disposition de ses coreprésentants de l'intérêt social l'ensemble des informations leur permettant d'avoir connaissance de l'acte ou de la décision exposé à la nullité. La communication est, en général, soignée afin de rendre l'information disponible sans pour autant la rendre évidente. L'information pourrait être exposée en des termes neutres, disséminée au sein d'un ou plusieurs documents dont le format complique les recherches de renseignements au moyen d'outils informatiques. Les prescriptions réduites applicables en droit des sociétés permettent de lutter contre la passivité des titulaires de l'action en nullité. Lorsqu'ils disposent de l'information nécessaire pour agir, les titulaires de l'action en nullité sont contraints d'agir afin de protéger l'intérêt social sans attendre que leurs intérêts personnels soient directement menacés[5]. Par exemple, un actionnaire majoritaire et président directeur général d'une société anonyme conclut une convention réglementée sans autorisation du conseil, dont l'exécution des obligations de la société est différée quatre ans postérieurement à sa conclusion. Le dirigeant prend soin de faire mention de cette convention en exposant ses modalités essentielles, au sein de la documentation légale communiquée à ses coactionnaires. L'intéressé parie sur l'absence d'action en nullité engagée par ses coactionnaires, faute de détection du préjudice futur antérieurement à l'écoulement du délai de prescription.

---

[1] En principe, cette prescription est de deux ans en vertu de l'art. 1844-14 du Code civil. Ce délai est applicable à la plupart des actions en nullité dirigée à l'encontre d'actes ou décisions internes à la société sur le fondement d'une disposition du droit des sociétés, v. par ex. Cass. com., 30 mai 2018, n°16-21.022, Bull. 2018, IV, n°66. Par exception, certaines dispositions prévoient des délais de prescription d'une durée inférieure. Ces délais peuvent, par ex., être égaux : à six mois en matière de fusion ou de scission, à trois mois en présence d'une augmentation de capital ; v. par ex. au sein d'une SA les art. L. 225-149-4 et L. 236-2 et suiv. du Code de commerce. Rappr. N. JULLIAN, S. TISSEYRE, art. préc., n°87, n°235 et suiv. ; J. MESTRE (dir.), D. VELARDOCCHIO, A.-S. MESTRE-CHAMI, J. HEINICH, S. LACROIX-DE SOUSA, G. LOUSTALET, G. CARTERET, *op. cit.*, n°2837 ; D. GIBIRILA, Société, Dispositions générales, Nullité de société, d'actes ou de délibérations, art. préc., n°61 et suiv.

[2] Cette prescription est de cinq ans en vertu de l'art. 2224 du Code civil. Elle sera notamment applicable aux nullités fondées sur un vice du consentement affectant un acte régissant les rapports entre la société, les associés et les dirigeants ou un acte de gestion externe. *Adde* Cass. 3ème civ., 6 oct. 2004, n°01-00.896, Bull. 2004, III, n°166, p.152.

[3] V. les art. 1844-14 et 2224 du Code civil et l'art. L 235-9, al. 1 du Code de commerce.

[4] V. spé. par ex. en ce sens, Cass. com., 8 févr. 2011, n°10-11.896, Bull. 2011, IV, n°20 ; *adde* Com., 5 janv. 2016, n°14-18.688 et 14-18.689, préc. ; Cass. com., 4 juil. 1995, n°93-17.969, Bull. 1995, IV, n°206, p.192.

[5] Rappr. notamment Com., 25 janv. 2017, n°14-29.726, inédit.

Sur le fondement de dispositions du droit des sociétés, l'acte interne exposé à la nullité peut faire l'objet d'une régularisation en cours d'instance[1] ; afin de favoriser cette régularisation, le juge ne peut prononcer la nullité moins de deux mois après la date de l'exploit introductif d'instance[2] et doit accorder, le cas échéant, le délai nécessaire aux associés pour qu'ils puissent prendre une décision couvrant la nullité[3]. Ces dispositions peuvent permettre de supprimer l'intérêt à agir d'un demandeur en conflit d'intérêts. La gravité d'un conflit d'intérêts pourrait être invoquée afin de convaincre le juge de prononcer la nullité de l'acte et de ne pas ordonner la régularisation demandée par l'auteur du conflit. Plus généralement, la nullité sera écartée lorsque l'acte, exposé à une nullité relative[4], a été confirmé, ratifié ou régularisé sur le fondement de dispositions de droit commun des contrats[5] ou de droit spécial des sociétés[6]. La ratification de l'acte peut être tacite et prouvée, notamment, au moyen du quitus donné au dirigeant par la collectivité des associés[7]. La gravité du conflit d'intérêts permet aux représentants de l'intérêt social de justifier leur refus de répondre favorablement à une demande de confirmation, de ratification ou de régularisation présentée par l'auteur du conflit. Lorsque l'acte a régulièrement été ratifié, confirmé ou régularisé par l'auteur du conflit d'intérêts, seule une action en réparation pourrait être intentée à son encontre à l'initiative de ses coreprésentants de l'intérêts social ou de la société.

---

[1] V. les art. 1844-11 et -13 du Code civil. *Adde* par ex. les actions en régularisation des art. 1839 al. 1 du Code civil et L. 210-7 al. 2 du Code de commerce. Rappr. J. MESTRE (dir.), D. VELARDOCCHIO, A.-S. MESTRE-CHAMI, J. HEINICH, S. LACROIX-DE SOUSA, G. LOUSTALET, G. CARTERET, *op. cit.*, n°2846 et suiv. ; N. JULLIAN, S. TISSEYRE, art. préc., n°67 et suiv. ; D. GIBIRILA, Société, Dispositions générales, Nullité de société, d'actes ou de délibérations, art. préc., n°64 et suiv. ; Y. PICOD, art. préc., n°85 et suiv.

[2] Art. 1844-13 al. 1 du Code civil.

[3] Art. 1844-13 al. 2 du Code civil.

[4] Les actes exposés à une nullité absolue ne peuvent être confirmés ou ratifiés. V. par ex. Com., 21 févr. 2012, n°10-27.630, préc. ; Soc., 25 juin 1996, n°94-19.992, Bull. 1996, V, n°255, p.179. Rappr. Y. PICOD, art. préc., n°79.

[5] V. spé. l'art. 1182 al. 1 du Code civil. *Adde* Y. PICOD, art. préc., n°78, définissant la ratification comme « *l'acte par lequel une personne qui est tierce à une opération accepte d'en subir les effets juridiques* » ; la confirmation est notamment visée par l'art. 1156 al. 3 du Code civil. Rappr. N. JULLIAN, S. TISSEYRE, art. préc., n°67 et 68 ; D. GIBIRILA, art. préc., n°74.

[6] V. par ex. : les art. L. 225-42 al. 3, L. 225-90 al. 3, L. 22-10-40 al. 8 du Code de commerce ; ou encore indirectement l'art. 1844-11 du Code civil. *Adde* J. MESTRE (dir.), D. VELARDOCCHIO, A.-S. MESTRE-CHAMI, J. HEINICH, S. LACROIX-DE SOUSA, G. LOUSTALET, G. CARTERET, *op. cit.*, n°2849 et suiv. ; N. JULLIAN, S. TISSEYRE, art. préc., n°69, 70, 89 et 223 ; D. GIBIRILA, art. préc., n°67 et 71.

[7] V. par ex. Com., 5 déc. 2000, n°98-13.904, Bull. 2000, IV, n°192, p.168, en l'espèce une associée demandait la nullité de plusieurs assemblées générales. Pour rejeter le pourvoi formé contre l'arrêt rendu par la Cour d'appel, la Haute juridiction relevait que l'associée avait donné quitus sans réserve aux gérants à l'issue de plusieurs exercices, que l'information relative à l'opération litigieuse apparaissait au bilan et que ce faisant l'associée « *avait expressément approuvé les actes accomplis en exécution de la résolution adoptée* » au cours de la première assemblée critiquée « *et avait, par conséquent, tacitement ratifié cette résolution elle-même* ». Rappr. spé. Mémento Assemblées générales 2022-2023, *op. cit.*, n°78155.

Hors nullité facultative, lorsque les conditions sont réunies le juge doit prononcer la nullité et ne peut se substituer aux associés ou aux dirigeants en ordonnant la modification de l'acte ou de la décision en cause[1].

En principe, l'acte annulé est censé n'avoir jamais existé et donne lieu à restitution des obligations exécutées[2]. Par exception, le régime des nullités de droit commun des sociétés autorise le juge à différer les effets de la nullité lorsque « *la rétroactivité de la nullité d'une décision sociale est de nature à produire des effets manifestement excessifs pour l'intérêt social* »[3]. Les restitutions peuvent avoir lieu en nature[4] ou sous la forme d'une indemnité dont le montant est déterminé au jour de la restitution[5].

La nullité d'un acte objet d'un conflit d'intérêts peut conduire à l'anéantissement de l'ensemble des actes pris sur le fondement du premier. Afin de limiter la propagation des nullités en cascade, l'article 1844-15-1 du Code civil précise que « *Sauf disposition législative contraire, la nullité de la nomination ou le maintien irrégulier d'un organe ou d'un membre d'un organe de la société n'entraîne pas la nullité des décisions prises par celui-ci* »[6].

Sur le fondement des articles 1844-16 du Code civil, la nullité des actes internes est opposable aux tiers de mauvaise foi, liés à l'auteur du conflit d'intérêts afin d'obtenir l'anéantissement des actes externes conclus avec ces derniers.

*Les autres sanctions de l'acte objet d'un conflit d'intérêts*

Des sanctions peuvent être déclenchées à l'encontre de l'ensemble des actes dont la conclusion ou l'exécution fait l'objet d'un conflit d'intérêts. Plus spécifiquement, elles peuvent affecter les actes organisant les rapports entre les associés, les dirigeants, la société et contenant des mécanismes de prévention ou de gestion des conflits d'intérêts. Ces sanctions peuvent encore, le cas échéant, affecter les actes internes à la société autorisant un conflit d'intérêts. Six sanctions peuvent être identifiées.

La première correspond à l'exception de nullité opposée par la partie refusant d'exécuter l'acte entaché de nullité à celle qui en exige l'exécution[7]. Cette

---

[1] En ce sens Com., 9 juil. 2013, n°12-21.238, préc.

[2] Rappr. les art. 1178, 1352 et suiv. du Code civil. *Adde* D. GIBIRILA, art. préc., n°83 ; N. JULLIAN, S. TISSEYRE, art. préc., n°243 ; J. MESTRE (dir.), D. VELARDOCCHIO, A.-S. MESTRE-CHAMI, J. HEINICH, S. LACROIX-DE SOUSA, G. LOUSTALET, G. CARTERET, *op. cit.*, n°2856 ; Y. PICOD, art. préc., n°124 et suiv..

[3] Art. 1844-15-2 du Code civil.

[4] V. par ex. Com., 14 nov. 2018, n°16-24.532, préc., en l'espèce l'associé en cause obtenait l'annulation de la décision ayant prononcé son exclusion et était réintégré à la société en cette qualité ; Cass. 1re civ., 3 févr. 2021, n°16-19.691, préc. ; ou encore CA Paris, 25ème ch., 10 mars 2000, n°1998-23255, *Garanchet c/ SA Forum Distribution.*

[5] V. par ex. 1re civ., 16 juil. 1998, n°96-18.404, Bull. 1998, I, n°251, p.175.

[6] Contra. av. l'entrée en vigueur de l'ordonnance n°2025-229 du 12 mars 2025, préc., v. Cass. com., 24 avr. 1990, n°88-17.218 et 88-18.004, Bull. 1990, IV, n°125, p.82 ou encore Cass. com., 19 juin 2019, n°17-27.610, inédit.

[7] D. GIBIRILA, Société, Dispositions générales, Nullité de société, d'actes ou de délibérations, art. préc., n°63 ; J. MESTRE (dir.), D. VELARDOCCHIO, A.-S. MESTRE-CHAMI, J. HEINICH, S. LACROIX-DE SOUSA, G. LOUSTALET, G. CARTERET, *op. cit.*, n°2841 ; N. JULLIAN, S.

exception est imprescriptible et n'est opposable qu'en présence d'un acte n'ayant reçu aucune exécution[1]. En théorie, elle permet de faire obstacle à l'exécution d'actes issus de conflits d'intérêts et à l'encontre desquels l'action en nullité est prescrite[2]. En pratique, afin de faire obstacle à cette sanction, l'auteur du conflit d'intérêts aura veillé à provoquer l'exécution partielle de l'acte préalablement à son départ de la société[3].

La deuxième sanction résulte de la caducité d'un acte juridique en raison du conflit d'intérêts affectant l'une des parties. En cours d'exécution, un acte juridique devient caduc lorsque l'un de ses éléments essentiels disparaît[4]. Par exemple, deux associés concluent des promesses unilatérales d'achat et de vente de droits sociaux et érigent en condition essentielle de leur engagement l'absence de conflits d'intérêts ou de liens d'intérêts impliquant un concurrent ou une activité concurrente. L'un des associés use de ses pouvoirs sociaux afin de capter des opportunités d'affaires de la société et développer sa propre activité concurrente. Ce type de conflit d'intérêts est susceptible d'emporter caducité des promesses unilatérales consenties.

Lorsque l'exécution de plusieurs actes juridiques concourt à une même opération sont caducs les actes dont l'exécution est rendue impossible en raison de la disparition de l'un d'eux ; sont également caducs les actes pour lesquels l'exécution de l'acte disparu était une condition déterminante du consentement d'une partie[5]. Par exemple, les actionnaires d'une société anonyme autorisent un conflit d'intérêts rencontré par le président du conseil souhaitant engager la société à l'égard d'une association au sein de laquelle il est intéressé. Le directeur général conclut un contrat avec l'associé et érige la décision d'autorisation des associés en élément déterminant du consentement de la société. La nullité de la décision d'autorisation pour réticences dolosives du président du conseil entrainerait la caducité du contrat. La caducité met fin au contrat et peut, le cas échéant, donner lieu à restitution[6].

La troisième sanction correspond à l'exception d'inexécution. La partie au contrat envers laquelle l'engagement n'a pas été exécuté ou a été imparfaitement exécuté en raison d'un conflit d'intérêts d'une gravité élevée, peut refuser d'exécuter ou suspendre l'exécution de sa propre obligation[7]. L'exception

TISSEYRE, art. préc., n°93 ; G. GAEDE, Conventions réglementées, art. préc., n°188 ; Y. PICOD, art. préc., n°109 et suiv.

[1] V. l'art. 1185 du Code civil. *Adde* par ex. Com., 3 avr. 2007, n°06-10.834, Bull. 2007, IV, n°109. Rappr. N. JULLIAN, S. TISSEYRE, art. préc., n°235 et Y. PICOD, art. préc., n°118.

[2] V. par ex. 3ème civ., 25 mars 1998, n°96-17.307, Bull. 1998, III, n°74, p.48. *Adde* Com., 16 oct. 2019, n°17-31.638, inédit, en l'espèce une société opposait à son ancien directeur général une exception de nullité d'un avantage de retraite faute d'autorisation du conseil d'administration.

[3] V. par ex. Com., 16 mai 2018, n°16-13.207, inédit. Rappr. Y. PICOD, art. préc., n°113.

[4] V. l'art. 1186 al. 1 du Code civil. Rappr. l'art. L. 22-10-40 al. 8 du Code de commerce. *Adde* N. DISSAUX, Contrat : formation, Rép. civ. Dalloz, 2017, n°260.

[5] V. l'art. 1186 al. 2 du Code civil. *Adde* N. DISSAUX, art. préc., n°261.

[6] V. l'art. 1187 du Code civil. *Adde* N. DISSAUX, art. préc., n°262 et 263.

[7] V. les art. 1217 al. 2 et 1219 du Code civil. *Adde* G. CHANTEPIE, Contrat : effets, Rép. civ. Dalloz, 2018, n°185 et suiv.

d'inexécution peut être déclenchée de manière préventive à condition que l'inexécution future soit manifeste et qu'elle emporte de graves conséquences pour la partie qui s'en prévaut[1].

La quatrième sanction est l'inopposabilité de l'acte objet d'un conflit d'intérêts. L'inopposabilité d'un acte peut tout d'abord être recherchée sur le fondement du droit commun de la représentation. En application de l'article 1156 alinéa 1 du Code civil, sont inopposables au représenté les actes conclus au nom de celui-ci par un représentant en conflit d'intérêts pour son propre compte ou pour celui d'une personne liée de mauvaise foi. Cet article est notamment applicable lorsque le représentant de la société est un associé ou un délégataire de pouvoirs d'un dirigeant[2]. En revanche, cet alinéa n'est pas applicable aux représentants légaux des sociétés, en raison de sa contrariété aux dispositions spéciales du droit des sociétés rendant inopposables les clauses statutaires limitant les pouvoirs des dirigeants aux tiers[3].

L'inopposabilité d'un acte peut également être recherchée sur le fondement de l'action paulienne[4]. Compatible avec le droit des sociétés de l'Union européenne[5], cette action permet spécialement à la société d'obtenir l'inopposabilité des actes conclus en fraude de ses droits, par un associé, un dirigeant ou une personne qui leur est liée. L'action paulienne est intentée lorsque le débiteur d'une obligation s'appauvrit sciemment au détriment de son créancier, au moyen d'un acte juridique afin de faire obstacle au paiement d'une créance existante en son principe[6]. Cette action est dotée d'un effet individuel ; l'inopposabilité de l'acte frauduleux n'est prononcée qu'à l'égard du créancier ayant intenté l'action. Par exemple, pourrait être déclarée inopposable à une

---

[1] V. l'art. 1220 du Code civil. *Adde* G. CHANTEPIE, art. préc., n°193 et suiv.

[2] V. par ex. Cass. com., 26 nov. 1996, n°94-19.171, Bull. 1996, IV, n°292, p.250, précisant « *que l'acte revêtu d'une signature différente de celle de son gérant était inopposable à la société* (…), *sauf délégation de pouvoir au profit du signataire, dont la preuve n'était pas, en l'espèce, rapportée* ».

[3] V. spé. l'art. 1849 al. 3 du Code civil et les art. L. 223-18 al. 6, L. 221-5 al. 3, L. 225-56 al. 3, L. 225-64 al. 3 et L. 226-7 al. 3 du Code de commerce. En ce sens v. P. LEQUET, La contestation par les tiers des actes accomplis en violation des clauses statutaires limitatives des pouvoirs des dirigeants, Rev. sociétés, 2021, p.18, n°25. Comp. A. LECOURT, L'impact de la réforme du droit des contrats sur le droit des sociétés : aspects théoriques et pratiques, RTD com., 2016, p.767, III, C, 2 et Mémento Sociétés civiles 2022, *op. cit.*, n°7416, se fondant sur la contrariété de l'art. 1156 du Code civil à l'art. 1844-10 du Code civil afin d'en rejeter l'application en droit des sociétés.

[4] V. l'art. 1341-2 Code civil. Rappr. L. SAUTONIE-LAGUIONIE, Action paulienne, Rép. civ. Dalloz, 2016, n°1 ; N. JULLIAN, S. TISSEYRE, art. préc., n°211 ; B. DONDERO, Société en participation, art. préc., n°56.

[5] V. en ce sens l'arrêt de la CJUE rendue en matière de scission mais transposable à l'ensemble, CJUE, 30 janv. 2020, n°C-394/18, *IGI SRL c/ C.*

[6] V. par ex. Cass. 3ème civ., 20 déc. 2000, n°98-19.343 et n°99-10.338, Bull. 2000, III, n°200, p.139, en l'espèce deux débiteurs avaient apportés la nue-propriété de deux immeubles à deux sociétés dont ils étaient les seuls associés. La Haute juridiction relevait que les apports aux sociétés n'étaient plus la propriété des débiteurs et reprochait à la Cour d'appel d'avoir rejeté l'action paulienne intentée par des créanciers sans rechercher « *si la difficulté de négocier les parts sociales et le risque d'inscription d'hypothèques sur les immeubles du chef des sociétés ne constituaient pas des facteurs de diminution de la valeur du gage du créancier et d'appauvrissement des débiteurs* ». Rappr. L. SAUTONIE-LAGUIONIE, art. préc, n°42 et suiv.

première société, créancière, la distribution de dividendes réalisée en fraude de ses droits par une seconde société dont l'associé majoritaire est également associé minoritaire au sein de la première[1].

La cinquième sanction résulte de la mise en œuvre d'une clause de résiliation pour cause de conflit d'intérêts[2]. Les parties à un acte juridique à durée déterminée ou indéterminée pourraient ériger en motif de résiliation la survenance d'un conflit d'intérêts ou la création d'un lien d'intérêts précisément défini. Pourrait également être érigé en motif de résiliation le manquement à une obligation déduite d'un mécanisme de prévention ou de gestion des conflits d'intérêts. La résiliation met fin à l'acte juridique pour l'avenir sans emporter la mise en œuvre des restitutions[3].

La sixième sanction correspond à la résolution d'un acte juridique pour cause de conflit d'intérêts d'une gravité élevée[4]. Tout d'abord, un contrat peut être conclu sous une condition résolutoire liée à la survenance d'un conflit d'intérêts précisément identifié par les parties[5]. L'accomplissement de la condition emporte résolution de l'acte. La résolution peut encore être obtenue, de plein droit et sans sommation, sur le fondement d'une clause résolutoire liée à la survenance d'un conflit d'intérêts d'une gravité élevée précisément identifié par les parties[6]. Enfin, en cas d'inexécution d'une gravité élevée par une partie pour cause de conflit d'intérêts, l'acte juridique peut être résolu par voie de notification ou sur décision de justice[7]. La résolution d'un acte opère de manière rétroactive et emporte, le cas échéant, la mise en œuvre de restitutions[8], sauf dispositions conventionnelles[9] ou légales contraires[10].

---

[1] Rappr. CA Paris, pôle 5, 8ème ch., 7 juil. 2020, n°17/17830, en l'espèce la société débitrice s'était frauduleusement appauvrie au moyen d'une distribution de dividendes en nature de parts sociales d'une société en nom collectif à laquelle elle avait préalablement apporté l'intégralité de ses actifs immobiliers ; la Cour jugeait inopposable la distribution de dividendes de la société débitrice à l'encontre d'un ancien associé minoritaire, créancier, évincé de la société à l'occasion d'opérations de réduction et d'augmentation du capital. Dans la même affaire, sur renvoie après cassation, v. Cass. com., 26 avr. 2017, n°14-13.554, inédit.

[2] N. HAGE-CHAHINE, Résolution, Résiliation, Rép. civ. Dalloz, 2021, n°368 et suiv.

[3] N. HAGE-CHAHINE, art. préc., n°400 et suiv.

[4] V. L'art. 1217 al. 5 du Code civil.

[5] V. les art. 1224 et 1304-7 al. 1 du Code civil.

[6] V. l'art. 1225 du Code civil. *Adde* N. HAGE-CHAHINE, art. préc., n°16 et suiv. ; G. CHANTEPIE, art. préc., n°244 et suiv.

[7] V. les art. 1226 et 1227 du Code civil. *Adde* N. HAGE-CHAHINE, art. préc., n°91 et suiv. ; G. CHANTEPIE, art. préc., n°255 et suiv.

[8] V. l'art. 1229 al. 3 du Code civil.

[9] V. les art. 1229 al. 2 et 1304-7 al. 2 du Code civil.

[10] V. les art. 1229 al. 3 et 1304-7 al. 2 du Code civil.

### Conclusion du paragraphe 1

Les sanctions affectant les faits et les actes juridiques objet d'un conflit d'intérêts permettent de prévenir ou d'interrompre le préjudice causé par un tel conflit. Lorsque le recours au juge s'avère nécessaire, l'action en justice tend à préserver l'intérêt social et non l'intérêt personnel d'un associé, d'un dirigeant ou d'une personne qui leur est liée. La société peut être placée dans l'impossibilité matérielle d'agir en justice ; tel est le cas en présence d'un représentant légal affecté par un conflit d'intérêts refusant d'agir et en l'absence d'un associé ou d'un codirigeant investi de pouvoirs d'exercice concurrent ou subsidiaire. En cette hypothèse, seule une action en réparation exercée *ut singuli* à l'encontre du représentant légal en conflit d'intérêts pourra être exercée. En revanche ces sanctions peuvent s'avérer inefficaces lorsque le conflit d'intérêts a altéré et compromis le fonctionnement de la société.

## §2 - Sanctions de la société altérée par un conflit d'intérêts

Deux sanctions peuvent affecter la société objet d'un conflit d'intérêts. La première correspond à la nullité de la société (A). La seconde implique la dissolution anticipée de la société (B). Ce type de sanction entraîne la disparition de la structure juridique sociétaire et provoque, dans la majorité des hypothèses, l'anéantissement d'une personne morale. En raison de leur gravité, ces sanctions peuvent donc être distinguées de celles affectant l'acte juridique objet d'un conflit d'intérêts.

### *A - Nullité de la société objet d'un conflit d'intérêts*

En droits des sociétés, il n'existe aucune disposition légale spéciale érigeant expressément les conflits d'intérêts en cause autonome de nullité des sociétés. Pourtant au stade de la formation d'une société, les futurs associés peuvent rencontrer des conflits d'intérêts ayant pour objet un élément constitutif de la société[1]. Ces conflits d'intérêts seront matérialisés par la signature des statuts, emportant la création de l'intérêt social et l'attribution de pouvoirs limités aux associés préalablement à l'immatriculation de la société.

Sous l'influence du droit de l'Union européenne, l'ordonnance n°2025-229 du 12 mars 2025 portant réforme du régime des nullités en droit des sociétés a considérablement réduit les causes de nullité des sociétés. À compter du 1er octobre 2025, la nullité d'une société civile ou commerciale objet d'un conflit d'intérêts ne peut résulter que de l'incapacité de tous les fondateurs ou de la violation des dispositions fixant un nombre minimal de deux associés[2].

La restriction des causes de nullité permet de préserver la société personne morale, du conflit d'intérêts affectant un ou plusieurs associés lors de sa

[1] V. l'art. 1832 du Code civil.

[2] Art. 1844-10 du Code civil.

constitution[1]. Le droit des sociétés limite également le prononcé des nullités[2]. À l'instar de l'action en nullité des actes internes à la société, la nullité de la société peut être couverte[3] et la prescription de l'action est enfermée dans un court délai[4]. La preuve de la nullité d'une société pourrait être rapportée au moyen de faits postérieurs à sa constitution, tels que de nouveaux conflits d'intérêts affectant un ou plusieurs associés[5]. La nullité de la société opère sans rétroactivité et emporte sa liquidation[6]. À l'égard de la personne morale, la nullité prend la forme d'une dissolution judiciaire[7].

*B - Dissolution anticipée de la société objet d'un conflit d'intérêts*

La société devient l'objet d'un conflit d'intérêts lorsqu'un représentant de l'intérêt social souhaite porter atteinte à son fonctionnement ou compromettre sa pérennité. La société peut être l'objet d'un conflit d'intérêts unique, rencontré par un ou plusieurs associés dès sa constitution. La société peut également devenir l'objet d'un conflit d'intérêts, à l'issue d'une prolifération de conflits d'intérêts gagnant en intensité et en gravité, affectant les associés et les dirigeants, ayant pour objet des faits ou des actes juridiques. Le conflit d'intérêts unique ou l'accumulation de conflits d'intérêts doit être suffisamment grave pour contraindre les associés à envisager la dissolution anticipée de la société.

---

[1] Av. l'entrée en vigueur de l'ordonnance n°2025-229 du 12 mars 2025, préc., la nullité d'une société de personnes pouvait résulter de l'une des causes de nullité des contrats en général ou de la violation d'une disposition spéciale du droit des sociétés. En raison de la primauté du droit européen sur le droit national des pays membres de l'Union européenne, la nullité d'une société à responsabilité limitée ou de capitaux ne pouvait résulter que de la violation des dispositions de l'article 11 de la directive (UE) 2017/1132 du Parlement Européen et du Conseil du 14 juin 2017, préc., reprenant l'art. 12 de la directive 209/101/CE du Parlement européen et du Conseil du 16 sept. 2009, préc. *; adde* spé. CJCE, 13 nov. 1990, aff. C-106/89, *SA Marleasing c. La Comercial Internacional de Alimentación SA.* ; rappr. B. SAINTOURENS, Les causes de nullité des sociétés : l'impact de la 1re directive CEE de 1968 sur les sociétés, interprétée par la Cour de justice des Communautés européennes, Bull. Joly Sociétés, 1991, p.123, I, B, 2°, « *L'élimination des causes de nullité non prévues par la directive.* ». Les juridictions de l'ordre judiciaire interprétaient les causes de nullité des sociétés à responsabilité limitée ou de capitaux à la lumière de l'article 11 de la directive du 14 juin 2017 précitée ; v. spé. CA Paris, 3ème ch. sect. C, 21 sept. 2001, n°1999/00244, *Escudié c/ SA 3001 Informatic et a.*, refusant de prononcer la nullité de la société en raison du caractère fictif des apports des associés ; Com., 27 mai 2015, n°14-17.035, inédit ; Com., 10 nov. 2015, n°14-18.179, inédit. Comp. Cass. com., 28 janv. 1992, n°90-17.389, préc., dont les faits sont antérieurs à l'arrêt CJCE, 13 nov. 1990, aff. C-106/89, préc.

[2] Rappr. T. FAVARIO, Regards civilistes sur le contrat de société, art. préc., n°44.

[3] V. les art. 1844-11 et 1844-13 du Code civil.

[4] V. l'art. 1844-14 du Code civil.

[5] Rappr. Cass. com., 12 oct. 1993, n°91-13.966, Bull. 1993, IV, n°330, p.237, en l'espèce le défaut d'*affectio societatis* avait fait obstacle à la constitution d'une société en participation ; la Haute juridiction précisait « *que, si les conditions de validité d'une société doivent s'apprécier lors de sa constitution, le juge peut, pour qualifier les relations contractuelles entre les parties, se fonder sur des éléments postérieurs au début de leurs engagements ;* ».

[6] V. l'art. 1844-15 al. 1 et 2 du Code civil.

[7] V. l'art. 1844-15 al. 2 du Code civil.

Un conflit d'intérêts peut conduire à trois types de dissolution. Le premier type de dissolution est involontaire et résulte de la nullité de tous les apports[1] d'une société ou de l'extinction de son objet social[2]. Par exemple, deux associés rédacteurs des statuts constituent une société civile immobilière dans un but illicite au soutien de l'intérêt exclusif de l'un d'eux, réalisent des apports fictifs et ne sont animés par aucun *affectio societatis*. Les conflits d'intérêts rencontrés par les associés entre les négociations et l'immatriculation de la société exposent la société à sa dissolution à raison du caractère fictif de tous les apports[3] notamment déduit de l'absence d'*affectio societatis*[4] d'une part, et de l'extinction de son objet social[5] d'autre part.

Le second type de dissolution de la société résulte de la survenance d'un conflit d'intérêts précisément défini par les associés et identifié comme cause statutaire de dissolution anticipée et volontaire[6]. À cette cause, pourrait y être ajoutée la transgression ou la suppression d'un mécanisme statutaire d'identification, de prévention ou de gestion des conflits d'intérêts. Afin de lui conférer une portée effective et dissuasive, la clause statutaire de dissolution anticipée doit être identifiée comme ne pouvant être modifiée qu'à l'unanimité des associés. En cas contraire, un associé ou un dirigeant en conflit d'intérêts pourrait tenter d'en obtenir la modification au gré de ses intérêts personnels ou de ceux d'une personne liée.

Afin de juguler un conflit d'intérêts ou la multiplication de conflits d'intérêts, les associés peuvent également décider de dissoudre la société, dans les

---

[1] Art. 1844-10-1 al. 3 du Code civil. Cet article permet d'indirectement appréhender la nullité de la société sur le fondement des principes généraux du droit qui pouvait être prononcée av. l'entrée en vigueur de l'ordonnance n°2025-229 du 12 mars 2025, préc. pour fraude lorsque l'ensemble des associés y avaient participé, v. spé. Cass. com., 28 janv. 1992, n°90-17.389, Bull. 1992, IV, n°36, p.29, *adde* Cass. com., 16 juin 1992, n°90-17.237, Bull. 1992, IV, n°243, p.169.

[2] Cette cause de dissolution permet d'indirectement appréhender la nullité des sociétés permise av. l'entrée en vigueur de l'ordonnance n°2025-229 du 12 mars 2025, préc. pour illicéité de l'objet social statutaire des sociétés de personnes, à responsabilité limitée et de capitaux à laquelle s'ajoute l'illicéité de l'objet social réel pour les sociétés de personnes.

[3] Par ex., les associés apportent un bien immobilier dont ils ne sont pas propriétaires ; ou encore la jouissance d'un droit insusceptible de faire l'objet d'un apport en jouissance, tel qu'une action en justice, en ce sens Cass. com., 31 mai 2005, n°02-18.547, Bull. 2005, IV, n°124, p.132. Rappr. N. JULLIAN, S. TISSEYRE, art. préc., n°40 et suiv. ; J. MESTRE (dir.), D. VELARDOCCHIO, A.-S. MESTRE-CHAMI, J. HEINICH, S. LACROIX-DE SOUSA, G. LOUSTALET, G. CARTERET, *op. cit.*, n°2792 ; D. GIBIRILA, art. préc., n°9.

[4] Rappr. Cass. com., 3 juin 1986, n°85-12.118, préc. *Adde* Cass. 1re civ., 18 juil. 1995, n°93-19.449, Bull. 1995, I, n°320, p.223.

[5] Ce grief pourrait concourir à la preuve du caractère fictif d'une société ; v. par ex. Rappr. N. JULLIAN, S. TISSEYRE, art. préc., n°54 et 55 ; J. MESTRE (dir.), D. VELARDOCCHIO, A.-S. MESTRE-CHAMI, J. HEINICH, S. LACROIX-DE SOUSA, G. LOUSTALET, G. CARTERET, *op. cit.*, n°2796 ; D. GIBIRILA, art. préc., n°7 et 17.

[6] V. l'art. 1844-7, 8° du Code civil. Rappr. J. MESTRE (dir.), D. VELARDOCCHIO, A.-S. MESTRE-CHAMI, J. HEINICH, S. LACROIX-DE SOUSA, G. LOUSTALET, G. CARTERET, *op. cit.*, n°1716 ; D. GIBIRILA, Dispositions générales, Dissolution, liquidation et partage, Fasc. 70, J.- cl. civ. Code, LexisNexis, 2016, n°14.

conditions requises pour modifier les statuts[1]. Au sein d'une société en participation à durée indéterminée, la dissolution peut résulter de la notification adressée par l'un d'eux à tous les associés[2]. La décision prononçant la dissolution doit être exempte d'abus du droit de vote[3] et de fraude[4].

Paradoxalement, la dissolution anticipée de la société n'est pas *de facto* contraire à l'intérêt social[5]. À l'issue de la décision emportant dissolution de la société, l'intérêt social est redéfini afin de tendre vers son terme. La dissolution prend effet à la date de la décision l'ayant prononcé[6] ou à la date déterminée sur le fondement de la clause statutaire de dissolution anticipée. La dissolution d'une société personne morale n'a d'effet à l'égard des tiers qu'après sa publication[7].

La dissolution emporte la cessation de l'activité sociale et l'ouverture des opérations de liquidation[8]. La personnalité morale d'une société dissoute subsiste pour les besoins de la liquidation et jusqu'à la publication de la clôture de celle-ci[9]. Les opérations de liquidation font obstacle à l'exercice du droit de retrait des associés emportant l'obligation pour la société de racheter les droits sociaux[10].

Le troisième type de dissolution de la société correspond à la dissolution anticipée pour juste motif sur décision de justice[11]. Un conflit d'intérêts d'une

---

[1] V. l'art. 1844-7, 4° du Code civil. Rappr. Com., 18 juin 1973, n°72-12.272, Bull. com., 1973, n°211, p.190 ; Com., 9 janv. 2019, n°17-17.141, inédit.

[2] V. l'art. 1872-2 al. 1 du Code civil, ajoutant que cette notification doit être faite de bonne foi et ne pas être adressée à contretemps. V. par ex. Com., 15 févr. 1994, n°92-13.325, Bull. 1994, IV, n°65, p.49. Rappr. B. DONDERO, Société en participation, art. préc., n°181 et suiv.

[3] V. par ex. Com., 8 févr. 2011, n°10-11.788, préc. ; 3ème civ., 15 oct. 2015, n°14-13.362, inédit, en l'espèce la décision de dissolution anticipée de la société, constitutive d'un abus de majorité, avait notamment pour but d'écarter l'application d'une clause de tontine.

[4] V. par ex. Com., 21 sept. 2004, n°01-00.866, inédit.

[5] Rappr. Com., 7 mars 2018, n°16-10.727, préc., en l'espèce la dissolution de la société avait été jugée conforme à l'intérêt social.

[6] V. par ex. Com., 9 janv. 2019, n°17-17.141, préc. Au sein d'une société en participation à durée indéterminée, la dissolution prend effet à la date de l'émission de la notification, en ce sens Com., 15 févr. 1994, n°92-13.325, préc. Rappr. J. MESTRE (dir.), D. VELARDOCCHIO, A.-S. MESTRE-CHAMI, J. HEINICH, S. LACROIX-DE SOUSA, G. LOUSTALET, G. CARTERET, *op. cit.*, n°1712 ; D. GIBIRILA, art. préc., n°15.

[7] V. l'art. 1844-8 al. 1 du Code civil et l'art. L. 237-2, al. 1 du Code de commerce. Rappr. J. MESTRE (dir.), D. VELARDOCCHIO, A.-S. MESTRE-CHAMI, J. HEINICH, S. LACROIX-DE SOUSA, G. LOUSTALET, G. CARTERET, *op. cit.*, n°1728 et 1729 ; D. GIBIRILA, art. préc., n°43.

[8] V. les art. 1844-8 al. 3 et 1844-9 du Code civil. *Adde* l'art. L. 237-2 al. 2 du Code de commerce. Rappr. J. MESTRE (dir.), D. VELARDOCCHIO, A.-S. MESTRE-CHAMI, J. HEINICH, S. LACROIX-DE SOUSA, G. LOUSTALET, G. CARTERET, *op. cit.*, n°1730 et suiv. ; D. GIBIRILA, art. préc., n°44 et suiv. ; B. DONDERO, art. préc., n°192 et suiv. ; F. X. LUCAS, Vade-mecum de la liquidation dite « amiable » des sociétés, Bull. Joly Sociétés, 2009, p.285, 1.

[9] V. les art. 1844-8 al. 3 du Code civil et L. 237-2 al. 3 du Code de commerce.

[10] V. spé. Com., 12 févr. 2013, n°12-13.837, Bull. 1994, IV, n°65, p.49. Rappr. 1re civ., 18 juil. 1995, n°95-11.410, Bull. 1995, I, n°328, p.230.

[11] V. l'art. 1844-7 5° du Code civil dont les dispositions sont d'ordre public. Rappr. H. MATSOPOULOU, La dissolution pour mésentente entre associés, Rev. sociétés, 1998, p.21 ; J. MESTRE (dir.), D. VELARDOCCHIO, A.-S. MESTRE-CHAMI, J. HEINICH, S. LACROIX-DE SOUSA, G. LOUSTALET, G. CARTERET, *op. cit.*, n°1718 ; D. GIBIRILA, art. préc., n°20 et suiv. ; B. DONDERO, art. préc., n°186.

particulière gravité et altérant le fonctionnement de la société pourrait constituer un juste motif de dissolution. Par exemple, un conflit d'intérêts unique rencontré par un associé ou un dirigeant compromet irrémédiablement la pérennité de la société[1] ou emporte une grave inexécution des obligations d'un associé[2]. Pourrait également constituer un juste motif de dissolution judiciaire, l'accumulation de plusieurs conflits d'intérêts gagnant en intensité et en gravité. Par exemple, l'accumulation de conflits d'intérêts aboutissent à une mésentente entre associés paralysant le fonctionnement de la société[3].

La jurisprudence semble restreindre les justes motifs de dissolution aux seules circonstances emportant une paralysie du fonctionnement de la société[4]. Ainsi, les conflits d'intérêts dotés d'un impact dommageable limité sur la société sont insusceptibles de constituer un juste motif de dissolution[5]. La demande en dissolution sera rejetée, par exemple, en présence d'une mésentente persistante entre associés mais n'emportant pas une paralysie de la société[6], quand bien même elle emporterait disparition de l'*affectio societatis*[7].

Le prononcé de la dissolution anticipée judiciaire d'une société objet d'un conflit d'intérêts témoigne de l'échec des mesures de prévention, de gestion et de sanction des conflits d'intérêts mises en place ou déclenchées[8]. Paradoxalement,

---

[1] Rappr. D. GIBIRILA, art. préc., n°27.

[2] V. par ex., Com., 26 mai 1961, Bull. 1961, III, n°29. Rappr. D. GIBIRILA, art. préc., n°24.

[3] V. notamment, Com., 3 mars 2021, n°19-10.692, inédit, en l'espèce la Cour d'appel avait prononcé la dissolution d'une société dont le fonctionnement était paralysé, après avoir constaté que l'associé gérant agissait « *seul, sans accord de son associé et en ne permettant pas à la société de prendre une quelconque décision contraire à celle résultant de sa seule volonté ni de remettre en cause sa gestion et son mandat* » ; Cass. com., 20 févr. 1957, n°57-02.531, préc. ; 1re civ., 18 juil. 1995, n°95-11.410, préc. ; Com., 21 juin 2011, n°10-21.928, préc. ; 3ème civ., 17 déc. 2020, n°19-15.694, inédit ; Com., 18 mai 1994, n°93-15.771, inédit. Rappr. J. MESTRE (dir.), D. VELARDOCCHIO, A.-S. MESTRE-CHAMI, J. HEINICH, S. LACROIX-DE SOUSA, G. LOUSTALET, G. CARTERET, *op. cit.*, n°1719 ; D. GIBIRILA, art. préc., n°25.

[4] V. spé. Com., 3 mai 2018, n°15-23.456. Rappr. J. MESTRE (dir.), D. VELARDOCCHIO, A.-S. MESTRE-CHAMI, J. HEINICH, S. LACROIX-DE SOUSA, G. LOUSTALET, G. CARTERET, op. cit., n°1718 ; D. GIBIRILA, art. préc., n°21.

[5] Rappr. D. GIBIRILA, art. préc., n°26.

[6] V. notamment Cass. com., 24 juin 2014, n°13-20.044, inédit ; Cass. com., 9 janv. 2019, n°17-10.656, inédit.

[7] Les juges peuvent relever la disparition de l'*affectio societatis*, mais doivent impérativement constater la paralysie du fonctionnement de la société afin de prononcer la dissolution d'une société pour mésentente entre associés. V. notamment Com., 18 mai 1994, n°93-15.771, préc. ; Com., 23 juin 2015, n°14-16.065, inédit, en l'espèce les juges relevaient « *que la grave mésentente entre les associés a créé un climat très conflictuel entre eux, excluant toute affectio societatis, et aboutissant à la paralysie du fonctionnement de la société* » ; 1re civ., 16 oct. 2013, n°12-26.729, préc. ; 3ème civ., 17 déc. 2020, n°19-15.694, préc. Comp. également Cass. 3ème civ., 26 nov. 2015, n°14-22.077, inédit. Rappr. D. GIBIRILA, art. préc., n°22 et 23.

[8] V. par ex. Com., 10 avr. 2019, n°17-20.506, inédit, la Haute juridiction relevait « *que le blocage total du fonctionnement statutaire de la société I.W.H. a rendu nécessaire la désignation d'un administrateur provisoire et qu'aucune amélioration de la situation n'est prouvée puisque les procédures judiciaires entre associées augmentent de manière exponentielle, sans possibilité de déterminer l'origine exacte de la mésentente ; qu'il retient que cette mésentente empêche les associées de poursuivre les relations qu'elles entretenaient préalablement dans le cadre de l'exploitation de toutes leurs sociétés et notamment la société I.W.H. et que, si un administrateur provisoire a été*

la présence de mécanismes limitant strictement l'exercice des pouvoirs individuels ou collectifs augmente le risque d'aboutir à la dissolution judiciaire pour juste motif de la société objet d'un conflit d'intérêts[1]. Au contraire, la présence de mécanismes renforçant l'influence juridique d'associés afin de garantir la prise de décisions permet de faire obstacle à la paralysie du fonctionnement de la société[2].

Aux termes de l'article 1844-7 du Code civil, l'action est réservée aux associés[3]. Malgré leur qualité de représentant de l'intérêt social, les dirigeants ne peuvent intenter une action en dissolution anticipée pour juste motif. L'action en dissolution ne doit pas faire l'objet d'un conflit d'intérêts affectant l'auteur de la demande, constitutif d'un abus du droit d'agir en justice[4]. En revanche cette circonstance est susceptible de faire échec au prononcé de la dissolution comme dénotant une absence de juste motif de dissolution[5].

Lorsque les conditions sont réunies, le juge ne peut, en l'absence de dispositions légales ou statutaires contraires, faire obstacle au prononcé de la dissolution en ordonnant l'exclusion de l'associé auteur du conflit d'intérêts en cause[6]. La dissolution prend effet à la date du jugement[7] et emporte des effets identiques à ceux d'une dissolution anticipée décidée par les associés.

---

*désigné, la mésentente permanente et générale s'est pérennisée et presque institutionnalisée et paralyse le fonctionnement de la société ;* ».

[1] V. par ex. Com., 18 nov. 1997, n°95-21.474, inédit ; 1re civ., 16 oct. 2013, n°12-26.729, Bull. 2013, I, n°19, en l'espèce afin de retenir la paralysie de la société, la Cour d'appel relevait notamment « *que si les dispositions de l'art. 17 des statuts, prévoyant l'approbation des comptes à la majorité des 3/ 4 des voix en cas de défaut d'approbation à l'unanimité, permettent d'envisager un fonctionnement " a minima " de la société, les statuts exigent toutefois que les décisions soient prises à l'unanimité des associés, condition statutaire que le conflit permanent opposant les associés ne permet plus d'atteindre* » ; 3ème civ., 17 décembre 2020, n°19-15.694, préc.

[2] V. par ex. Cass. com., 5 avr. 2018, n°16-19.829, inédit.

[3] Pour une action en dissolution anticipée engagée par des associés retrayants n'ayant pas obtenu remboursement de la valeur de leurs droits sociaux, v. Com., 17 juin 2008, n°07-14.965, préc.

[4] V. spé. Cass. com., 16 sept. 2014, n°13-20.083, Bull. 2014, IV, n°129, la Haute juridiction précisait « *que si la circonstance, à la supposer établie, que l'associé qui exerce l'action est à l'origine de la mésentente qu'il invoque est de nature à faire obstacle à ce que celle-ci soit regardée comme un juste motif de dissolution de la société, elle est sans incidence sur la recevabilité de sa demande* ». *Adde* Com., 14 déc. 2004, n°02-14.749, inédit. Rappr. J. MESTRE (dir.), D. VELARDOCCHIO, A.-S. MESTRE-CHAMI, J. HEINICH, S. LACROIX-DE SOUSA, G. LOUSTALET, G. CARTERET, *op. cit.*, n°1722 ; D. GIBIRILA, Dispositions générales, Dissolution, liquidation et partage, art. préc., n°29. Ne fait pas obstacle à la recevabilité de l'action en justice, le fait pour l'auteur de la demande d'être l'auteur exclusif du conflit d'intérêts présenté comme juste motif de la dissolution, v. spé. Cass. com., 16 sept. 2014, n°13-20.083, préc.

[5] En ce sens v. notamment Cass. com., 16 sept. 2014, n°13-20.083 et 1re civ., 25 avr., 1990, n°87-18.675, Bull. 1990, I, n°87, p.64. Rappr. J. MESTRE (dir.), D. VELARDOCCHIO, A.-S. MESTRE-CHAMI, J. HEINICH, S. LACROIX-DE SOUSA, G. LOUSTALET, G. CARTERET, *op. cit.*, n°1721 ; D. GIBIRILA, *ibid.*

[6] En ce sens v. notamment Com., 12 mars 1996, n°93-17.813, préc. Rappr. S. DARIOSECQ, N. METAIS, Les clauses d'exclusion, solution à la mésentente entre associés, Bull. Joly Sociétés, 1998, p.908.

[7] Rappr. Mémento Sociétés commerciales 2022, *op. cit.*, n°86140 ; Mémento Sociétés civiles 2022, *op. cit.*, n°24170.

## Conclusion du paragraphe 2

La nullité ou la dissolution peut apparaitre nécessaire au regard de la particulière gravité du conflit d'intérêts dont elle est l'objet dès sa constitution ou en cours de vie sociale. Ces sanctions sont réservées aux sociétés dont l'existence est, à terme, irrémédiablement compromise. Répondant à des impératifs de sécurité juridique et économique, le déclenchement et les effets de ces sanctions sont limités par la loi et la jurisprudence afin de préserver les intérêts des tiers au pacte social.

## Conclusion de la section II

Les sanctions peuvent affecter l'acte, le fait ou la société objet d'un conflit d'intérêts. Ce type de sanction est majoritairement dirigé à l'encontre de conflits d'intérêts dont la gravité et les éléments constitutifs sont préoccupants. C'est-à-dire les conflits d'intérêts présentant un réel danger pour la société. Le régime des nullités du droit des sociétés limite son instrumentalisation par un associé ou un dirigeant en conflit d'intérêts. En présence d'un tiers lié à l'associé ou au dirigeant en conflit d'intérêts, ces sanctions permettent d'efficacement remédier aux conséquences externes à la société du conflit en cause. Ces sanctions pourront être déployées en cas de transgression des mécanismes de prévention et de gestion des conflits d'intérêts. Ce type de sanction assure ainsi l'effectivité de la majorité des mécanismes de prévention et de gestion des conflits d'intérêts. Les sanctions affectant l'objet d'un conflit d'intérêts peuvent nécessiter la saisine du juge. La prescription de droit spécial et les strictes conditions encadrant l'action en justice incitent les dirigeants et les associés à faire preuve d'une grande célérité, sans attendre que le conflit d'intérêts en cause menace directement leurs intérêts personnels.

## Conclusion du chapitre I

Les sanctions affectant l'objet d'un conflit d'intérêts complètent et prolongent les sanctions dirigées contre la personne des dirigeants ou des associés. En principe, les sanctions dirigées à l'encontre de l'auteur ou de l'objet d'un conflit d'intérêts, ont pour objectif d'entraver l'évolution du dommage causé à la société. Ces sanctions tendent également à empêcher la réitération d'un même conflit d'intérêts ou la succession de plusieurs conflits d'intérêts de différentes catégories et menaçant la société d'un anéantissement anticipé. Par exception, certaines sanctions auront pour effet d'anéantir la société dont la pérennité a été compromise par un ou plusieurs conflits d'intérêts d'une particulière gravité. Le déclenchement d'une sanction ne doit être l'objet d'un conflit d'intérêts, au risque de constituer un abus de droit.

Les sanctions d'origine légale ou jurisprudentielle permettent d'appréhender les conflits d'intérêts dotés d'une gravité élevée. Certaines de ces sanctions constituent un socle minimal en ce qu'elles peuvent être déployées par des associés ou des dirigeants détenant une influence juridique restreinte. La majorité des sanctions exposées peuvent être déclenchées de manière isolée afin d'appréhender la transgression d'une mesure d'identification, de prévention ou de gestion des conflits d'intérêts.

Les mesures de prévention et de gestion des conflits d'intérêts mises en place peuvent influer sur la gravité des sanctions déployées. Par exemple, le risque de blocage du fonctionnement de la société croît à mesure des restrictions apportées à l'objet social et à la répartition des pouvoirs sociaux afin d'aboutir à une stricte égalité. Au contraire, le risque d'aboutir à un abus de droit croît à mesure des inégalités apportées à la répartition des pouvoirs sociaux.

Les sanctions des conflits d'intérêts peuvent également être aménagées en fonction du comportement adopté par l'associé ou le dirigeant en conflit. Lorsque l'auteur du conflit d'intérêts s'est conformé à l'ensemble de ses obligations induites par les dispositifs d'identification, de prévention et de gestion des conflits d'intérêts, les sanctions dirigées à son encontre pourraient être allégées. Au contraire, les sanctions pourraient être strictement appliquées lorsque l'auteur du conflit d'intérêts a transgressé une ou plusieurs obligations déduites des dispositifs précités. Le préjudice persistant, malgré le déclenchement des mesures d'identification, de prévention, de gestion et de sanction des conflits d'intérêts peut faire l'objet d'une action en réparation.

# Chapitre II - La réparation des conflits d'intérêts

Les conflits d'intérêts résolus peuvent justifier une action en réparation[1]. Cette action doit être distinguée des mesures de gestion et de sanction des conflits d'intérêts. Elle a pour objet de compenser les conséquences préjudiciables d'un conflit d'intérêts. L'action en réparation est conditionnée par l'impact des conflits d'intérêts (section I). Elle est également affectée par les éléments constitutifs des conflits d'intérêts (section II).

## Section I - L'action en réparation conditionnée par l'impact des conflits d'intérêts

Une action en réparation pour cause de conflit d'intérêts peut être déclenchée lorsque deux conditions cumulatives sont réunies. Le conflit d'intérêts doit, tout d'abord, avoir connu un dénouement négatif (§1). L'auteur du conflit d'intérêts doit, également, avoir transgressé une obligation juridique (§2).

### §1 - Dénouement négatif du conflit d'intérêts

Pour faire l'objet d'une action en réparation, le conflit d'intérêts doit avoir causé un dommage à la société (A). L'action en réparation est facilitée en raison de la diversité des préjudices engendrés par un conflit d'intérêts (B).

#### *A - Dommage causé par un conflit d'intérêts à la société*

Seuls les conflits d'intérêts ayant connu une résolution négative peuvent faire l'objet d'une action en réparation. La résolution négative du conflit d'intérêts se traduit par le dommage causé à l'intérêt social. Le préjudice ou la perte de chance résultant de ce dommage affecte la société. Il est subi par la société personne morale. En présence d'une société non personnifiée, le préjudice est subi par la collectivité des associés.

Afin d'ouvrir droit à indemnisation, le préjudice causé par un conflit d'intérêts doit être personnel, certain, direct et licite[2]. Toute perte de chance, même minime, causée par un conflit d'intérêts peut faire l'objet d'une action en réparation[3]. En présence d'un acte juridique, seul le dommage prévisible pourra être indemnisé. Le préjudice indemnisable est celui résultant de l'inexécution de l'obligation de l'acte juridique en cause. Afin d'ouvrir droit à réparation, un lien de causalité doit être caractérisé entre le préjudice et l'obligation juridique transgressée par l'auteur du conflit d'intérêts[4]. Le lien de causalité doit être certain

---

[1] Rappr. P.-F. CUIF, art. préc., n°62 et suiv. ; *adde* M. MEKKI, art. préc., n°37.

[2] Rappr. P. LE TOURNEAU, Responsabilité : généralités, art. préc., n°23 et suiv.

[3] V. notamment 1re civ., 12 oct. 2016, n°15-23.230 et 15-26.147, Bull. civ. 2016.

[4] Rappr. P. LE TOURNEAU, art. préc., n°33 et suiv.

et direct[1]. Les juges sont libres de s'inspirer des théories proposées en doctrine pour qualifier ou non le lien de causalité[2].

Les éléments de preuve du lien de causalité relèvent de l'appréciation souveraine des juges du fond[3]. La causalité peut être retenue par présomption sur le fondement d'un faisceau d'indices graves, précis et concordants. La preuve du lien causal sera facilitée en présence d'un conflit d'intérêts direct ou d'un conflit d'intérêts indirect révélé par un lien d'intérêts au fil duquel l'auteur du conflit ou la personne liée exerce une influence juridique étendue et constante.

Le lien causal permet de retenir plusieurs personnes liées comme coauteurs d'un même préjudice résultant d'un conflit d'intérêts[4]. L'autorisation régulière d'un conflit d'intérêts est de nature à rompre le lien de causalité entre le préjudice et l'obligation transgressée par l'auteur du conflit d'intérêts[5]. L'autorisation des conflits d'intérêts est donnée par les associés ou les dirigeants, exprimant la volonté de la société. L'autorisation constitue donc un fait ou une faute de la société, victime. L'autorisation régulière dont les termes sont respectés rompt totalement le lien de causalité ; elle sera la cause exclusive du préjudice subi par la société[6]. L'autorisation dont les termes ont été partiellement respectés rompt partiellement le lien de causalité ; elle sera la cause partielle du préjudice subi par la société[7]. L'autorisation rompt le lien causal eu égard à son antériorité au préjudice causé par le conflit d'intérêts. En revanche, la ratification d'un conflit d'intérêts, par exemple au sein d'un quitus de gestion, postérieure au préjudice, ne peut rompre le lien de causalité.

### B - *Diversité des préjudices engendrés par un conflit d'intérêts*

Un conflit d'intérêts peut causer plusieurs préjudices, cumulativement ou alternativement, à la société, aux associés, aux dirigeants ou aux tiers au pacte social. Le cas échéant, le préjudice réparable pourra être réduit à une simple perte de chance. Le préjudice peut être analysé comme étant l'inverse de l'intérêt personnel. Le préjudice matériel, ou patrimonial, résulte d'une atteinte au patrimoine d'une personne par disparition d'un actif ou l'adjonction d'un passif.

Lorsque l'atteinte porte sur l'actif patrimonial, la personne subit une diminution directe de la valeur de son patrimoine en raison de la disparition ou

---

[1] Rappr. P. LE TOURNEAU, art. préc., n°54 et suiv.

[2] V. spé. les théories de l'équivalence des conditions et de la causalité adéquate. Rappr. P. LE TOURNEAU, art. préc., n°44 et suiv.

[3] Rappr. P. LE TOURNEAU, art. préc., n°36 et suiv.

[4] Rappr. J. JULIEN, La causalité, *in* P. LE TOURNEAU (dir.), Dalloz action Droit de la responsabilité et des contrats, 2021-2022, n°2132.111 et suiv.

[5] Rappr. par ex. 3ème civ., 2 oct. 2001, n°00-12.347, inédit, en l'espèce la Haute juridiction relevait que « *qu'aucune faute ne pouvait être reprochée aux gérants qui n'avaient fait qu'exécuter les décisions de l'assemblée générale de la SCI* ». Rappr. J. MESTRE (dir.), D. VELARDOCCHIO, A.-S. MESTRE-CHAMI, J. HEINICH, S. LACROIX-DE SOUSA, G. LOUSTALET, G. CARTERET, *op. cit.*, n°761.

[6] Rappr. J. JULIEN, Les causes d'exclusion et d'exonération de la responsabilité civile, *in* P. LE TOURNEAU (dir.), Dalloz action Droit de la responsabilité et des contrats, 2021-2022, n°214.11 et suiv.

[7] Rappr. J. JULIEN, art. préc., n°2144.30 et suiv.

de la dépréciation d'un actif[1]. Par exemple, afin de satisfaire son intérêt personnel moral, un associé majoritaire en conflit d'intérêts direct commet un abus du droit de vote et révoque abusivement le dirigeant social. Ce conflit d'intérêts cause un préjudice financier à la société, condamnée à indemniser le dirigeant pour révocation abusive. Ou encore, un associé égalitaire transgresse une clause statutaire fixant un seuil plafond de détention du capital social et des droits de vote ; ses coassociés peuvent se prévaloir d'un préjudice caractérisé par la diminution de la valeur de leurs droits sociaux en raison de la perte d'une influence dans la gestion et la politique de la société[2].

La diminution de valeur du patrimoine peut également résulter de l'impossibilité d'obtenir un actif patrimonial dont la perception était certaine[3]. Par exemple, le dirigeant cède à une société au sein de laquelle il est associé majoritaire, une contrefaçon d'un brevet développé par la société qu'il dirige et dont les droits d'exploitation devaient être cédés à un tiers[4]. Lorsque la perception de l'actif patrimonial est incertaine, le préjudice correspond à une perte de chance. Par exemple, une société perd une chance d'obtenir réparation du préjudice qu'elle subit en raison du refus du dirigeant d'agir en justice à l'encontre d'un tiers lié fautif.

Lorsque l'atteinte porte sur le passif patrimonial, la personne subit une diminution directe de la valeur de son patrimoine par l'adjonction ou l'aggravation d'un élément de passif. Les fautes de gestion commises par le dirigeant peuvent emporter une perte de chance d'éviter l'adjonction d'un passif au patrimoine de la société personne morale ou au patrimoine des associés non personnifiés. Par exemple, un dirigeant en conflit d'intérêts s'abstient d'informer les associés du litige engagé à l'encontre de la société par une personne morale au sein de laquelle il est associé. Les associés sont privés de la possibilité d'argumenter dans un sens différent de l'appréciation du dirigeant relative à la portée des obligations de la société. La société condamnée est ainsi privée d'une chance de voir la personne morale déboutée de ses prétentions[5].

Le préjudice moral, ou extrapatrimonial, résulte d'une atteinte à la condition d'existence et au bien-être d'une personne physique ou morale[6]. Par exemple, l'associé majoritaire et dirigeant en conflit d'intérêts procède à une augmentation de capital réservée à une personne liée, dans le seul but de diluer plusieurs associés détenant ensemble une minorité de blocage[7]. Les associés minoritaires

---

[1] Rappr. à propos du préjudice matériel résultant d'une perte éprouvée, C. BLOCH, Le préjudice, art. préc., n°2124.31 et suiv.

[2] Rappr. Cass. com., 13 févr. 1996, n°93-19.654, préc.

[3] Rappr. à propos du préjudice matériel résultant d'un gain manqué C. BLOCH, art. préc., n°2124.41 et suiv.

[4] Rappr. notamment Com. 11 janv. 2000, n°97-10.838, Bull. 2000, IV, n°6, p.4.

[5] Rappr. Com. 23 juin 2009, n°08-15.909, inédit.

[6] V. spé. Cass. com., 15 mai 2012, n°11-10.278, Bull. 2012, IV, n°101, censurant l'arrêt d'une Cour d'appel qui avait retenu « *que s'agissant de sociétés elles ne peuvent prétendre à un quelconque préjudice moral* ». Rappr. C. BLOCH, Le préjudice, art. préc., n°2125.11 et suiv.

[7] Rappr. 3ème civ., 8 juil. 2015, n°13-14.348, préc.

subissent un préjudice moral résultant de la perte d'une influence juridique leur permettant de contester l'adoption des décisions collectives d'associés et la gestion sociale.

Ce préjudice peut, plus précisément, se manifester par une atteinte aux droits de la personnalité[1]. En droit des sociétés, le préjudice moral résultera majoritairement de conflits d'intérêts emportant une atteinte à l'honneur et à la réputation d'un représentant de l'intérêt social ou à l'image et la réputation de la société. Tel est, par exemple, le cas d'un conflit d'intérêts emportant la révocation du dirigeant dans des circonstances vexatoires et injurieuses[2]. Ou encore, emporte notamment une atteinte à la réputation de la société, le conflit d'intérêts par lequel : un associé concurrence déloyalement la société, ce qui conduit le public à douter de la qualité des services proposés par la société[3] ; un dirigeant diffame ou dénigre la société[4] ; un associé minoritaire se livre à un acharnement procédural à l'encontre de la société par l'intermédiaire d'une personne morale qu'il dirige[5] ce qui a pour effet de ternir la réputation de la société auprès de ses clients.

Toutefois, certains préjudices moraux ne pourront être subis par une personne morale. Par exemple, seule une personne physique peut éprouver un préjudice résultant d'un conflit d'intérêts emportant une douleur psychologique ou une atteinte à la vie privée[6].

Ponctuellement, un conflit d'intérêts peut affecter l'intégrité physique d'un associé ou d'un dirigeant. Le préjudice physique a simultanément des conséquences patrimoniales et extrapatrimoniales[7]. Il est exclusivement subi par les seuls associés et dirigeants, personne physique. Par exemple, un associé use de ses pouvoirs sociaux afin que son coassocié traverse un épisode dépressif[8].

## Conclusion du paragraphe 1

Seuls les conflits d'intérêts emportant un préjudice pourront faire l'objet d'une action en réparation. La qualification du préjudice est facilitée en raison de la variété des dommages qu'un conflit d'intérêts peut causer. Le succès de l'action

---

[1] Rappr. C. BLOCH, art. préc., n°2125.201 et 2125.202.

[2] Rappr. Com., 3 mars 2015, n°14-12.036, inédit, relevant « *que la révocation abusive n'ouvre droit à réparation ni du préjudice résultant de la révocation, ni même du préjudice constitué par la perte d'une chance de conserver ses fonctions, mais seulement du préjudice causé par la circonstance constitutive d'abus considérée en elle-même* ».

[3] Comp. par ex. Cass. com., 9 févr. 1993, n°91-12.258, Bull. 1993, IV, n°53, p.34, Cass. com., 3 juin 2003, n°01-15.145, inédit.

[4] Rappr. Com. 3 juillet 2001, n°98-18.352, inédit.

[5] Comp. 2ème civ., 7 oct. 2004, n°02-14.399, Bull. 2004, II, p.373.

[6] V. spé. 1re civ., 17 mars 2016, n°15-14.072, Bull. 2016, n°846, I, n°1060. Rappr. C. BLOCH, art. préc., n°2125.203.

[7] Rappr. P. BRUN, Responsabilité du fait personnel, Rép. civ. Dalloz, 2015, n°153 ; H. BOUCARD, Responsabilité contractuelle, Rép. civ. Dalloz, 2018, n°485.

[8] Rappr. par ex. Com., 6 févr. 2019, n°17-20.112, inédit, en l'espèce la Cour d'appel relevait l'existence d'un lien de causalité entre la faute commise par un associé et l'atteinte à l'intégrité psychique subie par son coassocié, ayant entraîné des préjudices d'ordre patrimonial et extrapatrimonial.

en réparation dirigée contre l'auteur du conflit d'intérêts est conditionné par la démonstration de la transgression d'une obligation juridique.

## §2 - Transgression d'une obligation juridique par l'auteur du conflit d'intérêts

L'action en réparation nécessite l'exercice des pouvoirs du dirigeant ou de l'associé en conflit d'intérêts. L'objet du conflit d'intérêts permet d'identifier l'obligation juridique transgressée par l'auteur du conflit d'intérêts, fait générateur de l'action en réparation. Deux actions en réparation peuvent être distinguées. La première correspond à l'action en responsabilité civile délictuelle (A). La seconde implique une action pour inexécution d'une obligation contenue au sein d'un acte juridique (B).

### *A - Action en responsabilité civile délictuelle*

Le droit positif français ne comporte aucune disposition légale de portée générale identifiant les conflits d'intérêts comme constitutifs d'une faute civile délictuelle[1]. Cependant, la loi pourrait procéder à une telle assimilation. En droit des sociétés, le conflit d'intérêts pourrait être assimilé à une transgression du devoir général de loyauté par l'usage d'un pouvoir aux fins de satisfaire un intérêt personnel autre que l'intérêt social. Un conflit d'intérêts résolu emporte donc un détournement de pouvoir constitutif d'un abus de droit[2].

À défaut, la jurisprudence pourrait identifier la résolution d'un conflit d'intérêts comme constitutif d'une faute civile délictuelle sur le fondement des dispositions impératives de l'article 1833 alinéa 2 du Code civil, emportant obligation de gérer la société dans son intérêt social.

L'obligation légale, ou à défaut jurisprudentielle, de réparer le préjudice causé par un conflit d'intérêts résolu n'est pas incompatible avec les obligations relatives à l'information, la prévention et à la gestion des conflits d'intérêts, identifiées comme étant accessoires aux statuts ou à l'acte juridique ayant nommé les dirigeants. Hors inexécution d'une obligation contenue au sein d'un acte juridique, les parties à l'acte peuvent intenter entre elles une action en responsabilité civile délictuelle[3].

---

[1] Rappr. J. JULIEN, P. LE TOURNEAU, M. POUMAREDE, Les régimes de responsabilité du fait personnel, *in* P. LE TOURNEAU (dir.), Dalloz action Droit de la responsabilité et des contrats, 2021-2022, n°221.13.

[2] Rappr. spé. P. LE TOURNEAU, M. POUMAREDE, Agissements fautifs dans l'exercice des droits et abus de droit, art. préc., n°2213.13, précisant qu'« *Ainsi, l'abus de droit est partie prenante de la responsabilité civile, car user d'un droit contrairement à sa finalité, détourner une fonction ou un pouvoir, et agir sans mobile légitime, est commettre une faute.* » et ajoutant qu'« *Un homme avisé, prudent et raisonnable n'agirait pas de la sorte.* ».

[3] Cass. com., 13 juil. 2010, n°09-14.985, inédit, et Cass. com., 8 juil. 2014, n°13-11.208, inédit, rappelant en présence de la transgression d'une obligation contractuelle de non-concurrence et de faits distincts de concurrence déloyale ainsi que de parasitisme, « *que le créancier d'une obligation contractuelle peut se prévaloir contre le débiteur de cette obligation des règles de la responsabilité délictuelle dès lors qu'il invoque des faits distincts* ». *Adde* H. BOUCARD, art. préc., n°52.

La faute personnelle de l'associé ou du dirigeant en conflit d'intérêts peut être caractérisée par l'exercice ou le refus d'exercice de ses pouvoirs[1]. La mauvaise foi et l'intention de nuire de l'associé ou du dirigeant ne sont pas des éléments de qualification du conflit d'intérêts. En revanche ces caractéristiques auront un impact sur la qualification de la faute. La gravité de la faute croît à mesure de la promiscuité entre les intérêts générateurs du conflit d'intérêts et de sa gravité. En principe toute faute ouvre droit à réparation[2]. Par exception, la gravité de la faute pourra être prise en considération par le juge saisi de l'inexécution d'une obligation conventionnelle[3] ou saisi d'une action en responsabilité dirigée à l'encontre d'un dirigeant ou d'un associé. La gravité de la faute peut encore, indirectement, influencer le juge au stade de l'appréciation du lien de causalité et du *quantum* des dommages et intérêts[4].

Afin d'ouvrir droit à réparation sur le fondement d'une action en responsabilité délictuelle, le conflit d'intérêts doit avoir pour objet un fait juridique et emporter une faute par son auteur. La faute de l'auteur du conflit d'intérêts est retenue sur le fondement de dispositions de droit spécial ou de droit commun. Les dispositions légales spéciales relatives à la responsabilité civile des associés ou des dirigeants sont éparses. À titre d'illustration, trois séries de dispositions peuvent être relevées. La première est applicable aux conflits d'intérêts rencontrés par les associés et les dirigeants, ayant exposé la société, les actes ou délibérations à une cause de nullité[5]. Cette série intègre également les dispositions applicables aux conflits d'intérêts emportant l'absence d'une mention obligatoire dans les statuts et d'une omission ou d'un accomplissement irrégulier d'une formalité prescrite pour la constitution de la société ou pour la modification des statuts[6]. La deuxième série de dispositions légales est relative aux conventions réglementées. Ces dispositions permettent d'imputer les conséquences préjudiciables des conventions non approuvées, aux personnes intéressées et visées par les dispositifs légaux[7]. La troisième série de dispositions

[1] Rappr. P. BRUN, art. préc., n°26 et suiv. ; M. POUMAREDE, Dirigeant d'entreprise, *in* P. LE TOURNEAU (dir.), Dalloz action Droit de la responsabilité et des contrats, 2021-2022, n°3328.21.

[2] Rappr. P. LE TOURNEAU, Responsabilité : généralités, art. préc., n°63 et P. BRUN, art. préc., n°31.

[3] Rappr. P. BRUN, art. préc., n°33 et 34.

[4] Rappr. P. BRUN, art. préc., n°32.

[5] V. les art. 1844-17 du Code civil, L. 223-10, L. 225-249, L. 225-256 al. 1, L. 226-12, L. 227-8 du Code de commerce.

[6] V. l'art. 1840 al. 1 et 2 du Code civil et l'art. L. 210-8 du Code de commerce.

[7] Au sein des sociétés à responsabilité limitée, les conséquences préjudiciables sont imputées au gérant ou, le cas échéant, à l'associé contractant, v. l'art. L. 223-19 al. 4 du Code de commerce. En présence d'une société anonyme, d'une société en commandite par actions ou d'une société européenne, les conséquences préjudiciables à la société peuvent être mises à la charge de l'intéressé et, éventuellement, des autres membres du conseil d'administration ou du directoire, v. les art. L. 225-41 et L. 225-89 al. 2, L. 226-10 al. 1, L. 229-7 al. 1 du même Code. Au sein d'une société par actions simplifiée, les conséquences dommageables sont mises à la charge de la personne intéressée et éventuellement du président et des autres dirigeants, v. l'art. L. 227-10 du même Code. En présence d'une personne morale de droit privé non commerçante ayant une activité économique, les conséquences préjudiciables à la personne morale peuvent être mises à la charge de

légales traite de la responsabilité civile des dirigeants à l'égard de la société, des associés et des tiers. Ces dispositions sont applicables lorsque les dirigeants rencontrent un conflit d'intérêts emportant une infraction aux lois et règlements, une violation des statuts ou une faute de gestion. Elles sont applicables à l'ensemble des dirigeants de droit à l'exception des dirigeants des sociétés en nom collectif et des sociétés en commandite simple[1]. Au sein des sociétés en nom collectif et des sociétés en commandite simple, la responsabilité des dirigeants à l'égard de la société et des associés est régie par l'article 1843-5 du Code civil. La nature de la responsabilité des dirigeants à l'égard de la société et des associés est discutée en doctrine. Pour la majorité des auteurs, la responsabilité des dirigeants est d'origine contractuelle à l'égard de la société et des associés ; elle ne serait d'origine délictuelle qu'à l'égard des tiers au pacte social[2]. Cette affirmation ne semble pouvoir être justifiée par le recours au régime juridique du mandat, dont l'application est incompatible avec l'origine légale du pouvoir de représentation de la société dont est investi le dirigeant[3]. Les associés et les dirigeants demeurent liés à la société par un acte juridique[4]. Sauf à identifier une obligation générale de gestion contenue au sein de l'acte juridique emportant nomination des dirigeants, la responsabilité des dirigeants semble être de nature délictuelle au regard de l'origine légale du pouvoir de représentation des sociétés dotées de la personnalité morale[5]. L'acte désignant les dirigeants peut toutefois contenir des obligations spéciales de nature conventionnelle et dont la transgression emportera le déclenchement d'une action pour inexécution d'un acte juridique.

Dans un premier temps, la responsabilité des dirigeants de droit peut être engagée pour faute de gestion. Il n'existe pas de définition légale ou jurisprudentielle de la faute de gestion. Elle se caractérise par la contrariété à l'intérêt social du comportement, par action ou abstention, adopté par un dirigeant. Ce dernier peut, par exemple, faire preuve d'incurie ou être animé d'une intention de nuire[6]. La faute de gestion est limitée aux faits relevant de la

---

l'administrateur ou de la personne assurant le rôle de mandataire social, v. l'art. L. 612-5 du Code de commerce. V. par ex. Cass. com., 9 avr. 1996, n°93-21.472, préc.

[1] V. les art. 1850 du Code civil, L. 223-22, L. 225-251, L. 225-256, L. 225-257, L. 22-10-73, L. 226-12, L. 226-13, L. 227-7, L. 227-8 du Code de commerce.

[2] Rappr. J. MESTRE (dir.), D. VELARDOCCHIO, A.-S. MESTRE-CHAMI, J. HEINICH, S. LACROIX-DE SOUSA, G. LOUSTALET, G. CARTERET, *op. cit.*, n°757 et suiv. ; Y. GUYON, M. BUCHBERGER, Administration, Responsabilité civile des administrateurs, Fasc. 132-10, J.- cl. Stés, LexisNexis, 2021, n°3.

[3] V. spé. Com., 18 sept. 2019, n°16-26.962, préc. Comp. G. WICKER, J.-C. PAGNUCCO, Personne morale, art. préc., n°86.

[4] Par ex. les statuts ou une décision de nomination.

[5] Pour chacune des sociétés, il existe une ou plusieurs dispositions légales relatives à son mode de gestion ; v. par ex. l'art. 1846 ou encore l'art. L. 223-18 du Code de commerce. Rappr. par ex. M. POUMAREDE, Dirigeant d'entreprise, art. préc., n°3328.05, relevant que « *La responsabilité des dirigeants sociaux envers la société et les associés est de nature délictuelle, en raison de leur caractère d'organes sociaux, et non de mandataires.* ».

[6] V. par ex. Com., 7 oct. 1997, n°94-18.553, inédit, en l'espèce l'arrêt de la Cour d'appel relevait « *qu'en transférant sans facturation un fonds de commerce de la société Hall Décor, dont il allait abandonner la gérance, à la société Décor Hall, qu'il venait de créér, M. Z..., gérant de l'une et l'autre société à la date du transfert*

compétence et de l'exercice des pouvoirs de gestion du dirigeant[1]. En présence d'une collectivité de dirigeants exerçant ensemble un pouvoir de gestion, la faute doit être individuellement imputée à chacun des membres ; selon la jurisprudence, cette faute est caractérisée lorsqu'un dirigeant participe, par son action ou son abstention, à la prise de la décision fautive, sauf à démontrer qu'il a adopté un comportement prudent et diligent, notamment en s'opposant à cette décision[2].

La faute de gestion permet d'appréhender la majorité des conflits d'intérêts rencontrés par un dirigeant. Elle permet, par exemple, d'obtenir réparation du conflit d'intérêts par lequel un dirigeant : refuse d'exécuter les décisions sociales concernant une société filiale au sein de laquelle il est également dirigeant[3] ; exécute les décisions d'une société mère au sein d'une filiale, contraires à l'intérêt social de cette dernière[4] ; fournit des informations sociales erronées aux associés sur l'état financier de la société[5] ; transfère à titre gratuit le fonds de commerce de la société à une seconde société concurrente créée à cet effet[6] ; s'abstient manifestement sur plusieurs exercices sociaux de prendre en considération les enjeux sociaux et environnementaux de l'activité sociale[7] ; emploie fictivement une salariée pour le compte d'une société afin de travailler au sein de son domicile ainsi que celui d'un associé[8] ; s'octroie des rémunérations et avantages en nature anormaux ou excessifs au regard des capacités financières de la société[9] ; détourne des opportunités d'affaires et d'investissements à des fins personnelles

---

*avait agi à l'encontre de l'intérêt social de la première société et ainsi commis une faute de gestion* » ; les faits d'espèce permettent de qualifier, notamment, un conflit d'intérêts direct par double représentation rencontré par le dirigeant. *Adde* J. MESTRE (dir.), D. VELARDOCCHIO, A.-S. MESTRE-CHAMI, J. HEINICH, S. LACROIX-DE SOUSA, G. LOUSTALET, G. CARTERET, *op. cit.*, n°759 ; Mémento Sociétés civiles 2022, *op. cit.*, n°7815 ; Mémento Sociétés commerciales 2022, *op. cit.*, n°13952 et 13480 ; B. LE BARS, Responsabilité civile des dirigeants sociaux, art. préc., n°37 et 38 ; Y. GUYON, M. BUCHBERGER, art. préc., n°39.

[1] V. par ex. Com., 12 janv. 1993, n°91-11.558, inédit.

[2] Cass. com., 30 mars 2010, n°08-17.841, Bull. 2010, IV, n°69, rendu à propos d'une société anonyme mais transposable à l'ensemble des dirigeants exerçant collectivement un pouvoir de gestion ; en l'espèce la Haute juridiction relevait notamment « *que commet une faute individuelle chacun des membres du conseil d'administration ou du directoire d'une société anonyme qui, par son action ou son abstention, participe à la prise d'une décision fautive de cet organe, sauf à démontrer qu'il s'est comporté en administrateur prudent et diligent, notamment en s'opposant à cette décision* ». Rappr. M. POUMAREDE, art. préc., n°3328.21 ; Y. GUYON, M. BUCHBERGER, art. préc., n°89 ; Mémento Sociétés commerciales 2022, *op. cit.*, n°14020.

[3] Cass. com., 22 mai 2019, n°17-13.565, Bull. 2019, précisant que « *Commet une faute individuelle par déloyauté, l'administrateur commun aux sociétés d'un même groupe qui, dans le conseil de la filiale, s'oppose au sens de la décision arrêtée par la mère, peu important le sens de son vote dans le conseil de cette dernière.* ».

[4] Cass. com., 22 mai 2019, n°17-13.565, préc.

[5] Rappr. Cass. com., 9 mars 2010, n°08-21.547 et 08-21.793, Bull. 2010, IV, n°48.

[6] Rappr. Com., 7 oct. 1997, n°94-18.553, préc.

[7] Rappr. l'art. 1833 al. 2 du Code civil.

[8] Com., 5 avr. 2018, n°16-23.365, inédit.

[9] V. par ex. Com., 19 mai 2015, n°14-10.348, inédit, en l'espèce l'associé dirigeant procédait au remboursement de son compte courant d'associé et s'octroyait une rémunération élevée quand la société présentait un important passif et ne réglait plus ses impôts, ses charges sociales et ses fournisseurs.

ou au profit de personnes liées[1] ; décide de distribuer à l'associé unique une somme élevée, en connaissance de la situation économique dégradée de la société[2] ; n'exécute pas un contrat conclu par la société pour les besoins de son activité sociale[3] ; laisse les associés dans l'ignorance de l'opération d'acquisition pour son compte personnel d'un immeuble que les associés entendaient acheter ensemble par l'intermédiaire de la société pour y exercer leur activité[4] ; effectue pour son compte personnel des prélèvements indus sur les comptes de la société[5].

Seuls les conflits d'intérêts d'une particulière gravité, emportant une faute séparable des fonctions, peut autoriser les tiers à la société à agir en responsabilité directement à l'encontre des dirigeants[6]. Selon la jurisprudence, une faute séparable des fonctions est qualifiée « *lorsque le dirigeant commet intentionnellement une faute d'une particulière gravité incompatible avec l'exercice normal des fonctions sociales* »[7]. Cette faute peut être retenue à l'encontre de dirigeants agissant dans les limites

---

1 V. par ex. Com., 11 juil. 2006, n°05-13.529, inédit et Cass. com., 12 mai 2015, n°13-28.059 et 14-10.370, inédit.

2 V. spé. Com., 30 oct. 2012, n°11-23.868, inédit.

3 V. par ex. Com., 20 janv. 2015, n°13-27.189, inédit.

4 Rappr. spé. Cass. com., 18 déc. 2012, n°11-24.305, Bull. 2012, IV, n°233.

5 V. par ex. Com., 1er juil. 2008, n°07-16.215, inédit, en l'espèce un gérant, également associé minoritaire, avait utilisé les fonds d'un compte courant d'associés, détenus en commun avec son épouse coassociée majoritaire, afin d'acquérir un bien immobilier en propre ; les fonds sociaux alimentés par le compte courant devaient être employés pour l'acquisition d'une résidence secondaire. Ou encore Com., 3 mars 2021, n°19-10.692, préc.

6 En ce sens v. notamment Cass. 1re civ., 31 mai 1978, n°76-13.667, Bull. civ., 1978, I, n°213, p.169 ; Cass. com., 22 janv. 1991, n°89-11.650, inédit, censurant l'arrêt de la Cour d'appel ayant retenu la responsabilité personnelle du dirigeant à l'encontre d'un tiers « *sans relever aucune circonstance d'où il résulterait qu'il avait commis une faute qui soit séparable de ses fonctions de dirigeant et lui soit imputable personnellement* » ; Cass. com., 27 janv. 1998, n°93-11.437, Bull. 1998, IV, n°48, p.38 ; Cass. 3ème civ., 17 mars 1999, n°97-19.293, Bull. 1999, III, n°72, p.50. *Contra* Cass. crim., 5 avr. 2018, n°16-87.669, Bull. crim. 2018, n°67, pour la chambre criminelle de la Cour de cassation, toute faute civile permet d'engager la responsabilité civile délictuelle d'un dirigeant à l'égard d'un tiers ; *adde* R. SALOMON, Faute du dirigeant détachable de l'exercice de ses fonctions et autonomie du droit pénal, Dr. sociétés, 2018, repère 6. Comp. Cass. com., 9 mars 2010, n°08-21.547 et 08-21.793, préc. précisant « *que la mise en œuvre de la responsabilité des administrateurs et du directeur général à l'égard des actionnaires agissant en réparation du préjudice qu'ils ont personnellement subi n'est pas soumise à la condition que les fautes imputées à ces dirigeants soient intentionnelles, d'une particulière gravité et incompatibles avec l'exercice normal des fonctions sociales* » ; arrêt rendu à propos d'une société anonyme mais transposable à l'ensemble des sociétés. Rappr. B. LE BARS, Responsabilité civile des dirigeants sociaux, art. préc., n°54 et suiv. ; M. POUMAREDE, Dirigeant d'entreprise, art. préc., n°3328.31 ; Y. GUYON, M. BUCHBERGER, art. préc., n°49 et suiv. ; J. MESTRE (dir.), D. VELARDOCCHIO, A.-S. MESTRE-CHAMI, J. HEINICH, S. LACROIX-DE SOUSA, G. LOUSTALET, G. CARTERET, *op. cit.*, n°769 ; Mémento Sociétés civiles 2022, *op. cit.*, n°7820 et suiv. ; Mémento Sociétés commerciales 2022, *op. cit.*, n°14300 et suiv ; G. WICKER, J.-C. PAGNUCCO, Personne morale, art. préc., n°85 ; D. CHOLET, La distinction des parties et des tiers appliquée aux associés, art. préc., n°18 et 26.

7 En ce sens Cass. com., 20 mai 2003, n°99-17.092, Bull. 2003, IV, n°84, p.94. Rappr. O. DEXANT-DE BAILLIENCOURT, Pour une consécration légale de la faute séparable des fonctions du dirigeant, D. 2019, p.144, I ; B. DONDERO, Définition de la faute séparable des fonctions du dirigeant social, D. 2003, p.2623, spé. n°5.

de leurs attributions[1]. Par exemple, deux jours après avoir été informé du contentieux dirigé à l'encontre de la société, l'associé majoritaire et dirigeant pratique sur la trésorerie un prélèvement par anticipation des bénéfices dont le montant est de nature à mettre en péril la société[2]. Ou encore, un dirigeant commet à des fins personnelles une infraction pénale intentionnelle[3].

L'ensemble de ces observations sont transposables aux associés. Ainsi, les tiers à la société peuvent engager la responsabilité personnelle d'un associé sur le fondement d'une faute séparable de leur qualité d'associé[4]. Par exemple, un associé éprouve une aversion profonde pour un client de la société. Il mobilise ses pouvoirs sociaux afin de provoquer l'exécution d'une clause de résiliation du contrat à durée indéterminée conclu entre la société et son client. Le tiers au pacte social pourrait intenter une action en responsabilité à l'encontre de l'associé dont le conflit d'intérêts aurait emporté une faute intentionnelle d'une particulière gravité, incompatible avec l'exercice normal des prérogatives attachées à la qualité d'associé.

Dans un second temps, la responsabilité des dirigeants de droit peut être engagée en raison d'une infraction aux lois et règlements[5] ou de la violation des statuts[6]. Par exemple, la responsabilité du dirigeant pourrait être engagée compte tenu d'un conflit d'intérêts emportant transgression de la raison d'être statutaire de la société[7]. Ce fondement de responsabilité spéciale permet d'appréhender l'ensemble des transgressions légales ou statutaires des dispositifs d'information, de prévention et de gestion de conflits d'intérêts. Il permet également d'appréhender les conflits d'intérêts rencontrés par un dirigeant et ayant engagé la responsabilité de la société à l'égard des tiers. Par exemple, un dirigeant en conflit d'intérêts : vicie le consentement d'un cocontractant de la société au

---

[1] En ce sens Cass. com., 10 févr. 2009, n°07-20.445, Bull. 2009, IV, n°21 ; Cass. com., 18 juin 2013, n°12-17.195, inédit.

[2] V. Com., 6 nov. 2007, n°05-13.402, inédit.

[3] V. spé. Cass. com., 28 sept. 2010, n°09-66.255, Bull. 2010, IV, n°146, précisant « *que le gérant d'une société à responsabilité limitée qui commet une faute constitutive d'une infraction pénale intentionnelle, séparable comme telle de ses fonctions sociales, engage sa responsabilité civile à l'égard des tiers à qui cette faute a porté préjudice* » ; *adde* Com., 18 sept. 2019, n°16-26.962, préc. La troisième chambre civile de la Haute juridiction a rallié la position de la chambre commerciale de la Cour de cassation en considérant qu'une infraction pénale intentionnelle constitue d'une faute séparable comme telle des fonctions sociales, v. spé. 3ème civ., 10 mars 2016, n°14-15.326, Bull. 2016, n°846, III, n°1076 ; Cass. 3ème civ., 14 déc. 2017, n°16-24.492 et Cass. 3ème civ., 7 juin 2018, n°16-27.680, Bull. 2018, III, n°60 ; comp. antérieurement 3ème civ., 4 janv. 2006, n°04-14.731, Bull. 2006, III, n°7, p.6.

[4] En ce sens Cass. com., 18 févr. 2014, n°12-29.752, Bull. 2014, IV, n°40, exigeant la qualification d'une « *faute intentionnelle d'une particulière gravité, incompatible avec l'exercice normal des prérogatives attachées à la qualité d'associé* ». V. également Com., 12 mars 2013, n°12-11.514, inédit. Rappr. B. LE BARS, art. préc., n°56-2.

[5] V. B. LE BARS, art. préc., n°34, Mémento Sociétés civiles 2022, *op. cit.*, n°7807 et Y. GUYON, M. BUCHBERGER, art. préc., n°49, précisant que ce fait fautif n'est pas limité aux seules dispositions relevant du droit des sociétés.

[6] Rappr. V. B. LE BARS, art. préc., n°34, Mémento Sociétés civiles 2022, *op. cit.*, n°7810 et Y. GUYON, M. BUCHBERGER, art. préc., n°37.

[7] V. l'art. 1835 du Code civil.

moyen de manœuvres dolosives[1] ; utilise à des fins exclusivement personnelles un véhicule de fonction et cause un accident de la circulation[2] ; met sciemment sur le marché un produit défectueux afin d'augmenter le volume des ventes et percevoir un élément de rémunération variable indexé sur le chiffre d'affaires généré[3]. Au sein de ces exemples, pour satisfaire son intérêt personnel, le dirigeant expose délibérément la société à une dette en réparation.

L'ensemble des dispositions légales spéciales précitées organisant la responsabilité civile des dirigeants sont applicables aux dirigeants ou au représentant permanent des personnes morales exerçant une fonction de direction[4].

Dans les interstices des dispositions spéciales relatives à la responsabilité des associés et des dirigeants, la responsabilité de l'auteur d'un conflit d'intérêts peut être engagée sur le fondement des dispositions de droit commun[5]. En présence d'un conflit d'intérêts, la faute demeure le fait générateur prépondérant de responsabilité. La faute sera essentiellement caractérisée par un détournement de pouvoir constitutif d'un abus de droit.

Dans les relations internes à la société, trois catégories d'actions en responsabilité pour cause de conflit d'intérêts peuvent être distinguées.

La première catégorie regroupe les actions en responsabilité engagées par un associé ou un dirigeant à l'encontre de la société, à laquelle sont imputées les conséquences fautives d'un conflit d'intérêts. Par exemple, la responsabilité de la société peut être engagée par le dirigeant abusivement révoqué par deux associés afin de satisfaire leurs intérêts personnels. La révocation d'un dirigeant est abusive « *si elle est accompagnée de circonstances ou a été prise dans des conditions qui portent atteinte à la réputation ou à l'honneur du dirigeant révoqué ou si elle a été décidée brutalement sans respecter le principe de la contradiction* »[6].

La seconde catégorie regroupe les actions en responsabilité engagées par la société à l'encontre de l'associé ou du dirigeant en conflit d'intérêts. L'acte de

---

1 Rappr. H. BOUCARD, art. préc., n°176.

2 V. la loi n°85-677, du 5 juil. 1985.

3 V. les art. 1245 et suiv. du Code civil.

4 V. l'art. 1847 du Code civil et les art. L. 221-3 al. 2, L. 222-2, L. 225-20 al. 1, L. 225-76 al. 1, L. 226-1 al. 2, L. 227-7 du Code de commerce.

5 V. spé. les art. 1240 et 1241 du code civil.

6 En ce sens v. spé. Cass. com., 3 janv. 1996, n°94-10.765, Bull. 1996, IV, n°7, p.5, relatif à la révocation du directeur général d'une société anonyme, mais dont la portée est transposable à l'ensemble des dirigeants d'une quelconque société. V. par ex. Com., 9 nov. 2010, n°09-71.284, inédit, en l'espèce la Cour d'appel retenait que la révocation d'un gérant d'une société à responsabilité limitée était intervenue dans des circonstances vexatoires ; la Cour relevait que le gérant, avait exercé ses fonctions depuis dix ans et « *avait dû, dès l'issue de l'assemblée générale ayant voté sa révocation, remettre l'ensemble des clefs en sa possession donnant accès à l'entreprise* ». *Adde* CJUE, 2ème ch., 11 nov. 2010, C-232/09, *Danosa c/ LKB Lizings SIA*. Rappr. D. GIBIRILA, H. AZARIAN, Dirigeants sociaux, Désignation. Exercice et cessation des fonctions, Fasc. 1050, J.- cl. com., LexisNexis, 2022, n°133 ; Mémento Sociétés civiles 2022, *op. cit.*, n°7214 et Mémento Sociétés commerciales 2022, *op. cit.*, n°12550 ; J. MESTRE (dir.), D. VELARDOCCHIO, A.-S. MESTRE-CHAMI, J. HEINICH, S. LACROIX-DE SOUSA, G. LOUSTALET, G. CARTERET, *op. cit.*, n°736, b) et n°3522.

désignation ou les statuts ne font pas obstacle à l'action en responsabilité civile délictuelle dirigée par la société à l'encontre des associés et des dirigeants[1]. Par exemple, engage à l'égard de la société sa responsabilité civile délictuelle : le dirigeant de droit[2] ou l'associé en conflit d'intérêts, à cause duquel une faute a été imputée à la société. En cette hypothèse, la société subit *a minima* une perte de chance de ne pas se voir imputer les conséquences pécuniaires du préjudice causé à un tiers, un dirigeant ou un associé victime du conflit d'intérêts. Engage également sa responsabilité à l'égard de la société, l'associé en conflit d'intérêts abusant de son droit de vote[3] ou exerçant une action en dissolution de façon abusive[4]. La société pourrait enfin agir en responsabilité civile délictuelle à l'encontre des associés et des dirigeants ayant transgressé un dispositif d'information, de prévention, de gestion ou de sanction des conflits d'intérêts et contenu au sein d'un acte juridique à laquelle elle n'est pas partie[5].

Le cas échéant, l'action en responsabilité est étendue aux tiers liés à l'auteur du conflit d'intérêts pour les fautes personnelles qu'ils auraient commises. Elle peut également être intentée à l'encontre des associés ou des dirigeants ayant fautivement prêté leur concours à la résolution d'un conflit d'intérêts. Par exemple, la société pourrait notamment engager la responsabilité : d'une société liée au dirigeant en conflit d'intérêts ayant participé à des faits de concurrence déloyale ; d'un associé ayant abusé de son droit de vote afin d'assurer la résolution d'un conflit d'intérêts rencontré par un coassocié ; d'un dirigeant ayant sciemment dissimulé le conflit d'intérêts rencontré par un codirigeant.

---

[1] Rappr. S. VICENTE, Quelles responsabilités pour les dirigeants et les associés ?, CDE, 2013, dossier 12, 2., B.

[2] Les dispositions légales spéciales organisant la responsabilité des dirigeants sont inapplicables aux dirigeants de faits. Rappr. B. LE BARS, Responsabilité civile des dirigeants sociaux, art. préc., n°26 ; M. POUMAREDE, Dirigeant d'entreprise, art. préc., n°3328.05 ; Y. GUYON, M. BUCHBERGER, art. préc., n°6 et 29 ; J. MESTRE (dir.), D. VELARDOCCHIO, A.-S. MESTRE-CHAMI, J. HEINICH, S. LACROIX-DE SOUSA, G. LOUSTALET, G. CARTERET, *op. cit.*, n°758 ; Mémento Sociétés commerciales 2022, *op. cit.*, n°10100.

[3] V. notamment Com., 5 mai 1998, n°96-15.383, préc., Cass. com., 8 juil. 1997, n°95-15.216, préc. *Adde* L. CADIET, P. TOURNEAU, Abus de droit, art. préc., n°194 et 195 ; P. LE TOURNEAU, M. POUMAREDE, Agissements fautifs dans l'exercice des droits et abus de droit, art. préc., n°2213.185 et suiv. ; J.-P. SORTAIS, Abus de majorité, minorité, égalité, art. préc., n°30 à 39 et n°68.

[4] V. par ex. Cass. com., 14 déc. 2004, n°02-14.749, préc.

[5] Rappr. Ass. plén., 6 oct. 2006, n°05-13.255, Bull. 2006, ass. plén, n°9, p.23, ayant jugé « *que le tiers à un contrat peut invoquer, sur le fondement de la responsabilité délictuelle, un manquement contractuel dès lors que ce manquement lui a causé un dommage* », décision confirmée par Cass. ass. plén., 13 janv. 2020, n°17-19.963, Bull. ass. plén., 2020, relevant que « *certains arrêts ont pu être interprétés comme s'éloignant de la solution de l'arrêt du 6 octobre 2006 (3e Civ., 22 octobre 2008, pourvoi n° 07-15.692, 07-15.583, Bull. 2008, III, n° 160 ; 1re Civ., 15 décembre 2011, pourvoi n° 10-17.691 ; Com., 18 janvier 2017, pourvois n° 14-18.832, 14-16.442 ; 3e Civ., 18 mai 2017, pourvoi n° 16-11.203, Bull. 2017, III, n° 64), créant des incertitudes quant au fait générateur pouvant être utilement invoqué par un tiers poursuivant l'indemnisation du dommage qu'il impute à une inexécution contractuelle, incertitudes qu'il appartient à la Cour de lever.* ». *Adde* P. LE TOURNEAU, Responsabilité : généralités, art. préc., n°20 et 102 ; P. BRUN, Responsabilité du fait personnel, art. préc., n°51 et 94 ; H. BOUCARD, art. préc., n°212.

La troisième catégorie regroupe les actions en responsabilité engagées par les représentants de l'intérêt social entre eux et en leur nom personnel. En raison des fautes personnelles commises, une action en responsabilité peut être intentée par : un associé à l'encontre d'un dirigeant, un dirigeant à l'encontre d'un associé, un associé à l'encontre d'un coassocié, d'un dirigeant à l'encontre d'un codirigeant. Par exemple, une action en responsabilité est engagée en raison du conflit d'intérêts par lequel un associé commet une faute personnelle à l'occasion de la révocation d'un dirigeant[1] ou abuse de son droit de vote[2].

Dans les relations externes aux sociétés dépourvues de la personnalité juridique, les tiers peuvent intenter une action en responsabilité à l'encontre de l'associé ou du dirigeant en conflit d'intérêts. La jurisprudence a eu l'occasion de préciser « *que toute faute commise par le gérant d'une société en participation, laquelle est dépourvue de personnalité juridique, constitue une faute personnelle de nature à engager sa responsabilité à l'égard des tiers, peu important qu'elle soit ou non détachable de l'exercice du mandat qui a pu lui être donné par les autres associés ;* »[3]. Cette décision est transposable aux associés et étendue aux sociétés créées de fait.

### B - *Action pour inexécution d'une obligation contenue au sein d'un acte juridique*

Un conflit d'intérêts peut avoir pour objet un fait juridique d'inexécution d'une obligation contenue au sein d'un contrat ou d'un engagement unilatéral de volonté[4].

Tout d'abord, l'acte inexécuté par l'auteur du conflit d'intérêts peut relever de la gestion externe à la société. Par exemple, un associé ou un dirigeant s'abstient volontairement d'exécuter un contrat conclu entre la société et un tiers. L'acte inexécuté peut également intéresser la gestion interne à la société. Par exemple, un associé refuse de libérer intégralement ses apports en numéraire afin d'acquérir un bien mobilier à titre personnel ; ou encore un dirigeant transgresse une obligation statutaire lui imposant de respecter un préavis de

---

[1] V. par ex. Cass. com., 13 mars 2001, n°98-16.197, Bull. 2001, IV, n°60, p.56, en l'espèce la gérante associée assignait ses deux coassociés en responsabilité civile délictuelle et invoquait « *la faute personnelle qu'ils avaient commise en décidant de sa révocation dans le seul dessein de lui nuire* ». Ou encore Cass. com., 22 nov. 2005, n°03-18.651, inédit, en l'espèce la révocation du gérant était « *manifestement inspirée par une animosité de l'associé majoritaire* ». Rappr. Mémento Sociétés commerciales 2022, *op. cit.*, n°12560. *Adde* un associé abusant de son droit d'ester en justice à l'encontre d'un coassocié v. par ex Com., 20 oct. 1998, n°96-19.477, préc. ; Com., 3 juin 2003, n°99-18.707, Bull. 2003, IV, n°92, p.102, en l'espèce un actionnaire minoritaire était condamné à payer à la société une certaine somme à titre de dommages-intérêts pour procédure abusive, la Haute juridiction relevait « *que l'action en annulation n'avait été engagée que dans le dessein de nuire à la société* ».

[2] V. notamment Com., 18 juin 2002, n°98-21.967, préc., Cass. com., 31 mars 2009, n°08-11.860, préc., Com., 6 juin 1990, n°88-19.420 et 88-19.783, préc., Cass. com., 24 janv. 1995, n°93-13.273, préc., Cass. com., 30 nov. 2004, n°01-16.581, préc. Rappr. Mémento Sociétés civiles 2022, *op. cit.*, n°9071 et 9078 ; Mémento Sociétés commerciales 2022, *op. cit.*, n°7792 et 7833 ; Mémento Assemblées générales 2022-2023, *op. cit.*, n°58610 et suiv. et n°59390.

[3] Com., 4 févr. 2014, n°13-13.386, Bull. 2014, IV, n°32.

[4] V. les art. 1217 et 1100-1 du Code civil. Rappr. H. BOUCARD, art. préc., n°171 et n°271 et suiv.

démission[1] afin de se consacrer immédiatement à sa nouvelle activité professionnelle. Enfin, l'acte inexécuté peut organiser, alternativement ou cumulativement, les rapports entre la société, les associés et les dirigeants[2]. Par exemple, un associé refuse d'exécuter une promesse unilatérale de vente de droits sociaux contenue au sein d'un pacte d'associés ; ou encore, un dirigeant transgresse une obligation d'information spéciale contenue au sein d'un acte conclu avec les associés. L'inexécution peut porter sur une obligation d'information, de prévention, de gestion ou encore de sanction des conflits d'intérêts.

Les principes de non-cumul et de non-option prohibent qu'une action en responsabilité civile délictuelle soit dirigée à l'encontre de l'auteur de l'inexécution d'une obligation conventionnelle[3]. Lorsque l'exécution en nature est impossible ou lorsqu'un préjudice persiste malgré le prononcé de l'exécution forcée[4], le créancier de l'obligation pourra obtenir une exécution par équivalent, sous forme de dommages et intérêts[5], prononcée par le juge saisi sur le fondement des dispositions de droit commun ou de droit spécial[6]. En principe, le débiteur est tenu des dommages et intérêts prévus ou pouvant être prévus lors de la conclusion du contrat[7]. Par exception, lorsque l'inexécution est due à une faute lourde ou dolosive, le débiteur peut être tenu d'indemniser le préjudice imprévisible lors de la conclusion du contrat, succédant immédiatement et directement à l'inexécution[8]. Le montant des dommages et intérêts peut être fixé au sein d'une clause pénale[9].

Lorsque les conséquences juridiques de l'inexécution sont imputées à la société, cette dernière pourra le cas échéant intenter une action en responsabilité civile délictuelle pour faute à l'encontre de l'auteur du conflit d'intérêts[10].

Lorsqu'elle procède d'un conflit d'intérêts, l'inexécution d'une obligation contenue au sein d'un acte juridique peut être constitutive d'une faute simple[11].

---

[1] V. par ex. Soc., 1er févr., 2011, n°10-20.953, préc.

[2] Rappr. A. TADROS, Quelques observations sur la conclusion, la modification et l'exécution des pactes d'associés, D. 2019, p.1351, n°33.

[3] V. par ex. Cass. com., 26 févr. 1985, n°83-11.353, Bull. 1985, IV, n°78, p.67, ou encore Cass. 2ème civ., 9 juin 1993, n°91-21.650, Bull. 1993, II, n°204 p.110. Rappr. H. BOUCARD, art. préc., n°47 et suiv.

[4] Rappr. F. MANIN, E. JEULAND, Les incertitudes du référé injonction de faire en droit des sociétés, art. préc., n°13.

[5] V. les art. 1217 et 1231-2 du Code civil.

[6] V. par ex. l'art. 1843-3 al. 5 du Code civil.

[7] V. l'art. 1231-3 du Code civil. Rappr. par ex. Cass. com., 17 mars 1987, n°85-15.711, inédit, relevant « *que le créancier d'une obligation contractuelle est fondé à demander la réparation de l'intégralité de son préjudice prévisible directement causé par l'inexécution de la convention* » ; ou encore 1re civ., 25 janv. 1989, n°87-13.640, Bull. 1989, I, n°43, p.28. V. également H. BOUCARD, art. préc., n°494 et suiv.

[8] V. l'art. 1231-4 du Code civil. Rappr. par ex. Cass. com., 17 mars 1987, n°85-15.711, préc. *Adde* H. BOUCARD, art. préc., n°456 et suiv., 508 et 509.

[9] V. l'art. 1231-5 al. 1 du Code civil.

[10] À propos de l'action en responsabilité engagée par la société à l'encontre de l'associé ou du dirigeant en conflit d'intérêts.

[11] Rappr. H. BOUCARD, art. préc., n°375 et suiv.

Les éléments constitutifs et la gravité du conflit d'intérêts ont une incidence sur la qualification de la faute.

Tout d'abord, lorsque l'associé ou le dirigeant en conflit d'intérêts a volontairement inexécuté ses obligations ou celles de la société, une faute dolosive pourra être retenue à son encontre ou imputée à la société[1]. Tel sera principalement le cas en présence d'un conflit d'intérêts direct personnel ou par représentation et d'un conflit d'intérêts indirect révélé au moyen d'un lien d'intérêts consolidé au fil duquel l'associé, le dirigeant ou une personne liée exerce une influence juridique étendue. Par exemple, afin de contrarier ses coassociés et ainsi satisfaire son intérêt personnel moral, un associé refuse volontairement de mettre à disposition de la société un bien immobilier apporté en jouissance. Le conflit d'intérêts rencontré par l'associé est constitutif d'une faute dolosive.

Le conflit d'intérêts affectant l'associé ou le dirigeant peut, également, permettre la qualification d'une faute lourde à son encontre ou imputée à la société[2]. Par exemple, un dirigeant souhaite percevoir une rémunération variable calculée en fonction de l'augmentation du portefeuille clients de la société ; faisant preuve d'une profonde incurie, il conclut des contrats emportant création d'une nouvelle activité sociale et dont l'exécution est manifestement impossible pour la société. Le conflit d'intérêts rencontré par le dirigeant est constitutif d'une faute lourde imputée à la société défaillante.

Enfin, le conflit d'intérêts affectant l'associé ou le dirigeant peut emporter une faute inexcusable imputée à la société à l'occasion de l'inexécution de ses obligations conventionnelles en matière de droit social ou des transports. La faute inexcusable se caractérise principalement par la conscience de son auteur, du danger ou du préjudice auquel est exposé le créancier[3]. Par exemple, un dirigeant, éprouvant une aversion profonde pour un client de la société, expose ses marchandises à l'avarie[4].

Les conflits d'intérêts emportant une faute dolosive, lourde ou inexcusable permettent d'obtenir des dommages et intérêts couvrant les suites imprévisibles

---

[1] V. spé. Cass. 1re civ., 4 févr. 1969, n°67-11.387, Bull. civ., 1969, I, n°60, précisant « *que le débiteur commet une faute dolosive lorsque, de propos délibéré, il se refuse à exécuter ses obligations contractuelles, même si ce refus n'est pas dicté par l'intention de nuire à son cocontractant* ». Rappr. *supra* H. BOUCARD, art. préc., n°400 et suiv.

[2] V. Cass. com., 3 avr. 1990, n°88-14.871, Bull. 1990, IV, n°108, p.71, selon la Haute juridiction la faute lourde « *est caractérisée par un comportement d'une extrême gravité, confinant au dol et dénotant l'inaptitude du débiteur de l'obligation à l'accomplissement de la mission contractuelle qu'il avait acceptée* ». *Adde* Com., 29 juin 2010, n°09-11.841, Bull. 2010, IV, n°115, précisant « *que la faute lourde ne peut résulter du seul manquement à une obligation contractuelle, fût-elle essentielle, mais doit se déduire de la gravité du comportement du débiteur* ». Rappr. H. BOUCARD, art. préc., n°411 et suiv.

[3] V. par ex. en droit social Cass., ch. réun., 15 juil. 1941, n°00-26.836, inédit, précisant que la faute inexcusable « *doit s'entendre d'une faute d'une gravité exceptionnelle, dérivant d'un acte ou d'une omission volontaire, de la conscience du danger que devait en avoir son auteur, de l'absence de toute cause justificative et se distinguant par le défaut d'un élément intentionnel* » ; *adde* notamment Soc., 28 févr. 2002, n°99-17.221, Bull. 2002, V, n°81, p.74, abandonnant l'exigence de relever l'exceptionnelle gravité de la faute. Rappr. H. BOUCARD, art. préc., n°416 et suiv.

[4] Rappr. l'alinéa 2 des art. L. 5422-14 et L. 6422-3 du Code des transports.

de l'inexécution. Ils permettent également de tenir en échec les clauses limitatives ou élusives de responsabilité[1] ainsi que les clauses plafonnant le montant des dommages et intérêts pouvant être alloués en cas d'inexécution[2].

### Conclusion du paragraphe 2

Seuls les conflits d'intérêts emportant une faute civile délictuelle ou une inexécution d'une obligation contenue au sein d'un acte juridique, peuvent être visés par une action en réparation. Afin d'en faciliter la réparation, la loi ou la jurisprudence pourrait assimiler le conflit d'intérêts résolu à une faute civile délictuelle. Cette faute résulterait d'un abus de droit caractérisé par le détournement d'un pouvoir social aux fins de satisfaire un intérêt personnel distinct de l'intérêt social.

## Conclusion de la section I

*Nonobstant* la définition juridique ou pratique retenue du conflit d'intérêts, l'action en réparation est conditionnée par l'exercice des pouvoirs d'un associé ou d'un dirigeant au préjudice de l'intérêt social. L'action en réparation est donc nécessairement dirigée à l'encontre d'un conflit d'intérêts résolu. Le conflit d'intérêts emportant transgression d'une obligation juridique pourra faire l'objet d'une action en responsabilité civile délictuelle ou d'une action pour inexécution d'une obligation contenue au sein d'un acte juridique. L'identification précise de l'objet du conflit d'intérêts facilite la qualification de l'obligation juridique transgressée. Toutefois, les éléments constitutifs du conflit d'intérêts en cause sont susceptibles d'affecter l'issue de l'action en réparation.

## Section II - L'action en réparation affectée par les éléments constitutifs des conflits d'intérêts

Au cours des développements à suivre, les termes action en réparation du conflit d'intérêts visent indistinctement, sauf précision contraire, l'action en responsabilité civile délictuelle et l'action pour inexécution d'un acte juridique. Les éléments constitutifs du conflit d'intérêts permettent de déterminer les parties à l'instance de l'action en réparation (§1). Ils permettent encore de moduler le droit à réparation (§2).

### §1 - Parties à l'instance déterminées en fonction des éléments constitutifs des conflits d'intérêts

Les éléments constitutifs du conflit d'intérêts permettent de déterminer l'auteur (A) et le défendeur (B) à l'action en réparation.

---

[1] Rappr. H. BOUCARD, art. préc., n°154.

[2] V. par ex. à propos de la faute dolosive Cass. 1re civ., 4 févr. 1969, n°67-11.387, préc. ; ou encore à propos de la faute lourde Cass. com., 9 juil. 2002, n°99-12.554, Bull. 2002, IV, n°121, p.129 et Com., 29 juin, 2010, n°09-11.841, Bull. 2010, IV, n°115. Rappr. H. BOUCARD, art. préc., n°584.

### *A - Auteur de la demande en réparation*

La société subissant les conséquences préjudiciables d'un conflit d'intérêts peut saisir le juge par l'intermédiaire de ses représentants légaux. Toutefois, le dirigeant, auteur du conflit d'intérêts ou lié à la personne auteur du dommage pourrait refuser d'intenter une action en justice.

En l'absence de coreprésentants de l'intérêt social investis du pouvoir d'agir en justice au nom et pour le compte de la société, les associés pourront en dernier recours exercer l'action sociale *ut singuli* à l'encontre du dirigeant. En cette hypothèse, lorsque le dirigeant est l'auteur du conflit d'intérêts visé par l'action en réparation, la société pourra demander indemnisation de son entier préjudice ; lorsque le dirigeant n'est pas l'auteur du conflit d'intérêts, la société pourra seulement obtenir à son encontre indemnisation d'une perte de chance d'obtenir réparation de son entier préjudice. Paradoxalement, les associés peuvent se trouver en conflit d'intérêts direct personnel à l'occasion de l'exercice d'une action sociale *ut singuli*. Ces derniers peuvent refuser d'agir au soutien de l'intérêt social à raison, notamment, des frais de procédure demeurant à leur charge[1] et des dommages et intérêts alloués à la société[2]. Afin de partager les frais de procédure, plusieurs associés pourraient, le cas échéant, agir par l'intermédiaire d'une association ayant pour objet la défense des intérêts de la société[3].

Une décision de l'assemblée des associés ne peut avoir ni pour objet ni pour effet d'empêcher ou d'éteindre l'action sociale dirigée à l'encontre d'un dirigeant[4].

Lorsque la société a été condamnée en raison d'un conflit d'intérêts, elle peut exercer un recours à l'encontre de son auteur, associé ou dirigeant[5].

L'associé, le dirigeant et les tiers au pacte social peuvent intenter une action en réparation du préjudice subi personnellement par un conflit d'intérêts[6].

L'action directe des tiers à l'encontre de l'associé ou du dirigeant en conflit d'intérêts est favorable à la société. Cette dernière ne supporte, notamment ni la créance de réparation ni les frais de procédure induits par l'action en justice.

Les associés peuvent se trouver en conflit d'intérêts direct personnel à l'occasion de l'exercice d'une action en réparation dirigée à l'encontre de l'auteur d'un conflit d'intérêts. En effet, les associés peuvent préférer poursuivre la réparation de leur préjudice personnel en lieu et place de celui subi par la société. Ils peuvent encore assimiler, sinon confondre, le préjudice social et leur préjudice personnel. Par exemple, dans l'affaire citée en guise d'illustration des conflits d'intérêts directs personnels, l'arrêt rendu par la Cour d'appel de Versailles rendu le 20 juin 2006, après deux arrêts de cassation, déboutait l'associé minoritaire de

---

[1] Rappr. P. DIDIER, La théorie contractualiste de la société, art. préc., troisième paragraphe.
[2] V. l'art. 1843-5 al. 1 du Code civil.
[3] Rappr. l'art. L. 22-10-44 I du Code de commerce.
[4] V. par ex. 3ème civ., 27 mai 2021, n°19-16.716, Bull. 2021, relevant « *que le quitus donné par l'assemblée des associés ne pouvait avoir d'effet libératoire au profit de M. [M] pour les fautes commises dans sa gestion* ».
[5] Rappr. C. BLOCH, A. GIUDICELLI, Imputation à une personne morale, *in* P. LE TOURNEAU (dir.), Dalloz action Droit de la responsabilité et des contrats, 2021-2022, n°2112.43.
[6] V. spé. les art. 1843-5 al. 1 du Code civil, L. 223-22 al. 3 et L. 225-252 du Code de commerce.

ses demandes en réparation à défaut d'avoir rapporté la preuve d'un préjudice personnel[1]. La confusion entre le préjudice social et le préjudice personnel emporte irrecevabilité de la demande en réparation pour défaut d'intérêt à agir[2]. La jurisprudence rappelle régulièrement qu'une diminution de la valeur comptable des droits sociaux n'est pas un préjudice distinct de celui subi par la société[3]. Par exemple, cause un préjudice personnel aux associés : « *l'insuffisance des apports faits par un associé, qui se traduit par une majoration infondée de sa participation au capital social* »[4] ; l'augmentation de capital consentie à un associé, apporteur d'un fonds de commerce sciemment sous-évalué[5] ; le redressement fiscal subi en conséquence de l'incurie du dirigeant[6].

Le fait et la faute de la victime figurent parmi les causes d'exclusion ou de réduction du droit à réparation. Le fait du demandeur à l'action en justice revêtant les caractères de la force majeure[7] absorbe le lien de causalité entre le fait générateur invoqué et le préjudice subi[8]. Ce fait est une cause d'exclusion totale du droit à réparation. Lorsqu'elle ne revêt pas les caractères de la force majeure, la faute du demandeur est une cause de réduction partielle de son droit à

[1] Cass. com., 24 janv. 1995, n°93-13.273, préc., en l'espèce l'actionnaire minoritaire demandait la nullité des délibérations en cause pour abus de majorité ; Cass. com., 30 nov. 2004, n°01-16.581, préc., en l'espèce l'actionnaire s'était désisté de ses demandes en nullité et sollicitait des dommages et intérêts pour le préjudice subi ; CA Versailles, 22ème ch., 20 juin 2006, *Mallet c/ SA Champagne Giesler et autres*, préc.

[2] V. par ex. Cass. com., 9 mars 2010, n°08-21.547 et 08-21.793, préc. ; Cass. com., 8 févr. 2011, n°09-17.034, Bull. 2011, IV, n°19 ; Com., 8 oct. 2013, n°12-18.252, inédit ; Com., 25 janv. 2017, n°14-29.726 préc. ; Com., 30 mai 2018, n°17-10.393, inédit. *Adde* Cass. com., 4 nov. 2021, n°19-12.342, Bull. 2021, précisant « *que la recevabilité de l'action en responsabilité engagée par un associé contre un tiers est subordonnée à l'allégation d'un préjudice personnel et distinct de celui qui pourrait être subi par la société elle-même, c'est-à-dire d'un préjudice qui ne puisse être effacé par la réparation du préjudice social. Le seul fait que cet associé agisse sur le fondement de la responsabilité contractuelle ne suffit pas à établir le caractère personnel du préjudice allégué.* ».

[3] V. par ex. CA Versailles, 22ème ch., 20 juin 2006, *Mallet c/ SA Champagne Giesler et autres*, préc. ; Com., 8 oct. 2013, n°12-18.252, préc. ; Com., 26 avr. 2017, n°15-20.054, inédit.

[4] En ce sens Cass. com., 26 avr. 2017, n°15-28.091 et 15-28.104, inédit.

[5] V. Cass. com., 30 sept. 2020, n°18-22.076, Bull. 2020, en l'espèce, la Haute juridiction reprochait à la Cour d'appel de ne pas avoir recherché si l'opération d'apport orchestrée par les associés majoritaires, n'avait pas conduit, par la sous-évaluation de la société et l'octroi corrélatif d'actions nouvelles nombreuses à l'associé apporteur, à priver illégitimement l'associé minoritaire d'une partie de ses droits en diluant sa participation au capital de la société.

[6] V. 3ème civ., 12 mai 2021, n°19-13.942, Bull. 2021, en l'espèce le gérant n'avait pas exécuté les résolutions d'une assemblée générale extraordinaire prévoyant la dissolution amiable de la société et avait poursuivi l'activité de celle-ci tout en effectuant des déclarations fiscales non sincères et incomplètes ; le redressement fiscal de la société avait donné lieu à une proposition de rectification des impôts des deux associés.

[7] Afin d'être qualifié de force majeure, l'événement en cause doit être imprévisible, insurmontable et extérieur à celui qui s'en prévaut. Rappr. l'art. 1218 du Code civil ; *adde* Ass. plén., 10 juil. 2020, n°18-18.542 et 18-21.814, Bull. 2020, en l'espèce la Haute juridiction rejetait la qualification de force majeure, faute d'extériorité, de l'événement en cause.

[8] V. J. JULIEN, Causes exonératoires et fait de la victime, *in* P. LE TOURNEAU (dir.), Dalloz action Droit de la responsabilité et des contrats, 2021-2022, n°2144.11 et suiv. ; H. BOUCARD, art. préc., n°366.

réparation[1]. La société, l'associé, le dirigeant victime d'un conflit d'intérêts pourrait ainsi voir son droit à réparation diminuer à proportion de sa faute. Par exemple, le demandeur : est coauteur du conflit d'intérêts en cause ; a fautivement contribué à la dissimulation et à la résolution du conflit d'intérêts qu'il critique ; a, par imprudence et excès d'assurance, voté au soutien d'une résolution relative à l'autorisation d'un conflit d'intérêts préalablement à sa résolution[2].

En revanche, les fautes commises par l'associé ou le dirigeant à l'occasion d'un conflit d'intérêts et imputées à la société ne devraient être retenues comme cause de réduction de son droit à réparation. Par exemple, le dirigeant en conflit d'intérêts réalise des faits de concurrence déloyale pour lesquels la société est condamnée par le tiers concurrent. Au stade du recours en responsabilité par la société à l'encontre de son dirigeant pour faute de gestion, les faits constitutifs de concurrence déloyale ne devraient être retenus comme cause de réduction de son droit à réparation.

L'action en réparation des conflits d'intérêts se prescrit sur le fondement de dispositions de droit spécial ou de droit commun. Les dispositions de droit spécial sont éparses et emportent application d'une prescription de trois ans. La prescription triennale s'applique, notamment, aux actions en responsabilité exercées à l'encontre des dirigeants de droit des sociétés à responsabilité limitée ou de capitaux[3]. Elle s'applique également aux actions en responsabilité fondées sur l'annulation de la société ou sur l'annulation des actes et délibérations postérieurs à sa constitution[4]. La prescription pourra ponctuellement être allongée pour atteindre une durée de dix ans. Ce délai de prescription est notamment applicable aux actions en responsabilité fondées sur le défaut d'une mention obligatoire dans les statuts et d'une omission ou d'un accomplissement irrégulier d'une formalité prescrite pour la constitution de la société ou pour la modification des statuts[5]. En l'absence de disposition spéciale, la prescription quinquennale de droit commun est applicable[6]. Ce délai de prescription sera applicable aux actions en responsabilité dirigées à l'encontre des associés pour abus du droit de vote[7] ; ou encore à l'encontre d'un dirigeant de fait d'une

[1] V. J. JULIEN, art. préc., n°2144.30 et suiv. ; H. BOUCARD, art. préc., n°367 et suiv.

[2] Rappr. Com., 18 mars 2020, n°18-17.010 préc.

[3] V. spé. les art. L. 223-23 et L. 225-254 du Code de commerce. *Adde*, Mémento Sociétés commerciales 2022, *op. cit.*, n°14091 et suiv., n°14141 et n°14371.

[4] V. l'art. 1844-17 du Code civil du Code de commerce.

[5] V. l'alinéa 3 des art. 1840 du Code civil et L. 210-8 du Code de commerce. *Adde* les art. L. 223-23 et L. 225-254 du Code de commerce selon lesquels ce délai est également applicable aux actions en responsabilité dirigées à l'encontre d'un dirigeant de droit des sociétés à responsabilité limitée ou de capitaux lorsque le fait en cause est qualifié de crime.

[6] Art. 2224 du Code civil.

[7] Cass. com., 30 mai 2018, n°16-21.022, préc., précisant « *que l'action en réparation du préjudice causé par un abus de majorité se prescrit par cinq ans* » ; cette décision rendue au sujet d'un abus de majorité, est transposable aux abus de minorité ou d'égalité.

quelconque société[1] ou d'un dirigeant de droit d'une société civile, d'une société en nom collectif ou d'une société en commandite simple[2].

Sauf disposition légale expresse contraire[3], la prescription débute à la date du fait dommageable ou de l'inexécution de l'obligation contenue au sein d'un acte juridique. Le point de départ est reporté, en cas de dissimulation, à la date de la révélation[4].

Les délais de prescription raccourcis, contraignent la victime d'un conflit d'intérêts à faire preuve de diligence en agissant promptement en justice. En effet, l'auteur d'un conflit d'intérêts peut avoir causé un préjudice futur ; c'est-à-dire un préjudice virtuellement présent mais dont la manifestation concrète est future. Par exemple, l'auteur du conflit pourrait rechercher à retarder la manifestation du préjudice à une date égale ou supérieure à trois ans.

### *B - Défendeur à l'action en réparation*

La ou les victimes du conflit d'intérêts peuvent directement assigner l'associé ou le dirigeant auteur du conflit d'intérêts. L'auteur du conflit peut encore être assigné sur recours de la société à laquelle les conséquences dommageables du conflit d'intérêts ont été préalablement imputées.

L'action en réparation peut également être dirigée à l'encontre des coauteurs d'un conflit d'intérêts. C'est-à-dire l'ensemble des associés ou des dirigeants affectés par un conflit d'intérêts identique. Ce type de conflit d'intérêts se rencontre en présence d'un pouvoir d'exercice collectif. Par exemple, plusieurs associés en conflit d'intérêts commettent un abus de majorité à l'occasion de l'adoption d'une décision collective favorisant leur intérêt personnel respectif.

L'action en réparation peut être étendue aux personnes ayant, par leur complicité, participé à la résolution préjudiciable du conflit d'intérêts. Le complice de l'auteur du conflit d'intérêts en cause peut être un coreprésentant de l'intérêt social. Par exemple, un associé en conflit d'intérêts obtient du dirigeant, complice, la mise à l'ordre du jour d'une résolution qu'il souhaite adopter. Le complice pourra encore être une personne liée à l'auteur du conflit d'intérêts[5]. Par exemple, afin de dissimuler un conflit d'intérêts direct, un associé crée une seconde société, complice, à laquelle profite le conflit.

---

[1] V. par ex. Cass. com., 30 mars 2010, n°08-17.841, préc. ; Cass. com., 12 avr. 2016, n°14-12.894, inédit.

[2] Rappr. Mémento Sociétés civiles 2022, *op. cit.*, n°7876 ; Mémento Sociétés commerciales 2022, n°14141.

[3] V. par ex. l'art. 1844-17 du Code civil faisant débuter la prescription de l'action en dommages et intérêts « *à compter du jour où la décision d'annulation est passée en force de chose jugée* ». *Adde* également l'art. 1840 al. 3 du Code civil, faisant débuter la prescription de dix ans « *à compter du jour où l'une ou l'autre, selon le cas, des formalités visées à l'alinéa 3 de l'art. 1839 aura été accomplie.* ».

[4] Rappr. P. BRUN, Responsabilité du fait personnel, art. préc., n°142 et H. BOUCARD, art. préc., n°118.

[5] V. par ex. J.-B. TAP, note sous CA Paris, pôle 5, 8ème ch., 10 août 2017, n°15/17109, *F. c/ SAS Détroyat et Associés*, Rev. sociétés, 2018, p.241, n°2 ; en l'espèce l'action en réparation était dirigée à l'encontre d'un dirigeant en conflit d'intérêts direct par représentation, ainsi qu'à l'encontre d'une seconde société bénéficiaire du conflit.

L'action en réparation ne peut être dirigée à l'encontre d'un associé ou d'un dirigeant n'ayant pas concouru à la création et à la résolution d'un conflit d'intérêts. En cette hypothèse la personne en cause ne doit avoir participé ni directement ni indirectement, à la création et à la résolution du conflit d'intérêts. La faute fait ici défaut.

En pratique, les situations dans lesquelles l'associé ou le dirigeant n'aura pas concouru à la création et à la résolution du conflit d'intérêts qui l'affecte sont rares. Elles peuvent toutefois se présenter à deux conditions. Selon la première, un associé ou un dirigeant place en conflit d'intérêts l'un de ses coreprésentants de l'intérêt social. Par exemple, un dirigeant décide de contracter au nom et pour le compte de la société avec une seconde société au sein de laquelle l'associé majoritaire de la première est associé minoritaire de la seconde ; toutefois cette décision nécessite l'autorisation préalable de la collectivité des associés. L'associé majoritaire sera alors en conflit d'intérêts s'il devait participer à la réunion d'associés. Selon la seconde condition, le conflit d'intérêts en cause doit être résolu sans intervention de la personne intéressée. Cette résolution est notamment obtenue par le déploiement d'un dispositif de prévention ou de gestion des conflits d'intérêts. Dans la continuité de l'exemple précité, l'associé majoritaire s'abstient volontairement d'assister aux débats et au vote.

En revanche, sont davantage fréquentes les situations faisant obstacle à la qualification de coauteur ou de complice d'un conflit d'intérêts. Elles se rencontrent principalement lorsque le pouvoir permettant de résoudre le conflit d'intérêts est collectivement détenu. Par exemple, un administrateur s'oppose à l'adoption d'une décision figurant à l'ordre du jour emportant résolution d'un conflit d'intérêts rencontré par le président du conseil et fait acter ses griefs au sein du procès-verbal de la réunion. À l'issue du conseil, ce même administrateur démissionne de ses fonctions afin de marquer son opposition à l'exécution de la résolution adoptée, en raison de son caractère préjudiciable à l'intérêt social. Cet administrateur devrait échapper à l'action sociale exercée contre les membres du conseil d'administration en conflit d'intérêts ou ayant contribué à l'adoption de la décision litigieuse[1].

Les actes juridiques intéressant la gestion interne ou externe de la société peuvent comporter des exceptions à l'exécution des clauses limitatives ou élusives de responsabilité et des clauses plafonnant le montant des dommages et intérêts. L'ensemble des conflits d'intérêts directs, ou certains d'entre eux conventionnellement ciblés comme étant d'attention prioritaire, pourraient être identifiés comme emportant une telle exception. Des liens d'intérêts fondamentaux précisément définis pourraient également emporter une telle dérogation. Par exemple, un pacte d'associés pourrait comporter une clause limitative de responsabilité couvrant une quelconque inexécution à l'exception de celles : résultant d'un conflit d'intérêts direct ; succédant à la création d'un lien d'intérêts professionnel et financier avec une personne physique ou morale, concurrente ou cliente, de la société ; intervenant au profit d'une personne avec

---

[1] V. par ex., Cass. com., 30 mars 2010, n°08-17.841, préc.

laquelle le débiteur est lié par un lien d'intérêts familial. Ce type de dérogation dispense le créancier de l'obligation inexécutée, d'avoir à rapporter la preuve d'une faute dolosive, lourde ou inexcusable commise par le débiteur défaillant.

L'auteur ou les coauteurs d'un conflit d'intérêts ainsi que les personnes ayant contribué à sa création ou sa résolution, peuvent être condamnés à supporter solidairement la dette de réparation[1]. Au stade de l'obligation à la dette[2], le créancier de l'obligation de réparation pourra poursuivre un seul des codébiteurs afin de le voir condamné au paiement de l'ensemble des dommages et intérêts.

Sur le fondement d'une disposition légale spéciale, l'obligation de réparation d'un conflit d'intérêts peut être solidaire[3]. Les dispositions légales permettant une condamnation solidaire des défendeurs à une action en réparation d'un conflit d'intérêts sont éparses. À titre d'illustration, peuvent être solidairement condamnés à raison du conflit d'intérêts rencontré : les associés fondateurs et les premiers dirigeants d'une quelconque société, en cas de défaut d'une mention obligatoire dans les statuts et d'omission ou d'accomplissement irrégulier d'une formalité prescrite pour la constitution de la société ou la modification des statuts[4] ; les premiers dirigeants et les associés auxquels la nullité d'une société à responsabilité limitée ou par actions est imputable[5] ; les dirigeants lorsque leur responsabilité personnelle est recherchée par la société ou les tiers[6] ; les dirigeants et la personne morale qu'ils dirigent, lorsque cette dernière exerce une fonction de direction au sein d'une société[7] ; le gérant d'une société à responsabilité limitée et l'associé signataire à une convention réglementée ayant eu des conséquences préjudiciables pour la société[8] ; le ou les dirigeants et la personne intéressée à la convention réglementée ayant eu des conséquences préjudiciables pour la société[9] ; les associés d'une société à responsabilité limitée ou d'une société par actions simplifiée, lorsque la valeur des apports en nature attribuée à la constitution de la société a été déterminée en l'absence d'un commissaire aux apports ou lorsqu'elle est différente de celle proposée par le commissaire aux apports[10].

---

[1] V. les art. 1310 et suiv. du Code civil. *Adde* S. GUINCHARD, T. DEBARD, *op. cit.*, v. « *Obligation* », « *Obligation solidaire.* ».

[2] Rappr. S. GUINCHARD, T. DEBARD, *op. cit.*, v. « *Obligation* », « *Obligation à la dette.* ».

[3] Rappr. P. LE TOURNEAU, J. JULIEN, Solidarité, Rép. civ. Dalloz, 2018, n°42 et suiv.

[4] V. l'art. 1840 al. 1 et 2 du Code civil.

[5] V. les art. L. 223-10 et L. 225-249 al. 1 du Code de commerce.

[6] V. les art. 1850 al. 2 du Code civil, L. 223-22 al. 1, L. 225-251 al. 1, L. 225-256, L. 22-10-73, L. 226-12, L. 227-8 du Code de commerce.

[7] V. l'art. 1847 du Code civil applicable aux sociétés civiles et les art. L. 221-3 al. 2, L. 222-2, L. 225-20 al. 1, L. 225-76 al. 1, L. 226-1 al. 2, L. 227-7 du Code de commerce, applicables aux sociétés commerciales.

[8] V. l'art. L. 223-19 al. 4 du Code de commerce.

[9] V. les art. L. 225-41 al. 2, L. 225-89 al. 2, L. 226-10 al. 1, L. 229-7 al. 10 et L. 227-10 al. 3 du Code de commerce. *Adde* l'art. L. 612-5 du même Code, applicable aux personnes morales de droit privé non commerçantes ayant une activité économique.

[10] V. les art. L. 223-9 et L. 227-1 du Code de commerce. Au sein des sociétés à responsabilité limitée cette solidarité est étendue aux souscripteurs d'une augmentation de capital réalisée, soit en totalité, soit en partie par des apports en nature, v. l'art. L. 223-33 du même Code.

À défaut de disposition légale spéciale, le juge peut condamner *in solidum* les défendeurs à supporter l'obligation en réparation d'un conflit d'intérêts[1]. La condamnation *in solidum* peut être demandée par la victime d'un conflit d'intérêts, agissant à l'encontre de plusieurs personnes sur des fondements légaux différents[2]. Elle peut encore être sollicitée à l'encontre de personnes dont la condamnation solidaire ne peut être obtenue sur le fondement d'une disposition légale spéciale[3].

La solidarité légale ou la condamnation *in solidum* peut atteindre la société victime du conflit d'intérêts et des associés ou des dirigeants non fautifs. La société, l'associé ou le dirigeant ayant supporté seul la dette de réparation, pourra exercer un recours à l'encontre de ses coobligés. Au stade de la contribution à la dette[4], le débiteur ayant payé tout ou partie de l'obligation de réparation d'un conflit d'intérêts, bénéficie d'un recours à l'encontre de ses codébiteurs. Ce recours est assuré par une action du débiteur, le cas échéant, personnelle ou en subrogation[5]. La répartition de la charge finale de la dette s'opère en fonction de la faute commise par chacun des coresponsables[6]. En droit des sociétés, certaines dispositions légales peuvent imposer au juge de fixer la part contributive de chacun des responsables dans la réparation du préjudice[7].

Les dispositifs de prévention et de gestion des conflits d'intérêts appliqués par un associé ou un dirigeant, peuvent avoir une incidence sur l'action en réparation dirigée à leur encontre. Dans un premier temps, ces dispositifs peuvent faire obstacle à la commission d'une quelconque faute. Ils peuvent, également, conduire à ce que la personne poursuivie ne soit pas l'auteur de l'inexécution de l'obligation conventionnelle en cause. Ces dispositifs peuvent donc être utilisés comme moyen de défense au fonds afin d'obtenir le rejet des prétentions de

---

1 Rappr. S. GUINCHARD, T. DEBARD, *op. cit.*, v. « In solidum *(Obligation)* ». V. par ex. Cass. com., 19 avr. 2005, n°02-16.676, inédit, en l'espèce la Cour d'appel refuse de retenir la responsabilité *in solidum* de deux personnes, « *dès lors que la faute de la première réside dans des actes volontaires et délictueux, tandis que la faute de la seconde ne réside que dans de simples négligences* » ; la Haute juridiction censurait cette décision après avoir relevé que « *chacune des fautes commises avait concouru à la réalisation de l'entier dommage, de sorte que la responsabilité de leurs auteurs devait être retenue in solidum envers la victime de celui-ci* ». *Adde* P. LE TOURNEAU, J. JULIEN, art. préc., n°157 et suiv.

2 Rappr. par ex. H. BOUCARD, art. préc., n°203, à propos de l'action du créancier d'une obligation contractuelle à l'encontre du débiteur en paiement de dommages et intérêts contractuels et à l'encontre du tiers en responsabilité civile délictuelle. Ou encore J. JULIEN, Causes exonératoires et fait de la victime, art. préc., n°2143.21.

3 V. par ex. Cass. com., 12 févr. 2013, n°11-23.610, inédit, en l'espèce la Cour d'appel avait solidairement condamné une société à responsabilité limitée et son associé majoritaire à réparer le préjudice subi par le gérant, révoqué dans des circonstances vexatoires. V. également Cass. com., 22 nov. 2005, n°03-18.651, préc. *Adde* 1re civ., 19 mai 2021, n°18-18.896, inédit, en l'espèce trois associés ayant commis un abus de majorité étaient condamnés *in solidum* au paiement de dommages et intérêts au quatrième associé.

4 V. S. GUINCHARD, T. DEBARD, *op. cit.*, v. « *Contribution à la dette* ».

5 Rappr. P. LE TOURNEAU, J. JULIEN, art. préc., n°143 et suiv. et n°197 et suiv.

6 Rappr. P. BRUN, Responsabilité du fait personnel, art. préc., n°138 et 139. *Adde* P. LE TOURNEAU, J. JULIEN, art. préc., n°199 et suiv.

7 V. spé. les art. 1850 du Code civil et L. 225-251 al. 1 du Code de commerce.

l'auteur de la demande en réparation[1]. Dans un second temps, ces dispositifs peuvent aboutir à une diminution de la gravité de la faute commise par le dirigeant ou l'associé en conflit d'intérêts. Ils peuvent donc aboutir à une diminution de la part contributive de l'associé ou du dirigeant en conflit d'intérêts, à la réalisation du préjudice.

Ces observations peuvent inciter les associés et les dirigeants à se conformer aux mécanismes de prévention et de gestion des conflits d'intérêts mis en place.

### Conclusion du paragraphe 1

L'initiative de l'action en justice est partagée. Elle peut tout d'abord être initiée par la société victime d'un conflit d'intérêts. Préalablement ou concomitamment à l'action sociale, la procédure contentieuse peut également être engagée en leur nom personnel par un associé, un dirigeant ou un tiers. Les défendeurs à l'action en réparation d'un conflit d'intérêts peuvent être multiples. À l'instar de l'auteur ou des coauteurs du conflit d'intérêts, peuvent être mis en cause leurs complices et les personnes liées ayant contribué à la création ou la résolution du conflit. Paradoxalement le défendeur peut être la société victime du conflit d'intérêts, à laquelle est imputée la responsabilité du préjudice causé à un tiers, un associé ou un dirigeant. La multiplication des personnes susceptibles d'être assignées ou d'intervenir à l'action en réparation complexifie la procédure. Cependant, elle augmente les chances pour la société, victime d'un conflit d'intérêts, d'obtenir paiement des dommages et intérêts octroyés par le juge.

## §2 - Droit à réparation modulé en fonction des éléments constitutifs du conflit d'intérêts

Une fois le préjudice causé par un conflit d'intérêts constaté en son principe par le juge, la question de sa réparation effective se pose. Lorsque la réparation en nature est impossible, des dommages et intérêts pourront être accordés par le juge[2]. En vertu du principe de réparation intégrale, les dommages-intérêts alloués à la victime « *doivent réparer le préjudice subi sans qu'il en résulte pour elle ni perte ni profit* »[3]. L'évaluation des dommages et intérêts relève de l'appréciation souveraine du juge du fond et s'effectue au jour où il statue[4]. Sauf à excéder ses pouvoirs, le juge ne peut allouer un montant de dommages et intérêts supérieur à celui indiqué au sein du dispositif des conclusions du demandeur[5]. Le pouvoir souverain dont il dispose, lui permet de tenir compte du comportement de l'auteur du conflit d'intérêts au stade de l'appréciation du *quantum* des dommages-intérêts. Au regard du principe de réparation intégrale du préjudice, le juge ne peut faire mention de cette prise en compte au sein de la motivation ou du

---

[1] V. l'art. 71 du Code de procédure civile.

[2] Rappr. P. BRUN, art. préc., n°162.

[3] En ce sens Cass. 2ème civ., 23 janv. 2003, n°01-00.200, Bull. 2003, II, n°20, p.16 ; H. BOUCARD, art. préc., n°530 et suiv.

[4] Rappr. P. CASSON, Dommages et intérêts, Rép. civ. Dalloz, 2017, n°19, 27 et suiv. ; H. BOUCARD, art. préc., n°534 et 535 ; P. BRUN, art. préc., n°162.

[5] Rappr. les art. 5, 446-2, 768 et 954 du Code de procédure civile.

dispositif de sa décision. En cas contraire, la décision pourrait être censurée par la Cour de cassation[1]. Le comportement de l'auteur du conflit d'intérêts peut avoir un impact sur l'évaluation du *quantum* des dommages-intérêts retenue par le juge. Le juge pourrait opérer une pondération négative (A) ou positive (B) des dommages-intérêts.

### *A - Pondération négative du quantum des dommages et intérêts*

Le juge opère une pondération négative du *quantum* des dommages-intérêts, lorsqu'il retient une évaluation du préjudice inférieure à celle proposée par la victime d'un conflit d'intérêts en raison du comportement de l'auteur du conflit. La nouvelle évaluation arrêtée par le juge, lui permet de diminuer le montant des dommages et intérêts sollicité. Cette diminution peut avoir lieu à condition qu'il existe une méthode d'évaluation du préjudice différente de celle proposée par la victime du conflit d'intérêts.

Le juge pourrait diminuer le montant des dommages-intérêts lorsque l'auteur du conflit d'intérêts s'est conformé, spontanément et à bref délai, aux dispositifs : d'identification, de prévention et de gestion des conflits d'intérêts. Par exemple, un associé ou un dirigeant relève qu'un point à l'ordre du jour d'une réunion, le place en conflit d'intérêts. Cet associé ou ce dirigeant participe à l'exécution fautive de la décision sociale adoptée. Toutefois, l'associé ou le dirigeant : s'est conformé à ses obligations de déclarations préalables au conflit d'intérêts ; s'est conformé à l'ensemble des mesures préventives proposées au regard de ses liens d'intérêts ; a régulièrement déclaré, dès réception de l'ordre du jour, le conflit d'intérêts qu'il rencontre, dont la résolution s'effectuera pendant la réunion ; s'est volontairement abstenu de participer aux débats préalables au vote et aux opérations de vote. Le juge, après avoir qualifié le fait générateur de responsabilité et le préjudice social, pourrait souverainement prendre en compte ces éléments de faits afin de retenir une évaluation du préjudice et du quantum des dommages et intérêts inférieurs à celle proposée par la victime du conflit d'intérêts.

La prise en compte par le juge du comportement des associés ou des dirigeants doit avoir pour objectif d'inciter ces derniers au déploiement des mesures d'identification, de prévention et de gestion des conflits d'intérêts. En revanche, elle ne doit pas conduire à convaincre les acteurs de la vie des affaires qu'il existe une tolérance judiciaire à l'égard de certains conflits d'intérêts.

Le juge devrait s'abstenir d'opérer une pondération négative du *quantum* des dommages et intérêts en présence d'un conflit d'intérêts direct délibérément créé par l'associé ou le dirigeant en cause. Il devrait encore s'abstenir d'opérer une telle pondération, en présence d'un conflit d'intérêts indirect révélé au moyen d'un lien d'intérêts consolidé au fil duquel l'associé ou le dirigeant en cause exerce une influence juridique étendue.

---

[1] V. par ex. Cass. com., 14 janv. 2014, n°12-13.259 et 12-18.933, inédit. Rappr. P. CASSON, art. préc., n°20 ; H. BOUCARD, art. préc., n°530.

La pondération négative du *quantum* des dommages-intérêts devrait être limitée aux conflits d'intérêts indirects révélés au moyen d'un lien d'intérêts consolidé au fil duquel l'associé ou le dirigeant en cause exerce une influence juridique restreinte.

*B - Pondération positive du quantum des dommages et intérêts*

Le juge opère une pondération positive du *quantum* des dommages-intérêts, lorsqu'il retient une évaluation du préjudice égale à celle proposée par la victime d'un conflit d'intérêts en raison du comportement de l'auteur du conflit. Cette pondération positive implique qu'une évaluation alternative du préjudice existe et qu'elle soit rejetée par le juge. L'évaluation retenue par le juge, lui permet d'accorder à la victime du conflit d'intérêts en cause, le montant des dommages et intérêts demandé. Le juge augmente ainsi artificiellement le montant des dommages et intérêts dans la limite du *quantum* indiqué au sein des conclusions du demandeur.

Le juge pourrait être enclin à suivre la victime d'un conflit d'intérêts dans son argumentation lorsque l'auteur du conflit : a transgressé un ou plusieurs dispositifs d'identification, de prévention et de gestion des conflits d'intérêts ; était animé d'une intention de nuire ; a recherché de manière consciente et délibérée la violation d'une disposition légale impérative.

L'ensemble des conflits d'intérêts, directs comme indirects, sont susceptibles d'inciter le juge à opérer une pondération positive du *quantum* des dommages-intérêts. Par exemple un associé majoritaire et dirigeant : modifie les statuts de la société afin d'augmenter le pourcentage des bénéfices distribuables et accroitre la contribution aux dettes et aux pertes de ses coassociés ; rachète au nom de la société une créance d'une seconde société qu'il dirige et dont le recouvrement nécessite une action en justice à l'issue incertaine ; rachète en son nom personnel plusieurs actifs mobiliers sociaux pour la moitié de leur valeur comptable ; n'a déclaré à la société aucun des conflits d'intérêts rencontrés ; n'a appliqué aucune mesure de prévention ou de gestion des conflits d'intérêts. La société, agissant par l'intermédiaire de ses associés minoritaires exerçant l'action sociale *ut singuli*, saisit le juge afin d'obtenir réparation des conflits d'intérêts rencontrés par son dirigeant associé majoritaire. Le juge pourrait prendre en considération le comportement de l'associé majoritaire afin de trancher entre l'évaluation du préjudice proposée par la société et celle, plus faible, proposée par l'associé majoritaire.

La pondération positive du *quantum* des dommages-intérêts opérée par le juge peut également se traduire par le rejet d'une demande de réduction du montant des dommages-intérêts prévu au sein d'une clause pénale. Par exemple, le juge ordonne l'exécution d'une clause pénale comportant un coefficient multiplicateur du montant de l'indemnité due au créancier lésé, lorsque l'inexécution en cause procède d'un conflit d'intérêts précisément identifié.

La pondération positive du *quantum* des dommages et intérêts permet au juge de retenir une évaluation de la perte de chance invoquée, similaire à celle qui aurait été retenue en présence d'un entier préjudice. Dans la continuité de l'exemple précédent, la société recevait une offre d'achat de plusieurs actifs mobiliers pour un prix de 1 000 000 EUR. L'associé majoritaire et dirigeant rachète ces actifs sociaux pour la moitié de leur valeur comptable, à savoir 400 000 EUR. La société sollicite des dommages-intérêts à hauteur de 1 000 000 EUR pour réparer la perte d'une chance de céder ses actifs immobiliers à hauteur du prix de l'offre initiale reçue. Le juge pourrait tenir compte du comportement de l'associé majoritaire et dirigeant afin de retenir un montant des dommages-intérêts variant entre la valeur comptable des actifs en cause, 800 000 EUR, et le prix de l'offre d'achat, 1 000 000 EUR.

### Conclusion du paragraphe 2

La pondération négative ou positive du quantum des dommages-intérêts doit être opérée par le juge, en son for intérieur, à l'occasion d'une action en réparation d'un conflit d'intérêts. Elle consiste à prendre en considération le comportement de l'auteur du conflit d'intérêts, afin d'augmenter ou de diminuer le montant des dommages et intérêts demandés. La mention de cette pondération ne peut figurer au sein de la motivation ou du dispositif de la décision rendue par le juge tenu au principe de réparation intégrale du préjudice. La pondération négative ou positive pourrait être sollicitée par les parties à l'instance dans leurs conclusions ou à l'occasion des audiences lorsque la procédure est orale. Les éléments de pondération positive peuvent être utilisés par la victime d'un conflit d'intérêts, afin de justifier le montant des dommages-intérêts demandés. En défense, les éléments de pondération négative seront utilisés afin de minorer le montant des dommages et intérêts sollicités.

## Conclusion de la section II

Les éléments constitutifs du conflit d'intérêts peuvent avoir pour effet d'aggraver ou d'atténuer la responsabilité de son auteur. Dans un premier temps, elle peut emporter une démultiplication des parties à l'instance par l'identification de plusieurs coauteurs d'un même conflit d'intérêts ou de complices. Cette identification permet d'éventuellement aboutir à un partage de responsabilité. Dans un second temps, les éléments constitutifs du conflit d'intérêts contribuent à la pondération du *quantum* des dommages et intérêts opérée par le juge en son for intérieur.

## Conclusion du chapitre II

La réparation du conflit d'intérêts obéit aux règles classiques du droit de la responsabilité civile délictuelle et du droit de l'inexécution des obligations conventionnelles. L'action en réparation est conditionnée par l'impact préjudiciable du conflit d'intérêts, en lien de causalité avec le fait générateur de responsabilité civile délictuelle ou avec l'inexécution d'une obligation contenue au sein d'un acte juridique. L'identification précise d'un conflit d'intérêts facilite la qualification des conditions de mise en œuvre de l'action en réparation. Identifier l'impact du conflit d'intérêts permet de qualifier le préjudice. Identifier l'objet du conflit d'intérêts permet de qualifier l'obligation juridique transgressée. L'action en réparation d'un conflit d'intérêts peut être affectée en fonction de ses éléments constitutifs. Elle doit prioritairement permettre d'obtenir une compensation sous forme de dommages-intérêts du préjudice subi par la société. Cette action est exercée au soutien de l'intérêt social.

Les éléments constitutifs du conflit d'intérêts permettent d'identifier les liens d'intérêts entre un associé ou un dirigeant en conflit, d'une part, et d'autres personnes ayant concouru à l'apparition ou à la résolution du conflit, d'autre part. Ils permettent donc d'identifier des coauteurs d'un même conflit d'intérêts ou des complices. Les éléments constitutifs du conflit d'intérêts peuvent encore faire obstacle à la prise en considération par le juge, en son for intérieur, du comportement de l'associé ou du dirigeant en conflit afin de réduire le *quantum* des dommages-intérêts demandés.

L'action en réparation peut être déclenchée, en l'absence de résolution d'un conflit d'intérêts, afin d'appréhender la transgression d'une obligation d'identification, de prévention ou de gestion des conflits d'intérêts. Lorsque ces obligations sont contenues au sein des statuts, leur inexécution pourrait être retenue à l'encontre d'un quelconque associé et faciliterait la qualification d'une faute de gestion à l'égard d'un dirigeant. La protection de ces obligations par une clause pénale, dont le montant de l'indemnité est élevé, renforce leur effectivité. En présence d'un conflit d'intérêts indirect de faible intensité, le déclenchement des mesures d'identification, de prévention et de gestion peut inciter le juge, en son for intérieur, à diminuer l'évaluation du préjudice subi.

# Conclusion du Titre II

Les traitements coercitifs du conflit d'intérêts doivent prioritairement tendre à la préservation de l'intérêt social. Dans un premier temps, ils permettent de juguler l'évolution du préjudice causé par un conflit d'intérêts résolu et sa réitération. Dans un second temps, ils permettent d'obtenir réparation d'un conflit d'intérêts résolu. Le déclenchement des sanctions du conflit d'intérêts dépend de sa gravité et son objet. Ces sanctions ne permettent d'appréhender qu'un nombre limité de conflits d'intérêts.

L'action en réparation peut atteindre tout conflit d'intérêts résolu. Elle constitue le seul traitement coercitif susceptible d'être déployé au sein d'une quelconque société. En cas de carence du dirigeant, l'action sociale pourra être mise en œuvre à son encontre par tout associé détenant une influence juridique restreinte ou étendue. Lorsqu'une sanction affectant la personne en conflit d'intérêts ne peut être obtenue, faute par exemple d'influence juridique ou de pouvoirs suffisants, les dirigeants ou les associés pourront intenter une action en réparation. Au contraire, lorsque l'action en réparation apparait impossible ou inopportune, les sanctions du conflit d'intérêts peuvent, le cas échéant, s'y substituer.

La majorité des sanctions du conflit d'intérêts, d'origine légale ou jurisprudentielle, ne peuvent être déployées qu'en présence d'une atteinte à l'intérêt social. Ce constat renforce l'utilité pratique et théorique, de retenir l'intérêt social comme intérêt pivot d'une définition des conflits d'intérêts en droit des sociétés.

L'action en réparation et la plupart des sanctions du conflit d'intérêts nécessitent le recours au juge. L'intérêt à agir du demandeur doit être motivé par la volonté de protéger l'intérêt social. La gravité du conflit d'intérêts permet de motiver le déclenchement des traitements coercitifs dont l'intensité croît à mesure de la promiscuité entre les intérêts générateurs du conflit.

Les traitements coercitifs du conflit d'intérêts sont dotés des mêmes effets qu'un leurre psychologique en ce qu'ils peuvent influer sur le comportement des associés et des dirigeants. Ces traitements peuvent être de nature à inciter, positivement ou négativement, les associés et les dirigeants au déclenchement des mesures d'identification, de prévention ou de gestion. L'incitation est positive lorsque les mesures précitées, appliquées par les associés ou les dirigeants en conflit d'intérêts, sont susceptibles d'alléger les traitements coercitifs déclenchés à leur encontre. L'incitation est négative lorsque les mesures précitées, non appliquées ou transgressées par les associés et les dirigeants en conflit d'intérêts, sont susceptibles d'aggraver les traitements coercitifs déclenchés à leur encontre. Les traitements coercitifs sont donc dotés d'un effet psychologique incitatif à l'exécution des obligations issues d'un dispositif d'identification ou d'un traitement non-coercitif des conflits d'intérêts. À l'inverse, ils sont dotés d'un effet psychologique dissuasif à la transgression de ces mêmes obligations.

# Conclusion Partie II

Une protection efficace de l'intérêt social est obtenue par la combinaison des traitements non-coercitifs et coercitifs des conflits d'intérêts rencontrés par les associés ou les dirigeants. Les traitements non-coercitifs regroupent les mesures de prévention et de gestion des conflits d'intérêts. Les traitements coercitifs sont composés des mesures de sanction et de réparation des conflits d'intérêts. Les mesures de réparation et de sanction prolongent les mesures de prévention et de gestion des conflits d'intérêts. Les traitements coercitifs sont autonomes vis-à-vis des traitements non-coercitifs des conflits d'intérêts. Renforcer les dispositifs légaux ou conventionnels de prévention et de gestion des conflits d'intérêts permettrait de limiter le contentieux judiciaire induit par le déploiement des traitements coercitifs. La réparation des conflits d'intérêts peut être obtenue malgré l'absence de déclenchement d'un quelconque dispositif de prévention, de gestion ou de sanction.

Une définition légale ou jurisprudentielle des conflits d'intérêts faciliterait l'identification et la mise en œuvre des traitements non-coercitifs et coercitifs. Dans un premier temps, la loi pourrait assimiler les conflits d'intérêts résolus à une faute civile délictuelle. À défaut, la jurisprudence pourrait juger qu'un conflit d'intérêts emporte un détournement de pouvoir constitutif d'un abus de droit. Cette assimilation permettrait de simplifier la mise en œuvre des actions en réparation des conflits d'intérêts. Elle ne serait pas incompatible avec une action pour inexécution d'obligations contenues au sein d'un acte juridique. Plus spécifiquement, l'action en réparation délictuelle du conflit d'intérêts pourrait coexister avec une action pour inexécution d'une obligation : de déclaration préalable aux conflits d'intérêts, de déclaration spontanée du conflit d'intérêts, d'éviter de se placer en conflit d'intérêts, de faire cesser un conflit d'intérêts rencontré ou de s'abstenir de résoudre un conflit d'intérêts au préjudice de l'intérêt social. Dans un second temps, la loi pourrait unifier le régime juridique applicable aux conflits d'intérêts. Pour ce faire, il incomberait au législateur de transposer dans la loi l'ensemble des obligations précitées d'identification, de prévention et de gestion des conflits d'intérêts. Dans le cadre de cette recherche, à défaut de telles dispositions légales et afin d'en simplifier l'identification, ces obligations sont proposées comme étant de nature contractuelle. L'harmonisation du régime juridique applicable aux conflits d'intérêts est un enjeu de politique juridique. Cette harmonisation répond à des objectifs de sécurité juridique et économique. Le législateur pourrait s'en saisir sous l'effet d'une appréhension croissante des conflits d'intérêts par la pratique et d'une multiplication du contentieux judiciaire.

# CONCLUSION GENERALE

L'amorce d'une définition repose sur les éléments constitutifs du conflit d'intérêts. Les éléments constitutifs correspondent à l'état de concurrence entre, d'une part, l'intérêt social et, d'autre part, l'intérêt personnel d'un associé, d'un dirigeant ou d'une personne à laquelle ils sont liés. Afin d'être dotée d'une réelle portée opérationnelle, la définition du conflit d'intérêts peut être restreinte en prenant en considération son dénouement dommageable pour la société.

Le conflit d'intérêts peut ainsi être défini comme une situation de fait par laquelle l'associé ou le dirigeant risque d'exercer ses pouvoirs au préjudice de l'intérêt social afin de privilégier directement ou indirectement son intérêt personnel ou celui d'une personne liée. En droit des sociétés, cette définition permet ainsi d'appréhender les seules situations présentant un réel danger pour l'intérêt social. Ce danger est caractérisé au moyen du préjudice, dont la notion est éprouvée par la pratique.

La typologie des conflits d'intérêts peut être élaborée à partir de l'état de confrontation entre l'intérêt social et l'intérêt personnel des associés, des dirigeants et des personnes auxquelles ils sont liés. Au moyen de leurs pouvoirs les associés et les dirigeants, représentant de l'intérêt social, peuvent directement ou indirectement placer en concurrence l'intérêt social avec un intérêt personnel. L'état de concurrence entre les intérêts en présence permet de distinguer les conflits d'intérêts directs personnels ou par représentation, d'une part, des conflits d'intérêts indirects personnels ou par personnes liées, d'autre part. La typologie proposée permet d'apprécier l'intensité des conflits d'intérêts. L'intensité des conflits d'intérêts traduit la proximité existante entre l'intérêt social et l'intérêt personnel des associés, des dirigeants ou d'une personne à laquelle ils sont liés.

Quatre types de conflits d'intérêts peuvent être répertoriés et classés par ordre d'intensité croissante.

Le conflit d'intérêts direct personnel implique qu'un associé ou qu'un dirigeant use de ses pouvoirs sociaux directement au soutien de ses intérêts personnels. Par exemple, dans un premier temps, un associé dépose en son nom personnel un brevet développé par la société qu'il souhaite céder, dans un second temps, à un tiers.

Le conflit d'intérêts direct par représentation implique qu'un associé ou qu'un dirigeant use de ses pouvoirs sociaux directement au soutien des intérêts personnels d'une tierce personne représentée. Par exemple, l'associé et dirigeant d'une société cède les dettes de la société liées aux frais de recherche et développement d'un brevet à une seconde société qu'il dirige également.

Le conflit d'intérêts indirects personnels implique qu'un associé ou qu'un dirigeant use de ses pouvoirs sociaux indirectement au soutien de ses intérêts personnels. Par exemple, le dirigeant d'une société engage cette dernière en qualité de sponsor d'une écurie de Formule Un créée par une seconde société au sein de laquelle il est actionnaire majoritaire.

Le conflit d'intérêts indirects par personnes liées implique qu'un associé ou qu'un dirigeant use de ses pouvoirs sociaux indirectement au soutien des intérêts personnels d'une tierce personne à laquelle il est lié. Par exemple, un associé et dirigeant d'une société d'avocats fait une donation au nom de cette dernière à une écurie de Formule Un au sein de laquelle son fils est engagé en qualité de conducteur.

La gravité du conflit d'intérêts peut être appréciée, alternativement ou cumulativement, au regard de son objet, de l'influence juridique de la personne en conflit et de l'impact du conflit sur la société. Elle justifie et motive le déclenchement des mesures de prévention, gestion, sanction et de réparation. La gravité du conflit d'intérêts peut être mesurée au moyen de son objet et de l'influence juridique détenue par l'associé ou le dirigeant en cause ou les personnes auxquelles il est lié. Par exemple, un conflit d'intérêts a pour objet des frais de recherche et développement évalués à hauteur de 10 000 000 EUR partagés entre plusieurs sociétés ; l'associé en conflit commun à ces sociétés est minoritaire et ne détient aucun pouvoir de direction. Ou encore, un conflit d'intérêts a pour objet la cession d'un véhicule évalué à 21 000 EUR entre deux sociétés représentées par leur dirigeant et associé majoritaire commun. La gravité du conflit d'intérêts, postérieurement à son dénouement, peut être mesurée au regard de son impact juridique et économique sur la société. Le dénouement du conflit d'intérêts se matérialise par l'usage des pouvoirs sociaux de l'associé ou du dirigeant en conflit. Lorsque le conflit d'intérêts se dénoue de manière dommageable, sa gravité se mesure en fonction de l'évaluation du préjudice subi par la société.

La gravité des conflits d'intérêts permet d'apprécier leur dangerosité antérieurement et postérieurement à leur dénouement. La dangerosité des conflits d'intérêts est relative. Elle dépend de leur intensité et de leur gravité. Un conflit d'intérêts de haute intensité pourra être doté d'une faible gravité. Par exemple, un dirigeant est en conflit d'intérêts direct personnel dont l'objet est un paiement de 200 EUR. Inversement, un conflit d'intérêts de faible intensité pourra être doté d'une gravité élevée. Par exemple, un associé est en conflit d'intérêts indirect par personnes liées dont l'objet engage l'intégralité du patrimoine social. Une méthodologie précise de qualification des conflits d'intérêts permet de cibler ceux constitutifs d'une réelle menace pour la société.

Les associés et dirigeants sont débiteurs à l'égard de la société, créancière, d'une obligation d'information spéciale ayant pour objet les conflits d'intérêts qu'ils rencontrent ou qu'ils rencontreront inéluctablement. Cette obligation de nature contractuelle procède du devoir de loyauté auquel sont tenus les associés et les dirigeants à l'égard de la société. Par exemple, un dirigeant souhaite acquérir pour le compte de la société un immeuble sur lequel un associé et codirigeant a préalablement émis pour son compte personnel une offre d'achat. L'associé codirigeant est tenu de révéler à la société le conflit d'intérêts qu'il rencontrera à l'occasion de l'assemblée générale ayant pour objet l'autorisation d'acquérir l'immeuble.

Les systèmes déclaratifs conditionnent le déclenchement des mesures de prévention et de gestion des conflits d'intérêts. Un droit à l'information est reconnu aux associés et aux dirigeants afin qu'ils agissent au soutien direct de l'intérêt social, non celui de leurs intérêts personnels ou ceux d'une personne liée. Les informations auxquelles ont légalement accès les représentants de l'intérêt social ne permettent de détecter qu'un nombre restreint de conflits d'intérêts. Les associés et les dirigeants ont le pouvoir de solliciter des informations à partir desquelles peuvent être extraits des renseignements relatifs aux éléments constitutifs et la gravité des conflits d'intérêts. Seuls les conflits d'intérêts dotés d'une gravité élevée justifieront le prononcé de mesures d'extraction judiciaire des renseignements.

La prévention des conflits d'intérêts procède d'une volonté de protéger l'intérêt social. Elle est assurée, *a minima*, par l'identification d'une obligation de nature contractuelle dont est créancière la société, imposant aux associés et aux dirigeants, débiteurs, d'éviter de se placer volontairement en conflit d'intérêts. Par exemple, un dirigeant devrait s'abstenir d'acquérir pour le compte de la société des biens meubles fabriqués par une seconde société au sein de laquelle il est associé majoritaire et dirigeant ; spécialement lorsque la qualité de ces derniers est inférieure aux biens proposés sur le marché. Cette obligation pallie l'insuffisance ou l'absence de dispositions légales et conventionnelles de prévention déterminées en fonction des éléments constitutifs ou de la gravité des conflits d'intérêts. Afin d'assurer une protection optimale de l'intérêt social, les mesures de prévention doivent être combinées avec des mécanismes de gestion des conflits d'intérêts.

La gestion des conflits d'intérêts prémunit la société contre la résolution préjudiciable de tels conflits. Elle pourrait être assurée, *a minima*, par l'identification d'une obligation de nature contractuelle dont serait créancière la société, imposant aux associés et aux dirigeants, débiteurs, de s'abstenir de résoudre un conflit d'intérêts au préjudice de l'intérêt social. Par exemple, un administrateur est convoqué à une réunion du conseil d'administration ayant notamment pour objet l'autorisation d'achat d'un brevet développé par une société au sein de laquelle il est également associé majoritaire ; l'administrateur en conflit d'intérêts devrait renoncer à prendre part aux discussions et au vote concernant cette cession. Cette obligation peut être renforcée par des dispositifs légaux ou conventionnels ayant pour objet le contrôle des éléments constitutifs ou de l'impact préjudiciable des conflits d'intérêts.

Les sanctions d'un conflit d'intérêts peuvent être dirigées à l'encontre de son objet et de la personne en conflit. Le socle légal et jurisprudentiel des sanctions permet une appréhension des conflits d'intérêts dotés d'une gravité élevée et peut être déclenché à l'initiative d'associés ou de dirigeants détenant une influence juridique restreinte ; ces derniers pouvant être par exemple un associé dont les parts sociales représentent moins de 5% du capital social ou un dirigeant dépourvu du droit de représenter la société à l'égard des tiers. Les sanctions des conflits d'intérêts peuvent être complétées par une action en réparation.

L'action en réparation d'un conflit d'intérêts relève du droit de la responsabilité civile délictuelle et du droit de l'inexécution des obligations contractuelles. Cette action est déterminée en fonction de la gravité du conflit d'intérêts et nécessite une résolution préjudiciable du conflit. Elle est également affectée par les éléments constitutifs du conflit d'intérêts. Ces derniers permettent d'étendre l'action en réparation aux personnes ayant concouru à la création ou la résolution du conflit en cause. L'action en réparation est autonome vis-à-vis des traitements non-coercitifs et des sanctions du conflit d'intérêts. En dernier recours, elle sera déclenchée par un quelconque associé à l'encontre du dirigeant refusant de mettre en œuvre l'action sociale.

Les traitements non-coercitifs regroupent les mesures de prévention et de gestion des conflits d'intérêts. Les traitements coercitifs sont composés des sanctions et de la réparation des conflits d'intérêts. En l'absence d'un quelconque conflit d'intérêts, les traitements coercitifs peuvent être déployés de manière autonome à l'encontre des associés ou des dirigeants ayant transgressé une mesure d'identification ou de prévention des conflits d'intérêts. Par exemple, un dirigeant pourrait être révoqué et un associé être exclu pour avoir violé une clause statutaire de non-concurrence sans pour autant se trouver en conflit d'intérêts. En présence d'un conflit d'intérêts, les traitements coercitifs pourront être aggravés lorsque l'associé ou le dirigeant en cause a transgressé l'une des mesures précitées. Les traitements coercitifs incitent psychologiquement les associés et les dirigeants à se conformer à leurs obligations d'identification, de prévention et de gestion des conflits d'intérêts.

Sous l'effet d'une appréhension pratique et judiciaire croissante, le législateur pourrait harmoniser le régime juridique applicable aux conflits d'intérêts. Cette harmonisation répond à des objectifs de sécurité juridique et économique. Elle imposerait, dans un premier temps, d'arrêter une définition juridique légale des conflits d'intérêts en droit des sociétés. Dans un second temps, elle requerrait l'assimilation des conflits d'intérêts résolus à une faute civile délictuelle. Dans un troisième temps, elle nécessiterait la création d'obligations légales imposant aux associés et aux dirigeants : de révéler les conflits d'intérêts, d'éviter les conflits d'intérêts et de s'abstenir de résoudre un conflit d'intérêts au préjudice de l'intérêt social. À défaut, la définition des conflits d'intérêts, leur identification et le renfort de leur traitement sont laissés à la créativité de la pratique des affaires et à l'aléa des contentieux judiciaires. Il appartiendrait alors aux praticiens d'étendre les mécanismes conventionnels coexistant avec les dispositifs épars d'origine jurisprudentielle et légale.

L'étude des traitements coercitifs permet de vérifier l'opportunité d'utiliser l'intérêt social et le préjudice comme éléments de qualification des conflits d'intérêts. Dans un premier temps, lorsqu'une sanction doit être prononcée sur décision de justice, l'intérêt à agir du demandeur est apprécié à l'aune de l'intérêt social. L'action du demandeur doit être motivée par la volonté de protéger l'intérêt social. En outre, la majorité des sanctions légales et jurisprudentielles, afin d'être ordonnées, sont conditionnées à une atteinte à l'intérêt social. Ces constats vérifient la pertinence d'utiliser l'intérêt social comme référentiel permettant de qualifier un conflit d'intérêts. Dans un second temps, le préjudice facilite et légitime le déclenchement des sanctions du conflit d'intérêts. Il conditionne les actions en réparation. Enfin, le préjudice justifie le renfort conventionnel et la multiplication des dispositifs de prévention et de gestion des conflits d'intérêts. Ces constats vérifient l'opportunité de réduire la portée d'une définition des conflits d'intérêts en fonction de leur impact préjudiciable.

La notion de conflit d'intérêts met en évidence la double fonction de l'intérêt social. L'intérêt social revêt simultanément une fonction directrice et une fonction salvatrice.

La fonction directrice se définit comme le rôle attribué à l'intérêt social lorsque ce dernier guide les associés et les dirigeants à l'occasion de l'exercice de leurs pouvoirs sociaux. Elle leur offre une grande liberté dans les choix politiques et de gestion à opérer. Cette liberté peut occasionner une prolifération des conflits d'intérêts. Cette fonction permet également aux associés de faire évoluer l'intérêt social afin d'assurer la prospérité de la société.

La fonction salvatrice se définit comme le rôle attribué à l'intérêt social lorsque ce dernier permet de garantir la pérennité de la société à l'occasion de l'exercice des pouvoirs sociaux des associés et des dirigeants. Elle permet de prévenir et remédier à l'anéantissement de l'intérêt social causé par la dissolution prématurée et brutale de la société non expressément souhaitée par ses associés. Cette fonction constitue le dernier rempart aux conflits d'intérêts menaçant l'existence de la société. En protégeant l'intérêt social, la fonction salvatrice préserve accessoirement les intérêts des associés et les intérêts catégoriels gravitant autour de la société.

Les fonctions directrice et salvatrice de l'intérêt social sont intrinsèquement liées. La fonction salvatrice limite la large latitude qu'offre la fonction directrice aux associés et aux dirigeants à l'occasion de l'exercice de leurs pouvoirs sociaux. Cette double fonction permet d'assurer une évolution fructueuse de l'intérêt social en jugulant les tentatives de réorientation forcée à l'initiative d'un associé ou d'un dirigeant souhaitant placer ses intérêts, ou ceux d'une personne liée, au-devant de l'intérêt social.

# BIBLIOGRAPHIE

## Ouvrages généraux, traités et manuels

ACADEMIE FRANÇAISE :

Dictionnaire de l'Académie française, Tome 1, 9ème éd., Fayard, Coll. Littérature Française, 2005

Dictionnaire de l'Académie française, Tome 2, 9ème éd., Fayard, Coll. Littérature Française, 2005

CAPITANT H., TERRÉ F., LEQUETTE Y., Les grands arrêts de la jurisprudence civile, Tome 1, 13ème éd., Dalloz, 2015

CORNU G. (dir.), Vocabulaire juridique de l'Association Henri Capitant, 14ème éd., PUF, Coll. Quadrige, 2022

CORREDOR J. M., CASALS P., LABIE J.-F., MORIN P., Conversations avec Pablo Casals, souvenirs et opinions d'un musicien, Albin Michel, 1955, Hachette, LIÉBERT G. (dir.), Coll. Pluriel, 1982

COZIAN M., DEBOISSY F., VIANDIER A., Droit des sociétés, 35ème éd., LexisNexis, Coll. Manuels, 2022

DEMOGUE R., Les notions fondamentales du droit privé, Librairie nouvelle de droit et de jurisprudence Arthur Rousseau, Paris, 1911

DEMOGUE R., Traité Des Obligations en Général, I Source des Obligations, tome 1, Librairie Arthur Rousseau & Cie, 1923

DONDERO B., Droit des sociétés, 7ème éd., Dalloz, Coll. HyperCours, sous Coll. Cours & Travaux dirigés, 2021

FAGES B., Droit des obligations, 12ème éd., LGDJ, Coll. Manuels, sous Coll. Droit privé, 2022

FRANCE J., HURLET F., Institutions romaines, Des origines aux Sévères, Armand Colin, Coll. Cursus, 2019

GERMAIN M., MAGNIER V., Les sociétés commerciales, Tome 2, 23ème éd., LGDJ, Coll. Traités, sous Coll. Traité de droit des affaires, 2022

GUINCHARD S., DEBARD T., Lexique des termes juridiques 2021-2022, 29ème éd., Dalloz, 2021

LE CANNU P., DONDERO B., Droit des sociétés, 9ème éd., LGDJ, Coll. Précis Domat, sous Coll. Privé, 2022

LEVY J.-P., CASTALDO A., Histoire du droit civil, 2ème éd., Dalloz, 2010

MAGNIER V., Droit des sociétés, 10ème éd., Dalloz, Coll. Cours, sous Coll. Droit privé, 2022

MALINVAUD P., MEKKI M., SEUBE J.-B., Droit des obligations, 16ème éd., LexisNexis, Coll. Manuels, 2022

Mémento Assemblées générales 2022-2023, Francis Lefebvre, Coll. Mémento pratique, 2022

Mémento Cessions de parts et actions 2021-2022, Francis Lefebvre, Coll. Mémento pratique, 2021

Mémento Groupes de sociétés 2019-2020, Francis Lefebvre, Coll. Mémento pratique, 2019

Mémento Sociétés civiles 2022, Francis Lefebvre, Coll. Mémento pratique, 2021

Mémento Sociétés commerciales 2022, 53ème éd., Francis Lefebvre, Coll. Mémento pratique, 2021

MENJUCQ M., Droit international et européen des sociétés, 6ème éd., LGDJ, Coll. Précis Domat, sous Coll. Privé, 2021
MERLE P., FAUCHON A., Droit commercial : Sociétés commerciales, 26ème éd., Dalloz, Coll. Précis, 2022
MESTRE J. (dir.), VELARDOCCHIO D., MESTRE-CHAMI A.-S., HEINICH J., LACROIX-DE SOUSA S., LOUSTALET G., CARTERET G., Le Lamy Sociétés Commerciales, Wolters Kluwer France, 2021, actu. mars 2022
MONTESQUIEU : De l'Esprit des lois, vol. 1, éd. établie par LAURENT VERSINI, Gallimard, Coll. Folio essais, Paris, 1995
ROUSSEAU J.-J., Du Contrat social ; ou, Principes du droit politique, chez M. M. REY, Amsterdam, 1762
SIÈYES E.-J., Qu'est-ce que le Tiers-État ?, 3ème éd., 1789
TERRÉ F., FENOUILLET D., Droit civil : Les personnes, Personnalité – Incapacité – Protection, 8ème éd., Dalloz, Coll. Précis, 2012
TERRÉ F., GOLDIE-GENICON C., FENOUILLET D., Droit civil : La famille, 9ème éd., Dalloz, Coll. Précis, 2018
TERRÉ F., SIMLER P., LEQUETTE Y., CHÉNEDÉ F., Droit civil : Les obligations, 13ème éd., Dalloz, Coll. Précis, 2022
WALINE J., Droit administratif, 28ème éd., Dalloz, Coll. Précis, 2020
ZOLLER É., Introduction au droit public, 2ème éd., Dalloz, Coll. Précis, 2013

## Thèses, ouvrages spéciaux et monographies

ASSOCIATION HENRI CAPITANT, Les conflits d'intérêts, Journées nationales, Tome XVII, Dalloz, Coll. Thèmes et Commentaires, Lyon, 2013
ATHLAN L., BAUDESSON T., BOERINGER C.-H., SAVOURE J.-H., TROCHON J.-Y., Les conflits d'intérêts dans l'entreprise, LexisNexis, Coll. Droit & Professionnels, sous Coll. Entreprise, 2016
BICHERON F., La dation en paiement, éd. Panthéon-Assas, Coll. Thèse, préf. M. GRIMALDI, 2006
BOUVERESSE J., Les conflits d'intérêts en droit des sociétés, th. dactyl., Strasbourg, 2006
CASTRES SAINT MARTIN C., Les conflits d'intérêts en arbitrage commercial international, th. dactyl., Paris, 2015
DOUVILLE T., Les conflits d'intérêts en droit privé, th. dactyl., Caen, 2013
GAILLARD E., Le pouvoir en droit privé, th., Economica, Coll. Droit Civil, série Études et Recherches, 1985
MAGNIER V. (dir.), Les conflits d'intérêts dans le monde des affaires, un Janus à combattre, PUF, Coll. CEPRISCA, 2006
MAGNIER V., BARBAN P. (dir.), Blockchain et droit des sociétés, 1re éd., Dalloz, Coll. Thèmes et commentaires, 2019
MICHOUD L., La théorie de la personnalité morale et son application en droit français, 1re éd., 1906-1909
OGIER C., Le conflit d'intérêts, th. dactyl., Saint-Etienne, 2008
PAILLUSSEAU J., La société anonyme, technique d'organisation de l'entreprise, th., Sirey, 1967
RANOUIL V., L'autonomie de la volonté : naissance et évolution d'un concept, PUF, Trav. univ., Paris II, 1980
SCHMIDT D., Les conflits d'intérêts dans la société anonyme, 2ème éd., Joly éditions, 2004

VALIERGUE J., Les conflits d'intérêts en droit privé : contribution à la théorie juridique du pouvoir, Coll. th., LGDJ, 2019

## Encyclopédies juridiques

ALLAIN T., Clauses de garantie dans les cessions de droits sociaux, Rép. sociétés Dalloz, 2018, actu. avr. 2022
AMBRA (d') D. :
- Confirmation, Rép. civ. Dalloz, 2017, actu. janv. 2021
- Interposition de personne, Rép. civ. Dalloz, 2015
ARAKELIAN R., Action de préférence, Rép. sociétés Dalloz, 2015, actu. mai 2022
AUBERT (de) VINCELLES C., Porte-fort, Rép. civ. Dalloz, 2017, actu. avr. 2018
AUCKENTHALER F., Prêts de titres, Fasc. 2125, J.- cl. stés, LexisNexis, 2020
AUZERO G., FERRIER N., Cumul d'un contrat de travail et d'un mandat social, Rép. travail Dalloz, 2021
AZARIAN H., Dirigeants de sociétés, J.- cl. com., Synthèse 160, 2021, actu. avr. 2022
BARRET O., Promesse de vente, Rép. civ. Dalloz, 2011, actu. nov. 2021
BLOCH C., Le préjudice, *in* P. LE TOURNEAU (dir.), Dalloz action Droit de la responsabilité et des contrats, 2021-2022
BLOCH C., GIUDICELLI A., Imputation à une personne morale, *in* P. LE TOURNEAU (dir.), Dalloz action Droit de la responsabilité et des contrats, 2021-2022
BLOCH C., POUMAREDE M., Réparation en nature, *in* P. LE TOURNEAU (dir.), Dalloz action Droit de la responsabilité et des contrats, 2021-2022
BOUCARD H., Responsabilité contractuelle, Rép. civ. Dalloz, 2018, actu. juin 2022
BOUGNOUX A. :
- Sociétés à responsabilité limitée, Décisions collectives, Fasc. 75-10, J.- cl. Stés, LexisNexis, 2019, actu. déc. 2020
- Sociétés civiles, Associés, Fasc. 48-60, J.- cl. Stés, LexisNexis, 2020
- Sociétés civiles, Décisions collectives, Art. 1845 à 1870-1, Fasc. 25, J.- cl. civ. Code, LexisNexis, 2020
BOULEZ J., Expertises judiciaires, 18e éd., Dalloz, Coll. Encyclopédie Dalmas, 2018
BOULOC B., Interdiction et incapacité professionnelle (Pén., Sociétés), Rép. dr. pénal et proc. pénale Dalloz, 2010, actu. mars 2011
BRENNER C., LEQUETTE S., Acte juridique, Rép. civ. Dalloz, 2019
BRUN P., Responsabilité du fait personnel, Rép. civ. Dalloz, 2015, actu. mai 2022
BRIGNON B. :
- note sous Com., 24 oct. 2018, n°17-26.402, Bull. Joly Sociétés, 2019, p.23
- note sous Com., 24 oct. 2018, n°17-26.402, Defrénois, 2019, n°145p9, p.22
BUCHBERGER M., note sous Com., 24 oct. 2018, n°17-26.402, JCP E, n°24, 2019, p.1282
BUFFELAN-LANORE Y., PELLIER J.-D. (actu.), Condition, Rép. civ. Dalloz, 2020, actu. juil. 2020
CADIET L., TOURNEAU P., Abus de droit, Rép. civ. Dalloz, 2015, actu. mai 2017
CAMBY J.-P., Incompatibilités politiques : mandats nationaux, Rép. cont. admin. Dalloz, 2016
CASSON P., Dommages et intérêts, Rép. civ. Dalloz, 2017, actu. juin 2022
CAUSSAIN J.-J., AZARIAN H., Conseil de surveillance, Fasc. 133-60, J.- cl. stés, LexisNexis, 2021, actu. mars 2022
CAYROL N. :

- Action en justice, Rép. proc. civ. Dalloz, 2019, actu. juil. 2022
- Référé civil, Rép. proc. civ. Dalloz, 2021, actu. déc. 2021

CHANTEPIE G., Contrat : effets, Rép. civ. Dalloz, 2018, actu. déc. 2020

CHAPUT Y., Objet social, Rép. sociétés Dalloz, 2020, actu. juin 2021

COUPET C. :

- Associé, La notion d'associé, Fasc. 7-10, J.- cl. stés, LexisNexis, 2020
- obs. sous Com., 24 oct. 2018, n°17-26.402, Dr. sociétés, 2019, repère 3

DELEBECQUE P., PANSIER F.-J.:

- Conseil d'administration, Rép. sociétés Dalloz, 2003, actu. mars 2022
- Administrateur (Sociétés), Rép. sociétés Dalloz, 2003, actu. oct. 2021

DISSAUX N., Contrat : formation, Rép. civ. Dalloz, 2017, actu. déc. 2021

DOM J.-P., note sous Com., 24 oct. 2018, n°17-26.402, Rev. sociétés, 2019, p.246

DONDERO B. :

- Société créée de fait, Rép. sociétés Dalloz, 2009, actu. mai 2019
- Société en participation, Rép. sociétés Dalloz, 2006, actu. nov. 2019

DOUCHY-OUDOT M., Paiement de l'indu, Rép. civ. Dalloz, 2018, actu. janv. 2020

DREYFUS J.-D., Entreprises du secteur public, Rép. sociétés Dalloz, 2009, actu. juin 2016

DREYFUS J.-D., PELTIER M., Société d'économie mixte locale et sociétés publiques locales, Rép. sociétés Dalloz, 2015, actu. déc. 2021

FERRAND F., Preuve, Rép. proc. civ. Dalloz, 2013, actu. janv. 2021

FORTI V., Exécution forcée en nature, Rép. civ. Dalloz, 2016 actu. déc. 2021

FOY R., Attribution gratuite d'actions : régime juridique, Rép. sociétés Dalloz, 2008, actu. janv. 2013

FRANÇOIS B., Admission sur les marchés financiers, offre au public de titres financiers, placement privé et financement participatif, Rép. sociétés Dalloz, 2016, actu. janv. 2022

GAEDE G., Conventions réglementées, Rép. sociétés Dalloz, 2021, actu. juin 2022

GERMAIN M., VATINET R., Administration provisoire, Fasc. 43-10, J.- cl. Stés, LexisNexis, 2018

GIBIRILA D. :

- Délégation de pouvoirs, Rép. sociétés Dalloz, 2017, actu. avr. 2022
- Dispositions générales, Dissolution, liquidation et partage, Fasc. 70, J.- cl. civ. Code, LexisNexis, 2016, actu. juin 2022
- Société, Dispositions générales, Nullité de société, d'actes ou de délibérations, Fasc. 80, J.- cl. civ. Code, LexisNexis, 2018, actu. juin 2022
- Société, Dispositions générales, Parts sociales : droits et obligations de l'associé, Fasc. 41, J.- cl. civ. Code, LexisNexis, 2015, actu. juin 2022
- Société à responsabilité limitée, Rép. sociétés Dalloz, 2019, actu. mai 2022
- Société en nom collectif, Rép. sociétés Dalloz, 2020, actu. déc. 2020
- Société en commandite simple, Rép. sociétés Dalloz, 2020, actu. mars. 2020

GIBIRILA D., AZARIAN H., Dirigeants sociaux, Désignation. Exercice et cessation des fonctions, Fasc. 1050, J.- cl. com., LexisNexis, 2022

GODON L., Expertise de gestion, Rép. sociétés Dalloz, 2003, actu. juin 2022

GOFFAUX-CALLEBAUT G., Apport, Rép. sociétés Dalloz, 2011, actu. juil. 2022

GOYET C., Société européenne, Rép. Européen Dalloz, 2004, actu. mars 2014

GRÉAU F., Action oblique, Rép. civ. Dalloz, 2019, actu. févr. 2020

GUINCHARD S., Procès équitable, Rép. proc. civ. Dalloz, 2017, actu. déc. 2021

GUYON Y., Assemblées d'actionnaires, Rép. sociétés Dalloz, 2002, actu. juin 2021

GUYON Y., BUCHBERGER M., Administration, Responsabilité civile des administrateurs, Fasc. 132-10, J.- cl. Stés, LexisNexis, 2021
HAGE-CHAHINE N., Résolution, Résiliation, Rép. civ. Dalloz, 2021
HAMELIN J.-F., Dation en paiement, Rép. civ. Dalloz, 2016
HANNOUN C., GUENZOUI Y., Terme, Rép. civ. Dalloz, 2017, actu. déc. 2021
HEINICH J., Intérêt propre, intérêt supérieur, intérêt social, Rev. sociétés, 2018, p.568
HOUTCIEFF D., Renonciation, Rép. civ. Dalloz, 2017, actu. oct. 2021
JEANDIDIER W., Infractions économiques, Rép. dr. pénal et proc. pénale Dalloz, 2016, actu. avr. 2019
JEULAND E., Expertise, Rép. sociétés Dalloz, 2000, actu. nov. 2021
JULIEN J. :

- Causes exonératoires et fait de la victime, *in* P. LE TOURNEAU (dir.), Dalloz action Droit de la responsabilité et des contrats, 2021-2022
- La causalité, *in* P. LE TOURNEAU (dir.), Dalloz action Droit de la responsabilité et des contrats, 2021-2022
- Les causes d'exclusion et d'exonération de la responsabilité civile, *in* P. LE TOURNEAU (dir.), Dalloz action Droit de la responsabilité et des contrats, 2021-2022

JULIEN J., LE TOURNEAU P., POUMAREDE M., Les régimes de responsabilité du fait personnel, *in* P. LE TOURNEAU (dir.), Dalloz action Droit de la responsabilité et des contrats, 2021-2022
JULLIAN N., TISSEYRE S., Nullité, Rép. sociétés Dalloz, 2021, actu. avr. 2022
KORNPROBST E., Cession de droits sociaux (Régime fiscal), Rép. sociétés Dalloz, 2016, actu. mai 2021
LAHER R. :

- Injonction de faire, Rép. sociétés Dalloz, 2021
- Sommation, Rép. proc. civ. Dalloz, 2020

LARDEUX G. :

- Preuve : modes de preuve, Rép. civ. Dalloz, 2019
- Preuve : règles de preuve, Rép. civ. Dalloz, 2018, actu. déc. 2021

LATINA M., Contrat : généralités, Rép. civ. Dalloz, 2017, actu. nov. 2021
LE BARS B., Responsabilité civile des dirigeants sociaux, Rép. Sociétés Dalloz, 2004, actu. janv. 2022
LE CANNU P., HEINICH J., DELVALLEE J., Société par actions simplifiée, Rép. sociétés Dalloz, 2020, actu. avr. 2022
LE CANNU P., KOUHAIZ S., Directoire et conseil de surveillance, Rép. sociétés Dalloz, 2022, actu. juil. 2022
LECOURT A. :

- Capital social, Rép. sociétés Dalloz, 2020, actu. avr. 2022

LECOURT B. :

- Administrateur provisoire, Rép. sociétés Dalloz, 2018, actu. mars 2022
- Cession de droits sociaux, Rép. sociétés Dalloz, 2017, actu. juil. 2022

LE TOURNEAU P. :

- Le contrat de vente, *in* P. LE TOURNEAU (dir.), Dalloz action Droit de la responsabilité et des contrats, 2021-2022
- Mandat, Rép. civ. Dalloz, 2017, actu. mars 2021
- Responsabilité : généralités, Rép. civ. Dalloz, 2009, actu. juin 2022

LE TOURNEAU P., JULIEN J., Solidarité, Rép. civ. Dalloz, 2018, actu. févr. 2022

LE TOURNEAU P., POUMAREDE M. :
- Agissements fautifs dans l'exercice des droits et abus de droit, *in* P. LE TOURNEAU (dir.), Dalloz action Droit de la responsabilité et des contrats, 2021-2022
- Bonne foi, Rép. civ. Dalloz, 2017, actu. avr. 2019
- Contrat et période post-contractuelle, *in* P. LE TOURNEAU (dir.), Dalloz action Droit de la responsabilité et des contrats, 2021-2022
- Relations quasi-contractuelles, *in* P. LE TOURNEAU (dir.), Dalloz action Droit de la responsabilité et des contrats, 2021-2022

MAISON ROUGE (de) O., Le droit français du renseignement, Rép. IP/IT et Communication Dalloz, 2019
MALECKI C., Cumul de mandats sociaux, Rép. sociétés Dalloz, 2003, actu. sept. 2011
MASSART T., Contrat de société, Rép. sociétés Dalloz, 2006, actu. nov. 2021
MATHEY N., Représentation, Rép. civ. Dalloz, 2017, actu. mai 2018
MAURY F., Sociétés civiles professionnelles, Rép. sociétés Dalloz, 2009, actu. juil. 2022
MENJUCQ M., Société européenne, Rép. sociétés Dalloz, 2019
MONSERIE-BON M.-H., Capital variable, Rép. sociétés Dalloz, 2001, actu. févr. 2010
MORTIER R., note sous Com., 24 oct. 2018, n°17-26.402, Dr. sociétés, 2019, comm. 21
MOULIN J.-M. :
- Sociétés anonymes, Droits des actionnaires, Fasc. 1484, J.- cl. com., LexisNexis, 2002, actu. oct. 2020
- Sociétés anonymes, Pactes d'actionnaires, Fasc. 1486, J.- cl. Stés, LexisNexis, 2018, actu. avr. 2021

NURIT-PONTIER L., Devoir de loyauté, Fasc. 45-10, J.- cl. stés, LexisNexis, 2022
OLSZAK N., Coopérative ouvrière de production, Rép. sociétés Dalloz, 2009, actu. janv. 2017
OPHELE C., Simulation, Rép. civ. Dalloz, 2012, actu. avr. 2016
PAGNUCCO J.-C., Administration, Conseil d'administration, Fasc. 131-10, J.- cl. Stés, LexisNexis, 2009
PAILLER P., Sociétés à capital variable, Règles communes à toutes les sociétés à capital variable, Fasc. 167-10, J.- cl. Stés, LexisNexis, 2018, actu. févr. 2018
PICOD Y., Nullité, Rép. civ. Dalloz, 2019, actu. mars 2021
PICOD Y., AUGUET Y., GOMY M., Concurrence : obligation de non-concurrence, Rép. com. Dalloz, 2020, actu. mars 2022
POUMAREDE M. :
- Dirigeant d'entreprise, *in* P. LE TOURNEAU (dir.), Dalloz action Droit de la responsabilité et des contrats, 2021-2022
- Exécution forcée en nature, *in* P. LE TOURNEAU (dir.), Dalloz action Droit de la responsabilité et des contrats, 2021-2022
- Notion d'obligation contractuelle, *in* P. LE TOURNEAU (dir.), Dalloz action Droit de la responsabilité et des contrats, 2021-2022
- Notion d'inexécution d'une obligation contractuelle, *in* P. LE TOURNEAU (dir.), Dalloz action Droit de la responsabilité et des contrats, 2021-2022
- Preuve de l'inexécution d'une obligation contractuelle, *in* P. LE TOURNEAU (dir.), Dalloz action Droit de la responsabilité et des contrats, 2021-2022

RABREAU A., obs. sous Com., 24 oct. 2018, n°17-26.402, Gaz. Pal., 2019, n°34658, p.59

RAYNE S., Intérêts fondamentaux de la nation : atteintes aux, Rép. dr. pénal et proc. pénale Dalloz, 2009, actu. juin 2013
REBUT D., Abus de biens sociaux, Rép. dr. pénal et proc. pénale Dalloz, 2010, actu. avr. 2021
ROMANI A.-M., Enrichissement injustifié, Indemnisation de l'appauvri, Rép. civ. Dalloz, 2018, actu. mars 2021
ROUTIER R. :
- Directeur général – Président-directeur général, Rép. sociétés Dalloz, 2002, actu. juil. 2022
- Directeur général délégué : directeur technique, Comité de direction, Collège de censeurs, Rép. sociétés Dalloz, 2002, actu. mai 2022
SAINTOURENS B. :
- Commandite par actions, Rép. sociétés Dalloz, 2005, actu. janv. 2020
- Société civile, Rép. sociétés Dalloz, 2012, actu. févr. 2022
- Société en participation de professions libérales, Rép. sociétés Dalloz, 1994, actu. sépt. 2021
- Sociétés d'exercice libéral, Rép. sociétés Dalloz, 2003, actu. juin 2022
SAUTONIE-LAGUIONIE L., Action paulienne, Rép. civ. Dalloz, 2016, actu. févr. 2022
SCHILLER S., Pactes d'actionnaires : clauses statutaires et pactes extrastatutaires, Rép. sociétés Dalloz, 2020, actu. avr. 2022
SCHÜTZ R.-N., Inaliénabilité, Rép. civ. Dalloz, 2021
SORTAIS J.-P. :
- Abus de majorité, minorité, égalité, Rép. sociétés Dalloz, 2017, actu. mai 2022
- Constitution des sociétés, Rép. sociétés Dalloz, 2004, actu. mars 2022
- Protection des minoritaires : droit des sociétés, Rép. sociétés Dalloz, 1993, actu. janv. 2014
TESTU F.-X., Contrats d'affaires, Dalloz référence, 2010
WICKER G., PAGNUCCO J.-C., Personne morale, Rép. civ. Dalloz, 2016, actu. mai 2018

## Articles

ANDRE J.-R., STORCK M., La capacité juridique des sociétés civiles, JCP N, 2017, 1310
ANSAULT J.-J., note sous Com., 29 sept. 2015, n°14-17.343, Rev. sociétés, 2016, p.228
ATTARD J. :
- La révocation des dirigeants sociaux : de la licéité des clauses écartant l'exigence légale du juste motif, JCP G, 2000, I, 217
- La sanction des actes et délibérations contraires à l'intérêt social, LPA, 2021, p.10
BARBIER H. :
- L'emprise du régime contractuel sur la société : ses ressources et limites, Dr. sociétés, 2017, dossier 3
- Du discret essor des conventions dérogatoires aux statuts, Bull. Joly Sociétés, 2019, n°120g5, p.1
BARRANDON N., Les rapports de fin d'année des (pro)magistrats en province et le calendrier sénatorial des deux derniers siècles de la République romaine, Revue des Études Anciennes, T. 116, 2014, n°1
BARRIERE F., Les lanceurs d'alerte, Rev. sociétés, 2017, p.191
BEAUFORT J.-L., Le droit d'agrément dans les sociétés de presse, Rev. sociétés, 1994, p.433

BEAUFORT (de) V., L'engagement actionnarial en France, vecteur de gouvernance pérenne ?, Rev. sociétés, 2019, p.375

BENNINI A., L'élargissement du cercle des conflits d'intérêts dans les sociétés commerciales, *in* MAGNIER V. (dir.), Les conflits d'intérêts dans le monde des affaires, un Janus à combattre, PUF, Coll. CEPRISCA, 2006

BERANGER G., Le droit des sociétés bouleversé à la sauvette. L'ouverture de la SAS unipersonnelle, Bull. Joly 1999, p.831

BERNARD S., La réforme des mécanismes de protection des entreprises stratégiques, AJDA, 2019, p.1285

BERTREL J.-P., Liberté contractuelle et sociétés, Essai d'une théorie du « juste milieu » en droit des sociétés, RTD com., 1996, p.595

BEZIAT E., Carlos Ghosn, soupçonné « d'abus de biens sociaux et blanchiment », est désormais visé par un mandat d'arrêt international délivré par la justice française, 22 avril 2022, Le Monde Économie, https://www.lemonde.fr/economie/article/2022/04/22/la-justice-francaise-emet-un-mandat-d-arret-international-contre-carlos-ghosn-soupconne-d-abus-de-biens-sociaux-et-blanchiment_6123240_3234.html, mis à jour le 22 avril 2022 à 15h08

BOITEAU C., La loi *PACTE* et l'État, RFDA, 2019, p.581

BRDA, Demande de désignation d'un mandataire chargé de convoquer une assemblée de SARL, 7/10, 2010, n°27

BRETZNER J.-D., AYNES A., Droit de la preuve, D. 2021, p.207

BUCHBERGER M., Pour un abandon de l'intérêt social comme condition de validité des contrats conclus par la société, Rev. sociétés, 2020, p.659

BULLE J.-F., Les délégations de pouvoirs, JCP E, 1999, 1136

CACIOPPO J., GOLLAN J. K., HOXHA D., HUNNICUTT-FERGUSON K., NORRIS C. J., ROSEBROCK L., SANKIN L., *The Negativity Bias Predicts Response Rate to Behavioral Activation for Depression, Journal of Behavior Therapy and Experimental Psychiatry*, 2016, *Volume* 52, p.171 - 178

CATHELINEAU A., Le retrait dans les sociétés civiles professionnelles, JCP E, n°22, 2001, 888

CAVALLINI J., Le juge des référés et les mandataires de justice dans les sociétés *in* bonis, Rev. sociétés, 1998, p.247

CHAMPAUD C., Le droit français des sociétés à l'aube du XXI^e^ siècle, Rev. sociétés, 2000, p.77

CHAMPEIL-DESPLATS V., La liberté d'entreprendre au pays des droits fondamentaux, Rev. Travail, 2007, p.19

CHAZAL J.-P., REINHARD Y., Les administrateurs dans la loi sur les nouvelles régulations économiques (NRE), RTD Com. 2001, p.935

CHEYNET DE BEAUPRE A., L'expropriation pour cause d'utilité privée, JCP G, 2005, doctr. 144

CHOLET D., La distinction des parties et des tiers appliquée aux associés, D. 2004, p.1141

CONAC P.-H., L'article 1833 et l'intégration de l'intérêt social et de la responsabilité sociale d'entreprise, Rev. sociétés, 2019, p.570

COURET A. :

- Banques d'affaires, analystes financiers et conflits d'intérêts, D. 2004, p.335
- Comment les activités économiques révolutionnent le droit et les théories juridiques, Révolution dans les approches et raisonnements juridiques, D. 2017, p.1004
- Faut-il réécrire les articles 1832 et 1833 du code civil ?, D. 2017, p.222

- Interpréter le droit des sociétés en temps de Covid-19, Rev. sociétés, 2020, p.331
- La gestion des conflits d'intérêts, RLDA, 2011, p.118
- La prévention des conflits d'intérêts. Nouveau régime des conventions, RJDA, 2002, p.290, n°1
- Le gouvernement d'entreprise : la *corporate governance*, D. 1995, p.163
- Les visages de l'intérêt dans la jurisprudence récente, Bull. Joly Sociétés, 2020, p.1
- Note sous TC Paris, 1re ch., 10 nov. 2020, n°2019036759, D. 2021, p.28
- Nouveau régime de la représentation et conflits d'intérêts en droit des sociétés, Rev. sociétés, 2017, p.331

COURET A., DAIGRE J.-J., BARRILLON C., Les assemblées et les conseils dans la crise, D. 2020, p.723

COURET A., REYGROBELLET A., Le droit des sociétés menacé par le nouvel article 1161 du code civil ?, D. 2016, p.1867

CUIF P.-F., Le conflit d'intérêts, essai sur la détermination d'un principe juridique en droit privé, RTD com., 2005, p.1

CUZACQ N., Quelle place peut-on octroyer aux parties prenantes dans le puzzle de la gouvernance des sociétés ?, D. 2017, p.1844

DAIGRE J.-J., La perte de la qualité d'actionnaire, actes du colloque du Centre de recherches en droit des affaires et de l'économie de l'Université Paris I organisé les 14 et 15 avril 1999, Qu'est-ce qu'un actionnaire ?, Rev. sociétés, 1999, p.535

DALMAU R., La nullité des sûretés consenties par les sociétés civiles en garantie des dettes d'autrui : un ouvrage encore sur le métier, Rev. sociétés, 2018, p.487

DARIOSECQ S., METAIS N., Les clauses d'exclusion, solution à la mésentente entre associés, Bull. Joly Sociétés, 1998, p.908

DELGA J., L'administrateur indépendant n'existe pas : « Dangers », D. 2002, p.2858

DELVALLEE J., La collégialité dans les sociétés par actions simplifiées, Rev. sociétés, 2020

DESACHE J.-M., DONDERO B., L'article 1843-4 du code civil et la date d'évaluation des droits sociaux, D. 2014, p.2446.

DEXANT-DE BAILLIENCOURT O., Pour une consécration légale de la faute séparable des fonctions du dirigeant, D. 2019, p.144

DIDIER P., La théorie contractualiste de la société, Rev. sociétés, 2000, p.95

DONDERO B. :
- Conflits d'intérêts : les réformes attendues en matière de conventions conclues dans le cadre d'un groupe, Bull. Joly Sociétés, 2013, p.843
- Définition de la faute séparable des fonctions du dirigeant social, D. 2003, p.2623
- Le nouveau droit des conventions réglementées dans les sociétés anonymes, JCP E, n°38, 2014, 1466
- Le traitement juridique des conflits d'intérêts : entre droit commun et dispositifs spéciaux, D. 2012, p.1686
- L'intérêt indirect dans les conventions réglementées, D. 2019, p.468
- note sous Ord. n°2014-863 du 31 juil. 2014, JO 2 août 2014, p.12820, RTD com. 2014, p.641

DREYFUS J.-D., Les conflits d'intérêts en droit public, Petites affiches, n°120, 17 juin 2002, p.5

DUPICHOT P., Derrière l'intérêt social de la SCI caution : la cause ?, Bull. Joly Sociétés, 2015, p.260

DUPICHOT P., L'Europe au secours des sûretés pour autrui consenties par les sociétés de capitaux, Bull. Joly Sociétés, 2015, p.609
DUPRE R., « Affaire du docteur V. » : un expert judiciaire récusé par la cour d'appel de Grenoble, 24 août 2022, Le Monde Société - Justice, https://www.lemonde.fr/societe/article/2022/08/24/affaire-du-docteur-v-un-expert-judiciaire-recuse-par-la-cour-d-appel-de-grenoble_6138856_3224.html, mis à jour le 24 août 2022 à 10h27, consulté le 30 août 2022
FAGES B., note sous TC Paris, 1re ch., 10 nov. 2020, n°2019036759, Bull. Joly Sociétés, 2021, n°121q9, p.19
FAVARIO T., Regards civilistes sur le contrat de société, Rev. sociétés, 2008, p.53
FISKE S. T., *Attention and Weight in Person Perception: The Impact of Negative and Extreme Behavior, Journal of Personality and Social Psychology*, 1980, *Volume* 38(6), p.889 – 906
FREDRICKSON B. L., LOSADA M. F. :
- *Positive Affect and the Complex Dynamics of Human Flourishing, The American Psychologist*, 2005, *Volume* 60(7), p.678 – 686
- "*Positive affect and the complex dynamics of human flourishing*": *Correction to Fredrickson and Losada* (2005), *American Psychologist, 2013, Volume 68*(9), p.822

FRANÇOIS B. :
- Apports de la loi Pacte en matière de gouvernement d'entreprise, Rev. sociétés, 2019, p.493
- Inefficacité des droits de vote double de la loi « Florange » ?, Rev. sociétés, 2019, p.284
- Le bilan des assemblées générales à l'heure de la pandémie de la covid-19, Rev. sociétés, 2020, p.584
- Rapport sur les administrateurs indépendants, Rev. sociétés, 2015, p.265

GAUDEMET A., L'arrêt Motte et le climat, Bull. Joly Sociétés, 2022, n°BJS200r3
GERMAIN M., La contractualisation du droit des sociétés, *in* URBAIN-PARLEANI I., CONAC P.-H. (dir.), *Regards sur l'évolution du droit des sociétés depuis la loi du 24 juillet 1966*, 1re éd., Dalloz, Coll. Thèmes et commentaires, 2018, p.33
GOFFAUX-CALLEBAUT G., La définition de l'intérêt social, Retour sur la notion après les évolutions législatives récentes, RTD Com. 2004, p.35
GUINCHARD S., La gestion des conflits d'intérêts du juge : entre statut et vertu, Rev. Pouvoirs, CAIRN, 2013, n°147, p.79
JEANTIN M., Le rôle du juge en droit des sociétés, *in* Mélanges en l'honneur de Roger Perrot, Nouveaux juges, nouveaux pouvoirs ?, Dalloz, Coll. Études, mélanges, travaux, 1996
KERLEO J.-F., État des lieux des déclarations déontologiques, RFDA 2018, p.495
KILGUS N., Le contrat conclu entre le dirigeant et la société : quelques remarques autour d'un « contrat avec soi-même », AJ contrat 2018, p.455
KLOEPFER PELÈZE M., Analystes financiers et conflits d'intérêts, Bull. Joly Bourse, 2008, n°spécial, p.573
KOVAR J.-P., Sanction des pratiques anticoncurrentielles et personnalité des peines, Rev. UE, 2015
LEDOUX P., La nature de la préférence, Bull. Joly Sociétés, 2006, n°11, p.1219
LE CANNU P., L'impact de la réforme du droit des contrats sur le droit des sociétés : aspects théoriques et pratiques, RTD com., 2016, p.767
LECOURT A. :

- Incidences de la loi de ratification de l'ordonnance n°2016-131 du 10 février 2016 portant réforme du droit des contrats, du régime général et de la preuve des obligations sur le droit des sociétés, RTD Com. 2018, p.365
- note sous Rép. min. à QE n°14659, JOAN Q. 19 févr. 2019, p.1686, RTD com., 2019, p.410
- obs. sous Soc., 9 mars 2017, n°15-14.416, RTD com., 2017, p.920

LECOURT B. :
- La diversité dans les organes d'administration et de direction, Rev. sociétés, 2019, p.587
- Questions autour de l'administrateur provisoire, JCP E, 2017, 1384

LE FUR A.-V., « Concilier l'inconciliable » : réflexions sur le droit de vote de l'actionnaire, D. 2008, p.2015

LE MONDE, AFP, Affaire des Mutuelles de Bretagne : victoire judiciaire pour Richard Ferrand, qui fait reconnaître la prescription de l'action publique, 31 mars 2021, Le Monde Société - Justice, https://www.lemonde.fr/societe/article/2021/03/31/affaire-des-mutuelles-de-bretagne-victoire-judiciaire-pour-richard-ferrand-qui-fait-reconnaitre-la-prescription-de-l-action-publique_6075165_3224.html, mis à jour le 1er avr. 2021 à 11h03, consulté le 11 juin 2022

LE MONDE, AFP, REUTERS, Coronavirus : masques, gel hydroalcoolique… des entreprises changent leur production pour lutter contre l'épidémie, Le Monde, 25 mars 2020, consulté sur https://www.lemonde.fr/economie/article/2020/03/25/masques-gel-hydroalcoolique-des-entreprises-changent-leur-production-pour-lutter-contre-le-coronavirus_6034410_3234.html

LE NABASQUE H., Conventions libres et conventions réglementées : faut-il avoir peur de l'article 1161 du code civil ?, Bull. Joly Sociétés, 2016, p.681

LEQUET P., La contestation par les tiers des actes accomplis en violation des clauses statutaires limitatives des pouvoirs des dirigeants, Rev. sociétés, 2021, p.18

LORDONNOIS M., L'ordonnance du 20 août 2014 sur les sociétés à participation publique : état des lieux après la loi Macron, RFDA, 2016, p.94

LUCAS F.-X., Vade-mecum de la liquidation dite « amiable » des sociétés, Bull. Joly Sociétés, 2009, p.285

MAGNIER-MERRAN K., Observations sur la portée du préambule des statuts d'une société, AJ Contrat 2018, p.452

MAGNIER V. :
- Le lanceur d'alerte-actionnaire ou mandataire social, un acteur « stratégique » de la gouvernance des sociétés, D. 2020, p.1307
- Les entreprises, laboratoire des modes de lutte contre les conflits d'intérêts ?, Rev. Pouvoirs, CAIRN, 2013, n°147, p.101

MALLET-BRICOUT B., Déontologie, morale et droit : un triptyque revivifié, RTD civ., 2016, p.694

MANIN F., JEULAND E., Les incertitudes du référé injonction de faire en droit des sociétés, Rev. sociétés, 2004, p.1

MARTIN D., BUGE G., L'intérêt social dans le contentieux des ordonnances sur requête, en référé et en la forme des référés, RTD Com. 2010, p.481

MATSOPOULOU H., La dissolution pour mésentente entre associés, Rev. sociétés, 1998, p.21

MAUBLANC S., POUCHARD A., Comprendre la tardive mise en examen de Richard Ferrand, 13 sept. 2019, Le Monde, Les Décodeurs, https://www.lemonde.fr/les-

decodeurs/article/2019/09/13/comprendre-la-tardive-mise-en-examen-de-richard-ferrand_5510157_4355770.html
MEKKI M. :
- Droit des contrats, D. 2017, p.375
- La lutte contre les con lits d'intérêts : essor de la transparence ou règne de la méfiance ?, Rev. Pouvoirs, CAIRN, 2013, n°147, p.17
- Les incidences de la réforme du droit des obligations sur le droit des sociétés : rupture ou continuité ?, Rev. sociétés, 2016, p.483
- Pour une ratification minimaliste de l'ordonnance du 10 février 2016, AJ contrat 2017, p.462

MICHEL C.-A., Société et cautionnement : entre clarifications par l'ordonnance du 15 septembre 2021 et perspectives d'évolution, JCP N, 2021, 1338
MIELLET D., Liberté statutaire et contrôle de la révocation des mandataires sociaux "protégés", JCP E, 1999, 1279
MORET-BAILLY J. :
- Définir les conflits d'intérêts, D. 2011, p.1100
- Les conflits d'intérêts des experts consultés par l'administration dans le domaine sanitaire, RDSS 2004, p.855

MORIN A., *Intuitus personae* et sociétés cotées, RTD com., 2000, p.299
MORTIER R. :
- Conflits d'intérêts : pourquoi et comment appliquer aux sociétés le nouvel article 1161 du code civil, Dr. Sociétés, 2016, étude 11
- De la distribution frauduleuse de dividendes, Bull. Joly Sociétés, 2021, n°121p3, p.29
- Sociétés et loi n°2018-287 du 20 avril 2018 de ratification de l'ordonnance réformant le droit des contrats, Dr. sociétés, 2018, étude 9

MORTIER R., ZABALA B., VENDEUIL S., La réforme du droit des sociétés par la loi Pacte, loi n°2019-486 du 22 mai 2019, Droit des sociétés n°6, Juin 2019, LexisNexis, étude 8
MORTIER R., ZATTARA A.-F., Pour l'inapplication aux personnes morales du droit de se prévaloir de la prohibition des conflits d'intérêts contractuels (C. civ., nouv. art. 1161), JCP N, 2017, 1268
MOULIN J.-M., Conflits d'intérêts chez les agences de notation, Bull. Joly Bourse 2008, n°spécial, p.580
MOULIN J.-M., COLLIOT S., La vie des délégations de pouvoirs dans l'entreprise, Bull. Joly Sociétés, 2012, §398, p.745
MOURY J., obs. sous Com., 24 oct. 2018, n°17-26.402, RTD com., 2018, p.964
PAILLUSSEAU J. :
- Comment les activités économiques révolutionnent le droit et les théories juridiques, D. 2017, p.1004
- Entreprise, société, actionnaires, salariés, quels rapports ?, D. 1999, p.157
- Entreprise et société. Quels rapports ? Quelle réforme ?, D. 2018, p.1395
- La mutation de la notion de société et l'intérêt social, Rev. sociétés, 2020, p.523
- L'efficacité des entreprises et la légitimité du pouvoir, Petites affiches, n°74, p.17
- Le droit moderne de la personnalité morale, RTD civ., 1993, p.705
- Les fondements du droit moderne des sociétés, JCP E, 1995, I, 448
- Les fondements du droit moderne des sociétés, JCP G, 1984, I, 3148

PARACHKEVOVA I., L'intérêt indirect dans les conventions réglementées, Bull. Joly Sociétés, 2016, n°07-08, p.450

PASCUAL I., La prise en considération de la personne physique dans le droit des sociétés, RTD com., 1998, p.273
PELLET S., La formation du contrat, AJ contrat 2018, p.254
PIROVANO A., La « boussole » de la société. Intérêt commun, intérêt social, intérêt de l'entreprise ?, D. 1997, p.189
PORACCHIA D. :
- De l'intérêt social à la raison d'être des sociétés, Bull. Joly Société, 2019, p.40
- Le rôle de l'intérêt social dans la société par actions simplifiée, Rev. sociétés, 2000, p.223

PORACCHIA D., MARTIN D., Regard sur l'intérêt social, Rev. sociétés, 2012, p.475
REBUT D., Les conflits d'intérêts et le droit pénal, Rev. Pouvoirs, CAIRN, 2013, n°147, p.123
REVERDY P.-M., Le cauchemar de l'intérêt social des SCI, Defrénois, 2021, p.19
RIZZO F., Le principe d'intangibilité des engagements des associés, RTD com., 2000, p.27
RJDA, obs. sous Com., 24 oct. 2018, n°17-26.402, 5/19, 2019, n°348
RONTCHEVSKY N., Un renouvellement des acquis, Le lien capital-pouvoir : la réforme des actions de préférence, Rev. sociétés, 2019, p.605
ROUSSEAU S., TCHOTOURIAN I., L'"intérêt social" en droit des sociétés, Regards canadiens, Rev. sociétés, 2009, p.735
SAINTOURENS B.
- Les causes de nullité des sociétés : l'impact de la 1re directive CEE de 1968 sur les sociétés, interprétée par la Cour de justice des Communautés européennes, Bull. Joly Sociétés, 1991, p.123
- note sous CA Agen, 25 avr. 2018, n°17/00448, *M. X et autres c/ M. Y et autres*, Rev. sociétés, 2018, p.582

SALOMON R., Faute du dirigeant détachable de l'exercice de ses fonctions et autonomie du droit pénal, Dr. sociétés, 2018, repère 6
SCHAPIRA V. J., L'intérêt social et le fonctionnement de la société anonyme, RTD com., 1971, p.957
SCHILLER S. :
- Pactes, statuts, règlement intérieur : quelle hiérarchie ?, Rev. sociétés, 2011, p.331
- Violation dispo impérative droit des contrats, force obligatoire, Pactes, statuts, règlement intérieur : quelle hiérarchie ?, Rev. sociétés, 2011, p.331

SCHLUMBERGER E., De l'intérêt indirect dans les conventions réglementées, Bull. Joly Sociétés, n°09, 2017, p.505
SCHMIDT D. :
- De l'intérêt commun des associés, JCP E, 1994, I, 404
- De l'intérêt social, JCP E, 1995, 488
- Essai de systématisation des conflits d'intérêts, D. 2013, p.446
- La société et l'entreprise, D. 2017, p.2380
- Les associés et les dirigeants sociaux, *in* MAGNIER V. (dir.), Les conflits d'intérêts dans le monde des affaires, un Janus à combattre, PUF, Coll. CEPRISCA, 2006

STORCK M., Sûreté accordée par une SCI, l'exigence de non-contrariété à l'intérêt social : Dr sociétés 2015, étude 2
TADROS A. :
- La délégation de pouvoirs en droit des sociétés : aspects de droit civil après la réforme du droit commun des contrats, D. 2017, p.1662

- La ratification de l'ordonnance de réforme du droit des contrats : quelques incidences sur la pratique des affaires, D. 2018, p.1162
- Quelques observations sur la conclusion, la modification et l'exécution des pactes d'associés, D. 2019, p.1351
- Regard critique sur l'intérêt social et la raison d'être de la société dans le projet de loi PACTE, D. 2018 p.1765

TAP J.-B., Les actes dérogatoires aux statuts, Rev. sociétés, 2020, p.531

TEBOUL G. (dir.), Les conflits d'intérêts en droit des affaires, Gaz. pal., n°342, 8 déc. 2011

TESSLER J.-F., L'idéologie coopérative dans le commerce associé, AJ contrat 2020, p.419

TRICOT D., Professions libérales juridiques et conflits d'intérêts, Rev. Pouvoirs, CAIRN, 2013, n°147, p.91

TRIGO S., LEFEVRE P., L'éthique en droit des affaires Évolution de l'activisme actionnarial en France : quel encadrement ?, RLDA, 2020, n°165

TROCHON J.-Y., Les conflits d'intérêts : aspects de gouvernance, CDE, n°2, 2016, dossier 14

URBAIN-PARLEANI I. :

- L'article 1835 et la raison d'être, Rev. sociétés, 2019, p.575
- L'expertise de gestion et l'expertise *in futurum*, Rev. sociétés, 2003, p.223
- La raison d'être des sociétés dans le projet de loi PACTE du 19 juin 2018, Rev. sociétés, 2018, p.623

VAUDANO M., BARUCH J., LAURENT S., L'escapade berlinoise de Manuel Valls est-elle une « faute politique » ?, 08 juin 2015, Le Monde, Les Décodeurs, https://www.lemonde.fr/les-decodeurs/article/2015/06/08/l-escapade-berlinoise-de-manuel-valls-est-elle-une-faute-politique_4649719_4355770.html

VAUTROT-SCHWARZ C., La gouvernance et les opérations sur le capital des sociétés à participation publique, AJDA, 2015, p.2200

VIANDIER A. :

- Le droit de critique des associés des sociétés fermées, Rev. sociétés, 2022, p.263
- L'administrateur indépendant des sociétés cotées, RJDA, 2008, p.599
- L'associé intéressé a l'obligation de s'abstenir de tout acte de concurrence à l'égard de la société, D. 1991, p.609
- note sous CA Paris, pôle 5, 9ème ch., 19 déc. 2013 n°12/22644, *A. de C. c/ SA W.*, Rev. sociétés, 2014, p.312
- Observations sur les conventions de vote, JCP E, n°19, 1986, act. 15405
- Sûreté et intérêt social, Rev. sociétés, 2015, p.744

VICENTE S., Quelles responsabilités pour les dirigeants et les associés ?, CDE, 2013, dossier 12

VUITTON X., commentaire sous Cass. com., 29 juin 1999, n°98-17.215, JCP G, 2000, n°1, II, 10228

WICKER G., FERRIER N., La représentation, JCP G, 2015, suppl. n°21, p.27

ZATTARA-GROS A.-F., La nécessaire restriction du domaine du nouvel article 1145 sur la capacité des personnes morales, JCP N, 2017, 1269

# TABLE DES MATIERES

## STRUCTURES ÉDITORIALES DU GROUPE L'HARMATTAN


**L'HARMATTAN ITALIE**
Via degli Artisti, 15
10124 Torino
harmattan.italia@gmail.com

**L'HARMATTAN HONGRIE**
Kossuth l. u. 14-16.
1053 Budapest
harmattan@harmattan.hu

---

**L'HARMATTAN SÉNÉGAL**
10 VDN SICAP AMITIE 3
BP 45034 Dakar-Fann
direction@senharmattan.com

**L'HARMATTAN CAMEROUN**
Tsinga/Derrière polyclinique FECAFOOT
BP 11486 Yaoundé
Jacques.koukam@harmattan.fr

**L'HARMATTAN BURKINA FASO**
Villa 281, secteur 23 623, rue 14.32
Ouagadougou
zagbie@outlook.fr

**L'HARMATTAN GUINÉE**
Almamya, rue KA 028 OKB Agency
BP 3470 Conakry
harmattanguinee@yahoo.fr

**L'HARMATTAN RDC**
185, avenue Nyangwe
Commune de Lingwala – Kinshasa
matangilamusadila@yahoo.fr

**L'HARMATTAN CONGO**
219, avenue Nelson Mandela
BP 2874 Brazzaville
deunovmikhael@gmail.com

**L'HARMATTAN MALI**
Immeuble Mgr Jean Marie Cissé
Aci Hamadallaye
BP 145 Bamako
syllaka@yahoo.fr

**L'HARMATTAN TOGO**
Djidjole – Maison Amela
face EPP BATOME
02 BP 20680 Lomé
didieramela11@gmail.com

**L'HARMATTAN CÔTE D'IVOIRE**
Résidence Karl – Cité des Arts
Abidjan-Cocody
03 BP 1588 Abidjan
harmattan.ivoire@gmail.com

**L'HARMATTAN BÉNIN**
Rue 604, (Immeuble à l'entrée
de la rue UCAO- Cite de Saint-Jean)
Cotonou
stepcorpus@gmail.com


---

## NOS LIBRAIRIES EN FRANCE


**LIBRAIRIE INTERNATIONALE**
16, rue des Écoles
75005 Paris
librairie.internationale@harmattan.fr
01 40 46 79 11
www.librairieharmattan.com

**LIBRAIRIE DES SAVOIRS**
21, rue des Écoles
75005 Paris
librairie.sh@harmattan.fr
01 46 34 13 71
www.librairieharmattansh.com

www.ingramcontent.com/pod-product-compliance
Lightning Source LLC
LaVergne TN
LVHW011438061026
849535LV00004BA/858